# ŒUVRES COMPLÈTES

# D'ALEXIS DE TOCQUEVILLE

PUBLIÉES

PAR MADAME DE TOCQUEVILLE

IX

C.

PARIS. — IMP. SIMON RAÇON ET COMP., RUE D'ERFURTH,

# ÉTUDES
# ÉCONOMIQUES
## POLITIQUES

ET

## LITTÉRAIRES

PAR

## ALEXIS DE TOCQUEVILLE

## PARIS

**MICHEL LÉVY FRÈRES, LIBRAIRES ÉDITEURS**

RUE VIVIENNE, 2 BIS, ET BOULEVARD DES ITALIENS, 15

A LA LIBRAIRIE NOUVELLE

—

**1866**

# AVANT-PROPOS

En publiant ce volume, je n'avais d'abord, je l'avoue, d'autre pensée que celle de réunir en un seul corps les œuvres de Tocqueville, qui, soit à cause de leur moindre importance, soit par la difficulté d'une classification, n'avaient point trouvé place dans les volumes précédents, et celles qui, après avoir été déjà publiées, les unes par la tribune parlementaire, les autres par la tribune académique, étaient éparses dans les annales éphémères de la presse quotidienne ou périodique. Il me semblait que ce tome IX était l'appendice d'une édition qui promettait les *Œuvres complètes* d'Alexis de Tocqueville.

Cependant lorsque j'ai relu, comme j'ai dû le faire, ces divers morceaux pour les livrer à l'impression, j'ai été saisi du vif intérêt qu'ils présentent. Je ne parle pas seulement de leur intérêt historique et philosophique, qui sans doute est très-grand. Car tout ce qui peut servir à faire mieux connaître un homme illustre, sa vie, ses œuvres, est un texte digne d'étude et de méditation ; et quel est l'opuscule de Tocqueville, si petit qu'il soit, qui ne contienne quelque vive lumière, quelque idée générale et féconde?

Mais ce qui m'a surtout frappé dans les œuvres que renferme ce volume, c'est l'utilité pratique et actuelle dont la plupart d'entre elles peuvent être pour les contemporains.

J'en vais citer deux exemples que j'emprunte non à la politique proprement dite dont le terrain serait trop brûlant, mais à l'économie politique, qui exclut la passion sans supprimer l'intérêt.

Et d'abord la question pénitentiaire : — qui aujourd'hui sait bien cette question? Il est dans la nature de la démocratie d'oublier vite : les hommes changent, les traditions se perdent; il faut recommencer sans cesse les études et les expériences déjà faites. Cette question des prisons et de leur réforme, on la savait parfaitement, il y a vingt ans, on l'a à peu près oubliée aujourd'hui. Cependant il va bien falloir la rapprendre et l'étudier; car elle se pose de nouveau dans les termes les plus redoutables. La population de malfaiteurs qui remplit les prisons et menace la société redevient pour tous les honnêtes gens une cause d'effroi, et pour les gouvernants un sujet de sollicitude. Comment concilier le mode de répression sévère que la sécurité publique réclame, avec les sentiments d'humanité que cette répression blesserait peut-être? On reconnaît que les détenus, s'ils sont confondus pêle-mêle, se corrompent les uns les autres et deviennent ainsi, par le contact mutuel, des ennemis plus dangereux de l'ordre public : il faudrait donc les séparer. Mais est-il vrai qu'en les isolant on risque de les rendre fous, et qu'on met en péril leur propre vie? S'il en était ainsi, l'emprisonnement cellulaire serait inapplicable. Maintenant, au lieu de les détenir soit dans une confusion dépravante, soit sous le régime d'un isolement meurtrier, ne pourrait-on pas les déporter dans quelque pays transatlantique, où, loin du théâtre de leurs crimes, ils pourraient, sur une terre nouvelle, recommencer une meilleure vie? C'est, dit-on, ce qu'on a tenté de faire dans ces derniers temps. Mais est-il vrai aussi que ceux qu'on arrachait aux vices de la prison et du bagne ont été jetés dans des contrées insalubres où rien n'était préparé pour les recevoir; rien pour les y faire vivre; rien pour les y retenir; que les uns y ont trouvé la mort à laquelle leur arrêt ne les avait point condamnés, et que les autres, s'échappant de la colonie pénale qui devait les contenir, sont revenus dans la mère-patrie, qu'ils ont épouvantée par de nouveaux forfaits?

Disons-le, les règles qui président à un bon régime d'emprisonnement, celles suivant lesquelles le système de la déportation est applicable aux condamnés, ne sont point arbitraires; elles peuvent sans doute se modifier suivant les circonstances, les temps, les mœurs des peuples et les climats différents; mais elles ont quelque chose de fixe et de permanent qui ne change pas. Il importe que ces principes soient bien connus de ceux auxquels sont remis ces grands intérêts sociaux; et qui n'aperçoit la multitude et la gravité de toutes les questions qui naissent de ces objets : la réforme des prisons, l'emprisonnement cellulaire, la déportation? Or, nous le demandons, où trouver un traité plus complet èt plus profond de ces questions que dans les travaux de Tocqueville sur ces matières? Ici il ne s'agit pas seulement d'une étude morale et théorique; cette étude a un but d'application immédiate.

Voici un autre exemple.

Il existe une grande question, politique sans doute, mais avant tout nationale et économique, que l'on croyait également résolue et qui reparaît de nouveau avec ses charges et ses difficultés : cette question, c'est celle de l'Algérie et de notre établissement en Afrique[1]. On comprend qu'il ne s'agit pas de savoir si nous conserverons notre empire en Afrique; nul ne propose, nul ne proposera jamais l'abandon de l'Algérie, ni aucune politique conduisant à l'abandon. L'Algérie appartient à la France qui en a scellé la conquête du sang de ses enfants. Elle est depuis trente ans la principale entreprise de la France, pour laquelle une déclaration d'impuissance serait une grande douleur et une grande humiliation nationales. L'Algérie ne cesserait d'être française que pour tomber entre les mains d'une autre puissance européenne, et vraisemblablement de l'Angleterre, à laquelle il pourrait convenir, en effet, de

[1] Au moment même où nous mettons sous presse, on annonce comme devant paraître au premier jour sur ce sujet, un écrit de l'Empereur lui-même : ce qui montre bien la gravité de cette question et l'opportunité de toutes les publications qui s'y rattachent.

posséder un grand port en face du port de Marseille, et d'occuper deux cents lieues de côte dans la Méditerranée, en face des côtes de la France. Ne discutons point ce qui ne saurait être mis en question.

Mais comment rendre plus féconde entre nos mains et moins onéreuse pour nos finances la possession de cet empire, toujours si glorieuse pour nos armes? Comment attirer sur le sol africain et surtout comment y retenir cette population européenne dont la présence y créerait seule une force capable de remplacer peu à peu l'armée, et, à la place des races barbares qui couvrent le sol de l'Algérie, établirait un nouveau peuple, une nouvelle France, une nouvelle civilisation? Quels sont les procédés suivant lesquels la colonisation peut s'accomplir, promptement, sûrement, aux moindres frais possibles pour la mère-patrie? Que doit faire, dans cette œuvre, l'administration? que doit-elle laisser faire? que doit-elle ne pas faire? et comment porter ou attirer en Algérie des populations nouvelles sans entrer en contact et en conflit avec la vieille société arabe et kabyle qui y est fondée depuis des siècles? Comment établir les Européens en Algérie sans les placer près des indigènes? Comment imposer ce voisinage aux indigènes sans les détruire? Quelles lois donner aux uns et autres? Comment les régir par les mêmes lois? Quelles lois différentes leur appliquer? voilà sans doute de graves questions, et dont l'intérêt n'a jamais été plus vif et plus présent.

Eh bien! ici encore, nous le demandons sincèrement, ne croit-on pas qu'il y eût quelque utilité à relire ce que

Tocqueville a écrit sur ce sujet, et notamment les deux grands rapports parlementaires qu'il fit en 1847 à la Chambre des députés, et qui avaient pour objet l'organisation de l'Algérie.

Tout le monde sait qu'en ce moment même la question la plus délicate que soulève l'Algérie est celle de savoir si une politique trop bienveillante envers les Arabes, au lieu de leur inspirer le sentiment de notre puissance et de notre grandeur, ne leur ferait pas croire à notre faiblesse, et si, au lieu de les attacher à nous, une politique de concessions exagérées ne les exciterait pas à briser le lien de notre autorité? J'ouvre le rapport de Tocqueville du 2 mai 1847, et j'y lis ce qui suit :

« Notre respect, dit-il, pour les croyances des indigènes, a été poussé si loin, que, dans certains lieux, nous leur avons bâti des mosquées avant d'avoir pour nous-mêmes une église; chaque année le gouvernement français (faisant ce que le prince musulman qui nous a précédés à Alger ne faisait pas lui-même) transporte sans frais, jusqu'en Égypte, les pèlerins qui veulent aller honorer le tombeau du prophète. Nous avons prodigué aux Arabes les distinctions honorifiques qui sont destinées à signaler le mérite de nos citoyens. Souvent les indigènes, après des trahisons et des révoltes, ont été reçus par nous avec une longanimité singulière. On en a vu qui, le lendemain du jour où ils nous avaient abandonnés pour aller tremper leurs mains dans notre sang, ont reçu de nouveau de notre générosité leurs biens, leurs honneurs et leur pouvoir. Il y a plus; dans plusieurs des lieux où la population civile européenne est mêlée à la population indigène, on se plaint, non sans quelque raison, que c'est en général l'indigène qui est le mieux protégé, et l'Européen qui obtient le plus difficilement justice [1]. »

---

[1] Voir page 435.

Ne croirait-on pas que ces lignes ont été écrites d'hier?

En même temps qu'il peignait les maux qu'entraîne un système d'indulgence excessive, Tocqueville signalait l'injustice et les périls d'une politique implacable et inhumaine.

Mais où est le *point* entre la fermeté unie à la justice, nécessaires pour tenir les indigènes dans l'obéissance, et la générosité impolitique qui leur mettrait les armes à la main? Dans quelle mesure le conquérant doit-il user de sa force pour ne pas être oppresseur? et de l'indulgence, pour ne pas perdre son prestige et sa propre dignité? A quel moment sa puissance devient-elle tyrannie, et sa condescendance faiblesse aux yeux de ces peuples qui cesseront de lui être soumis le jour où ils cesseront de la craindre?

C'est ce point délicat que Tocqueville s'était appliqué à chercher et à montrer dans le rapport du 2 mai, qui fut soumis à l'épreuve d'une longue et solennelle discussion, et qui, quoique opposé aux vues du ministère et concluant au rejet de l'un des projets de loi présentés, trouva dans la majorité des deux Chambres la plus vive approbation et reçut bientôt l'assentiment du gouvernement lui-même.

La préface mise en tête du tome I<sup>er</sup>, et dans laquelle se trouve exposée toute l'économie du tome IX, nous dispense de donner ici aucune explication sur les diverses matières dont ce volume se compose. Nous ajouterons seulement à ce qui précède une simple observation de forme sur la place que nous avons donnée dans ce volume à deux morceaux qui jusque-là avaient été distribués autrement parmi les œuvres de Tocqueville. Ainsi, dans la précédente édition de *la Démocratie en Amérique*, à la fin du second volume, on trouvait, sous le titre d'*appendice*, le rapport fait par Tocqueville à l'Institut sur l'ouvrage de M. Cherbuliez, intitulé *la Démocratie en Suisse*. Désormais il faudra chercher ce rapport dans le tome IX, où ayant réuni les travaux académiques de Tocqueville, nous avons dû le placer, et où il figure à son ordre chronologique.

De même nous avons dû introduire dans ce volume le discours prononcé par Tocqueville à la Chambre des députés le 27 janvier 1848, dans lequel, avec une sorte de prescience singulière, Tocqueville annonça à cette chambre, au milieu de l'incrédulité générale, qu'une grande révolution était imminente. Son éditeur avait cru devoir joindre ce discours prophétique à l'édition de la *Démocratie* publiée en 1850. Mais, comme aujourd'hui nous donnons un certain nombre de travaux parlementaires de Tocqueville, c'est naturellement parmi eux que nous devions placer ce discours, et c'est là désormais qu'il le faudra chercher.

Beaumont, le 25 octobre 1865.

GUSTAVE DE BEAUMONT.

# ÉTUDES

## ÉCONOMIQUES, POLITIQUES

## ET LITTÉRAIRES

---

## DISCOURS

### DE RÉCEPTION A L'ACADÉMIE FRANÇAISE

#### PRONONCÉ LE 21 AVRIL 1842

Messieurs,

Tout est nouveau en France, excepté l'Académie. L'Académie demeure comme l'unique vestige de l'ancienne société détruite. Elle seule a des annales qui remontent à deux siècles. Contemporaine de la littérature, née presque en même temps qu'elle, elle n'a cessé d'attirer dans son sein tous ceux qui chez nous ont brillé par les lettres. Presque tous nos grands écrivains en ont fait partie. On rencontre ici leur souvenir ou leur présence, et il est impossible d'aborder pour la première fois cette antique et illustre compagnie sans faire un re-

tour sur soi-même et sans souffrir de sa propre insuffisance.

Plus qu'un autre, j'éprouve ee sentiment, messieurs;
mais je ne chercherai point à l'exprimer.

J'ai considéré qu'il y avait quelque chose de plus modeste encore que de parler modestement de soi-même,
c'est de n'en point parler du tout.

J'arriverai donc sur-le-champ à l'objet de ce discours,
qui est d'entretenir l'Académie de l'homme respectable
que je ne me flatte point de remplacer près d'elle.

M. de Cessac était né vers le milieu du dix-huitième
siècle, en 1752; il atteignait l'âge viril à ce moment
solennel où la révolution, qui allait bientôt renouveler
toutes les institutions politiques de ses contemporains,
achevait de se consommer dans leurs idées.

Le tableau que présentait à cet instant la société était
singulier et nouveau. D'autres siècles avaient déjà vu des
esprits puissants et indociles, secouant le joug des opinions reçues et des doctrines autorisées, poursuivre isolément la vérité. Mais un pareil spectacle n'avait été
donné que par quelques hommes ou à propos de quelques-unes des connaissances humaines.

Ce qui singularise le dix-huitième siècle dans l'histoire, c'est que cette curiosité audacieuse et réformatrice
ait été ressentie à la fois par une génération entière, et
se soit exercée, en même temps, sur l'objet de presque
toutes ses croyances; de telle sorte que, dans le même
moment, les principes sur lesquels avaient reposé jusque-là les sciences, les arts, la philosophie, la politique,

atteints ensemble par une sorte d'ébranlement universel, ont tous été remués ou détruits, et que la religion seule, se retirant au fond de certaines âmes, a pu y tenir ferme en attendant d'autres jours.

Au moment où M. de Cessac entrait dans le monde, cette notion extraordinaire, que chacun ne doit chercher la vérité qu'en soi, et est en état de l'y découvrir, s'était établie au centre de toutes les intelligences. La lutte avait cessé; la nouvelle philosophie régnait sans partage; on ne s'occupait plus à en discuter le principe, mais seulement à en découvrir les conséquences.

M. de Cessac entra profondément dans cet esprit de son temps.

Cependant la nature ne l'avait point préparé à devenir un novateur. Mais il était jeune alors, et il y avait dans les allures du siècle quelque chose de juvénile qui ne pouvait manquer de l'attirer par de vives sympathies.

La société était ancienne par sa durée, plus vieille encore par ses mœurs. Elle possédait presque tous les avantages et montrait la plupart des vices et des travers que l'âge donne aux nations. Mais dans ce vieux corps se montrait un esprit jeune. Quoique la monarchie française comptât déjà plus de mille années d'existence, les Français croyaient entrer dans la vie sociale pour la première fois. Pour eux l'humanité venait de prendre une face nouvelle, ou plutôt une nouvelle humanité s'offrait à leurs regards. Ils se sentaient à l'entrée d'une longue carrière qu'ils ne craignaient point de parcourir, et vers laquelle ils s'avançaient d'un pas agile et vif, fai-

sant voir, à leurs paroles et à leur contenance, cette confiance présomptueuse en ses forces et ce fier oubli de
soi-même qui sont les attributs de la jeunesse.

Cela, du reste, n'a point été particulier à la France.
La France en a donné le plus grand, mais non l'unique
exemple; il n'y a point de société si vieille, qui, à l'approche d'une grande transformation sociale, n'ait eu de
ces retours de jeunesse. Cette orgueilleuse croyance, que
le vrai absolu vient enfin d'être trouvé, ces belles illusions sur la nature humaine, cette confiance presque
illimitée en soi, ce généreux élan vers l'idéal, ces immenses et chimériques espérances ont précédé et produit
toutes les révolutions qui ont changé la face de la terre.
Car, quoi qu'on en dise, ce n'est point à l'aide de médiocres sentiments et de vulgaires pensées que se sont
jamais accomplies les grandes choses.

Et, à cette première époque, il en a toujours succédé
une autre durant laquelle, par un violent retour, les
hommes, après s'être élevés fort au-dessus de leur niveau naturel, rentraient petitement en eux-mêmes, et
paraissaient honteux tout à la fois du mal et du bien
qu'ils avaient fait, où un découragement efféminé succédait à une présomption presque puérile, où les dévouements imprudents étaient remplacés par un égoisme
plus imprudent encore, et où les contemporains se montraient souvent plus sévères pour leurs œuvres que ne
le sera la postérité.

Ce serait commettre une manifeste injustice de ne
juger une grande révolution que par ce que disent d'elle

les hommes qui, après l'avoir faite ou vu faire, lui survivent.

Il n'y a pas de révolution qui ne promette infiniment plus qu'elle ne tient, et il est rare que les plus nécessaires et les plus victorieuses ne laissent pas dans l'âme de ceux même qui les ont conduites et qui en profitent, presque autant d'amertume que de joie.

Comme on n'a point atteint tout ce qu'on a visé, il semble qu'on n'a point touché le but. On devient aisément insensible aux biens qu'on a acquis, par le souvenir de ceux qu'on a rêvés, et, comparant le résultat à l'effort, on est presque tenté de rire de soi-même.

La génération qui voit finir une grande révolution est toujours inquiète, mécontente et triste.

Arrivé au moment où le courant d'opinions qui nous a conduits où nous sommes achevait de creuser son lit et devenait irrésistible, M. de Cessac, ainsi que je l'ai déjà dit, ne chercha pas à lutter contre son cours : il le suivit. Il coopéra avec ardeur et avec succès à la composition de l'Encyclopédie. Il fit dans ce vaste recueil d'excellents articles, qui tous ont trait à l'état militaire, qui était sa profession.

Cependant l'ancien régime continuait à s'affaisser au milieu de ses inégalités abusives, de ses erreurs et de ses vices. Déjà, pour beaucoup d'esprits, il ne s'agissait plus de le corriger, mais de le détruire. La nouvelle philosophie tournait peu à peu en révolution. Cela arrive toujours, et cela surprend toujours. Quoiqu'il n'y ait rien de plus clairement établi dans la législation de Dieu sur les sociétés humaines, que le rapport nécessaire qui unit les grands mouvements intellectuels aux grands mouvements politiques, les chefs des nations ne semblent jamais l'apercevoir que quand on le leur met sous les yeux. Comme les cas où cette loi générale se manifeste ne se reproduisent que de loin en loin, les princes et les hommes d'État oublient volontiers qu'elle existe; au bout d'un certain temps ils se persuadent qu'elle n'a jamais été promulguée, ou du moins qu'elle est tombée en désuétude; et quand Dieu la leur applique enfin, ils sont presque toujours aussi surpris que s'il n'en avait jamais fait usage envers leurs devanciers.

Tant qu'on ne considère que d'une manière abstraite les choses humaines et qu'on ne s'occupe qu'à discuter en général les notions du bien et du mal, du vrai et du faux, du juste et de l'injuste, ils ne voient là que des amusements d'oisifs, des plaisirs de rêveurs. Ils ne s'aperçoivent point que ces idées, qui leur paraissent si séparées des actes, sont au corps social ce que le principe vital lui-même est au corps humain; cette force centrale et occulte qu'on ne peut définir, qu'on ne saurait voir, mais qu'on découvre dans le jeu des organes, qui tous se troublent ou se décomposent dès qu'elle s'altère.

Le principe vital de l'ancienne monarchie ayant donc été atteint, la grande révolution sociale de 89 commença.

On avait été presque unanime dans le désir d'amener cette révolution. En sa présence on se divisa.

M. de Cessac resta avec ceux qui, après l'avoir pré-

parée, l'adoptèrent, contre ceux qui, l'ayant également
préparée, la combattirent. En 1791, il entra dans l'Assemblée législative, dont ensuite il fut élu président.

Pendant son court séjour au sein de cette assemblée,
M. de Cessac prit souvent la parole. Presque tous ses
discours sont relatifs à l'organisation de l'armée. Tous
manifestent un esprit net, simple et clair. On voit que
M. de Cessac était du nombre des hommes qui rendirent
le plus de services à la révolution, précisément parce
qu'ils n'avaient point le naturel révolutionnaire, et qui,
mêlant à sa fougue leur goût régulier et organisateur,
firent triompher sa cause sans lui appartenir. Il ne faut
pas croire que ce soit toujours ceux qui s'abandonnent le
plus aux penchants instinctifs de leur parti qui lui obtiennent la victoire. Le contraire se fait voir fréquemment. Presque tous les partis périssent par l'exagération
et l'abus du principe même qui fait leur force. C'est là
leur maladie la plus commune et la plus dangereuse,
et l'homme qui les sert le mieux est souvent celui qui
apporte au service de leurs idées un autre esprit que le
leur.

Tel fut M. de Cessac, quoiqu'il ait longtemps vécu au
milieu de générations qui avaient préparé ou proclamé
la république; on peut dire qu'il appartenait naturellement à cette race d'hommes destinée par la Providence à
faire la force et l'honneur des monarchies absolues; race
secondaire, mais grande encore.

Les souverains absolus trouvent en effet sous leurs
mains deux espèces de serviteurs qu'il ne faut pas con-

fondre : les uns, exécuteurs malhabiles ou corrompus
des volontés du maître, exposent ou déshonorent son autorité. Ils lui plaisent souvent ; mais ils lui nuisent toujours. Les autres font voir jusque dans la plus extrême
obéissance une vigueur intellectuelle et une grandeur
morale qu'on doit reconnaître. Sans chercher plus que
les premiers à discerner ce qu'il peut y avoir d'injuste
ou de dangereux dans l'entreprise qu'on leur confie, ils
ne s'occupent qu'à la pousser jusqu'au bout avec fidélité
et honneur. L'action de leur conscience se resserre en
quelque sorte dans ce petit espace, et parfois elle n'en
devient que plus énergique et que plus vive. Pour mieux
coopérer à l'exécution de ces desseins dans lesquels ils
sont entrés sans les avoir discutés ni conçus, ils semblent se déserter eux-mêmes et se transporter tout en-
tiers au point de vue de celui qui les dirige. On dirait
qu'ils ne possèdent les lumières d'une haute intelligence
que pour mieux pénétrer dans la pensée d'un autre, et
qu'ils ne jouissent de leur propre génie que quand il lui
sert.

On ne les voit point négliger les parties obscures du
gouvernement pour ne s'occuper que des éclatantes ; ils
apportent le même soin aux petites actions et aux grandes, ou plutôt ils ne jugent pas qu'il se trouve dans leur
vie de petites actions, car, ce qui seul est grand pour
eux, c'est leur devoir envers celui qui les fait agir.

Comme ils ne sont que les exécuteurs de plans qu'ils
ne se croient point le droit de changer, leur commandement est toujours inflexible, souvent sévère, et ils arri-

vent quelquefois ainsi jusqu'à être impitoyables par une
sorte de vertu ; cependant ils ne sont pas insensibles aux
maux qu'ils causent. Mais ils aiment à se figurer que la
grandeur de l'État finit toujours par résulter de la grandeur du prince ; ils se plaisent à croire que le bonheur
de ses sujets dépend de l'exercice incontesté de sa pleine
puissance, et ils mettent du patriotisme à bien tenir leur
pays dans l'ordre et dans l'obéissance où ils sont eux-
mêmes.

M. de Cessac était un rejeton de cette famille. Il lui
appartenait par son esprit, ses penchants, ses qualités,
ses défauts ; la nature lui avait clairement assigné son
rôle. Le théâtre seul lui avait manqué ; l'Empire le lui
fournit.

La révolution, en poursuivant son cours, avait achevé
de tout détruire. Elle n'avait encore rien pu créer. Le
désordre et la faiblesse étaient partout. Personne ne savait plus ni commander ni obéir, et l'on se croyait sur
le point de recueillir les derniers soupirs du corps social.

Napoléon paraît à ce moment suprême. Il ramasse à
la hâte et place dans ses mains tous les fragments dis-
persés du pouvoir, constitue une administration, forme
une justice, organise sur un seul et même plan la législation civile aussi bien que la législation politique ; il
tire, en un mot, de dessous les ruines que la révolution
avait faites, une société nouvelle, mieux liée et plus
forte que l'ancienne société détruite, et l'offre tout à
coup aux regards de la France, qui ne se reconnaissait
plus elle-même.

Le monde éclata en cris d'admiration  cette vue, et l'on fut excusable de croire que celui qui donnait de tels spectacles aux hommes était en quelque sorte lui-même plus qu'un homme.

La chose était en effet admirable et extraordinaire, mais elle n'était point aussi merveilleuse que se le figuraient ceux qui en étaient les témoins. Il s'était rencontré, pour l'accomplir, des facilités si singulières, mais en même temps si cachées, que peut-être le principal effort du génie de Napoléon a-t-il été de les découvrir.

Plusieurs de ces facilités ont été montrées et sont bien connues.

Je ne parlerai donc point de la destruction complète de toutes les anciennes lois, qui semblaient nécessiter et légitimer toutes les nouvelles ; de la lassitude des âmes qu'une si longue et si rude tempête avait épuisées ; de la passion des conquêtes qui avait succédé à celle de la liberté, et qui, tôt ou tard, devait faire tomber le sceptre dans les mains d'un soldat ; du besoin enfin qu'éprouvaient tous ceux dont la révolution avait amélioré l'état, de se procurer une organisation sociale quelconque, qui leur permît de mettre à couvert les fruits de la victoire et d'en jouir ; toutes ces causes étaient accidentelles et passagères ; il y en a de profondes et de plus permanentes.

Le dix-huitième siècle et la révolution, en même temps qu'ils introduisaient avec éclat dans le monde de nouveaux éléments de liberté, avaient déposé, comme en secret, au sein de la société nouvelle, quelques germes dangereux dont le pouvoir absolu pouvait sortir.

La philosophie nouvelle, en soumettant au seul tribunal de la raison individuelle toutes les croyances, avait rendu les intelligences plus indépendantes, plus fières, plus actives, mais elle les avait isolées. Les citoyens allaient bientôt s'apercevoir que désormais il leur faudrait beaucoup d'art et d'efforts pour se réunir dans des idées communes, et qu'il était à craindre que le pouvoir ne vînt enfin à les dominer tous, non parce qu'il avait pour lui l'opinion publique, mais parce que l'opinion publique n'existait pas.

Ce n'était pas seulement l'isolement des esprits qui allait être à redouter, mais leurs incertitudes et leur indifférence; chacun cherchant à sa manière la vérité, beaucoup devaient arriver au doute, et avec le doute pénétrait naturellement dans les âmes le goût des jouissances matérielles, ce goût si funeste à la liberté et si cher à ceux qui veulent la ravir aux hommes.

Des gens qui se croyaient et qu'on reconnaissait tous également propres à chercher et à trouver la vérité par eux-mêmes, ne pouvaient rester longtemps attachés à des conditions inégales. La révolution française avait, en effet, détruit tout ce qui restait des castes et des classes; elle avait aboli les priviléges de toute espèce, dissous les associations particulières, divisé les biens, répandu les connaissances, et composé la nation de citoyens plus semblables par leur fortune et leurs lumières que cela ne s'était encore vu dans le monde. Cette grande similitude des intérêts et des hommes s'opposait à ce que la société entière pût désormais être gouvernée au profit exclusif de certains individus. Elle nous garantissait ainsi à jamais de la pire de toutes les tyrannies, celle d'une classe ; mais elle devait rendre en même temps notre liberté plus difficile.

Chez les peuples libres, on ne gouverne que par les partis, ou plutôt le gouvernement, c'est un parti qui a le pouvoir. Le gouvernement y est donc d'autant plus puissant, persévérant, prévoyant et fort, qu'il existe dans le sein du peuple des partis plus compactes et plus permanents.

Or, des partis semblables ne se forment et ne se maintiennent facilement que dans les pays où il existe, entre les intérêts des citoyens, des dissemblances et des oppositions assez visibles et assez durables pour que les esprits se trouvent amenés et fixés d'eux-mêmes dans des opinions contraires.

Quand les citoyens sont à peu près pareils, il est malaisé de réunir un grand nombre d'entre eux dans une même politique, et de l'y tenir.

Les besoins du moment, la fantaisie des esprits, les moindres intérêts particuliers peuvent y créer à chaque instant de petites factions éphémères, dont la mobilité capricieuse et stérile finit par dégoûter les hommes de leur propre indépendance, et la liberté est menacée de périr, non parce qu'un parti abuse tyranniquement du gouvernement, mais parce qu'aucun parti ne se trouve en état de gouverner.

Après que la vieille hiérarchie sociale eut été détruite,

chaque Français se trouva plus éclairé, plus indépendant, plus difficile à gouverner par la contrainte; mais d'une autre part, il n'existait plus entre eux de liens naturels et nécessaires. Chacun concevait un sentiment plus vif et plus fier de sa liberté; mais il lui était plus difficile de s'unir à d'autres pour la défendre; il ne dépendait de personne, mais il ne pouvait plus compter sur personne. Le même mouvement social qui avait brisé ses entraves avait isolé ses intérêts, et on pouvait le prendre à part pour le contraindre ou le corrompre séparément.

Les patrimoines ayant été partagés, l'aisance s'étant répandue, tout le monde put s'occuper de la politique et s'intéresser à ses débats, ce qui rendait la fondation du pouvoir absolu plus difficile; mais, d'un autre côté, nul ne pouvait plus se donner tout entier à la chose publique. Les fortunes étaient petites et mobiles; le soin de les accroître ou de les assurer devait désormais attirer le premier et souvent le plus grand effort des âmes; et bien que tous les citoyens eussent le goût et, jusqu'à un certain point, le temps de s'occuper du gouvernement, personne ne pouvait considérer le gouvernement comme sa seule affaire. Un pouvoir unique, savant, habile et fort, devait se flatter qu'à la longue il surprendrait les volontés d'une multitude ainsi inexpérimentée ou inattentive, et qu'il la détournerait graduellement des passions publiques, pour l'absorber dans les soins attrayants des affaires privées.

Plusieurs opinions nouvelles, sortant de la même

source, tendaient à favoriser le succès d'une pareille entreprise.

Au moment où se répandait en France l'idée que chaque homme avait le droit de prendre part au gouvernement et d'en discuter les actes, à ce moment même chacun de nous se faisait des droits de ce gouvernement une notion beaucoup plus vaste et plus haute.

Le pouvoir de diriger la nation et de l'administrer n'étant plus considéré comme un privilége attaché à certains hommes ou à certaines familles, mais paraissant le produit et l'agent de la volonté de tous, on reconnaissait volontiers qu'il ne devait avoir d'autres limites que celles qu'il s'imposait à lui-même; c'était à lui à régler à son gré l'État et chaque homme. Après la destruction des classes, des corporations et des castes, il apparaissait comme le nécessaire et naturel héritier de tous les pouvoirs secondaires. Il n'y avait rien de si grand qu'il ne pût atteindre, rien de si petit qu'il ne pût toucher. L'idée de la centralisation et celle de la souveraineté du peuple étaient nées le même jour.

De pareilles notions étaient sorties de la liberté; mais elles pouvaient aisément aboutir à la servitude.

Ces pouvoirs illimités qu'on avait avec raison refusés au prince, quand il ne représentait que lui-même ou ses aïeux, on pouvait être amené à les lui concéder lorsqu'il semblait représenter la souveraineté nationale; et c'est ainsi que Napoléon put enfin dire, sans trop blesser le sens public, qu'il avait le droit de tout commander, parce que seul il parlait au nom du peuple.

Alors commença entre nos idées et nos mœurs cette étrange lutte, qui dure encore, et qui même devient de nos jours plus vive et plus obstinée.

Tandis que chaque citoyen, enorgueilli de ses lumières, fier de sa raison émancipée, indépendant de ses pareils, semblait de plus en plus se mettre à l'écart, et ne considérant dans l'univers que lui-même, s'efforçait à chaque instant de faire prévaloir son intérêt particulier sur l'intérêt général, on voyait poindre et se répandre de tous côtés une multitude de sectes diverses, qui toutes contestaient aux particuliers l'usage de plusieurs des droits qui leur avaient été reconnus depuis l'origine des sociétés. Les unes voulaient détruire la propriété, les autres abolir l'hérédité ou dissoudre la famille. Toutes tendaient à soumettre incessamment l'emploi de toutes les facultés individuelles à la direction du pouvoir social, et à faire de chaque citoyen moins qu'un homme.

Et ce ne sont pas de rares génies qui, remontant avec effort le courant des idées contemporaines, parvenaient enfin jusqu'à ces nouveautés singulières. Elles se trouvaient si bien sur le grand chemin du public, que les esprits les plus vulgaires et les intelligences les plus boiteuses ne manquaient guère de les rencontrer à leur tour et de s'en saisir.

Ainsi, chose bizarre! tandis que chaque particulier, s'exagérant sa valeur et son indépendance, tendait vers l'individualisme, l'esprit public se dirigeait de plus en plus, d'une manière générale et abstraite, vers une sorte de panthéisme politique qui, retirant à l'individu jusqu'à son existence propre, menaçait de le confondre enfin tout entier dans la vie commune du corps social.

Ces instincts divers, ces idées contraires, que le dix-huitième siècle et la révolution française nous avaient suggérés, formaient encore une masse confuse et impénétrable lorsque Napoléon entra sur la scène; mais sa puissante intelligence ne tarda pas à les démêler. Il vit que ses contemporains étaient plus près de l'obéissance qu'ils ne le croyaient eux-mêmes, et que ce n'était pas une entreprise insensée que de vouloir fonder parmi eux un nouveau trône et une dynastie nouvelle.

Du dix-huitième siècle et de la révolution, comme d'une source commune, étaient sortis deux fleuves : le premier conduisait les hommes aux institutions libres, tandis que le second les menait au pouvoir absolu. La résolution de Napoléon fut bientôt prise. Il détourna l'un et s'embarqua sur l'autre avec sa fortune. Entraînés par lui, les Français se trouvèrent bientôt plus loin de la liberté qu'ils ne l'avaient été à aucune époque de l'histoire.

Quoique l'Empire ait fait des choses surprenantes, on ne peut dire qu'il possédât en lui-même les véritables sources de la grandeur. Il dut son éclat à des accidents plutôt qu'à lui-même.

La révolution avait mis la nation debout, il la fit marcher. Elle avait amassé des forces immenses et nouvelles, il les organisa et en usa. Il fit des prodiges, mais dans un temps de prodiges. Celui qui avait fondé cet empire, et qui le soutenait, était d'ailleurs lui-même le phénomène le plus extraordinaire qui eût paru depuis bien des siècles dans le monde. Il était aussi grand qu'un homme puisse l'être sans la vertu.

La singularité de son génie justifiait et légitimait en quelque sorte aux yeux de ses contemporains leur extrême dépendance; le héros cachait le despote; et il était permis de croire qu'en lui obéissant, on se soumettait moins à son pouvoir qu'à lui-même. Mais après que Napoléon eut cessé d'éclairer et de vivifier ce monde nouveau qu'il avait créé, il ne serait resté de lui que son despotisme, le despotisme le plus perfectionné qui eût jamais pesé sur la nation la moins préparée à conserver sa dignité dans la servitude.

L'empereur avait exécuté sans peine une entreprise inouïe; il avait rebâti tout l'édifice social en même temps et sur un plan unique, pour y loger commodément le pouvoir absolu.

Les législateurs qui ont formé les sociétés naissantes, n'avaient pas été eux-mêmes assez civilisés pour concevoir l'idée d'une pareille œuvre, et ceux qui étaient venus quand déjà les sociétés vieillissaient, n'avaient pu l'exécuter; ils avaient trouvé dans les débris des institutions anciennes d'insurmontables obstacles. Napoléon possédait les lumières du dix-neuvième siècle, et il avait à agir sur une nation presque aussi dépourvue de lois, de coutumes et de mœurs fixes, que si elle n'eût fait que de naître. Cela lui permit de fabriquer le despotisme d'une façon bien plus rationnelle et plus savante qu'on n'avait osé l'entreprendre avant lui. Après avoir promul-

gué dans un même esprit toutes les lois destinées à régler les mille rapports des citoyens entre eux et avec
l'État, il a pu créer à la fois tous les pouvoirs chargés d'exécuter ces lois, et les subordonner de telle
sorte, qu'ils ne composassent tous ensemble qu'une
vaste et simple machine de gouvernement, dont lui seul
restait le moteur.

Rien de semblable n'avait encore paru chez aucun
peuple.

Dans les pays qui n'ont pas d'institutions libres, les
particuliers ont toujours fini par dérober au gouvernement une partie de leur indépendance, à l'aide de la diversité des lois et de la discordance des pouvoirs. Mais
ici, la redoutable unité du système et la puissante logique qui liait entre elles toutes ses parties ne laissaient
à la liberté aucun refuge.

L'esprit humain n'eût pas tardé à respirer péniblement
dans une pareille étreinte. La vie se serait bientôt retirée
de tout ce qui n'était pas le pouvoir; et quand on eût
vu ce pouvoir immense réduit à son tour à n'employer
sa force surabondante que pour réaliser les petites idées
et satisfaire les médiocres désirs d'un despote ordinaire,
on se serait bien aperçu que la grandeur et la puissance
surprenante de l'Empire n'étaient pas venues de lui-
même.

Dans les sociétés croyantes ou mal éclairées, le pouvoir
absolu comprime souvent les âmes, mais il ne les dégrade
point, parce qu'on l'admet comme un fait légitime. On
souffre de ses rigueurs sans le voir; on le porte sans le

sentir. Il n'en saurait plus être de même de nos jours. Le
dix-huitième siècle et la Révolution française ne nous
avaient pas préparés à subir avec moralité et avec honneur le despotisme. Les hommes étaient devenus trop
indépendants, trop irrespectueux, trop sceptiques pour
croire sincèrement aux droits du pouvoir absolu. Ils n'eussent vu en lui qu'un secours déshonnête contre l'anarchie dont ils n'avaient pas le courage de se défendre
eux-mêmes, un appui honteux accordé aux vices et aux
faiblesses du temps. Ils l'auraient jugé tout à la fois nécessaire et illégitime, et, pliant sous ses lois, ils se seraient méprisés eux-mêmes en le méprisant.

Le gouvernement absolu d'ailleurs aurait été doué
d'une efficacité spéciale et malfaisante pour nourrir et
développer tous les mauvais instincts qui pouvaient se
rencontrer dans la société nouvelle; il se serait appuyé
sur eux et les aurait accrus sans mesure.

La diffusion des lumières et la division des biens
avaient rendu chacun de nous indépendant et isolé de
tous les autres. Il ne nous restait plus désormais, pour
unir momentanément nos esprits et rapprocher de temps
en temps nos volontés, que le seul intérêt des affaires
publiques. Le pouvoir absolu nous eût ôté cette occasion
unique de penser ensemble et d'agir en commun; et
il aurait fini par nous cloîtrer dans cet individualisme
étroit où nous ne sommes déjà que trop enclins à nous
renfermer nous-mêmes.

Qui peut prévoir d'ailleurs ce qu'il serait advenu de
l'esprit humain, si, en même temps qu'on cessait de lui

donner à contempler la conquête du monde; on n'avait pas remplacé ce grand spectacle par celui de la liberté, et si, rentré dans le silence et dans la médiocrité de sa condition après tant de bruit et d'éclat, chacun se fût réduit à ne penser qu'aux meilleurs moyens de bien conduire ses affaires privées?

Je crois fermement qu'il dépend de nos contemporains d'être grands aussi bien que prospères; mais c'est à la condition de rester libres. Il n'y a que la liberté qui soit en état de nous suggérer ces puissantes émotions communes qui portent et soutiennent les âmes au-dessus d'elles-mêmes; elle seule peut jeter de la variété au milieu de l'uniformité de nos conditions et de la monotonie de nos mœurs; seule elle peut distraire nos esprits des petites pensées, et relever le but de nos désirs.

Que si la société nouvelle trouve les labeurs de la liberté trop pénibles ou trop dangereux, qu'elle se résigne, et qu'il lui suffise d'être plus riche que sa devancière, en restant moins haute.

C'est au milieu de la puissante organisation politique créée par l'Empire que M. de Cessac prit naturellement sa place. Il devint successivement directeur de l'École polytechnique, conseiller d'État, et enfin ministre de l'administration de la guerre, dans un temps où la guerre semblait être tout à la fois et le moyen et la fin du gouvernement. Sous ces différents jours, M. de Cessac se montra constamment le même homme; il fut l'exécuteur intelligent, inflexible et probe des grands desseins de Napoléon. Et quand Napoléon fut abattu, M. de Cessac

fit quelque chose de plus rare, peut-être, et de plus difficile que de sortir pauvre du pouvoir, il en sortit avec
des richesses dont tout le monde connaissait et honorait
la source : toutes étaient dues à l'estime magnifique de
l'empereur.

A la restauration, M. de Cessac entra dans la retraite,
dont on peut dire qu'il est à peine sorti depuis.

Il porta dans la vie privée le même esprit qu'il avait
montré dans la vie publique. Il avait fait des choses
considérables avec simplicité. Il en fit de peu importantes avec dignité. L'idée du devoir, présente partout,
grandissait tout.

Un esprit naturellement si régulier, si modéré et si
contenu, n'avait jamais été bien loin des croyances religieuses. La retraite acheva de le ramener vers la foi.

Quand, retiré des affaires publiques, il put considérer d'un œil calme et pénétrant le tableau de sa vie, qui
était aussi celui de son temps, et qu'il chercha ce qu'a-
vaient produit ces événements mémorables et ces rares
génies qui lui avaient paru remuer le monde, la grandeur de Dieu et notre petitesse durent éclater en quelque
sorte à ses regards.

Il vit une immense révolution entreprise pour la liberté et aboutissant au despotisme; un empire qui avait
semblé toucher à la monarchie universelle, détruit par
la main des étrangers dans sa capitale; un homme qu'il
avait cru plus grand que l'humanité, trouvant en lui-
même sa propre ruine, et se précipitant du trône, alors
que nul n'était plus assez fort pour l'en arracher. Se

rappelant tant d'espérances déçues, tant de projets restés
vains, tant de vertus et de crimes inutiles, la faiblesse
et l'imbécillité des plus grands hommes faisant tantôt
plus, tantôt moins, toujours autrement qu'ils ne voulaient, il comprit enfin que la Providence nous tient
tous dans sa main, quelle que soit [notre taille, et que
Napoléon, devant lequel sa volonté s'était pliée et comme
anéantie, n'avait été lui-même qu'un grand instrument
choisi par Dieu au milieu de tous les petits outils dont
il se sert pour renverser ou rebâtir les sociétés humaines.

M. de Cessac avait une intelligence trop ferme et trop
conséquente pour qu'une croyance pût s'arrêter en quelque sorte dans son esprit sans passer dans ses actes.
Pour lui le difficile était de croire, non de montrer sa
foi. Il devint donc un chrétien aussi fervent qu'il était
sincère : il servit Dieu comme il avait servi l'empereur.

C'est dans ce repos plein de dignité et d'espérance que
la mort l'atteignit enfin. Il était alors parvenu aux dernières limites que puisse atteindre la vie humaine ; il
touchait à sa quatre-vingt-onzième année.

Quoique la grande révolution qui agita ses contemporains eût commencé avant sa naissance, et qu'il eût
vécu lui-même près d'un siècle, il était mort avant d'ê-
tre en état de connaître ce que deviendraient les générations formées par elle. Il a pu voir que de nouveaux
germes de liberté et de servitude venaient d'être semés
dans ce monde. Mais lesquels devaient se développer,
lesquels seraient étouffés avant que de produire ? Les

hommes venaient de concevoir un goût plus vif de leur
indépendance; mais auraient-ils le courage et l'intelligence nécessaires pour la régler et la défendre? reste-
raient-ils assez honnêtes pour rester libres?

M. de Cessac ne l'a pas su, nul ne le sait; car Dieu n'a
pas encore livré aux hommes la solution de ce redoutable problème.

Cependant on se hâte; on veut dès à présent juger,
soit en bien, soit en mal, cette grande époque dont on ne
connaît point encore tous les produits. Une pareille œuvre est prématurée. C'est nous, messieurs, nous-mêmes
qui ajouterons au dix-huitième siècle et à la révolution ce
dernier trait sans lequel leur physionomie reste incer-
taine. Suivant ce que nous serons, il faudra se montrer
plus ou moins favorable ou contraire à ceux dont nous
sommes l'ouvrage. Ainsi nous tenons dans nos mains
non-seulement notre propre honneur, mais encore celui
de nos pères. Notre seule grandeur achèvera de les rendre grands aux yeux de l'histoire. Ils ont répondu de
nous devant l'avenir; et de nos vices ou de nos vertus
dépend la place qu'ils doivent enfin garder dans l'esprit
des hommes[1].

[1] Voir à la fin du volume, note A, la réponse de M. le comte Molé; le
discours de M. l'abbé Lacordaire, élu en remplacement de Tocqueville, et
la réponse de M. Guizot.

# DISCOURS

PRONONCÉ A LA SÉANCE PUBLIQUE ANNUELLE DES CINQ ACADÉMIES, LE 3 MAI 1847,
AU NOM DE L'INSTITUT, DONT M. DE TOCQUEVILLE ÉTAIT PRÉSIDENT

Messieurs,

Les sciences, les arts et les lettres ont entre eux des
rapports si naturels et si nécessaires, qu'on peut dire
qu'ils ne sauraient se développer séparément. On les voit
d'ordinaire grandir ensemble, et ce n'est guère qu'en
s'appuyant les uns sur les autres qu'ils peuvent marcher.

Cette fraternité et cette solidarité des différentes facultés humaines, quoique vaguement senties et de tout
temps soupçonnées, n'étaient ni reconnues ni constatées.
Les sciences, les lettres et les arts s'aidaient sans doute
mutuellement, mais comme à leur insu ; ils se donnaient
la main sans se voir.

C'est la Révolution française, messieurs, qui, en cette
matière comme en beaucoup d'autres, a eu le mérite singulier, sinon de créer, au moins de produire et de met-

tre au grand jour la loi générale et permanente de l'humanité. Dans ce but, l'Institut a été fondé.

Ailleurs, il y a des académies où l'on cultive les divers produits de l'intelligence. En France seulement on voit un grand corps qui les absorbe toutes sans les confondre ; qui ne les plie pas à une discipline commune, dont la liberté de l'esprit humain pourrait souffrir, mais qui, les rapprochant et les mettant en contact, leur rappelle sans cesse qu'elles ont une même origine, qu'elles ne sont que les manifestations diverses d'un seul agent, et qu'elles se doivent un mutuel concours.

Ce grand objet qu'a eu en vue le législateur en formant l'Institut, n'apparaît toutefois que de loin en loin. Le corps subsiste, mais il échappe, pour ainsi dire, aux regards, parce que ses membres sont séparés. Il n'y a que dans cette séance annuelle qu'ils se rassemblent aux yeux du public.

Ceci, messieurs, est donc autre chose et plus qu'une simple solennité académique. Nous ne nous réunissons pas seulement aujourd'hui pour admirer ensemble des pensées ingénieuses ou brillantes. Le spectacle que présente cette assemblée sera toujours plus grand, j'ose le dire, que toutes les paroles qu'on prononcera devant elle.

Nous sommes ici dans le seul lieu du monde où le lien profond et caché qui unit entre elles toutes les facultés intellectuelles de l'homme, soit rendu en quelque sorte visible et palpable, et où puisse se manifester dans toute sa plénitude la vaste unité de l'esprit humain.

Mais je m'arrête, messieurs; le devoir de votre Président était d'ouvrir cette séance solennelle; à d'autres est confiée, par les différentes Académies, la mission honorable de la remplir.

# DISCOURS

PRONONCÉ AUX FUNÉRAILLES DE M. BALLANCHE, LE 14 JUIN 1847

Messieurs,

Je pourrais vous entretenir du rare mérite littéraire que possédait l'homme excellent dont nous entourons la dépouille mortelle. Parlant ici au nom de l'Académie française, je le devrais peut-être. Vous l'avouerai-je, messieurs, au bord de cette tombe encore entr'ouverte, à la vue de cette figure austère et solennelle de la mort, dans ce lieu si plein des pensées de l'autre vie, je n'ai pas le courage de le faire. Le talent de l'écrivain, quelque grand qu'il soit, s'efface un moment pour ne laisser voir que le caractère et la vie de l'homme.

Ailleurs, messieurs, nous dirons quelle fut la supériorité de M. Ballanche dans l'art d'écrire; comment, plus qu'aucun autre auteur de notre temps, il sut faire passer dans la langue française le génie grand et simple de la haute antiquité; ailleurs, nous peindrons les grâces chastes et graves de son style, l'étendue et souvent la profondeur de ses pensées. Aujourd'hui, ce ne sont pas ses œuvres littéraires que nous aimons à rappeler, c'est lui-même.

Qui de nous, messieurs, ne se sent ému et comme attendri au souvenir de ce doux et respectable vieillard auquel le bien semblait si facile, et qui rendait le bien si aimable. Sa pure et rêveuse vertu, qui, au besoin, fût aisément montée jusqu'à l'héroïsme, ressemblait, dans les actes de tous les jours, à la candide innocence du premier âge. Non-seulement M. Ballanche n'a jamais fait le mal, mais il est douteux qu'il ait jamais pu le bien comprendre, tant le mal était étranger à cette nature élevée et délicate. Pour lui, la conscience n'était point un maître, mais un ami dont les avis lui agréaient toujours, et avec lequel il se trouvait naturellement d'accord.

A vrai dire, la vie tout entière de M. Ballanche n'a été qu'une longue et paisible aspiration de l'âme vers le bonheur des hommes et vers tout ce qui peut contribuer à ce bonheur : la liberté, la confraternité, le respect des croyances et des mœurs, l'oubli des injures ; qu'un constant effort pour apaiser les haines de ses contemporains, concilier leurs intérêts, renouer le passé à l'avenir, et rétablir entre l'un et l'autre une harmonie salutaire.

En même temps que M. Ballanche portait à l'humanité tout entière un amour sincère et profond, il prenait grand soin de ne livrer son cœur qu'à un petit nombre d'affections choisies. Il obtint de cette manière, chose rare, la bienveillance de tous et l'amitié ardente de quelques-uns. La première moitié de sa vie s'était

passée au milieu des orages de la révolution et des douleurs physiques ; la seconde s'écoula paisiblement près
d'amis illustres et dévoués. Plusieurs des personnes qui
ont le plus brillé de nos jours par leurs vertus et leurs
talents ont été intimement liées avec M. Ballanche. Aucune n'a été séparée de lui que par la mort.

Dans les dernières années de sa vie, M. Ballanche s'é-
tait créé comme une société à part dans la grande société française ; il s'y occupait plus des idées du temps
que des faits ; il s'y unissait à ses contemporains par les
pensées, par les sympathies, non par l'action ; il n'y restait pas étranger à leur sort, mais à leurs agitations.
C'est là qu'il vécut dans une atmosphère calme et sereine où pénétraient les bruits du monde, mais où les
passions du monde n'entraient point. C'est là aussi qu'il
s'est éteint.

Quoique M. Ballanche eût survécu à tous les siens et
qu'aucun de ses proches ne puisse aujourd'hui nous accompagner à ses funérailles, nous ne saurions le plaindre. L'amitié avait depuis longtemps remplacé pour lui
et peut-être surpassé tout ce que la famille aurait pu
faire.

Pour nous, messieurs, qui venons de rendre un dernier hommage à sa mémoire, nous rapporterons de
cette cérémonie un souvenir triste, mais salutaire et
doux : le souvenir d'un homme qui a bien vécu et qui
est bien mort, d'un écrivain dont la plume désintéressée
n'a jamais servi que la sainte cause de la morale et de
l'humanité.

# DISCOURS

À L'ACADÉMIE FRANÇAISE, SUR LES PRIX DE VERTU, PRONONCÉ LE 22 JUILLET 1847

Messieurs,

Entre des livres utiles aux mœurs et des actes de vertu, la liaison est naturelle : les uns mènent aux autres; et le talent de bien dire serait peu de chose, s'il ne conduisait les hommes à bien faire. Le vénérable Montyon, dont nous sommes en ce moment les exécuteurs testamentaires, l'a senti. Après avoir fondé des prix pour récompenser les auteurs des livres moraux, il en a fondé d'autres dans le but d'honorer les actions vertueuses, et il a voulu que tous ces prix fussent décernés le même jour, afin de mieux montrer le lien étroit qui les unit entre eux.

M. le secrétaire perpétuel vient de vous entretenir des premiers dans son éloquent et ingénieux langage; mon devoir est maintenant de vous parler des seconds.

La tâche, messieurs, est plus douce encore à remplir et plus facile. La meilleure manière d'honorer la vertu sera toujours de l'imiter; mais quand on ne peut le faire, ce qui convient, du moins, le mieux pour lui rendre hommage, c'est d'en parler simplement.

Parmi les différents traits de vertu qui sont arrivés à la connaissance de l'Académie, il y en a un qui a été placé par elle bien au-dessus de tous les autres, et auquel elle a cru devoir accorder une distinction particulière.

La femme modeste qui en est l'auteur est une pauvre servante des environs de Buzançais, nommée Madeleine Pirodeau. Restée veuve d'un bûcheron appelé Blanchet, après un an de mariage, au moment où elle venait d'accoucher de son premier enfant, elle allait être livrée sans ressources aux horreurs de la misère, lorsqu'une dame âgée et respectable de la ville de Buzançais, madame Chambert, mit l'enfant de la veuve Blanchet en nourrice, et la prit elle-même à son service. Elle y était depuis neuf ans, lorsque éclatèrent, au mois de janvier dernier, les troubles dont la cherté des grains fut la cause et peut-être l'occasion, et qui eurent une fin si tragique pour leurs victimes et pour leurs auteurs.

Jamais insurrection ne se montra dès l'abord sous des traits si sauvages : des rumeurs vagues, comme il arrive toujours à l'approche des événements funestes, parcouraient depuis quelque temps le pays, et excitaient les craintes sans leur donner encore d'objet précis. Des menaces de pillage, d'incendie et de meurtre étaient proférées contre la classe entière des propriétaires, désignés sous le nom générique de Bourgeois. On racontait qu'un vieillard avait dit : « J'ai déjà vu deux révolutions ; à la troisième, je mets ma faulx à l'envers, et alors malheur aux bourgeois ! »

Ces voix menaçantes qui sortaient du milieu du peuple, sans qu'on vît précisément d'où elles partaient, avaient d'avance porté la terreur dans les âmes et rempli les cœurs les plus courageux d'appréhensions sinistres.

Parmi les riches de Buzançais, plusieurs avaient été particulièrement désignés aux violences populaires. Madame Chambert et son fils étaient de ce nombre. La veille de l'émeute, on était venu avertir leurs domestiques. « Si vous essayez de défendre vos maîtres, leur avait-on dit, vous serez tués. »

Le 14 janvier, le toscin sonne. La foule, déjà assemblée, se précipite vers une grande usine qui est placée à la porte

de Buzançais. Les propriétaires de ce vaste établissement
sont chassés et maltraités. La maison est pillée ; on y met le
feu.

Excitée par ce premier acte, l'insurrection poursuit son
chemin. Elle entre dans la ville et fait subir à plusieurs maisons qui se trouvent sur son passage le même sort.

Cependant la plus profonde terreur régnait dans Buzançais, non cette terreur mêlée d'énergie qui tourne bientôt
le désespoir en courage, mais ce sentiment mou, égoïste et
inintelligent, qui s'empare si souvent, dans les révolutions,
des âmes honnêtes et timides, et qui porte les bons citoyens
à s'enfermer chez eux et à y attendre leur sort.

En un moment, la ville entière est au pouvoir de l'insurrection et à sa merci.

C'est après plusieurs scènes de dévastation, dont le récit,
passant de bouche en bouche, grossissait en courant, qu'une
troupe furieuse se présente enfin à la demeure de M. Chambert.

Celui qui la conduit, le nommé Venin, entre le premier.
Il pénètre jusqu'à une salle où se tenaient en ce moment
madame Chambert et son fils. « Je suis le chef des bri-
gands, » dit-il.

M. Chambert avait un domestique qui lui était très-affec-
tionné, appelé Bourgeau. Cet homme se jette courageusement sur Venin, et le terrasse. La foule entre. Effrayé à sa
vue et au souvenir des menaces qui lui ont été faites la veille,
Bourgeau s'enfuit. M. Chambert, qui était allé chercher un
fusil pour défendre son domestique, reparaît à la porte.
Venin se précipite sur lui ; le coup part ; Venin tombe.
Chambert fuit. Il se retire de chambre en chambre, toujours
poursuivi. Une foule en fureur s'attache à ses pas, brisant
les meubles sur son passage. Il s'élance hors de sa demeure,
elle s'élance après lui. Il se réfugie chez un voisin, elle l'y
suit ; il s'y cache, elle le découvre, elle l'en arrache. L'en
voilà maître. Les coups se croisent alors sur le corps de ce

malheureux avec une aveugle furie. Il chancelle, on redou-
ble. Il tombe, on frappe encore. Il meurt en s'écriant
« Grâce, mes amis ! » Un homme répond du sein de la foule :
« Tu n'as plus d'amis ! »

Il se trompait, messieurs : au milieu de cette ville livrée
tout entière par la peur à la violence, et où chacun semblait
ne songer qu'à soi, une âme intrépide et fidèle veillait sur
ce que Chambert avait eu de plus cher, sur sa mère.

A la vue de ces hommes, qui envahissaient la maison de
ses maîtres et dont on racontait déjà tant de crimes, la servante de madame Chambert, Madeleine Blanchet, se trouble
d'abord et s'évanouit.

Admirez un instant ici, messieurs, avec nous, le contraste
que présente le courage moral dont la source n'est que dans
l'âme, et ce courage presque physique qui naît et s'éteint
au milieu de l'irritation du moment. Remarquez comme ces
deux physionomies sont distinctes, quoique souvent on les
confonde.

Bourgeau, le domestique de M. Chambert, cède d'abord
à un premier mouvement d'indignation et d'énergie imprudente ; il attaque le chef de l'attroupement et le renverse.
Bientôt après, le cœur lui manque et il s'enfuit.

Le premier mouvement de Madeleine Blanchet est, au
contraire, de s'abandonner à sa terreur. Elle tremble, elle
pleure, elle se trouve mal. Revenue bientôt à elle, cette
pauvre servante demande ce que sont devenus ses maîtres :
elle apprend qu'on égorge le fils, qu'on va tuer la mère.
Une force intérieure élève aussitôt son cœur au-dessus de
cette tempête. Son trouble cesse, son âme se rassérène et se
rasseoit tout à coup. Sa résolution est prise : elle s'élance vers
le lieu d'où elle entend partir les cris de sa maîtresse.

Cette dame respectable et infirme était alors exposée aux
plus grandes indignités et aux plus grands périls. Elle était
entourée par une foule en désordre, toute tachée de vin et de
sang, le sang de son fils.

Des injures grossières, des cris de mort retentissaient de tous côtés à ses oreilles : sur toutes les figures l'aspect de la haine ; sur toutes les lèvres l'outrage ; nulle part un regard ami ou protecteur. C'est en ce moment que Madeleine Blanchet, se frayant péniblement un chemin, arrive enfin jusqu'à elle. Elle la rassure d'abord, en s'associant à sa destinée. Puis elle entreprend de la sauver. D'un bras elle la soutient ; de l'autre, elle écarte les assaillants et se fait jour à travers la foule, dont les flots, resserrés dans un espace étroit, devenaient plus dangereux en se heurtant. Elle parvient ainsi, après beaucoup de temps et avec des efforts inouïs, à conduire ou plutôt à porter madame Chambert jusque dans la cour. C'est là que l'attendait le plus grand péril. En voyant madame Chambert sur le point d'échapper, la rage de ceux qui la suivaient arrive à son comble. Un coup l'atteint ; d'autres le suivent : elle est renversée. De sanglants exemples nous l'ont trop appris : malheur à qui tombe devant une populace en fureur ! Déjà on se précipite vers elle avec les mêmes cris de mort qui ont accompagné la chute de son fils.

« Va-t'en, ma pauvre fille, murmure madame Chambert ; c'est ici que je dois mourir ; va-t'en ! »

Madeleine était bien loin de lui obéir : « Vous ne tuerez ma maîtresse, s'écrie-t-elle, qu'après m'avoir tuée moi-même. » En disant ces mots elle couvre madame Chambert de son propre corps. Un homme brandit un coutelas au-dessus de sa tête. Plusieurs femmes la frappent.

Tandis que de ses deux mains elle essaye de parer les coups qui sont destinés à sa maîtresse, elle en appelle à haute voix à la justice, à la générosité des assistants, avec cette éloquence naturelle que l'esprit ne fait pas découvrir, mais qui se révèle tout à coup aux grands cœurs dans les grands périls.

Deux hommes touchés de ce spectacle se décident enfin à intervenir. Avec leur aide, Madeleine parvient à relever sa maîtresse, à protéger sa fuite. Elle la dépose enfin dans une maison amie, et l'y cache. Qui le croirait, messieurs ? Madeleine ne se renferme pas avec elle dans cet asile. Elle le quitte aussitôt. Elle rentre dans cette demeure encore humide du sang de M. Chambert, et dont elle-même vient de s'échapper avec tant de peine. La maison était alors livrée au plus affreux pillage. Que vient-elle y faire ? Cette servante intrépide croit qu'elle n'a pas rempli tous ses devoirs en sauvant sa maîtresse, si elle ne s'efforce de préserver la propriété que celle-ci avait commise à sa garde. C'est à cette seconde tâche qu'elle se dévoue. Tantôt elle arrache des mains des meurtriers des objets précieux dont ils s'étaient emparés ; tantôt, par un vertueux larcin, elle les leur dérobe. Quand elle les a mis en sûreté, elle revient. Les injures ne l'humilient pas, les menaces ne lui font pas peur, les mauvais traitements ne la rebutent point. Elle ne se retire qu'au bout de plusieurs heures, quand tout ce qui n'a pu être préservé par elle a été enlevé ou détruit par l'émeute.

Cet acte a moins d'éclat, sans doute, mais a-t-il moins de vraie grandeur ? Ne se rencontre-t-il pas, au contraire, quelque chose de particulièrement méritoire dans cette vertu qui ne se lasse point par un premier effort, qui passe immédiatement de l'accomplissement d'un devoir principal à l'accomplissement d'un devoir secondaire, et qui, ayant fait le plus, ne se trouve pas quitte envers elle-même tant que le moins reste à faire.

Ces traits nous paraissent admirables, messieurs ; ils ont toujours paru tout simples à celle qui en est l'auteur. Elle n'a jamais eu, depuis, l'idée de s'en enorgueillir ni de s'en vanter.

Lorsque Madeleine Blanchet parut devant la cour d'assises, assemblée pour juger les coupables de Buzançais, on lui demanda ce qu'elle avait vu. Elle le raconta avec une brève et nette simplicité. Puis elle se tut. Elle avait tout dit, excepté ce qui ne se rapportait qu'à elle. Mais, dit le président, les témoins nous ont appris que vous aviez couvert votre maîtresse de votre corps et que vous l'aviez ainsi dérobée aux coups des assassins : est-ce vrai? — Oui, monsieur, répond simplement Madeleine. — On vous a entendue vous écrier qu'on vous tuerait avant de pouvoir tuer votre maîtresse : est-ce vrai? — Oui, monsieur, réplique Madeleine avec la même brièveté! » Rien de plus, pas un mot à travers lequel on puisse voir percer l'orgueil qui jouit enfin de son triomphe, ou la fausse modestie qui ne s'est tue que pour pouvoir ensuite mieux parler.

Frappé de la simple et modeste grandeur de cette fille du peuple, le président prononce ces paroles mémorables, qui resteront comme le dernier mot sur ce sanglant drame :

« S'il s'était trouvé dans Buzançais, dit ce magistrat, vingt hommes seulement qui eussent le cœur de cette femme, aucun des malheurs que nous déplorons n'aurait eu lieu. »

Cela est vrai, messieurs : Madeleine s'imaginait n'avoir accompli qu'un acte honnête, elle avait fait une action sublime. Elle avait donné à ses concitoyens un grand exemple, et, nous ne craignons pas d'ajouter, une sévère leçon.

L'Académie a voulu créer, cette année, un prix exceptionnel de cinq mille francs. Elle y a joint une médaille d'or. Elle accorde l'un et l'autre à Madeleine Blanchet. Cette distinction ne surprendra personne, excepté peut-être celle qui en est l'objet.

D'autres prix de moindre valeur ont été décernés par l'Académie à d'autres personnes dont le mérite, sans être aussi éclatant, est encore digne de nos respects.

Un prix de deux mille francs est donné à un brave jeune homme de la commune des Sablons, département de la Gironde, nommé Pierre Égreteau, qui a arraché successivement un grand nombre de personnes à la mort.

Un homme se noyait dans la rivière d'Isle. Égreteau le

sauve au péril de ses jours. Cela fait naître chez lui une espèce de vocation à laquelle depuis il a été fidèle.

Peu après, il retire un autre homme du fond d'un marais où celui-ci allait disparaître. Plus tard, une rivière débordée enveloppe tout à coup la malle de Bordeaux; la voiture est submergée; le postillon coupe les traits des chevaux et s'échappe. Le courrier et un voyageur se voient sur le point d'être engloutis. Pierre Égreteau survient et les sauve. En 1843, une inondation envahit plusieurs villages; Pierre parvient à retirer du milieu des eaux trois familles. En 1845, un père et sa fille traversaient tous les deux un gué dangereux. Le vieillard passe heureusement, la jeune fille est entraînée par le courant. Pierre Égreteau se trouvait heureusement sur la rive. Il s'élance, et l'enfant est rapportée pleine de vie aux pieds de son père.

Ces aventures se sont si souvent reproduites dans la vie de Pierre Égreteau, qu'on dirait que cet homme a embrassé la profession héroïque de sauver ses semblables, et que la Providence, venant en aide à son courage, l'a muni d'une sorte d'instinct particulier et sûr, qui lui fait sentir de loin le péril, et qui l'amène avec certitude sur le lieu même où des malheureux vont périr.

Un autre prix de deux mille francs est accordé aux époux Renier.

Les époux Renier ont eu autrefois quelque fortune; ils exerçaient, dans un quartier populeux de Paris, un commerce de charbon et de bois. Le mari était rangé, la femme économe, la boutique achalandée. Ils auraient dû s'enrichir; il n'en était rien pourtant. Les époux Renier avaient une passion qui les entraînait à des dépenses plus grandes que leurs ressources; car toutes les passions vraies et vives sont naturellement un peu aveugles et imprudentes. Ces braves gens avaient la passion de la bienfaisance. Au lieu de vendre leurs marchandises, il leur arrivait bien souvent de les donner pour rien. On comprend qu'à ce compte ils devaient avoir beaucoup de pratiques et peu de profit. Parmi les pauvres familles de leur voisinage, celle-ci manquait de charbon pour préparer ses aliments, cette autre de bois pour se chauffer au milieu d'un hiver rigoureux. Madame Renier ne pouvait résister à la vue d'un si pénible spectacle. « Peut-on laisser, disait-elle, des malheureux mourir de froid, quand on a un chantier à sa disposition ? » La charité faisait alors taire l'esprit du négoce, et la marchande se transformait en sœur hospitalière.

Dans leur maison habitait un homme livré à toutes les misères physiques et morales dont la maladie, la pauvreté, l'isolement, peuvent accabler la vieillesse. Un tel malheur placé si près d'eux avait des attraits irrésistibles pour les époux Renier. Le vieillard devint un membre de leur famille. Il mourut près d'eux sans s'être jamais aperçu des durs sacrifices qu'il leur imposait.

Près des époux Renier vivait un jeune ménage, qui cachait avec soin, sous des dehors décents, une grande pauvreté. Le mari écrivait, et, quoique dans un siècle où les lettres donnent souvent plus de profit que de vraie gloire, il avait grand'peine à faire vivre sa jeune femme du produit de sa plume, et à en vivre lui-même. Une longue maladie survint, et avec elle les créanciers, puis les huissiers, puis la saisie. On ne lui laissa bientôt rien que la vie ; encore le désespoir et la misère allaient en abréger le cours, lorsque ce spectacle attira les regards des époux Renier.

Ceux-ci se contentèrent d'abord de payer quelques dettes qui restaient encore au jeune ménage. Puis la tentation devenant plus forte à mesure qu'ils y cédaient davantage, ils conçurent le désir d'attirer ces malheureux chez eux et de les y loger. Mais la place manquait ; voici comment ils y pourvurent. Quand j'ai dit que Renier n'avait qu'une passion, la bienfaisance, j'exagérais un peu ; il en avait encore une autre, messieurs, qui, bien que fort petite en apparence,

devient très-tyrannique quelquefois. Il avait la passion, ou,
si l'on veut, la manie de la botanique ; il faisait depuis longtemps une grande collection de plantes, et il aspirait secrètement à la gloire de composer enfin un bel herbier. Un ap-
partement était consacré à cet usage ; il en emportait toujours la clef avec lui, de peur qu'on lui dérobât son trésor.
L'herbier fut sacrifié pour sauver le pauvre ménage. Le sacrifice est petit, dira-t-on ; mais le sentiment qui l'a fait faire
ne l'est point, et peut-être que Dieu, qui sait le fond des
cœurs et qui voit si bien que la grandeur des affections humaines est rarement en proportion de la grandeur de l'objet
qui les fait naître, tiendra plus de compte à ces pauvres gens
de s'être privés par charité de leur herbier que d'avoir abandonné tout le reste.

Quand la vertu a une fois pris l'allure vive de la passion,
elle ne recule pas devant les entreprises ardues. Le difficile
la tente, le rare l'aiguillonne, et, dans ses caprices sublimes,
on la voit souvent préférer le bien qui est loin d'elle à celui
qu'elle peut accomplir aisément. Les époux Renier découvri-
rent un jour, sous un hangar, au milieu d'ordures et d'im-
mondices, un pauvre idiot qui semblait parvenu à ce comble
de misère où l'homme ne comprend plus même qu'il est
malheureux. Quels étaient son nom, ses parents, son histoire ? Nul ne le savait, il l'ignorait lui-même. Ce spectacle
ne les rebuta point. Ils entreprirent de réunir et de diriger
les rayons épars et divergents de cette faible intelligence, et
ils y parvinrent. L'idiot aperçut bientôt avec plus de clarté
le spectacle du monde, dont il n'avait eu jusque-là qu'une
vue confuse et troublée. Il comprit, pour la première fois,
une partie de ce qu'il n'avait fait encore que voir. Il apprit
du moins ce qu'il faut savoir pour gagner sa vie en travaillant. On pourrait presque dire que les époux Renier ont
plus fait pour lui que Dieu même, car ils lui ont donné l'intelligence, tandis qu'avant de les connaître il n'avait que
la vie.

Nous pourrions vous citer, messieurs, quelques autres
traits également touchants : le temps nous force de les écarter! qu'il nous suffise de dire que la vie entière de M. et de
madame Renier en est remplie.

Pour pouvoir venir en aide aux malheureux, ils achevè-
rent de déranger leur petite fortune. On les vit prendre
d'abord sur le superflu, puis sur l'utile, puis sur le nécessaire. Ils sont aujourd'hui presque aussi pauvres que ceux
qu'ils ont secourus jadis.

L'Académie a voulu montrer à ces époux vertueux que
la Providence ne les oubliait pas, tandis qu'ils s'oubliaient
eux-mêmes, et qu'elle leur ménageait, sans qu'ils le sussent,
pour leurs vieux jours, une petite épargne.

La vertu de Pierre-Hubert Jacoillot s'est surtout exercée
dans les limites de la famille. Jacoillot est par sa mère le
petit-neveu d'un ancien ministre de la guerre sous la république. Son père était un cultivateur riche de la commune de
Coulmier-le-Sec en Bourgogne. La mère de Jacoillot étant
morte, son père se remaria bientôt, quoiqu'il eût déjà de
nombreux enfants. Il épousa une femme pauvre. Cette union
imprudente dérangea d'abord, et bientôt ruina de fond en
comble la fortune de cette famille. Lorsque le père de Jacoillot mourut, tous ses biens étaient saisis; ils furent vendus
sans pouvoir couvrir les dettes. A peine eut-il fermé les yeux,
que sa femme et les enfants qu'il avait eus de sa seconde
union étaient chassés de sa demeure par les créanciers.
Cette pauvre veuve, malade et entourée de petits enfants en
bas âge, était sans asile. Jacoillot la recueillit, elle et ses
huit enfants. Il la nourrit, il les éleva. Tous ses amis, qui,
comme il arrive souvent, donnaient plus volontiers des conseils que des secours, le pressaient de se marier; il croyait
leur fermer la bouche en disant : « Si je me marie, qui
prendra soin des enfants de mon père, qui nourrira ma
belle-mère? » Pour cet homme courageux et honnête, la ré-

ponse était, en effet, sans réplique. Quand les enfants furent élevés, il ne se reposa pas ; ses sacrifices changèrent seulement d'objet. Après avoir sauvé de la faim les enfants de son père, il continua à se dévouer pour préserver la bonne renommée que son père avait eue : il paya toutes ses dettes.

Aujourd'hui Jacoillot a atteint le terme de ces deux grandes entreprises, mais elles ont rempli et usé sa vie. Sa santé, profondément altérée par les privations et les excès de travail, ne lui permet plus de grands efforts. Il est resté fort pauvre ; il restera désormais tel. Cet aspect sombre de l'avenir ne l'attriste point : il a l'âme sereine, le cœur content, le propos joyeux. Il ne regrette rien et ne craint rien. Accoutumé à braver volontairement la pauvreté, il ne la redoute pas davantage quand elle devient inévitable. Mais ses concitoyens, dont il est tout à la fois l'ami et l'exemple, la redoutent pour lui. Ils se sont unanimement adressés à l'Académie pour lui signaler cette rare vertu. L'Académie, messieurs, les a entendus ; elle n'a jamais cru pouvoir mieux remplir les intentions de M. de Montyon qu'en décernant un prix de deux mille francs à Jacoillot.

C'est aussi sur une sorte de cri public, qu'une distinction pareille a été accordée à la veuve Gambon.

Depuis dix-sept ans, cette sainte femme est la consolation et le soutien de tous les pauvres de Nanterre.

Compatir aux misères de l'humanité, les soulager quand par hasard on les rencontre, prendre sur son superflu pour venir au secours de ceux qui n'ont rien, une telle conduite mérite sans doute qu'on l'honore ; mais se consacrer tout entier à soulager le malheur, l'étudier et le suivre obstinément sous les formes diverses et innombrables que Dieu lui a permis de prendre sur la terre, s'en rapprocher sans cesse pour l'embrasser et l'adoucir, braver, pour arriver jusqu'à lui, les glaces de l'âge, les souffrances de la maladie et la peur de la pauvreté, pire que la peur de la mort, cela ne

mérite pas seulement notre estime, messieurs, mais nos
hommages. La charité ainsi comprise touche à l'héroïsme :
c'est ainsi que l'a toujours entendu la veuve Gambon. On
peut dire qu'il n'y a pas de malheureux dans son voisinage
qui n'ait reçu d'elle des secours : celui-ci des médicaments,
celui-là du pain, cet autre l'éducation. On disait à un médecin de Nanterre : « La veuve Gambon vous accompagne
donc souvent au lit des malades? — Jamais, répondait-il ;
elle s'y trouve toujours la première. »

La charité délicate et ingénieuse de madame Gambon ne
s'arrête pas aux limites de la vie; elle suit, en quelque sorte,
les malheureux au delà.

On ne sait pas assez combien l'idée d'être jeté dans la
terre comme un fardeau inutile, sans les derniers égards
qui se doivent à la dépouille d'un homme, est cruelle pour
le pauvre, auquel tout manque à l'heure suprême, jusqu'à
un linceul et à un cercueil, et on ignore combien cette
image funeste trouble et empoisonne souvent ses derniers
moments.

Madame Gambon le savait, et elle ne se croyait pas quitte
envers le malheureux auquel elle avait fermé les yeux, si
elle ne lui avait assuré de modestes funérailles.

Madame Gambon touche à l'extrême vieillesse; elle est
atteinte d'infirmités cruelles. Ces obstacles rendent pour elle
l'exercice de la bienfaisance plus pénible, mais non moins
actif. Elle ne s'est jamais plainte que de n'être pas assez
riche; c'est la plainte du siècle. Messieurs, plût au ciel que
tous ceux qui la font entendre de nos jours, fissent comme
cette pieuse femme, et qu'ils ne souhaitassent avec tant d'ardeur la richesse que pour se procurer comme elle de sublimes plaisirs.

Pour subvenir à sa charité, madame Gambon a pris chaque année sur son petit patrimoine. Elle possédait quelques
champs de terre, fruits des économies et des labeurs de
plusieurs générations. On sait quel est l'attachement ardent,

et quelquefois aveugle, que le petit propriétaire foncier porte à sa terre. La veuve Gambon s'est cependant décidée à vendre, chaque année, tantôt un champ, tantôt un autre. Mais, dissipatrice avec prudence, elle ne se ruine que lentement, de manière à ne pas réduire tout à coup ses pauvres à la misère. Quand sa bourse est vide, elle va puiser dans celle des autres, en les intéressant aux infortunes qu'elle ne peut plus soulager elle-même ; et lorsque enfin l'argent lui manque entièrement, il lui reste encore pour les malheureux de chaudes et consolantes sympathies, cette richesse inépuisable des bons cœurs. Frappé de ces vertus, le comité de bienfaisance de Nanterre a voulu la nommer dame de charité. Madame Gambon est la veuve d'un simple vigneron. Ce titre de dame de charité effaroucha d'abord sa simplicité et sa modestie : elle refusa longtemps de l'accepter ; mais le peuple de Nanterre trouva moyen de lui assigner, sans la consulter, un nom plus modeste, mais plus doux, qui rappelait tout à la fois les bienfaits de cette miséricordieuse femme, et les soins maternels, plus précieux souvent que les bienfaits, qu'elle savait y joindre. Il l'a nommée, et il la nomme encore : *La mère de bon secours*.

L'Académie accorde deux mille francs à madame Gambon. Il serait plus exact de dire, messieurs, qu'elle les donne aux pauvres de Nanterre ; car c'est dans les mains de ceux-ci que cet argent se trouvera bientôt.

Le principe de la vertu est partout le même ; mais la physionomie de la vertu varie sans cesse, suivant les temps et les lieux. Il n'y a rien qui ressemble moins à madame Gambon, cette pieuse veuve dont nous venons de raconter l'histoire, que l'homme dont nous allons parler.

Franceschi est hardi, vigoureux, énergique. Il exerce une profession fort pacifique, mais il habite une contrée où l'artisan lui-même est familiarisé avec l'usage des armes, et a

toujours sous la main son fusil à côté des instruments de
son travail.

Franceschi est Corse. Il est né dans ce singulier et beau
pays auquel nous donnons, depuis si longtemps, nos lois,
sans pouvoir lui donner complétement nos idées et nos
mœurs : pays de sauvages vertus et de crimes sauvages, dans
lequel chaque famille conserve le souvenir des injures plus
précieusement que les titres de propriété ; où tout est stable
et immobile, surtout la haine, et où, en dépit du christianisme et de la civilisation, la vengeance paraît encore le
premier des droits et le plus impérieux des devoirs.

En tout pays, le rôle de conciliateur, quoique fort digne
d'estime, est assez ingrat ; mais, en Corse, il est, de plus,
très-difficile, et souvent fort dangereux. Pour l'exercer, il
ne suffit pas seulement d'avoir un cœur bienveillant et honnête, il faut encore un esprit ferme, un caractère éprouvé et
une âme intrépide.

Franceschi s'est plusieurs fois dévoué à cette mission
conciliatrice.

Un jour, un de ses voisins, nommé Micaelli, est assassiné
par les frères Giafferi. La famille Micaelli prend aussitôt les
armes.

L'un des frères Giafferi est tué. Sa sœur combat à sa place
et est tuée à son tour.

C'est alors que Franceschi, s'interposant, au péril de sa
vie, entre ces passions furieuses, parvient à amener les familles, sinon à une réconciliation, au moins à la paix.

En 1840, le meurtre de M. Monti avait mis du sang entre
deux familles de Corte ; la guerre était ouverte. La mort
planait déjà sur plusieurs têtes. Franceschi et quelques autres gens de bien interviennent et font déposer les armes.

Il est facile, dira-t-on, de faire bon marché de la haine
des autres. Il faudrait voir cet homme de paix dans sa propre
cause. L'y voici :

Un des parents de Franceschi, le sieur Mattei, venait de

succomber, dans une rixe, sous les coups d'un de ses voisins. Les parents du mort s'assemblent aussitôt. Franceschi se joint à eux, mais non pour partager leurs fureurs. La
maison de l'homicide est entourée, le meurtre va être vengé
par le meurtre. Franceschi seul s'y oppose. C'est à la justice,
dit-il, à prononcer; il faut lui livrer le criminel, mais non
l'assassiner. Ceci, messieurs, nous paraît fort simple. Mais,
en Corse, de pareilles doctrines semblent encore fort étranges
et quasi-déshonnêtes. La famille Franceschi résiste; il insiste; elle murmure. Après avoir menacé le meurtrier, on le
menace lui-même. Il persévère, et il l'emporte enfin, grâce
à cette autorité qu'obtiennent les hommes d'un courage
éprouvé et d'une énergie reconnue, quand ils conseillent la
modération. Le meurtrier est donc remis dans ses mains, et
il l'emmène dans sa propre maison.

Mais ici la scène change. Les parents du coupable ne se
soucient pas plus d'avoir affaire à la justice que ceux du
mort. S'il avait paru fort intempestif à ceux-ci de s'en remettre aux tribunaux pour obtenir une vengeance qu'ils tenaient déjà dans leurs mains, il paraissait très-imprudent
et fort inutile à ceux-là d'attendre un arrêt de la justice
pour sauver un ami qu'ils pouvaient mettre eux-mêmes en
liberté.

Ils s'arment donc à leur tour, enveloppent la maison de
Franceschi, demandent à grands cris qu'on leur délivre leur
proche, et menacent, en cas de refus, de donner l'assaut.
Mais Franceschi tient bon; il brave les menaces, il repousse
les attaques. La gendarmerie du voisinage, avertie de ce qui
se passe, arrive enfin, le délivre et le décharge de son prisonnier.

L'Académie, messieurs, a vu dans l'ensemble de cette
conduite de la grandeur; elle a jugé que les plus difficiles,
et par conséquent les plus louables de toutes les vertus, sont
celles qui s'exercent à l'encontre des préjugés de son temps
et au rebours des passions de son pays. Elle pense qu'il y a

un vrai mérite à s'élever au-dessus de la peur de l'opinion
commune, cette dernière faiblesse des âmes intrépides. Elle
accorde une médaille de mille francs à Franceschi.

Les vertus qui l'ont déterminée à accorder la même distinction aux époux Carbo sont moins viriles et plus modestes,
mais elles méritent également d'être signalées.

Les époux Carbo sont deux vieillards qui ne vivent que du
travail de leurs mains, et qui, à l'âge où ils sont arrivés,
commencent même à trouver grand'peine à en vivre. Ils habitent, à Grenoble, une de ces vastes maisons peuplées d'ouvriers qui forment, dans les villes industrieuses, comme un
monde à part, où une même pauvreté a rendu toutes les
conditions égales. Celle-ci contenait près de trois cents lo-
cataires.

La charité pouvait, sans en sortir, rencontrer un échan-
tillon de presque toutes les misères humaines. C'est là que
les époux Carbo, quoique très-pauvres eux-mêmes, n'ont
cessé de venir en aide à la pauvreté de leurs voisins, distribuant à quelques-uns d'eux de petits secours et de grandes
consolations à tous. Mais c'est principalement vis-à-vis des
enfants renfermés dans ce triste séjour que leur bienfaisance
aimait à s'exercer. Ils avaient autrefois perdu une fille unique en bas âge, et peut-être le souvenir de cette paternité,
sitôt évanouie, avait-il incliné leur âme à s'occuper de l'enfance et à compatir à ses malheurs. Le cœur d'ailleurs est
comme l'esprit : il a ses spécialités, dans lesquelles il aime à
se renfermer. Un enfant naturel avait été abandonné par sa
mère. Les époux Carbo le recueillirent ; ils l'élevèrent ; et
quand il fut en âge de travailler, il leur vint l'ambition de
l'envoyer à Lyon apprendre un état lucratif. Mais comment
se procurer l'argent nécessaire pour mettre à exécution une
si grande entreprise ? Le mari se défit de quelques-unes de
ses hardes. Sa femme (pourquoi ne pas entrer dans ces détails ? il n'y a pas de détails vulgaires quand ils servent à

faire mieux connaître une action peu commune, et la vertu relève tout ce qu'elle sait faire), sa femme vendit la plupart de ses propres chemises. L'enfant partit donc, emportant dans son modeste bagage une bonne part de la garde-robe de ces pauvres gens. Au lieu de reconnaître, par sa bonne conduite, de si touchants bienfaits, il les paya d'ingratitude. Bientôt il quitta son nouveau maître, et se livra au vagabondage, sans que, depuis, les époux Carbo aient entendu parler de lui. Un si mauvais début ne les dégoûta point de la bienfaisance. Ils adoptèrent le frère du voyageur; il était abandonné, comme le premier, de sa mère. Ils gardèrent celui-ci près d'eux, et l'élevèrent. Ils lui donnèrent une bonne éducation et lui firent apprendre un état; et c'est aujourd'hui un honnête ouvrier.

Plus tard, une voisine des époux Carbo meurt à l'hôpital; c'est là qu'allaient mourir d'ordinaire les habitants de cette maison voués à la misère. Elle laissait dans son galetas désert une petite fille et un garçon de neuf ans. Les époux Carbo donnèrent asile à l'une et à l'autre. Plus tard encore, une jeune fille de quatorze ans venait de perdre sa mère; son père lui était inconnu. Elle était donc seule sur la terre, assez âgée pour comprendre le malheur, trop jeune encore pour le combattre. Les époux Carbo l'introduisent à leur misérable foyer; elle y est encore aujourd'hui.

L'Académie a été touchée de cette vive et féconde charité, éclatant au milieu du dénûment d'un pauvre ménage, qui lui-même eût eu un si grand besoin que la charité lui vînt en aide. Il est rare que l'extrême pauvreté ouvre le cœur; d'ordinaire, elle resserre, et celui-là est doublement compatissant, qui, au milieu des étreintes cruelles de la misère, peut encore s'occuper des maux d'autrui.

Hortense Fagot, dont il nous reste maintenant à parler, est née dans le sein d'une de ces familles infortunées où la pauvreté, la maladie et l'inconduite semblent s'unir. Sa

mère, depuis longtemps atteinte d'une de ces cruelles affections de poitrine qui font apercevoir la mort de si loin, n'en
travaillait pas avec moins de courage ; mais son mari venait
d'ordinaire lui enlever, le soir, le peu d'argent qu'elle avait
gagné dans la journée, pour l'aller dépenser en orgie, et il
ne rentrait au-logis que pour la battre: Cinq enfants en bas
âge achevaient ce complet tableau des misères humaines.
Lorsque la pauvre mère se sentit enfin mourir, elle fit venir
sa fille aînée auprès de son lit : c'était Hortense; elle avait
seize ans. Elle lui donna ses derniers conseils : c'était, hélas ! son seul héritage.

Elle lui recommanda longuement ses frères et ses sœurs,
lui dit qu'elle était désormais leur seul appui (le père avait
entièrement abandonné sa famille depuis peu), et lui fit ju-
rer de leur servir de mère. Vous allez juger, messieurs, si
cette vertueuse fille a bien tenu son serment.

La mère d'Hortense avait laissé quelques dettes; l'aîné
des quatre enfants confiés à sa garde n'avait pas quatorze
ans. Hortense, dans cette extrémité, ne s'adressa point à la
charité publique; elle ne demanda de ressources qu'à l'ordre et au travail. Voici comment elle s'y prit. Entendez ces
détails, messieurs; ils sont dignes d'être écoutés par une assemblée, quelque grande qu'elle soit, quand elle est composée de gens de bien.

Hortense place d'abord sa sœur cadette, enfant de quatorze ans, en apprentissage, et ne la rappelle au logis que
quand elle sait assez bien travailler-pour aider à la vie commune. Elle l'institue alors la ménagère. Elle obtient, pour
les deux enfants qui suivent celle-ci, l'entrée de la manufacture où elle travaille elle-même. Quant au quatrième, elle
se charge d'en faire un excellent ouvrier en lui apprenant le
tissage à la mécanique, dans lequel elle excelle, et bientôt
il peut se placer avantageusement dans un atelier d'une
ville voisine. Grâce à l'admirable économie qu'Hortense introduit dans la maison, non-seulement on ne fait point de

dettes, mais on épargne quelque argent. Cet argent-là est
d'abord consacré à acquitter les dettes qu'avait laissées la
mère de famille. Les dettes n'étaient pas grandes, mais le
fonds destiné à les amortir était fort petit; on mit quatre
ans à se débarrasser de cette lourde charge. La dette éteinte
enfin, Hortense n'employa pas le léger superflu qui en résultait à accroître l'aisance commune; elle le plaça à la caisse
d'épargne. Elle prit un livret pour elle-même. Elle voulut
que chacun de ses frères et sœurs en prissent un. Sur
ces livrets, on ne devait pas voir figurer sans doute des
sommes considérables; mais les enfants s'habituaient ainsi
à l'épargne.

N'y a-t-il pas, messieurs, quelque chose de singulièrement touchant et réjouissant pour le cœur, dans le spectacle offert par la prospérité de ce petit ménage, composé
entièrement d'enfants, et si sagement conduit par une jeune
fille à peine hors de l'enfance!

Tous les faits que nous venons de raconter sont confirmés
par les habitants les plus recommandables de Bolbec. Des
dames de charité, des ecclésiastiques, des négociants, en
ont témoigné à l'envi. Ces personnes respectables ont joint
à leur attestation la copie du compte des recettes et des dépenses tenu par Hortense. C'est le budget complet de cette
république enfantine. On y voit que, pendant les dix derniers mois, le travail de la communauté a produit 1,279 fr.;
sur cette somme, on en a dépensé 1,000 pour pourvoir
aux besoins de toute espèce; 144 ont été placés à la
caisse d'épargne, et 135 ont été gardés par la ménagère
pour parer aux nécessités imprévues. L'Académie vient ajouter 1,000 fr. à ce petit trésor.

Une jeune fille infirme et réduite à mendier, Catherine
Bellier, avait été recueillie par la charité de la femme Montaud. Celle-ci, sur le point de mourir, recommanda sa protégée à sa fille Anne Montaud. Anne accepta avec joie ce

triste héritage. La petite mendiante devint sa compagne. Rien ne put depuis l'en séparer, pas même le mariage, cette grande épreuve de la vie des femmes. Anne ne prit un époux qu'à la condition de garder avec elle celle que le malheur et la maladie avaient faite sa sœur. Bientôt cependant les infirmités dont celle-ci était atteinte s'accrurent et la réduisirent à l'impossibilité, non-seulement d'être utile à sa bienfaitrice, mais de pouvoir s'aider elle-même. Ce qui rend particulièrement touchante la charité qu'exercent les pauvres gens, c'est l'obligation où ils sont d'en pratiquer par eux-mêmes les plus pénibles, et souvent les plus rebutants devoirs. Le riche peut ne prendre de la bienfaisance que les douces jouissances qu'elle procure; le pauvre seul en connaît les charges et les rigueurs. Quand Catherine Bellier fut atteinte de cette maladie si cruelle, ce fut Anne Montaud qui dut s'imposer l'obligation de la soigner; car, dans ce jeune ménage, il n'y avait point de servante, ou plutôt Anne Montaud devint elle-même la servante de la mendiante. Et qu'on ne croie pas qu'un si pénible effort ne se soit soutenu que quelques moments; il a duré vingt-cinq ans.

L'Académie a été touchée à la vue de cette charité héréditaire qui se continue avec tant d'ardeur et une si grande persévérance dans des positions si diverses, et qui résiste obstinément, pendant un quart de siècle, à la gêne, à l'importunité et au dégoût. Elle accorde à Anne Montaud une médaille de mille francs.

L'Académie décerne également une médaille de mille francs à un jeune homme qui, pour faire son devoir, a triomphé des tentations et des excitations de sa profession et de son âge. Henri Goëcke est entré dans l'armée comme enfant de troupe. A quinze ans, son talent précoce en fit un musicien du régiment; il commença alors à toucher une petite solde. Au lieu de se l'approprier, il fut la porter aus-

sitôt à sa famille. Son talent augmentant, ses appointe-
ments augmentèrent aussi, mais non ses dépenses. Tout
ce qu'il recevait continua à passer dans les mains de son
père, vieux soldat chargé de huit enfants en bas âge. Quand
celui-ci vint à mourir, abandonnant sa jeune famille sans
ressource, Henri Goëcke la recueillit; il devint le seul appui
de ses frères et de ses sœurs; il les appela autour de lui;
seul il les soutint, les éleva. Il a aujourd'hui vingt-cinq
ans; il n'a pas encore pensé à lui-même. Un si rare exemple
méritait d'être signalé, car la jeunesse n'a guère moins de
mérite à savoir résister à ses passions que la vieillesse à ses
besoins.

# RAPPORT

FAIT A L'ACADÉMIE DES SCIENCES MORALES ET POLITIQUES, LE 4 JUIN 1842,

SUR LE LIVRE DE M. ALLIER, INTITULÉ :

## ÉTUDES SUR LE SYSTÈME PÉNITENTIAIRE ET LES SOCIÉTÉS DE PATRONAGE

Messieurs,

Je me suis chargé de rendre compte à l'Académie de l'ouvrage que lui a offert M. Allier, et qui est intitulé *Études sur le système pénitentiaire et les Sociétés de patronage*. Je viens m'acquitter de ce devoir. En le remplissant, il me sera permis d'être court. Les matières dont s'est occupé M. Allier ont été déjà traitées dans le sein de l'Académie ; plusieurs de nos savants confrères ont fait de ce sujet leur étude principale et sont venus à différentes reprises nous rendre compte du résultat de leurs travaux. Toutes les questions qui se rattachent au système pénitentiaire ont d'ailleurs été si souvent, si longuement et si habilement posées et discutées devant le public, qu'elles sont devenues familières à tout le monde. Elles présentent cependant assez d'intérêt pour qu'on y revienne encore ; mais elles sont trop bien connues pour qu'il soit désormais permis de s'y arrêter longtemps.

M. Allier, dans le désir très-louable d'éclairer d'avance la discussion pénitentiaire qui devait avoir lieu cette année au

sein des chambres et que les nécessités politiques ont fait
ajourner à l'an prochain, M. Allier, dis-je, a mis à son travail une précipitation qu'il est permis de regretter. Cette
grande hâte l'a empêché de présenter ses idées dans l'ordre
le plus rigoureusement logique et a jeté une sorte de confusion dans le plan général de son œuvre. Elle ne lui a pas
permis non plus de donner toujours à son style le degré de
calme qui eût le plus servi à faire valoir les sentiments cha-
leureux de l'auteur et son ardente sympathie pour toutes les
souffrances sociales. Mais tel qu'il est, son livre donne de
bons exemples et de bonnes leçons ; et, sous ce double rapport, il mérite une mention spéciale.

Divisons d'abord avec soin et classons les sujets que M. Allier a un peu trop entremêlés dans la composition précipitée
de son livre.

Indépendamment des sociétés de patronage, l'auteur a
cru devoir s'occuper des prisons et des colonies agricoles.

Quant aux prisons, M. Allier se rattache à l'opinion qui
proscrit la communauté et préconise l'emprisonnement individuel de jour et de nuit. Il apporte à cette cause, sinon des
arguments nouveaux (le sujet semble épuisé), du moins les
faits particuliers qu'a pu lui suggérer sa grande expérience
des criminels.

M. Allier est, du reste, si adversaire de la communauté
dans les lieux de détention, qu'il va jusqu'à condamner les
colonies agricoles de jeunes détenus ; mais cette opinion de
l'auteur ne l'empêche pas d'examiner avec soin dans quel
état se trouvent les établissements de cette espèce qui existent déjà, et il fournit des détails très-intéressants sur la
colonie agricole fondée dans le département de l'Oise par
M. l'abbé Caule, ainsi que sur celle de Dausaz (en Suisse)
et que M. le pasteur Jayet dirige. Sans approuver complète-
ment la colonie agricole de Mettray, M. Allier paye cependant aux fondateurs de ce bel établissement le tribut d'admiration et de sympathie que leur doivent tous les vrais

amis de l'humanité. On est fatigué de nos jours d'entendre si souvent et si stérilement parler de philanthropie, et l'on éprouve une sorte de soulagement et un plaisir inattendu lorsqu'on rencontre enfin deux hommes qui, sans discours inutiles, ont résolûment engagé leur fortune et leur avenir dans la sainte cause de l'humanité.

Tout ce que dit M. Allier sur les prisons et les colonies agricoles se rapproche du sujet de son livre, mais ne l'est point.

Le véritable sujet de la publication de M. Allier, c'est le patronage, partie distincte du système pénitentiaire et assez grande pour qu'elle eût pu mériter qu'on ne s'occupât que d'elle.

M. Allier dit que le patronage est le complément nécessaire de tout système pénitentiaire. Il a raison. Ce qui aura été fait dans la prison par la meilleure discipline qui se puisse concevoir, sera souvent inefficace, si, en sortant de prison, le criminel ne rencontre pas une autorité prévoyante qui satisfasse à ses plus pressants besoins, assure ses premiers pas dans la voie de l'honnêteté et lui fournisse les moyens d'y marcher.

Il faut distinguer deux choses dans le travail de M. Allier.

1° Le tableau de ce qui existe en fait de patronage et des améliorations dont cet état est susceptible;

2° Un plan beaucoup plus vaste, conçu par l'auteur, pour organiser le patronage d'une autre manière et surtout sur une autre échelle.

M. Allier montre très-bien comment la première société de patronage, créée en 1823 à Strasbourg, a depuis été imitée dans la plus grande ville du royaume. Il fait connaître comment s'est fondée, en 1833, à Paris, avec le concours de M. Ch. Lucas, la plus célèbre d'entre elles, celle que préside avec tant de zèle et de talent notre honorable confrère, M. Bérenger. Il raconte les vicissitudes de cette société et les grands succès que révèlent les dernières années de son existence.

Toute cette partie du livre de M. Allier est particulièrement digne d'attirer l'attention. On sent qu'ici celui qui indique des règles à suivre, a lui-même longtemps appliqué et applique encore sa théorie. J'ai surtout remarqué, comme frappé au coin d'un grand sens pratique, ce qu'il dit des obligations à imposer aux patrons.

Il y a deux parties distinctes dans le patronage.

Il y a la partie administrative qui consiste à pourvoir le condamné libéré de moyens matériels d'existence, à lui trouver un asile, une condition, à l'y placer.

Il y en a une autre qu'on pourrait appeler la partie morale et philosophique du patronage. Celle-ci a en vue d'établir des rapports de bienveillance et souvent d'affection entre chaque libéré et un homme placé dans une condition sociale élevée, de telle sorte que le criminel, s'apercevant qu'il n'est point repoussé des honnêtes gens, malgré sa faute, se relève et se soutient de lui-même, et laisse son âme ouverte aux nobles inspirations et aux bonnes pensées.

Ces deux parties du patronage, sans être entièrement séparées, ne sauraient être complétement confondues.

L'influence morale du patronage ne peut être suffisamment exercée par l'agent chargé d'administrer aussi, suivant des règles générales, les secours matériels.

D'une autre part, l'administration du patronage manquerait de régularité, de suite, d'uniformité, de puissance, si elle dépendait du plus ou moins de zèle, d'intelligence, de connaissance et de temps que les patrons peuvent y apporter.

Il est donc nécessaire de diviser ces deux choses et d'établir, à côté des hommes charitables qui consentent à remplir les devoirs de patrons, un pouvoir régulier qui fonctionne par lui-même et apporte à la société, quant aux soins matériels, les garanties de prévoyance et de durée que four-

nit une administration bien montée, mais qu'une réunion
de particuliers, quelque zélés qu'ils soient, ne peut jamais
offrir.

M. Allier définit parfaitement bien ces deux sphères d'action ; il montre avec un grand talent par où elles se touchent, par où elles se séparent, comment l'agence générale
et le patron se prêtant un mutuel appui, le plus grand bien
possible est produit en même temps dans l'ordre des faits
moraux et dans celui des faits matériels.

Ces principes, du reste, sont à peu près ceux d'après lesquels fonctionne la Société de patronage de Paris.

On conçoit que M. Allier, qui est le témoin et en partie
l'auteur des succès de cette société, ait été conduit à se demander si la création de sociétés semblables généralisées
n'était pas destinée à servir de remède aux plus grands
maux de la société.

Une fois engagé dans cette voie, son imagination et son
amour du bien le mènent fort vite et fort loin, ainsi que
l'Académie va l'apercevoir.

M. Allier remarque que la société de patronage actuelle
ne vient au secours que des enfants libérés et d'un très-petit nombre d'entre eux. Il propose donc d'appliquer ce
bienfait à tous les libérés quel que soit leur âge.

Ce premier point admis, l'idée qui se présente naturellement à son esprit, c'est de faire une seule et immense société pour toute la France. Un Français, de nos jours, ne
pouvait guère imaginer une société semblable qui ne fût pas
la création et l'instrument du gouvernement.

Il s'agit donc, en résumé, de remplacer les petites sociétés de patronage fonctionnant au hasard sur la surface
du pays, par une société unique, ayant ses ramifications
dans toutes les villes, et dirigée, de Paris, par le gouvernement.

Cela fait, on n'est point au bout des difficultés.

Obligera-t-on les libérés à se soumettre au patronage?

M. Allier les y contraint indirectement en abolissant
l'espèce de salaire que les détenus reçoivent en prison et
dont la plus grande partie leur est donnée à leur sortie. Le
libéré se trouvant ainsi sans ressources après avoir subi sa
peine, il faut bien qu'il ait recours à la Société de patronage. Ce moyen coercitif pourrait souvent, à mon avis, être
difficile et dangereux à employer. Mais je suppose qu'il fût
efficace et qu'en agissant ainsi on amenât chaque année à la
porte de la Société les vingt-sept mille condamnés qui sortent de nos prisons, où trouverait-on des patrons disposés à
se charger de donner des soins et une direction à cette multitude? M. Allier se tire de cette difficulté en rendant le patronage obligatoire. C'est une sorte de tutelle publique qu'on
ne peut refuser.

Ainsi tout libéré est forcé de demander un patron, et
chaque citoyen peut être contraint d'être patron. Le système
est simple. Mais comment trouver les ressources pécuniai-
res qui puissent répondre aux besoins d'une si vaste administration?

Je ne puis m'empêcher de croire que celles indiquées par
M. Allier ne seraient pas aussi abondantes qu'il le suppose,
et que les sommes à fournir seraient infiniment plus considérables qu'il ne le croit.

Mais ce ne sont point des considérations financières qui
me portent surtout à écarter son système.

Indépendamment de ce que le plan qui vient d'être exposé ajouterait une nouvelle obligation très-lourde et souvent insupportable à toutes celles qui pèsent déjà sur les
citoyens, il aurait encore d'autres inconvénients très-graves
dont il suffit d'indiquer le plus saillant.

Il irait évidemment contre le but qu'on se propose. Ce qui
rend le patronage efficace, c'est qu'il est exercé par un
homme qui se dévoue volontairement à en remplir les obligations, qui y apporte le zèle et l'intelligence nécessaires à
une pareille tâche, ce zèle et cette intelligence qui se ren-

contrent seulement dans l'exécution d'un devoir qu'on s'est imposé à soi-même : ce qui touche, console, ramène au bien le condamné, c'est de voir cette sympathie qui, des hautes sphères du monde social, descend librement jusqu'à lui. Quelle influence pourrait-on attendre d'un patron distrait, mécontent, contraint? Et s'il ne voulait pas remplir son devoir ou le remplissait mal, ou l'entendait mal, comment constater sa négligence et son manque de lumières? comment les réprimer?

On n'arrivera jamais, quoi qu'on fasse, à bien combiner l'action gouvernementale et la charité individuelle. Ce sont deux forces très-grandes, mais qui ne sauraient s'unir intimement ni se subordonner l'une à l'autre. Il n'y a pas de vérité plus certaine ni plus oubliée de nos jours. La charité doit conserver son allure indépendante, capricieuse même, si on peut appliquer ce mot à une vertu si grave et si sainte, pour conserver sa fécondité et sa puissance. Vouloir au nom de la loi, la faire naître ou la réglementer, c'est la détruire.

A quoi donc aboutirait en définitive le plan de M. Allier? A ceci, du moins, je le crains bien : la Société de patronage deviendrait peu à peu une administration publique, qui, à l'aide de fonctionnaires et aux frais de l'État, se chargerait de fournir des moyens d'existence à tous les libérés. Ce serait la loi des pauvres en faveur de la portion la moins intéressante de la classe pauvre.

Cette dernière critique, du reste, j'ai hâte de le dire, ne saurait atteindre les intentions de M. Allier; car, d'après son propre ouvrage, le patronage doit s'étendre, non-seulement aux jeunes libérés, mais à tous les enfants indigents.

En général, on respire, dans tout ce livre de M. Allier, la plus chaleureuse compassion pour tous les maux qui frappent les classes pauvres. Il n'est pas assurément de sentiment plus digne d'être loué; mais n'emporte-t-il pas quel-

quefois l'auteur un peu trop loin? Qu'il y ait parmi nous
d'affreuses misères, j'ai le regret de ne pouvoir le nier :
mais y eut-il jamais un siècle et un pays où, à tout prendre,
on ait fait de plus grands efforts pour améliorer le sort de
ceux que la misère vient frapper? C'est l'éternel honneur de
la révolution de 89, d'avoir amélioré dans une très-grande
proportion la situation du peuple : elle a rétabli le principe
de l'égalité des charges si injustement méconnu ; elle a détruit les privilèges abusifs qui retenaient la fortune dans les
mêmes mains ; elle a multiplié à l'infini les chances qui
peuvent conduire de la pauvreté à l'aisance, souvent à la
richesse ; elle a enfin ouvert à chacun, comme cela était équitable et nécessaire, toutes les carrières, et a permis à l'État
d'aller recruter ses agents dans le sein de la classe agricole
qui, par la pureté et la virilité de ses mœurs, est si propre
à le bien servir. En accomplissant toutes ces grandes œuvres, la Révolution de 89 a fait immensément pour le bien-
être du peuple. Je répète que ce sera là son plus beau titre
de gloire aux yeux de la postérité. Ne le laissons pas oublier.

Sans doute il est beau de rappeler sans cesse au gouvernement qu'il doit travailler à soulager la misère des classes
ouvrières. C'est en effet là son premier devoir, et, j'ajoute,
son premier intérêt ; mais il ne faut pas dire à celles-ci qu'on
n'a rien fait pour elles. Beaucoup reste à faire, sans doute,
mais beaucoup a déjà été fait ; il ne serait pas juste et il
pourrait être imprudent de le nier.

Malgré ces critiques, le livre de M. Allier a des mérites
que je suis heureux de reconnaître. Il émane, cela s'aperçoit à toutes les pages, d'un ardent ami de l'humanité, et
il fournit de très-utiles lumières à ceux qui, comme lui,
veulent se dévouer à être utiles aux hommes. Cet ouvrage
mérite très-souvent l'approbation et toujours la sympathie
de l'Académie.

# RAPPORT

FAIT A L'ACADÉMIE DES SCIENCES MORALES ET POLITIQUES (1846), SUR LE LIVRE
DE M. MACAREL, INTITULÉ :

## COURS DE DROIT ADMINISTRATIF

Messieurs,

J'ai eu l'honneur d'offrir à l'Académie de la part de l'auteur, le livre intitulé : *Cours de droit administratif*, par M. Macarel.

Je vais aujourd'hui rendre compte à l'Académie de cet important ouvrage.

La Révolution française, qui a introduit tant de nouveautés dans le monde, n'a rien créé de plus nouveau que cette partie de notre droit politique qui se rapporte à l'administration proprement dite. Là, rien ne ressemble à ce qui a précédé; presque tout est de date récente: les fonctions aussi bien que les fonctionnaires, les obligations comme les garanties. Mais ce qui est plus nouveau que tout le reste, c'est l'ordre méthodique qui préside à cette vaste organisation, et l'enchaînement rigoureux et logique qui fait un seul corps de toutes ses parties.

Non-seulement l'administration française de nos jours ne ressemble pas à celle qui existait dans l'ancien régime, elle diffère encore profondément de l'administration des prin-

cipales nations contemporaines. Sous ce rapport on peut
dire que nos institutions administratives ont un caractère
plus original que nos institutions politiques. J'ajouterai
qu'elles me paraissent exercer, à tout prendre, une influence
bien plus puissante que celles-ci sur les idées, les habitudes, les actes, les mœurs, en un mot sur la destinée entière
de notre nation, à ce point que si un étranger me demandait comment il faut faire pour étudier avec fruit notre société moderne et pour arriver à en bien pénétrer l'esprit, je
lui dirais : lisez d'abord nos principales lois civiles, étudiez
avec grand soin ensuite nos institutions administratives.
Quand vous saurez cela, vous comprendrez bien vite le
reste.

Une partie si importante de notre législation ne pouvait
manquer de devenir l'objet de nombreux commentaires ; on
y rencontrait un sujet nouveau, très-vaste et cependant facile à embrasser dans son ensemble et à suivre dans ses détails ; les choses s'y trouvaient naturellement rangées dans
cet ordre méthodique et suivant ce plan rectiligne et uniforme qui font les délices des commentateurs.

Parmi les hommes qui depuis trente ans ont entrepris de
montrer à la France d'après quelles règles on l'administre,
trois ont particulièrement attiré l'attention publique. Le premier appartenait à cette Académie, où sa mort récente a
laissé de profonds regrets, je n'ai pas besoin de nommer
M. de Gérando ; le second est M. de Cormenin, et le troisième M. Macarel, dont le dernier ouvrage nous occupe en ce
moment. Ces trois auteurs se sont souvent rencontrés dans
leurs écrits ; chacun d'eux poursuivait cependant un but
différent, et ils se complètent plutôt qu'ils ne se font concurrence. M. de Cormenin, sans vouloir parcourir le champ
entier du droit administratif, s'est borné à traiter les questions que soulèvent les affaires contentieuses. M. de Gérando
a voulu rapprocher et ranger méthodiquement tous les tex-
tes qui avaient rapport à l'administration publique ; il est

ainsi parvenu à former un seul corps de lois à l'aide de ces éléments épars et mobiles. Son ouvrage est un véritable code administratif. Pour le composer, il lui a fallu puiser dans quatre-vingt mille lois et ordonnances.

Il s'agissait de tirer des détails de cette savante et immense compilation, le tableau rationnel et complet de notre système administratif et de faire sortir de l'analyse des dispositions législatives et des faits la théorie qui en est l'âme. C'est le travail auquel se livre en ce moment M. Macarel. Les deux volumes qui ont été offerts à l'Académie forment le commencement de ce grand ouvrage.

Avant de dire suivant quelles règles l'administration devait agir, M. Macarel a d'abord voulu nous faire connaître tous les différents pouvoirs qui la composent. Il a soumis ce vaste corps à une sorte d'anatomie savante et détaillée qui, s'attachant successivement à chaque organe, l'étudie à part, indique la place qu'il occupe dans l'économie générale et montre les liens qui l'unissent à tous les autres.

M. Macarel nous fait descendre pas à pas l'échelle immense sur laquelle se placent les uns au-dessous des autres, sans confusion, mais presque sans fin, la multitude des fonctionnaires qui composent parmi nous la hiérarchie administrative, depuis le roi jusqu'au dernier agent de l'autorité. A chaque degré, l'auteur s'arrête, il dit comment chaque fonctionnaire est nommé, quels rapports nécessaires existent entre lui et ceux qui sont placés plus haut et plus bas, quel est le champ de son action, quels sont ses devoirs et ses droits, à quelle époque, comment et pourquoi il a été créé. Rien de plus curieux que de suivre dans ce tableau général l'histoire particulière de chacun des différents pouvoirs dont l'ensemble forme l'administration publique; rien de plus instructif que de voir naître, grandir, se répandre et se transformer toutes ces forces diverses qui aujourd'hui dirigent et souvent compriment, en l'enveloppant de toutes parts, l'existence individuelle des citoyens.

On découvre aisément, en parcourant cette histoire succincte, que Napoléon a beaucoup moins innové qu'on ne le suppose et qu'on ne le répète, en matière d'administration.

Presque toute notre organisation administrative est l'œuvre de l'Assemblée constituante : c'est elle qui a posé tous les principes sur lesquels elle repose encore; c'est sa main qui a formé, délimité et armé presque tous les pouvoirs dont notre administration se compose, et qui les a placés dans la position relative qu'ils occupent.

Napoléon n'a fait que conserver ou que rétablir le système que l'Assemblée constituante avait fondé. Il l'a amélioré et complété dans certaines parties, mais il en a surtout changé profondément l'esprit. Partout où l'Assemblée constituante avait mis un conseil exécutif, Napoléon n'a placé qu'un seul agent dépendant et responsable; partout où elle avait donné pour origine aux pouvoirs l'élection, il a donné le choix du prince, et pour soustraire plus efficacement encore cette administration ainsi émancipée au contrôle des citoyens, il a rendu ses moindres agents inviolables en défendant de les citer devant les tribunaux : règle audacieuse qu'on a de tout temps cherché à faire prévaloir dans les monarchies absolues, mais qu'aucun despote n'avait jamais osé écrire littéralement dans aucun code, et qu'aucun peuple du monde n'avait encore admise comme principe général. C'est ainsi que, sans en modifier profondément les rouages, sans en changer beaucoup l'aspect, Napoléon est parvenu à approprier aux besoins du pouvoir absolu cette vaste machine qui avait été conçue et façonnée par la liberté.

Le tableau complet des agents directs du pouvoir remplit le premier volume de l'ouvrage de M. Macarel; dans le second, l'auteur a dépeint la naissance, la composition et les attributions de tous les conseils administratifs. Cette portion de l'œuvre de M. Macarel est sans contredit l'endroit le plus nouveau et le plus curieux de tout son livre.

Napoléon aimait les avis, pourvu que ceux qui les lui

donnaient fussent dans sa main. Au milieu de sa puissante
hiérarchie administrative, il avait donc placé un grand nombre de petites assemblées auxquelles il avait donné pour
mission de conseiller les fonctionnaires exclusivement chargés d'agir, mais sans jamais pouvoir les contraindre : c'est
ainsi qu'à côté du maire il met le conseil municipal, à côté
du préfet, le conseil général, à côté de l'empereur, le conseil d'État. Une foule d'autres conseils se groupèrent autour
des principaux agents de la puissance publique, et durent
éclairer ceux-ci dans les matières spéciales. Il est inutile de
dire qu'aucune de ces assemblées ne fut élective. La constitution et les attributions de quelques-uns de ces différents
corps ont déjà donné lieu à d'utiles commentaires; mais
M. Macarel est le premier qui ait entrepris de faire connaître
l'ensemble de ces institutions, de les classer dans un ordre
méthodique et très-facile à suivre, et d'indiquer exactement
le cercle d'action dans lequel doit se mouvoir chacune d'elles. En agissant ainsi, il a rendu à tous ceux qui se livrent
à l'étude de notre administration un très-grand service que
lui seul peut-être était en état de leur rendre.

Telle est, messieurs, l'analyse succincte des deux premiers volumes de cet ouvrage, monument encore incomplet,
mais déjà grand, élevé au droit administratif de notre pays.
Dans les volumes qui restent à paraître, M. Macarel se propose de montrer suivant quelles règles et à l'aide de quels
procédés fonctionne la vaste machine gouvernementale qu'il
a décrite. Le livre dont j'entretiens l'Académie ne peut manquer d'ajouter à la réputation déjà si bien établie et si bien
méritée de M. Macarel. Le style en est clair, facile, dé-
pourvu d'ornements, mais plein de ces agréments naturels
et de cette élégance grave et chaste qui convient à la science;
il est comme la pensée qu'il reproduit, il est vrai. L'auteur
est d'ailleurs si bien maître de la matière qu'il traite, qu'on
sent, d'un bout à l'autre de son livre, que, quels que soient
les détails dans lesquels il entre, il en sait toujours beau-

coup plus qu'il ne dit. M. Macarel a de plus, en écrivant sur le droit administratif, un avantage que ne possèdent point en général ceux qui professent cette science; ce qu'il raconte, il l'a fait lui-même, il a exercé plusieurs des pouvoirs qu'il décrit, il a été un excellent administrateur avant d'être un professeur habile.

Il ne faut pas du reste que l'Académie se méprenne sur le caractère de ce livre; ce n'est point un traité, c'est un cours; il n'a pas été écrit pour des hommes d'État, mais pour de jeunes élèves; il n'aspire pas à la profondeur, mais à l'exactitude et à la clarté. L'auteur, qui s'était essayé avec succès dans tant d'autres ouvrages d'un genre plus élevé, n'a dû et voulu faire cette fois qu'un livre élémentaire; il n'a désiré, comme il le dit lui-même avec une modestie trop grande, que vulgariser les notions du droit administratif. Peut-être doit-on lui reprocher d'avoir un peu outré cette donnée; M. Macarel s'abstient presque complétement de juger; il ne fait que décrire. Il borne ainsi volontairement son horizon; il se renferme étroitement dans ce qui est, sans jamais chercher ce qui devrait être. Ceci nous semble dépasser le but que doit se proposer un professeur qui enseigne une science aussi nouvelle et encore aussi contestée que le droit administratif. Il ne s'agit pas, en effet, ici, d'un de ces monuments dont le temps et le législateur ont si bien arrêté la forme et consacré les moindres détails, qu'il y aurait une sorte d'impiété à y porter la main; il s'agit de lois dont les formes sont souvent indécises, et dont la date est fort récente, d'institutions que chaque jour voit modifier dans quelques-unes de leurs parties et qui sont encore pleinement livrées au libre examen du pays. Il est évident que parmi nous, la société est encore en travail pour accommoder les habitudes et les règles de l'administration aux nouveaux besoins de la constitution politique. M. Macarel n'ignore pas que plusieurs de nos principales institutions administratives ont été et sont encore l'objet des plus vives critiques; il ne saurait s'en étonner, car il s'est jadis signalé lui-même dans ces attaques. Que le professeur ne prît pas parti dans de telles controverses, cela se comprend; mais il ne devait pas les laisser complétement ignorer; sans trancher les questions débattues, il devait faire connaître ce qui avait été ou était encore matière à débat. Nous regrettons que M. Macarel ne se soit pas assez souvenu qu'il avait écrit sur le droit administratif en publiciste avant d'écrire en commentateur.

L'auteur, à notre avis, a un tort bien plus grave, celui d'enseigner, comme axiomes de droit, des principes généraux et des maximes absolues qui peuvent bien avoir cours dans l'école, mais qui n'ont jamais formellement reçu la sanction du législateur et qu'assurément le pays n'a point encore admises; doctrines qui n'ont été nettement formulées dans aucun monument législatif, ni même, si je ne me trompe, dans aucun document officiel offert par le gouvernement aux Chambres.

Or, plusieurs de ces maximes sont suivant moi, non-seulement erronnées, mais fort dangereuses. N'eussent-elles que le défaut d'être contestables et très-contestées, cela suffirait pour qu'on dût s'abstenir de les donner comme base à un enseignement public.

Parmi plusieurs que je pourrais citer, j'en choisirai deux pour bien faire comprendre à l'Académie ce que je veux dire; quand on parle d'un écrivain qui a autant de droit à la confiance de tous les hommes éclairés, et qui mérite autant le respect de tous les gens de bien que M. Macarel, il faut motiver ses critiques.

La première des maximes dont je parle est celle-ci :

M. Macarel enseigne d'abord à ses élèves, comme axiome reconnu, comme règle générale et absolue de compétence, qu'il y a en France deux espèces de justice ordinaire ;

Une justice qui n'est faite que pour prononcer sur les procès que les simples citoyens ont entre eux; c'est le pouvoir judiciaire proprement dit, ce sont les juges inamovibles qui en sont les interprètes; et puis, à côté de celle-là, il y a une autre sorte de justice ordinaire devant laquelle doivent se vider tous les procès dans lesquels l'État est intéressé; celle-ci est rendue par l'administration elle-même.

Voici maintenant la seconde maxime : La justice qui n'est faite que pour prononcer de particulier à particulier, la justice ordinaire, comme le public s'obstine encore à la nommer, émane sans doute du roi, mais elle ne peut s'exercer directement par lui : ce sont les tribunaux qui la rendent en son nom.

Quant à la justice où le gouvernement est partie, la justice administrative, suivant la définition de M. Macarel, c'est autre chose. Celle-ci est réservée; c'est le terme de l'école, c'est-à-dire qu'ici non-seulement le roi a le droit de déléguer son pouvoir judiciaire à des tribunaux exceptionnels chargés de vider les procès administratifs en dehors de la justice ordinaire, mais encore il prononce lui-même en dernier ressort dans tous les cas que peut embrasser la vaste compétence définie par M. Macarel.

Ce sont là, messieurs, j'ose le dire, des axiomes de droit qu'aucun peuple libre, et j'ajouterai qu'aucun peuple civilisé n'admettra jamais dans la forme générale et absolue que M. Macarel leur a donnée.

Remarquez d'abord que nous parlons ici de procès, c'est-à-dire de litiges qui n'ont pas seulement pour fondement un intérêt, mais un droit, un droit positif et acquis, qui se fonde sur des lois qui en découlent, et qu'il ne s'agit que de constater, le texte de la loi à la main.

Or, toutes les fois qu'un citoyen aura un droit de cette espèce à défendre contre un citoyen son égal, on lui permettra de s'adresser aux tribunaux ordinaires et aux juges inamovibles; mais s'agira-t-il de défendre ce même droit contre l'administration? il lui faudra accepter des juges qui représentent l'administration elle-même. Bien plus, il ne pourra même s'en fier à la sentence de ces juges, car ici la justice est réservée, dit la maxime officielle. Le véritable juge, c'est le prince, et après avoir été absous par les agents du souverain, il peut toujours être condamné par le souverain lui-même. Ainsi là où l'adversaire est faible et la partialité du juge peu à craindre, on laisse aux citoyens l'exercice du tribunal complétement indépendant ; là où l'adversaire est fort et la partialité du juge à redouter, on contraint d'une manière générale et uniforme, par une règle inflexible du droit, le citoyen à paraître devant un tribunal comparativement dépendant, et l'on va jusqu'à donner à la partie même le droit de juger.

Comprenez bien, messieurs, ma pensée : ce qui surtout me frappe ici comme étant contraire à toutes les notions de l'équité naturelle et de la liberté, c'est de voir un procédé judiciaire si bizarre et si dangereux, introduit en vertu d'un principe général, et établi comme la forme habituelle et régulière de la justice. Je ne nie pas que les besoins de l'administration et de la politique ne puissent nécessiter l'établissement d'une justice administrative en dehors de la justice ordinaire ; je comprends qu'il y a de certaines affaires (le nombre, je crois, pourrait en être bien plus restreint qu'il ne l'est en France) dont il peut être nécessaire de dérober la connaissance aux tribunaux ; mais je soutiens que ce sont là des cas très-rares, qui ne se justifient que par des circonstances très-exceptionnelles.

La règle générale, c'est que tout procès doit aller devant la justice qui présente le plus de garanties aux deux plaideurs, quels que soient ces plaideurs.

Le savant et respectable Henrion de Pansey en jugeait ainsi quand il disait que la justice administrative était une justice exceptionnelle, une dérogation partielle au droit général. Certes, messieurs, nous voici bien loin de l'axiome enseigné par l'école administrative. Suivant celui-ci, il y aurait, comme nous l'avons dit, deux justices en France, toutes deux ordinaires ; chacune aurait sa compétence bien définie, et, pour savoir quels sont les procès qui doivent être attribués au juge administratif, quel serait le seul point à examiner? Celui-ci : l'État est-il intéressé de quelque manière dans la cause?

Que de tels axiomes, messieurs, soient jamais admis dans notre droit, et il n'y a pas de tyrannie, je ne crains pas de le dire, qui ne pût un jour en sortir, si la force venait jamais à en tirer les logiques et naturelles conséquences qu'ils renferment. Quant à moi, je déclare que je ne vois aucune raison de ne pas en conclure qu'il convient de renvoyer devant le juge administratif la connaissance des crimes et délits politiques. Assurément l'intérêt de l'État est ici plus engagé que quand il s'agit de l'exécution d'un marché; les commissions de l'ancien régime ne sont pas nées d'un autre principe.

Quant au principe de la justice réservée, s'il est vrai qu'en France la loi ait laissé jusqu'à présent à la couronne la faculté de casser les arrêts de la plus haute cour administrative du royaume, c'est là un droit extrême concédé pour des cas extrêmes, des cas presque impossibles à prévoir, où le salut du pays pourrait exiger qu'on interrompît ainsi violemment l'action de la justice. Ce qu'il faut dire, c'est que cette prérogative est presque passée à l'état de fiction légale, puisque le gouvernement ne s'en est servi qu'une seule fois depuis quarante ans. La montrer comme l'exercice d'un droit régulier dont rien n'empêcherait l'usage quotidien, la fonder sur un principe général qui pourrait s'appliquer à tout et tous les jours, celui de la justice réservée, c'est non-seulement aller plus loin que le texte de la loi, c'est dépasser le commentaire donné par le gouvernement lui-même. Si l'on veut bien, en effet, relire les dernières discussions qui ont eu lieu récemment devant la Chambre des députés, on verra que les représentants officiels de l'administration n'ont réclamé, pour la royauté, le droit d'annuler les arrêts du Conseil

que comme une mesure de salut public pour des cas extraordinaires et exceptionnels ; ils ont dit à peu près ce que je
viens de dire moi-même. Le mot de justice réservée n'a été
prononcé par personne ; l'idée même en a été écartée avec
soin d'un commun accord.

Et en effet, messieurs, un roi jugeant habituellement des
procès civils et correctionnels, prononçant de grosses amendes sous l'unique garantie du contre-seing d'un ministre,
seul, sans avoir entendu les plaidoiries ; une pareille mons-
truosité peut-elle se concevoir? C'est cependant ainsi qu'un
étranger qui ignorerait les faits réels, et qui se bornerait à
déduire rigoureusement des principes généraux posés par
M. Macarel les conséquences légitimes qu'ils renferment,
pourrait croire que les choses se passent.

Je me suis étendu sur ce sujet, messieurs, parce que je le
crois d'une très-grande importance.

Je ne sais si, à la longue, les commentaires des lois n'exercent pas plus de puissance que les lois mêmes, car les lois
ne règlent que certains faits, elles sont bornées dans leur
portée et dans leur durée, tandis que les principes généraux
que les légistes créent à propos des lois, sont éternels et fé-
conds ; ils arrivent tôt ou tard à être comme une source
commune dont toute la législation vient peu à peu découler.
Personne n'ignore l'immense influence que les légistes du
moyen âge, les légistes laïques et ceux de l'Église, ont fini
par obtenir sur la destinée de leur temps. Ce sont leurs
maximes sur le droit divin des rois, sur les prérogatives ina-
liénables des souverains, sur les priviléges naturels des cou-
ronnes, qui ont le plus puissamment aidé les princes des
quinzième et seizième siècles à établir en même temps sur
tout le continent de l'Europe la monarchie absolue. Pour
mener à bout cette grande entreprise, les rois ont fourni la
force matérielle, les légistes le droit. Les doctrines professées
par certains légistes ont manqué renverser les institutions
libres, même en Angleterre. Prenons garde qu'il ne se ré-

pande, en matière de droit administratif, des maximes qui rendent à la monarchie représentative de notre temps le même service que les légistes du moyen âge ont rendu à la royauté féodale, et que, par haine de la confusion des pouvoirs et de l'anarchie, il ne s'établisse des principes qui nous fassent peu à peu sortir de la liberté.

Ceci n'est pas de la politique proprement dite, messieurs; c'est de la science, c'est du droit, et en s'occupant d'un pareil sujet, l'Académie se tient dans les limites les plus certaines de sa compétence. Pour moi, loin que je craigne de voir cette assemblée discuter les principes généraux du droit administratif, je regrette sans cesse que les plus éminents d'entre ses membres ne fassent pas de cette partie de notre législation leur principale étude; ce travail serait digne d'eux.

Notre droit administratif a déjà donné lieu à de savants et utiles commentaires; il n'a point encore été étudié et jugé dans son ensemble par un grand publiciste qui pût et voulût se placer tout à la fois en dehors des préjugés de l'esprit judiciaire et des préjugés de l'esprit administratif; il faut le regretter, messieurs, car il n'y a peut-être pas, à tout prendre, de notre temps, un sujet qui fût plus fait pour attirer et retenir l'attention des philosophes et des hommes d'État.

Non-seulement il s'agit de principes nouveaux et d'institutions nouvelles, mais encore de principes qui seront adoptés, et d'institutions qui seront imitées peu à peu par tous les peuples de l'Europe. On peut prévoir que notre droit administratif deviendra graduellement celui du monde civilisé; il étendra sans cesse son empire, moins encore à cause de son excellence, que grâce à sa conformité avec la condition des hommes de notre temps. Assurément vous ne croyez pas plus que moi, messieurs, que notre système administratif soit né d'un accident, ait été créé par les volontés arbitraires d'une assemblée ou par le génie égoïste d'un grand homme. Non, il a été le résultat nécessaire de la révolution sociale qui s'est opérée en France à la fin du siècle dernier, et qui se continue avec des phases diverses dans le reste du monde.

On s'étonne à la vue de la singulière et imposante uniformité qui règne dans toutes les parties de notre administration, et l'enchaînement rigoureusement logique qui lie chacune d'entre elles à toutes les autres, et de la puissante unité qui rattache à un même centre les moindres parcelles d'autorité répandues sur la surface du territoire. Mais ceci est le fait des événements antérieurs, bien plus que de la volonté préconçue des hommes.

Ce qui doit surprendre, messieurs, c'est la révolution qui a rendu toutes ces choses non-seulement praticables, mais faciles et nécessaires; cette révolution sans exemple qui a pu renverser tous les pouvoirs petits ou grands qui avaient existé jusque-là, abolir tous les droits particuliers, toutes les franchises locales, toutes les prérogatives individuelles, et faire disparaître presque toutes les différences qui avaient séparé les citoyens, de telle sorte qu'on fût forcé de recréer d'un seul coup et sur un même plan, le système entier de l'administration publique.

Ce point de départ donné, que pouvait-il s'ensuivre que ce qui s'en est suivi? Pourquoi eût-on varié la forme des différents pouvoirs, puisqu'il s'agissait de régir de la même manière des citoyens devenus égaux et pareils? Pourquoi eût-on créé une législation à part pour chaque partie de la nation, puisque toutes se ressemblaient. Tous les priviléges qui donnent à certains particuliers ou à certaines corporations un droit au gouvernement étant abolis, où pouvait-on aller chercher la source des pouvoirs, sinon dans le grand centre où résidait la puissance de la nation entière? Par qui faire administrer tout le pays, sinon par le souverain lui-même? Les hommes qui ont créé notre système administratif, il y a cinquante ans, n'étaient donc pas d'aussi grands inventeurs qu'on le suppose? La Révolution avait fourni des données gé-

nérales de leur œuvre; elle avait tracé d'avance le cadre
qu'ils n'avaient plus qu'à remplir. Le difficile avait été de
poser, comme elle l'avait fait, les termes du problème, non
de le résoudre.

On peut tenir pour certain que partout où une révolution
semblable se fera, et elle se fait dans toute l'Europe, ici par
les peuples, là par les princes, tantôt à l'aide des lois politiques, plus souvent sous le couvert des lois civiles, on verra
naître quelque chose d'analogue à notre droit administratif;
car ce droit lui-même n'est qu'une des formes de l'État nouveau du monde: nous l'appelons le système français; c'est
le système moderne qu'il faut dire.

Quels sont les principes naturels et les règles nécessaires
qui, sortant du fonds même des besoins et des idées du temps,
doivent former la partie immuable de ce nouveau droit administratif, et se retrouveront partout où ces besoins se feront sentir et où ces idées seront admises? C'est ce que
personne encore n'a bien saisi au milieu des innombrables
détails du sujet, et n'a mis en lumière.

Il y a une autre partie de la science qui ne me paraît pas
non plus avoir encore suffisamment fixé les regards des publicistes.

On n'a pas assez cherché, suivant moi, à bien définir les
rapports qui doivent exister entre le droit administratif et le
droit politique. Comment faut-il faire, par exemple, pour
concilier les institutions administratives modernes avec la
monarchie représentative, qui est la forme de la liberté politique de notre temps? C'est là une question d'un intérêt immense, messieurs, pour tous ceux qui tiennent à l'indépendance de leur pays. Cependant les hommes qui écrivent sur
la politique et ceux qui écrivent sur l'administration ont jusqu'à présent travaillé à part; il ne s'est encore rencontré
personne qui se plaçât assez haut pour voir à la fois ces deux
mondes voisins, mais distincts, et pour rechercher ce qui
pouvait les mettre en harmonie. Il est particulièrement re-

grettable qu'un pareil travail n'ait point encore été fait par un Français et pour la France. Ne perdons jamais de vue que si notre système administratif a été conçu par la liberté, il a été complété par le despotisme. Comment concilier l'extrême centralisation qu'il consacre avec la réalité et la moralité du gouvernement représentatif? C'est le grand problème du temps; beaucoup le voient, peu s'occupent à le résoudre, quelques-uns le nient. On se laisse volontiers aller à cette idée, que notre système administratif forme un tout parfait ou peu s'en faut; les administrateurs ont coutume de le dire et la foule le répète. Rien ne saurait mieux convenir à la paresse individuelle, ni plus flatter l'orgueil national.

Tous les étrangers, dit-on, nous envient notre administration, et surtout l'extrême centralisation qui la caractérise. Ceci, messieurs, est un lieu-commun qui, ainsi que cela arrive souvent, n'est autre chose qu'une commune erreur. Je ne sais ce que pensent sur notre centralisation les peuples du continent de l'Europe qui vivent encore sous des gouvernements absolus; peut-être ceux-là l'admirent-ils en effet; je l'ignore, et je ne veux parler que de ce que j'ai pu savoir par moi-même. Mais, ce que j'ai le droit de dire avec certitude, c'est qu'on ne trouve la trace d'aucune opinion semblable chez les deux grandes nations libres qui existent aujourd'hui dans le monde; j'ai eu l'occasion de traiter mille fois ce sujet avec les hommes les plus éclairés de l'Amérique et de l'Angleterre, et j'affirme à l'Académie que je n'en ai pas rencontré un seul qui voulût adopter pour son pays notre système administratif, en le prenant dans son entier et avec les empreintes que lui a laissées la puissante main de Napoléon, ni qui pensât qu'un tel système pût à la longue demeurer compatible avec la liberté.

Certes, messieurs, je ne prétends pas dire qu'il fût sage de prendre de telles opinions pour les arrêts de la raison et de l'expérience, ni qu'il faille juger ce qui se passe chez nous par ce qu'en pensent les étrangers. Je n'ai voulu, au contraire, qu'écarter du débat tous les arguments qui ne seraient pas d'origine française, et empêcher que le public ne se laissât endormir par l'idée d'une approbation entièrement imaginaire.

Non, messieurs, la question n'est résolue ni ailleurs ni chez nous; elle reste posée: comment arriver à la résoudre? comment mettre d'accord les principes de notre droit administratif avec ceux de notre droit politique? les besoins de la monarchie et le maintien nécessaire de la centralisation avec l'esprit et les règles du gouvernement représentatif? c'est là un sujet qui attend encore un livre.

Ce livre, messieurs, serait, à mon sens, une des plus grandes œuvres auxquelles notre génération pût se livrer.

# RAPPORT

A L'ACADÉMIE DES SCIENCES MORALES ET POLITIQUES (1846), SUR DEUX ÉCRITS
INTITULÉS :

## DU MONOPOLE DES SELS PAR LA FÉODALITÉ FINANCIÈRE

### PAR M. RAYMOND THOMASSY

## DE LA PREUVE JUDICIAIRE AU MOYEN AGE, EN NORMANDIE

### PAR M. COUPPEY

Messieurs,

Je me suis chargé volontiers d'offrir à l'Académie, de la part des auteurs, deux opuscules qui me paraissent mériter son intérêt.

Le premier est intitulé : *Du monopole des sels*, par M. Thomassy, ancien élève de l'École des chartes.

L'Académie sait que la question de la production du sel et de son prix, est une des plus graves qui, au point de vue de l'hygiène et de l'agriculture, puissent préoccuper les économistes et les hommes d'État.

En France cette question a, dans ces dernières années, fort agité les esprits. En général, on ne la considère que dans son rapport avec l'impôt. L'impôt est hors de proportion avec la valeur de la marchandise, et en élève démesurément le prix : cela est évident.

Dès lors, tous les efforts de ceux qui, pour des raisons économiques ou philosophiques, souhaitent que le prix du sel s'abaisse, n'ont tendu que vers un seul but: diminuer ou abolir l'impôt.

M. Thomassy a pensé avec raison que le sujet était moins simple qu'il n'avait paru jusqu'à présent; et, sans nier la nécessité urgente de diminuer l'impôt du sel, il a entrepris de prouver que cette mesure, pour être aussi efficace qu'on se l'imagine, ne devait pas rester isolée.

Qu'importe, par exemple, dit-il, que l'État décharge le consommateur de sel d'une partie de l'impôt qui pèse sur la marchandise, si le producteur, dominant le marché, peut élever à son gré la valeur vénale du produit? Or, c'est là, suivant M. Thomassy, un péril qui nous menace, un mal dont nous commençons même à être atteints. Déjà toutes les salines du Midi sont coalisées; leurs propriétaires s'entendent pour arrêter la production dans de certaines limites et pour faire hausser les prix. Ce qui se fait dans le Midi peut finir par se faire partout; déjà même on a lieu de craindre que toute l'industrie des sels ne soit bientôt concentrée dans une seule main. Qu'aura fait alors l'État en renonçant en partie à l'impôt? Il aura appauvri le trésor public sans avoir soulagé le consommateur. L'abaissement de la taxe est donc un remède insuffisant, si en même temps on ne prend des mesures pour empêcher le monopole des particuliers.

Je suis porté à croire que M. Thomassy, animé et quelque peu dominé, comme le sont d'ordinaire les gens de bonne foi, par son point de vue, s'exagère les dangers de l'état présent. Je ne crois pas que l'œuvre du monopole soit aussi avancée et déjà aussi puissante qu'il se l'imagine; je pense surtout que la concentration dans une même main de toute l'industrie des sels est un événement plus difficile à accomplir qu'il ne suppose. Toutefois, je suis prêt à reconnaître avec lui que le sujet mérite au plus haut point l'attention du gouvernement et du pays.

Seulement je ne voudrais pas que pour nous sauver d'un péril peut-être imaginaire et à coup sûr grossi, on allât nous

jeter dans un danger plus certain et plus facile à produire.
Abolir les monopoles individuels pour fonder sur leur ruine
le monopole de l'État; faire du gouvernement le seul producteur du sel et le régulateur du prix de la denrée, de peur
qu'un tel pouvoir ne tombe un jour dans les mains de quelques citoyens, c'est un procédé extrême qui a été quelquefois
proposé. Je reproche à M. Thomassy d'avoir l'air d'envisager
sans répugnance cette solution de la question.

L'importance et l'intérêt que je veux donner à ce rapport
ne comportent point de discussion détaillée et approfondie.
Je n'entreprendrai donc pas de démontrer les inconvénients
qu'aurait le monopole gouvernemental dont je viens de parler. Je le crois inutile ; car au mal qu'on redoute il y a des
remèdes plus simples, moins radicaux. Je le juge, de plus,
dangereux. Il y a une école qui estime que le progrès consiste à accroître sans cesse les prérogatives du pouvoir social
et à faire pénétrer partout la main et la police de l'État. J'ap-
partiens à l'école contraire. Je suis de ceux qui pensent que,
parmi nous, l'État a déjà étendu outre mesure la sphère de
son action, qu'il se mêle de beaucoup de détails auxquels il
devait rester étranger, et qu'il s'expose ainsi à ce que son
pouvoir, s'étendant et s'énervant à la fois, devienne en même
temps oppressif et faible.

Ainsi qu'on l'a pu voir, je suis bien loin d'adopter toutes
les opinions émises dans l'ouvrage de M. Thomassy; mais
cela ne m'empêche point de rendre justice au vrai mérite
de ce petit écrit. L'auteur a traité son sujet dans un style
net et simple; les faits qu'il rappelle sont très-dignes d'intérêt pour tous ceux qui s'occupent de la matière; ceux qu'il
fait connaître pour la première fois sont curieux et-instruc-
tifs; enfin son œuvre, malgré ses défauts, est digne d'attirer
l'attention et d'obtenir l'approbation de l'Académie.

Le second ouvrage que je me permettrai de vous signaler, messieurs, est intitulé *De la preuve judiciaire au moyen
âge*, par M. Couppey, juge au tribunal de Cherbourg.

Le sujet et le nom de l'auteur n'ont rien de nouveau pour vous. J'ai déjà eu l'honneur, il y a plusieurs années, d'offrir à l'Académie, de la part de M. Couppey, un traité *Sur le jury en Normandie durant le moyen âge*[1]. L'opuscule sur lequel j'appelle en ce moment l'attention, n'est que la continuation de ce premier travail. M. Couppey, qui est un magistrat aussi laborieux que savant, a entrepris de rejoindre, pour ainsi dire, les deux bouts de notre histoire, et de faire voir que plusieurs des idées, des coutumes, des maximes qui règnent de nos jours, avaient eu cours chez nos ancêtres, de telle sorte qu'en matière de législation pénale surtout, nous nous sommes souvenus plutôt que nous n'avons inventé.

Dans le premier traité dont j'ai eu l'honneur de parler à l'Académie, M. Couppey avait cherché à prouver que le jury, tel à peu près que nous le connaissons, avait non-seulement existé, mais fonctionné pendant plus d'un siècle dans la Normandie du moyen âge. Que cette thèse soit contestable, je ne le nie pas; que l'auteur malgré sa science et son industrie ne soit pas parvenu à dissiper entièrement les ténèbres qui environnent un pareil sujet, je ne le prétends point. Il me suffira de rappeler que ce premier écrit de M. Couppey est plein de recherches curieuses et très-digne d'attention.

Le second ouvrage dont je m'occupe en ce moment est la suite ou plutôt le complément de l'idée que le premier a voulu mettre en lumière.

Après avoir montré que l'institution du jury avait existé chez nos aïeux, M. Couppey veut faire voir suivant quelles règles de procédure elle fonctionnait, et il trouve que le caractère saillant de cette procédure, c'est qu'elle n'entreprend point de donner *a priori* à la certitude judiciaire des carac-

---

[1] Le 4 juin 1842. La mention s'en trouve page 487 du *Compte rendu des séances et travaux de l'Académie des sciences morales et politiques* pour l'année 1842. Le compte rendu ne reproduit pas, du reste, les paroles prononcées par Tocqueville à cette occasion.

tères fixes, et qu'elle abandonne le juge à lui-même, se bornant à lui demander s'il est convaincu, sans imposer d'avance à sa conviction des conditions et des règles.

On sait que plus tard, à ce système si simple, et qui paraît si conforme à la raison, fut substitué le système artificiel
et savant des *preuves légales*, dont notre procédure criminelle
ne s'est entièrement affranchie qu'à la Révolution de 1789.

Le grand changement introduit au moyen âge dans les
institutions judiciaires ne fut, du reste, qu'un des effets
d'une révolution qui s'étendit, plus ou moins, à toutes les
institutions d'origine germanique.

Les barbares avaient détruit l'empire romain, sans détruire entièrement ni partout les lois et les idées romaines;
et quand le tumulte qu'avaient causé la marche et le choc
de tant de nations diverses se fut un peu apaisé, les principes
du droit civil et politique des Romains sortirent peu à peu
des séminaires et des écoles, et produits par l'effort simultané des légistes et des prêtres, reprirent leur empire. Aux
institutions rudes et imparfaites, mais simples et libres de la
Germanie, succédèrent des lois compliquées, ingénieuses et
savantes qui avaient été faites pour la civilisation romaine à
son déclin, et qu'appliquèrent, en les exagérant, des hommes
à moitié barbares.

A vrai dire, les Romains nous ont conquis deux fois : une
fois par leurs armes, une autre par leurs idées et par leurs
lois, jusqu'à ce qu'enfin devenus avec le temps entièrement
maîtres de nous-mêmes, nous nous sommes donné des institutions en accord avec nos mœurs, notre état social et
nos lumières.

Rien ne serait plus intéressant à étudier que les phénomènes de cette seconde invasion romaine, plus paisible,
mais non moins extraordinaire que la première.

M. Couppey n'a pas entrepris de traiter un si grand sujet.
Il s'est borné à fournir des documents précieux à ceux qui
voudront l'entreprendre.

# DISCOURS

ADRESSÉ AU ROI POUR LE JOUR DE SA FÊTE, LE 2 MAI 1847, PRONONCÉ PAR M. DE
TOCQUEVILLE, AU NOM DE L'INSTITUT, DONT IL ÉTAIT PRÉSIDENT

Sire,

L'Institut vient apporter à Votre Majesté l'hommage de ses respects et de ses vœux.

En songeant, Sire, à tant de grandes affaires conduites par vous avec un si constant succès ; en contemplant autour de votre royale personne, cette famille touchante et auguste dont il a plu à la Providence de faire l'ornement de votre prospérité ; en considérant ce rare bonheur du prince et de l'homme, l'Institut ne peut rien souhaiter de plus à Votre Majesté que la durée des biens qu'elle a déjà.

L'Institut n'est point un pouvoir ; mais qu'il lui soit permis de dire qu'il est du moins l'un des représentants de la plus grande puissance de la terre, celle de la pensée, de cette puissance insaisissable et mobile qui, tantôt cachée au fond des événements, tantôt se montrant au grand jour, produit les révolutions des empires et mène le monde.

La gloire de notre temps, Sire (il est naturel de le rappeler ici, car elle se confond en quelque sorte avec la vôtre), est d'avoir reconnu et légalisé cette souveraineté de l'intelligence, d'avoir placé son pouvoir et celui de l'opinion publique qui en découle, au-dessus de la force, et d'en avoir fait

IX.                                                                6 le véritable maître et le directeur légitime des choses humaines.

La plus grande gloire de Votre Majesté est de régner par le choix spontané et avec le libre concours d'un pays où l'intelligence est souveraine.

Jouissez de cette gloire, Sire ; puissiez-vous en jouir longtemps ! Nous le souhaitons ardemment dans l'intérêt de notre commune patrie.

Confondre dans un même vœu et honorer d'un même hommage Votre Majesté et la France, ce n'est pas seulement remplir notre devoir, c'est encore nous conformer à votre pensée.

# RAPPORT

FAIT A L'ACADÉMIE DES SCIENCES MORALES ET POLITIQUES
LE 15 JANVIER 1848, SUR L'OUVRAGE DE M. CHERBULIEZ, INTITULÉ :

## DE LA DÉMOCRATIE EN SUISSE

Messieurs,

M. Cherbuliez, professeur de droit public à l'Académie de Genève, a publié un ouvrage sur les institutions et les mœurs politiques de son pays, intitulé : *De la Démocratie en Suisse*, et a fait hommage d'un exemplaire de ce livre à l'Académie des sciences morales.

Il m'a paru, messieurs, que l'importance du sujet traité par l'auteur méritait qu'on fît de son œuvre un examen spécial ; et, pensant qu'un tel examen pourrait offrir quelque utilité, je l'ai entrepris.

Mon intention est de me placer complétement en dehors des préoccupations du moment, comme il convient de le faire dans cette enceinte, de passer sous silence les faits actuels qui ne relèvent point de nous, et de voir, en Suisse, moins les actes de la société politique que cette société elle-même, les lois qui la constituent, leur ori-

gine, leurs tendances, leur caractère. J'espère que, cir-
conscrit de cette manière, le tableau sera encore digne
d'intérêt. Ce qui se passe en Suisse n'est pas un fait isolé,
c'est un mouvement particulier au milieu du mouvement
général qui précipite vers sa ruine tout l'ancien édifice
des institutions de l'Europe. Si le théâtre est petit, le
spectacle a donc de la grandeur ; il a surtout une origi-
nalité singulière. Nulle part, la révolution démocratique
qui agite le monde ne s'était produite au milieu de circonstances si compliquées et si bizarres. Un même peuple, composé de plusieurs races, parlant plusieurs langues, professant plusieurs croyances, différentes sectes
dissidentes, deux Églises également constituées et privi-
légiées, toutes les questions de politique tournant bientôt
en questions de religion, et toutes les questions de religion aboutissant à des questions politiques, deux sociétés
enfin, l'une très-vieille, l'autre très-jeune, mariées ensemble malgré la différence de leurs âges : tel est le tableau qu'offre la Suisse. Pour le bien peindre, il eût fallu,
à mon avis, se placer plus haut que ne l'a fait l'auteur.
M. Cherbuliez déclare dans sa préface, et je tiens l'assertion pour très-sincère, qu'il s'est imposé la loi de l'impartialité. Il craint même que le caractère complétement
impartial de son œuvre ne jette une sorte de monotonie
sur le sujet. Cette crainte est assurément mal fondée.
L'auteur veut être impartial, en effet, mais il n'y parvient
point. Il y a dans son livre de la science, de la perspicacité, un vrai talent, une bonne foi évidente qui éclate
au milieu même d'appréciations passionnées ; mais ce

qui ne se voit pas, c'est précisément l'impartialité. On y
rencontre tout à la fois beaucoup d'esprit et peu de liberté d'esprit.

Vers quelles formes de sociétés politiques tend l'auteur? Cela semble d'abord assez difficile à dire. Quoiqu'il approuve, dans une certaine mesure, la conduite
qu'ont suivie, en Suisse, les catholiques les plus ardents,
il est adversaire décidé du catholicisme, à ce point qu'il
n'est pas éloigné de vouloir qu'on empêche législativement la religion catholique de s'étendre dans les lieux
où elle ne règne pas. D'une autre part, il est fort ennemi
des sectes dissidentes du protestantisme. Opposé au gouvernement du peuple, il l'est aussi à celui de la noblesse;
en religion, une Église protestante régie par l'État; en
politique, un État régi par une aristocratie bourgeoise :
tel semble être l'idéal de l'auteur. C'est Genève avant
ses dernières révolutions.

Mais si l'on ne discerne pas toujours clairement ce qu'il
aime, on aperçoit sans peine ce qu'il hait. Ce qu'il hait,
c'est la démocratie. Atteint dans ses opinions, dans ses
amitiés, dans ses intérêts peut-être, par la révolution démocratique qu'il décrit, il n'en parle jamais qu'en ennemi. Il n'attaque pas seulement la démocratie dans telle
ou telle de ses conséquences, mais dans son principe
même; il ne voit pas les qualités qu'elle possède, il
poursuit les défauts qu'elle a. Il ne distingue point, entre
les maux qui en peuvent découler, ce qui est fondamen-
tal et permanent et ce qui est accidentel et passager; ce
qu'il faut supporter d'elle comme inévitable et ce qu'on

doit chercher à corriger. Peut-être le sujet ne pouvait-il pas être envisagé de cette manière par un homme aussi mêlé que l'a été M. Cherbuliez aux agitations de son pays. Il est permis de le regretter. Nous verrons, en poursuivant cette analyse, que la démocratie suisse a grand besoin qu'on l'éclaire sur l'imperfection de ses lois. Mais, pour le faire avec efficacité, la première condition était de ne la point haïr.

M. Cherbuliez a intitulé son œuvre : *De la Démocratie en Suisse*, ce qui pourrait faire croire qu'aux yeux de l'auteur la Suisse est un pays dans lequel on puisse faire sur la démocratie un ouvrage de doctrine, et où il soit permis de juger les institutions démocratiques en elles-mêmes. C'est là, à mon sens, la source principale d'où sont sorties presque toutes les erreurs du livre. Son vrai titre eût dû être : *De la Révolution démocratique en Suisse*. La Suisse, en effet, depuis quinze ans, est un pays en révolution. La démocratie y est moins une forme régulière de gouvernement qu'une arme dont on s'est servi habituellement pour détruire et quelquefois défendre l'ancienne société. On peut bien y étudier les phénomènes particuliers qui accompagnent l'état révolutionnaire dans l'ère démocratique où nous sommes, mais non pas y peindre la démocratie dans son assiette permanente et tranquille. Quiconque n'aura pas sans cesse présent à l'esprit ce point de départ, ne comprendra qu'avec peine le tableau que les institutions de la Suisse lui présentent; et, pour mon compte, j'éprouverais une difficulté insurmontable à expliquer comment je juge ce qui est, sans dire comment je comprends ce qui a été.

On se fait d'ordinaire illusion sur ce qu'était la Suisse lorsque la révolution française éclata. Comme les Suisses vivaient depuis longtemps en république, on se figura aisément qu'ils étaient beaucoup plus rapprochés que les autres habitants du continent de l'Europe des institutions qui constituent et de l'esprit qui anime la liberté moderne. C'est le contraire qu'il fallait penser.

Quoique l'indépendance des Suisses fût née au milieu d'une insurrection contre l'aristocratie, la plupart des gouvernements qui se fondèrent alors empruntèrent bientôt à l'aristocratie ses usages, ses lois, et jusqu'à ses opinions et ses penchants. La liberté ne se présenta plus à leurs yeux que sous la forme d'un privilége, et l'idée d'un droit général et préexistant qu'auraient tous les hommes à être libres, cette idée demeura aussi étrangère à leur esprit qu'elle pouvait l'être à celui même des princes de la maison d'Autriche, qu'ils avaient vaincus. Tous les pouvoirs ne tardèrent donc pas à être attirés et retenus dans le sein de petites aristocraties fermées ou qui se recrutaient elles-mêmes. Au nord, ces aristocraties prirent un caractère industriel; au midi, une constitution militaire. Mais, des deux côtés, elles furent aussi resserrées, aussi exclusives. Dans la plupart des cantons, les trois quarts des habitants furent exclus d'une participation quelconque, soit directe, soit même indirecte, à l'administration du pays; et de plus, chaque canton eut des populations sujettes.

Ces petites sociétés, qui s'étaient formées au milieu

d'une agitation si grande, devinrent bientôt si stables qu'aucun mouvement ne s'y fit plus sentir. L'aristocratie ne s'y trouvant ni poussée par le peuple, ni guidée par un roi, y tint le corps social immobile dans les vieux vêtements du moyen âge.

Les progrès du temps faisaient déjà pénétrer depuis longtemps le nouvel esprit dans les sociétés les plus monarchiques de l'Europe, que la Suisse lui demeurait encore fermée.

Le principe de la division des pouvoirs était admis par tous les publicistes; il ne s'appliquait point en Suisse. La liberté de la presse, qui existait au moins en fait dans plusieurs monarchies absolues du continent, n'existait en Suisse ni en fait ni en droit; la faculté de s'associer politiquement n'y était ni exercée, ni reconnue; la liberté de la parole y était restreinte dans des limites très-étroites. L'égalité des charges, vers laquelle tendaient tous les gouvernements éclairés, ne s'y rencontrait pas plus que celle des droits. L'industrie y trouvait mille entraves, la liberté individuelle n'y avait aucune garantie légale. La liberté religieuse, qui commençait à pénétrer jusqu'au sein des États les plus orthodoxes, n'avait pu encore se faire jour en Suisse. Les cultes dissidents étaient entièrement prohibés dans plusieurs cantons, gênés dans tous. La différence des croyances y créait presque partout des incapacités politiques.

La Suisse était encore en cet état en 1798, lorsque la révolution française pénétra à main armée sur son territoire. Elle y renversa pour un moment les vieilles institutions, mais elle ne mit rien de solide et de stable à la place. Napoléon, qui, quelques années après, tira les Suisses de l'anarchie par l'acte de médiation, leur donna bien l'égalité, mais non la liberté; les lois politiques qu'il imposa étaient combinées de manière à ce que la vie publique était paralysée. Le pouvoir, exercé au nom du peuple, mais placé très-loin de lui, était remis tout entier dans les mains de la puissance exécutive.

Quand, peu d'années après, l'acte de médiation tomba avec son auteur, les Suisses ne gagnèrent point la liberté à ce changement, il y perdirent seulement l'égalité. Partout les anciennes aristocraties reprirent les rênes du gouvernement et remirent en vigueur les principes exclusifs et surannés qui avaient régné avant la révolution. Les choses revinrent alors, dit avec raison M. Cherbuliez, à peu près au point où elles étaient en 1798. On a accusé à tort les rois coalisés d'avoir imposé par la force cette restauration à la Suisse. Elle fut faite d'accord avec eux, mais non par eux. La vérité est que les Suisses furent entraînés alors, comme les autres peuples du continent, par cette réaction passagère, mais universelle, qui raviva tout à coup dans toute l'Europe la vieille société; et, comme chez eux la restauration ne fut pas consommée par des princes dont, après tout, l'intérêt était distinct de celui des anciens privilégiés, mais par les anciens privilégiés eux-mêmes, elle y fut plus complète, plus aveugle et plus obstinée que dans le reste de l'Europe. Elle ne s'y montra pas tyrannique, mais très-exclusive. Un pouvoir législatif entièrement subordonné à la puissance

exécutive; celle-ci exclusivement possédée par l'aristocratie de naissance; la classe moyenne exclue des affaires;
le peuple entier privé de la vie politique : tel est le spectacle que présente la Suisse dans presque toutes ses parties jusqu'en 1830.

C'est alors que s'ouvrit pour elle l'ère nouvelle de la
démocratie! ·

Ce court exposé a eu pour but de bien faire comprendre deux choses :

La première : que la Suisse est un des pays de l'Europe où la révolution avait été la moins profonde et la
restauration qui la suivit la plus complète; de telle sorte
que les institutions étrangères ou hostiles à l'esprit nouveau y ayant conservé ou repris beaucoup d'empire, l'impulsion révolutionnaire dut s'y conserver plus grande.

La seconde : que dans la plus grande partie de la Suisse,
le peuple, jusqu'à nos jours, n'avait jamais pris la moindre part au gouvernement; que les formes judiciaires qui
garantissent la liberté civile, la liberté d'association, la
liberté de la parole, la liberté de la presse, la liberté religieuse, avaient toujours été aussi, et je pourrais presque dire, plus inconnues à la grande majorité des citoyens
de ces républiques, qu'elles pouvaient l'être, à la même
époque, aux sujets de la plupart des monarchies.

Voilà ce que M. Cherbuliez perd souvent de vue, mais
ce qui doit être sans cesse présent à notre pensée dans
l'examen que nous allons faire avec soin des institutions
que la Suisse s'est données.

Tout le monde sait qu'en Suisse la souveraineté est

divisée en deux parts : d'un côté se trouve le pouvoir fédéral, de l'autre les gouvernements cantonaux.

M. Cherbuliez commence par parler de ce qui se passe dans les cantons, et il a raison ; car c'est là qu'est le véritable gouvernement de la société. Je le suivrai dans cette voie, et je m'occuperai comme lui des constitutions cantonales.

Toutes les constitutions cantonales sont aujourd'hui démocratiques ; mais la démocratie ne se montre pas dans toutes sous les mêmes traits.

Dans la majorité des cantons, le peuple a remis l'exercice de ses pouvoirs à des assemblées qui le représentent, et dans quelques-uns il l'a conservé pour lui-même. Il se réunit en corps et gouverne. M. Cherbuliez appelle le gouvernement des premiers des *démocraties représentatives*, et celui des autres des *démocraties pures*.

Je demanderai à l'Académie la permission de ne pas suivre l'auteur dans l'examen très-intéressant qu'il fait des démocraties pures. J'ai plusieurs raisons pour agir ainsi. Quoique les cantons qui vivent sous la démocratie pure aient joué un grand rôle dans l'histoire et puissent en jouer encore un considérable dans la politique, ils donneraient lieu à une étude curieuse plutôt qu'utile.

La démocratie pure est un fait à peu près unique dans le monde moderne et très-exceptionnel, même en Suisse, puisque le treizième seulement de la population est gouverné de cette manière. C'est, de plus, un fait passager. On ne sait point assez que dans les cantons suisses, où le peuple a le plus conservé l'exercice du pouvoir, il existe un corps représentatif sur lequel il se repose en partie des soins du gouvernement. Or, il est facile de voir, en étudiant l'histoire récente de la Suisse, que graduellement les affaires dont s'occupe le peuple en Suisse sont en moins grand nombre, et qu'au contraire, celles que traitent ses représentants deviennent chaque jour plus nombreuses et plus variées. Ainsi, le principe de la démocratie pure perd un terrain que gagne le principe contraire. L'un devient insensiblement l'exception, l'autre la règle.

Les démocraties pures de la Suisse appartiennent d'ailleurs à un autre âge; elles ne peuvent rien enseigner quant au présent ni quant à l'avenir. Quoiqu'on soit obligé de se servir, pour les désigner, d'un nom pris à la science moderne, elles ne vivent que dans le passé. Chaque siècle a son esprit dominateur auquel rien ne résiste. Vient-il à s'introduire sous son règne des principes qui lui soient étrangers ou contraires, il ne tarde pas à les pénétrer, et, quand il ne peut pas les annuler, il se les approprie et se les assimile. Le moyen âge avait fini par façonner aristocratiquement jusqu'à la liberté démocratique. Au milieu des lois les plus républicaines, à côté du suffrage universel lui-même, il avait placé des croyances religieuses, des opinions, des sentiments, des habitudes, des associations, des familles qui retenaient en dehors du peuple le vrai pouvoir. Il ne faut considérer les petits gouvernements des cantons suisses que comme les derniers et respectables débris d'un monde qui n'est plus.

Les démocraties représentatives de la Suisse sont, au contraire, filles de l'esprit moderne. Toutes se sont fondées sur les ruines d'une ancienne société aristocratique; toutes procèdent du seul principe de la souveraineté du peuple; toutes en ont fait une application presque semblable dans leurs lois.

Nous allons voir que ces lois sont très-imparfaites, et elles suffiraient seules pour indiquer, dans le silence de l'histoire, qu'en Suisse la démocratie et même la liberté sont des puissances nouvelles et sans expérience.

Il faut remarquer d'abord que, même dans les démocraties représentatives de la Suisse, le peuple a retenu dans ses mains l'exercice direct d'une partie de son pouvoir. Dans quelques cantons, après que les lois principales ont eu l'assentiment de la législature, elles doivent encore être soumises au *veto* du peuple. Ce qui fait dégénérer, pour ces cas particuliers, la démocratie représentative en démocratie pure.

Dans presque tous, le peuple doit être consulté de temps en temps, d'ordinaire à des époques rapprochées, sur le point de savoir s'il veut modifier ou maintenir la constitution. Ce qui ébranle à la fois et périodiquement toutes les lois.

Tous les pouvoirs législatifs que le peuple n'a pas retenus dans ses mains, il les a confiés à une seule assemblée, qui agit sous ses yeux et en son nom. Dans aucun canton, la législature n'est divisée en deux branches; partout elle se compose d'un corps unique; non-seulement ses mouvements ne sont pas ralentis par le besoin de s'entendre avec une autre assemblée, mais ses volontés ne rencontrent même pas l'obstacle d'une délibération prolongée. La discussion des lois générales est soumise à de certaines formalités qui prolongent, mais les résolutions les plus importantes peuvent être proposées, discutées et admises en un moment, sous le nom de décrets. Les décrets font des lois secondaires quelque chose d'aussi imprévu, d'aussi rapide et d'aussi irrésistible que les passions d'une multitude.

En dehors de la législature, il n'y a rien qui résiste. La séparation et surtout l'indépendance relative des pouvoirs législatifs, administratifs et judiciaires en réalité n'existent pas.

Dans aucun canton, les représentants du pouvoir exécutif ne sont élus directement par le peuple. C'est la législature qui les choisit. Le pouvoir exécutif n'est donc doué d'aucune force qui lui soit propre. Il n'est que la création et ne peut jamais être que l'agent servile d'un autre pouvoir. A cette cause de faiblesse s'en joignent plusieurs autres. Nulle part le pouvoir exécutif n'est remis à un seul homme. On le confie à une petite assemblée, où sa responsabilité se divise et son action s'énerve. Plusieurs des droits inhérents à la puissance exécutive lui sont d'ailleurs refusés. Il n'exerce point de veto ou n'en exerce qu'un insignifiant sur les lois. Il est privé du droit de faire grâce, il ne nomme ni ne destitue ses agents. On peut même dire qu'il n'a pas d'agents, puisqu'il est d'ordinaire obligé de se servir des seuls magistrats communaux.

Mais c'est surtout par la mauvaise constitution et la mauvaise composition du pouvoir judiciaire que les lois de la démocratie suisse sont défectueuses. M. Cherbuliez le remarque, mais pas assez, à mon avis. Il ne semble pas lui-même bien comprendre que c'est le pouvoir judiciaire qui est principalement destiné, dans les démocraties, à être tout à la fois la barrière et la sauve-garde du peuple.

L'idée de l'indépendance du pouvoir judiciaire est une idée moderne. Le moyen âge ne l'avait point aperçue, ou du moins il ne l'avait jamais conçue que très-confusément. On peut dire que chez toutes les nations de l'Europe la puissance exécutive et la puissance judiciaire ont commencé par être mêlées; en France même où, par une très-heureuse exception, la justice a eu de bonne heure une existence individuelle très-vigoureuse, il est encore permis d'affirmer que la division des deux puissances était restée fort incomplète. Ce ne fut pas, il est vrai, l'administration qui retint dans ses mains la justice, ce fut la justice qui attira en partie dans son sein l'administration. La Suisse, au contraire, a été de tous les pays d'Europe celui peut-être où la justice s'est le plus confondue avec le pouvoir politique et est devenue le plus complétement un de ses attributs. On peut dire que l'idée que nous avons de la justice, de cette puissance impartiale et libre qui s'interpose entre tous les intérêts et entre tous les pouvoirs pour les rappeler tous au respect de la loi, cette idée a toujours été absente de l'esprit des Suisses, et qu'elle n'y est encore aujourd'hui que très-incomplétement entrée.

Les nouvelles constitutions ont sans doute donné aux tribunaux une place plus séparée que celle qu'ils occupaient parmi les anciens pouvoirs, mais non une position plus indépendante. Les tribunaux inférieurs sont élus par le peuple et soumis à la réélection ; le tribunal suprême de chaque canton est choisi non par le pouvoir exécutif, mais par la puissance législative, et rien ne garantit ses membres contre les caprices journaliers de la majorité.

Non-seulement le peuple ou l'assemblée qui le représente choisit les juges, mais ils ne s'imposent, pour les choisir, aucune gêne. En général, il n'y a point de conditions de capacité exigées. Le juge, d'ailleurs, simple exécuteur de la loi, n'a pas le droit de rechercher si cette loi est conforme à la constitution. A vrai dire, c'est la majorité elle-même qui juge par l'organe des magistrats.

En Suisse, d'ailleurs, le pouvoir judiciaire eût-il reçu de la loi l'indépendance et les droits qui lui sont nécessaires, ce pouvoir aurait encore de la peine à jouer son rôle, car la justice est une puissance de tradition et d'opinion qui a besoin de s'appuyer sur des idées et des mœurs judiciaires.

Je pourrais aisément faire ressortir les défauts qui se rencontrent dans les institutions que je viens de décrire, et prouver qu'elles tendent toutes à rendre le gouvernement du peuple irrégulier dans sa marche, précipité dans ses résolutions et tyrannique dans ses actes. Mais cela me mènerait trop loin. Je me bornerai à mettre en regard de ces lois celles que s'est données une société

démocratique plus ancienne, plus paisible et plus prospère. M. Cherbuliez pense que les institutions imparfaites que possèdent les cantons suisses, sont les seules que
la démocratie puisse suggérer ou veuille souffrir. La
comparaison que je vais faire prouvera le contraire, et
montrera comment, du principe de la souveraineté du
peuple on a pu tirer ailleurs, avec plus d'expérience,
plus d'art et plus de sagesse, des conséquences différentes. Je prendrai pour exemple l'État de New-York,
qui contient à lui seul autant d'habitants que la Suisse
entière.

Dans l'État de New-York, comme dans les cantons
suisses, le principe du gouvernement est la souveraineté
du peuple, mise en action par le suffrage universel. Mais
le peuple n'exerce sa souveraineté qu'un seul jour, par
le choix de ses délégués. Il ne retient habituellement
pour lui-même, dans aucun cas, aucune partie quelconque de la puissance législative, exécutive ou judiciaire.
Il choisit ceux qui doivent gouverner en son nom, et
jusqu'à la prochaine élection il abdique.

Quoique les lois soient changeantes, leur fondement
est stable. On n'a point imaginé de soumettre d'avance,
comme en Suisse, la constitution à des révisions successives et périodiques dont la venue ou seulement l'attente
tient le corps social en suspens. Quand un besoin nouveau se fait sentir, la législature constate qu'une modification de la constitution est devenue nécessaire, et la
législature qui suit l'opère.

Quoique la puissance législative ne puisse pas plus

7

qu'en Suisse se soustraire à la direction de l'opinion publique, elle est organisée de manière à résister à ses caprices. Aucune proposition ne peut devenir loi qu'après
avoir été soumise à l'examen de deux assemblées. Ces
deux parties de la législature sont élues de la même manière et composées des mêmes éléments ; toutes deux sortent donc également du peuple, mais elles ne le représentent pas exactement de la même manière : l'une est
chargée surtout de reproduire ses impressions journalières, l'autre ses instincts habituels et ses penchants permanents.

A New-York, la division des pouvoirs n'existe pas seulement en apparence, mais en réalité.

La puissance exécutive est exercée, non par un corps,
mais par un homme qui seul en porte toute la responsabilité et en exerce avec décision et avec fermeté les
droits et les prérogatives. Élu par le peuple, il n'est
point, comme en Suisse, la créature et l'agent de la
législature; il marche son égal, il représente comme elle,
quoique dans une autre sphère, le souverain au nom duquel l'un et l'autre agissent. Il tire sa force de la même
source où elle puise la sienne. Il n'a pas seulement le
nom de pouvoir exécutif, il en exerce les prérogatives
naturelles et légitimes. Il est le commandant de la
force armée, dont il nomme les principaux officiers; il
choisit plusieurs des grands fonctionnaires de l'État; il
exerce le droit de grâce; le veto qu'il peut opposer aux
volontés de la législature, sans être absolu, est pourtant
efficace. Si le gouverneur de l'État de New-York est beau-

coup moins puissant sans doute qu'un roi constitutionnel d'Europe, il l'est du moins infiniment plus qu'un petit conseil de la Suisse.

Mais c'est surtout dans l'organisation du pouvoir judiciaire que la différence éclate.

Le juge, quoiqu'il émane du peuple et dépende de lui, est une puissance à laquelle se soumet le peuple lui-même. Le pouvoir judiciaire y tient cette position exceptionnelle de son origine, de sa permanence, de sa compétence, et surtout des mœurs publiques et de l'opinion.

Les membres des tribunaux supérieurs ne sont pas choisis, comme en Suisse, par la législature, puissance collective qui, souvent, est passionnée, quelquefois aveugle, et toujours irresponsable, mais par le gouverneur de l'État. Le magistrat une fois institué est considéré comme inamovible. Aucun procès ne lui échappe, aucune peine ne saurait être prononcée que par lui. Non-seulement il interprète la loi, on peut dire qu'il la juge ; quand la législature, dans le mouvement rapide des partis, s'écarte de l'esprit ou de la lettre de la constitution, les tribunaux l'y ramènent en refusant d'appliquer ses décisions; de sorte que si le juge ne peut obliger le peuple à garder sa constitution, il le force du moins à la respecter tant qu'elle existe. Il ne le dirige point, mais il le contraint et le limite. Le pouvoir judiciaire, qui existe à peine en Suisse, est le véritable modérateur de la démocratie américaine.

Maintenant, qu'on examine cette constitution dans les

moindres détails, on n'y découvrira pas un atome d'aristocratie. Rien qui ressemble à une classe, pas un privilége, partout les mêmes droits, tous les pouvoirs sortant du peuple et y retournant, un seul esprit animant toutes les institutions, nulles tendances qui se combattent : le principe de la démocratie a tout pénétré et domine tout. Et pourtant ces gouvernements si complétement démocratiques ont une assiette bien autrement stable, une allure bien plus paisible et des mouvements bien plus réguliers que les gouvernements démocratiques de la Suisse.

Il est permis de dire que cela vient en partie de la différence des lois.

Les lois de l'État de New-York, que je viens de décrire, sont disposées de manière à lutter contre les défauts naturels de la démocratie, les institutions suisses dont j'ai tracé le tableau semblent faites au contraire pour les développer. Ici elles retiennent le peuple, là elles le poussent. En Amérique, on a craint que son pouvoir ne fût tyrannique, tandis qu'en Suisse on semble n'avoir voulu que le rendre irrésistible.

Je ne m'exagère pas l'influence que peut exercer le mécanisme des lois sur la destinée des peuples. Je sais que c'est à des causes plus générales et plus profondes qu'il faut principalement attribuer les grands événements de ce monde; mais on ne saurait nier que les institutions n'aient une certaine vertu qui leur soit propre, et que par elles-même elles ne contribuent à la prospérité ou aux misères des sociétés.

Si au lieu de repousser d'une manière absolue presque toutes les lois de son pays, M. Cherbuliez avait fait voir ce qu'elles ont de défectueux et comment on eût pu perfectionner leurs dispositions, sans altérer leur principe, il eût écrit un livre plus digne de la postérité et plus utile à ses contemporains.

Après avoir montré ce qu'est la démocratie dans les cantons, l'auteur recherche l'influence qu'elle exerce sur la confédération elle-même.

Avant de suivre M. Cherbuliez dans cette voie, il est nécessaire de faire ce qu'il n'a pas fait lui-même, de bien indiquer ce que c'est que le gouvernement fédéral, comment il est organisé en droit et en fait, et comment il fonctionne.

Il serait permis de se demander d'abord si les législateurs de la confédération suisse ont voulu faire une constitution fédérale ou seulement établir une ligue, en d'autres termes, s'ils ont entendu sacrifier une portion de la souveraineté des cantons ou n'en aliéner aucune partie. Si l'on considère que les cantons se sont interdit plusieurs des droits qui sont inhérents à la souveraineté, et qu'ils les ont concédés d'une manière permanente au gouvernement fédéral, si l'on songe surtout qu'ils ont voulu que, dans les questions ainsi abandonnées à ce gouvernement, la majorité fît loi, on ne saurait douter que les législateurs de la confédération suisse n'aient voulu établir une véritable constitution fédérale et non une simple ligue. Mais il faut convenir qu'ils s'y sont fort mal pris pour y réussir.

Je n'hésiterai pas à dire qu'à mon sens la constitution fédérale de la Suisse est la plus imparfaite de toutes les constitutions de ce genre qui aient paru jusqu'ici dans le monde. On se croirait revenu, en le lisant, en plein moyen âge, et l'on ne saurait trop s'étonner en songeant que cette œuvre confuse et incomplète est le produit d'un siècle aussi savant et aussi expérimenté que le nôtre[1].

On répète souvent, et non sans raison, que le pacte a limité outre mesure les droits de la confédération, qu'il a laissé en dehors de l'action du gouvernement qui la représente certains objets d'une nature essentiellement nationale, et qui naturellement devraient rentrer dans la compétence de la diète : tels, par exemple, que l'administration des postes, le règlement des poids et mesures, la fabrication de la monnaie... Et l'on attribue la faiblesse du pouvoir fédéral au petit nombre d'attributions qui lui sont confiées.

Il est bien vrai que le pacte a refusé au gouvernement de la confédération plusieurs des droits qui reviennent naturellement et même nécessairement à ce gouvernement; mais ce n'est pas là que réside la véritable cause de la faiblesse de celui-ci, car les droits que le pacte lui a donnés lui suffiraient, s'il pouvait en faire usage, pour acquérir bientôt tous ceux qui lui manquent.

La diète peut rassembler des troupes, lever de l'argent, faire la guerre, accorder la paix, conclure les trai-

---

[1] Il ne faut pas perdre de vue que tout ceci est écrit en 1847, c'est-à-dire avant que le contre-coup de la révolution de 1848 n'eût amené la réforme de l'ancien pacte fédéral.

lés de commerce, nommer les ambassadeurs. Les constitutions cantonales et les grands principes d'égalité devant la loi sont mis sous sa sauvegarde, ce qui lui permettrait, au besoin, de s'immiscer dans toutes les affaires locales. Les péages et les droits sur les routes, etc., sont réglés par la diète, ce qui l'autorise à diriger ou à contrôler les grands travaux publics. Enfin la diète, dit l'art. 4 du pacte, *prend toutes les mesures nécessaires pour la sécurité intérieure et extérieure de la Suisse*, ce qui lui donne la faculté de tout faire.

Les gouvernements fédéraux les plus forts n'ont pas eu de plus grandes prérogatives, et, loin de croire qu'en Suisse la compétence du pouvoir central soit trop limitée, je suis porté à penser que ses bornes ne sont pas assez soigneusement posées.

D'où vient donc qu'avec de si beaux priviléges le gouvernement de la confédération a, d'ordinaire, si peu de pouvoir? La raison en est simple : c'est qu'on ne lui a pas donné les moyens de faire ce qu'on lui a concédé le droit de vouloir. Jamais gouvernement ne fut mieux retenu dans l'inertie et plus condamné à l'impuissance par l'imperfection de ses organes.

Il est de l'essence des gouvernements fédéraux d'agir, non pas au nom du peuple, mais au nom des États dont la confédération se compose. S'il en était autrement, la constitution cesserait immédiatement d'être fédérale.

Il résulte de là, entre autres conséquences nécessaires et inévitables, que les gouvernements fédéraux sont habituellement moins hardis dans leurs résolutions, et plus lents dans leurs mouvements que les autres.

La plupart des législateurs des confédérations se sont efforcés, à l'aide de procédés plus ou moins ingénieux, dans l'examen desquels je ne veux pas entrer, de corriger en partie ce vice naturel du système fédéral. Les Suisses l'ont rendu infiniment plus sensible que partout ailleurs, par les formes particulières qu'ils ont adoptées. Chez eux, non-seulement les membres de la diète n'agissent qu'au nom des différents cantons qu'ils représentent, mais ils ne prennent en général aucune résolution qui n'ait été prévue ou ne soit approuvée par ceux-ci. Presque rien n'est laissé à leur libre arbitre ; chacun d'eux se croit lié par un mandat impératif, imposé d'avance ; de telle sorte que la diète est une assemblée délibérante où, à vrai dire, on n'a aucun intérêt à délibérer, où l'on parle, non pas devant ceux qui doivent prendre la résolution, mais devant ceux qui ont seulement le droit de l'appliquer. La diète est un gouvernement qui ne veut rien par lui-même, mais qui se borne à réaliser ce que vingt-deux autres gouvernements ont séparément voulu ; un gouvernement qui, quelle que soit la nature des événements, ne peut rien décider, rien prévoir, pourvoir à rien. On ne saurait imaginer une combinaison qui soit plus propre à accroître l'inertie naturelle du gouvernement fédéral, et à changer sa faiblesse en une sorte de débilité sénile.

Il y a bien d'autres causes encore qui, indépendamment des vices inhérents à toutes constitutions fédérales, expliquent l'impuissance habituelle du gouvernement de la confédération suisse.

Non-seulement la confédération a un gouvernement débile, mais on peut dire qu'elle n'a pas de gouvernement qui lui soit propre. Sa constitution, sous ce rapport, est unique dans le monde. La confédération met à sa tête des chefs qui ne la représentent pas. Le directoire, qui forme le pouvoir exécutif de la Suisse, est choisi, non par la diète, encore moins par le peuple helvétique; c'est un gouvernement de hasard que la confédération emprunte tous les deux ans à Berne, à Zurich ou à Lucerne. Ce pouvoir élu par les habitants d'un canton pour diriger les affaires d'un canton, devient ainsi accessoirement la tête et le bras de tout le pays. Ceci peut assurément passer pour une des plus grandes curiosités politiques que l'histoire des lois humaines présente. Les effets d'un pareil état de choses sont toujours déplorables et souvent très-extraordinaires. Rien de plus bizarre, par exemple, que ce qui est arrivé en 1839. Cette année-là la diète siégeait à Zurich, et la confédération avait pour gouvernement le directoire de l'État de Zurich. Survient à Zurich une révolution cantonale. Une insurrection populaire renverse les autorités constituées. La diète se trouve aussitôt sans président, et la vie fédérale demeure suspendue jusqu'à ce qu'il plaise au canton de se donner d'autres lois et d'autres chefs. Le peuple de Zurich, en changeant son administration locale, avait, sans le vouloir, décapité la Suisse.

La confédération eût-elle un pouvoir exécutif en

propre, le gouvernement serait encore impuissant à se faire obéir, faute d'action directe et immédiate sur les citoyens. Cette cause de faiblesse est plus féconde à elle seule que toutes les autres ensemble; mais, pour qu'elle soit bien comprise, il faut faire plus que de l'indiquer.

Un gouvernement fédéral peut avoir une sphère d'action assez limitée et être fort; si dans cette sphère étroite il peut agir par lui-même, sans intermédiaire, comme le font les gouvernements ordinaires dans la sphère illimitée où ils se meuvent; s'il a ses fonctionnaires qui s'adressent directement à chaque citoyen, ses tribunaux qui forcent chaque citoyen de se soumettre à ses lois, il se fait obéir aisément, parce qu'il n'a jamais que des résistances individuelles à craindre, et que toutes les difficultés qu'on lui suscite se terminent par des procès.

Un gouvernement fédéral peut, au contraire, avoir une sphère d'action très-vaste, et ne jouir que d'une autorité très-faible et très-précaire, si, au lieu de s'adresser individuellement aux citoyens, il est obligé de s'adresser aux gouvernements cantonaux; car si ceux-ci résistent, le pouvoir fédéral trouve aussitôt en face de lui moins un sujet qu'un rival, dont il ne peut avoir raison que par la guerre.

La puissance d'un gouvernement fédéral réside donc bien moins dans l'étendue des droits qu'on lui confère, que dans la faculté plus ou moins grande qu'on lui laisse de les exercer par lui-même : il est toujours fort quand il peut commander aux citoyens; il est toujours faible quand il est réduit à ne commander qu'aux gouvernements locaux.

L'histoire des confédérations présente des exemples de ces deux systèmes. Mais, dans aucune confédération que je sache, le pouvoir central n'a été aussi complétement privé de toute action sur les citoyens qu'en Suisse. Là, il n'y a, pour ainsi dire, pas un de ses droits que le gouvernement fédéral puisse exercer par lui-même. Point de fonctionnaires qui ne relèvent que de lui, point de tribunaux qui représentent exclusivement sa souveraineté. On dirait un être auquel on aurait donné la vie, mais qu'on aurait privé d'organes.

Telle est la constitution fédérale ainsi que le pacte l'a faite. Voyons maintenant, en peu de mots, avec l'auteur du livre que nous analysons, quelle influence exerce sur elle la démocratie.

On ne saurait nier que les révolutions démocratiques qui ont successivement changé presque toutes les constitutions cantonales, depuis quinze ans, n'aient eu sur le gouvernement fédéral une grande influence; mais cette influence s'est exercée en deux sens fort opposés. Il est très-nécessaire de se rendre bien compte de ce double phénomène.

Les révolutions démocratiques qui ont eu lieu dans les cantons ont eu pour effet de donner à l'existence locale plus d'activité et de puissance. Les gouvernements nouveaux, créés par ces révolutions, s'appuyant sur le peuple et poussés par lui, se sont trouvés tout à la fois une force plus grande et une idée plus haute de leur force que ne pouvaient en montrer les gouvernements qu'ils avaient renversés. Et comme une rénovation semblable ne s'était point faite en même temps dans le gouvernement fédéral, il devait en résulter et en résulta en effet, que celui-ci se trouva comparativement plus débile vis-à-vis de ceux-là, qu'il ne l'avait été auparavant. L'orgueil cantonal, l'instinct de l'indépendance locale, l'impatience de tout contrôle dans les affaires intérieures de chaque canton, la jalousie contre une autorité centrale et suprême, sont autant de sentiments qui se sont accrus depuis l'établissement de la démocratie; et, à ce point de vue, l'on peut dire qu'elle a affaibli le gouvernement déjà si faible de la confédération, et a rendu sa tâche journalière et habituelle plus laborieuse et plus difficile.

Mais, sous d'autres rapports, elle lui a donné une énergie, et pour ainsi dire une existence qu'il n'avait pas.

L'établissement des institutions démocratiques en Suisse a amené deux choses entièrement nouvelles.

Jusqu'alors, chaque canton avait un intérêt à part, un esprit à part. L'avénement de la démocratie a divisé tous les Suisses, à quelques cantons qu'ils appartinssent, en deux partis : l'un favorable aux principes démocratiques; l'autre, contraire. Il a créé des intérêts communs, des passions communes qui ont senti pour se satisfaire le besoin d'un pouvoir général et commun qui s'étendît en même temps sur tout le pays. Le gouvernement fédéral a ainsi possédé, pour la première fois, une grande force dont il avait toujours manqué; il a pu s'appuyer sur un parti; force dangereuse, mais indispensable dans les pays libres, où le gouvernement ne peut presque rien sans elle.

En même temps que la démocratie divisait la Suisse en deux partis, elle rangeait la Suisse dans l'un des grands partis qui se partagent le monde; elle lui créait une politique extérieure; si elle lui donnait des amitiés naturelles, elle lui créait des inimitiés nécessaires; pour cultiver et contenir les unes, surveiller et repousser les autres, elle lui faisait sentir le besoin irrésistible d'un gouvernement. A l'esprit public local elle faisait succéder un esprit public national.

Tels sont les effets directs par lesquels elle fortifiait le gouvernement fédéral. L'influence indirecte qu'elle a exercée et exercera surtout, à la longue, n'est pas moins grande.

Les résistances et les difficultés qu'un gouvernement fédéral rencontre sont d'autant plus multiples et plus fortes, que les populations confédérées sont plus dissemblables par leurs institutions, leurs sentiments, leurs coutumes et leurs idées. C'est moins encore la similitude des intérêts que la parfaite analogie des lois, des opinions et des conditions sociales, qui rendent la tâche du gouvernement de l'Union américaine si facile. On peut dire de même que l'étrange faiblesse de l'ancien gouvernement fédéral en Suisse était due principalement à la prodigieuse différence et à la singulière opposition qui existait entre l'esprit, les vues et les lois des différentes populations qu'il avait à régir. Maintenir sous

une même direction et renfermer dans une même politique des hommes si naturellement éloignés et si dissemblables les uns des autres, était l'œuvre la plus
laborieuse. Un gouvernement beaucoup mieux constitué,
et pourvu d'une organisation plus savante, n'y aurait pas
réussi. L'effet de la révolution démocratique qui s'o-
père en Suisse est de faire prévaloir successivement
dans tous les cantons certaines institutions, certaines
maximes de gouvernement, certaines idées semblables ;
si la révolution démocratique augmente l'esprit d'indépendance des cantons vis-à-vis du pouvoir central, elle
facilite, d'un autre côté, l'action de ce pouvoir ; elle
supprime, en grande partie, les causes de résistance, et,
sans donner aux gouvernements cantonaux plus d'envie d'obéir au gouvernement fédéral, elle leur rend l'o-
béissance à ses volontés infiniment plus aisée.

Il est nécessaire d'étudier avec grand soin les deux effets contraires que je viens de décrire, pour comprendre
l'état présent et prévoir l'état prochain du pays.

C'est en ne faisant attention qu'à l'une de ces deux
tendances qu'on est induit à croire que l'avénement de
la démocratie dans les gouvernements cantonaux aura
pour effet immédiat et pour résultat facile d'étendre législativement la sphère du gouvernement fédéral, de
concentrer dans ses mains la direction habituelle des affaires locales ; en un mot, de modifier, dans le sens de
la centralisation, toute l'économie du pacte. Je suis convaincu, pour ma part, qu'une telle révolution rencontrera encore, pendant longtemps, infiniment plus d'ob-

stacles qu'on ne le suppose. Les gouvernements cantonaux d'aujourd'hui ne montreront pas plus de goût que leurs prédécesseurs pour une révolution de· cette espèce, et ils feront tout ce qu'ils pourront pour s'y soustraire.

Je pense toutefois que, malgré ses résistances, le gouvernement fédéral est destiné à prendre à la longue plus de pouvoir. En cela les circonstances le serviront plus que les lois. Il n'accroîtra peut-être pas très-visiblement ses prérogatives, mais il en fera un autre et plus fréquent usage. Il grandira en fait, restât-il le même en droit : il se développera plus par l'interprétation que par le changement du pacte, et il dominera la Suisse avant d'être en état de la gouverner.

On peut prévoir également que ceux même qui jusqu'à présent se sont le plus opposés à son extension régulière, ne tarderont pas à la désirer, soit pour échapper à la pression intermittente d'un pouvoir si mal constitué, soit pour se garantir de la tyrannie plus prochaine et plus pesante des gouvernements locaux.

Ce qu'il y a de certain, c'est que désormais, quelles que soient les modifications apportées à la lettre du pacte, la constitution fédérale de la Suisse est profondément et irrévocablement altérée. La confédération a changé de nature. Elle est devenue en Europe une chose nouvelle ; une politique d'action a succédé pour elle à une politique d'inertie et de neutralité ; de purement municipale son existence est devenue nationale ; existence plus laborieuse, plus troublée, plus précaire et plus grande.

# DISCOURS

PRONONCÉ A LA SÉANCE PUBLIQUE ANNUELLE DES CINQ ACADÉMIES,

PAR M. DE TOCQUEVILLE

PRÉSIDENT DE L'ACADÉMIE DES SCIENCES MORALES ET POLITIQUES (OCTOBRE 1851)

Messieurs,

Nos règlements veulent que tour à tour le président de chacune des Académies dont l'Institut se compose, ouvre cette séance solennelle par un discours, et l'usage exige qu'il soit très-bref. C'est là un usage, messieurs, auquel j'ai plus que tout autre intérêt à me conformer, soyez donc sûr que je vais m'y montrer fidèle.

Qu'il me soit permis pourtant, avant de donner la parole à ceux de nos confrères qui doivent se faire entendre aujourd'hui, d'exprimer, pour mon compte, une pensée qui naît du spectacle même qui est sous mes yeux.

Ce qui me frappe ici, vous le dirai-je? Ce n'est pas seulement la présence de tant d'hommes de talent qui ont honoré la France et eux-mêmes de tant de manières et que cette solennité réunit ; c'est quelque chose de plus grand que vous, messieurs, je ne crains pas de le proclamer devant vous-mêmes : ce qui me frappe surtout en jetant les regards sur cette illustre assemblée, c'est l'unité de l'esprit humain dont elle suggère l'idée, et dont elle donne, pour ainsi dire, la vue.

Oui, messieurs, partout ailleurs on admire séparément les facultés et les œuvres de l'homme; mais ici seulement se rencontre l'image complète de l'intelligence humaine, si variée et pourtant une.

Il semble qu'on eût dû apercevoir, dès le premier abord, ces rapports intimes et nécessaires qui existent entre toutes les sciences et les arts et qui, à travers l'infinie diversité de nos travaux et de nos œuvres, annoncent toujours le même ouvrier.

Une vérité placée si près de nous, et qui nous est d'un si grand usage, aurait dû tomber, pour ainsi dire, sous le bon sens de l'humanité, et être reconnue par elle dès l'origine des âges. Il n'en a rien été pourtant; et comment s'en étonner, messieurs, lorsqu'on songe qu'il a fallu une longue suite de siècles pour amener les hommes à découvrir quoi? leur similitude et l'unité de l'espèce humaine!

Chaque nation, chaque tribu, chaque classe, a primitivement formé comme une humanité à part, ayant et voulant avoir des lois, des mœurs, des intérêts, des droits qui ne fussent qu'à elle. Mais peu à peu les besoins, les sympathies, les goûts mêmes les forcèrent toutes de communiquer. Après s'être rapprochées pour se combattre, elles se rapprochèrent pour s'aider; en se pratiquant, elles finirent par découvrir avec surprise qu'elles puisaient, sans s'être entendues, leurs sentiments, leurs opinions, leurs lois, à la même source;

elles virent bien alors qu'elles n'étaient que des parties diverses d'un même tout ; et l'homme apparut enfin à travers la multitude variée des hommes.

Ceci est précisément, messieurs, l'histoire des diverses facultés de l'esprit humain.

Chaque profession, chaque industrie, chaque science, ne chercha d'abord qu'à s'isoler et mit sa gloire à vivre à part. Elles s'avoisinaient sans se voir, elles se touchaient sans s'appuyer ; on n'imaginait pas encore qu'il y eût quelque chose de commun qui dût se retrouver dans tous les produits de l'intelligence. On finit pourtant par apercevoir qu'on cherchait en vain à se passer les uns des autres ; que les facultés les plus éloignées ne peuvent rester étrangères ; que chaque art a besoin, pour ses progrès, des découvertes théoriques de la science ; chaque science, des lumières générales que la philosophie répand sur tous les procédés de l'entendement ; que l'art, la science, la philosophie elle-même ne peuvent se passer de l'instinct poétique, qui n'est que l'aspiration permanente de l'homme vers ce beau idéal que notre destinée est de poursuivre à travers le monde visible et invisible, sans pouvoir jamais y renoncer ni l'atteindre. L'on parvint ainsi, remontant de facultés en facultés, jusqu'à la perception même de l'esprit humain qui les renferme toutes et les enchaîne au sein de sa vaste unité.

Je vois ici des peintres, des musiciens, des poëtes, des philosophes, des orateurs, des savants. Tous sont divers ; mais tous, je ne crains pas de l'affirmer, ont reconnu cent fois qu'au-dessus du champ particulier qu'ils cultivent se trouve une région supérieure et commune où ils se rencontrent lorsqu'ils veulent remonter jusqu'aux sources les plus élevées et les plus fécondes de leur génie.

Eh bien ! messieurs, ce centre commun d'où tout part, c'est l'intelligence humaine, multiple dans ses œuvres, dans ses facultés, dans ses procédés, dans ses visées, mais une et indivisible en son essence et ses principaux attributs ; cette intelligence qui, au-dessus du monde matériel et au-dessous de Dieu seul, maîtrise la nature, et fait servir à la puissance de l'homme les lois de l'univers, qu'elle n'a pas faites mais qu'elle a trouvées.

Et dans quel moment, messieurs, ce grand spectacle que j'aperçois ici, ces souvenirs qu'il rappelle, ces pensées qu'il fait naître, ont-ils eu plus d'attraits ? alors que la société est livrée à la versatilité des lois et aux volontés changeantes et contraires des partis, dans ce siècle où l'incertitude des temps est peut-être plus difficile à supporter que leur rigueur, parmi ces grands mouvements de la foule au milieu desquels chaque homme se sent si faible et si petit, qu'il est doux, messieurs, de se retirer un instant dans la région supérieure du monde que vous habitez, là où l'intelligence est active sans être troublée, féconde sans désordre ; là où une sorte de sérénité se rencontre au milieu du mouvement et de l'effort, et où les passions épurées et calmées par la vue de l'objet même qu'elles poursuivent, n'ont pour but que la production du beau et la découverte de la vérité.

# DISCOURS

PRONONCÉ A LA SÉANCE PUBLIQUE ANNUELLE (3 AVRIL 1852) DE L'ACADÉMIE DES SCIENCES MORALES ET POLITIQUES, PAR M. DE TOCQUEVILLE, PRÉSIDENT DE L'ACADÉMIE

Messieurs,

L'Académie, au nom de laquelle j'ai l'honneur de parler aujourd'hui, a été exposée, depuis sa naissance, à d'étranges jugements. On lui a contesté jusqu'à sa raison d'être. On veut bien avouer que les actions de l'homme privé doivent être soumises à une règle permanente et que la morale est une science. Mais en est-il de même pour ces collections d'hommes qu'on nomme les sociétés? Y a-t-il une science de la politique? On a été jusqu'à le nier. Et, ce qui semble assez étrange, ce sont en général les hommes politiques, c'est-à-dire ceux mêmes qui devaient naturellement pratiquer cette science, qui ont pris une telle liberté vis-à-vis d'elle. Ils se sont permis quelquefois de l'appeler chimérique ou du moins vaine.

Il y a quelque chose d'un peu puéril, ont-ils dit, à s'imaginer qu'il y ait un art particulier qui enseigne à gouverner. Le champ de la politique est trop varié et trop mouvant pour qu'il soit permis d'y poser les fondements d'une science. Les faits qui seraient la matière de celle-ci n'ont jamais entre eux qu'une fausse et trompeuse ressemblance. L'époque où ils se passent, la condition des peuples chez lesquels on les observe, le caractère des hommes qui les produisent ou qui les subissent les rendent si profondément dissemblables, que chacun d'eux ne peut être utilement considéré qu'à part. Le prince qui essayerait de gouverner son peuple à l'aide de théories et de maximes qu'il se serait faites en étudiant la philosophie et l'histoire, pourrait s'en trouver fort mal; il est à croire que le simple bon sens lui eût été d'un plus grand usage.

Tel est le langage un peu superbe que j'ai entendu tenir quelquefois par les hommes politiques sur les sciences qui ont la politique pour sujet et sur ceux qui les cultivent.

J'ai toujours trouvé qu'ils avaient grand tort.

Il y a dans la politique deux parts qu'il ne faut pas confondre, l'une fixe et l'autre mobile.

La première, fondée sur la nature même de l'homme, de ses intérêts, de ses facultés, de ses besoins révélés par la philosophie et l'histoire, de ses instincts qui changent d'objet suivant les temps, sans changer de nature, et qui sont aussi immortels que sa race; la première, dis-je, enseigne quelles sont les lois les mieux appropriées à la condition générale et permanente de l'humanité,

Tout ceci est la science.

Et puis, il y a une politique pratique et militante qui lutte contre les difficultés de chaque jour, varie suivant la variété des incidents, pourvoit aux besoins passagers du moment et s'aide des passions éphémères des contemporains.

C'est l'art du gouvernement.

L'art diffère assurément de la science, la pratique s'écarte souvent de la théorie, je ne le nie point ; j'irai même plus loin si l'on veut, et je ferai cette concession, d'avouer qu'à mon sens, exceller dans l'un n'est point une raison de réussir dans l'autre. Je ne sais, messieurs, si dans un pays qui, parmi ses grands publicistes et ses grands écrivains, a compté et qui compte encore des hommes d'État si éminents, il est bien permis de dire que faire de beaux livres, même sur la politique ou ce qui s'y rapporte, prépare assez mal au gouvernement des hommes et au maniement des affaires. Je me permets pourtant de le croire et de penser que ces écrivains éminents qui se sont montrés en même temps hommes d'État ont brillé dans les affaires, non pas parce qu'ils étaient d'illustres auteurs, mais quoiqu'ils le fussent.

L'art d'écrire donne, en effet, à ceux qui l'ont longtemps pratiqué des habitudes d'esprit peu favorables à la conduite des affaires. Il les asservit à la logique des idées, lorsque la foule n'obéit jamais qu'à celle des passions. Il leur donne le goût du fin, du délicat, de l'ingénieux, de l'original, tandis que ce sont de gros lieux-communs qui mènent le monde.

L'étude même de l'histoire qui éclaire souvent le champ des faits présents, l'obscurcit quelquefois. Combien ne s'est-il pas rencontré de gens parmi nous qui, l'esprit environné de ces ténèbres savantes, ont vu 1640 en 1789, et 1688 en 1850, et qui, toujours en retard d'une révolution, ont voulu appliquer à la seconde le traitement de la première, semblables à ces doctes médecins qui, fort au courant des anciennes maladies du corps humain, mais ignorant toujours le mal particulier et nouveau dont leur patient est atteint, ne manquent guère de le tuer avec érudition. J'ai entendu quelquefois regretter que Montesquieu ait vécu dans un temps où il n'eût pu expérimenter la politique dont il a tant avancé la science. J'ai toujours trouvé beaucoup d'indiscrétion dans ces regrets ; peut-être la finesse un peu subtile de son esprit lui eût-elle fait souvent manquer dans la pratique ce point précis où se décide le succès des affaires ; il eût bien pu arriver qu'au lieu de devenir le plus rare des publicistes, il n'eût été qu'un assez mauvais ministre : chose très-commune.

Reconnaissons donc, messieurs, que la science politique et l'art de gouverner sont deux choses très-distinctes. Mais s'ensuit-il que la science politique n'existe pas ou qu'elle soit vaine ?

Si je recherche ce qui empêche certains esprits de l'apercevoir, je trouve que c'est sa grandeur même. La science qui traite de la conduite des sociétés couvre, en effet, l'espace immense qui s'étend depuis la philosophie jusqu'aux études élémentaires du droit civil. Comme elle est presque sans limites, elle ne forme pas un objet distinct pour le regard. On la confond avec toutes les connaissances qui se rapportent directement ou indirectement à l'homme, et dans cette immensité on la perd de vue.

Mais lorsqu'on s'attache à considérer attentivement cette grande science, qu'on écarte ce qui y touche sans y tenir, les diverses parties qui la composent réellement apparaissent, et l'on finit par se faire une idée nette du tout. On la voit alors descendre, par des degrés réguliers, du général au particulier, et de la pure théorie vers les lois écrites et les faits.

Pour celui qui la considère ainsi, les auteurs qui se sont illustrés en la cultivant, cessent de former une foule confuse. Ils se divisent en groupes fort distincts, et dont chacun peut être examiné à part. Les uns, s'aidant soit des récits détaillés de l'histoire, soit de l'étude abstraite de l'homme, recherchent quels sont les droits naturels qui appartiennent au corps social et les droits que l'individu exerce, quelles lois conviennent le mieux aux sociétés, suivant les formes que celles-ci ont reçues en naissant ou ont adoptées, quels systèmes de gouvernement sont applicables suivant les cas, les lieux, les temps. Ce sont les publicistes : c'est Platon, Aristote, Machiavel, Montesquieu, Rousseau, pour ne citer que quelques noms éclatants.

D'autres essayent le même travail à l'égard de cette société des nations où chaque peuple est un citoyen, société toujours un peu barbare, même dans les siècles les plus civilisés, quelque effort que l'on fasse pour adoucir et régler les rapports de ceux qui la composent. Ils ont découvert et indiqué quel était, en dehors des traités particuliers, le droit international. C'est l'œuvre de Grotius et de Puffendorf.

D'autres encore, tout en conservant à la science politique son caractère général et théorique, se cantonnent dans une seule partie du vaste sujet qu'elle embrasse : c'est Beccaria établissant quelles doivent être chez tous les peuples les règles de la justice criminelle ; c'est Adam Smith recherchant quel est le vrai fondement de la richesse des nations.

Nous arrivons ainsi, toujours resserrant notre sphère jusqu'aux jurisconsultes et aux grands commentateurs, à Cujas, à Domat, à Pothier, à tous ceux qui interprètent et éclaircissent les institutions existantes, les traités, les constitutions, les lois.

A mesure que nous sommes descendus de l'idée vers les faits, le champ de la science politique se rétrécit et s'affermit ; mais c'est toujours la même science. On peut s'en convaincre si l'on compare entre eux tous les auteurs qui se sont occupés des différentes matières que je viens d'indiquer, et si l'on remarque que, quelque éloignés qu'ils semblent les uns des autres, ils se prêtent néanmoins les mains et s'entr'aident sans cesse. Il n'y a pas de commentateur qui n'ait à s'appuyer souvent sur les vérités abstraites et générales que les publicistes ont trouvées, et ceux-ci ont sans cesse besoin de fonder leur théorie sur les faits particuliers et les institutions expérimentées que les commentateurs ont révélées ou décrites.

Mais, je m'étonne, messieurs, d'avoir à démontrer l'existence des sciences politiques, dans un pays où leur puissance éclate de toutes parts. Vous niez ce que sont les sciences politiques et ce qu'elles peuvent ! Regardez autour de vous, voyez ces monuments, voyez ces ruines. Qui a élevé les uns, qui a fait les autres ? qui a changé la face du monde de nos jours à ce point, que si votre grand-père pouvait renaître, il ne reconnaîtrait ni les lois, ni les mœurs, ni les idées, ni le costume, ni les usages qu'il a connus ; à peine la langue qu'il a parlée ? Qui a produit cette révolution française, en un mot, le plus grand des événements de l'histoire ? je dis le plus grand et non le plus utile, car cette révolution dure encore et je laisse à ceux qui connaîtront son dernier effet à la caractériser par un tel mot ; mais, enfin, qui l'a produite ? Sont-ce les hommes politiques du dix-huitième siècle, les princes, les ministres, les grands seigneurs ? Il ne faut ni bénir ni maudire ceux-là, il faut les plaindre, car ils ont presque toujours fait autrement qu'ils ne voulaient faire et ont fini par atteindre un résultat qu'ils ont détesté. Les grands artisans de cette révolution formidable sont précisément les seuls hommes de ce temps-là qui n'ont jamais pris la moindre part aux affaires publiques : ce furent les auteurs, personne ne l'ignore, c'est la science politique et souvent la science la plus abstraite, qui ont déposé dans l'esprit de nos pères tous ces germes de nouveautés dont sont écloses soudainement tant d'institutions politiques et de lois civiles, inconnues à leurs devanciers.

Et remarquons que ce que les sciences politiques ont fait là avec une puissance si irrésistible et un si merveilleux éclat, elles le font partout et toujours, quoique avec plus de secret et de lenteur ; chez tous les peuples civilisés, les sciences politiques donnent la naissance ou du moins la forme aux idées générales, d'où sortent ensuite les faits au milieu desquels les hommes politiques s'agitent et les lois qu'ils croient inventer ; elles forment autour de chaque société comme une sorte d'atmosphère intellectuelle, où respire l'esprit des gouvernés et des gouvernants et où les uns et les autres puisent, souvent sans le savoir, les principes de leur conduite. Les barbares sont les seuls où l'on ne reconnaisse dans la politique que la pratique. Notre Académie, messieurs, a pour mission de fournir à ces sciences nécessaires et redoutables un foyer et une règle [1]. Elle doit le cultiver en pleine liberté, mais n'en jamais sortir, et se rappeler toujours qu'elle est une société savante et non un corps politique. La dignité de ses travaux en dépend.

C'est du reste ce qu'elle a toujours fait, et l'on n'a à

---

[1] Le manuscrit de Tocqueville, que nous avons dans les mains, présente ici une variante importante avec le texte du discours lu par lui à l'Académie. Nous avons dû maintenir ce texte tel qu'il a été reproduit dans les annales de l'Académie, parce qu'il n'y a de discours que ce qui a été prononcé. Cependant, comme le morceau auquel Tocqueville avait donné place ici, et dont il a jugé convenable de supprimer la lecture, est de nature à intéresser le lecteur, nous le conservons en note à la fin du volume ; on le trouvera à la note B.

lui demander maintenant que de rester d'accord avec elle-même. Toujours l'Académie a eu soin de se tenir à l'écart des partis, dans la région sereine de la théorie pure et de la science abstraite. Non-seulement elle s'y est renfermée elle-même; mais elle a fait un constant effort pour y attirer et y retenir les esprits que venaient incessamment distraire les passions du moment et le bruit des affaires. Les sujets qu'elle a mis au concours l'attestent; et le concours même que nous allons juger aujourd'hui achève de le prouver.

La première question que l'Académie avait posée était celle-ci : « Comparer la philosophie morale et politique de Platon et d'Aristote avec les doctrines des plus grands philosophes modernes sur les mêmes matières. Apprécier ce qu'il y a de temporaire et de faux, et ce qu'il y a de vrai et d'immortel dans ces différents systèmes. »

La carrière ainsi ouverte est immense ; elle renferme l'histoire presque entière des sciences morales et politiques, ainsi que sa critique; or, de toutes les sciences, ce sont celles-là dont l'esprit humain s'est le plus tôt et le plus constamment occupé. Une étude si vieille et si suivie doit avoir produit un nombre presque infini de notions différentes et de systèmes divers. Résumer cet immense travail de l'intelligence et le juger, semble une œuvre qui non-seulement dépasse les limites d'un Mémoire, mais celles d'un livre. L'entreprise est difficile, en effet ; elle n'est pas impraticable.

Il y a cette grande différence, parmi beaucoup d'autres, entre les sciences physiques et les sciences morales, que le champ des premières est presque sans bornes, puisqu'il n'a de bornes que celles de la nature, tandis que les autres sont renfermées dans l'étude d'un seul sujet, l'homme, et, bien que cet unique objet varie beaucoup d'aspect, suivant les individus et les temps, et que, d'ailleurs, la demi-obscurité qui l'environne toujours prête à toutes sortes d'illusions et d'erreurs, cependant le nombre d'idées-mères que ces sciences ont produites n'est pas aussi grand qu'on pourrait le penser en songeant à tous ceux qui s'en sont occupés.

Il est incroyable combien de systèmes de morale et de politique ont été successivement trouvés, oubliés, retrouvés, oubliés encore pour reparaître un peu plus tard, toujours charmant ou surprenant le monde comme s'ils étaient nouveaux, et attestant l'ignorance des hommes et non la fécondité de l'esprit humain.

Il serait peut-être permis d'appliquer aux sciences morales et politiques ce que madame de Sévigné dit si agréablement de l'amour, qu'il est un grand recommenceur. Il leur arrive souvent, en effet, de répéter ce qu'elles ont dit déjà d'une autre manière. Elles n'offrent qu'un petit nombre de vérités qui ne soient pas fort anciennes, et peu d'erreurs qui ne parussent très-décrépites, si l'on savait la date de leur naissance. C'est ainsi que la plupart de ces faiseurs de théories sociales que nous voyons de nos jours, et qui nous semblent, avec raison, si dangereux, nous paraîtraient, de plus, fort ennuyeux, si nous avions plus d'érudition et de mémoire.

Il est donc possible, en étudiant les plus illustres auteurs qui ont traité des sciences morales et politiques dans les différents siècles, de retrouver quelles sont en ces matières les principales idées qui ont eu cours dans le genre humain, de les réduire en un assez petit nombre de systèmes, de les comparer ensuite entre elles et de les juger. La difficulté de cette tâche paraît, toutefois, avoir effrayé l'esprit des concurrents. Un seul s'est présenté : son travail a attiré l'attention sérieuse de l'Académie et la mérite ; toutefois il n'a pu la déterminer à accorder de prix cette année. Elle espère que de nouveaux concurrents se présenteront, et surtout que l'auteur de l'unique mémoire qui lui a été remis pourra lui-même perfectionner l'œuvre déjà remarquable qu'il lui a soumise. Elle remet donc la question au concours pour 1853. Tous ceux qui cultivent ces nobles études, dont l'homme et la société sont l'objet, penseront sans doute, l'Académie l'espère, que s'il est peu de sujets plus difficiles à traiter que celui qu'elle propose, il n'y en a pas de plus grand et de plus beau.

La section de législation avait également posé cette question :

« Quelles sont, au point de vue juridique et au point de vue philosophique, les réformes dont notre procédure civile est susceptible ? »

Vous le voyez, messieurs, ici l'horizon se resserre. Ce dernier sujet est aussi particulier que l'autre était général. Il ne s'agit plus de l'homme, mais du plaideur.

La procédure, il faut bien le reconnaître, n'est pas fort en honneur dans le public ; on se permet souvent de la confondre avec la chicane. Elle vaut mieux, toutefois, que sa renommée, et l'on a tort de la juger par l'abus qu'on en fait. Les lois n'indiquent que la manière de juger, les faits étant bien établis et les raisons réciproques données. C'est la procédure qui prépare les bons jugements, en garantissant la sûreté et la régularité des preuves, et en assurant l'égalité entre les parties. Sans elle, le juge et le plaideur agiraient sans règles dans tout ce qui précède et suit l'arrêt, et le domaine de la loi serait encore, dans bien des cas, l'empire de l'arbitraire. Or, l'arbitraire dans la justice, c'est le cachet même de la barbarie; aussi les peuples civilisés ont-ils toujours attaché une grande importance aux règles de la procédure.

Les peuples libres, surtout, ont toujours été de grands procéduriers; ils ont tiré bon parti des formes pour la défense de leur liberté; on les a vus opposer avec plus d'avantage au pouvoir les mille petites formalités que la procédure fournissait, que les droits généraux garantis par la constitution. De même qu'il arrive souvent aux voisins de la mer de réussir mieux à prévenir ses ravages, en semant sur ses grèves de petits roseaux à l'aide desquels ils divisent et retardent son effort, qu'en y élevant de hautes digues qu'elle renverse. Cette partie importante de nos lois en est pourtant restée la plus imparfaite.

Les novateurs qui, depuis soixante ans, ont tout transformé en France, n'ont, pour ainsi dire, pas modifié, malgré l'envie qu'ils en avaient, les lois relatives à l'administration de la justice civile. Napoléon lui-même y a échoué. Tant d'efforts réunis n'ont pu arriver qu'à changer ces lois de place, mais non de nature. Des ordonnances de nos anciens rois, on n'a fait que les transporter dans nos codes. Aussi ai-je toujours pensé que quand on dit qu'il n'y a rien parmi nous qui soit à l'abri des révolutions, on exagère un peu ; la procédure civile pourrait bien y être ; il est à croire qu'elle conservera ce rare privilége jusqu'à ce que quelque grand écrivain fasse pour elle ce que Filangieri et Beccaria ont fait pour la procédure criminelle : qu'il la tire de la poussière et de l'obscurité des études et des greffes, et l'exposant au grand jour, parvienne à la soustraire aux préjugés intéressés de la pratique, pour la soumettre aux notions générales de la philosophie et du bon sens.

C'est ce que l'Académie a essayé de faire en posant les questions que nous venons d'indiquer, et dix concurrents ont répondu à son appel.

Trois mémoires ont mérité ses éloges et ont été analysés dans un savant et lumineux rapport, qui, lui-même, est un traité sur la matière, écrit par la main d'un maître. Mais si le but a été approché, il n'a pas encore été atteint, et l'Académie jugeant, par les mémoires qui lui ont été transmis, de l'importance du sujet et des espérances qu'on doit concevoir sur l'utilité des travaux qu'il provoque, remet la question au concours pour 1853.

Trois prix étaient proposés pour cette année. L'Académie a eu le regret de ne pouvoir donner les deux premiers. Elle se félicite d'avoir à accorder le troisième.

Ce prix a été obtenu par M. Bodin, docteur en droit, avocat à la cour d'appel de Paris. La question qui a suggéré le Mémoire ou plutôt le livre de M. Bodin, car le travail dont nous allons parler a l'étendue et le mérite d'un grand traité sur la matière, était celle-ci :

« Rechercher l'origine de l'ordre judiciaire en France, en retracer l'histoire et mettre en lumière les principes de son organisation actuelle. »

Tous les peuples, messieurs, doivent s'intéresser à l'histoire et à la constitution de la justice ; car le pouvoir judiciaire est peut-être, à tout prendre, celui de tous qui influe le plus sur la condition des citoyens.

Mais que de raisons particulières n'avons-nous pas, nous autres Français, pour nous enquérir de ce qu'a été parmi nous la justice ! Quand je cherche quelles sont les deux classes d'hommes qui ont le plus contribué à former les traits de notre caractère national, je trouve que ce sont les écrivains et les magistrats.

Les premiers ont donné à l'esprit français le tempérament tout à la fois vigoureux et délicat que nous lui voyons, le naturel curieux, audacieux, inquiet, souvent factieux et toujours indocile, qui agite sans cesse l'Europe et nous-mêmes. Les seconds nous ont légué des mœurs judiciaires, un certain respect de l'indépendance individuelle et un grand goût des formes et des garanties juridiques, qui nous suit invariablement au milieu même des dérèglements des révolutions.

Faire l'histoire de la littérature et de la justice en France, c'est rechercher les origines de nous-mêmes.

M. Bodin. s'est acquitté d'une manière fort remarquable de cette tâche en ce qui regarde la justice. Il nous retrace les vicissitudes de l'ordre judiciaire en France depuis les Romains jusqu'à nos jours. Les détails, peut-être un peu nombreux, qui remplissent ce vaste tableau, n'empêchent pas toutefois d'en saisir l'ensemble, et la vue générale en est imposante. La partie historique de ce beau travail est donc très-digne de nos éloges. La portion philosophique de l'œuvre n'égale pas l'autre et lui nuit un peu. Il est plus facile, en effet, de bien décrire que de bien juger. L'Académie eût aussi désiré retrouver plus d'éclat dans la pensée et de coloris dans le style. Il semble que l'auteur soit meilleur dessinateur que grand peintre. Mais son ouvrage n'en reste pas moins un grand travail qui honore autant celui qui l'a produit que le corps savant qui l'a inspiré.

Après avoir jugé les Mémoires qui devaient concourir en 1851, l'Académie a dû s'occuper de choisir des sujets nouveaux. Deux sont indiqués cette année par elle. Le premier se rapporte à l'un des phénomènes les plus mystérieux que puisse présenter cet être si plein de mystères qu'on appelle l'homme.

Qu'est-ce que le sommeil? quelle différence essentielle y a-t-il entre rêver et penser? Le somnambulisme artificiel qui n'est, pour ainsi dire, que le perfectionnement du rêve, le rêve utilisé, existe-t-il? quel est cet état singulier durant lequel plusieurs des facultés de l'esprit humain semblent plutôt agrandies que restreintes, sauf la première de toutes, la volonté, qui y reste aveugle ou

subordonnée? peut-on se rendre compte de ces phénomènes selon les règles d'une saine méthode philosophique?

La seconde et dernière question qui ait été posée cette
année intéresse tout à la fois la société et la famille. L'A-
cadémie demande qu'on examine au point de vue moral
et économique le meilleur régime auquel les contrats de
mariage peuvent être soumis.

Vous savez, messieurs, que M. le baron Félix de Beau-
jour a fondé un prix quinquennal, destiné à l'auteur du
meilleur livre sur le soulagement de la misère.

Le livre que demande, cette année-ci, l'Académie aux
concurrents est un manuel de morale et d'économie politique à l'usage des classes ouvrières.

Tous les temps ont vu des travailleurs et des pauvres ;
mais ce qui semble particulier au nôtre, c'est l'opinion,
si répandue de nos jours, qu'il existe quelque part un
spécifique contre ce mal héréditaire et incurable de la
pauvreté et du travail, et qu'avec un peu de bonne volonté les gouvernants parviendraient aisément à le découvrir. On consent à accorder à chaque pouvoir qui
naît un temps raisonnable pour trouver et appliquer
cette médication nouvelle ; et s'il y manque, on est toujours prêt à chasser ce médecin ignorant pour appeler
un autre docteur. Les expérimentations se suivent et les
générations se succèdent sans que l'erreur se dissipe, et
l'on va toujours courant après la même chimère à travers les mêmes ruines.

L'Académie, en posant la question que je viens d'énon-
cer, a eu pour but de combattre cette idée fausse dont

tant de maux découlent. Elle désire, à cet effet, que les concurrents s'attachent à répandre parmi les classes ouvrières auxquelles ils s'adressent quelques-unes des notions les plus élémentaires et les plus certaines de l'économie politique ; qu'ils leur fassent bien comprendre, par exemple, ce qu'il y a de permanent et de nécessaire dans les lois économiques qui régissent le taux des salaires ; pourquoi ces lois, étant en quelque sorte de droit divin, puisqu'elles ressortent de la nature de l'homme et de la structure même des sociétés, sont placées hors de la portée des révolutions, et comment le gouvernement ne peut pas plus faire que le salaire s'élève quand la demande du travail diminue, qu'on ne peut empêcher l'eau de se répandre du côté où penche le verre.

Mais ce que l'Académie désire surtout, c'est que les différents auteurs qu'elle provoque, mettent en lumière cette vérité, que le principal remède à la pauvreté se trouve dans le pauvre même, dans son activité, sa frugalité, sa prévoyance ; dans le bon et intelligent emploi de ses facultés, bien plus qu'ailleurs ; et que si, enfin, l'homme doit son bien-être un peu aux lois, il le doit beaucoup à lui-même : encore pourrait-on dire que c'est à lui seul qu'il en est redevable ; car tant vaut le citoyen, tant vaut la loi.

N'est-il pas étrange, messieurs, qu'une vérité si simple et si claire ait sans cesse besoin d'être restaurée, et qu'elle semble s'obscurcir dans nos temps de lumières ? Hélas ! il est facile d'en dire la cause : les vérités mathématiques, pour être démontrées, n'ont besoin que d'ob-

servations et de faits; mais pour saisir et croire les vérités morales il faut des mœurs.

L'Académie ne demande pas aux concurrents un *Traité*,
mais un *Manuel*; c'est-à-dire qu'elle les invite à faire un
ouvrage court, pratique, à la portée de tous, qui soit écrit
pour le peuple enfin, sans avoir pourtant la prétention
de reproduire le langage du peuple, genre d'affectation
aussi contraire à la diffusion de la vérité parmi les classes
inférieures que pourrait l'être la recherche du bel esprit.
L'importance qu'elle attache à ce petit livre se manifeste
par le prix de 10,000 francs qu'elle promet à celui
qui en sera l'auteur. Mais elle annonce d'avance qu'elle
n'accordera ce prix, que s'il sort du concours une œuvre
remarquable et propre à remplir le dessein qu'elle a
conçu.

Je m'arrête ici, messieurs; il est temps de céder la parole à M. le secrétaire perpétuel [1], qui va vous entretenir
d'un de nos confrères dont l'Académie regrette la perte
et vénère la mémoire, de M. Droz. Louer les écrits et retracer les actions de M. Droz, ce n'est pas sortir du cercle
de nos études ni faillir à notre grande mission; car l'honnête s'enseigne mieux encore par l'exemple que par le
précepte, et le meilleur cours de morale, j'en demande
pardon à mes honorables collègues de la section de philosophie, sera toujours la vie d'un homme de bien, re-
tracée par un historien qui comprend et sait faire aimer
la vertu.

[1] M. Mignet.

# NOTICE SUR CHERBOURG [1]

(Cette notice parut en 1846, dans le bel ouvrage intitulé *Histoire des Villes de France*, 6 volumes in-8°, publié sous la direction de M. Aristide Guilbert, par MM. Fournier, Furne et Perrotin. C'est à ce précieux recueil, dépositaire de beaucoup de travaux remarquables par l'érudition et le bon goût, que nous empruntons la *Notice* de Tocqueville sur Cherbourg, pour la joindre à ses œuvres complètes, après en avoir demandé l'autorisation à MM. Fournier, Furne et Perrotin, qui ont bien voulu nous l'accorder. Nous leur en témoignons ici toute notre reconnaissance.)

On a beaucoup discuté sur l'origine du nom de Cherbourg. Les uns y ont vu les restes de deux mots celtes qui signifient *château à l'embouchure d'une rivière;* les autres, avec plus de probabilité, la corruption du nom romain *Cæsaris Burgus.* Toutes les chartes du moyen âge appellent Cherbourg *Cæsaris Burgus.* Cette ville a une origine très-ancienne. Des ruines antiques, trouvées dans son enceinte, indiquent qu'elle était habitée par les Romains; des pièces à l'effigie de Jules César, rencontrées dans des démolitions de son château-fort, prouvent que l'occupation romaine y date des premiers temps de la conquête. Qu'était Cherbourg, pendant

---

[1] Presque toutes les découvertes qui ont été faites dans l'art nautique depuis cinquante ans, presque tous les grands événements qui ont agité et changé le monde durant cette période, ont eu pour effet de donner au port de Cherbourg une importance toujours croissante sur les destinées

les quatre siècles de la domination de Rome? On l'ignore
absolument. La même obscurité enveloppe, du reste, jusqu'aux plus grandes villes du monde d'alors. Rome, en ôtant
aux différents peuples leur existence individuelle, les a fait
en quelque sorte disparaître de la vue des contemporains,
tandis qu'elle restait seule dans l'univers l'unique objet de
la curiosité des hommes. A la chute de l'empire, Cherbourg
suit obscurément la destinée du pays, et l'on arrive jusqu'au
onzième siècle sans entendre, pour ainsi dire, parler de lui.
On apprend alors qu'il est devenu une des villes les plus
importantes du duché de Normandie. Voici à quelle occasion : Guillaume-le-Bâtard commençait son règne. Il était
dans les intérêts de sa politique d'épouser la fille et l'héritière du comte de Flandre, Mathilde; mais cette princesse
était sa cousine-germaine, c'est-à-dire qu'elle ne pouvait

maritimes de la France. On le fera voir dans le courant de ce petit écrit.
Le port de Cherbourg a ainsi acquis, de nos jours, une valeur nationale
bien plus grande qu'il n'avait été possible à Louis XIV, à Louis XVI et
à Napoléon lui-même de le prévoir.

L'auteur de la notice qu'on va lire s'est souvent étonné de ce qu'une
vérité si évidente ne fût pas plus généralement reconnue. Cette sorte de
tiédeur de l'opinion publique lui a paru venir principalement de ce que
Cherbourg, encore inachevé, est placé à l'une des extrémités les moins
fréquentées de la France. Ce grand monument n'est pas estimé à son
véritable prix, parce qu'on le connaît mal, et que l'expérience n'a point
encore fait sentir à tous sa valeur.

Le but qu'on s'est proposé dans cette courte notice est de le mieux
faire connaître. L'auteur a entrepris de montrer, sans rien exagérer, et
en ne s'aidant que de la seule force de la vérité exacte et nue, ce qu'on
avait voulu faire à Cherbourg, ce qu'on avait fait, ce qui restait à faire;
de peindre les revers, les succès, les vicissitudes diverses à travers lesquels
cette singulière entreprise avait été conduite; et de faire voir enfin ce
que la France est en droit d'attendre de tant d'efforts.

Quoique cet écrit ne soit pas long, il est cependant le fruit d'un grand
labeur. L'auteur a dû non-seulement lire les documents fort intéressants
qui ont déjà été publiés sur la même matière; mais, comme le principal
mérite qu'on doit se proposer ici est la parfaite exactitude des détails, il
a dû étudier toutes les pièces manuscrites qui, soit à Paris, soit à Cherbourg, pouvaient jeter des lumières sur son sujet.

s'unir à lui sans une dispense du Pape. Guillaume, craignant
d'attirer l'attention du roi de France par une démarche
auprès du Saint Père, épousa d'abord sa cousine et demanda
ensuite l'absolution de son péché. Le Pape la lui accorda, à
condition qu'il fonderait cent places de pauvres dans chacune
des quatre villes principales du duché. Wace, dans son
histoire rimée des *Ducs de Normandie*, écrite vers le milieu
du douzième siècle, nous apprend que Cherbourg était du
nombre de ces quatre villes [1]. Ce fragment est aussi curieux
pour l'histoire de la langue que pour celle du pays. Quoique
l'un des premiers monuments de la langue française, il se
rapproche beaucoup plus du français moderne que ne le
font des écrits très-postérieurs, notamment la chronique de
Ville-Hardouin, qui n'a été composée cependant que dans le
siècle suivant.

En 1066, on voit un comte de Cherbourg à la bataille
d'Hastings. En 1145, la fille du Conquérant, Mathilde, passait
d'Angleterre en France. Assaillie par une violente tempête,
elle fit serment de chanter un hymne à la Vierge sitôt qu'elle
aborderait en sûreté. Elle mit pied à terre sur le bord d'un
ruisseau qui se décharge à l'entrée du port de Cherbourg, et
le lieu sur lequel elle rendit grâce à Dieu se nomme encore
aujourd'hui *Chante-Reine*. C'est à côté de cette plage que
devait s'ouvrir, six cent soixante-trois ans après, le port militaire. En 1205, cette ville tomba, comme tout le reste du
duché, dans le domaine immédiat du roi de France. Elle

---

[1] Li Dus por satisfaction
    Et que Dex leur fasse pardon,
    Et que l'Apostole consente
    Que tenir puisse sa parente,
    Fist cent prouades establir,
    A cent poures paistre et vestir
    A Chierbourg et à Rouen,
    A Bayez et à Caen.
    Encore y sont, encore y durent,
    Si comme establis y furent.

n'avait rien perdu alors de son importance ; car, en 1207, Philippe-Auguste, pour s'attacher sa bourgeoisie, accorda au port le privilége de faire le commerce avec l'Irlande, privilége qui n'avait été concédé jusque-là qu'à la capitale du duché de Normandie. A partir de ce moment-là, Cherbourg et Calais furent considérés comme les deux portes du royaume. La première de ces villes fut brûlée deux fois dans le treizième siècle par les Anglais, qui échouèrent cependant devant sa citadelle. En 1346, l'armée d'invasion avec laquelle Édouard III devait vaincre dans la plaine de Crécy, débarqua à Barfleur qu'elle ruina. De là, elle marcha sur Cherbourg pour s'assurer, en cas d'échec, un port d'embarquement protégé par une fortification redoutable. Mais cette place s'étant courageusement défendue, Édouard en leva aussitôt le siége et s'enfonça audacieusement au milieu de la France, n'ayant d'autre refuge que la victoire.

Les Anglais n'entrèrent dans Cherbourg qu'en 1378. Ils ne s'en emparèrent pas, mais ils y furent introduits par Charles-le-Mauvais, auquel le roi Jean, dans son habituelle impéritie, l'avait donné en apanage, confiant ainsi une des principales clefs de la France à l'homme du monde le plus disposé à s'en servir pour faire entrer l'étranger. Du Guesclin accourut sous les murs de Cherbourg et y resta en vain plus de six mois. Ce dompteur de châteaux échoua devant les hautes murailles entourées d'eau qui enceignaient alors la ville. En 1395, Richard II remit Cherbourg dans les mains du roi de France, à l'occasion de son mariage avec la fille de ce prince. Cette grande faute, vivement ressentie par la nation anglaise, contribua à la chute de ce malheureux prince, et facilita l'heureuse usurpation de Henri IV, de la maison de Lancastre. Henri V, après la bataille d'Azincourt, fit assiéger Cherbourg qui fut livré par son commandant, en 1418, et resta près de trente-deux ans dans les mains des Anglais. Ils n'en furent chassés qu'en 1450, après un long siége, durant lequel l'artillerie fit voir pour la première fois que cette place n'était pas imprenable. Charles VII mit quatre-vingts lances dans sa nouvelle conquête. Cherbourg ne devait revoir les Anglais dans ses murs que trois cent huit ans après cette époque (1758).

La grande lutte du moyen âge entre la France et l'Angleterre une fois terminée, Cherbourg retomba dans l'obscurité. Ce qui occupe le plus les chroniqueurs de cette époque, c'est la description d'une vaste machine qu'inventa, vers 1450, un certain bourgeois de Cherbourg, nommé Jean Aubert, et qui servait à représenter, à l'aide d'un grand nombre de personnages mus par des roues, l'Assomption et le Couronnement de la sainte Vierge dans le ciel. Cette invention parut si merveilleuse, que la machine, placée dans l'église, y fut conservée sous la surveillance de douze notables : tous les ans, le jour anniversaire du départ des Anglais, on l'exposait et on la faisait mouvoir en grande pompe devant le peuple. Cette parade religieuse et patriotique ne fut supprimée qu'en 1702, et la machine elle-même ne fut détruite qu'en 1789. Les agitations qu'amenèrent dans toute l'Europe les réformes du seizième siècle se firent à peine sentir à Cherbourg. En Normandie, comme dans tout le reste de la France, le protestantisme s'était concentré presque exclusivement dans la sphère de l'aristocratie. La plus grande partie de la noblesse normande devint huguenote, mais presque tout le peuple et la plupart des bourgeois restèrent catholiques. Les nouvelles doctrines ne pénétrèrent même point dans Cherbourg, qui resta calme, tandis que toute la province était livrée, pendant une longue suite d'années, à toutes les violences de la guerre civile. Le dix-septième siècle presque tout entier s'écoula sans accident. En 1686, Vauban, qui parcourait toutes les frontières pour y établir des moyens de défense, vint à Cherbourg. Il fit démolir le donjon et les épaisses murailles qui avaient si bien résisté aux Anglais ; de nouvelles fortifications, commencées d'après les plans qu'avait tracés ce grand homme, furent également rasées, on ne sait pourquoi, peu après. Cherbourg, après avoir été privé de ses anciens murs, dans le but de lui procurer des moyens de défense plus efficaces, resta donc démantelé. Il était encore en cet état lorsque les Anglais s'en emparèrent par un coup de main, en 1758. Ils descendirent dans une anse située à trois lieues de la ville, et nommée l'*Anse d'Urville*. S'avançant de là vers Cherbourg, qu'ils prirent sans coup férir, ils brûlèrent les vaisseaux marchands qui étaient dans le port, détruisirent une jetée et l'écluse d'un beau bassin de flot qui venaient d'être achevés, et se rembarquèrent. Cherbourg demeura au milieu de ces ruines jusqu'à la fin du dix-huitième siècle, époque où commencent les immenses travaux dont nous allons parler.

Cherbourg avait eu, comme nous l'avons vu, une grande importance dans le moyen âge ; il l'avait dû à deux circonstances, aux invasions des Anglais, à l'ignorance des effets de l'artillerie. Tant que les Anglais furent occupés à conquérir la France, Cherbourg, port de guerre, ville forte, situé à huit heures des côtes d'Angleterre, fut considéré par eux presqu'à l'égal de Calais ; ils le regardèrent, pendant deux cents ans, comme l'une des principales clefs du royaume. Possesseurs de Cherbourg, ils se croyaient les maîtres inexpugnables de la côte, et ils l'étaient en effet ; car tant que l'on ignora ou que l'on connut imparfaitement l'usage de l'artillerie, Cherbourg, entouré par la mer et par des marais, était imprenable. Mais, dès qu'on eut appris l'art d'attaquer les villes de loin en se plaçant sur les hauteurs qui les dominent, Cherbourg devint très-difficile à défendre, et bientôt après que les Anglais eurent été définitivement chassés de France, toute l'importance politique de cette ville disparut ; son renom comme ville de guerre s'évanouit. Cherbourg ne fut plus considéré que comme un port de relâche assez précieux, et il n'aurait jamais eu qu'une existence fort ignorée et très-secondaire, si un concours de circonstances nouvelles et un ensemble prodigieux de travaux n'étaient venus lui rendre une importance nationale bien plus grande que celle qu'il avait possédée au moyen âge.

Le dix-septième siècle vit renaître entre la France et l'Angleterre les rivalités armées que le quinzième avait vu finir. L'esprit qui animait ces deux nations était le même ; il n'y avait de changé que le théâtre de la lutte et les armes. Ce n'était plus sur la terre, mais sur la mer, que les Anglais et les Français devaient désormais vider leurs querelles, et pour s'y chercher et s'y combattre ils allaient remplacer les nefs de nos aïeux, ces petits vaisseaux, qui avaient jadis transporté l'armée d'Édouard III sur nos rivages, par d'immenses machines de guerre chargées de cent gros canons, auxquelles il fallait, pour flotter, vingt-cinq à trente pieds d'eau de profondeur. Nous ne tardâmes pas à nous apercevoir que, sous cette forme nouvelle que prenait la lutte, nous avions un grand désavantage. Dans une guerre maritime avec l'Angleterre, le champ naturel du combat c'est la Manche ; les plus grands ports militaires des Anglais bordent cette mer ; ceux-ci pouvaient s'y armer à loisir et s'y retirer en tout temps. De notre côté, les rivages de la Manche ne présentaient aucun abri à nos flottes. Ce n'est pas que la nature eût entièrement négligé de nous donner des ports : César et Guillaume le Conquérant ne s'étaient jamais plaints que le manque de ports dans la Manche les eût empêchés d'envahir l'Angleterre ; mais ces ports n'étaient plus assez profonds pour recevoir les immenses vaisseaux ou plutôt ces forteresses flottantes qu'on était parvenu à pousser dans la mer et à y faire naviguer. La grandeur du génie de l'homme avait rendu l'œuvre de Dieu insuffisante.

On se rappelle que ce fut au peu de profondeur des ports de la Manche que fut dû le désastre de la Hougue. Tourville ne pouvant ni trouver un abri dans cette mer, ni passer dans l'Océan pour gagner Brest, fut contraint de s'échouer sur la plage de la Hougue, et d'y combattre sans aucun espoir de succès. Ce n'est pas, comme on l'a cru, la défaite de la

Hougue qui suggéra à Louis XIV la pensée de créer à mains d'homme, dans la Manche, le port que la nature lui refusait. Cette pensée s'était présentée à son esprit, près de trente ans auparavant. Un procès-verbal du 13 avril 1665 constate qu'une commission nommée par le roi s'était transportée à Cherbourg, et qu'après avoir reconnu qu'il fallait élever dans la mer une digue de six cents toises (la digue actuelle en a dix-huit cents), elle avait été d'avis de s'abstenir d'une telle entreprise, *vu la monstrueuse dépense et l'incertitude du succès.* La bataille de la Hougue ne fit donc que rendre plus vif un désir qui existait déjà.

Depuis cette époque, l'idée de la création artificielle d'un port dans la Manche n'a jamais été abandonnée. La paix la faisait oublier, la guerre la ravivait; le besoin était si universellement senti et si pressant, que le Gouvernement impuissant et stérile de Louis XV eut lui-même, plusieurs fois, la velléité de se livrer à cette entreprise dont la grandeur surpassait de beaucoup son génie et son courage. Ce fut la guerre d'Amérique qui acheva la démonstration que la bataille de la Hougue avait commencée. Cette guerre, presque entièrement maritime, et où, pour la première fois depuis près d'un siècle, nous entreprîmes de balancer l'ascendant de l'Angleterre sur les mers et y parvînmes, fit sentir d'une manière impérieuse l'absolue nécessité d'avoir un port dans la Manche. En 1778, le Gouvernement ayant conçu le projet d'une descente en Angleterre, on fut contraint de réunir au Havre, pour être à portée des côtes anglaises, les vaisseaux de transport, tandis que les vaisseaux de guerre se rassemblaient à Brest et à Saint-Malo. On sentit combien cette dispersion de forces augmentait les difficultés de l'entreprise, et l'on y renonça ; mais cette tentative avait suffi pour faire apprécier à sa valeur l'avantage d'avoir dans la Manche une rade fermée où l'on pût réunir à la fois, près des rivages de l'Angleterre, toutes les forces destinées à agir contre elle. On résolut donc de se mettre à l'œuvre avant même que la guerre fût terminée, et malgré les nouvelles charges qu'elle allait imposer à l'État.

Dès l'origine, on était tombé d'accord que, dans toute l'étendue de la Manche, il n'y avait que deux endroits, placés tout près l'un de l'autre, qui pussent se prêter à un pareil dessein : la Hougue, théâtre du désastre de Tourville, et six lieues plus loin, Cherbourg; mais on hésitait, depuis un siècle, entre ces deux rades. Il ne paraît pas que Vauban, chargé par Louis XIV d'examiner la question, se fût prononcé. Les avantages de Cherbourg, dans le cas d'une guerre, et surtout d'une guerre offensive avec l'Angleterre, l'avaient fort frappé. Il avait compris que la situation avancée qu'occupe la rade de Cherbourg ; la difficulté presque insurmontable qu'y trouve l'ennemi pour y bloquer nos vaisseaux, et la facilité que ceux-ci rencontrent pour sortir par tous les vents, seraient d'un grand secours, toutes les fois qu'on voudrait frapper sur les Anglais quelques coups hardis et imprévus. Vauban avait exprimé cette pensée par un de ces mots heureux que son génie trouvait souvent sans les chercher. « Cherbourg, avait-il dit, a une position *audacieuse* [1]. L'incertitude durait toujours, quand Louis XVI se décida à réaliser en partie la pensée de son aïeul. Plusieurs années se passèrent encore à discuter sur le choix à faire. Dumouriez se vante, dans ses Mémoires, d'avoir déterminé le gouvernement à choisir Cherbourg, et d'avoir indiqué à l'avance les meilleurs moyens de réussir. M. de Lamartine, en écri-

---

[1] Il est, du reste, fort à craindre que les détails du Mémoire rédigé à propos de ces questions par ce grand homme ne soient aujourd'hui perdus. Le Mémoire ne se retrouve ni dans les archives du port de Cherbourg, ni dans celles de la marine, ni dans celles de la guerre, ni dans les papiers de la famille. Nous n'en possédons que les fragments cités par les premiers auteurs qui ont écrit sur les travaux de Cherbourg, MM. Dumouriez, de la Bretonnière, Meunier et Cachin. Il est évident que ceux-ci ont eu le Mémoire sous les yeux ; peut-être se trouve-t-il en la possession de leurs héritiers qui, dans ce cas, devraient se faire un devoir de le restituer à l'État, car il s'agit ici d'une véritable richesse nationale.

vant l'histoire des Girondins, l'a cru sur parole. « Là, dit-il
(à Cherbourg), le génie actif de Dumouriez s'exerce contre
les éléments comme il s'était exercé contre les hommes. Il
conçoit le plan de ce port militaire qui devait emprisonner
une mer orageuse dans un bassin de granit, et donner à la
marine française une halte dans la Manche. »

La vérité est que Dumouriez, alors simple colonel, n'eut
qu'une très-petite part, s'il en eut même une quelconque,
dans le choix que le Gouvernement fit de Cherbourg. La
question était essentiellement maritime; sa solution ne
dépendait pas du ministre de la guerre, mais du ministre
de la marine, avec lequel Dumouriez ne correspondait pas.
Quant aux travaux, ce qu'il en dit lui-même dans ses Mémoires prouve évidemment qu'il était bien loin de se former
une idée juste de ce qu'il y avait à faire. L'homme qui
exerça réellement une influence très-grande, non-seulement
sur le choix du lieu, mais sur toute l'entreprise, ce fut un
capitaine de vaisseau, M. de la Bretonnière. M. de la Bretonnière avait été chargé, par le ministre de la marine,
d'étudier les côtes de la Manche et de faire un rapport sur
le meilleur emplacement à choisir pour y créer un établissement militaire. Dans ce rapport, M. de la Bretonnière met
en relief l'immense supériorité de Cherbourg, au point de
vue militaire. Cherbourg, dit-il, présente cet heureux phénomène d'un port placé à l'extrémité d'un grand promon-
toire. De là on découvre toutes les avenues de la Manche. On
peut surveiller en tout temps ce qui s'y passe, et, à un jour
donné, les occuper en maître. Presque tous les vents y font
entrer, aucun n'empêche d'en sortir. Une fois hors de son
havre, on vogue en pleine mer et l'on peut prendre à volonté
toutes les directions. La Hougue, au contraire, enfoncée dans
les terres, est d'un abord dangereux et d'une entrée difficile.
On ne peut s'en approcher ou s'en éloigner que par certains
vents. On y trouve autant une prison qu'un abri.

M. de la Bretonnière eût été bien plus explicite encore s'il

avait connu les découvertes sous-marines qui ont été faites,
depuis lui, par M. Beautemps-Beaupré. Dans un Mémoire
adressé au ministre de la marine, en 1832, cet habile ingénieur hydrographe constate que la rade de la Hougue, qu'on
jugeait immense, n'était propre à contenir commodément
que six vaisseaux de ligne, et que le banc de sable sur lequel
il aurait fallu élever une digue était mouvant, de telle sorte
que ce qui a été si difficile à Cherbourg eût été impossible
à la Hougue. La rade de la Hougue ne présentait que deux
avantages incontestables sur celle de Cherbourg. Son rivage,
composé de sable, permettait de creuser à peu de frais des
bassins, et son fond était d'une tenue excellente, ce qui
n'est pas vrai au même degré du fond de la rade de Cherbourg, ainsi que nous le dirons ci-après. Le Mémoire de
M. de la Bretonnière, publié en 1777, termina les incertitudes du gouvernement, et Cherbourg fut choisi.

Les vieillards qui ont vu Cherbourg en 1780 ont bien de
la peine à le reconnaître aujourd'hui. Une baie profonde de
deux mille toises (trois mille huit cent quatre-vingt-dix-huit
mètres), longue de trois mille six cents toises (sept mille
dix-sept mètres), entre l'extrémité de ses deux promontoires,
ouverte, depuis le commencement du monde, à tous les vents
qui viennent à l'ouest, de l'Océan, à l'est et au septentrion,
de la mer du Nord ; au fond de la baie, une petite ville dé-
mantelée, peuplée de 8,000 habitants, et un port de commerce incapable de contenir les vaisseaux de guerre ; à l'est
de la ville, une côte plate et sablonneuse où la mer n'a point
de profondeur ; à l'ouest, un long banc de rochers, au pied
duquel il restait, dans certains endroits, cinq mètres d'eau
à marée basse : tel était Cherbourg avant le commencement
des travaux. Aujourd'hui, cette large ouverture que formait
la baie a été fermée par une île factice qui n'a pas moins de
cent cinquante mètres de largeur à sa base, vingt-deux
mètres (soixante-sept pieds) dans sa plus grande hauteur,
depuis le fond de la mer jusqu'à son sommet. Cette île con-

tient des maisons, des forteresses, des habitants [1]. On peut y faire près d'une lieue (trois mille six cent trente-huit mètres) à pied sec.

Pour la former, plus de quatre millions six cent mille mètres cubes de pierres ont été accumulées ou maçonnées par la main de l'homme, sans point d'appui sur le rivage, et au milieu d'une mer tourmentée par de si furieuses tempêtes qu'on y a vu les vagues rouler avec facilité des pièces de 36, chasser devant elles, comme des galets, des blocs qui ne pesaient pas moins de quatre mille kilogrammes, et quand enfin elles rencontraient un obstacle insurmontable, rejaillir à soixante ou quatre-vingts pieds dans les airs. Derrière cette île, les eaux tumultueuses de la baie sont devenues presque insensibles aux mouvements qui agitent la mer au dehors.

Dans les roches granitiques qui bordent le rivage à l'ouest de la ville, trois bassins ont été creusés à dix-neuf mètres (cinquante-huit pieds) de profondeur; trois millions six cent vingt et un mille deux cent vingt-deux mètres cubes de rochers en ont été tirés. Ce sont les pyramides d'Égypte exécutées en creux, au lieu de l'être en relief[2]. Autour de ces vastes bassins s'élève une nouvelle ville composée de magasins,

[1] 1° L'île factice qui sert de base à tout l'ouvrage représente un cube total de trois millions sept cent trente-trois mille quatre cents mètres; 2° les blocs naturels ou artificiels qu'on a placés sur les talus, un cube de deux cent soixante-dix-huit mille quatre cents mètres; 3° la maçonnerie, cinq cent soixante-trois mille trois cents. Total : quatre millions six cent quinze mille cent. A quoi il conviendrait d'ajouter, pour avoir une idée exacte de l'ouvrage : 1° les pierres qui, après avoir été jetées sur la digue, ont été entraînées par la mer; 2° la fortification qu'on doit élever au centre de la digue et sur les deux musoirs.

[2] Les rochers tirés des bassins de Cherbourg forment ainsi une masse qui excède de près d'un tiers la plus grande pyramide. Celle-ci ne renferme que deux millions six cent soixante-deux mille six cent vingt-huit mètres cubes de pierres, suivant le colonel Coutelle, et seulement deux millions cinq cent soixante-deux mille cinq cent soixante-seize mètres, suivant M. Jomard.

d'ateliers, de bureaux, de casernes et de cent autres édifices que réclament les besoins d'un grand arsenal maritime. Des forts fondés au milieu de la mer, des fortifications formidables sur le rivage, des redoutes sur les hauteurs, assurent sa défense. Quatre-vingts ans de travaux et plus de deux cents millions de dépenses, voilà le Cherbourg de nos jours. La plupart de ces travaux n'avaient pas de précédents dans l'histoire de l'industrie humaine. Aussi n'ont-ils été entrepris et suivis qu'avec beaucoup d'hésitations et de craintes. Cent fois abandonnés, ils ont été cent fois repris. Longtemps on a douté de leur succès; on en doutait encore, il y a bien peu d'années. L'idée d'une création si vaste n'a pas été conçue d'un seul coup ni par un seul homme, et cela est très-heureux, car vraisemblablement on eût reculé devant l'entreprise, si elle s'était tout d'abord manifestée dans son immensité. Il en a souvent été ainsi des plus grandes œuvres exécutées par les hommes, et rien ne saurait nous porter plus efficacement à la modestie que de penser que la plupart d'entre elles n'ont point d'abord été imaginées dans leur ensemble par leurs auteurs, et qu'elles n'ont été complétées que peu à peu, plutôt à cause de l'impossibilité de s'arrêter que par un dessein prémédité à l'avance d'aller jusqu'au bout.

Notre but est de faire ici le récit de cette singulière et longue entreprise; de montrer à travers quelles vicissitudes elle a été conduite; au milieu de quelles incertitudes elle a été commencée; par quelles fautes, par quelles erreurs, par quels incidents elle a été traversée; quel a été enfin son résultat. Ce résultat est grand, sans doute; mais ce qui paraîtra plus grand encore, c'est cette lutte opiniâtre mêlée de succès et de revers qui se poursuit pendant près d'un siècle entre l'esprit humain et la matière, représentés par ces deux champions formidables : la France et l'Océan.

Cherbourg ayant été choisi comme le point de la Manche où devaient s'exécuter les travaux, il convient de savoir ce

qu'on voulait y faire. Il paraît bien certain que la seule pensée de Louis XVI fut de créer à Cherbourg une rade tenable
qui pût, au besoin, offrir un refuge à une flotte et prévenir
ce qui était arrivé à la Hougue un siècle auparavant. Si l'idée
de fermer entièrement cette rade par une digue continue et
insubmersible, et d'établir au fond de la baie un grand port
militaire, se présenta à quelques esprits, elle fut aussitôt repoussée comme exagérée et presque chimérique. On peut
s'en convaincre en lisant ce passage dans les *Notes historiques*[1] : « Il est sans exemple, dit-il, que l'on ait jamais creusé,
à mains d'hommes, des ports assez profonds pour y recevoir
des vaisseaux de premier rang; la nature seule prépare
et conserve de semblables cavités. Ce n'est point, d'ailleurs, d'un grand port que la France a besoin; ce qui
manque surtout à nos forces navales, c'est un lieu de station
dans la Manche, un asile momentané dans lequel nos esca-
dres, battues des vents ou poursuivies par un ennemi supérieur, puissent trouver promptement, et à portée du théâtre
ordinaire de leurs expéditions, un abri sûr et d'où elles
soient prêtes à ressortir au premier moment favorable. »
M. de la Bretonnière lui-même avait tenu un langage analogue en 1777. Couvrir la rade de Cherbourg par une digue
sous-marine, la rendre tenable et n'y laisser pénétrer qu'à
travers des passes bien défendues : tel fut donc le seul but
qu'on se proposa en commençant les travaux; mais ce premier résultat était déjà très-difficile à atteindre.

Jamais plus grande œuvre ne fut entreprise avec plus de
légèreté, et si le mot n'était pas indigne du sujet, avec plus
d'étourderie. Étudier attentivement la rade afin de savoir en
quel endroit, suivant quelle direction et de quelle manière il
convenait d'y établir la digue, en dessiner en quelque sorte
le fond à l'aide de sondages répétés et contradictoires, se

---

[1] Les *Notes historiques* sont un récit manuscrit très-curieux des premiers travaux de Cherbourg, fait par un officier très-distingué qui a été
employé à Cherbourg, et qu'on nommait M. Meunier.

rendre un compte exact de tous les phénomènes qu'y produit
la mer : telle était l'opération préliminaire que le plus simple bon sens indiquait. Rien, en effet, ne doit être entrepris
après plus de réflexion et d'examen que les travaux de la
mer, d'abord à cause des difficultés que présentent toujours
de telles entreprises, et aussi par cette raison que presque
toutes les fautes commises dans ces sortes d'ouvrages sont
irrémédiables. Ce n'est cependant (chose presque incroyable)
que cinq ans après s'être mis à l'œuvre qu'on se livra à cet
examen si nécessaire avec tout le soin qu'on devait y apporter. Les premiers travaux eurent lieu sur le vu d'une carte
manuscrite, dressée, en 1775, par un lieutenant de vaisseau
nommé M. Debavre, et qui fourmille d'erreurs : en la comparant aux excellentes cartes qui ont été faites depuis, il est
facile de vérifier que la plupart des profondeurs d'eau qui y
sont indiquées excèdent du cinquième et quelquefois du
quart les profondeurs réelles qu'on a pu constater ; les bancs
sous-marins n'y sont pas marqués, et il n'y est pas même
fait mention de la roche Chavagnac qui se trouve au milieu
de la passe de l'ouest.

Cette première faute fut fort aggravée par une autre que
voici : au lieu de confier l'étude et l'exécution des travaux à
un seul pouvoir, on en chargea simultanément deux minis-
tères, celui de la guerre et celui de la marine. Chacune de
ces deux administrations se mit à l'œuvre de son côté sans
s'inquiéter de ce que faisait l'autre. Tandis que M. de la Bretonnière était chargé par le ministre de la marine de traiter
la question dans l'intérêt naval, M. Decaux, directeur des
fortifications de la Normandie, l'envisageait au point de vue
purement militaire. M. Decaux était un très-habile officier du
génie, mais on peut dire, sans offenser sa mémoire, qu'il
n'apercevait que très-confusément le côté nautique de son
entreprise. Voici le plan de cet officier : il découvrit d'abord
sur la terre ferme, à l'ouest de la ville, un rocher qui s'avançait dans la mer et qu'on appelait le Hommet ; à l'est, il vit

une île nommée l'île Pelée, située à peu de distance du rivage. Sur chacun de ces points il mit un fort, et dans l'intervalle qui les sépare, une digue. On ne saurait imaginer un
plan plus simple, ni une rade mieux couverte; malheureusement, derrière cette digue si bien défendue et dans cette
rade si bien fermée, on eût eu grand'peine à faire mouiller un
seul vaisseau. Ce n'est pas que la surface d'eau n'y parût considérable; car, d'un fort à l'autre, il n'y avait guère moins de
trois mille sept cents mètres; mais presque tout le vaste espace compris entre la digue et la terre était occupé par des
bas-fonds, ce que M. Decaux ne savait pas. Tout ceci n'est
encore que ridicule; mais voici qui eut des conséquences
très-malheureuses, qui se feront éternellement sentir.

Aussitôt que ce plan eut été approuvé par l'administration de la guerre, on se mit à l'œuvre pour l'exécuter. On
n'entreprit point, à la vérité, de fonder la digue, mais on
commença les forts du Hommet et de l'île Pelée, et leur construction fut poussée avec ardeur. Ils étaient déjà fort avan-
cés, lorsqu'on s'aperçut qu'il était absurde de vouloir placer
la digue où l'avait mise le plan de M. Decaux. L'administration de la guerre renonça donc à la digue, mais non à ses
forts; et elle obligea la marine à modifier tous ses plans, de
manière à ce que ses fortifications ne devinssent pas inutiles.
En conséquence, au lieu de faire suivre à la digue une ligne
droite, il fallut, contre toute raison, incliner vers le sud
son extrémité orientale, de manière à ce que son musoir
vînt se placer en face et un peu en arrière du fort de l'île
Pelée, afin que celui-ci pût non-seulement battre la passe,
mais commander du côté du large l'extérieur du relief de
la digue; pour que l'ennemi eût plus de difficulté à forcer
l'entrée de la rade, on voulut rendre cette entrée fort étroite.
On plaça donc l'extrémité de la digue, d'abord à cinq cent
quatre-vingt-quinze toises, puis à cinq cents toises (neuf cent
soixante-quatorze mètres) seulement du fort. Quand cela fut
fait, on s'aperçut que la carte de 1775 avait induit en erreur

sur le fond de la passe. Des sondes nouvelles apprirent qu'on n'y trouvait presque nulle part plus de vingt-cinq pieds d'eau à basse mer; ce n'est qu'en rasant le musoir de la digue qu'on rencontrait trente pieds de profondeur. Le mal était irréparable; la passe de l'est est restée, à marée basse, d'un accès difficile aux gros vaisseaux, et la rade demeure privée d'un de ses avantages les plus rares et les plus grands, celui d'avoir une double entrée dont on puisse faire usage à toute heure de marée et par tous les temps.

A l'ouest, on fut sur le point de commettre une faute beaucoup plus singulière; il tint à peu qu'on ne fermât entièrement la passe. Il est facile de se convaincre, en examinant les premières cartes des travaux, que l'intention originaire était de pousser la digue du côté de l'ouest, jusqu'à une petite distance du fort de Querqueville. On ignorait qu'entre ce fort et la digue, il existait un haut-fond qui a été nommé depuis la *roche Chavagnac*, du nom de l'officier de marine qui l'a découverte; si on avait suivi les plans primitifs, la roche Chavagnac eût bouché la passe ou l'eût rendue impraticable, et la rade se fût trouvée si bien close qu'on n'eût pu y entrer pour s'y mettre à l'abri des tempêtes. Ce n'est pas tout encore; beaucoup d'ingénieurs très-dignes de confiance ont pensé que si, au lieu de placer le fort de l'île Pelée sur la pointe sud, on l'eût fondé sur la pointe nord, la digue eût pu être reculée de trois cents toises vers le large, et que l'entreprise n'eût guère été plus difficile. Le résultat eût été assurément beaucoup plus grand.

Nous verrons bientôt que la rade de Cherbourg est très-loin de pouvoir contenir tous les bâtiments que semble indiquer sa vaste étendue. Avant d'avoir fait des sondages exacts, on croyait qu'elle renfermerait aisément cent vaisseaux de guerre; aujourd'hui il est certain qu'une grande flotte pourrait s'y trouver à la gêne. En reculant la digue, comme nous l'avons dit, tout l'espace désirable eût été obtenu. Lorsqu'on regarde attentivement la carte nautique faite en 1789 et celles qui ont été dressées depuis, on voit que la digue a été placée précisément en travers de l'espace qui, par la profondeur de l'eau et la nature du fond, convenait le mieux aux grands vaisseaux. Elle a coupé en deux la rade au lieu de la couvrir tout entière, et il n'y a rien là qui étonne, quand on pense que, par un renversement étrange des règles du bon sens, ce ne sont pas les forts qui ont été faits en vue de la digue,-c'est la digue qui a été faite en vue des forts. Celui qui lira attentivement ce récit s'étonnera donc à la fois de deux choses : de la puissance extraordinaire des hommes qui ont pu contraindre la nature à livrer ce qu'elle refusait, et de leur imprévoyance puérile qui a fait négliger ou détruire les biens qu'elle offrait spontanément. Leurs petites querelles, leurs vanités intraitables et leurs misérables jalousies lui paraîtront les principaux obstacles qu'ils aient rencontrés, et il tombera d'accord avec nous que la rivalité perpétuelle de l'administration de la marine et de celle de la guerre a plus retardé la création d'un port à Cherbourg que les rochers, les vents et la mer ensemble.

La place que devait occuper la digue étant ainsi fixée, on s'occupa de savoir comment on s'y prendrait pour la fonder. C'est au capitaine de la Bretonnière que revient l'honneur d'avoir conçu le premier l'idée d'une digue isolée des terres, et jetée à une lieue au large. Vauban lui-même ne l'avait pas eue. Les plans dressés par lui ou sous ses yeux, qui existent au dépôt de la marine, le constatent; l'un de ces plans indique que le projet de Vauban était de construire deux digues. La première, longue de deux cents toises, partait du Hommet, et la seconde, longue de six cents toises, de l'île Pelée. L'autre plan montre seulement l'intention de couvrir par une digue de deux cent cinquante toises la fosse du Gallet. Ce fut également le capitaine de la Bretonnière qui mit le premier en avant l'idée de faire la digue en pierres perdues. Rien de plus simple et de plus économique que ce système : il consistait à verser successivement dans la mer assez de pierres

pour en élever le fond et y amonceler une sorte de montagne sous-marine, laissant aux flots le soin de donner une
assiette et une forme à cette nouvelle île qu'on faisait surgir
dans leur sein[1]. Ce plan fut soumis à l'examen des gens de
l'art. M. Decaux fut consulté, des ingénieurs civils furent appelés à donner leur avis, et comme dans ce temps-là (on était
en 1781) les esprits commençaient à s'agiter sans savoir encore à quoi se prendre, toute la nation tourna les yeux vers
Cherbourg et se préoccupa de la question de savoir comment se résoudrait le grand problème que présentaient ses
travaux. Les faiseurs de projets abondèrent, et, comme on
peut le croire, ils différèrent beaucoup entre eux. Toutefois,
tous parurent s'accorder sur ce point, que l'idée de M. de la
Bretonnière était inapplicable. Des pierres, ainsi jetées dans
la mer au hasard et sans cohésion entre elles, ne pouvaient
manquer, disait-on, d'être chassées de côté et d'autre par
les flots ou les courants, et de venir encombrer la rade au
lieu de la couvrir; c'est ce que démontra notamment M. Decaux, dans un Mémoire où, après avoir combattu la pensée
de M. de la Bretonnière, il faisait connaître la sienne.

Pour empêcher ce grand débordement de pierres perdues
dans la rade, M. Decaux proposait de déposer d'abord au fond
de la mer un cordon de vastes caisses de charpente remplies
de maçonnerie. En dehors de ce premier rempart, on eût
versé les pierres perdues qui appuyées ainsi sur un corps solide, ne pouvaient plus être portées au dedans de la rade.
Cette idée, après de longs débats, fut écartée; c'est alors que
M. de Cessart se présenta. M. de Cessart était un ingénieur
des ponts et chaussées très-distingué, qui s'était déjà signalé
par plusieurs grands travaux à la mer. On l'appela à Cherbourg, et il soumit au gouvernement un plan qui fut enfin

---

[1] Le plan *originaire* de M. de la Bretonnière était moins simple : il
voulait, avant de jeter les pierres perdues, former tout le long de la digue
un noyau solide à l'aide de vaisseaux maçonnés et ensuite coulés; mais il
se réduisit bientôt à l'idée qui vient d'être exposée.

adopté. Ce plan avait un caractère audacieux et grandiose qui frappa les contemporains, et qui mérite l'attention de la postérité. M. de Cessart imagina de former la digue de quatre-vingt-dix rochers artificiels, espèces de montagnes régulière-ment taillées à mains d'hommes, dont toutes les bases se touchaient au fond de l'eau et dont les sommets excédaient sa surface de plusieurs pieds. De cette manière, l'intérieur de la rade eût été abrité sans être fermé, ce qui l'eût rendue tenable tout en évitant le danger que courent toutes les ra-des fermées, celui de s'ensabler.

Quant à la manière de former ces espèces de montagnes sous-marines, M. de Cessart entreprit de créer chacune d'elles d'un seul coup en coulant des pierres dans une sorte de moule en bois qu'on devait d'abord construire à terre, et qu'on irait ensuite déposer en mer aux endroits qui seraient choisis. M. de Cessart donna à cette caisse la forme d'un cône tron-qué. Le lecteur pourrait se faire une idée fort exacte de cette singulière machine en se représentant l'une de ces cages à claires-voies qu'on rencontre dans nos basses-cours, et qui servent tout à la fois de prison à la poule et de refuge à la couvée. Mais qu'il juge de l'immensité de cette cage à pou-lets de nouvelle espèce, en apprenant que chacun des quatre-vingt-dix montants qui en composaient la carcasse était à peu de chose près aussi haut que la colonne de la place Vendôme, ayant cent vingt-quatre pieds de longueur; que l'espace qu'elle couvrait à sa base mesurait dix-sept mille deux cent cinq pieds carrés ou un demi-arpent; que vingt-quatre mille pieds cubes de bois devaient être employés à sa construc-tion; qu'elle devait contenir deux mille sept cents toises cu-bes de pierres, et peser, après avoir été remplie, près de cent millions de livres.

Construire cet appareil à terre paraissait encore aisé, mais ce qui semblait excéder les forces humaines était de mettre une pareille masse en mouvement, de la tenir en équilibre lorsqu'elle serait en marche, de la transporter à une lieue en

mer, et enfin de l'y couler assez rapidement pour que les
flots ne la rompissent point avant d'être remplie. C'est à quoi
cependant M. de Cessart arriva avec facilité. La caisse avait
été construite sur le rivage, à un endroit que couvrent les
hautes marées, sur la plage même où la reine Mathilde était
descendue et qui, depuis cette époque, portait le nom de
*Chante-Reine*. La caisse étant prête, on l'entoura, à marée
basse, d'une double ceinture de tonnes vides qui la soule-
vèrent lorsque la mer vint à monter. Une fois la caisse à flot,
on la remorqua sans peine jusqu'à l'endroit qu'elle devait occuper; puis on coupa successivement toutes les cordes qui
attachaient à ses flancs les tonnes vides, et à mesure que
celles-ci se détachaient et remontaient à la surface, la caisse
s'enfonçait dans l'eau jusqu'à ce qu'enfin elle en eût atteint
le fond. Aussitôt que le cône eut été coulé, on commença à
verser des pierres dans l'intérieur de sa vaste enveloppe
par des ouvertures pratiquées à cet effet à ses flancs, jusqu'à ce qu'on eût atteint son sommet. Cette seconde opération dura quarante jours. Quarante jours suffirent donc
pour tirer une île nouvelle du fond de l'Océan et pour la
faire apparaître bien au-dessus du niveau des plus hautes
mers. Ce succès remplit d'enthousiasme non-seulement les
populations du voisinage, mais la nation entière qui attendait avec une sorte d'anxiété le résultat d'une entreprise si
nouvelle et si singulière.

Louis XVI voulut lui-même venir à Cherbourg; il y arriva
en 1784. Un cône était prêt à partir. L'énorme caisse se sou-
leva d'elle-même avec lenteur, par l'effet de la marée mon-
tante. Une multitude de petites embarcations s'attachèrent
aussitôt à ses flancs : aidées du vent et de la rame, elles la
traînèrent, comme en triomphe, à travers la rade. Les plus
gros vaisseaux de guerre semblaient disparaître en passant à
côté d'elle; les canons des forts faisaient retentir la côte,
ceux de la flotte, la mer. Une foule innombrable battait des
mains sur le rivage et des milliers de voix élevaient une seule

et immense acclamation vers le ciel. Le roi, placé sur le sommet du premier cône, semblait dominer l'Océan et constater sa propre victoire. Le nouveau cône fut amené sous ses yeux et coulé à ses pieds. Tous ceux qui ont assisté à cette grande scène en ont conservé, malgré les années, le plus vivant souvenir ; ils en parlent avec autant de, chaleur que si la chose s'était passée hier ; il y avait là, en effet, plus qu'une cérémonie : c'était un des plus beaux spectacles qu'ait jamais pu contempler l'homme. On croyait avoir trouvé la solution du problème. L'expérience fit bientôt voir qu'on se trompait. Quelque rapidité qu'on mît à remplir de pierres la caisse conique, cette opération n'exigeait, ainsi que nous l'avons dit, pas moins de quarante jours. L'expérience enseigna qu'il était rare qu'il ne survînt pas, pendant cet espace de temps, un coup de vent. La mer venant alors à frapper avec violence la caisse à moitié vide, la brisait aisément. Ce fut ainsi que périt le second cône et ensuite plusieurs autres. Ceux mêmes qui purent être remplis sans accident ne tardèrent point à être réduits ou endommagés, de telle sorte que leur destruction ultérieure ne fut plus douteuse. La mer, pour les attaquer et les ruiner, se servait d'un procédé imprévu qui mérite d'être rapporté. Elle commençait par vider la caisse avant de la briser. Voici comment elle s'y prenait pour en venir là. La lame arrivant du large frappait avec furie contre la paroi du cône, s'élevait jusqu'à soixante ou quatre-vingts pieds de hauteur, puis retombant, comme un torrent venu du ciel, sur le sommet de la machine, elle entraînait les pierres avec elle à travers la claire-voie. Lorsqu'elle avait produit ainsi de vastes cavités dans l'intérieur de la montagne conique, elle s'introduisait par un choc direct avec la même violence dans ces cavernes sans issues, et lançait par le haut, au-dessus des bords du cône, les pierres qui lui faisaient résistance. Quand une fois, à l'aide de ce double mouvement, l'intérieur de la caisse était vidé, les montants, se trouvant sans appui, venaient à céder et toute la machine était détruite. Une seule tempête suffisait souvent pour compléter cette suite d'opérations destructives. Au bout de très-peu de temps, on commença à douter que le système des cônes pût remplir l'objet qu'on se proposait.

On se souvient qu'à l'origine des travaux, un moyen très-facile et comparativement peu coûteux avait été proposé par M. de la Bretonnière. Il consistait tout uniment à verser des pierres de moyenne et petite grosseur dans la rade, et à en composer la digue. De tous les plans proposés, celui-là était le seul qui eût été unanimement repoussé par tout le monde. Il avait le tort d'être simple. On y arriva cependant, mais peu à peu, et, pour ainsi dire, sans le vouloir. Originairement la digue devait se composer de quatre-vingt-dix cônes. On ne tarda pas à s'apercevoir que la mise à flot de ces immenses caisses ne pouvait avoir lieu que pendant deux ou trois mois, chaque année, et deux ou trois jours de chacun de ces mois. On calcula que dix-huit ans seraient nécessaires pour que les quatre-vingt-dix cônes fussent en place. On se résolut donc à en diminuer le nombre, ce qui força de mettre un certain espace entre chacun d'eux. Pour ne pas laisser dans la digue des ouvertures aussi considérables, on versa dans les intervalles des cônes des pierres perdues. M. de Cessart lui-même, craignant que ses caisses, ainsi isolées les unes des autres, ne fussent aisément ébranlées dans leur base, fit couler tout autour d'elles de grands amas de pierres. On se rappelle que le principal motif qui avait été donné pour repousser le système des digues à pierres perdues avait été la crainte de voir ces pierres chassées dans l'intérieur de la rade. Or, l'expérience prouva bientôt que ces craintes étaient chimériques. Les mêmes tempêtes qui détruisaient ou endommageaient les cônes étaient impuissantes contre les digues en pierres perdues : celles-ci, sous la pression des flots, avaient changé de forme, mais non de place : de telle sorte que le même accident qui manifestait les vices du premier moyen, mettait en lumière l'excellence du second,

M. de Cessart qui, jusque-là, avait montré un talent voisin du génie, fit alors voir l'entêtement d'un petit esprit et les faiblesses opiniâtres d'une âme commune. Dans son plan originaire, les cônes devaient se toucher par leur base et s'appuyer ainsi mutuellement; chacun d'eux devait, de plus, être terminé par une maçonnerie hydraulique, depuis la ligne des basses mers jusqu'à son sommet, ce qui l'eût rendu infiniment plus capable de lutter contre l'effort des tempêtes et peut-être l'eût mis en état d'en triompher. M. de Cessart consentit à abandonner ces deux portions capitales de son système, sans vouloir renoncer au reste. Il s'opiniâtra, au contraire, sur les débris de son idée, bien qu'il fût évident qu'on ne pouvait plus rien en tirer d'utile. D'une autre part, tout en souffrant qu'on fît usage des pierres perdues, il continua à prédire qu'il en résulterait de grands malheurs.

Deux partis s'étaient formés dans le conseil supérieur des travaux : l'un, que représentait M. de Cessart, était exclusivement favorable aux cônes; l'autre, que conduisait M. de la Bretonnière, ne voulait que des pierres perdues. La cour, embarrassée et perplexe à la vue de ces divergences, n'avait ni assez de volonté ni assez de lumières pour choisir entre les deux méthodes. Elle ordonna enfin qu'elles seraient suivies toutes deux simultanément. C'est ce que les gouvernements irrésolus et faibles appellent prendre une décision. On continua donc à placer à grands frais des cônes, auxquels les partisans des pierres perdues ne croyaient pas, et à verser des pierres que les partisans des cônes jugeaient fatales. Ces grands travaux furent ainsi conduits, pendant cinq ans, suivant un plan que n'approuvait précisément aucun de ceux qui l'exécutaient. A mesure, cependant, que le temps s'écoulait, les idées de M. de la Bretonnière gagnaient du terrain. Ce mouvement des opinions se manifestait par un signe matériel : on continuait à construire des caisses coniques; mais, chaque année, on les plaçait à des distances

plus grandes les unes des autres, d'abord à vingt-cinq toises,
puis à soixante, à cent quinze, à cent quarante, et enfin à
deux cent cinquante. De manière que la digue en pierres
perdues, au lieu d'être l'accessoire du système, en devenait
graduellement la base et la partie principale. Ce ne fut, toutefois, qu'en 1788, après qu'une longue série d'accidents eut
démoli ou rasé la plus grande partie des caisses, rongées
d'ailleurs par les vers marins (tarets), que, renonçant entièrement à leur usage, le conseil général des travaux ordonna
que toutes celles d'entre elles qui avaient pu résister jusque-
là, mais dont la ruine était imminente, seraient rasées au
niveau des basses mers. On ne laissa subsister que le cône
qui avait été coulé le premier. Celui-là ayant été maçonné à
son sommet s'était maintenu mieux que le reste.

M. de Cessart fut ainsi vaincu, mais non persuadé. Il ne
se rendit point. Le procès-verbal du conseil (11 juin 1788)
fait voir qu'il ne céda qu'à la contrainte. Il manifesta son
dépit en laissant à un autre le soin d'exécuter la décision qui
achevait de condamner ses idées. A partir de cette époque,
le système des pierres perdues régna seul en fait et en théorie. Après avoir dépensé des sommes immenses, et employé
des ressources infinies de talent et de savoir pour arriver au
but par des voies très-détournées, à l'aide de méthodes très-
compliquées et très-savantes, on se décida enfin à y marcher
tout uniment par le grand chemin que le simple bon sens
avait, dès l'origine, indiqué.

Dès qu'on avait commencé à appliquer le système des
pierres perdues, on avait découvert que la pratique en était
plus simple encore que la théorie, et que l'art y tenait une
plus petite place qu'on ne l'avait supposé. Les ingénieurs
s'étaient d'abord livrés à des recherches savantes pour déterminer l'inclinaison qu'il convient de donner à la digue du
côté de la pleine mer. Ils avaient calculé que le talus devait
avoir, de ce côté-là, une pente uniforme d'un pied de hauteur sur trois de base. On s'efforça donc de lui donner cette

pente. Mais l'expérience fit bientôt voir que la position des
pierres qui formait la paroi de la digue était réglée par une
loi invariable que la nature appliquait elle-même sans qu'on
eût besoin de l'y aider. La mer ne tarda pas à bouleverser
entièrement le talus que les ingénieurs avaient imaginé, et
elle en substitua un autre d'une forme différente et moins
uniforme. A partir de la surface des basses mers jusqu'à
douze pieds au-dessous, elle changea l'inclinaison d'un pied
sur trois en une inclinaison d'un pied sur dix. Au-dessous
de douze pieds de la surface jusqu'au fond de l'eau, elle laissa,
au contraire, le talus suivre la pente plus abrupte que les
ingénieurs lui avaient donnée. On crut d'abord que ces effets avaient été produits par l'action capricieuse d'une tempête, et l'on s'attendait à voir une tempête suivante leur en
substituer d'autres. Mais on se trompait. La mer continua
invariablement à donner aux talus la même forme, et une
fois qu'ils eurent atteint cette forme, elle n'y changea plus
rien. La digue sous-marine devint fort stable et se couvrit de
plantes et de coquillages, comme aurait pu le faire un rocher
naturel. Du moment que cela fut bien connu, les ingénieurs
n'eurent plus à s'occuper de l'inclinaison qu'il convenait de
donner à leur ouvrage. Ils se bornèrent à apporter les pierres
sur le lieu où la digue devait s'élever, et à les jeter dans
l'eau. La mer s'en emparait aussitôt; elle les remuait d'abord
de côté et d'autre, comme pour leur choisir elle-même leur
place; et, après les y avoir solidement établies, elle les y laissait pour toujours en repos.

On marcha de cette manière jusqu'à la fin de 1790. A cette
époque, la digue, fondée sur une longueur de mille neuf
cents toises, s'élevait presque partout un peu au-dessus du
niveau de la basse mer. Elle avait déjà coûté vingt-cinq millions cinq cent trente-six mille deux cent vingt-sept francs[1].

[1] Ce chiffre est extrait d'un relevé général fait avec soin sur la fin de
l'an XII, et dont la minute existe à Cherbourg. On y voit qu'on a mis à la
charge de la digue un assez grand nombre de dépenses qui ne s'y rappor-

On considérait alors l'œuvre comme à peu près terminée. M. Meunier, l'auteur des *Notes historiques*, écrivait : « Il ne s'agit plus maintenant que de mettre la dernière main à cette grande entreprise. » Dans le rapport fait à l'Assemblée constituante, en 1791, la même idée se reproduit. Ce résultat, dont on semblait vouloir se contenter, était cependant bien insuffisant. On avait un abri, mais on ne possédait point encore une rade qui fût véritablement défendue soit contre la mer, soit contre les attaques de l'ennemi. La digue sous-marine qui la formait diminuait la violence des vagues, mais n'arrêtait pas leur choc, puisqu'aux grandes marées elle se trouvait couverte de plus de vingt-deux pieds d'eau. Les tempêtes s'y faisaient sentir moins longtemps qu'au dehors. On n'avait à en souffrir que deux heures avant et deux heures après la marée haute. Mais quoique les navires y fussent rarement en péril, ils y étaient habituellement très-fatigués par la houle et le ressac. D'une autre part, on y était à la merci d'une attaque. La digue n'étant surmontée d'aucun fort, rien ne pouvait empêcher une flotte ennemie, soit de pénétrer en dedans de cet ouvrage, ou même se tenant en dehors, d'écraser les vaisseaux français au mouillage. On avait donc préparé à nos marins un champ de bataille plutôt qu'un lieu de repos.

Aussi ne tarda-t-on pas à désirer plus. En 1792, l'Assemblée législative voulut qu'une commission spéciale, composée d'ingénieurs, d'officiers du génie et de marins, vînt à Cherbourg examiner ce qui avait été fait et ce qui restait à faire. Le rapport de la Commission de 1792 fait époque dans

tent qu'indirectement ou même qui ne s'y rapportent point du tout. C'est ainsi que la digue porte la responsabilité de deux cent mille francs employés à faire de l'ancienne abbaye un hôtel pour l'habitation du duc de Beuvron. Le relevé dont il est question fait voir qu'à la reprise des travaux, en 1802, on avait déjà dépensé à Cherbourg trente et un millions cent quatre-vingt-huit mille six cent soixante-dix-neuf francs. C'est de ce chiffre, dont on ignorait le détail et l'origine, qu'on est toujours parti depuis.

l'histoire des travaux de Cherbourg, et nous aurons souvent l'occasion d'y revenir dans la suite[1]. Cette commission n'hésita pas ; prenant hardiment son parti, elle décida qu'on ne s'arrêterait pas au point où l'on était arrivé, mais qu'on continuerait à s'élever de manière à ne s'arrêter qu'à trente pieds au-dessus, c'est-à-dire dépasser de neuf pieds le niveau des plus hautes marées. A cette époque de notre histoire, l'on concevait aisément de grandes pensées et de vastes desseins, mais le temps et le pouvoir manquaient souvent pour les réaliser. Le vœu exprimé par la commission de 1792 resta stérile. Les travaux de Cherbourg furent abandonnés. La France avait ailleurs les yeux et la main. Ce ne fut que dix ans après qu'ils furent repris. Napoléon régnait alors sous le nom de premier Consul, et il avait déjà plus de pouvoir que n'en possédèrent jamais les rois que la Révolution avait renversés. La guerre lui fit tourner les yeux vers Cherbourg. Il comprit aussitôt l'importance que pouvait avoir ce nouveau port dans la lutte qui allait recommencer avec l'Angleterre. L'un des premiers actes de son gouvernement fut d'ordonner qu'on se mît de nouveau à l'œuvre. Plus frappé toutefois du besoin de défendre les vaisseaux contre l'ennemi que de les protéger contre la mer, Napoléon ne reprit pas l'idée qu'avait émise la commission de 1792 ; il n'entreprit point, comme elle l'avait proposé, de porter la digue entière au-dessus du niveau des plus hautes marées ; il se borna à vouloir que le centre en fût élevé, sur une étendue de cent toises, qui depuis fut portée à deux cent cinq toises (quatre cents mètres) au-dessus des eaux, de manière à pouvoir re-

---

[1] Cette commission a joué un si grand rôle dans la destinée de cette vaste entreprise, qu'il est juste de faire connaître les noms de ceux qui la composaient ; c'étaient : MM. Crublier d'Opterre, Dézerseuil, officiers du génie; Eyriez, Letourneur, officiers de marine; Lamblardie, Cachin, ingénieurs des ponts et chaussées; Lepesqueux, pilote. Elle resta assemblée près d'un an. Son rapport est un ouvrage très-considérable où toutes les parties du sujet sont touchées, et qui mérite, même aujourd'hui, d'être étudié avec soin. Il est fâcheux qu'il soit resté manuscrit.

cevoir une batterie, et, comme s'il eût pu violenter les éléments aussi bien que commander aux hommes, il décida que
ce travail serait achevé en deux ans. M. Cachin, qui avait fait
partie de la grande commission de 1792, fut placé par lui à
la tête de cette grande entreprise, et il eut pour second
M. Lamblardie fils.

Napoléon avait ordonné que le travail fût fait. Mais il
n'avait pas indiqué quelle était la méthode qui pouvait permettre de l'accomplir, et nous allons voir que sa volonté,
toute-puissante qu'elle était, vint se briser contre cet obstacle : son règne finit avant qu'on eût trouvé le moyen de réaliser sa pensée. Après avoir cru que le système des pierres
perdues ne suffisait à rien, on avait été jusqu'à croire qu'il
répondait à tout. Mais on avait bientôt découvert que, s'il
pouvait servir à former la digue sous-marine, il était fort insuffisant pour maintenir le sommet de celle-ci au niveau de
l'eau, à plus forte raison pour l'élever au-dessus. L'agitation
de la mer à la surface était si violente et si destructive, que
les pierres non liées entre elles ne pouvaient point y résister;
bien que la digue fût immobile dans ses profondeurs, son
sommet était donc perpétuellement labouré par les vagues
qui l'exhaussaient quelquefois, et, le plus souvent, l'abais-
saient de plusieurs pieds. La commission de 1792, avec une
assurance qui n'eût convenu qu'à l'ignorance, mais dont devraient se garder toujours les hommes de mérite et de
science, en présence des grands phénomènes de la nature,
avait affirmé que l'action destructive de la mer sur la crête
de la digue ne tenait qu'à la nature des matériaux qui formaient celle-ci. La digue était composée de pierres qui
n'avaient pas généralement plus d'un cinquième de pied
cube de grosseur. La commission de 1792 établit, par de
longs raisonnements qu'on peut lire dans son rapport, qu'en
donnant à ces pierres un volume beaucoup plus considérable, vingt à vingt-cinq pieds cubes, par exemple, on obtien-
drait certainement une stabilité constante et absolue.

C'était vraisemblablement M. Cachin qui avait fait prévaloir cette idée dans le sein de la commission de 1792. Il est naturel qu'il ait voulu l'appliquer, dix ans après, lorsqu'en 1802, Napoléon le chargea de recommencer les travaux. M. Cachin entreprit donc d'élever la digue au-dessus des plus hautes mers, à l'aide de très-gros blocs de pierres non liés entre eux. Une fois que ces blocs auraient dépassé le niveau des hautes mers, on devait fonder sur leur masse amoncelée le terre-plein et les parapets que Napoléon avait commandés. M. Cachin se pourvut de blocs d'un volume énorme : ils avaient jusqu'à soixante et quatre-vingts pieds cubes, et pesaient chacun de sept à huit mille livres; il appliqua des appareils très-puissants et très-ingénieux pour transporter à la digue et monter jusque sur son sommet ces pierres immenses. L'entreprise fut poussée avec une ardeur sans égale. Les deux ans indiqués par la volonté impatiente et absolue du premier Consul étaient à peine écoulés, que l'île factice s'élevait déjà au-dessus des flots; les revêtements étaient achevés, les canons braqués. L'inauguration de ce monument extraordinaire fut faite au milieu d'un enthousiasme universel : le génie de Napoléon, après avoir vaincu les nations, triomphait enfin, disait-on, de la nature elle-même. Cette joie était prématurée.

Lors d'une première tempête qui eut lieu à la fin de 1803, on s'était aperçu que les blocs qui servaient de fondement à la batterie avaient été remués par la mer, ce qui avait fait écrouler quelques-uns des ouvrages qui reposaient dessus. Chacune des violentes tempêtes qui se succédèrent jusqu'en 1808, produisit des effets analogues, tantôt sur un point, tantôt sur un autre. Ces avaries étaient aussitôt réparées, et la foi de M. Cachin dans la bonté de son système n'en paraissait point ébranlée. C'est une chose tout à la fois plaisante et triste que de voir cet homme de talent, dans le Mémoire qu'il a publié sur les travaux de la digue, épuiser toutes les ressources de son esprit et recourir aux raisonnements les plus subtils pour indiquer, aux différents accidents dont nous venons de parler, toutes sortes de causes, hormis la véritable. Il imaginait tout, excepté qu'il s'était trompé.

Survint enfin l'épouvantable catastrophe de la nuit du 12 février 1808. Cette nuit-là, la mer, aidée du vent et de la marée, s'éleva à une hauteur et parvint à un degré de violence inusités. Cette fois, les blocs que M. Cachin avait placés sur le haut de la digue ne furent pas seulement remués, mais arrachés de la place qu'ils occupaient et lancés, malgré leur poids énorme, contre la batterie et jusque par-dessus le parapet qui défendait celle-ci : les murs s'écroulèrent, les flots s'élancèrent dans les ouvrages et les inondèrent; des pièces de 36, saisies comme des brins de paille par la vague, furent jetées dans la rade. On comptait si bien sur la solidité des travaux entrepris, qu'on avait laissé dans la batterie beaucoup de soldats et d'ouvriers; ces malheureux, au nombre de près de trois cents, virent arriver ce nouveau déluge sans pouvoir s'en défendre. La violence de l'ouragan empêchait qu'on ne pût aller les secourir; on ignorait même à terre la gravité de l'événement. L'obscurité de cette nuit désastreuse la dérobait à tous les regards; on put bientôt cependant la pressentir par un indice. Les flots apportèrent jusqu'au rivage un morceau de bois qu'on reconnut pour avoir appartenu à un ornement placé sur le sommet de l'édifice le plus élevé de la batterie; en le voyant, les ingénieurs comprirent aussitôt que tout leur ouvrage était détruit.

Quand le jour vint, la digue avait en effet presque disparu de nouveau sous les eaux, et l'on n'apercevait plus à l'horizon que des débris et des corps flottants. Quelques hommes avaient cependant été sauvés, ainsi que nous le dirons plus loin. M. Cachin, qui le croirait! ne se rendit point à cette expérience; il raconte cette terrible catastrophe dans ses Mémoires comme s'il parlait d'un incident assez ordinaire; il n'est pas même très-éloigné de trouver à l'événement un côté favorable. « Le principal effet de cette tempête, dit-il, fut de consolider l'ouvrage, en mettant un dernier terme au déplacement des matériaux dont il avait été formé; » pas un mot de plus ne peut faire comprendre au lecteur que cet accident presque heureux a coûté la vie à un si grand nombre d'hommes : tant la vanité souffrante rend insensibles les âmes les plus bienveillantes! Il paraît toutefois que M. Cachin ne se dérobait pas la vérité à lui-même aussi complétement qu'il a cherché depuis à la cacher au public; dans le rapport que cet ingénieur adressa au gouvernement, peu de jours après l'événement du 12 février, on voit percer une sorte de découragement; il insinue qu'on ferait peut-être bien de renoncer à élever la digue au-dessus du niveau des hautes mers et à vouloir placer sur son sommet une batterie.

La mer, qui avait bouleversé la crête de la digue, avait cependant laissé, au milieu des débris amoncelés par elle, un indice de ce qu'il y avait à faire pour résister à ses fureurs. On avait construit au milieu de la batterie, mais plus bas que son sol, avec des pierres grossièrement ébauchées et de la chaux, un réduit qu'on appela les *grottes*, et qui était destiné à servir de cachot aux soldats. Ce réduit seul, ainsi qu'une citerne bâtie de la même manière, résista à l'effort des vagues; elles passèrent et repassèrent sur lui sans l'entraîner. Une trentaine d'hommes, qui étaient renfermés dans les grottes, échappèrent au désastre; et quand la mer fut un peu calmée, on les tira vivants du sein de ce rocher artificiel. Cela était bien de nature à faire comprendre la puissance supérieure dont une maçonnerie bien faite et solidaire est douée, même en présence de la mer, et indiquait suffisamment que c'était un ouvrage maçonné et non un amas de blocs sans liens entre eux qu'il fallait opposer à celle-ci. M. Cachin n'en persista pas moins dans son erreur avec cet aveuglement que donne l'esprit de système, aveuglement cent fois plus invincible que celui produit par l'ignorance. On rétablit donc la batterie et l'on recommença à établir en avant d'elle de gros blocs; des canons y furent replacés.

Seulement on n'y établit point à demeure de garnison. « La digue de Cherbourg, ainsi exhaussée dans sa partie centrale, dit M. Cachin dans son Mémoire, est restée armée de vingt bouches à feu pendant toute la durée de l'état de guerre. »

On pourrait croire naturellement, d'après cette phrase, qu'à partir de 1808, la digue n'eût plus à supporter de nouveaux accidents; il n'en fut rien pourtant. Dès le mois de septembre de la même année, une partie des blocs placés en avant de la nouvelle batterie furent déplacés et entraînés au loin. En 1810, la batterie elle-même fut de nouveau envahie et ravagée. Le sol en fut affouillé à plus d'un mètre de profondeur; soixante mètres de l'épaulement furent emportés. Huit jours après, une tempête plus violente acheva de bouleverser tout le reste. Les grottes résistèrent encore : cette fois leurs enveloppes furent enlevées, mais la maçonnerie, livrée à elle-même, tint bon. Si la France eût joui en ce moment d'un régime de publicité, assurément le cours de ces désastreuses expériences se serait arrêté là, et le bon sens public eût fait justice des erreurs de la science; mais on vivait alors au milieu d'un silence universel, interrompu seulement par la voix du maître. M. Cachin fut donc libre de fermer de nouveau les yeux à la lumière et de ne pas voir ce que tout le monde apercevait dès lors autour de lui. Dès que le beau temps fut revenu, treize mille mètres cubes de blocs furent rapportés sur le sommet de l'ouvrage.

On était ainsi parvenu jusqu'en 1811. Napoléon qui, au milieu de la grandeur et de la variété de ses projets, attachait une importance particulière aux travaux de Cherbourg, vint, cette année-là, les visiter. Il apprit les désastres successifs qui avaient eu lieu, aperçut les ruines, vit le système, jugea le mal et pressentit le remède. « Vous prétendez, dit-il à M. Cachin, que la maçonnerie ne peut soutenir le premier choc de la mer; soit. Laissez donc subsister votre digue en blocs, et entretenez-la; mais, en arrière, je veux que vous m'établissiez une batterie en maçonnerie, et que *vous la fondiez au niveau des basses mers.* Et immédiatement il formula cette pensée dans un décret. Le décret (7 juillet 1811) portait qu'une tour en maçonnerie, ayant un axe de trente-cinq toises, et faite pour recevoir dix-neuf canons de 36, serait établie, non pas sur l'emplacement de la batterie, mais construite derrière elle, de manière à en être abritée. Cette tour devait s'élever sur un terre-plein fait de pierres perdues, mais être maçonnée à partir de la ligne des eaux à marée basse.

On voit que ce décret du 7 juillet 1811 ne condamnait pas le système suivi jusque-là; il portait, au contraire, textuellement que la batterie existante devait être conservée, et les talus qui la bordaient soigneusement entretenus. Il n'indiquait point qu'on pût opposer au choc direct de la mer, au lieu d'un amas incliné de blocs, une muraille verticale en maçonnerie. Il ne faisait emploi de la maçonnerie que pour construire dans le sein d'une mer déjà plus tranquille et dans un lieu déjà abrité par des ouvrages non maçonnés, placés en avant d'elle et qu'on devait entretenir avec soin. Toutefois, cet usage en grand de la maçonnerie à la digue et d'une maçonnerie fondée à la ligne des basses mers, était déjà un grand progrès : c'était le premier pas dans la bonne voie; il fut dû à la volonté spontanée de Napoléon lui-même, dont le génie touchait déjà, pour ainsi dire, la vérité sans pouvoir encore la saisir. La tour fut fondée, ainsi que l'ordonnait l'Empereur; elle s'élevait déjà au-dessus de la ligne des hautes mers, lorsque les malheurs de 1813 vinrent interrompre les travaux. Elle est restée immobile sur ses fondements jusqu'aujourd'hui.

Onze ans s'écoulèrent; la Restauration semblait avoir entièrement oublié la digue. Un nouveau désastre la lui rappela. Pendant ces onze ans, la batterie, bien qu'abandonnée à elle-même, n'avait pas été détruite; elle s'était dégradée de plus en plus, mais, dans son ensemble, elle avait résisté. En 1824, la mer se fit enfin jour dans l'intérieur de cet ouvrage et le

bouleversa de nouveau entièrement. Il fut décidé qu'on ferait un dernier effort pour le rétablir. M. Cachin était encore
à la tête des travaux du port. Il se résolut aussitôt à reprendre l'ancienne voie. Suivant le plan qu'il donna, la batterie
devait être soutenue du côté de la rade par une maçonnerie;
mais, du côté du large, on devait encore recourir au système des blocs. Cet entêtement paraîtra presque incroyable,
si l'on songe qu'on avait alors, depuis plus de vingt ans,
sous les yeux l'exemple de la muraille construite sous la direction de M. Eustache pour fermer vers la rade le grand
bassin de flot. Cette muraille, élevée comme la batterie, sur
une digue de pierres perdues et exposée presque autant
qu'elle à la violence de la mer, n'avait jamais été ébranlée
durant ce long espace de temps. M. Cachin, s'opiniâtrant
contre l'évidence, voulut néanmoins persévérer dans son ancien plan; mais, vaincu enfin par les instances des ingénieurs placés sous ses ordres, et parvenu à cet âge où la
lutte est plus pénible et plus difficile, il consentit à ce que,
à titre d'essai seulement, on maçonnât le revêtement extérieur de la batterie. On se hâta de profiter de cette permission; ce mur, en simple maçonnerie de moellons et
mortier hydraulique, fut élevé et existe encore. On avait
cependant commis dans sa construction une grande faute;
on ne l'avait point fondé assez bas, ce qui occasionna au-
dessus de sa base des affouillements qui auraient fini par le
faire tomber, si on n'avait su, à grands frais, le reprendre
en sous œuvre.

On était arrivé ainsi jusqu'en 1828. Un homme passionné
pour la grandeur de la France, M. Hyde de Neuville, dirigeait
alors le département de la marine. Au honteux oubli dans lequel on avait laissé jusque-là la grande entreprise de Louis XVI
et de Napoléon, avait succédé le désir de la pousser glorieusement à fin. La reprise de tous les travaux fut décidée, et
l'on ordonna de rechercher les moyens qu'on pouvait prendre, non plus seulement pour fonder une batterie sur la

digue, comme l'avait voulu l'Empereur, mais pour élever la digue tout entière au-dessus du niveau des plus hautes mers, ainsique la commission de 1792 n'avait pas craint de le proposer. M. Cachin était mort en 1825. La direction des travaux du port de Cherbourg était alors confiée à M. Fouques-Duparc. M. Fouques-Duparc était attaché comme ingénieur au port de Cherbourg depuis 1806. Employé pendant longtemps en Italie, où les Romains ont souvent pris plaisir à lutter contre la mer, et nous ont laissé, en fait de travaux hydrauliques, de très-grands et très-utiles exemples, M. Fouques-Duparc avait étudié avec un soin particulier cette partie de son art ; c'était d'ailleurs un ingénieur très-habile, mais qui, à une intelligence vigoureuse, joignait, ce qui n'est pas rare, un caractère un peu faible. On ne saurait douter que M. Fouques-Duparc n'ait aperçu du premier coup d'œil le vice des idées de M. Cachin. Il eut le tort de ne le point signaler à l'Empereur, et d'être l'agent ou, pour mieux dire, le complice d'un système qui devait entraîner l'État dans de si grandes dépenses et retarder de trente ans l'achèvement des travaux.

Lorsque, devenu chef de service, M. Fouques-Duparc fut consulté, en 1828, par le gouvernement sur le meilleur procédé à suivre afin d'élever et de construire la digue au-dessus des plus hautes mers, il indiqua sur-le-champ, dans un excellent Mémoire, tout ce qu'il fallait faire pour réussir. Il y apprit ou plutôt il y résuma avec clarté ce que l'expérience avait déjà découvert à ceux qui avaient suivi le cours des travaux. Il fournit enfin le mot de l'énigme qu'on cherchait depuis quarante ans. M. Fouques-Duparc a d'abord soin d'établir qu'en continuant à se servir de blocs, on n'obtiendra qu'un sol mouvant et qu'un résultat sans durée ; s'appuyant sur des expériences certaines, il calcule que la force de la lame poussée sur la digue par la marée et le vent, y équivaut à la pression de trois mille kilogrammes par mètre carré, ce qui suffit pour remuer les plus grosses pierres qu'on eût encore

employées dans ces travaux. On pourrait peut-être, à force
de dépenses, et en perfectionnant les moyens d'extraction
et de transport, apporter sur la digue des blocs tellement
pesants que la mer n'eût point d'action sur eux ; mais il est
bien plus facile, plus sûr et moins coûteux de former, à
l'aide de la maçonnerie, un seul bloc immense et immobile.
Il faut donc renoncer aux pierres non taillées et non liées
entre elles, et bâtir un mur ; voilà la première vérité.

Voici la seconde : il faut, pour fonder ce mur, descendre
jusqu'au niveau des plus basses marées. L'expérience a, en
effet, appris que c'est dans l'espace qui s'étend entre la ligne
des marées basses et celles des marées hautes que la mer
agit avec le plus d'énergie, de telle sorte que, si le mur
qu'on veut lui opposer ne descend pas jusqu'au niveau des
plus basses marées, il est toujours à craindre que le sol sur
lequel il repose venant tôt ou tard à être affouillé, ce mur
ne tombe. Mais comment faire ce mur? comment surtout le
fonder si bas, c'est-à-dire sur un sol que la mer découvre à
peine deux fois dans les vingt-quatre heures, qui n'est à sec
que pendant quelques jours dans chaque mois, et durant chacun de ces jours-là pendant quelques heures seulement? Bâtir,
comme à terre, à l'aide de pierres de taille et de moellons,
combinés et liés ensemble par la main du maçon, il était difficile d'y songer. Un si grand ouvrage, auquel on ne pouvait
se livrer que si peu de temps chaque mois eût été interminable; la mer, d'ailleurs, aurait détruit une œuvre si longtemps imparfaite, avant qu'elle fût sortie des mains de
l'ouvrier.

Une découverte assez récente permit de surmonter aisément cet obstacle. Pour qu'on puisse bâtir dans la mer, il
est nécessaire que le mortier avec lequel se fait la maçonnerie ne se délaye point dans l'eau comme le mortier ordinaire, mais au contraire y durcisse rapidement afin de pouvoir lier entre elles les pierres au fond de la mer et en
former une masse compacte et solide avant que les flots, ve-

nant à s'agiter, ne les divisent et ne les dispersent. Les
Romains avaient trouvé un sable volcanique appelé *pouzzolane* qui remplissait parfaitement ce but, et c'est en s'en
servant qu'ils ont bâti les môles que nous voyons encore.
Les modernes ont continué à se servir de la pouzzolane naturelle ou factice, mais ils ne l'obtenaient qu'à grands frais.
On finit par découvrir sur quelques points de la France des
chaux qui avaient, comme la pouzzolane, le double caractère de rendre les mortiers susceptibles de faire prise sous
l'eau, et d'y durcir très-vite. On les nomma pour cette raison chaux hydrauliques. Mais comme on n'avait encore
rencontré la chaux hydraulique que sur quelques points du
royaume, il était d'ordinaire aussi difficile de se la procurer
que la pouzzolane. Ce furent les savantes recherches de
M. Vicat qui, vers le commencement de ce siècle, firent
connaître que la chaux hydraulique pouvait s'obtenir presque
partout, et apprirent la meilleure manière dont il fallait la
traiter. On obtint ainsi aisément des maçonneries dont le
mortier prenait en deux ou trois jours et qui bientôt acqué-
raient au fond de l'eau la solidité d'un vieux mur. On parvint de plus à fabriquer des matières dites vulgairement
*plâtres-ciment*, dont la prise est si rapide et si énergique,
que, pour les utiliser, il faut n'en employer qu'une très-
petite quantité à la fois, parce qu'elles durcissent, pour
ainsi dire, dans la main de l'ouvrier pendant qu'il s'en
sert.

C'est aux découvertes de M. Vicat et de ceux qui l'ont
suivi dans cette voie, qu'on doit le facile achèvement de la
digue. Voici comment M. Fouques-Duparc comptait employer ces nouveaux moyens, et l'ensemble du plan qu'il
proposa. On devait d'abord réparer les avaries que la digue
sous-marine, abandonnée à elle-même, depuis 1789, pouvait avoir souffertes. Il fallait rehausser les parties qui s'é-
taient abaissées et égaliser le tout, de manière à ne présenter
au niveau des basses mers qu'une surface plane et de même

largeur. Sur le sommet et le long de cette île factice on établirait d'abord deux cordons de pierres d'un mètre de hauteur. Le premier, tourné du côté de la rade et à l'abri de la mer, pouvait n'être formé que par un amas de pierres sèches. Le second, qui devait garnir le bord de l'île, du côté du large, serait composé de grands blocs de pierre factice. Ces blocs, tous de même forme et de même grandeur (trois mètres de longueur, deux mètres de largeur, un mètre de hauteur), seraient posés bout à bout, de manière à former un obstacle continu. Ces blocs seraient faits avec du béton, c'est-à-dire avec un mélange de sable, de cailloux et de chaux hydraulique, qu'on coulerait à demi liquide dans des caisses ou moules en bois ayant toutes la forme et la grandeur indiquées ci-dessus. Le béton, défendu contre l'action de la mer par le bois, devait avoir le temps de durcir complétement avant que la caisse fût détruite.

Entre le cordon de pierres naturelles allongées du côté de la rade et le cordon de pierres factices posé du côté du large, se trouverait un espace vide. C'est là qu'on fonderait le mur de la digue, non pas par une maçonnerie faite à mains d'hommes, mais à l'aide d'une seule couche de béton épaisse d'un mètre. On profiterait du moment où la mer achèverait de se retirer pour faire couler à la hâte cette espèce de rivière de mortier liquide dans le lit qui aurait été préparé pour elle; elle se figerait bientôt et finirait par se transformer en une muraille compacte d'une seule pièce. Sur cette première assise on placerait de nouveau deux cordons de pierres, mais comme cette fois l'ouvrage s'exécutait à un mètre au-dessus du niveau des basses mers, on n'emploierait plus pour faire les cordons des pierres factices, mais des blocs naturels taillés et posés à mains d'homme, ce qui est toujours plus solide. Entre ces deux nouveaux cordons, on coulerait un nouveau lit de béton d'un mètre de hauteur. Sur celui-là on établirait de nouveaux cordons et on coulerait un troisième lit de béton. Parvenu de cette manière à trois mètres de hauteur, on abandonnerait l'usage du béton, et l'on placerait enfin une maçonnerie à mains d'homme qui reposerait sur trois assises gigantesques composées chacune d'un seul bloc épais d'un mètre, et longues de trois mille six cents.

Toutes ces opérations ne devaient pas avoir lieu dans une même campagne, mais se partager en quatre, afin de fournir aux premiers ouvrages le temps de faire leur effet avant de leur donner à supporter les seconds. M. Fouques-Duparc estimait que, dans l'espace de onze ou douze ans, en suivant ce système, la digue pourrait être terminée sur toute la ligne, et que la dépense s'élèverait à vingt-cinq millions. Le rapport que nous venons d'analyser fut transmis le 15 juillet 1829. Il ne paraît pas qu'aucune résolution ait été prise pendant la dernière année de la Restauration ; les agitations qui suivirent la révolution de 1830, ne firent pas oublier Cherbourg. En 1832, une Commission composée d'ingénieurs très-habiles et très-exercés dans les travaux hydrauliques fut chargée de discuter les idées de M. Fouques-Duparc et d'arrêter enfin la marche à suivre. Divers systèmes furent opposés à celui de M. Duparc. On assure que M. Bérigny, exagérant la pensée de celui-ci, quant à l'emploi de la chaux hydraulique, voulait ne former la digue entière que d'un seul bloc de béton. M. Lamblardie fils proposait, au contraire, dit-on, de n'y employer que des blocs taillés et superposés les uns sur les autres sans ciment. Le système de M. Duparc l'emporta. C'est celui qui a été constamment suivi, depuis, avec un plein succès [1]. On en a perfectionné les détails et facilité l'exécution ; on ne l'a point changé au fond, et les choses se passent encore aujourd'hui comme le rapport du

[1] Il est arrivé souvent, cependant, que la mer a détruit des parties considérables de la maçonnerie avant que le temps ait pu les rendre solides : de 1832 à 1847, la valeur du travail ainsi détruit par la mer, à mesure qu'on l'exécutait, peut être évaluée à quatre cent cinquante mille francs. Ce furent là des contre-temps, mais non des obstacles.

15 juillet 1829 annonçait qu'elles devaient se passer. Qu'a-
t-il manqué à M. Fouques-Duparc pour que son nom méritât
de durer autant que la digue elle-même? Le courage de
montrer dès l'origine qu'on se trompait, et de soutenir hardiment devant Napoléon les idées qu'il soumettait, vingt ans
après, à l'examen des ministres de Charles X.

A partir du moment où le système de M. Fouques-Duparc
eut été admis, les travaux se poursuivirent avec rapidité. On
entreprit, d'abord, la branche de l'est : c'était la moins
longue et celle dont la base, la plus anciennement établie et
la mieux conservée, facilitait le plus les travaux ; c'est, d'ailleurs, cette branche de la digue qui contribue le plus à
donner de la tranquillité à l'avant-port du nouvel arsenal, ce
qui eût suffi pour expliquer qu'on eût commencé par elle.
Cette partie de la digue est aujourd'hui achevée, sauf le musoir extrême vers la passe de l'est, qui servira de soubasse-
ment à un fort casematé à deux étages ; la branche de l'ouest,
fondée sur toute son étendue et élevée sur toute sa longueur
jusqu'au-dessus des hautes mers d'équinoxe, sera achevée
complétement en 1850. La digue amenée à ce point ne sera
pas encore parfaite ; elle garantira la rade contre la mer, elle
ne la garantira pas suffisamment contre l'ennemi. Pour atteindre ce résultat, il y a encore trois grands ouvrages à entreprendre : le premier consiste à élever sur la base, fondée
par Napoléon en 1811, au centre de la digue, le fort casematé et la batterie d'enveloppe définitive qui doivent remplacer les ouvrages provisoires qui existent aujourd'hui ;
les deux autres auront pour objet de placer à l'extrémité de
chacune des branches de la digue les forts casematés indiqués ci-dessus ; on dépensera pour ces trois ouvrages de
fortification, environ sept millions. La digue ainsi terminée
et armée n'aura pas coûté à la France moins de soixante-
dix-sept millions. C'est assurément la plus grosse somme
qu'une nation ait jamais mise à un seul ouvrage.

Quoique la digue ne soit pas encore complétement armée,

on peut dire déjà qu'elle est terminée. Toutes les difficultés
sont vaincues; on a triomphé de la mer et du vent. Non-
seulement on a atteint le résultat que se proposait Louis XVI,
mais on l'a de beaucoup dépassé. La rade est parfaitement
sûre; ce n'est plus la mer, c'est un grand lac qui, pareil à
la rade de Brest, ne participe plus guère aux mouvements
de l'Océan et qui ne s'agite plus que sur lui-même; tandis
qu'en dehors les plus violentes tempêtes soulèvent les vagues
et les précipitent contre la digue, les vaisseaux abrités derrière
elle y jouissent d'une si grande tranquillité, qu'ils pourraient
venir mouiller près de ses talus sans craindre d'avaries.

Si l'on étudie attentivement l'histoire de tous les grands
travaux hydrauliques entrepris par les hommes, on se convaincra aisément et l'on pourra affirmer sans exagération
que cette digue est dans son genre l'œuvre la plus extraordinaire qui ait jamais été conçue et achevée. Rien dans
l'antiquité ni dans le monde moderne ne saurait lui être
comparé. Les Romains, comme je l'ai déjà dit, ont exécuté
à la mer d'admirables travaux; mais les difficultés qu'ils ont
eu à vaincre étaient infiniment moindres que celles que nous
avons rencontrées à Cherbourg. Toutes leurs digues partaient du rivage pour s'avancer au large : aucune n'a eu l'é-
tendue de celle de Cherbourg ni n'a été fondée dans de
telles profondeurs. Les Romains, d'ailleurs, luttaient contre
une mer sans marée, ce qui simplifiait prodigieusement
leur travail. Quant aux modernes, le seul de leurs ouvrages
dont on puisse parler est la digue élevée par les Anglais en
avant du port de Plymouth. Cette digue est fort postérieure
à celle de Cherbourg qui lui a servi de modèle. Elle est fondée dans une mer moins profonde. La longueur de la digue
de Plymouth n'atteint pas d'ailleurs la moitié de l'étendue
de celle de Cherbourg : l'une a trois mille sept cent soixante-
huit mètres, et l'autre mille trois cent soixante-quatre seulement. Enfin la digue de Plymouth est sujette encore à de
fréquentes avaries.

Tout ce qui se rapporte à la construction de la digue
forme un ensemble complet dont nous avons cru qu'il était
bon d'offrir le tableau entier au lecteur avant d'attirer sa
vue sur d'autres objets. Il est nécessaire maintenant de rappeler son attention vers l'arsenal et les bassins. Louis XIV,
qui aimait les plans vastes et qui se plaisait dans ses travaux
à violenter la nature, avait conçu la pensée de créer dans la
Manche non-seulement une rade, mais un port. Toutes les
études de Vauban paraissent avoir été dirigées dans ce double
but. Louis XVI, proportionnant l'œuvre à ses forces et à son
génie, n'avait repris qu'une partie de l'idée de son aïeul. Il
avait entrepris la digue, laissant à d'autres temps et à d'autres hommes le soin de compléter son ouvrage. Ce fut la
Commission nommée par la loi du 1er août 1792, dix jours
avant la chute de la monarchie, qui, avec cette audace que
les grandes révolutions à leur début suggèrent même aux
esprits ordinaires et impriment à tous les desseins; ce fut
cette Commission, disons-nous, qui, pour la première fois,
embrassa la pensée de l'exécution simultanée d'une digue
insubmersible et d'un port. Son plan diffère très-peu de
celui qui a été adopté depuis. Entre les rochers qui garnis-
saient toute la côte, à l'ouest de Cherbourg, se trouvait alors
une petite anse, désignée dans les anciennes cartes sous le
nom de *Fosse-du-Gallet*, dans laquelle la mer conservait,
à marée basse, cinq mètres ou environ quinze pieds de profondeur. Partout ailleurs, le fond s'élève en approchant du
bord; mais, en cet endroit, la mer reste profonde jusqu'à
son rivage. C'est cette circonstance qui a permis d'établir
les bassins qu'on voit aujourd'hui. La Commission de 1792
proposa de placer l'entrée du port qu'il s'agissait de créer
dans l'anse du Gallet. En arrière, elle conseillait de creuser
en plein rocher, à cinquante pieds au-dessous du niveau des
plus hautes marées, trois bassins qui communiqueraient
ensemble. L'un servirait d'avant-port et les deux autres de
bassins proprement dits ; le tout devait présenter soixante

mille toises carrées de surface. Elle donnait à ces trois immenses excavations la position relative qu'elles occupent aujourd'hui. Le premier bassin était placé sur la même ligne que l'avant-port, et le second était situé un peu en arrière à l'ouest, et le long des deux premiers.

La Commission, tout en indiquant ce plan, déclarait, du reste, qu'elle doutait qu'il pût être exécuté. Elle prévoyait qu'on rencontrerait de très-grandes difficultés à le suivre, et dans le cas où ces difficultés seraient reconnues invincibles, elle proposait un autre système. Au lieu de creuser le port dans les terres, on irait le conquérir sur la mer elle-même, à l'instar de ce qui avait été fait au port de Toulon ; on n'ouvrirait pas à celle-ci de nouveaux espaces, on l'emprisonnerait à l'aide de digues circulaires dans l'intérieur desquelles les vaisseaux trouveraient un abri. Telles furent les idées de la Commission de 1792 ; elles restèrent stériles pendant toute la première période révolutionnaire : Napoléon les féconda. Quoique plus de dix ans se fussent écoulés depuis l'interruption des travaux, aucun de ceux qui y avaient pris part n'avait encore disparu. Le Premier Consul les réunit autour de lui, suivant en ceci, comme en tout le reste, cette politique vraiment grande qui le portait à faire concourir à ses desseins tous les Français, quels qu'eussent été leurs actes et leur parti. M. de la Bretonnière, qui revenait de l'émigration, se retrouva avec M. de Cessart, qui avait toujours servi le gouvernement de la République. Le jour même où la nouvelle Commission ainsi constituée fit son rapport (25 germinal an XI — 15 avril 1803), un décret du Premier Consul ordonna de construire, dans la rade de Cherbourg, un avant-port et un port capable de contenir dix-sept vaisseaux de guerre. Le même décret déclarait que ce port serait complété plus tard par un bassin construit en arrière des deux autres et pouvant contenir vingt-cinq vaisseaux. C'était la reproduction exacte du premier plan qu'avait proposé la Commission de 1792. Quant au second, qui

consistait à prendre le port sur la mer au moyen de digues,
il était entièrement écarté. Plusieurs ingénieurs d'un grand
mérite ont depuis paru regretter cette décision. L'avant-port,
tel qu'il existe aujourd'hui, étant beaucoup plus bas que l'entrée qui y conduit, et formant ainsi une fosse profonde d'où
l'eau de la mer une fois entrée ne peut plus sortir, doit nécessairement s'ensabler. Le même danger n'aurait pas été à craindre,
si ce premier bassin avait été pris sur la mer. Ces raisons ne
convainquirent ni la Commission de l'an XI, ni le Premier
Consul, et ce fut, comme je l'ai dit, le système des bassins
creusés qui l'emporta.

Le gouvernement de Napoléon avait quelquefois de la précipitation et de l'imprudence, mais jamais d'hésitation ni de
lenteur. Une fois le système arrêté, on se mit hardiment à
l'œuvre. Un mois après que le décret eut paru, les travaux
étaient commencés. Le décret du 25 germinal et le plan qui
y était annexé n'indiquaient que d'une manière sommaire
et générale ce qu'on voulait faire. M. Cachin fut chargé de
l'exécution des bassins, comme de celle de la digue. M. Cachin, qui avait dans la pensée une certaine grandeur qui
fut sans doute l'origine de sa faveur auprès de Napoléon,
dressa un plan beaucoup plus vaste encore que celui qui
avait été adopté. Aux trois bassins indiqués par le décret il
proposa d'en ajouter un quatrième. Il le destinait à contenir
et à conserver trente vaisseaux tout armés et prêts à mettre
à la mer. Ce bassin de forme demi-circulaire eût été entouré
sur tous ses bords par des formes sèches de visite et de radoub. On ignore si cette conception qui était grande, mais
non point neuve, car il ne s'agissait que d'imiter un ouvrage
analogue qu'on voit à Carlskrona en Suède, a jamais été
agréée par l'Empereur. Cette partie des plans de M. Cachin
fut approuvée par une Commission réunie à Paris, le 15 ven-
tôse an XII ; mais elle n'a point eu de commencement d'exécution.

Le plan originaire était déjà d'une exécution assez difficile pour employer le talent et suffire à l'ambition d'un grand ingénieur. Le principal ennemi contre lequel on allait avoir à lutter, ce n'était pas le rocher, c'était l'eau. Il fallait empêcher la mer d'entrer dans la cavité qui allait être formée, avant que celle-ci fût prête à la recevoir. Il fallait écouler ou épuiser les infiltrations qui, sous une charge *maximum* de 16 mètres de pression d'eau, ne manqueraient pas de se découvrir en creusant sur un si vaste espace et à de telles profondeurs, et qui menaceraient de noyer les ouvrages. Ces deux difficultés furent surmontées. La passe par laquelle la mer pouvait pénétrer dans les ouvrages n'avait pas moins de soixante-quatre mètres (environ deux cents pieds) de largeur, et la mer ne s'y élevait pas à moins de treize mètres (quarante pieds) ; elle y battait dans les tempêtes presque aussi violemment que si on eût été au large. Cette énorme échancrure fut bouchée d'un seul coup et en un seul jour par un bâtardeau gigantesque qui ne pesait pas moins de un million cinq cent mille kilogrammes et contenait mille trois cents stères de bois. C'était une immense caisse qu'on avait bâtie sur le rivage et qu'on remplit de terre glaise pour la rendre imperméable. On la mit à flot à l'aide des procédés dont M. de Cessart avait donné l'exemple quand il s'était agi des cônes, et on la conduisit sur le lieu qu'elle devait occuper ; après quoi on l'y coula. L'opération réussit, et l'on fut à l'abri de l'eau de la mer. Quant aux infiltrations, elles furent moins grandes qu'on ne l'avait supposé. On en vint à bout, à l'aide de plusieurs machines à vapeur d'une force médiocre ; car la machine à vapeur n'avait point acquis alors en France la puissance qu'on est parvenu à lui donner depuis.

C'est en marchant de cette manière qu'on pénétra jusqu'à neuf mètres trente-sept centimètres (vingt-huit pieds dix pouces) au-dessous du niveau des plus basses marées. Le sol qu'on creusait était un rocher très-dur qu'on ne pouvait ouvrir et diviser qu'au moyen de la mine et dont on transportait ensuite les fragments, sans art, avec la seule aide des hommes et des chevaux, par des rampes qu'on s'était ménagées. On enleva de cette manière un million soixante-onze mille quatre cent vingt-deux mètres cubes de déblais. Quinze cents hommes et quatre cents chevaux furent occupés pendant plusieurs années à cet ouvrage. Cette immense cuvette de rocher fut dressée en talus de 45 degrés depuis le fond jusqu'au niveau des basses mers d'équinoxes, et au-dessus elle fut entourée d'un mur composé en entier d'assises de granit. La dépense du tout s'éleva à dix-sept millions quatre cent soixante-un mille cent soixante-quatorze francs. Cet avant-port ne peut contenir que six vaisseaux de ligne en laissant l'espace nécessaire aux mouvements journaliers d'entrée et de sortie. M. Cachin, dans son devis originaire, avait évalué que le creusement des deux bassins et la construction de trois formes sèches ne coûteraient pas, en tout, plus de sept millions.

L'avant-port fut ainsi terminé en 1813; on y introduisit la mer, cette année-là, en présence de l'impératrice Marie-Louise. On avait eu soin auparavant de sceller au fond de ce bassin une plaque de métal sur laquelle ces mots étaient écrits : « Napoléon-le-Grand a décrété le 15 avril 1803 qu'un port serait creusé pour les grands vaisseaux dans le roc de Cherbourg, à cinquante pieds de profondeur. Ce monument a été terminé et son enceinte ouverte à l'Océan le 27 août 1813. »

L'amiral Decrès, ministre de la marine, avait suivi Marie-Louise en Normandie. La lettre dans laquelle il rendit compte à Napoléon de ce qui s'était passé à Cherbourg mérite d'autant plus d'être citée qu'elle est restée jusqu'à présent inédite. L'amiral Decrès, après avoir raconté assez simplement à l'Empereur comment la mer avait été introduite dans l'avant-port, lui fait connaître que le 28 août l'Impératrice a fait une promenade en rade. « Au retour, dit-il, le canot qui portait Sa Majesté ne pouvait aborder, parce que le rivage est plat en cet endroit. Le cas était prévu : deux cents matelots d'élite, leurs officiers en tête, entrent dans l'eau jusqu'au-dessus de la ceinture. Ils saisissent le canot de l'Impératrice. L'enthousiasme des matelots est au délire, *Vive l'Empereur ! Vive l'Impératrice ! vive le roi de Rome !* Ces cris retentissent jusqu'aux cieux, et s'apaisent comme par magie au moindre signe qui demande le silence. Nos matelots auraient porté le canot jusque sur le Roule (haute montagne du voisinage) si on ne les eût arrêtés. » Un peu plus loin il s'agit de faire traverser à l'Impératrice une plage humide sans qu'elle s'y mouille les pieds. « Un fauteuil est préparé, reprend le narrateur ; les officiers prétendent que l'honneur de porter ce précieux et noble poids leur revient. Je me défie de leur adresse : je leur dis qu'ils environneront l'Impératrice sur le rivage comme ils l'ont accompagnée dans l'eau. Je nomme quatre gabiers pour porter le fauteuil dans leurs bras vigoureux. Le fauteuil est porté en triomphe. Certes, jamais spectacle, ajoute en terminant le galant amiral, ne ressembla autant à celui de Thétis sortant de l'onde, environnée des Tritons et portée par eux en triomphe sur le rivage qu'elle aimait à parcourir. » Il faut que le pouvoir absolu ait une influence bien pernicieuse sur ceux qui l'exercent et sur ceux qui le subissent, pour qu'un vieux marin comme l'amiral Decrès et un homme tel que Napoléon ait pu l'un écrire et l'autre lire de pareilles platitudes. Cependant les circonstances n'avaient jamais été plus graves. Peu de jours après avoir célébré lui-même devant les races à venir son triomphe sur la nature à Cherbourg, l'Empereur succombait sous l'effort des hommes dans les champs de Leipzig.

La Restauration trouva donc, en 1814, l'avant-port de Cherbourg entièrement terminé. Le premier bassin n'était que commencé. L'Empire y avait déjà dépensé deux millions cinq cent mille francs. Quatre grandes cales couvertes placées sur la rive sud de l'avant-port, et une forme sèche de

radoub étaient en voie d'exécution. La Restauration termina
les cales, la forme et le bassin commencé. Ce furent toutes
ses œuvres. Le bassin coûta infiniment moins cher que l'a-
vant-port. On n'évalue pas la dépense, en y comprenant ce
qu'avait dépensé l'Empire, à plus de sept millions sept cent
quatre-vingt-seize mille trois cent dix-sept francs. Ce bassin
était cependant plus grand que l'autre. Sa longueur est de
deux cent quatre-vingt dix mètres, et sa largeur de deux
cent dix-sept; il avait également fallu le creuser dans le
roc. Mais de ce côté, le rocher offrit moins de résistance, et
il s'élevait beaucoup moins haut. On n'eut à en extraire que
huit cent quatre-vingt mille trois cents mètres cubes de
pierre. En 1829, la mer y fut introduite avec la même solennité qu'en 1813. Rien ne fut changé au cérémonial que
le nom du prince. Une plaque de métal fut de même scellée
dans le roc ; seulement, au lieu d'y tracer le nom de Napoléon, on y grava ces mots : « Charles X, roi de France et de
Navarre, ayant permis que son nom fût donné au port militaire, l'ouverture de ce port a eu lieu le 25 août 1829, en
présence de S. A. R. monseigneur le Dauphin, fils de France. »
Onze mois après, la Restauration n'existait plus. Charles X et
son fils traversaient silencieusement les murs de Cherbourg et
s'embarquaient sur ce même rivage où l'on venait de célé-
brer leur grandeur. Si quelque violente convulsion du globe
renverse jamais les grands ouvrages qui forment le port de
Cherbourg et met à découvert leur fondement, on y trouvera, parmi les débris, les vestiges de cinq gouvernements,
qui, en moins d'un demi-siècle, sont venus déposer dans
ces profondeurs le pompeux témoignage de la puissance et
de l'instabilité humaines.

L'avant-port et le premier bassin de flot sont assurément
de beaux ouvrages. L'histoire cependant doit remarquer que
des fautes énormes furent commises en les construisant.
Quand les quatre grandes cales monumentales qui s'élèvent
au sud de l'avant-port furent construites, on s'aperçut que

le sol en était beaucoup trop haut. Le vaisseau qui les quittait pour entrer dans la mer, ne plongeant pas assez profondément dans l'eau au moment où il atteignait l'extrémité du plan incliné, courait risque de se renverser sur le côté ou de se rompre. On dut employer beaucoup de temps, de peine et d'argent pour baisser le sol de granit dont ces cales avaient été formées, et pour aller, sous l'eau, donner au plan incliné la pente convenable. La forme sèche de visite qui accède vers l'avant-port, la seule qui existe jusqu'à présent à Cherbourg, a également été placée trop haut. Il faut que la mer s'élève d'une manière exceptionnelle pour que les grands bâtiments, en vue desquels cependant elle est faite, puissent y entrer. Un vaisseau de haut bord tout armé ne saurait guère y pénétrer qu'un seul jour dans le cours de l'année. Cette forme, magnifiquement construite en granit, n'a pas coûté moins de neuf cent mille francs.

La faute la plus grave a été commise à l'entrée du passage qui mène de l'avant-port dans le premier bassin. Ce passage devait être fermé facultativement à marée baissante par une porte éclusée. Afin de ne pas donner à cette porte une hauteur trop grande, on n'avait creusé le passage qu'à deux mètres soixante centimètres (environ huit pieds) au-dessous du niveau de la plus basse mer. Il en résultait que les frégates seules pouvaient, pendant toute l'année, aller à toute haute mer, de l'avant-port dans le bassin. Un vaisseau armé de cent vingt canons ne l'aurait pu que pendant cent quarante-deux marées. Il fallut également, de 1829 à 1832, à l'aide de procédés très-ingénieux et très-coûteux, baisser le radier d'un mètre soixante centimètres (près de cinq pieds), ce qui ne put se faire que sous l'eau, à l'aide de cloches à plongeur. Cette écluse a seule coûté près d'un million (neuf cent trente-deux mille quarante francs). Restait à creuser l'arrière-bassin que la Commission de 1792 avait indiqué seulement comme une des éventualités de l'avenir, et dont l'Empire lui-même n'avait pas osé ordonner l'exé-

cution. Restait surtout à créer tous les appendices d'un
grand port militaire, cales, formes, magasins, chantiers,
ateliers, forges, casernes. Jusqu'à ce qu'on se fût procuré
ces accessoires indispensables, on pouvait bien abriter une
flotte à Cherbourg ; on ne pouvait ni l'y créer, ni même l'y
réparer. On avait des bassins, mais, à vrai dire, on n'avait
pas encore de port. Un grand nombre d'années se passèrent,
soit sous la Restauration, soit depuis, sans que ces travaux,
dont l'urgence était reconnue, pussent être entrepris. L'obstacle n'était pas dans les choses, on les aurait vaincues,
mais dans les hommes, qui, sous les gouvernements faibles,
sont plus résistants que les choses.

Lorsque Napoléon avait vu que Cherbourg prenait une véritable importance maritime, il avait commencé à appréhender que les Anglais ne cherchassent, à l'aide d'un hardi
coup de main, à s'en emparer par terre, comme ils l'avaient
fait en 1758. Il avait donc ordonné que des fortifications
fussent élevées à la hâte autour du port. Il en traça lui-même
l'esquisse. Le temps pressait; l'Empereur, s'arrêtant à l'idée
d'une fortification provisoire, renferma dans une enceinte
très-étroite l'avant-port et le premier bassin de flot déjà
commencés. On voit encore les lignes que son crayon a tra-
cées, en 1811, tout au travers du plan grandiose de M* Cachin. Ces fortifications, commencées aussitôt, étaient terminées à la fin de l'Empire. Elles garantissaient le port,
mais elles l'étouffaient. Il fallait les repousser beaucoup plus
loin pour pouvoir établir le dernier bassin et créer les établissements accessoires dont on a parlé plus haut. Pour cela
il était nécessaire que le ministre de la guerre et celui de la
marine s'entendissent ; c'est ce que, suivant l'usage, ils se
gardèrent bien de faire, et comme il n'y avait plus personne
qui, d'un coup de crayon, pût mettre ces deux grandes administrations d'accord, la querelle alla s'échauffant et se
prolongeant d'année en année sans qu'aucune solution pût
intervenir : elle dura vingt et un ans. Commencée en 1817,

elle ne s'apaisa qu'en 1838. Pendant vingt et un ans, une grande nation fut ainsi tenue en échec par les petites passions de quelques-uns de ses serviteurs.

Vers la fin de cette longue lutte, les opinions favorables aux demandes de la marine s'étaient fait jour dans le sein même du comité du génie, mais elles n'avaient pu y triompher. Deux hommes d'un grand mérite s'y divisaient alors l'influence, le général Rogniat et le général Haxo. Quoique faits pour s'entendre, ils n'étaient presque jamais du même avis. Il suffisait même, dit-on (cette faiblesse s'est vue jusque chez les grands hommes), que l'un d'eux exprimât une idée pour que l'autre la combattît aussitôt. Le général Rogniat adopta le premier plan qui faisait reculer la fortification, le général Haxo n'y devint que plus contraire : l'événement qui devait faire prédominer cette dernière opinion la ruina. M. Rogniat mourut. Le général Haxo, qu'il n'avait pu convertir, se convertit bientôt de lui-même. Les plans de la marine furent adoptés et la paix fut faite. En 1838, donc, la marine et la guerre étant enfin d'accord, l'on convint des nouvelles limites qu'il fallait donner à l'enceinte. Les remparts élevés par Napoléon furent abattus. C'était la troisième fois, depuis un siècle et demi, que l'on voyait détruire les fortifications de Cherbourg. Il faut espérer que les beaux ouvrages qui s'achèvent en ce moment auront une plus longue durée. Les fortifications nouvelles s'opposent à ce que le port tombe dans les mains de l'ennemi, elles le garantissent même par leur élévation des feux droits qui pourraient être dirigés contre lui; mais elles ne le mettent point à l'abri des bombes qu'on pourrait lancer des hauteurs voisines dans la place. Toutes les matières inflammables renfermées dans l'arsenal sont donc encore à la merci de l'ennemi qui occuperait ces hauteurs ; aussi a-t-on conçu l'idée de couronner celles-ci de forts. Ce projet, adopté par le dernier gouvernement, n'a point encore reçu la sanction législative.

En reculant les fortifications, on avait assuré au port
militaire une superficie de huit cent cinquante mille mètres
carrés. Aussitôt que la place de l'arsenal eut été ainsi conquise, on s'occupa à la remplir par de vastes établissements.
La loi de 1841, qui consacra à Cherbourg cinquante-deux
millions, donna une dernière et puissante impulsion à tous
les travaux. Ceux qui étaient en projet furent commencés,
ceux qui étaient entrepris furent poussés avec plus d'ardeur:
et sans avoir encore atteint le but vers lequel on marche depuis soixante ans, on s'en approche. La fin de cette grande
entreprise est facilitée par deux circonstances très-heu-
reuses qui avaient manqué à son commencement. A la tête
des immenses travaux qui restaient à faire a été placé un ingénieur habile, actif, énergique et intègre, M. Reibell, dont
la main puissante les fait tous marcher à la fois sans qu'ils
se gênent ni se ralentissent et qui jouit, de ce rare bonheur
de terminer une grande œuvre dans un temps où tant
d'hommes s'épuisent à en ébaucher de petites. La seconde
circonstance qui assure un grand résultat à tant de dépenses
et à tant d'efforts, est l'union qui s'est enfin établie entre la
marine et la guerre. A vrai dire, l'histoire des travaux de
Cherbourg, depuis l'origine jusqu'en 1838, n'avait guère
été que le long récit des batailles livrées par ces deux administrations. A partir de 1838, les hostilités ont cessé ; aujourd'hui on voit régner entre elles non-seulement la paix,
mais la bienveillance et l'harmonie ; l'amour du bien publi ·
a dominé chez ceux qui les dirigent l'amour-propre de corps :
spectacle presque aussi rare peut-être dans son genre que
celui que peuvent présenter les travaux de la digue et de
l'arsenal.

Quoique les travaux de Cherbourg exigent encore, pour
être complets, beaucoup d'argent et quelques années, on
peut considérer l'œuvre comme accomplie, car le principal
objet qu'on se proposait est déjà atteint et ce qui reste à
faire n'offre point de difficultés. La valeur que représente-

ront les ouvrages exécutés par la marine, la guerre et les
ponts et chaussées à Cherbourg, quand tous les projets seront réalisés, s'élèvera de deux cents à deux cent quinze
millions de francs, sans compter l'armement de l'enceinte
et des forts. Telle sera la dépense; quel sera le résultat obtenu? Nous n'entrerons pas dans le détail immense des différents établissements dont l'ensemble du port militaire est
formé. Nous nous bornerons à dire que l'arsenal de Cherbourg terminé fournira pour la création et le ravitaillement
d'une flotte, les mêmes ressources que Brest. Il est difficile
de prévoir avec exactitude les services que doit rendre la
rade ; les appréciations les plus contradictoires ont été faites
de la capacité de la rade de Cherbourg. On voit par les instructions que Louis XVI donna au duc d'Harcourt, le
20 septembre 1784, que les travaux étaient entrepris dans
la prévision de pouvoir placer quatre-vingts vaisseaux de
ligne dans la rade qu'on allait créer. On ne tarda pas à s'a-
percevoir que cette appréciation était erronée. Mais, quoique
la question ait été discutée bien des fois depuis, on n'est
point encore arrivé à s'entendre sur le chiffre réel qu'il convenait d'admettre. L'incertitude sur un point si capital et
qui semble si facile à éclaircir, paraît, au premier abord,
assez extraordinaire. Elle vient de ce que les marins ne
sont pas tous d'accord entre eux, quant à l'espace qu'il convient de laisser entre chaque vaisseau ; de plus, la manière
dont on apprécie l'état de la mer dans une rade influe beaucoup sur le jugement qu'on porte de la capacité de celle-ci.
La même profondeur qui suffit, quand la mer est calme, devient insuffisante quand l'eau est trop agitée. De même,
plus la mer est calme, moins on peut mettre d'espace entre
les vaisseaux sans craindre qu'ils ne se heurtent. Enfin de la
nature du fond dépend l'étendue du mouillage. La question,
qui paraît très-simple, est donc fort complexe. Nous n'entreprendrons pas de la résoudre, mais nous ferons connaître les diverses solutions qui ont été données.

Remarquons d'abord que pour les bâtiments de moyenne ou de petite grandeur, tels que navires de transport, bricks, corvettes et même frégates du second rang, l'étendue du mouillage est presque sans bornes ; la question ne se pose que quand il s'agit des vaisseaux proprement dits [1]. La surface d'eau que présente la rade de Cherbourg à la vue est immense, mais l'espace qui par sa profondeur peut convenir aux grands vaisseaux est limité. La Commission de 1792 estime que sur quatre millions de toises carrées que renferme la rade, huit cent vingt mille seulement peuvent servir au mouillage des grands vaisseaux. M. de la Bretonnière pensait que la rade de Cherbourg pouvait renfermer au besoin soixante vaisseaux, indépendamment d'un nombreux convoi. M. de la Bretonnière, ayant une sorte d'intérêt à exagérer les avantages de Cherbourg, puisqu'il l'avait préconisé à l'avance, peut paraître suspect. La Commission de 1792, qui a fait une étude approfondie de ce côté de la question, et à laquelle aucunes lumières ne manquaient, ne devait pas l'être. Elle estime que, dans l'espace qu'elle juge propre au mouillage des grands vaisseaux, on peut aisément en placer en temps ordinaire quarante-trois, et en cas de foule soixante-cinq. Ceci suppose, il est vrai, que la flotte entre par un beau temps, et que chaque vaisseau peut choisir sa place à loisir. Si le mouillage avait lieu au milieu d'une tempête, le même espace ne donnerait pas sûrement asile à plus de trente vaisseaux. Tels sont les calculs de la Commission de 1792. Comme, de son temps, il était impossible de prévoir que le calme extraordinaire produit par l'achèvement de la digue permettrait de venir mouiller jusqu'au pied des talus de ce

---

[1] Il est difficile aux hommes qui ne sont pas marins de se faire une idée exacte de l'espace nécessaire au mouillage d'un grand vaisseau. M. de la Bretonnière, et après lui les commissaires de 1792, estiment qu'en temps ordinaire il faut donner au vaisseau un espace de 19,200 toises carrées, et qu'en cas de foule on ne peut réduire cet espace au-dessous de 12,500 toises carrées.

grand ouvrage, il semble que ces calculs devraient rester au-dessous plutôt que d'aller au delà de la vérité ; cependant les marins refusent généralement de les admettre, et ils ne pensent pas, qu'à moins d'utiliser l'avant-port et les bassins, on pût tenir en sûreté à Cherbourg ce nombre de soixante-cinq vaisseaux de premier rang.

On s'était fait, à l'origine des travaux, deux illusions sur le fond de la rade de Cherbourg : Vauban avait cru que ce fond était de sable, ce qui eût offert toute espèce de facilités et de sûreté pour l'ancrage. La même erreur avait toujours été commise depuis. Il y a seulement quelques années que M. Beautemps-Beaupré, ayant substitué la lance à la sonde ordinaire, découvrit que sous cette couche de sable assez mince se trouvait le rocher. On s'assura alors que les trois quarts de la partie orientale de la rade étaient remplis, non par un banc de sable, mais par un plateau de roches. Le sable n'existe réellement que le long et à l'ouest de la digue, et l'espace qu'il couvre ne peut contenir qu'un très-petit nombre de vaisseaux. Le fond de roche présente, comme on sait, cet inconvénient et ce danger, que les câbles s'y usent et s'y coupent en très-peu de temps. Mais grâce aux chaînes de fer dont se servent aujourd'hui tous les vaisseaux de guerre, le danger qu'on vient de signaler est presque nul. Ici donc l'erreur commise a peu de conséquence, et l'on doit même se féliciter qu'on y soit tombé ; car, si, il y a soixante ans, on avait su que la plus grande partie de la rade de Cherbourg avait un fond de roche, il est très-douteux qu'on eût entrepris les travaux. On ne connaissait pas encore à cette époque les chaînes, et avec les seuls câbles la flotte n'eût pas été en sûreté. La seconde illusion qu'on s'était faite était relative à l'ensablement. On avait avancé, dans l'origine, que les mêmes causes qui allaient produire le calme dans la rade en amèneraient très-rapidement l'ensablement. La mer, tant qu'elle est agitée, tient suspendu dans ses eaux du sable qui se dépose au fond de l'eau dès

qu'elle est tranquille. On ne saurait se dissimuler qu'il y a
là un péril réel, mais il n'est pas prochain comme on le
croyait. Depuis 1789, que les sondes ont été faites et con-
tinuées avec le plus grand soin, aucun changement considérable n'a été découvert au fond de la mer. Le grand banc de
sable qui occupe l'est de la rade s'est quelque peu avancé
vers l'ouest, il est vrai ; mais en gagnant un peu d'étendue,
il a perdu de sa hauteur : l'ensablement, d'ailleurs, est un
danger auquel toutes les bonnes rades sont exposées, les
naturelles aussi bien que les factices. La rade de Toulon est
aujourd'hui presque comblée, et il faut avoir recours à la
drague pour la vider.

Quand les travaux de défense seront terminés, la rade de
Cherbourg ne sera pas seulement bien garantie contre la
mer, mais aussi contre l'ennemi ; nous pourrions même la
considérer comme devant être alors à l'abri de toute attaque,
si nous ne vivions dans un temps où tous les arts se per-
fectionnent, ceux qui ont pour but de désoler l'humanité
comme ceux qui tendent à l'enrichir, et où les hommes emploient les loisirs de la paix à inventer de nouveaux moyens
de mieux se détruire dans la guerre. Les marins et les officiers du génie paraissent assez d'accord que, quelque effort
qu'on fasse, on n'empêchera pas des vaisseaux ennemis
poussés par le vent ou la vapeur et marchant avec la marée, de forcer la passe et d'entrer dans la rade. Mais, arrivés
là, il leur sera impossible de s'y tenir ; ils s'y trouveront
comme enveloppés dans un cercle de fer et de feu : derrière
eux, les trois forts placés sur la digue ; devant eux, sur le
rivage, le fort de Querqueville qui occupe l'extrémité de la
rade à l'ouest ; après lui, les batteries de la fortification qui
couvre le port au nord et celles du fort du Hommet ; plus
loin, le fort des Flamands qui s'avance au loin dans la mer
en face de la plage de Tourlaville, et enfin le fort de l'île
Pelée qui occupe l'extrémité de la baie, pourraient couvrir
la rade de leurs feux convergents et cribler de projectiles

tous les vaisseaux qui voudraient stationner dans ses eaux.
« Il n'en serait pas à Cherbourg, disait M. Daru, dans le remarquable rapport qui a précédé le vote de la loi de 1841 à
la Chambre des Pairs, comme à Saint-Jean-d'Acre ou à
Saint-Jean-d'Ulloa, où l'on n'avait à répondre qu'à des feux
directs. Une escadre, de quelque manière qu'elle s'embos-
sât, serait en butte à des coups convergeant de tous les
côtés, et cette position n'est pas tenable pour des bâtiments. » M. Daru, qui est officier d'artillerie, ajoute : « Le
problème de rendre dans ces attaques à la défense de la terre
sa supériorité, consiste à tirer peu et posément de beaucoup
de points à la fois, à fleur d'eau, avec des canons Paixhans,
sur les flancs et sur les derrières des bâtiments. Il n'y a pas
de flotte qui puisse résister à une lutte ainsi engagée et ainsi
soutenue. Un obus dans le flanc d'un vaisseau fera plus de
mal que ne feraient mille boulets sur le mur de granit de
Cherbourg ; le danger est trop évidemment inégal pour qu'on
s'y expose ; car les uns courent le risque d'une ruine totale,
les autres de quelques brèches et de quelques pièces dé-
montées. »

Si l'on récapitule toutes les sommes qui ont déjà été ou
qui seront dépensées à Cherbourg, on se convaincra sans
peine que ce grand établissement maritime a coûté infiniment plus cher à la France que ne l'avaient prévu Louis XIV
et Louis XVI ; mais son utilité est aussi devenue beaucoup
plus grande pour nous qu'elle n'eût été du temps de ces
princes. Lorsqu'on lit l'histoire de Cherbourg depuis cent
cinquante ans, on remarque que c'est toujours au milieu
d'une guerre maritime avec les Anglais qu'on conçoit ou
qu'on reprend l'idée d'y faire un port. On n'a pas besoin de
rechercher dans les archives particulières de la marine la
date des différents projets. L'histoire générale du royaume
l'a fixée : plus l'Angleterre s'élève, plus on voit le désir d'a-
voir un port à Cherbourg devenir pressant. Cherbourg, en
effet, c'est la lutte navale avec l'Angleterre ; Cherbourg est

le seul arsenal situé à quelques heures de ses côtes, où une grande flotte puisse se créer ou se rassembler dans un abri suffisant et sûr; c'est le seul lieu dont elle puisse s'élancer en tout temps pour parcourir cette partie de la mer appelée par les Anglais *the british channel*, le canal anglais. Tout ce qui a accru, depuis un siècle, la puissance maritime des Anglais, a accru pour nous l'importance de Cherbourg, et ce port ne nous a jamais été aussi nécessaire que depuis que toutes les marines de l'Europe étant tombées à un rang secondaire, l'Angleterre est devenue la dominatrice des mers, et pour ainsi dire l'unique adversaire que nous ayons désormais à y rencontrer.

L'avantage qu'a le port de Cherbourg de ne pouvoir être bloqué que très-difficilement et très-passagèrement, mérite surtout qu'on le remarque. Il ne faut pas oublier que nous combattons, d'ordinaire, contre un peuple qui est maître de la mer. Or, les guerres navales ont cela de particulier que la nation la plus forte peut non-seulement battre la plus faible, mais lui ôter en quelque sorte l'usage de ses armes. Placée à l'ouverture de ses ports, elle ferme à ses vaisseaux le chemin de la mer. Elle n'a pas besoin de les vaincre, elle les empêche de combattre. C'est ainsi que les Anglais ont procédé pendant toutes les guerres de l'Empire. Le grand mérite de Cherbourg est de n'avoir presque rien à craindre de cette tactique. Une flotte ennemie peut stationner à l'entrée du goulet de Brest; elle peut se placer encore plus facilement en vue de Toulon; elle ne saurait se tenir longtemps en face de Cherbourg. Les courants, les vents et l'absence absolue de tout abri l'en empêchent. Tous nos autres grands ports militaires peuvent devenir pour nos vaisseaux une prison, Cherbourg seul n'est jamais pour eux qu'un refuge. Napoléon avait bien aperçu cette vérité : aussi on se rappelle que, dès 1801, à peine assis sur le trône sous le nom de Consul, il tourna ses regards vers Cherbourg. Toutefois, on peut dire que Napoléon lui-même,

quoique bien voisin de nous, ne pouvait imaginer l'importance que devait avoir le port qu'il achevait de créer à si
grands frais ; car il ignorait le parti que nous allions bientôt pouvoir tirer de la vapeur dans les guerres maritimes.
On ne saurait douter que, pour nous, le champ naturel et
nécessaire de la marine à vapeur ne soit la Méditerranée ou
la Manche. C'est surtout dans la Manche qu'à l'aide de la
vapeur nous pouvons encore faire à la Grande-Bretagne une
guerre redoutable ; l'atteindre sans cesse par des entreprises
soudaines et imprévues dans ses parties les plus sensibles,
et, saisissant les occasions qui se présentent, quels que
soient le vent et l'état de la mer, surprendre ses richesses,
insulter ses côtes, désoler son commerce et enlever ses
vaisseaux. Cherbourg doit être surtout préparé en vue de la
guerre maritime faite par la vapeur. A une époque prochaine un chemin de fer unira son port à Paris. Cherbourg
sera alors comme le bras de la France toujours prêt à frapper aussitôt que la pensée du coup sera conçue.

C'est donc par une sorte d'inspiration patriotique que
Burke, en 1786, s'écriait dans le Parlement d'Angleterre :
« Ne voyez-vous pas la France à Cherbourg placer sa marine
en face de nos ports, s'y établir malgré la nature, y lutter
contre l'Océan et disputer avec la Providence qui avait assigné des bornes à son empire. Les pyramides d'Égypte
s'anéantissent en les comparant à des travaux si prodigieux.
Les constructions de Cherbourg sont telles qu'elles finiront
par permettre à la France d'étendre ses bras jusqu'à Ports-
mouth et à Plymouth, et nous, pauvres Troyens, nous ad-
mirons cet autre cheval de bois qui prépare notre ruine.
Nous ne pensons pas à ce qu'il renferme dans son sein, et
nous oublions ces jours de gloire pendant lesquels la Grande-
Bretagne établissait à Dunkerque des inspecteurs pour nous
rendre compte de la conduite des Français. »

La ville de Cherbourg s'est développée à mesure que le
port militaire prenait de l'importance. Elle avait, comme

nous l'avons dit, au commencement des travaux, 7 à 8,000 habitants ; elle en a près de 25,000 aujourd'hui. Les soins qu'on a donnés aux établissements militaires n'ont point fait perdre de vue les établissements nécessaires au commerce. De belles jetées, un spacieux bassin de flot appellent les vaisseaux marchands. Cependant le commerce de Cherbourg est resté languissant. Le tableau général du commerce de la France avec les colonies et les puissances étrangères, publié par le gouvernement, nous apprend que, le 31 décembre 1845, dernière année connue, le nombre des bâtiments appartenant au port de Cherbourg ne s'élevait pas au-dessus de cent quarante-six, jaugeant six mille six cent quatre-vingt-neuf tonneaux. Trois cent cinquante-cinq navires de toutes nations, représentant un tonnage de vingt-neuf mille sept cent quatre-vingt-trois tonneaux, étaient entrés en 1845 à Cherbourg. Cette langueur du commerce de Cherbourg semble tenir principalement à deux causes : à la position de la ville, qui, placée à l'extrémité de la presqu'île du Cotentin, n'est point appelée à pourvoir aux besoins d'un grand territoire ; et au voisinage d'un port militaire. Le commerce est naturellement ennemi de la guerre, et il est presque sans exemple que les navires marchands viennent se placer en grand nombre à côté des vaisseaux de l'État. C'est ainsi que le rapport, dont nous parlions plus haut, constate que, durant cette même année 1845, le nombre des vaisseaux de commerce appartenant au port de Brest ne dépassait pas soixante-onze, et que les navires marchands de toutes nations entrés cette année à Brest ne s'élevaient qu'à quatre-vingt-dix-huit et ne jaugeaient pas plus de seize mille sept cent quarante-six tonneaux.

Cherbourg n'a pas produit d'hommes illustres, mais il a donné naissance à quelques hommes de mérite dont les noms doivent être rappelés : *Jacques de Callières ;* son frère *François de Caillères,* de l'Académie française, l'un des plénipotentiaires de la France au congrès de Ryswick ; le célèbre médecin *Hamon*, et enfin l'abbé de *Beauvais*, plus connu sous le nom d'évêque de Senez, ce prêtre austère qui vint frapper Louis XV de terreur au milieu de ses vices. On voit encore à Cherbourg la maison où l'abbé de Beauvais est né [1].

[1] *Histoire des ducs de Normandie*, par Robert Wace. — *Histoire générale de la Normandie*, par Gabriel Dumoulin. — *Histoire civile et religieuse de Cherbourg*, par l'abbé Demons; manuscrit à la bibliothèque de Cherbourg. — *Histoire de Cherbourg*, par M. Avoine de Chantereine, manuscrit de la bibliothèque de Cherbourg. — *Histoire de la ville de Cherbourg*, par Voisin-Lahougue, continuée par M. Vérusmor. — *Description de l'ouverture de l'avant-port*, par M. Lair. — *Détails historiques sur l'ancien port de Cherbourg*, par M. Asselin. — *Recherches sur l'état des ports de Cherbourg et de Barfleur dans le moyen-âge*, par M. de Gerville. — *Mémoire* de M. de la Bretonnière. — Ouvrage de M. de Cessart. — *Mémoire* sur la digue de Cherbourg par M. Cachin. — Programme d'un cours de construction, par Sganzin, réédité par M. Reibell. — De plus, un grand nombre de pièces manuscrites, plans, rapports, devis, correspondances, Mémoires, que l'administration de la marine à Paris et à Cherbourg a bien voulu communiquer à l'auteur.

# DES COLONIES PÉNALES [1]

## AVANT-PROPOS

Nous croyons devoir traiter avec quelques développements la question des colonies pénales, parce que nous avons remarqué qu'en France l'opinion la plus répandue était favorable au système de la déportation. Un grand nombre de conseils-généraux se sont prononcés en faveur de cette peine, et des écrivains habiles en ont vanté les effets ; si l'opinion publique entrait plus avant encore dans cette voie et parvenait enfin à entraîner le gouvernement à sa suite, la France se trouverait engagée dans une entreprise dont les frais seraient immenses et le succès très-incertain.

Telle est du moins notre conviction, et c'est parce que nous sommes pénétrés nous-mêmes de ces dangers qu'on nous pardonnera de les signaler avec quelques détails.

Le système de la déportation présente des avantages que nous devons reconnaître en commençant.

De toutes les peines, celle de la déportation est la seule qui, sans être cruelle, délivre cependant la société de la présence du coupable.

[1] Voyez sur l'origine de ce morceau les pages 56 et 57 de la préface mise en tête du tome Ier.

Le criminel emprisonné peut briser ses fers. Remis en liberté, à l'expiration de sa sentence, il devient un juste sujet d'effroi pour tout ce qui l'environne. Le déporté ne reparaît que rarement sur le sol natal ; avec lui s'éloigne un germe fécond de désordre et de nouveaux crimes.

Cet avantage est grand, sans doute, et il ne peut manquer de frapper les esprits chez une nation où le nombre des criminels augmente, et au milieu de laquelle s'élève déjà tout un peuple de malfaiteurs.

Le système de la déportation repose donc sur une idée vraie, très-propre par sa simplicité à descendre jusqu'aux masses, qui n'ont jamais le temps d'approfondir. On ne sait que faire des criminels au sein de la patrie ; on les exporte sous un autre ciel.

Notre but est d'indiquer que cette mesure, si simple en apparence, est environnée, dans son exécution, de difficultés toujours très-grandes, souvent insurmontables, et qu'elle n'atteint pas même, en résultat, le but principal que se proposent ceux qui l'adoptent.

---

## CHAPITRE PREMIER

### DIFFICULTÉS QUE PRÉSENTE LE SYSTÈME DE LA DÉPORTATION COMME THÉORIE LÉGALE.

Les premières difficultés se rencontrent dans la législation elle-même.

A quels criminels appliquer la peine de la déportation ?

Sera-ce aux condamnés à vie seuls ? mais alors l'utilité de la mesure est fort restreinte. Les condamnés à vie sont toujours en petit nombre ; ils sont déjà hors d'état de nuire. A leur égard, la question politique devient une question de philanthropie, et rien de plus.

Les criminels que la société a véritablement intérêt à exiler loin d'elle, ce sont les condamnés à temps, qui, après l'expiration de leur sentence, recouvrent l'usage de la liberté. Mais à ceux-là le système de la déportation ne peut être appliqué qu'avec réserve.

Supposons qu'il soit interdit à tout individu qui aura été déporté dans une colonie pénale, quelle que soit du reste la gravité de son crime, de se représenter jamais sur le territoire de la mère-patrie : de cette manière, on aura atteint sans doute le but principal que le législateur se propose; mais la peine de la déportation ainsi entendue présentera dans son application un grand nombre d'obstacles.

Son plus grand défaut sera d'être entièrement disproportionnée avec la nature de certains crimes, et de frapper d'une manière semblable des coupables essentiellement différents. On ne peut assurément placer sur la même ligne l'individu condamné à une prison perpétuelle et celui que la loi ne destine qu'à une détention de cinq ans. Tous deux cependant devront aller finir leurs jours loin de leur famille et de leur patrie. Pour l'un la déportation sera un adoucissement à sa peine, pour l'autre une aggravation énorme. Et, dans cette nouvelle échelle pénale, le moins coupable sera le plus sévèrement puni.

Après avoir gardé les criminels dans le lieu de déportation jusqu'à l'expiration de leur peine, leur fournira-t-on, au contraire, les moyens de revenir dans leur patrie? Mais alors on manquera le but le plus important des colonies pénales, qui est d'épuiser peu à peu dans la mère-patrie la source des crimes, en faisant chaque jour disparaître leurs auteurs. On ne peut croire assurément que le condamné revienne dans son pays honnête homme, par cela seul qu'il aura été aux antipodes, qu'on lui aura fait faire le tour du monde. Les colonies pénales ne corrigent point comme les pénitenciers, en *moralisant* l'individu qui y est envoyé. Elles le changent en lui donnant d'autres intérêts que ceux du crime, en lui créant un avenir; il ne se corrige pas s'il nourrit l'idée du retour.

Les Anglais donnent aux condamnés libérés la faculté, souvent illusoire, de revenir sur le sol natal; mais ils ne leur en fournissent pas les moyens.

Ce système a encore des inconvénients : d'abord il n'empêche pas un grand nombre de criminels, les plus adroits et les plus dangereux de tous, de reparaître au sein de la société qui les a bannis [1] ; et de plus, il crée dans la colonie une classe d'hommes qui, ayant conservé, pendant qu'ils subissaient leur peine, la volonté de revenir en Europe, ne se sont pas corrigés : après l'expiration de leur sentence, ces hommes ne tiennent en rien à leur nouvelle patrie; ils brûlent du désir de la quitter ; ils n'ont pas d'avenir, par conséquent, point d'industrie ; leur présence menace cent fois plus le repos de la colonie que ceux des détenus eux-mêmes dont ils partagent les passions sans être retenus par les mêmes liens [2].

Le système de la déportation présente donc, comme théorie légale, un problème difficile à résoudre.

Mais son application fait naître des difficultés bien plus insurmontables encore.

---

[1] On voit dans le rapport de M. Bigge que, chaque année, il arrive à la Nouvelle-Galles du Sud un certain nombre de condamnés qui y ont été déjà déportés une première fois. (Bigge's report of inquiry into the state of the colony of New-South-Wales, ordered by the house of commons to be printed. 19ᵗʰ june 1822.)

[2] Voyez l'*Histoire des colonies pénales*, par M. le vicomte (aujourd'hui le marquis) de Blosseville. Dans tout ce qui suit, nous avons souvent eu occasion de recourir au livre de M. de Blosseville. Cet ouvrage, dont l'auteur paraît, du reste, favorable au système de la déportation, abonde en faits intéressants et en recherches curieuses. Il forme le document le plus complet qui ait été publié dans notre langue sur les établissements anglais de l'Australie.

# CHAPITRE II

### DIFFICULTÉS QUI S'OPPOSENT A L'ÉTABLISSEMENT D'UNE COLONIE PÉNALE.

Choix d'un lieu propre à l'y fonder. — Frais de premier établissement. — Difficultés et dangers qui environnent l'enfance de la colonie. — Résultats obtenus par la colonie pénale : elle n'amène point d'économie dans les charges du trésor; elle augmente le nombre des criminels. — Budget des colonies australiennes. — Accroissement des crimes en Angleterre. — La déportation envisagée comme moyen de coloniser. — Elle crée des colonies ennemies de la mère-patrie. — Les colonies fondées de cette manière se ressentent toujours de leur première origine. Exemple de l'Australie.

Ce n'est certes pas une petite entreprise que celle d'établir une colonie, lors même qu'on veut la composer d'éléments sains et qu'on a en son pouvoir tous les moyens d'exécution désirables.

L'histoire des Européens dans les deux Indes ne prouve que trop quels sont les difficultés et les dangers qui environnent toujours la naissance de pareils établissements.

Toutes ces difficultés se présentent dans la fondation d'une colonie pénale, et beaucoup d'autres encore qui sont particulières à ces sortes de colonies.

Il est d'abord extrêmement difficile de trouver un lieu convenable pour l'y fonder : les considérations qui président à ce choix sont d'une nature toute spéciale ; il faut que le pays soit sain, et, en général, une terre inhabitée ne l'est jamais avant les vingt-cinq premières années de défrichement ; encore, si son climat diffère essentiellement de celui de l'Europe, la vie des Européens y courra toujours de grands dangers.

Il est donc à désirer que la terre qu'on cherche se rencontre précisément entre certains degrés de latitude et non au delà.

Nous disons qu'il est important que le sol d'une colonie soit sain et qu'il soit tel dès les premiers jours; cette nécessité se fait bien plus sentir pour des détenus que pour des colons libres.

Le condamné est un homme déjà énervé par les vices qui ont fini par l'amener au crime ; il a été soumis, avant d'arriver au lieu de sa destination, à des privations et à des fatigues qui presque toujours ont altéré plus ou moins sa santé ; enfin, sur le lieu même de son exil, on trouve rarement en lui cette énergie morale, cette activité physique et intellectuelle, qui, même sous un climat insalubre, soutient la santé du colon libre et lui permet souvent de braver avec impunité les dangers qui l'environnent.

Il y a beaucoup d'hommes d'État et il se trouverait peut-être même quelques philanthropes que cette difficulté n'arrêterait guère et qui nous répondraient au fond de leur âme : Qu'importe, après tout, que ces hommes coupables aillent mourir loin de nos yeux ; la société, qui les rejette, ne demandera pas compte de leur sort. Cette réponse ne nous satisfait point. Nous ne sommes pas les adversaires systématiques de la peine de mort, mais nous pensons qu'on doit l'infliger loyalement, et nous ne croyons pas que la vie des hommes puisse être ainsi enlevée par détour et supercherie.

Pour une colonie ordinaire, c'est assurément un avantage d'être située près de la mère-patrie, ceci se comprend sans commentaires.

La première condition d'une colonie pénale est d'être séparée par une immense étendue de la métropole. Il est nécessaire que le détenu se sente jeté dans un autre monde, qu'il soit obligé de se créer tout un nouvel avenir dans le lieu qu'il habite, et que l'espérance du retour apparaisse à ses yeux comme une chimère. Et combien encore cette chimère ne viendra-t-elle pas troubler l'imagination de l'exilé ? Le déporté de Botany-Bay, séparé de l'Angleterre par tout le diamètre du globe, cherche encore à se frayer un chemin vers son pays à travers des périls insurmontables[1]. En vain sa nou-

---

[1] Pendant les premières années de la colonie, il s'était répandu parmi

velle patrie lui offre-t-elle dans son sein la tranquillité et l'aisance; il ne songe qu'à se replonger en courant dans les misères de l'ancien monde. Pour obtenir d'être rapporté sur le rivage de l'Europe, un grand nombre se soumet aux conditions les plus dures, plusieurs commettent de nouveaux crimes, afin de se procurer les moyens de transport qui leur manquent.

Les colonies pénales diffèrent si essentiellement des colonies ordinaires, que la fertilité naturelle du sol peut devenir un des plus grands obstacles à leur établissement.

Les déportés, on le conçoit sans peine, ne peuvent être assujettis au même régime que le détenu de nos prisons. On ne saurait les retenir étroitement renfermés entre quatre murailles, car alors autant vaudrait les garder dans la mère-patrie. On se borne donc à régler leurs actions, mais on n'enchaîne pas complétement leur liberté.

Si la terre sur laquelle on fonde l'établissement pénal présente des ressources naturelles à l'homme isolé, si elle offre des moyens d'existence, comme en général celle des tropiques ; si le climat y est continuellement doux, les fruits sauvages abondants, la chasse aisée, il est facile d'imaginer qu'un grand nombre de criminels profiteront de la demi-liberté qu'on leur laisse pour fuir dans le désert, et échangeront avec joie la tranquillité de l'esclavage contre les périls d'une indépendance contestée. Ils formeront pour l'établissement naissant autant d'ennemis dangereux ; sur une terre inhabitée, il faudra dès les premiers jours avoir les armes à la main.

Si le continent où se trouve placée la colonie pénale était peuplé de tribus semi-civilisées, le danger serait encore plus grand.

les détenus la croyance assez générale que la Nouvelle-Hollande tenait au continent de l'Asie. Plusieurs déportés tentèrent de s'échapper de ce côté. La plupart moururent de misère dans les bois, ou furent contraints de revenir sur leurs pas. On eut bien de la peine à persuader à ces malheureux qu'ils étaient dans l'erreur.

La race européenne a reçu du ciel ou a acquis par ses efforts une si incontestable supériorité sur toutes les autres races qui composent la grande famille humaine, que l'homme placé chez nous, par ses vices et par son ignorance, au dernier échelon de l'échelle sociale, est encore le premier chez les sauvages.

Les condamnés émigreront en grand nombre vers les Indiens; ils deviendront leurs auxiliaires contre les blancs et le plus souvent leurs chefs.

Nous ne raisonnons point ici sur une vague hypothèse : le danger que nous signalons s'est déjà fait sentir avec force dans l'île de Van-Diémen. Dès les premiers jours de l'établissement des Anglais, un grand nombre de condamnés se sont enfuis dans les bois; là, ils ont formé des associations de maraudeurs. Ils se sont alliés aux sauvages, ont épousé leurs filles, et pris, en partie, leurs mœurs. De ce croisement est née une race de métis plus barbare que les Européens, plus civilisée que les sauvages, dont l'hostilité a, de tout temps, inquiété la colonie, et parfois lui a fait courir les plus grands dangers.

Nous venons d'indiquer les difficultés qui se présentent, dès d'abord, lorsqu'on veut faire le choix d'un lieu propre à y établir une colonie pénale. Ces difficultés ne sont pas, de leur nature, insurmontables, puisque enfin le lieu que nous décrivons a été trouvé par l'Angleterre. Si elles existaient seules, on aurait peut-être tort de s'y arrêter; mais il en est plusieurs autres qui méritent également de fixer l'attention publique.

Supposons donc le lieu trouvé : la terre où l'on veut établir la colonie pénale est à l'autre bout du monde; elle est inculte et déserte. Il faut donc y tout apporter et tout prévoir à la fois. Quels frais immenses nécessite un établissement de cette nature ! Il ne s'agit point ici de compter sur le zèle et l'industrie du colon pour suppléer au manque de choses utiles, dont l'absence se fera toujours sentir, quoi qu'on fasse. Ici, le colon prend si peu d'intérêt à l'entreprise, qu'il faut le forcer par la rigueur à semer le grain qui doit le nourrir. Il se résignerait presque à mourir de faim pour tromper les espérances de la société qui le punit. De grandes calamités doivent donc accompagner les commencements d'une pareille colonie.

Il suffit de lire l'histoire des établissements anglais en Australie pour être convaincu de la vérité de cette remarque. Trois fois la colonie naissante de Botany-Bay a failli être détruite par la famine et les maladies, et ce n'est qu'en rationnant ses habitants, comme les marins d'un vaisseau naufragé, qu'on est parvenu à attendre les secours de la mère-patrie. Peut-être y eut-il inertie et négligence de la part du gouvernement britannique; mais, dans une semblable entreprise, et lorsqu'il faut opérer de si loin, peut-on se flatter d'éviter toutes les fautes et toutes les erreurs?

Au milieu d'un pays où il s'agit de tout créer à la fois, où la population libre est isolée, sans appui, au milieu d'une population de malfaiteurs, on comprend qu'il soit difficile de maintenir l'ordre et de prévenir les révoltes. Cette difficulté se présente surtout dans les premiers temps, lorsque les gardiens, comme les détenus, sont préoccupés du soin de pourvoir à leurs propres besoins. Les historiens de l'Australie nous parlent, en effet, de complots sans cesse renaissants et toujours déjoués par la sagesse et la fermeté des trois premiers gouverneurs de la colonie, Philip, Hunter et King.

Le caractère et les talents de ces trois hommes doivent être comptés pour beaucoup dans le succès de l'Angleterre, et quand on accuse le gouvernement britannique d'inhabileté dans la direction des affaires de la colonie, il ne faut pas oublier qu'il remplit du moins la tâche la plus difficile et la plus importante peut-être de tout gouvernement : celle de bien choisir ses agents.

Nous avons admis tout à l'heure que le lieu de déportation était trouvé; nous admettons encore en ce moment que les premières difficultés sont vaincues. La colonie pénale existe, il s'agit d'en examiner les effets.

La première question qui se présente est celle-ci : Y a-t-il économie pour l'État dans le système des colonies pénales?

Si l'on fait abstraction des faits pour ne consulter que la raison, il est permis d'en douter; car, en admettant que l'entretien d'une colonie pénale coûte moins cher à l'État que celui des prisons, à coup sûr sa fondation exige des dépenses plus considérables, et s'il y a économie à nourrir, entretenir et garder le condamné dans le lieu de son exil, il est fort cher de l'y transporter[1]. D'ailleurs, toute espèce de condamnés ne peut être envoyée à la colonie pénale; le système de la déportation ne fait donc pas disparaître l'obligation d'élever des prisons.

Les écrivains qui, jusqu'à présent, se sont montrés les plus favorables à la colonisation des criminels, n'ont pas fait difficulté de reconnaître que la fondation d'un établissement pénal de cette nature était extrêmement onéreuse pour l'État.

On n'a pas pu encore déterminer avec exactitude ce qu'il en avait coûté pour créer les colonies de l'Australie; nous savons seulement que, de 1786 à 1819, c'est-à-dire pendant 32 ans, l'Angleterre a dépensé, dans sa colonie pénale, 5,301,625 livres sterling, ou environ 133,600,000 francs. Il est certain, du reste, qu'aujourd'hui[2] les frais d'entretien sont beaucoup moins élevés que dans les premières années de l'établissement; mais sait-on à quel prix ce résultat a été obtenu?

Lorsque les détenus arrivent en Australie[3], le gouverne-

---

[1] Pendant les années 1828 et 1829, chaque détenu envoyé en Australie a coûté à l'État, pour frais de transport, environ 26 livres sterling (555 francs). — (Documents législatifs envoyés par le Parlement britannique, vol. XXIII, p. 25).

[2] La livre sterling (*pound sterling*) vaut communément 25 fr. 20 c ; le schelling 1 fr. 24. c.

[3] Enquêtes faites par ordre du Parlement britannique en 1812 et 1819. Ces enquêtes se trouvent au nombre des documents législatifs envoyés

ment choisit parmi eux, non les hommes qui ont commis les plus grands crimes, mais ceux qui ont une profession et savent exercer une industrie. Il s'empare de ceux-là et les occupe aux travaux publics de la colonie. Les criminels ainsi réservés pour le service de l'État ne forment que le huitième de la totalité des condamnés[1], et leur nombre tend sans cesse à décroître à mesure que les besoins publics diminuent eux-mêmes. A ces détenus est appliqué le régime des prisons d'Angleterre, à peu de choses près, et leur entretien coûte très-cher au trésor.

A peine débarqué dans la colonie pénale, le reste des criminels est distribué parmi les cultivateurs libres. Ceux-ci, indépendamment des nécessités de la vie, qu'ils sont obligés de fournir aux condamnés, doivent encore rétribuer leurs services à un prix fixé.

Transporté en Australie, le criminel, de détenu qu'il était, devient donc réellement serviteur à gages. Ce système, au premier abord, paraît économique pour l'État; nous en verrons plus tard les mauvais effets.

Divers calculs, dont nous possédons les bases, nous portent à croire qu'en 1829, dernière année connue, l'entretien de chacun des 15,000 condamnés qui se trouvaient alors en Australie a coûté à l'État au moins 12 livres sterling ou 302 francs[2].

---

par le Parlement britannique, volumes intitulés : *Reports commitees*, tomes XC et XCI.—Rapport fait par M. Bigge en 1822, même collection.— Rapport de la commission chargée de l'examen du budget des colonies, 1830, même collection.

[1] En 1828, sur 15,668 condamnés, 1,918 étaient employés par le gouvernement. Documents parlementaires anglais, vol. XXIII.

[2] Chaque détenu dans les *hulks*, espèces de bagnes flottants établis dans plusieurs ports de la Grande-Bretagne, ne coûte annuellement, déduction faite du prix de son travail, que 6 liv. sterl. (environ 165 fr.). Il est vrai de dire que d'un autre côté l'entretien de chaque individu détenu dans le pénitencier de Milbank revient annuellement à environ 35 liv. sterl. ou 882 fr. Voyez Enquête faite par ordre du Parlement britannique en 1832.

Si l'on ajoute annuellement à cette somme l'intérêt de celles qui ont été dépensées pour fonder la colonie, si ensuite on fait entrer en ligne de compte l'accroissement progressif du nombre des criminels qui se font conduire en Australie, on sera amené à penser que l'économie qu'il est raisonnable d'attendre du système de la déportation se réduit en résumé à fort peu de chose, si même elle existe.

Au reste, nous reconnaîtrons volontiers que la question d'économie ne vient ici qu'en seconde ligne. La question principale est celle de savoir si, en définitive, le système de la déportation diminue le nombre des criminels. S'il en était ainsi, nous concevrions qu'une grande nation s'imposât un sacrifice d'argent dont le résultat serait d'assurer son bien-être et son repos.

Mais l'exemple de l'Angleterre tend à prouver que, si la déportation fait disparaître les grands crimes, elle augmente sensiblement le nombre des coupables ordinaires, et qu'ainsi la diminution des récidives est plus que couverte par l'augmentation des premiers délits.

La peine de la déportation n'intimide personne, et elle enhardit plusieurs dans la voie du crime.

Pour éviter les frais immenses qu'entraîne la garde des détenus en Australie, l'Angleterre, comme nous venons de le voir, a rendu à la liberté le plus grand nombre, dès qu'ils ont mis le pied dans la colonie pénale.

Pour leur donner un avenir et les fixer sans retour par des liens moraux et durables, elle facilite de tout son pouvoir l'émigration de leur famille.

Après que la peine est subie, elle distribue des terres, afin que l'oisiveté et le vagabondage ne le ramènent pas au crime.

De cette combinaison d'efforts, il résulte quelquefois, il est vrai, que l'homme réprouvé par la métropole devient un citoyen utile et respecté dans la colonie; mais on voit plus souvent encore celui que la crainte des châtiments aurait forcé de mener une vie régulière en Angleterre, enfreindre les lois qu'il eût respectées, parce que la peine dont on le menace n'a rien qui l'effraye, et souvent flatte son imagination plutôt qu'elle ne l'arrête.

Un grand nombre de condamnés, dit M. Bigge dans son rapport à lord Bathurst, sont retenus bien plus par la facilité qu'on trouve en Australie à subsister, par les chances de gain qu'on y rencontre et l'aisance des mœurs qui y règne, que par la vigilance de la police. Singulière peine, il faut l'avouer, que celle à laquelle le condamné craint de se soustraire.

A vrai dire, pour beaucoup d'Anglais, la déportation n'est guère autre chose qu'une émigration aux terres australes, entreprise aux frais de l'État.

Cette considération ne pouvait manquer de frapper l'esprit d'un peuple renommé à juste titre pour son intelligence dans l'art de gouverner la société.

Aussi, dès 1819 (6 janvier), on trouve dans une lettre officielle écrite par lord Bathurst cette énonciation : « La terreur qu'inspirait d'abord la déportation diminue d'une manière graduelle, et les crimes s'accroissent dans la même proportion. » (*They have increased beyond all calculation.*)

Le nombre des condamnés à la déportation, qui était de 662 en 1812, s'était en effet élevé successivement jusqu'en 1819, époque de la lettre de lord Bathurst, au chiffre de 3,150 ; pendant les années 1828 et 1829 il avait atteint 4,500 [1].

---

[1] En 1832, le Parlement britannique nomma une commission à l'effet d'examiner quels étaient les meilleurs moyens de rendre efficace l'application des peines autres que la peine de mort. La commission fit son rapport le 22 juin 1832. C'est dans ce précieux document que nous puisons les extraits qui suivent : nous devons dire cependant que la commission ne fut pas unanime et que ses conclusions n'expriment que les opinions de la majorité. C'est du moins ce que nous a assuré un membre très-distingué du Parlement britannique qui en faisait partie.

« D'après des témoignages reçus par elle, la commission est fondée à

Les partisans du système de la déportation ne peuvent nier de pareils faits ; mais ils disent que ce système a, du

croire qu'il existe assez souvent dans l'esprit des individus appartenant aux dernières classes du peuple l'idée qu'il est très-avantageux d'être déporté à Botany-Bay. Elle pense qu'on a vu des exemples de crimes commis dans le seul dessein d'être envoyé en Australie. Il lui semble donc nécessaire d'infliger aux condamnés un châtiment réel, soit avant leur départ d'Angleterre, soit immédiatement après leur arrivée en Australie et avant de les placer comme domestiques chez les cultivateurs. » (Page 12.)

« La commission pense que la peine de la déportation, réduite à elle-même, ne suffit pas pour détourner du crime; et, comme on n'a indiqué jusqu'à présent aucun moyen de faire subir aux individus une fois déportés le châtiment réclamé par la société, sans augmenter considérablement les charges du trésor public, il en résulte qu'il faut leur infliger ce châtiment avant leur départ pour la Nouvelle-Galles du Sud. » (Page 14.)

« La peine de la déportation, telle qu'elle est mise en pratique en Angleterre, et si on l'inflige seule, paraît à la commission une punition insuffisante; mais elle peut devenir utile, combinée avec d'autres peines. » (Page 16.)

« Il résulte de la déclaration des témoins entendus, que l'impression produite sur les esprits par la déportation dépend essentiellement de la situation des condamnés. Les laboureurs qui ont une famille craignent au dernier point d'être envoyés à la colonie pénale, tandis que, pour les hommes non mariés, les ouvriers qui sont sûrs d'obtenir des gages très-élevés en Australie et généralement tous ceux qui sentent le besoin de changer leur position et conçoivent le vague désir de l'améliorer, pour ceux-là la déportation n'a rien de redoutable. Tous les rapports qui parviennent de la Nouvelle-Galles du Sud et de la terre de Van-Diémen, la commission en a la preuve, sont en effet très-favorables. Ils représentent la situation des condamnés en Australie comme fort heureuse, et les chances de fortune qui leur sont ouvertes comme certaines, pour peu qu'ils se conduisent avec prudence. Il est donc naturel que la déportation soit considérée par beaucoup d'individus plutôt comme un avantage que comme un châtiment. » (Page 17.)

« Il n'est pas surprenant que, dans un pays pourvu d'une population surabondante, où une foule d'hommes éprouvent de grandes privations, et où conséquemment il se rencontre de grands attraits au crime, ceux dont l'éducation a été abandonnée, et qui se sentent exposés au besoin, cèdent sans peine à la tentation de mal faire. D'un côté ils comptent sur l'incertitude de la législation et sur les probabilités d'acquittement qu'elle présente; si cette chance de salut vient à leur manquer, ils savent que le

moins, pour résultat de fonder rapidement une colonie, qui bientôt rend en richesse et en puissance à la mère-patrie plus qu'elle ne lui a coûté.

Ainsi envisagée, la déportation n'est plus un système pénitentiaire, mais bien une méthode de colonisation. Sous ce point de vue elle ne mérite pas seulement d'occuper les amis de l'humanité, mais encore les hommes d'État et tous ceux qui exercent quelque influence sur la destinée des nations.

Pour nous, nous n'hésitons pas à le dire, le système de la déportation nous paraît aussi mal approprié à la formation d'une colonie qu'à la répression des crimes dans la métropole. Il précipite sans doute sur le sol qu'on veut coloniser une population qui n'y serait peut-être pas venue

pis qui puisse leur arriver, c'est d'éprouver un changement de condition qui les place à peine plus mal qu'ils n'étaient déjà. » (Page 20.)

« L'accroissement rapide et progressif des criminels en ce pays (l'Angleterre et le pays de Galles) a depuis un certain temps excité les alarmes et déjoué tous les efforts des philanthropes et des hommes d'État. On a cherché inutilement à arrêter cet accroissement, soit en amendant nos lois pénales, soit en établissant une police plus efficace. Tous ces moyens n'ont pu retarder les progrès du mal ni diminuer l'effrayant catalogue que nous offrent chaque année les monuments de la jurisprudence. Sans remonter à des périodes éloignées, on peut s'assurer par les documents officiels fournis à la commission que le nombre des personnes accusées, écrouées et condamnées pour crimes et délits en Angleterre et dans le pays de Galles augmente sans cesse.

### NOMBRE DES INDIVIDUS PRÉSENTS ET ÉCROUÉS.

| | |
|---|---|
| De 1810 à 1817. . . . . . . . . . . . | 56,308 |
| De 1817 à 1824. . . . . . . . . . . . | 92,848 |
| De 1824 à 1831. . . . . . . . . . . . | 121,518 |

### NOMBRE DES INDIVIDUS CONDAMNÉS.

| | |
|---|---|
| De 1810 à 1817. . . . . . . . . . . . | 35,259 |
| De 1817 à 1824. . . . . . . . . . . . | 63,412 |
| De 1824 à 1831. . . . . . . . . . . . | 85,257 |

(*Report of the select Committee appointed to inquire into the best mode of giving efficacy to secundary punishments, and to report their observations to the house of commons. 22 june* 1832.)

toute seule; mais l'État gagne peu à recueillir ces fruits précoces, et il eût été à désirer qu'il laissât suivre aux choses leur cours naturel.

Et d'abord, si la colonie croît, en effet, avec rapidité, il devient bientôt difficile d'y maintenir à peu de frais l'établissement pénal : en 1819, la population de la Nouvelle-Galles du Sud ne se composait que d'environ 29,000 habitants, et déjà la surveillance devenait difficile; déjà on suggérait au gouvernement l'idée d'élever des prisons pour y renfermer les condamnés : c'est le système européen avec ses vices, transporté à 5,000 lieues de l'Europe [1].

Plus la colonie croîtra en population, moins elle sera disposée à devenir le réceptacle des vices de la mère-patrie. On sait quelle indignation excita jadis en Amérique la présence des criminels qu'y déportait la métropole.

Dans l'Australie elle-même, chez ce peuple naissant, composé en grande partie de malfaiteurs, les mêmes murmures se font déjà entendre, et on peut croire que, dès que la colonie en aura la force, elle repoussera avec énergie les funestes présents de la mère-patrie. Ainsi seront perdus pour l'Angleterre les frais de son établissement pénal.

Les colonies de l'Australie chercheront d'autant plus tôt à s'affranchir des obligations onéreuses imposées par l'Angleterre, qu'il existe dans le cœur de leurs habitants peu de bienveillance pour elle.

Et c'est là l'un des plus funestes effets du système de la déportation appliqué aux colonies.

Rien de plus doux, en général, que le sentiment qui lie les colons au sol qui les a vus naître.

---

[1] En 1826 (17 février), le gouverneur de la Nouvelle-Galles du Sud faisait établir une nouvelle prison indépendante de celle qui existait déjà à Sidney. Plusieurs établissements avaient déjà été créés sur divers points du territoire de la colonie pour y retenir les déportés les plus indociles. Voyez les documents imprimés par ordre de la Chambre des communes d'Angleterre, et, entre autres, l'ordonnance du gouverneur Darling en 1826, et les *regulations on penal settlements*, imprimés en 1832.

Les souvenirs, les habitudes, les intérêts, les préjugés, tout les unit encore à la mère-patrie, en dépit de l'Océan qui les sépare. Plusieurs nations de l'Europe ont trouvé et trouvent encore une grande source de force et de gloire dans ces liens d'une confraternité lointaine. Un an avant la révolution d'Amérique, le colon dont les pères avaient, depuis un siècle et demi, quitté les rivages de la Grande-Bretagne, disait encore *chez nous* en parlant de l'Angleterre.

Mais le nom de la mère-patrie ne rappelle à la mémoire du déporté que le souvenir de misères quelquefois imméritées. C'est là qu'il a été malheureux, persécuté, coupable, déshonoré. Quels liens l'unissent à un pays où, le plus souvent, il n'a laissé personne qui s'intéresse à son sort? Comment désirerait-il établir dans la métropole des rapports de commerce ou des relations d'amitié? De tous les points du globe, celui où il est né lui semble le plus odieux. C'est le seul lieu où l'on connaisse son histoire et où sa honte ait été divulguée.

On ne peut guère douter que ces sentiments hostiles du colon ne se perpétuent dans sa race : aux États-Unis, parmi ce peuple rival de l'Angleterre, on reconnaît encore les Irlandais par la haine qu'ils ont vouée à leurs anciens maîtres.

Le système de la déportation est donc fatal aux métropoles, en ce qu'il affaiblit les liens naturels qui doivent les unir à leurs colonies; de plus, il prépare à ces États naissants eux-mêmes un avenir plein d'orages et de misère.

Les partisans des colonies pénales n'ont pas manqué de nous citer l'exemple des Romains qui préludèrent par une vie de brigandage à la conquête du monde.

Mais ces faits dont on parle sont bien loin de nous; il en est d'autres plus concluants qui se sont passés presque sous nos yeux, et nous ne saurions croire qu'il faille s'en rapporter à des exemples donnés il y a 5,000 ans, quand le présent parle si haut.

Une poignée de sectaires aborde, vers le commencement du dix-septième siècle, sur les côtes de l'Amérique du Nord ; là, ils fondent, presque en secret, une société à laquelle ils donnent pour base la liberté et la religion. Cette bande de pieux aventuriers est devenue depuis un grand peuple, et la nation créée par elle est restée la plus libre et la plus croyante qui soit au monde. Dans une île dépendante du même continent et presque à la même époque, un ramas de pirates, écume de l'Europe, venait chercher un asile. Ces hommes dépravés, mais intelligents, y établissaient aussi une société qui ne tarda pas à s'éloigner des habitudes déprédatrices de ses fondateurs. Elle devint riche et éclairée ; mais elle resta la plus corrompue du globe, et ses vices ont préparé la sanglante catastrophe qui a terminé son existence.

Au reste, sans aller chercher l'exemple de la Nouvelle-Angleterre et de Saint-Domingue, il nous suffirait, pour mieux faire comprendre notre pensée, d'exposer ce qui se passe dans l'Australie elle-même.

La société [1], en Australie, est divisée en diverses classes aussi séparées et aussi ennemies les unes des autres que les différentes classes du moyen âge. Le condamné est exposé au mépris de celui qui a obtenu sa libération : celui-ci, aux outrages de son propre fils, né dans la liberté ; et tous, à la hauteur du colon dont l'origine est sans tache. Ce sont comme quatre nations qui se rencontrent sur le même sol.

On jugera des sentiments qui animent entre eux ces différents membres d'un même peuple par le morceau suivant qu'on trouve dans le rapport de M. Bigge : « Tant que ces sentiments de jalousie et d'inimitié subsisteront, dit-il, il ne faut pas songer à introduire l'institution du jury dans la colonie. Avec l'état actuel des choses, un jury composé

[1] Enquêtes de 1812 et 1819. — Rapport de M. Bigge. — Rapport de la commission du budget de 1830, et documents législatifs envoyés par le Parlement britannique.

d'anciens condamnés ne peut manquer de se réunir contre un accusé appartenant à la classe des colons libres; de même que des jurés pris parmi les colons libres croient toujours manifester la pureté de leur classe en condamnant l'ancien détenu contre lequel une seconde accusation sera dirigée. »

En 1820, le huitième seulement des enfants recevait quelque instruction en Australie. Le gouvernement de la colonie ouvrait cependant, à ses frais, des écoles publiques; il savait, comme le dit M. Bigge dans son rapport, que l'éducation seule pouvait combattre l'influence funeste qu'exerçaient les vices de ses parents.

Ce qui manque, en effet, essentiellement à la société australienne, ce sont les mœurs. Et comment pourrait-il en être autrement? A peine dans une société composée d'éléments purs, la force de l'exemple et l'influence de l'opinion publique parviennent-elles à contenir les passions humaines : sur 36,000 habitants que comptait l'Australie en 1828, 23,000 ou près des deux tiers appartenaient à la classe des condamnés. L'Australie se trouvait donc encore dans cette position unique, que le vice y obtenait l'appui du plus grand nombre. Aussi les femmes y avaient-elles perdu ces traditions de pudeur et de vertu, qui caractérisent leur sexe dans la métropole et dans la plupart de ses colonies libres ; quoique le gouvernement encourageât le mariage de tout son pouvoir, souvent même aux dépens de la discipline, les bâtards formaient encore le quart des enfants.

Il y a d'ailleurs une cause, en quelque sorte matérielle, qui s'oppose à l'établissement des bonnes mœurs dans les colonies pénales, et qui, au contraire, y facilite les désordres et la prostitution.

Dans tous les pays du monde les femmes commettent infiniment moins de crimes que les hommes. En France, les femmes ne forment que le cinquième des condamnés; en Amérique, le dixième. Une colonie fondée à l'aide de la déportation présentera donc nécessairement une grande disproportion de nombre entre les deux sexes. En 1828, sur trente-six mille habitants que renfermait l'Australie, on ne comptait que huit mille femmes, ou moins du quart de la population totale. Or, on le conçoit sans peine, et l'expérience d'ailleurs le prouve, pour que les mœurs d'un peuple soient pures, il faut que les deux sexes s'y trouvent dans un rapport à peu près égal.

Mais ce ne sont pas seulement les infractions aux préceptes de la morale qui sont fréquentes en Australie ; on y commet encore plus de' crimes contre les lois positives de la société que dans aucun pays du monde.

Le nombre annuel des exécutions à mort en Angleterre est d'environ 60, tandis que dans les colonies australiennes qui sont régies par la même législation, peuplées d'hommes appartenant à la même race, et qui n'ont encore que 40,000 habitants, on compte, dit-on, de 15 à 20 exécutions à mort chaque année [1].

Enfin de toutes les colonies anglaises, l'Australie est la seule qui soit privée de ces précieuses libertés civiles qui font la gloire de l'Angleterre et la force de ses enfants dans toutes les parties du monde. Comment confierait-on les fonctions de juré à des hommes qui sortent eux-mêmes des bancs de la cour d'assises ? Et peut-on sans danger remettre la direction des affaires publiques à une population tourmentée par ses vices et divisée par des inimitiés profondes ?

Il faut le reconnaître, la déportation peut concourir à peupler rapidement une terre déserte, elle peut former des colonies libres, mais non des sociétés fortes et paisibles. Les vices que nous enlevons ainsi à l'Europe ne sont pas détruits, ils ne sont que transplantés sur un autre sol, et l'Angleterre ne se décharge d'une partie de ses misères que pour les léguer à ses enfants des terres australes.

[1] Ce fait nous a été affirmé par une personne digne de foi qui a habité pendant plus de deux ans la Nouvelle-Galles du Sud.

# CHAPITRE III

Nous venons de faire connaître dans ce qui précède les
raisons qui nous portaient à croire que le système de la déportation n'était utile ni comme moyen répressif, ni comme
méthode de coloniser. Les difficultés que nous avons exposées nous semblent devoir se représenter dans tous les temps
et chez toutes les nations ; mais, à certaines époques et pour
certains peuples, elles deviennent insurmontables.

· Premièrement, où la France ira-t-elle aujourd'hui chercher le lieu qui doit contenir sa colonie pénale ? Commencer
par savoir si ce lieu existe, c'est assurément suivre l'ordre
naturel des idées, et à cette occasion nous ne pouvons nous
défendre de faire une remarque.

Parlez à un partisan du système des colonies pénales,
vous entendrez d'abord un résumé des avantages de la déportation. On développera des considérations générales et
souvent ingénieuses sur le bien qu'en pourrait retirer la
France ; on émettra des vœux pour son adoption, on ajoutera
enfin quelques détails sur la colonisation de l'Australie. Du
reste, on s'occupera peu des moyens d'exécution ; et quant
au choix à faire pour la colonie française, l'entretien finira
sans qu'il en ait été dit un seul mot. Que si vous hasardez
une question sur ce point, on se hâtera de passer à un autre
objet, ou bien l'on se bornera à vous répondre que le
monde est bien grand, et que quelque part doit se trouver
le coin de terre dont nous avons besoin.

On dirait que l'univers est encore divisé par la ligne imaginaire qu'avaient tracée les papes, et qu'au delà s'étendent des continents inconnus où l'imagination peut aller se perdre en liberté.

C'est cependant sur ce terrain limité que nous voudrions voir venir les partisans de la déportation ; c'est cette question toute de fait que nous désirerions le plus éclaircir.

Quant à nous, nous avouerons sans difficulté que nous n'apercevons nulle part le lieu dont pourrait s'emparer la France. Le monde ne nous semble plus vacant, toutes les places nous y paraissent occupées.

Qu'on se rappelle ce que nous avons dit plus haut sur le choix à faire d'un lieu propre à l'établissement d'une colonie pénale, ce qui, je crois, n'est pas contesté.

Or nous posons ici la question en termes précis : Dans quelle partie du monde se rencontre aujourd'hui un semblable lieu ?

Ce lieu, la fortune l'indiquait aux Anglais il y a cinquante ans. Continent immense, et, par conséquent, avenir sans bornes, ports spacieux, relâches assurées, terre féconde et inhabitée, climat de l'Europe, tout s'y trouvait réuni, et ce lieu privilégié était placé aux antipodes.

Pourquoi, dira-t-on, abandonner aux Anglais la libre possession d'un pays dix fois plus grand que l'Angleterre ? Deux peuples ne peuvent-ils donc pas se fixer sur cet immense territoire ? Et une population de cinquante mille Anglais se trouvera-t-elle gênée lorsqu'à neuf cents lieues de là, sur la côte de l'Ouest, on voudra établir une colonie française ? Ceux qui font cette question ignorent sans doute que l'Angleterre, avertie par ce qui s'est passé en Amérique, du danger d'avoir des voisins, a déclaré à plusieurs reprises qu'elle ne souffrirait pas qu'un seul établissement européen se fondât en Australie. Nous sentons, certes, autant que d'autres, ce qu'il y a d'orgueil et d'insolence dans une déclaration semblable ; mais les partisans de la déportation

veulent-ils qu'on fasse une guerre maritime à l'Angleterre
pour fonder la colonie pénale ?

Un auteur qui a écrit avec talent sur le système pénitentiaire, M. Charles Lucas, indique, il est vrai, aux méditations du gouvernement deux petits îlots des Antilles et la
colonie de Cayenne, qui pourraient servir, dit-il, de lieux
de détention à certains condamnés. Il y renfermerait les
assassins en état de récidive, ainsi que ceux qui ont porté
atteinte à la liberté de la presse et à celle des cultes. Mais
la déportation, restreinte à ces deux espèces de criminels,
n'est pas d'une utilité généralement sentie, et l'on peut
douter d'ailleurs que le lieu qu'on indique soit bien choisi.
L'auteur dont nous parlons, qui conteste à la société le droit
d'ôter la vie, même au parricide, ne voudrait pas sans doute
laisser à l'insalubrité du climat la charge de faire ce que la
justice ne peut ordonner.

Personne, jusqu'à présent, à notre connaissance, ne s'est
sérieusement occupé de résoudre la question que nous avons
posée plus haut ; et cependant ne faudrait-il pas, avant tout,
se fixer sur ce premier point ?

Nous devons, au reste, nous hâter de le dire, nous n'a-
vons pas la prétention de croire qu'il soit impossible de
trouver un lieu propre à y fonder une colonie pénale, parce
que nos recherches ne nous l'ont pas fait apercevoir.

Mais ce lieu, fût-il découvert, restent encore les difficultés d'exécution : elles ont été grandes pour l'Angleterre ;
elles paraissent insurmontables pour la France.

La première de toutes, il faut l'avouer, se rencontre dans
le caractère de la nation, qui, jusqu'à présent, s'est montré
peu favorable aux entreprises d'outre-mer.

La France, par sa position géographique, son étendue et
sa fertilité, a toujours été appelée au premier rang des pouvoirs du continent. C'est la terre qui est le théâtre naturel
de sa puissance et de sa gloire ; le commerce maritime n'est
qu'un appendice de son existence. La mer n'a jamais excité

chez nous et n'excitera jamais ces sympathies profondes, cette sorte de piété filiale qu'ont pour elle les peuples navigateurs et commerçants. De là vient que parmi nous on a vu souvent les génies les plus puissants s'obscurcir tout à coup lorsqu'il s'agissait de combiner et de diriger des expéditions navales. Le peuple, de son côté, croit peu au succès de ces entreprises éloignées. L'argent des particuliers ne s'y engage qu'avec peine ; les hommes qui, chez nous, se présentent pour aller fonder une colonie sont le plus souvent du nombre de ceux auxquels la médiocrité de leurs talents, le délabrement de leur fortune, ou les souvenirs de leur vie antérieure, interdisent l'espérance d'un avenir dans leur patrie. Et cependant s'il est une entreprise au monde dont le succès dépende des chefs qui la dirigent, c'est sans doute l'établissement d'une colonie pénale.

Lorsque l'Angleterre conçut, en 1785, le projet de déporter ses condamnés dans la Nouvelle-Galles du Sud, elle avait déjà acquis à peu près l'immense développement commercial qu'on lui voit de nos jours. Sa prépondérance sur les mers était dès lors un fait reconnu.

Elle tira un grand parti de ces deux avantages ; l'étendue de son commerce la mit à même de se procurer facilement les marins qu'elle-destinait à faire le voyage d'Australie ; l'industrie particulière vint au secours de l'État. Des navires d'un haut tonnage se présentèrent en foule pour transporter à bon marché les condamnés dans la colonie pénale. Grâce au grand nombre des vaisseaux et aux immenses ressources de la marine royale, le gouvernement put sans peine faire face à tous les nouveaux besoins.

Depuis lors, la puissance de l'Angleterre n'a pas cessé de croître : l'île Sainte-Hélène, le cap de Bonne-Espérance, l'île de France sont tombés entre ses mains, et offrent aujourd'hui à ses vaisseaux autant de ports où ils peuvent relâcher commodément à l'abri du pavillon britannique.

L'empire de la mer s'acquiert lentement, mais il est

moins sujet qu'un autre aux brusques vicissitudes de la fortune. Tout annonce que pendant longtemps encore l'Angleterre jouira paisiblement de ces avantages, et que la
guerre même ne pourra y mettre obstacle.

L'Angleterre était donc de toutes les nations du monde
celle qui pouvait fonder une colonie pénale le plus facilement et aux moindres frais.

L'enfance de la colonie de Botany-Bay a cependant été
fort pénible, et nous avons vu quelles sommes immenses les
Anglais avaient dû dépenser pour la fonder.

Ces résultats s'expliquent d'eux-mêmes : une nation,
quels que soient ses avantages, ne peut à bon marché créer
un établissement pénal à trois ou quatre mille lieues du
centre de sa puissance, alors qu'il faut tout apporter avec
soi, et qu'on n'a rien à attendre des efforts ni de l'industrie
des colons.

En imitant nos voisins, nous ne pouvons espérer trouver
aucune des facilités qu'ils ont rencontrées dans leur entreprise.

La marine royale de France ne peut, sans augmenter
considérablement son budget, envoyer chaque année des
vaisseaux dans des contrées aussi lointaines, et le commerce français, de son côté, présente peu de ressources
pour des expéditions de ce genre.

Une fois partis de nos ports, il nous faudra parcourir la
moitié de la circonférence du globe sans rencontrer un seul
lieu de relâche où nos marins soient sûrs de trouver un appui et des secours efficaces.

Ces difficultés s'exposent en peu de mots, mais elles sont
très-grandes, et plus on examine le sujet, plus on s'en con-
vainc.

Si nous parvenions à surmonter de semblables obstacles,
ce ne serait qu'à force de sacrifices et d'argent.

Nous ne saurions penser que, dans l'état actuel des finances, on puisse vouloir augmenter à ce point les charges du

Trésor. L'entreprise, dût-elle avoir un succès heureux, dût-il même en résulter par la suite une économie, la France ne nous semble pas en état de s'imposer la première avance. Le résultat ne nous paraît nullement en rapport avec de pareils sacrifices.

Et d'ailleurs, est-on sûr de recueillir pendant longtemps les fruits d'une si coûteuse entreprise ?

Ceux qui s'occupent des colonies pénales ont soin, en général, de peu s'appesantir sur les chances qu'une guerre maritime ferait nécessairement courir à la nouvelle colonie ; ou, s'ils en parlent, c'est pour repousser loin d'eux la pensée que la France pût redouter un conflit et n'eût pas la force de faire respecter en tout temps la justice de ses droits.

Nous ne suivrons pas cet exemple : la véritable grandeur, chez un peuple comme chez un homme, nous a toujours paru consister à entreprendre, non tout ce qu'on désire, mais tout ce qu'on peut. La sagesse, comme le vrai courage, est de se connaître soi-même et de se juger sans faiblesse, tout en conservant la juste confiance de ses forces.

La position géographique, les établissements coloniaux, la gloire maritime et l'esprit commerçant de l'Angleterre, lui ont donné une prépondérance incontestable sur les mers. Dans l'état actuel des choses, la France peut soutenir contre elle une lutte glorieuse ; elle peut triompher dans des combats particuliers ; elle peut même défendre efficacement des possessions peu éloignées du centre de l'empire ; mais l'histoire nous apprend que ses colonies lointaines ont presque toujours fini par succomber sous les coups de sa rivale.

L'Angleterre a des établissements formés et des lieux de relâche préparés sur tous les rivages ; la France ne peut guère trouver un point d'appui pour ses flottes que sur son territoire ou aux Antilles. L'Angleterre peut disséminer ses forces dans toutes les parties du globe sans rendre les chances de succès inégales ; la France ne peut lutter qu'en réunissant toutes les siennes dans les mers qui l'environnent.

Après avoir fait de longs efforts pour fonder à grands frais sa colonie, la France se verrait en danger presque certain de la voir enlever par son ennemie.

Mais une pareille colonie tentera peu la cupidité de l'Angleterre. — Rien n'autorise à le croire; l'Angleterre aura toujours intérêt à détruire un établissement colonial français, quel qu'il soit. L'Angleterre, d'ailleurs, en s'emparant de la colonie pénale, se hâtera sans doute de lui donner une autre destination et cherchera à la peupler d'autres éléments.

Mais supposons que, la colonie ayant eu le temps de prendre un accroissement considérable, l'Angleterre ne veuille ou ne puisse s'en emparer, elle n'a pas besoin de le faire pour nuire à la France; il lui suffit d'isoler la colonie et d'arrêter ses communications avec la mère-patrie. Une colonie, et surtout une colonie pénale, à moins d'être parvenue à un haut degré de développement, ne supporte qu'avec peine un isolement complet du monde civilisé. Privée de ses rapports avec la métropole, on la voit bientôt dépérir. De son côté, si la France ne peut plus transporter ses condamnés au delà des mers, que deviennent les résultats de la déportation, si chèrement achetés? Sa colonie, au lieu de lui être utile, lui suscitera des difficultés et nécessitera des dépenses qui n'existaient point avant elle. Que fera-t-on des détenus qu'on destinait à la colonie pénale; il faudra les garder sur le territoire continental de la France; mais rien n'est préparé pour les recevoir; à chaque guerre maritime, il faudra donc recréer des bagnes provisoires qui puissent contenir les criminels.

Tels sont, dans l'état actuel des choses, les résultats presque certains d'une guerre avec l'Angleterre. Or, si l'on ouvre les fastes de notre histoire, on peut se convaincre que la paix qui subsiste aujourd'hui est une des plus longues qui aient existé entre les Anglais et nous depuis quatre cents ans.

# CIRCULAIRE

L'annonce des élections générales me ramène de nouveau devant vous.

Plus de quatre-vingts électeurs indépendants de l'arrondissement de Cherbourg avaient bien voulu m'écrire pour m'offrir la candidature de l'opposition dans cette dernière ville. J'ai exprimé toute la vive et profonde gratitude qu'une pareille démarche faisait naître ; mais j'ai déclaré, en même temps, d'une manière positive, qu'un lien d'honneur m'attachait désormais à l'arrondissement de Valognes, et que, quoi qu'il pût arriver, je ne saurais me présenter ailleurs que dans le pays où, sans me connaître personnellement, on m'avait déjà si généreusement accordé un grand nombre de suffrages. J'ai fait remarquer, d'ailleurs, que ma manière de voir sur ce point n'était pas récente, mais qu'elle avait été manifestée depuis longtemps, puisque, aussitôt après les élections dernières, j'avais acquis des propriétés dans l'arrondissement de Valognes et que j'y avais transféré mon domicile politique ; je me flatte que ces raisons seront comprises et appréciées par les honorables citoyens auxquels je les adresse.

Je ne doute pas, messieurs, que, dans la circonstance présente, on ne fasse courir de nouveau les bruits absurdes et

calomnieux qui ont été répandus sur mon compte il y a dix-
huit mois.

Je dois, avant tout, et pour la dernière fois, les flétrir.

On vous dira que je suis un ennemi caché des institutions
et de la dynastie fondées en juillet 1830. Méprisez ceux qui
vous tiennent un pareil langage. J'ai prêté serment en 1830.
J'ai exercé depuis des fonctions publiques, et je n'ai jamais
su ce que c'était que de vouloir renverser un gouvernement
que j'ai servi.

On vous dira encore qu'appartenant à une famille ancienne
je veux ramener la société aux anciens préjugés, aux anciens
priviléges, aux anciens usages; ce sont encore là non-seulement des calomnies odieuses, mais ridicules. Il n'y a pas en
France, et, je ne crains pas de le dire, en Europe, un seul
homme qui ait fait voir d'une manière plus publique que
l'ancienne société aristocratique avait disparu pour toujours,
et qu'il ne restait plus aux hommes de notre temps qu'à
organiser progressivement et prudemment sur ses ruines la
société démocratique nouvelle. Nul n'a fait plus d'efforts que
moi pour montrer qu'il fallait, sans sortir de la monarchie,
en arriver peu à peu au gouvernement du pays par le pays.
Je n'ai point renfermé ces opinions dans des paroles obscures
qu'on explique, qu'on rétracte ou qu'on nie suivant le besoin
du moment, mais dans des écrits qui restent et qui m'engagent aux yeux de mes amis aussi bien qu'à ceux de mes
adversaires.

Les mêmes hommes qui essayeront de me peindre à vous
comme un représentant du pouvoir absolu ou des idées
féodales, s'efforceront peut-être de me montrer comme un
homme anarchique et comme un novateur dangereux. C'est
encore là une calomnie. Je veux, il est vrai, un progrès
constant, mais je le veux graduel. J'aime la liberté, et non
la démagogie. Je sais que la France a tout à la fois besoin
d'indépendance et de repos, et qu'il faut lui éviter toute révolution nouvelle.

Du reste, messieurs, je n'aime point, quant à moi, l'obscurité. J'aime la lumière et je veux vivre au milieu d'elle. Si quelques-uns d'entre vous conservent des doutes sur mes opinions, qu'ils me fassent l'honneur de venir me voir, j'achèverai de me montrer à eux sans détour. Si l'on préfère m'écrire, qu'on le fasse; je répondrai. Si, enfin, le corps électoral tout entier veut m'entendre, je suis prêt à paraître au milieu de lui et m'exposer de tous les côtés à ses regards. J'ai toujours pensé que, pour un homme qui se destine à la vie publique, la véritable dignité ne consistait pas à éluder des interpellations, mais à y répondre. Cela est vrai du candidat, plus vrai encore du député. Il faut que le député vive en quelque sorte en présence du corps électoral; qu'il lui explique ses votes du haut de la tribune, s'il a le talent d'y monter, ou que du moins il les lui fasse connaître par des rapports directs qui, pour être utiles et paraître sincères, doivent être fréquents.

Je répète donc que je répondrai, et sur-le-champ, à toutes les interpellations individuelles ou collectives qui me seront faites. C'est ma volonté, c'est mon devoir. Quant aux lettres anonymes et surtout à celles qu'on publie le jour de l'élection, afin qu'on n'ait pas le temps d'y répondre, je n'ai rien à en dire, sinon que ce sont de lâches et déloyales manœuvres que les honnêtes gens de tous les partis flétrissent.

Je vous ai montré avec netteté mes opinions; je vous montrerai de même ma position présente.

Ce n'est point moi qui ai contribué à amener la situation grave et périlleuse où nous sommes, puisque je n'avais aucun accès ni dans les conseils de la couronne, ni dans les Chambres. Je suis un homme nouveau qui n'apporte dans les circonstances nouvelles qui se présentent qu'un esprit libre, un amour ardent et sincère du gouvernement représentatif, et de la dignité du pays. Cette position, que les circonstances m'ont faite, je la garderai, quoi qu'il arrive, non-seulement par respect pour moi-même, mais, je ne crains pas de le dire, par dévoûment pour mon pays ; car je pense que, dans les circonstances présentes, il importe de voir entrer dans les conseils de la nation des députés qui, tout en professant les doctrines de l'opposition, n'apportent point aux affaires les passions excitées et les griefs personnels des hommes. Je suis fermement attaché à des principes, mais je ne suis pas lié à un parti. Je suis, à plus forte raison, dans une complète et entière indépendance vis-à-vis du gouvernement ; je ne suis pas candidat ministériel et je ne veux point l'être.

Valognes, le 13 février 1839[1].

---

[1] Ce fut cette élection qui fit entrer à la Chambre Alexis de Tocqueville. Depuis cette époque, soit comme député, soit comme représentant du peuple à l'assemblée constituante et à la législative, il conserva touours le mandat de ses concitoyens et l'exerça jusqu'au 2 décembre 1851.

# RAPPORT

FAIT A LA CHAMBRE DES DÉPUTÉS, AU NOM DE LA COMMISSION [1] CHARGÉE
D'EXAMINER LA PROPOSITION DE M. DE TRACY, RELATIVE AUX ESCLAVES DES COLONIES
(23 JUILLET 1839 [2])

Messieurs,

La plupart de ceux qui, jusqu'à présent, se sont occupés de l'esclavage, ont voulu en montrer l'injustice ou en adoucir les rigueurs.

La Commission, au nom de laquelle j'ai l'honneur de parler, a reconnu, dès les premiers jours de son travail, que sa tâche était tout à la fois plus simple et plus grande.

On a quelquefois prétendu que l'esclavage des nègres avait ses fondements et sa justification dans la nature elle-même. On a dit que la traite avait été un bienfait pour la race infortunée qui l'a subie; et que l'esclave était plus heureux dans la tranquille paix de la servitude, qu'au milieu des agitations et des efforts que l'indépendance amène. La commission n'a pas, Dieu merci, à réfuter ces fausses et odieuses doctrines. L'Europe les a depuis longtemps flétries; elles ne peuvent servir la cause des colonies, et ne sauraient que nuire à ceux des colons qui les professeraient encore.

[1] Cette commission était composée de MM. le baron Roger, de Tocqueville, le comte de Sade, Wustemberg, de Rémusat, Cadeau-d'Acy, Dugabé, Odilon Barrot, le vicomte de Panat.

[2] Sur les travaux de Tocqueville relatifs à l'abolition de l'esclavage, voir la préface mise en tête du tome I, p. 38 et 39.

La Commission n'a pas non plus à établir que la servitude peut et doit avoir un jour un terme. C'est aujourd'hui une vérité universellement reconnue, et que ne nient point les possesseurs d'esclaves eux-mêmes.

La question qui nous occupe est donc sortie de la sphère des théories pour entrer enfin dans le champ de la politique pratique. Il ne s'agit point de savoir si l'esclavage est mauvais et s'il doit finir, mais quand et comment il convient qu'il cesse.

Ceux qui, tout en admettant que l'esclavage ne peut durer toujours, désirent reculer l'époque où l'émancipation doit avoir lieu, disent qu'avant de briser les fers des nègres il faut les préparer à l'indépendance. « Aujourd'hui, le noir échappe presque entièrement aux liens salutaires du mariage ; il est dissolu, paresseux, imprévoyant ; sous plus d'un rapport, il ressemble à un enfant dépravé plus qu'à un homme. Les vérités du christianisme lui sont presque nconnues, et il ne sait de la morale évangélique que le nom.

« Éclairez sa religion, régularisez ses mœurs, constituez pour lui la famille, étendez et fortifiez son intelligence, de manière à ce qu'il conçoive l'idée et qu'il acquière la prévoyance de l'avenir : après que vous aurez accompli toutes ces choses, vous pourrez sans crainte le rendre libre. »

Cela est vrai ; mais si toutes ces préparations ne peuvent se faire dans l'esclavage, exiger qu'elles aient été faites avant que la servitude finisse, n'est-ce pas, en d'autres termes, déclarer qu'elle ne doit jamais finir ? Vouloir donner à un esclave les opinions, les habitudes et les mœurs d'un homme libre, c'est le condamner à rester toujours esclave. Parce que nous l'avons rendu indigne de la liberté, pouvons-nous lui refuser éternellement, à lui et à ses descendants, le droit d'en jouir ?

Il est vrai que l'union conjugale est presque ignorée parmi les esclaves de nos colonies [1]. Il est vrai aussi que nos institutions coloniales n'ont point favorisé, autant qu'elles l'auraient dû, le mariage des noirs. Il faut dire cependant que, sur ce point, la volonté individuelle des maîtres a quelquefois essayé de faire ce que la loi ne fait pas. Mais les nègres ont, le plus souvent, échappé et échappent encore à cette influence salutaire.

---

[1] Voyez les statistiques du mariage, dans les documents imprimés par ordre du ministre de la marine.

Il existe, en effet, une antipathie profonde et naturelle entre l'institution du mariage et celle de l'esclavage. Un homme ne se marie point quand il est dans sa condition de ne pouvoir jamais exercer l'autorité conjugale ; quand ses fils doivent naître ses égaux, et qu'ils sont irrévocablement destinés aux mêmes misères que leur père ; quand, ne pouvant rien sur leur sort, il ne saurait connaître ni les devoirs, ni les droits, ni les espérances, ni les soucis dont la paternité est accompagnée. Il est facile de voir que presque tout ce qui incite l'homme libre à consentir une union légitime, manque à l'esclave par *le seul fait de l'esclavage*. Les moyens particuliers dont peut se servir le législateur ou le maître, pour l'exciter à faire ce qu'il l'empêche de désirer, seront donc toujours inutiles.

La même remarque peut s'appliquer à tout le reste.

Comment éclairer et fortifier la raison d'un homme, tant qu'on le retient dans un état où il lui est inutile et où il pourrait lui être nuisible de raisonner? On ne saurait sérieusement s'en flatter. De même, il est superflu de vouloir rendre actif et diligent un ouvrier qui est forcé de travailler sans salaire ; et c'est un effort puéril qu'entreprendre de donner l'esprit de conduite et les habitudes de la prévoyance à celui dont la condition est de rester étranger à son propre sort, et qui voit son avenir entre les mains d'un autre.

La religion elle-même ne peut pas toujours pénétrer jusqu'à l'esclave ; et elle ne saurait presque jamais l'atteindre que d'une manière très-superficielle.

Tous ceux qui ont eu occasion de vivre dans nos colonies s'accordent à dire que les nègres y sont fort disposés à recevoir et à retenir les croyances religieuses. « Les nègres sont avides de religion, » dit M. le gouverneur-général de la Martinique, dans un de ses derniers rapports.

Cependant, il paraît certain que les mêmes nègres n'ont encore conçu que des idées très-obscures et à peine arrêtées en matière de religion. Cela peut être attribué, en partie, au petit nombre de prêtres qui habitent les colonies, au peu de zèle de quelques-uns d'entre eux, et à l'indifférence habituelle des maîtres sur ce point. Mais ce ne sont là, on doit le dire, que des causes secondaires ; la cause première est encore et demeure l'esclavage lui-même.

Cela se comprend sans peine et s'explique aisément par ce qui, précède.

Dans plusieurs des pays où les Européens ont introduit la servitude, les maîtres se sont toujours opposés, soit ouvertement, soit en secret, à ce que la parole de l'Évangile parvînt jusqu'à l'oreille des nègres.

Le christianisme est une religion d'hommes libres; et ils craignent qu'en la développant dans l'âme de leurs esclaves, on ne vienne à y réveiller quelques-uns des instincts de la liberté.

Lorsqu'il leur est arrivé, au contraire, d'appeler le prêtre au secours de l'ordre et de l'introduire eux-mêmes dans leurs ateliers, le prêtre a eu peu d'empire, parce qu'il n'apparaissait aux yeux de l'esclave que comme le substitut du maître et le sanctificateur de l'esclavage. Dans le premier cas, les nègres n'ont pas pu, dans le second, ils ne veulent pas s'instruire.

Comment, d'ailleurs, parvenir à élever et à épurer la volonté de celui qui ne sent pas la responsabilité de ses propres actes? Comment donner l'idée de la dignité morale à qui n'est rien à ses propres yeux? Il sera toujours bien difficile, quoi qu'on fasse, d'éclairer et de spiritualiser la religion d'un esclave dont des travaux grossiers et incessants remplissent la vie, et qui est naturellement et invinciblement plongé dans l'ignorance par le fait même de sa condition. On ne purifie point les mœurs d'un homme qui ne peut jamais connaître les principaux attraits de l'union conjugale, et qui ne saurait voir dans le mariage qu'un esclavage particulier au sein de la servitude. Si on y regarde avec soin, l'on se convaincra que, dans la plupart des pays à esclaves, le nègre est entièrement indifférent aux vérités religieuses, ou bien qu'il fait du christianisme une superstition ardente et grossière.

Il semble donc qu'il serait peu raisonnable de croire qu'on parvienne à détruire dans la servitude les vices que naturellement et nécessairement la servitude fait naître. La chose est sans exemple dans le monde; l'expérience seule de la liberté, la liberté longtemps contenue et dirigée par un pouvoir énergique et modéré, peuvent suggérer et donner à l'homme les opinions, les vertus et les habitudes qui conviennent au citoyen d'un pays libre. L'époque qui suit l'abolition de la servitude a donc toujours été un temps de malaise et d'effort social. C'est là un mal inévitable : il faut se résoudre à le supporter, ou éterniser l'esclavage.

Votre Commission, messieurs, a pensé que tous les moyens qu'on

pourrait employer pour préparer les nègres à l'émancipation, seraient d'un effet très-lent et n'auraient jamais qu'une utilité fort
restreinte. Elle a donc jugé qu'on gagnait peu à attendre, et elle
s'est demandé s'il n'y avait pas péril à le faire.

L'esclavage est une de ces institutions qui durent mille ans, si
personne ne s'avise de demander pourquoi elle existe, mais qu'il est
presque impossible de maintenir le jour où cette demande est faite.

Si l'on considère ce qui se passe en France, il semble évident
qu'au point où en sont aujourd'hui arrivés les esprits, après que les
chambres se sont occupées, à plusieurs reprises, de la question
d'émancipation et l'ont *mise à l'ordre du jour*, suivant l'expression
de l'habile rapporteur de la commission précédente, il semble évident, disons-nous, que l'administration ne pourra pas longtemps résister à la pression de l'opinion publique sur ce point, et que, dans
un délai désormais très-court, elle sera forcée de détruire, soit directement, soit indirectement, l'esclavage. D'une autre part, si l'on
considère l'état des colonies, on est conduit à penser que, dans leur
intérêt même, la servitude doit bientôt y avoir un terme.

On ne saurait étudier attentivement les documents nombreux qui
ont été mis à la disposition de la Commission, sans découvrir que,
dans les colonies, l'idée de l'abolition de l'esclavage est présente à
tous les esprits. L'approche de ce grand changement social, les
craintes naturelles et les espérances légitimes qu'il suggère, y troublent et y agitent profondément les âmes.

Ce qui arrive dans les colonies anglaises qui environnent les
nôtres, ce qui se dit et ce qui se fait chaque année dans la mère-
patrie, ce qui se passe dans nos îles elles-mêmes, où, depuis huit
ans, trente-quatre mille noirs [1] ont été affranchis, tout annonce aux
colons que la servitude va bientôt finir.

« L'émancipation, dit le conseil privé de la Guadeloupe (26 décembre 1838), est désormais un fait inévitable, non-seulement sous
le point de vue des efforts tentés par les abolitionistes, mais comme
conséquence de la position topographique de nos îles et de leur voisinage des colonies anglaises [2]. »

---

[1] Voyez les notices statistiques publiées par le ministre de la marine.
[2] La Martinique et la Guadeloupe ne sont séparées que par des bras
de mer très-étroits de Sainte-Lucie, de la Dominique, de Montserrat et
d'Antigue. Toutes ces îles se voient: Sainte-Lucie et la Dominique ayant

M. le gouverneur de la Guadeloupe, dans son rapport du 25 décembre 1838, dit, en parlant de la réunion extrordinaire du conseil colonial : « Une espèce de panique s'est répandue, à cette occasion, dans la campagne; le bruit a circulé que les esclaves étaient disposés à prendre leur liberté de vive force, si elle ne leur était pas donnée au 1er janvier. Aucun fait n'est venu à l'appui des inquiétudes qui se sont manifestées. Toutefois, il est certain que les ateliers sont travaillés par la pensée d'une prochaine émancipation. »

Il est facile de concevoir qu'une pareille situation est pleine de périls, et qu'elle fait déjà naître une partie des maux que la destruction de l'esclavage peut produire, sans amener aucun des biens qu'on doit attendre de la liberté. Déjà ce n'est plus un ordre régulier et stable, c'est un état transitoire et orageux : la révolution qu'on voudrait empêcher est commencée. Le colon, qui voit chaque jour s'avancer vers lui cette révolution inévitable, est sans avenir, partant sans prévoyance. Il ne commence pas de nouvelles entreprises, parce qu'il n'est pas certain de pouvoir en recueillir le fruit. Il n'améliore rien, parce qu'il n'est sûr de rien. Il entretient mal ce qui peut-être ne doit pas lui appartenir toujours. L'incertitude de leurs destinées prochaines pèse sur les colonies d'un poids immense ; elle comprime leur intelligence et abat leur courage.

C'est, en partie, à cette cause qu'il faut attribuer le malaise pécuniaire qui se fait sentir dans nos colonies. Les terres et les esclaves y sont sans acheteurs, parce qu'il n'y a pas d'avenir certain pour les propriétaires et pour les maîtres. Ces mêmes effets s'étaient du reste fait voir dans la plupart des colonies anglaises, durant l'époque qui a précédé immédiatement l'abolition de l'esclavage. On peut s'en convaincre en lisant les discussions du Parlement anglais, dans la session de 1838.

Si cet état se prolongeait longtemps encore, il ruinerait les blancs et laisserait peu d'espérance d'arriver jamais, d'une manière paisible et heureuse, à l'affranchissement des noirs.

Dans ce relâchement graduel et involontaire du lien de l'esclavage, le nègre s'accoutume peu à peu à l'idée d'être craint; il attribue volontiers ce que l'humanité fait faire en sa faveur à la terreur qu'il inspire. Il devient un mauvais esclave, sans acquérir

été françaises, l'exemple de ce qui s'y passe est encore plus contagieux pour nos îles.

aucune des vertus de l'homme libre ; il perd les traditions d'obéissance et de respect dont le magistrat aura besoin de se servir quand
l'autorité du maître sera abolie.

« Les nègres des Antilles, disent les rapports les plus récents et
les plus dignes de foi, quittent presque toutes les nuits leurs cases
pour aller courir au loin et se livrer à la débauche. C'est aussi pendant cette liberté des nuits qu'ils se livrent au vol, à la contrebande, et qu'ils tiennent des conciliabules. Quand le jour arrive,
ils sont épuisés et peu propres au travail. Lorsque l'on demande aux
colons pourquoi ils donnent cette liberté si funeste à leurs esclaves,
ils répondent qu'ils sont hors d'état de la leur ôter. En effet, lorsque
le maître demande à ses nègres autre chose que ce qu'ils sont
accoutumés de faire, ceux-ci le combattent d'abord par la force
d'inertie, et, sans qu'il insiste, ils répondent en empoisonnant les
bestiaux. La terreur du poison est grande dans le pays ; par elle,
l'esclave domine le maître. »

Cette terreur du poison paraît surtout répandue à la Martinique.
La Commission a eu sous les yeux un rapport de M. le gouverneur
de la Martinique, en date du 15 mars 1839, dans lequel ce fonctionnaire attribue en partie à la crainte du poison le peu d'ardeur
que mettent les colons à élever des bestiaux. « L'éducation des bestiaux, dit-il, est découragée par le poison. »

L'humanité et la morale ont souvent réclamé, et quelquefois peut-
être avec imprudence, l'abolition de l'esclavage. Aujourd'hui c'est
la nécessité politique qui l'impose.

Il vaut mieux qu'une main ferme et prudente vienne précipiter
et conduire la crise, que de laisser les sociétés coloniales s'affaiblir
et se dépraver dans son attente, et devenir enfin incapables de la
supporter un jour.

Votre Commission, messieurs, a été unanimement d'avis que le
temps est venu de s'occuper activement de l'abolition finale de l'esclavage dans nos colonies, et elle a dû rechercher quel était le
meilleur moyen de l'abolir.

Deux systèmes généraux se sont naturellement présentés à sa
pensée.

Le premier ne fait arriver les esclaves à la liberté qu'individuellement, et par une suite de mesures lentes et progressives.

Le second fait cesser simultanément pour chacun d'eux la servitude.

Votre Commission, après un mûr examen, a été d'avis unanime que l'émancipation simultanée présentait moins d'inconvénients et offrait moins de périls que l'émancipation graduelle.

Cette opinion, qui paraît du reste universellement admise dans les colonies elles-mêmes, peut surprendre au premier abord. Mais un examen attentif fait bientôt découvrir qu'elle se fonde sur des raisons qui paraissent sans réplique. Ces raisons avaient déjà fort préoccupé la commission dernière. *Le système de l'émancipation simultanée*, avait dit le rapporteur, *a paru préférable.*

Toute émancipation graduelle a, en effet, trois inconvénients très-graves.

1° Lorsque la métropole fait arriver à la fois, et par l'effet direct et visible de sa seule volonté, tous les esclaves à l'indépendance, elle peut aisément, en retour de ces droits nouveaux qu'elle leur confère, imposer à chacun d'eux certaines obligations particulières et étroites, et les soumettre tous à un régime transitoire qui les habitue graduellement à faire un bon usage de leur liberté.

Comme le changement est complet, que la société entière se transforme en même temps, il n'est pas impossible d'y introduire de nouvelles maximes de gouvernement, une nouvelle police, de nouveaux fonctionnaires, de nouvelles lois. Ces lois s'appliquant à tout le monde, personne ne se sent particulièrement blessé et ne résiste. La mère-patrie est préparée à faire un pareil effort, et les colonies à le subir.

Quand, au contraire, les esclaves n'arrivent qu'un à un à la liberté par un concours de circonstances qui semblent accidentelles, le changement social qui s'opère échappe aux esprits. A chaque affranchissement individuel, la société coloniale s'altère dans son essence, sans que son apparence extérieure en paraisse changée. Les affranchis continuant à ne former qu'une classe à part, il faudrait créer pour elle une législation spéciale, des magistrats particuliers, un gouvernement exceptionnel : entreprises toujours difficiles et souvent périlleuses. Il semble plus simple et moins gênant de s'en rapporter au droit commun.

Or le droit commun d'une société à esclaves n'est pas en tout semblable au nôtre ; ce serait une grande erreur de le croire.

Tous ceux qui ont parcouru les pays où la servitude existe ont pu remarquer que le pouvoir social s'y mêlait de beaucoup moins d'affaires et se préoccupait d'infiniment moins de soins que dans les contrées où l'esclavage est inconnu.

L'autorité n'a pas besoin d'y réprimer le vagabondage et la paresse, puisque l'ouvrier est retenu dans un certain lieu et tenu au travail. La société n'y pourvoit pas aux nécessités des enfants, des vieillards et des malades : ces charges sont attachées à la propriété servile. La plupart des lois de police sont inutiles; la discipline du maître en tient lieu. Dans les pays à esclaves, le maître est le premier magistrat, et quand l'État a établi, maintenu et réglé l'usage de la servitude, la plus grande partie de sa tâche est remplie.

La législation d'un pays à esclaves n'a pas prévu l'existence d'un grand nombre d'hommes libres et en même temps pauvres et dépravés. Elle n'a rien préparé pour subvenir à leurs besoins, pour réprimer leurs désordres et corriger leurs vices.

L'affranchi y abuse donc aisément de son indépendance pour y mener une vie oisive et vagabonde. Ce mal est d'abord peu sensible, mais il s'accroît à mesure que le nombre des affranchissements augmente, jusqu'à ce qu'on se trouve enfin tout à coup, sans l'avoir prévu, en face de toute une population ignorante, misérable et désordonnée, dans le sein de laquelle on ne rencontre que les vices des hommes libres, et qu'il est désormais impossible de moraliser et de conduire.

2° Le système de l'émancipation graduelle, qui rend plus difficile au pouvoir social la tâche de forcer l'affranchi au travail, a de plus cet effet qu'il écarte l'affranchi de vouloir travailler. Tous ceux qui ont parcouru les pays à esclaves se sont aperçus que l'idée du travail y était indissolublement liée à l'idée de la servitude. On n'y évite pas seulement le travail comme un effort pénible, on le fuit comme un déshonneur. Et l'expérience apprend que presque partout où il y a des esclaves qui travaillent, les hommes libres restent oisifs.

Tant que l'émancipation graduelle n'est pas terminée (et son opération doit être lente, pour qu'elle puisse remplir l'objet de ceux qui la préfèrent à l'émancipation simultanée), une partie de la population noire demeure attachée au travail forcé; le travail reste le cachet de l'esclavage, et chaque nègre, en arrivant à la liberté, est naturellement conduit à considérer l'oisiveté tout à la fois comme le plus doux et le plus glorieux privilège de son nouvel état. L'émancipation graduelle a donc pour résultat nécessaire de livrer successivement chacun de ceux auxquels elle s'applique, au vagabondage et à la misère aussi bien qu'à la liberté.

Ceci suffit pour expliquer ce qui se passe dans nos colonies.

On voit, par les dépêches de MM. les gouverneurs, que, parmi les trente-quatre mille esclaves [1] qui ont été affranchis depuis 1830, il n'y en a eu qu'un très-petit nombre qui se soient livrés au travail. Aucun ne s'est adonné aux travaux de l'agriculture, travaux particulièrement déshonorés aux yeux des noirs, parce qu'ils n'ont jamais été entrepris et ne sont encore suivis que par des esclaves. « Qui ne connaît, dit le conseil privé de la Guadeloupe, que le passé du travail a compromis son avenir? Qui ne connaît la répugnance du travail libre pour la continuation du travail esclave? Qui ne conçoit enfin que la mise en présence de ces deux sortes de travail est une contradiction et un obstacle au but qu'on doit se proposer, celui de réhabiliter, par la liberté, la culture de la terre, déshonorée par l'esclavage? »

3° Toute émancipation graduelle a d'ailleurs pour effet inévitable de mener par un chemin très-court à une émancipation complète.

On en a un exemple bien récent et bien frappant dans ce qui vient de se passer dans les colonies anglaises. Une partie des nègres devait arriver à la liberté complète deux ans avant l'autre. Dès que le terme est arrivé pour les premiers, il a fallu l'avancer pour les seconds; et tous ont pris en même temps possession de l'indépendance.

On peut affirmer sans crainte qu'il en sera ainsi dans tous les pays qui voudront suivre cette même voie.

Lorsqu'au moyen du système de l'émancipation graduelle un grand nombre de nègres sont arrivés à la liberté, il devient comme impossible de garder les autres dans la servitude. Comment faire travailler le noir libre à côté du noir esclave? Comment maintenir l'esclave dans l'obéissance en présence et au milieu de noirs libres? Comment faire supporter la règle de la servitude, quand l'exception de la liberté devient très-fréquente, et que la dure loi de l'esclavage, détruite en principe pour tous, n'existe plus que temporairement et partiellement, pour quelques-uns.

On en arrive donc toujours à émanciper à la fois une multitude d'esclaves, mais on y arrive malgré soi, sans le savoir, sans pouvoir

---

[1] Voyez aussi les Considérants de l'ordonnance du 11 juin 1839.

fixer son moment, sans préparer ses voies ; on y arrive avec une autorité affaiblie, et quand une partie de la population noire a déjà pris des habitudes d'oisiveté et de désordre qui en rendent le gouvernement difficile et la moralisation presque impraticable.

A ces difficultés premières et générales, il faut ajouter une foule de difficultés spéciales et secondaires, qui se découvrent dès qu'on vient à examiner attentivement les différents systèmes d'émancipation graduelle qui, jusqu'à présent, ont été proposés ou mis en pratique.

En 1851, une ordonnance royale vint détruire presque toutes les anciennes barrières qui entravaient le droit d'affranchir. Depuis cette époque, on a affranchi chaque année, soit par intérêt, soit par caprice, plusieurs milliers de noirs. La plupart de ces affranchis étaient des esclaves âgés ou sans valeur, ou bien des personnes jeunes et valides, que des préférences peu honorables faisaient introduire dans la société libre sans moyens assurés d'y pourvoir honnêtement à leurs besoins. Le résultat de cette ordonnance a donc été de faire arriver à la liberté la portion la moins morale et la moins valide de la population noire, tandis que la partie la plus respectable et la plus propre au travail restait dans la servitude.

L'honorable M. de Tracy a indiqué une autre voie : il propose de donner à l'esclave le droit absolu d'acheter sa liberté, moyennant un certain prix fixé d'avance par l'État.

Ce système amène naturellement des effets tout contraires à ceux qui viennent d'être signalés. Les plus forts, les plus jeunes, les plus laborieux, les plus industrieux des esclaves, arriveront assurément à la liberté ; les femmes, les enfants, les vieillards, les hommes déréglés ou paresseux resteront seuls dans les mains du maître. Ce résultat est, jusqu'à un certain point, plus moral ; mais il présente aussi de grands périls.

Il est à craindre que, réduit à des agents faibles ou impuissants, l'atelier ne soit bientôt désorganisé ; le travail forcé deviendra improductif, sans qu'on ait réhabilité et organisé le travail libre.

Il est vrai que le principe du rachat forcé existe depuis très-longtemps dans les colonies espagnoles, et qu'il ne paraît point y avoir produit de si fâcheux effets.

Mais il est de notoriété publique dans le Nouveau-Monde, que l'esclavage a toujours eu, chez les Espagnols, un caractère particulier de douceur. On peut, du reste, s'en convaincre en parcourant les ordonnances rendues par les rois d'Espagne à une époque où, chez toutes les nations de l'Europe, le code noir était encore si fortement empreint de barbarie. Les Espagnols, qui se sont montrés si cruels envers les Indiens, ont toujours conduit les nègres avec une humanité singulière. Dans leurs colonies, le noir a été beaucoup plus près du blanc que dans toutes les autres, et l'autorité du maître y a souvent ressemblé à celle du père de famille. L'esclave, mieux traité, y soupirait moins après une liberté qui devait être précédée de grands efforts. Le législateur lui accordait un droit dont il était peu fréquent qu'il voulût user.

Les règles dont on parle ont été d'ailleurs introduites chez les Espagnols dans un temps où l'esclavage, établi dans les lois et dans les mœurs, était le sort commun et paraissait la destinée naturelle de la race noire. La liberté n'apparaissait alors aux yeux des nègres que comme un état rare et singulier. Rien ne les sollicitait vivement de la saisir. Aujourd'hui tout les y excite : aujourd'hui que l'esclavage est frappé d'une réprobation universelle, et n'apparaît que comme un abus de la force ; qu'il est attaqué énergiquement par les mœurs et mollement défendu par les lois ; qu'il est devenu un fait transitoire et exceptionnel ; aujourd'hui que la liberté est assez générale et assez proche pour qu'à sa vue toutes les imaginations s'enflamment d'avance.

Un autre mode d'émancipation graduelle a été également proposé par l'honorable M. de Tracy.

Sans détruire l'esclavage de la génération présente, il consiste à déclarer libres tous les enfants à naître.

Ce moyen n'amène pas à sa suite les résultats fâcheux qui viennent d'être signalés ; mais il présente d'autres difficultés et d'autres périls.

Maintenant que le mariage est presque inconnu parmi les esclaves, il n'existe guère de rapport naturel et nécessaire qu'entre la mère et l'enfant. Ce dernier lien de la famille, qu'il serait si important de conserver, est rompu, si, tandis, que l'enfant est traité comme un homme libre, la mère reste dans l'esclavage ; si, par une interversion monstrueuse, l'une est placée dans l'échelle sociale plus bas que l'autre : état contre nature, et dont il ne saurait jamais sortir rien d'utile ni de bon.

Ici, d'ailleurs, se présentent, dans toute leur force, les objections générales déjà produites contre toute émancipation graduelle. Comment, au milieu des générations précédentes restées dans l'esclavage, obtenir le travail de la jeune génération affranchie? Comment faire travailler les parents esclaves en présence de leurs enfants libres?

Votre Commission, messieurs, étant ainsi demeurée convaincue que l'émancipation simultanée était, à tout prendre, le moyen le moins dangereux de détruire l'esclavage, ne s'est plus appliquée qu'à rechercher à quelles conditions générales et de quelle manière cette émancipation devait avoir lieu.

Votre Commission a repoussé tout d'abord l'assimilation qu'on voudrait faire de la propriété de l'esclave aux autres propriétés que la loi protége. Elle n'admet pas que l'expropriation forcée pour cause d'utilité publique soit rigoureusement applicable aux cas où l'État rend un nègre à la liberté. L'homme n'a jamais eu le droit de posséder l'homme, et le fait de la possession a toujours été et est encore illégitime.

Alors même, d'ailleurs, que les principes en matière d'expropriation pour cause d'utilité publique seraient ici applicables, il est évident que le colon ne saurait, d'après ces principes, réclamer d'avance le remboursement de la valeur totale de son esclave; car, à la place de cet esclave qu'elle lui enlève, la loi lui offre un ouvrier libre. L'ouvrier libre ne sert, il est vrai, que moyennant salaire; mais l'esclave ne pouvait non plus servir qu'à la condition d'être acheté, nourri, soigné et vêtu : c'était encore le salaire sous une autre forme. Le colon ne serait donc attaqué dans sa fortune par le fait de l'émancipation, et n'aurait un droit rigoureux à une indemnité que si, par le résultat encore inconnu de cette même émancipation, les nègres refusaient de travailler, ou si le salaire qu'ils demandaient pour leur travail excédait la somme pour laquelle on pouvait se procurer leur coopération forcée du temps de l'esclavage.

Toutefois, messieurs, votre Commission a unanimement pensé qu'il ne serait ni humain, ni équitable, ni sage, de ne point venir au secours des colonies au moment où l'émancipation générale est prononcée, et pendant qu'elle s'opère.

C'est avec l'autorisation, c'est avec l'appui et le concours de la métropole, que les colons ont entrepris de cultiver la terre à l'aide d'esclaves. Dès 1679 [1], un arrêt du conseil accorda une prime de 13 livres par chaque tête de nègre importée dans les colonies. Des lettres-patentes de 1696 et 1704 confirment ce privilége des vendeurs d'esclaves. Toute la législation relative aux colonies, pendant le dix-huitième siècle, est remplie d'encouragements semblables, et, cinq ans encore avant la Révolution, le 28 octobre 1784, un arrêt du conseil porte : « Les avantages faits aux armateurs qui s'occupent de la traite des nègres étant devenus insuffisants, et ces armateurs ne suivant pas le commerce de la traite avec autant d'activité que l'exigerait l'intérêt des colonies, Sa Majesté, toujours portée à donner à ses colonies et aux armateurs de son royaume des marques de protection, a bien voulu accorder de nouveaux encouragements à la traite. » Suit une longue énumération des nouveaux priviléges.

La France a donc favorisé de tout son pouvoir le trafic des esclaves pendant plus d'un siècle, et elle n'a cessé de le tolérer que depuis neuf ans ; aujourd'hui, plus éclairée et plus juste, elle veut substituer au travail forcé le travail libre. La science indique, et plusieurs expériences déjà faites dans l'intérieur même des tropiques [2] semblent prouver que la culture à l'aide des nègres affranchis peut devenir plus facile, plus productive et moins onéreuse que la culture à l'aide des noirs esclaves. Il est donc permis de croire que la révolution opérée dans nos îles serait heureuse pour les colons comme pour les nègres, et qu'après qu'elle serait terminée, il en coûterait moins au propriétaire du sol pour cultiver ses champs avec un petit nombre d'ouvriers dont il payerait le salaire suivant le travail, qu'il ne lui en coûte aujourd'hui où il est obligé d'acheter et d'entretenir, toute l'année autour de lui, une multitude d'esclaves dont une partie considérable reste toujours improductive.

Mais, d'un autre côté, il faut le reconnaître, le succès d'un si grand changement social est toujours accompagné d'incertitude ; alors même que le résultat final de la grande expérience que nous allons tenter serait de nature à nous satisfaire, comme il y a tant de justes raisons de le croire, le passage d'un état à l'autre ne se fera jamais sans péril ; il sera accompagné d'un malaise inévitable ;

---

[1] Arrêt du 25 mars 1679.
[2] Voyez notamment ce que dit Flinter sur la colonie espagnole de Porto-Rico.

il amènera des changements d'habitude et de méthode toujours pénibles et souvent onéreux. Il est possible, il est probable même que, pendant un certain temps, jusqu'à ce que le nègre ait été amené par une législation nouvelle à des mœurs laborieuses, l'exploitation des terres dans les colonies sera moins productive et plus chère par le travail libre qu'elle ne l'est par le travail forcé; en d'autres termes, que les salaires s'élèveront plus haut chaque année que ne s'élèvent aujourd'hui l'achat et l'entretien des esclaves. Laisser courir aux colons seuls ces chances, serait une iniquité flagrante. Il est indigne de la grandeur et de la générosité de la France de faire triompher enfin les principes de la justice, de l'humanité et de la raison, qui ont été si longtemps méconnus par elle et par ses enfants d'outre-mer, aux dépens de ces derniers seulement; de prendre pour elle seule l'honneur d'une réparation si tardive, et de n'en laisser aux colons que la charge. Une grande injustice a été commise par les uns et par les autres: il faut que les uns et les autres contribuent à la réparer.

La Commission a pensé, d'ailleurs, que, quand cette manière d'agir ne serait pas indiquée par l'équité, l'intérêt seul en ferait une loi.

Pour arriver sans trouble au résultat heureux que l'émancipation doit produire, il est nécessaire d'obtenir et de conserver l'actif concours des colons. On n'y réussirait point en les abandonnant à eux-mêmes et en ne les aidant point à traverser la crise qu'on aurait fait naître.

Il y a une vérité qu'on ne saurait méconnaître: l'émancipation sera d'autant plus facile, la transition d'un état à l'autre d'autant plus paisible et plus courte, que les propriétaires du sol seront plus riches. Tout devient difficile si l'émancipation s'opère au milieu de leur gêne; tout devient périlleux si elle commence au milieu de leur ruine. Il n'y a qu'une société coloniale prospère qui puisse aisément supporter le passage de la servitude à la liberté.

Or, il paraît certain que dans nos colonies, surtout dans les colonies des Antilles, la situation pécuniaire des propriétaires est depuis longtemps fort gênée.

Des renseignements que la Commission a lieu de croire dignes de foi portent les seules dettes hypothécaires contractées et non acquittées depuis dix ans, à la Guadeloupe et à la Martinique, à

130 millions; c'est à peu près le quart du capital représenté par toutes les propriétés rurales de ces deux îles [1]. L'intérêt de l'argent est à 16 pour 100 environ [2].

Avant de retirer au colon le travail forcé de ses esclaves, il est prudent de le mettre en état d'acheter le travail libre des ouvriers.

Votre Commission a pensé que ces considérations seraient suffisantes pour déterminer la Chambre à la dépense qui sera nécessaire.

La France, messieurs, ne veut pas détruire l'esclavage pour avoir la douleur de voir les blancs ruinés quitter le sol des colonies, et les noirs retomber dans la barbarie. Elle n'entend pas seulement donner la liberté à des hommes qui en sont privés, mais constituer des sociétés civilisées, industrieuses et paisibles. Elle ne refusera pas à son gouvernement les moyens d'y parvenir.

La France n'oubliera point qu'il s'agit ici de la liberté, du bonheur, de la vie de trois cent mille de nos semblables, qui tous parlent notre langue, obéissent à nos lois et tournent en ce moment vers nous leurs regards, comme vers leurs libérateurs ou leurs pères. Si la France croit que le moment est arrivé de régénérer et de sauver ces sociétés lointaines qui sont son ouvrage et dont elle a exposé l'avenir en introduisant dans leur sein la servitude, elle ne jugera pas qu'il convienne au rang qu'elle occupe dans le monde, de compromettre le succès d'une si glorieuse et si sainte entreprise par économie.

La Commission, d'ailleurs, a pensé que l'émancipation pouvait être conduite de telle manière et accompagnée de telle mesure, que le trésor ne fût appelé à faire qu'une avance, et que la nation pût se couvrir, par le produit du travail des affranchis, d'une portion des frais que l'émancipation aurait amenés. Ceci sera expliqué plus loin. La Commission, messieurs, a donc été d'avis unanime qu'on devait

---

[1] La valeur des terres à la Martinique est évaluée à 330,385,450 fr.: la valeur des terres de la Guadeloupe à 268,371,925 fr. *Voyez* Documents statistiques publiés par le ministre de la marine.

[2] La Commission a reconnu que cette situation fâcheuse était due en partie à ce que, dans les colonies des Antilles, l'expropriation forcée n'existait pas, et elle a accueilli avec reconnaissance l'assurance que lui ont donnée MM. les ministres qu'à la session de 1840 un projet de loi ayant pour objet d'introduire la saisie immobilière dans nos Antilles, serait présenté en temps utile.

accorder aux colons une indemnité dont, quant à présent, le montant n'a pu être évalué par elle, mais dont la plus grande partie serait payée avant que l'émancipation ne fût accomplie.

La Commission ne regarde pas, du reste, l'indemnité comme la seule condition nécessaire au succès de l'entreprise; il y en a plusieurs autres qui lui restent à indiquer.

Il importe d'abord de se fixer sur l'espèce de péril qui est à craindre.

Beaucoup de personnes, préoccupées des souvenirs de Saint-Domingue, sont portées à croire que l'émancipation des esclaves fera naître prochainement entre les deux races qui habitent nos colonies des collisions sanglantes, d'où l'expulsion, le massacre des blancs doivent bientôt sortir. Tout porte à penser que ces craintes sont entièrement imaginaires, ou du moins fort exagérées. La Commission a examiné avec le plus grand soin tous les documents relatifs à l'affranchissement des esclaves dans les colonies anglaises, et elle croit devoir déclarer que rien de ce qui s'est passé dans ces colonies ne lui a donné lieu de croire que l'émancipation dût être accompagnée des désastres que l'on redoute.

L'Angleterre possédait dix-neuf colonies à esclaves; ces colonies contenaient en tout, environ neuf cent mille noirs ou mulâtres, et seulement deux cent trente mille blancs, ou à peu près. Parmi ces colonies, l'une d'elles, la Jamaïque, comptait à elle seule trois cent vingt-deux mille esclaves et trente-cinq mille blancs; une autre, Demerari, est placée sur le continent et environnée de pays inhabités, où les nègres peuvent aisément se réunir loin de la puissance des blancs. L'émancipation a causé et cause encore du malaise dans les colonies anglaises; mais nulle part elle n'a donné lieu à de graves désordres ni à des tentatives d'insurrection. L'Angleterre entretient cependant peu de troupes dans ses colonies, et l'émancipation y a été accompagnée de circonstances qui pouvaient aisément servir de cause aux désordres et à la violence.

Les colonies de la France ne sont qu'au nombre de quatre [1]; trois d'entre elles sont des îles qui n'offrent qu'une petite surface, et la quatrième est presque inhabitée [2]. Sur ces îles, la population tout

---

[1] En mettant à part le Sénégal, qui n'est qu'un comptoir..

[2] La plus grande longueur de la Martinique est 16 lieues et sa lar-

entière est sans cesse placée sous la main du gouvernement; elle ne
peut se soustraire à son action journalière. L'impossibilité où seraient les nègres de résister doit leur en ôter toujours le désir. L'esclavage, d'ailleurs, devenu assez doux depuis longtemps dans les colonies françaises, ne saurait appeler la vengeance des noirs sur leurs
anciens maîtres.

Ce qui est à craindre de l'émancipation, ce n'est pas la mort violente de nos colonies, c'est leur dépérissement graduel et la ruine
de leur industrie, par la cessation, la diminution considérable ou le
haut prix du travail. On n'a pas à redouter que les noirs massacrent
les blancs; mais il faut appréhender qu'ils ne se refusent à travailler
avec eux et pour eux, ou qu'ils se bornent à quelques efforts passagers, qui, sous le ciel des tropiques, peuvent suffire à satisfaire les
premiers besoins de l'homme.

C'est là le seul péril qui paraisse à craindre : mais il est grave, et
il faut le conjurer à tout prix ; car la France travaille à faire des sociétés civilisées et non des hordes de sauvages. Il faut donc que la
métropole, après avoir agi sur le colon par l'indemnité, agisse à son
tour, sur l'esclave, par une législation ferme et prudente, qui le fa-
miliarise d'abord et le plie ensuite, s'il en est besoin, aux habitudes
laborieuses et viriles de la liberté.

La Chambre pensera, sans doute, qu'arrivé à ce point, et pour
achever d'éclairer le côté pratique de la question, il convient de considérer ici de quelle manière l'émancipation a été opérée dans les
colonies anglaises.

En 1832, la Chambre des communes déclara par une résolution
que, dans dix ans, l'esclavage devait être aboli.

Rien n'indique que, durant les dix ans qui s'écoulèrent, en effet,
à partir de cette époque, sans que la liberté des noirs fût proclamée, les colonies aient fait aucun effort pour se préparer au changement qui leur était annoncé. La plupart d'entre elles résistèrent,

geur 7 lieues. Les deux îles de la Guadeloupe, mises ensemble, présentent une longueur de 22 à 25 lieues, et une largeur moyenne de 5 à
7 lieues.

Bourbon a 14 lieues de long sur 9 à 10 de large.

La surface de la Guyane est évaluée à 18,000 lieues carrées; mais cette
colonie ne compte encore que 5,000 habitants libres et 16,000 esclaves.
Voyez les notices statistiques publiées par le ministre de la marine.

même opiniâtrément, aux tentatives que fit la mère-patrie pour les amener à prendre des mesures préparatoires. Dans plusieurs d'entre elles, principalement à la Jamaïque, une grande gêne régnait depuis longtemps dans la plupart des fortunes particulières.

C'est dans ces circonstances qu'en 1833 intervint le bill d'émancipation.

Personne n'ignore que les colonies anglaises ne sont pas toutes soumises au même régime.

Les plus anciennes, comme la Jamaïque, forment presque des États indépendants ; elles ont des assemblées politiques, qui s'attribuent le droit exclusif de faire des lois, et qui prétendent ne point relever du Parlement anglais, mais seulement du roi d'Angleterre. Les plus récentes, telles que la Guyane, n'ont point de corps représentatif proprement dit, et le pouvoir royal les administre à peu près sans contrôle.

Il était nécessaire de rappeler ces faits pour bien comprendre ce qui va suivre.

Le bill déclarait qu'à partir du 1er août 1834 la servitude serait abolie dans toutes les colonies anglaises [1] ; l'esclave échappait alors pour toujours à l'arbitraire du maître, pour n'être plus soumis qu'à l'action de la loi.

Cependant le législateur ne lui accordait pas immédiatement tous les droits de l'homme libre.

Les esclaves âgés de plus de six ans au 1er août 1834 étaient forcés de demeurer, pendant un certain nombre d'années, près de leurs anciens maîtres, et de les servir comme apprentis.

Le terme de l'apprentissage fut fixé au 1er août 1838 pour les esclaves attachés à la personne, et, pour ceux en bien plus grand nombre qui étaient occupés à la culture de la terre, au 1er août 1840 [2].

---

[1] Excepté à l'île de France, où elle devait durer six mois de plus, et au cap de Bonne-Espérance, où l'époque de l'abolition était retardée de quatre mois.

[2] La raison de cette différence est celle-ci : le législateur n'avait imposé que certaines heures de travail au nègre cultivateur, tandis qu'il avait été obligé de laisser constamment le nègre domestique à la disposition du maître. Il paraissait donc juste que l'apprentissage du second finît plus tôt que celui du premier.

L'apprenti agriculteur ou *predial*, suivant l'expression du bill, conservait de l'esclavage l'obligation de servir, sans salaire, pour le compte d'un maître qu'il ne pouvait quitter à volonté. Mais le maître ne pouvait plus arbitrairement le forcer au travail. Entre ces deux hommes venait s'interposer, pour la première fois, un magistrat chargé de veiller à ce qu'aucun des deux n'échappât aux obligations qui leur étaient imposées.

Le maître devait à l'affranchi la nourriture, le logement, l'entretien, comme au temps de l'esclavage.

L'affranchi devait au maître quarante-cinq heures de travail par semaine, ou cinq jours de travail à neuf heures par jour. Le reste du temps lui appartenait. L'espérance du législateur était que l'apprenti emploierait au service de son maître, et moyennant salaire, la plus grande partie du temps qu'on laissait chaque semaine à sa disposition.

Le maître était privé du pouvoir qu'il avait eu jusque-là d'infliger des punitions arbitraires. Le magistrat seul pouvait punir. Mais le magistrat restait armé de la faculté d'infliger des peines corporelles, dont les femmes seules étaient exemptes.

Dans les colonies anglaises, et particulièrement dans les colonies anciennes, la presque totalité des fonctionnaires publics étaient pris parmi les planteurs. La police était dans les seules mains des juges de paix, c'est-à-dire des propriétaires. Ces magistrats, suivant la coutume de la mère-patrie, n'étaient point payés.

Le Parlement jugea que, pour régler les obligations nouvelles et nombreuses que le bill imposait aux maîtres et aux ouvriers, il fallait introduire dans les colonies une magistrature rétribuée.

Le bill qui abolissait l'esclavage créait un certain nombre de magistrats salariés[1]. Ces magistrats, qui furent la plupart choisis dans la mère-patrie, avaient une compétence exclusive, mais circonscrite et temporaire.

Ils ne devaient juger que les contestations entre les apprentis et les maîtres, et leur pouvoir devait expirer avec le terme de l'apprentissage, c'est-à-dire au 1er août 1840.

Dans tout ce qui précède, le Parlement se borna à faire connaître

---

[1] On en plaça soixante dans la seule colonie de la Jamaïque, qui comptait 322,000 esclaves; c'était à peu près un magistrat pour 5,000 affranchis. A la Guyane, il y en eut quinze pour 86,000 esclaves, ou environ un magistrat pour 5,500 noirs.

ses volontés générales. Quant aux règles secondaires et aux détails des moyens d'exécution, il s'en rapporta aux législations locales, pour les colonies qui avaient une représentation, et au gouvernement métropolitain pour les autres.

Ainsi, ce fut le pouvoir exécutif de la mère-patrie, ou les pouvoirs législatifs des colonies, qui durent promulguer tous les règlements relatifs au vagabondage, à la police, à la discipline, ainsi qu'au détail journalier des obligations respectives des ouvriers et des maîtres.

A ces premières mesures qu'on vient d'indiquer, le Parlement anglais en ajouta une dernière, qui devait faciliter leur succès. Il accorda aux colons une indemnité qui fut fixée à la somme de 20 millions de livres sterling, ou 500 millions de francs, pour les dix-neuf colonies.

Le premier objet de cette indemnité était de réparer les torts qu'on supposait que l'émancipation devait causer aux propriétaires des esclaves.

Le second était de s'assurer le concours des pouvoirs coloniaux.

Dans cette intention, le bill déclara que l'indemnité ne serait payée qu'après que chaque colonie se serait soumise aux volontés de la métropole, et aurait pris, de concert avec elle, les mesures que le gouvernement jugerait nécessaires pour que le bill ressortît son plein et entier effet.

Cette clause eut le résultat qu'on en attendait. Toutes les colonies, même celles qui avaient accueilli avec le plus de clameurs la première annonce de l'émancipation, se soumirent alors ; et chaque législature, après plus ou moins d'hésitation, fit les lois et prit les mesures que le gouvernement avait indiquées comme le complément nécessaire de l'émancipation.

Le Parlement avait déclaré que l'apprentissage ne pouvait durer au delà du 1er août 1840 ; mais les colonies étaient restées libres de le faire finir plus tôt, ou même de ne le point admettre.

Toutes les colonies anglaises admirent avec empressement le système de l'apprentissage, excepté dans une seule, Antigue, qui, profitant de la permission accordée par le bill, déclara au contraire que, dès le 1er août 1834, les esclaves seraient admis, sans transition, à tous les droits civils des hommes libres. On dira plus loin quel a été le résultat de cette tentative isolée d'Antigue. Il est convenable de ne s'occuper en ce moment que des colonies où l'apprentissage a été établi.

Dans toutes les colonies, et en Angleterre même, on craignait que de grands désordres, et peut-être de grands désastres, ne suivissent immédiatement la proclamation de la liberté. Ces craintes furent trompées. Le 1er août 1834, sept cent mille noirs sortirent en même temps de l'esclavage, sans qu'il en résultât aucune perturbation profonde. Il n'y eut pas une goutte de sang répandue, ni une propriété détruite, dans toute la vaste étendue des colonies anglaises. Jamais événement plus considérable ne s'était accompli avec un calme et une facilité si extraordinaires.

Le même spectacle s'est continué jusqu'à ce jour; et si l'on en croit les nombreux documents qui ont passé sous les yeux de la Commission, il est permis de dire que le nombre des crimes et des délits n'a pas augmenté dans les colonies anglaises depuis que l'esclavage y est aboli. « Il n'y a pas sur tous les domaines de Sa Majesté, dit le gouverneur de la Guyane, une province plus tranquille et mieux réglée que cette colonie. Cependant, sur chaque propriété, on ne compte que deux ou trois blancs. Nous n'avons, en tout, que trente gendarmes (*policemen*), qui, au besoin, se font assister par des affranchis, lesquels remplissent souvent, et sans rétribution, l'office de constables. Ces constables sont sans armes. Les *policemen* ont des épées; mais mon intention est de la leur ôter bientôt, afin de faire disparaître la trace extérieure de l'obéissance forcée [1]. »

Ceci était écrit en 1835, et à la date du 1er septembre 1836, on trouve dans une autre dépêche du même gouverneur : « Il y a déjà trois mois que j'ai remplacé par des bâtons les épées des *policemen* [2]. La Guyane comptait en ce moment quatre-vingt-un mille affranchis, répandus sur un territoire immense.

L'expérience, du reste, a prouvé que la difficulté n'était pas d'empêcher les affranchis de se révolter, ni de punir ou de prévenir leurs crimes, mais de les plier à des habitudes laborieuses. Dans toutes les colonies, les commencements de l'apprentissage furent assez pénibles. Les nègres, sans se refuser au travail, travaillaient

[1] *Parliamentary papers*, publiés en 1836, p. 26.
[2] *Id.*, p. 475.

mal ou d'une manière incomplète. Sans être jamais rebelles, ils se montraient souvent indisciplinés.

Dans le principe, les magistrats salariés durent recourir contre eux à des punitions nombreuses et rigoureuses, qui devinrent de plus en plus douces et plus rares, à mesure que les esprits se familiarisaient avec le nouveau système du travail.

Dans la première année de l'apprentissage, c'est-à-dire du 1er août 1834 au 31 juillet 1835, les magistrats salariés ont infligé aux affranchis de la Barbade sept mille sept cent quatre-vingt-six punitions, dont mille sept cent quarante-deux châtiments corporels[1]. Les affranchis de la Barbade étaient au nombre de trente mille à peu près.

Cette répression paraîtra moins sévère si on la rapproche d'un fait cité par le gouverneur de la Guyane, dans une dépêche du 20 juin 1835, relative à ce qui se passait du temps de l'esclavage[2]. « A la propriété de V..., dit-il, sur trois cent quinze esclaves, cent quarante-huit ont été fouettés en six mois, et sur la propriété de P.... sur cent vingt-neuf esclaves, soixante-quatorze ont été également fouettés dans le même espace de temps. Ainsi, deux cent vingt-deux nègres sur quatre cent quarante-quatre ont été punis corporellement en six mois, c'est-à-dire que personne n'a échappé au fouet durant l'année. » Le gouverneur ajoute avec raison : « Si les esclaves ont mérité ces terribles châtiments, il fallait qu'ils fussent de grands misérables, et s'ils ne les ont pas mérités, on doit reconnaître que le système sous lequel ces châtiments ont été administrés était bien cruel et bien oppressif. » Ce qu'il y a de particulier, c'est que ces mêmes esclaves, devenus des affranchis et traités avec douceur. se firent remarquer par leur bonne conduite[3].

Du reste, ainsi que je l'ai dit plus haut, on voit, dans la plupart des colonies, le nombre des châtiments, et surtout des châtiments corporels, diminuer rapidement à mesure que l'apprentissage dure. Les punitions corporelles qui[4], à la Guyane, s'étaient élevées, en 1835, à cinq cent trente-neuf, ne s'élevaient qu'à quatre-vingt-trois en 1837.

[1] *Parliamentary papers*, II, part. iii, p. 6.
[2] *Id.*, p. 24.
[3] *Id.*
[4] *Id.*, XXI, part. v, p. 205.

Il est permis de croire que, dans plusieurs des colonies, et peut-être dans la plupart d'entre elles, l'apprentissage rencontra plus d'obstacles encore dans les dispositions des maîtres que dans celles des anciens esclaves. On ne peut guère douter, en lisant les documents qui ont été fournis à la commission, et particulièrement les règlements, les enquêtes, les mémoires et les journaux des colons eux-mêmes, que ceux-ci, mécontents d'un changement qui leur avait été imposé par la mère-patrie, n'aient d'abord essayé de conduire les nègres affranchis de la même manière dont ils les conduisaient esclaves, et qu'ils n'aient ensuite cherché à se venger des résistances que ces façons d'agir faisaient naître. Cela paraît surtout sensible dans les colonies que leurs institutions rendaient le plus indépendantes de la métropole. Il est peu de lois coloniales rendues à la Jamaïque [1] depuis le bill d'émancipation, qui ne paraissent avoir pour but de retirer aux nègres quelques-unes des garanties ou des avantages que ce bill leur avait assurés.

[1] Il serait, du reste, très-injuste de juger toutes les colonies anglaises à esclaves par la Jamaïque. Non-seulement la Jamaïque est une île très-grande et très-peuplée, puisqu'elle a environ 64 lieues de long sur 25 lieues de large, et 427,000 habitants, dont 392,000 nègres; mais la population y présente un caractère particulier, qui ne se trouve nulle part au même degré.

Presque tous les propriétaires de la Jamaïque sont absents. La direction de leurs biens est livrée à des gens d'affaires qui ne restent sur les lieux qu'autant de temps qu'il faut pour s'enrichir. Le même agent est communément chargé de la direction de plusieurs propriétés. On en voit, dans les documents parlementaires, qui ont jusqu'à 10,000 nègres sous leurs ordres. L'administration de ces agents était en général très-dure : ils ne pouvaient surveiller la conduite de leurs inférieurs, et ils ne prenaient aucun intérêt à la population noire qui leur était confiée. Il paraît certain que presque partout où les propriétaires habitaient eux-mêmes, la transition de l'esclavage à l'apprentissage a été facile; ce qui semble bien indiquer que les plus grands obstacles sont venus des blancs et non des noirs. Cette même idée se trouve, du reste, reproduite très-souvent dans la correspondance des gouverneurs anglais, et surtout dans celle des gouverneurs de la Guyane et de la Jamaïque. On trouve notamment cette phrase dans une dépêche du gouverneur de la Guyane, à la date du 18 novembre 1835 : « Sur toutes les propriétés où on a eu à se plaindre des apprentis, il a été invariablement reconnu, après examen, que les gérants ou gens d'affaires avaient tué les porcs des nègres ou avaient détruit leurs jardins; que les heures de travail avaient été divisées par eux de manière à ce que les

Lorsque les colons furent chargés de mettre eux-mêmes à exécution une mesure indiquée par le bill, il arriva souvent qu'ils le firent avec une rigueur très-contraire à l'esprit de cette loi et très-préjudiciable à l'intérêt bien entendu des colonies elles-mêmes.

C'étaient les magistrats salariés qui condamnaient les affranchis à la prison, mais c'étaient les autorités coloniales qui avaient seules le droit de gouverner les détenus. Il paraît qu'on exerçait souvent sur les noirs que renfermaient les prisons les traitements les plus cruels et les plus opposés à l'esprit du bill d'émancipation.

Le Parlement avait établi que les affranchis pourraient se libérer de leurs obligations moyennant un prix; mais il avait abandonné aux pouvoirs coloniaux le droit de déterminer les formes de l'arbitrage et de désigner les arbitres. Ces arbitres fixaient presque toujours un prix si élevé à la liberté, qu'il était impossible d'y atteindre. Les exemples de ceci se trouvent répandus en grand nombre dans tous les documents législatifs présentés à la commission.

Le bill avait fixé le temps du travail forcé à quarante-cinq heures par semaine, et le minimum du travail de chaque jour à neuf heures. Le désir du législateur était que les noirs travaillassent en effet neuf heures pendant les cinq premiers jours de la semaine, ce qui leur laissait entièrement libre l'usage du septième. Dans plusieurs colonies, les blancs, malgré les prières des nègres et les conseils des gouverneurs, s'obstinèrent à ne faire travailler leurs apprentis que sept heures par jour, ce qui enlevait à ceux-ci tous les bénéfices que le travail libre du samedi pouvait leur promettre.

Dans la plupart des colonies, mais particulièrement à la Jamaïque, la discorde et la défiance ne tardèrent donc pas à s'introduire entre les anciens maîtres et les nouveaux affranchis; une lutte cachée, mais continuelle, s'établit entre eux. Dans presque toutes les colonies un double effet se fit voir : les noirs montrèrent bientôt une grande confiance dans les autorités métropolitaines et dans les magistrats salariés. Ces mêmes magistrats furent souvent, au contraire, en butte au mépris et à l'animadversion des colons. Plu-

noirs ne gagnassent pas au change; partout quelques autres actes imprudents de la même nature avaient été commis, et avaient eu pour résultat d'enlever aux blancs la confiance de leurs apprentis et de créer le mécontentement et la colère, etc. ». *Voyez* Documents parlementaires publiés en 1836, p. 99.

sieurs fois les cours coloniales infligèrent à ceux-ci des amendes que le trésor de la métropole acquitta [1].

Malgré ces circonstances fâcheuses, il faut reconnaître que l'apprentissage n'a pas produit le plus grand mal qu'en attendaient les colons, c'est-à-dire la cessation du travail.

On voit, dans les documents anglais, qu'au commencement de l'apprentissage, la plupart des planteurs répétaient sans cesse que la culture du sucre allait être abandonnée.

Il est certain que, pendant les années que dura l'apprentissage, la production du sucre ne diminua pas d'une manière sensible dans les colonies anglaises. Dans plusieurs d'entre elles elle augmenta considérablement.

A la Guyane, le produit de 1836 excéda en valeur celui de 1835 de 12 millions environ [2]. Le gouverneur annonçait, le 17 septembre 1836, que, « depuis l'abolition de l'esclavage, la valeur des propriétés s'était prodigieusement accrue dans la colonie [3]. »

On trouve également dans les mêmes documents relatifs à cette colonie, que dans le cours de 1836 et de 1857, le nombre des mariages a été, par trimestre, d'environ 300, et que celui des adultes ou des enfants fréquentant les écoles s'est élevé à 9 ou 10,000 [4].

Ces faits sont d'autant plus à remarquer, qu'à la Guyane plus du quart des affranchis étaient nés en Afrique et provenaient de la traite.

Des résultats plus satisfaisants encore furent obtenus dans l'île d'Antigue, où la liberté complète avait été accordée dès 1834 par les maîtres eux-mêmes. La transition du travail forcé au travail libre se fit dans cette colonie avec une facilité vraiment surprenante. Le bon accord n'ayant pas cessé de régner entre les blancs et les noirs, ceux-ci restèrent volontairement près de leurs anciens maîtres, dont ils ne cherchèrent pas à obtenir des salaires exagérés.

M. Halley, commandant le brick de l'État le *Bisson*, ayant été

---

[1] *Voyez* le discours de lord Glenelg, prononcé en 1838, et le bill du 18 avril de la même année, qui eut pour objet d'apporter un remède à ces abus.

[2] *Voyez* Rapport des douanes. Documents parlementaires publiés en 1836, p. 135.

[3] *Id.*, p. 475.

[4] *Voyez* Documents parlementaires publiés en 1858.

envoyé, en décembre 1838, pour constater l'état d'Antigue, faisait le rapport suivant :

« A Antigue, le prix de la journée est assez modique ; il est à peu près en rapport avec l'entretien de l'esclave autrefois. Les propriétaires sont dans une situation satisfaisante ; ils sont unanimes sur les bons effets qui résultent de l'émancipation, et ils se félicitent de l'avoir hâtée. Depuis cette époque, les plantations et les terres sont recherchées ; elles ont en quelque sorte doublé de valeur, puisqu'elles pourraient être vendues plus cher que lorsque les esclaves y étaient attachés. »

Ce sont là des résultats admirables, mais qu'il serait dangereux, on doit le dire, d'attendre ailleurs ; car Antigue est dans une situation toute particulière.

L'île d'Antigue ne contenait, lors de l'émancipation, que vingt-neuf mille trois cent soixante-dix esclaves, quatre mille soixante-six noirs libres et deux mille blancs ; en tout trente-cinq mille quatre cent trente-six habitants. Cette population, quelque minime qu'elle soit, couvrait toute la surface du pays ; presque toutes les terres d'Antigue étaient occupées, toutes étaient possédées : on y était presque aussi serré qu'en Europe. Le nègre se trouva donc placé dans cette alternative de mourir de faim ou de travailler. A Antigue, d'ailleurs, et cette cause est plus puissante encore que la première aux yeux de tout homme qui sent et qui raisonne, l'esclavage a toujours été d'une mansuétude toute particulière, et les maîtres y ont fait d'eux-mêmes, depuis très-longtemps, les plus grands efforts pour améliorer les mœurs des nègres et se concilier leur affection. On se rappelle que ce sont eux seuls qui, en 1834, ont voulu faire passer leurs esclaves de la servitude à la liberté complète, sacrifiant ainsi le travail gratuit que le bill d'émancipation leur permettait d'exiger pendant six ans. Ce fait suffit pour expliquer tout ce qui l'a précédé et suivi. Des hommes qui sont capables d'en agir ainsi vis-à-vis de leurs esclaves, montrent qu'ils ont été des maîtres pleins de douceur et de miséricorde et l'on conçoit aisément qu'ils n'aient pas rencontré d'affranchis rebelles.

Les choses étaient en cet état, dans les colonies anglaises, au commencement de 1838.

A cette époque, l'opinion publique s'émut de nouveau en Angleterre ; de nombreuses réunions populaires eurent lieu ; diverses propositions furent faites au Parlement dans le but d'adoucir le sort des apprentis et de les soustraire aux violences dont on accusait quelques colons, surtout ceux de la Jamaïque, d'user à leur égard. Cela donna naissance au bill du 18 avril 1838, dont l'objet était d'accorder des garanties nouvelles aux affranchis. Mais on alla plus loin.

L'apprentissage devait finir, pour les nègres artisans ou domestiques, le 1er août 1838; pour les autres, le bill avait fixé deux ans de plus.

On proposa dans le sein du Parlement et on fut prêt de faire adopter une loi qui donnait la liberté complète à tous les nègres, le 1er août 1838.

Les efforts du ministère empêchèrent que cette loi ne passât; mais l'effet moral était produit; et il devint dès lors impossible de prolonger l'apprentissage. Le gouvernement anglais crut devoir mettre cette nécessité nouvelle sous les yeux des autorités coloniales et les inviter à s'y soumettre d'elles-mêmes.

Ces événements émurent la population noire des colonies, et produisirent chez la plupart des colons une surprise fort grande et une irritation très-profonde.

Beaucoup de transactions avaient eu lieu dans les colonies anglaises, dans la prévision que l'apprentissage durerait jusqu'en 1840, et sa destruction prématurée lésait des intérêts considérables.

D'une autre part cependant, les colonies sentirent qu'en présence des manifestations de la mère-patrie, il serait désormais très-dangereux de refuser à une partie de leurs noirs la liberté, tandis qu'ils l'accordaient à l'autre. Cela eût été difficile, si on avait pu s'appuyer sur l'opinion publique de la métropole; il était impossible de le tenter après ce qui venait de se passer en Angleterre.

Toutes les colonies consentirent donc, mais de mauvaise grâce et à regret, à abolir dans leur sein l'apprentissage, à partir du 1er août. Plusieurs ne se déterminèrent à cette mesure que très-tard : à la Trinité, ce ne fut que le 25 juillet 1838 que les colons purent s'y résoudre.

La liberté complète fut donc proclamée dans toutes les colonies anglaises le 1er août de la même année. Il est presque inutile de faire remarquer qu'elle le fut dans les circonstances les plus défavorables qui se puissent imaginer.

Elle apparut tout à coup au milieu de l'irritation et des embarras des maîtres. Les nègres devenaient entièrement libres au moment même où les griefs qu'ils pouvaient avoir contre les blancs venaient d'être exposés, et quelquefois exagérés, dans les assemblées politiques de la mère-patrie. Rien n'était préparé pour cette liberté nouvelle. Les instructions du gouvernement anglais n'arrivèrent, dans plusieurs des colonies, que plusieurs mois après que l'apprentissage eut été aboli [1]. Ce furent les autorités coloniales qui, livrées à elles-mêmes, prirent à la hâte les premières mesures nécessaires.

Près d'un an s'est déjà écoulé depuis que cette grande et redoutable expérience a été faite. Le résultat de dix mois seulement est déjà connu.

Ce temps est trop court pour qu'il soit permis de porter un jugement assuré. Déjà, cependant, quelques vérités sont acquises.

Il est certain que, dans toutes les colonies anglaises, la liberté complète a été reçue, comme l'apprentissage, avec joie, mais sans désordre. Il est également certain que les nègres devenus libres n'ont nulle part fait voir le goût de la vie sauvage et errante qu'ils devaient, disait-on, manifester. Ils se sont, au contraire, montrés très-attachés aux lieux dans lesquels ils avaient vécu et aux habitudes de la civilisation qu'ils avaient déjà contractées. « Une chose remarquable, dit le capitaine Halley, dans un rapport déjà cité, à la date du 3 décembre 1838, c'est qu'à la Jamaïque (celle de toutes les colonies qui était la plus exposée), l'émancipation s'est opérée sans désordres et sans que la tranquillité de l'île ait été troublée. Les nègres n'ont pas manifesté l'intention de fuir la civilisation ni de se retirer dans l'intérieur ou dans les bois. Ils sont restés, en général, sur les habitations où ils vivaient. »

Quant à la nature et à la durée de leur travail, la commission a eu sous les yeux des documents si contraires, elle a vu se reproduire des assertions si opposées, qu'elle ne peut s'arrêter dans une entière certitude [2]. Voici pourtant le spectacle spécial

[1] La liberté avait été donnée le 1er août, et ce ne fut que dans le mois de septembre qu'on transmit aux colonies dépendantes de la couronne les ordres du Conseil destinés à régler l'état des pauvres, à organiser la police, à réprimer le vagabondage, à fixer les rapports entre l'ouvrier et le maître. Voyez *Parliamentary papers* publiés en 1839, p. 4 et suiv.

[2] On voit, il vrai, par les rapports officiels, qu'en 1858 la récolte du sucre a été plus abondante qu'en 1856 et 1837. Elle avait été de 4,099,095 cwts en 1856, de 3,844,863 en 1837, et de 4,124,162

que lui semblent présenter en ce moment les colonies anglaises [1].

Dans les colonies où la population est considérable relativement au territoire, comme aux Barbades, à Antigue, à Saint-Christophe, les nègres, n'ayant d'autre ressource que le travail, travaillent bien et à un prix peu élevé.

Dans les colonies qui n'ont point cet avantage, mais où la terre est très-fertile et son exploitation facile, comme à la Guyane et à la Trinité, les nègres ont demandé des salaires exagérés, et souvent n'ont pas mis de continuité dans leurs travaux; cependant les propriétaires continuent à pouvoir cultiver le sol avec profit.

Mais à la Jamaïque, où la culture de la canne est naturellement coûteuse, à cause de l'épuisement des terres ou de la difficulté qu'on éprouve à transporter leurs produits au marché, où les nègres peuvent facilement vivre sans travailler pour les blancs; à la Jamaïque ou dans les îles placées dans des circonstances analogues, les noirs travaillent moins bien et beaucoup moins constamment depuis que l'esclavage a cessé qu'avant cette époque, et l'avenir de la production du sucre est compromis.

Cette situation fâcheuse paraît tenir à plusieurs causes qui auraient pu être évitées. Il faut l'attribuer d'abord aux mauvais rapports qui se sont établis, durant l'apprentissage, entre les maîtres et les affranchis, dans la plupart des colonies. La défiance et la haine qui ont pris naissance alors rendent très-difficile aujourd'hui la fixation équitable des salaires. Il est évident que presque toujours le colon veut faire travailler le nègre à trop bas prix, et que celui-ci demande un prix beaucoup trop haut. Comme ces deux hommes ne sont pas seulement opposés d'intérêts, mais secrètement ennemis, il est presque impossible qu'ils arrivent jamais à bien s'entendre.

On peut expliquer également le peu de penchant que montrent les noirs dans quelques colonies pour travailler d'une manière con-

en 1838. Mais il est difficile de tirer une conclusion de ces chiffres, la canne récoltée en 1838 ayant été plantée et cultivée lorsque l'apprentissage existait encore.

[1] Il serait d'une très-grande importance pour la France d'obtenir des notions plus précises qu'on ne les possède sur l'état réel des colonies anglaises où l'esclavage a été aboli. La Commission a appris avec une grande satisfaction, de MM. les ministres, que l'intention du gouvernement était d'envoyer prendre sur les lieux des renseignements exacts.

tinue au service des grands propriétaires du sol, par cette circonstance qu'ils sont eux-mêmes de petits propriétaires.

Presque tous les anciens affranchis des colonies anglaises ont conservé la jouissance gratuite de la cabane qu'ils habitaient pendant l'esclavage et du jardin dont ils avaient alors l'usage. Ce champ, que chacun d'eux possède, occupe une partie de son temps, et suffit à presque tous ses besoins. Le nègre préfère, en le cultivant, travailler pour lui-même, que d'aller servir chez autrui. Cela est d'autant plus facile à comprendre, que quelque chose d'analogue se fait voir dans les pays de l'Europe où la terre est très-partagée. Le petit propriétaire, occupé sur son propre fonds, ne consent qu'avec peine à louer ses services au riche fermier son voisin. C'est ainsi que, dans plusieurs de nos provinces, le nombre des ouvriers devient chaque jour plus restreint et leur assistance plus précaire.

Si l'on jugeait qu'il était nécessaire à l'exploitation des denrées coloniales et à la permanence de la race blanche dans les Antilles que le nègre affranchi louât ses services d'une manière permanente aux grands propriétaires du sol, il est évident qu'il ne fallait pas lui créer un domaine où il pût vivre avec aisance en ne travaillant que pour lui.

La commission manquerait à son devoir si, après avoir fait connaître, avec quelques détails, à la chambre, de quelle manière le gouvernement anglais a conduit l'émancipation, et quel a été, jusqu'à présent, le résultat de son entreprise, elle ne cherchait à tirer de ces faits les lumières qui pourraient nous guider nous-mêmes.

On a vu que le Parlement britannique avait voulu que le montant intégral de l'indemnité fût versé dans les mains des planteurs le jour où les colonies auraient acquiescé au principe de l'émancipation, et avant que l'émancipation ne fût accomplie.

Cette dernière disposition de la loi a été plusieurs fois critiquée en Angleterre. On a dit qu'il eût été plus prudent et plus sage de retenir pendant un certain temps, dans les mains de l'État, une portion du capital accordé, et qu'en le distribuant d'avance aux colons, la métropole s'était ôtée, dès l'abord, un puissant moyen de tenir ceux-ci dans sa dépendance et de s'assurer leur concours.

Il est permis de croire qu'il en est ainsi, si l'on considère qu'à partir de l'époque où l'indemnité a été soldée, une lutte sourde, mais incessante, s'est établie entre toutes les colonies où il existait des législatures et la métropole : lutte qui, en ce moment même, n'est point encore terminée.

Le bill d'émancipation n'avait soumis à l'apprentissage que les enfants âgés de plus de six ans. Ceux qui se trouvaient au-dessous de cet âge étaient sur-le-champ classés au nombre des personnes libres

Il ne paraît pas qu'aucune mesure ait été prise pour procurer à ces derniers une éducation convenable. Ce fut là, on doit le dire, une grande erreur. Il fallait ou laisser ces enfants dans la condition de leurs pères, ou charger l'État de les diriger et de les instruire. En les livrant à eux-mêmes et en les abandonnant au hasard, on s'est créé de grands embarras dans le présent, et on a peut-être préparé de grands dangers pour l'avenir.

La mesure de l'apprentissage a été aussi, en Angleterre, l'objet de très-vives critiques ; des hommes d'État éminents ont condamné le principe même de la mesure [1] ; ils ont dit qu'un travail forcé, quel qu'il fût, ne préparait pas l'homme à un travail volontaire, et qu'on ne pouvait apprendre que dans la liberté à être libre. D'autres ont combattu le système d'apprentissage qui avait été adopté, tout en admettant qu'un apprentissage était nécessaire.

Votre commission a partagé ce dernier sentiment.

Elle a pensé qu'un temps d'épreuve, pendant lequel les nègres, déjà pourvus de plusieurs droits de l'homme libre, sont encore forcés au travail, était indispensable pour familiariser les colons aux effets de l'émancipation, et pour leur permettre d'introduire dans leurs habitudes et dans leur méthode de culture les divers changements que l'émancipation doit amener.

Cet état intermédiaire, entre la servitude et l'indépendance, ne lui a pas paru moins nécessaire pour préparer l'éducation de la population noire, et la mettre en état de supporter la liberté.

Tant que la servitude existe en son entier, le maître ne souffre pas que la puissance publique intervienne entre lui et son esclave. Lui seul le dirige, et l'esclave ne connaît que lui. Cela est de l'essence même de l'esclavage. On peut prévoir que, tant que l'esclavage n'est pas aboli, le gouvernement doit trouver mille difficultés à arriver jusqu'au noir et à le préparer à la liberté. Les mêmes obstacles n'existent plus lorsque le nègre, cessant d'appartenir au

[1] Voyez, entre autres, le discours prononcé par lord Howich, le 30 mars 1830.

blanc, n'est plus qu'un ouvrier temporairement obligé à travailler pour le compte de celui-ci.

D'un autre côté, lorsque les dernières traces de la servitude sont enfin effacées et que le nègre est élevé au rang d'homme libre; quand il a déjà goûté l'indépendance complète, et qu'il croit n'avoir plus rien à attendre du magistrat et peu à en craindre, le pouvoir social n'a presque plus de prise sur sa volonté, sur ses opinions et sur ses mœurs.

Mais durant le temps où la liberté déjà promise n'est pas encore entièrement donnée; où les habitudes [de respect et d'obéissance qu'avait fait naître l'esclavage sont encore entretenues par le travail forcé, mais où cependant l'âme de l'esclave se relève déjà à l'approche de l'indépendance; dans ce temps intermédiaire, l'action du pouvoir est facile et efficace. Le colon n'écarte plus la main du gouvernement, et le nègre s'y livre de lui-même sans regret et sans peine. Il ne voit pas encore dans le magistrat un maître, mais un guide et un libérateur. C'est le moment où il est le plus aisé au gouvernement de fonder son empire sur l'esprit et les habitudes de la population noire, et d'acquérir l'influence salutaire dont il aura bientôt besoin de se servir pour la diriger dans la liberté complète.

Votre commission, messieurs, a donc été unanimement d'avis qu'il était nécessaire de placer un état intermédiaire et transitoire entre l'esclavage et la liberté, et elle s'est appliquée à rechercher quel il devait être.

Il semble qu'en établissant l'apprentissage, les Anglais n'aient eu en vue que le maintien du travail: intérêt immense, sans doute, mais non pas unique. Le bill d'émancipation n'a pris aucune mesure générale et efficace pour favoriser l'éducation des jeunes apprentis et la moralisation des adultes. Il n'a rien établi pour faire naître l'émulation entre eux, ni pour les amener graduellement en les faisant passer par des états successifs jusqu'à l'usage de l'indépendance complète.

L'apprentissage devait durer jusqu'à la fin, tel qu'il avait été établi le premier jour. Au bout de six ans, comme durant la première année, l'apprenti ne pouvait avoir le libre emploi de son travail et la jouissance d'un salaire que pendant un seul jour de la semaine au plus.

Dans le système d'apprentissage des Anglais, la propriété du colon

sur le noir n'est pas, à vrai dire, entièrement abolie ; l'État en a
seulement réglé et limité l'usage. Le nègre est toujours forcé de
travailler sans salaire pour le compte du même homme qui l'a tenu
en esclavage. L'aspect de la servitude est changé plutôt que détruit.

La commission, messieurs, a pensé que l'apprentissage pouvait
être conçu dans un autre esprit et mis en pratique d'une autre manière qu'il ne l'a été par les Anglais.

Un plan a été produit dans son sein : le moment n'est pas venu
de le discuter, mais elle doit du moins en faire connaître les traits
principaux à la chambre.

Aussitôt après que l'esclavage serait aboli, toutes les anciennes relations entre les blancs et les noirs seraient substantiellement changées.
Le lien qui existait entre l'un et l'autre serait entièrement détruit.

L'État seul deviendrait le tuteur de la population affranchie, et
c'est lui qui concéderait suivant sa volonté, et à des conditions qu'il
fixerait, les services des noirs aux colons : l'usage des moyens disciplinaires restant en ses mains.

Ce travail ne serait plus gratuit.

Il y a environ deux cent cinquante mille esclaves dans les colonies.
Les deux tiers, ou cent soixante-six mille, à peu près, sont âgés
de quatorze à soixante ans, c'est-à-dire capables d'efforts habituels
et productifs.

Les documents qui ont été soumis et les renseignements recueillis
permettent de croire qu'en n'exigeant pour le travail de ces cent
soixante-six mille ouvriers qu'un salaire modéré, l'État pourrait,
non-seulement couvrir l'intérêt de l'indemnité et faire un fonds
pour l'amortissement de son capital, mais abandonner chaque jour
une portion du salaire au travailleur.

Celui-ci aurait, en outre, pendant l'apprentissage, l'usage du
samedi et la possession d'une quantité de terre suffisante pour se
nourrir ; il vivrait à ces conditions avec aisance.

Quant aux enfants, le propriétaire continuerait à s'en charger
moyennant un contrat d'apprentissage qui lui assurerait les services
de celui-ci jusqu'à l'âge de vingt et un ans.

Il aurait aussi le soin des vieillards et de ceux des ouvriers qui
seraient malades. Des règlements établiraient sur ce point des habitudes uniformes [1].

_____
[1] Cette même obligation a été imposée aux maîtres par les règlements

Ces mesures, qui satisferaient l'humanité, seraient favorables aux colons eux-mêmes ; il est à croire qu'ils gagneraient en travail, en sécurité et en avenir, beaucoup plus qu'ils ne perdraient en argent.

La commission n'est point appelée à discuter les détails de ce plan ni à en proposer l'adoption à la chambre ; mais son devoir est de dire qu'elle en a unanimement approuvé les idées mères.

Dans le système anglais, c'était la loi qui avait fait de l'esclave l'apprenti de son ancien maître. Le maître perdait une partie de sa puissance, il conservait l'autre. Son pouvoir n'était pas emprunté, il continuait à l'exercer directement en vertu de son même droit ; le gouvernement n'intervenait que pour régler l'usage et empêcher l'abus de ce droit.

Une partie des embarras qu'a rencontrés l'apprentissage est sortie de cette source.

La commission a pensé qu'il serait infiniment plus conforme à l'intérêt des nègres, aussi bien qu'à celui des colons, de détruire d'un seul coup tous les anciens rapports qui existaient entre le maître et son esclave, et de transporter à l'État la tutelle de toute la population affranchie. Cette manière d'agir a plusieurs avantages considérables.

Des gênes inévitables accompagnent le passage de l'esclavage à la liberté. Il faut éviter, autant que possible, qu'elles soient ou qu'elles paraissent imposées au nouvel affranchi par son ancien maître. En pareille matière, il est sage de laisser au gouvernement toute la responsabilité, avec le pouvoir.

L'État devenant ainsi le tuteur des anciens esclaves, il se trouve en pleine liberté de prendre tous les moyens qui peuvent le mieux et le plus vite préparer ceux-ci à l'entier usage de l'indépendance. Il peut leur imposer les conditions qu'il juge indispensables, et leur faire subir les épreuves nécessaires avant d'achever de les livrer à eux-mêmes. Il est libre de prendre, suivant les cas, toutes les me-

---

locaux d'Antigue. « Le gouvernement local d'Antigue, dit M. le capitaine Halley, dans son rapport du 13 décembre 1838, a adopté des mesures sages dictées par une humanité fort louable, relativement aux vieillards et à tous les gens infirmes qui sont dans l'impossibilité de pourvoir à leur subsistance. Il a arrêté que tous les individus placés dans ces catégories resteraient à la charge des anciens propriétaires. »

sures qui doivent répandre l'instruction parmi eux, y régler les mœurs, y favoriser efficacement le mariage. Ces mesures, émanant de l'État et non de l'ancien maître, ne feraient pas naître entre les deux races ces sentiments de défiance et de haine dont on a vu les funestes effets dans les colonies britanniques; imposées au blanc comme condition du travail, au noir comme prix de l'indépendance, elles seraient facilement admises et exactement exécutées.

La commission a également approuvé l'idée du salaire.

Le salaire est une juste indemnité des sacrifices de l'État.

Il est utile au noir, car, indépendamment de l'aisance qu'il lui donne, il lui fait sentir les avantages du travail, il réhabilite le travail à ses yeux. L'absence du salaire est le cachet de l'esclavage.

Le salaire, enfin, a cet avantage qu'il ôte tout prétexte aux défiances injustes que les colons ont quelquefois entretenues contre le gouvernement de la métropole.

Par le salaire, l'intérêt pécuniaire de l'État est visiblement lié au maintien d'un travail productif dans les colonies, et le salaire forme, par conséquent, aux yeux de ces colonies, la plus puissante garantie des efforts que fera la métropole pour maintenir le travail.

La commission, messieurs, est donc convaincue qu'un système d'apprentissage fondé sur les bases qu'on vient d'indiquer, pourrait concilier tout à la fois les droits du Trésor et les intérêts des colons. Elle y a vu surtout la plus heureuse combinaison qui se pût adopter en faveur des noirs, de cette race opprimée et dégradée par l'esclavage, qu'il est de l'honneur et du devoir de la France de régler, d'éclairer et de moraliser, aussi bien que d'affranchir.

Sur tous les points principaux qui viennent d'être successivement exposés aux yeux de la Chambre, la commission a été unanime; elle ne s'est divisée que sur la forme qu'il convenait de donner à ses opinions.

Plusieurs membres pensaient que la commission, après avoir écarté le projet de loi présenté par l'honorable M. de Tracy, devait se borner à exprimer son propre sentiment, quant à ce qu'il convenait de mettre à la place, mais sans chercher à attirer le gouvernement et les chambres dans une autre voie.

La majorité n'a point été de cet avis : elle a pensé que la discussion et l'examen auxquels la commission s'était livrée avait amené la découverte ou fourni la preuve de plusieurs vérités importantes, qu'il convenait de revêtir, dès à présent, des formes de la loi.

La nécessité de faire une émancipation simultanée, la nécessité de l'indemnité, de l'apprentissage et du règlement de travail, ont paru tellement démontrées à la commission, qu'elle n'a pas hésité à faire, dès aujourd'hui, de ces mesures, les bases de la loi future.

La majorité a été surtout vivement et profondément frappée des dangers que faisait courir l'état actuel, et du péril auquel on s'exposait en remettant à un autre temps pour prendre un parti.

Dans cette situation, elle a cru qu'elle serait infidèle à son devoir si, dès à présent, elle ne proposait pas à la chambre de fixer, non point le terme de l'esclavage, mais le moment où l'on s'occuperait définitivement de le fixer. Elle a pensé que l'époque la mieux choisie et la plus naturellement indiquée était la session de 1841. Elle vous propose donc de déclarer que, dans la session de 1841, il sera proposé un projet de loi qui fixera l'époque de l'abolition de l'esclavage.

Cette rédaction, il est nécessaire de le dire à la Chambre, n'a point été admise de l'avis unanime des membres dont la commission se compose.

Un membre a fait observer qu'il ne reconnaissait ni à la commission ni à la Chambre le droit d'imposer au gouvernement l'obligation de présenter un projet de loi ; qu'une semblable manière de procéder intervertissait l'ordre naturel des pouvoirs constitutionnels et portait atteinte à leur indépendance.

Ces raisons, quelque puissantes qu'elles puissent paraître, n'ont pas semblé suffisantes à la majorité de votre commission.

La majorité a d'abord fait observer que la rédaction attaquée n'était point nouvelle ; qu'on en trouvait la trace dans plusieurs lois antérieures rendues depuis le commencement du régime représentatif en France ; que notamment les lois de finances en offraient de fréquents exemples.

Elle a fait observer de plus que ceux de MM. les ministres qui se sont rendus dans le sein de la commission avaient paru désirer eux-mêmes, dans l'intérêt de la mesure, que l'époque où la prochaine loi d'émancipation serait présentée et les principales dispositions qu'elle devait contenir fussent dès à présent arrêtées; qu'ainsi l'apparence même de la violence faite au pouvoir exécutif disparaissait, et qu'il ne fallait voir, au contraire, dans ce que proposait la commission, qu'une résolution prise de concert par le gouvernement et les chambres.

La majorité de la commission a jugé qu'il y aurait de la précipitation et du danger à annoncer, dès aujourd'hui, le moment précis où l'esclavage devait cesser dans nos colonies; mais elle a cru, au contraire, qu'il était très-prudent de fixer le moment où il faudrait lui donner un terme, et d'indiquer en même temps, d'une façon générale, de quelle manière il finirait. Elle a pensé qu'en agissant ainsi on donnerait aux esprits le calme qui leur est nécessaire ; qu'on arrêterait l'élan de craintes et d'espérances exagérées, et qu'on fournirait enfin au gouvernement une grande force pour préparer d'avance et assurer une révolution que, désormais, il n'est ni désirable ni possible d'empêcher.

En conséquence, messieurs, la commission m'a chargé de vous soumettre les résolutions suivantes :

### CONCLUSIONS DE LA COMMISSION

1° Dans la session de 1841, il sera proposé un projet de loi qui fixera l'époque de l'abolition générale et simultanée de l'esclavage dans les colonies françaises;

2° Ce projet de loi déterminera quelles seront les indemnités qui seront dues en conséquence de cette mesure, et en assurera le remboursement à l'État, au moyen d'un prélèvement sur le salaire des nouveaux affranchis;

3° Le même projet posera les bases d'un règlement destiné à assurer le travail, à éclairer et à moraliser les affranchis, et à les préparer aux habitudes du travail libre.

DE

# L'ÉMANCIPATION DES ESCLAVES [1]

PREMIER ARTICLE[2]

Nous sommes souvent injustes envers notre temps. Nos pères ont vu des choses si extraordinaires que, mises en regard de leurs œuvres, toutes les œuvres de nos contemporains semblent communes. Le monde de nos jours offre cependant quelques grands spectacles qui étonneraient nos regards s'ils n'étaient pas fatigués et distraits.

Je suppose qu'il y a soixante ans, la première des nations maritimes et coloniales du globe eût tout à coup déclaré que l'esclavage allait disparaître de ses vastes domaines, que de cris de surprise et d'admiration se seraient élevés de toutes parts! Avec quelle curiosité inquiète et passionnée l'Europe civilisée eût suivi des yeux le

---

[1] Ces articles sur l'*Émancipation des esclaves* parurent dans le journal le *Siècle*, à la fin de l'année 1843, sous la date des 23 et 29 octobre, 9 et 20 novembre, 7 et 15 décembre 1843. Ils n'étaient signés d'aucun nom; seulement l'honorable rédacteur en chef du *Siècle*, M. Chambolle, qui les avait reçus de Tocqueville, avait appelé sur eux l'attention de ses lecteurs dans des termes propres à faire deviner le nom de l'auteur. Voyez la préface mise en tête du t. Ier, p. 39

[2] Le *Siècle*, 23 octobre 1843.

développement de cette immense entreprise! De combien de craintes
et d'espérances eussent été remplis tous les cœurs !

Cette œuvre hardie et singulière vient d'être entreprise et achevée
devant nous. Nous avons vu, ce qui était absolument sans exemple
dans l'histoire, la servitude abolie, non par l'effort désespéré de
l'esclave, mais par la volonté éclairée du maître ; non pas graduellement, lentement, à travers ces transformations successives qui,
par le servage de la glèbe, conduisaient insensiblement vers la liberté ; non par l'effet successif des mœurs modifiées par les
croyances, mais complétement et en un instant, près d'un million
d'hommes sont passés à la fois de l'extrême servitude à l'entière indépendance, ou, pour mieux dire, de la mort à la vie. Ce que le
christianisme lui-même n'avait fait qu'en un grand nombre de
siècles, peu d'années ont suffi pour l'accomplir. Ouvrez les annales
de tous les peuples, et je doute que vous trouviez rien de plus extraordinaire ni de plus beau.

Un pareil spectacle doit-il être seulement pour nous un sujet d'é-
tonnement, ou faut-il y puiser l'idée d'un exemple à suivre? Devons-nous, comme les Anglais, chercher à abolir l'esclavage? Faut-
il employer les mêmes moyens qu'eux? On ne saurait guère traiter
aujourd'hui des questions plus importantes ni plus grandes. Ces
questions sont grandes par elles-mêmes ; elles le paraîtront bien
plus encore si on les compare à toutes celles que la politique du jour
soulève.

La France possède deux cent cinquante mille esclaves. Les colons
déclarent tous unanimement que l'affranchissement de ces esclaves
est la perte des colonies, et ils poursuivent de leurs injurieuses clameurs tous les hommes qui expriment une opinion contraire ; ils
n'épargnent pas même leurs amis les plus sincères. De pareilles colères ne doivent point surprendre : les colons sont dans une grande
détresse, et leur irritation contre tout ce qu'ils se figurent de nature
à aggraver leurs maux est assurément fort excusable. Les colons,
d'ailleurs, forment une des aristocraties les plus exclusives qui aient
existé dans le monde. Et quelle est l'aristocratie qui s'est jamais
laissé dépouiller paisiblement de ses priviléges? Si, en 1789, la
noblesse française, qui ne se distinguait plus guère des autres classes
éclairées de la nation que par des signes imaginaires, a obstinément
refusé d'ouvrir à celles-ci ses rangs, et a mieux aimé se laisser arra-

cher à la fois toutes ses prérogatives que d'en céder volontairement
la moindre partie, comment la noblesse coloniale, qui a pour traits
visibles et indélébiles la couleur de la peau, se montrerait-elle plus
tolérante et plus modérée? Les émigrés ne répondaient d'ordinaire
que par des outrages à ceux de leurs amis qui leur montraient l'i-
nutilité et le péril de la résistance. Ainsi font les colons. Il ne faut
pas s'en étonner, la nature humaine est partout la même.

Ce que les colons disent aujourd'hui, ils l'ont déjà dit bien des
fois. Quand, il y a treize ans, il s'est agi d'abolir l'infâme trafic de
la traite, la traite, à les entendre, était indispensable à l'existence
des colonies. Or, la traite a été, Dieu merci, abolie dans nos possessions d'outre-mer, et le travail n'en a pas souffert. Le nombre des
noirs s'est même accru ; et les mêmes hommes qui se sont si longtemps opposés à la mesure se félicitent maintenant qu'elle ait été
prise. L'émancipation des gens de couleur devait jeter dans la confusion et dans l'anarchie le monde colonial. Les gens de couleur sont
émancipés et l'ordre n'a pas souffert. Les colons se trompaient donc
alors? Il est permis d'affirmer qu'ils se trompent encore aujour-
d'hui. C'est le *statu quo* qui perdra les colonies; tout observateur
impartial le reconnaît sans peine. Et, s'il y a pour la France un
moyen de les conserver, c'est l'abolition seule de l'esclavage qui
peut le fournir.

Les colons ont l'air de croire que, s'ils parvenaient à réduire au
silence les hommes qui prononcent en ce moment en France le mot
d'abolition, ou s'ils obtenaient du gouvernement l'assurance positive que toute idée d'abolition est abandonnée, l'esclavage serait
sauvé et avec lui la vieille société coloniale. C'est se boucher les yeux
pour ne point voir. Un homme sensé peut-il croire que deux ou
trois petites colonies à esclaves, environnées et pour ainsi dire en-
veloppées par de grandes colonies émancipées, puissent longtemps
vivre dans une semblable atmosphère? Est-ce que, d'ailleurs, l'abolition dans les colonies anglaises peut être considérée comme un
accident? Faut-il y voir un fait isolé de l'histoire particulière d'un
peuple? Non, sans doute. Ce grand événement a été produit par le
mouvement général du siècle, mouvement qui, grâce à Dieu, dure
encore. Il est le produit de l'esprit du temps. Les idées, les passions, les habitudes de toutes les sociétés européennes poussent depuis cinquante ans de ce côté. Quand, dans tout le monde chrétien

et civilisé les races se confondent, les classes se rapprochent et se
mêlent parmi les hommes libres, l'institution de l'esclavage peut-
elle durer? On ignore encore par quel accident elle doit finir dans
chacun des pays qu'elle occupe, mais il est déjà certain que dans
tous elle finira. Si elle a de la peine à subsister dans les colonies qui
appartiennent à des peuples d'Europe chez lesquels les institutions,
les mœurs nouvelles n'ont pas encore pu établir leur empire, comment des colons qui font partie de la nation la plus libre et la plus
démocratique du continent de l'Europe pourraient-ils se flatter de
la maintenir?

Les chambres, le gouvernement, presque tous les hommes politiques de quelque valeur ont déjà solennellement reconnu que l'esclavage colonial devait avoir un terme prochain. Dépend-il d'eux de
se rétracter? De pareilles paroles prononcées dans une semblable
affaire se reprennent-elles? N'est-il pas évident que l'idée de l'abolition de l'esclavage naît en quelque sorte forcément de toutes nos
autres idées et que, tant que l'abolition ne sera pas faite, il se trouvera en France des voix nombreuses pour la réclamer, une opinion
publique pour y applaudir, et bientôt un gouvernement pour la
prononcer? Il n'y a pas d'homme raisonnable et placé en dehors des
préjugés de couleur qui n'aperçoive cela avec la dernière clarté, et
qui ne voie que la société coloniale est tous les jours à la veille d'une
révolution inévitable. L'avenir lui manque, par conséquent la condition première de l'ordre, de la prospérité et du progrès. Donc déjà
l'esclave ne porte qu'en frémissant une chaîne qui doit bientôt se
briser. Qu'est-ce aujourd'hui que l'esclavage, dit un des premiers
magistrats d'une de nos colonies, sinon un état de choses où l'ouvrier
travaille le moins qu'il peut pour son maître, sans que celui-ci *ose
lui rien dire?* De son côté, le maître, sans certitude du lendemain,
n'ose rien changer, il redoute d'innover, il n'améliore point; à
peine a-t-il le courage de conserver; les propriétés coloniales sont
sans valeur; on n'achète point ce qui ne doit pas avoir de durée. Les
propriétaires coloniaux sont sans ressources et sans crédit. Qui pourrait consentir à s'associer à une destinée qu'on ignore?

Les embarras se multiplient donc tous les jours, la gêne s'augmente, la détresse et le découragement gagnent sans cesse. Au lieu
de faire d'énergiques efforts, les colons se livrent de plus en plus à
de vains regrets, à des colères impuissantes, à un désespoir impro-

ductif; et la métropole, détournant ses regards d'un si triste spectacle, finit par se persuader que de pareils établissements ne valent pas la peine d'être conservés.

Il est incontestable que les colonies ne tarderont pas à se consumer d'elles-mêmes au milieu d'un *statu quo* si déplorable; il faut de plus reconnaître que la moindre action extérieure précipiterait leur ruine.

Dans les îles anglaises, non-seulement le travail est libre, mais il est énormément rétribué; le salaire de l'ouvrier s'élève à quatre, cinq et jusqu'à huit francs par jour, indépendamment d'autres avantages qu'on accorde encore aux travailleurs. Malgré cette immense prime accordée aux travailleurs, les bras manquent encore. Toute la cupidité et toute l'activité britannique s'exercent donc en ce moment à s'en procurer. On va en demander à tous les rivages. La contrebande des hommes est devenue le commerce le plus nécessaire et le plus lucratif. Déjà on sait qu'il existe dans les îles anglaises les plus voisines des nôtres, îles qui jadis ont été françaises et sont même peuplées de Français, des compagnies d'embauchage dont l'objet est de faciliter la fuite de nos esclaves. Si ce moyen était mis en pratique sur une grande échelle, il est à craindre que nos planteurs ne vissent bientôt échapper de leurs mains les premiers instruments de leur industrie. Comment pourrait-il en être autrement? Ici le noir est esclave, là il est libre; ici il végète dans une misère et dans une dégradation héréditaire, là il vit dans une abondance inconnue à l'ouvrier d'Europe. Les deux rivages sur lesquels se passent des choses si contraires sont en vue l'un de l'autre. Ils ne sont séparés que par un canal étroit qu'on franchit en quelques heures et qui chaque jour est parcouru par des rivaux intéressés à fournir au fugitif les moyens de briser ses chaînes. Qui donc retient encore le nègre parmi nous? Il est facile de répondre : l'espoir d'une émancipation prochaine. Otez-lui cet espoir, et il vous échappera bientôt.

Si, dès à présent et en temps de paix, les Anglais peuvent porter un immense préjudice à nos colonies, que serait-ce en temps de guerre?

Depuis l'émancipation des colonies anglaises, les anciens esclaves ont conçu pour la métropole un attachement si ardent et on pourrait presque dire si fanatique, que, s'il survenait une attaque étrangère, il y a tout lieu de croire qu'ils se lèveraient en masse pour la repousser : tout le monde en Angleterre est d'accord sur ce point ; ceux mêmes qui nient les autres avantages de la mesure avouent celui-là.

Il résulte au contraire des observations de tous les gouverneurs de nos colonies, des avis des conseils spéciaux et du langage même des assemblées coloniales que, dans leur état actuel, nos îles à esclaves seraient très-difficiles à défendre. La chose parle d'elle-même ; comment résister à une attaque extérieure qui prendrait son point d'appui dans les intérêts évidents et dans les passions tant de fois excitées de l'immense majorité des habitants ? A la Martinique et à Bourbon, la population esclave est double de la population libre ; à la Guyane, elle est triple, et presque quadruple à la Guadeloupe. Qu'arriverait-il si les régiments noirs des îles anglaises débarquaient dans ces colonies en appelant nos esclaves à la liberté ?

L'impossibilité de soutenir avec succès une pareille lutte n'a pas besoin d'être démontrée. Elle saute aux yeux. Au premier coup de canon tiré sur les mers, il faudrait procéder brusquement à une émancipation nécessairement désastreuse, parce qu'elle ne serait pas préparée, ou se résigner à voir nos possessions conquises. Où allons-nous donc ? Si la paix dure, le *statu quo* amène une ruine graduelle, mais certaine ; si la guerre survient, il rend inévitable une catastrophe. Une existence convulsive et misérable, une agonie lente ou une mort subite, voilà le seul avenir qu'il réserve aux colonies. Il n'y a pas d'hommes politiques ayant quelque peu étudié les faits qui n'aperçoivent cela avec la dernière évidence ni qui supposent qu'au point où en sont arrivées les choses, on puisse sauver nos possessions d'outre-mer sans faire subir une modification profonde à leur état social. Mais, parmi ceux-là même, il en est bon nombre qui ne veulent point abolir l'esclavage. Pourquoi ? Il faut bien s'en rendre compte. Parce qu'ils pensent que les colonies ne valent ni le temps, ni l'argent, ni l'effort que coûterait une pareille entreprise. Les colons se font, en ceci comme en beaucoup d'autres choses, une illusion singulière : ils attribuent à une sorte d'ardeur coloniale les résistances que l'abolition de l'esclavage rencontre au sein des chambres et dans les conseils de la couronne. Malheureusement, ils se trompent. On repousse l'émancipation, parce qu'on tient peu aux colonies et qu'on préfère laisser mourir le malade que payer le remède.

Je suis si convaincu, pour ma part, que l'indifférence croissante de la nation pour ses possessions tropicales est aujourd'hui le plus grand et pour ainsi dire le seul obstacle qui s'oppose à ce que l'émancipation soit sérieusement entreprise, que je croirai la cause de celle-ci gagnée le jour où le gouvernement et le pays seraient convaincus que la conservation des colonies est nécessaire à la force et à la grandeur de la France. C'est donc à établir cette première vérité qu'il faut d'abord s'attacher.

## DEUXIÈME ARTICLE[1]

Dans le principe on a trop exalté l'importance commerciale des colonies. Il est bien vrai qu'une partie considérable du commerce maritime de la France se fait avec elles, et que la marine marchande qui s'occupe de ce commerce y emploie un très-grand nombre de nos vaisseaux et plusieurs milliers de nos marins ; mais de pareils faits ne sont pas concluants ; car s'il n'y avait pas de colonies on irait chercher ailleurs les denrées tropicales que nous sommes obligés d'aller prendre dans nos îles, et avec les pays qui nous fourniraient ces denrées, nous ferions un commerce certainement égal et probablement supérieur à celui que nous faisons avec nos colons. D'une autre part, on a, dans ces derniers temps, déprimé outre mesure l'importance commerciale de nos possessions d'outre-mer. Ce qui fait la principale sécurité de ces établissements, ce n'est pas la grandeur, c'est la stabilité des marchés qu'ils présentent.

Voyez le spectacle que donnent, de nos jours, toutes les grandes nations de l'Europe : partout la classe ouvrière devient plus nombreuse ; elle ne croit pas seulement en nombre, mais en puissance ; ses besoins et ses passions réagissent si directement sur le bien-être des États et sur l'existence même des gouvernements, que toutes les crises industrielles menacent de plus en plus de devenir des crises politiques.

Or, ce qui amène principalement ces perturbations redoutables, c'est l'instabilité des débouchés extérieurs. Lorsqu'une grande nation industrielle dépend uniquement, pour l'écoulement de ses pro-

[1] 29 octobre 1843.

duits, des intérêts ou des caprices des peuples étrangers, son industrie est perpétuellement livrée aux chances du hasard. Il n'en est
point ici quand une partie considérable de son commerce extérieur
se fait avec ses colonies, car il y a rarement de variations très-considérables, et surtout de variations très-brusques sur le marché de nos
colonies. Le commerce y est établi sur des bases qui ne changent
guère, et si, à certain moment, l'écoulement qui se fait de ce côté
est moins considérable qu'il ne pourrait être dans des contrées étrangères, du moins il ne s'arrête jamais tout à coup. Le gain est souvent moins grand, mais il est sûr, et la métropole, un peu moins
riche, est plus tranquille. Tel est, à mes yeux, le grand avantage
que présente le commerce colonial, avantage qu'il ne faudrait pas
sans doute acheter trop cher, mais qu'il serait très-injuste de méconnaître et très-imprudent de négliger.

Je reconnais cependant que le principal mérite de nos colonies
n'est pas dans leurs marchés mais dans la position qu'elles occupent
sur le globe. Cette position fait de plusieurs d'entre elles les possessions les plus précieuses que puisse avoir la France.

Cette vérité paraîtra évidente si l'on veut bien regarder un moment la carte.

Le golfe du Mexique et la mer des Antilles forment, en se réunissant, une mer intérieure qui est déjà et doit surtout devenir un des
principaux foyers du commerce.

Je vais écarter tout ce qui n'est que probable : le percement de
l'isthme de Panama, qui ferait de la mer des Antilles la route habituelle pour pénétrer dans l'océan Pacifique, le développement de
la civilisation dans les vastes régions à moitié désertes et barbares,
qui bordent la mer des Antilles du côté de l'Amérique méridionale;
la pacification du Mexique, vaste empire qui compte déjà presque
autant d'habitants que l'Espagne, le progrès commercial des Antilles elles-mêmes. Si toutes ces admirables contrées, différentes,
par les coutumes de ceux qui les habitent, par leurs goûts, leurs
besoins, et placées cependant en face les unes des autres, achevaient
de se couvrir de peuples civilisés et industriels, la mer qui les rassemble toutes serait, à coup sûr, la plus commerçante du globe.
Tout cela est problématique, dit-on, et n'arrivera peut-être jamais.
Cela est déjà arrivé en partie. Mais venons au certain. C'est dans
ces mers qu'aboutit le Mississipi et l'incomparable vallée qu'il ar-

rose. Que le Mississipi soit appelé très-prochainement à être le plus
grand débouché commercial qui soit au monde, c'est ce qui ne saurait être mis en doute par personne. La vallée du Mississipi forme,
en quelque sorte, l'Amérique du Nord tout entière. Cette vallée a
mille lieues de long et presque autant de large; elle est arrosée par
cinquante-sept grandes rivières navigables dont plusieurs, comme
le fleuve auquel elles affluent, ont mille lieues de longueur. Presque
tout le sol dont est formée la vallée du Mississipi est le plus riche du
Nouveau Monde. Aussi, cette vallée qui, il y a quarante ans, était
déserte, contient-elle aujourd'hui plus de dix millions d'hommes.
Chaque jour, de nouveaux essaims d'émigrants y arrivent; chaque
année, il s'y forme de nouveaux États.

Or, pour communiquer de presque tous les points de cette immense
vallée avec le reste du monde, il faut descendre vers le Mississipi;
pour en sortir, l'embouchure du fleuve dans le golfe du Mexique est
pour ainsi dire la seule porte. C'est donc par l'ouverture du Mississipi que viendront de plus en plus s'épandre les richesses que tout
le continent du Nord renferme et que la race anglo-américaine ex-
ploite avec un succès si prodigieux et une si rare énergie. Assurément, la mer qui sert de chemin au commerce des Antilles elles-
mêmes, à celui de la Colombie, du Mexique et peut-être de la
Chine, et qui est de plus le débouché reconnu de presque tous les
produits de l'Amérique du Nord, cette mer doit être considérée
comme un des points les plus importants du globe. Pour me faire
comprendre, en un mot, je dirai qu'elle est déjà et qu'elle deviendra de plus en plus *la Méditerranée* du Nouveau Monde. Comme
celle-ci, elle sera le centre des affaires et de l'influence maritime.

C'est là que la domination de l'Océan sera disputée et conquise.
Les États-Unis forment déjà le troisième pouvoir naval du monde,
dans un avenir prochain ils disputeront la prépondérance à l'Angleterre. On ne peut douter que le golfe du Mexique et la mer des
Antilles ne soient les principaux théâtres de cette lutte, car la guerre
maritime est toujours là où est le commerce. Elle a pris pour principal objet de protéger celui-ci ou de lui nuire.

La France possède aujourd'hui près du golfe du Mexique, à
l'entrée de la mer des Antilles, au sud de l'isthme de Panama, des
colonies où deux cent mille habitants parlent notre langue, ont nos

mœurs, obéissent à nos lois. L'une de ces îles, la Guadeloupe, a le meilleur port de commerce ; l'autre, la Martinique, possède le plus grand, le plus sûr et le plus beau port militaire des Antilles. Ces deux îles forment comme deux citadelles d'où la France observe au loin ce qui se passe dans ces parages, que de si grandes destinées attendent, et se tient prête à y jouer le rôle que lui indiqueront son intérêt ou sa grandeur. Pourrait-il être question d'abandonner ou, ce qui revient au même, de laisser prendre des positions semblables ? Resteront-elles plus longtemps ouvertes au premier adversaire ? Il n'y a pas assurément un seul parti en France qui puisse supporter une pareille idée, et l'opposition surtout, qui réclame sans cesse et à grands cris contre l'oubli que nous semblons faire de notre force et de notre dignité, né saurait l'admettre. Que dit-on tous les jours pour calmer la légitime impatience qu'éprouve le pays en voyant l'attitude réservée, ou, pour parler le langage officiel, l'*attitude modeste* de sa politique ?

On dit que l'époque que nous traversons, époque consacrée à l'acquisition nécessaire de la richesse, n'est pas propre aux entreprises lointaines, qu'elle se refuse à l'exécution de vastes desseins. Soit ; mais si, en effet, la fatigue de la nation, ou plutôt les intérêts et la pusillanimité de ceux qui la gouvernent nous condamnent à rester en dehors du grand théâtre des affaires humaines, conservons du moins les moyens d'y remonter et d'y reprendre notre rôle, dès que les circonstances deviendront favorables. Ne faisons pas usage de nos forces, j'y consens ; mais ne les perdons pas. Et si nous n'acquérons pas au loin les positions nouvelles qui nous permettraient de prendre facilement une part principale dans les événements qui s'approchent, tâchons du moins de conserver celles que nous avons prudemment acquises.

S'il est prouvé jusqu'à l'évidence que, tant que l'esclavage ne sera pas aboli dans nos colonies, nos colonies ne nous appartiendront pour ainsi dire pas ; que, jusque-là, nous n'en aurons que les charges, tandis que les avantages passeront en d'autres mains le jour où il s'agira d'en user, ayons le courage d'abolir l'esclavage ; le résultat vaut bien l'effort.

Les nations, d'ailleurs, ne montrent pas impunément de l'indifférence pour les idées et les sentiments qui les ont longtemps caractérisées parmi les peuples, et à l'aide desquels elle ont remué le monde; elles ne sauraient les abandonner sans descendre aussitôt dans l'estime publique, sans entrer en décadence.

Ces notions de liberté et d'égalité qui, de toutes parts aujourd'hui, ébranlent ou détruisent la servitude, qui les a répandues dans tout l'univers? Ce sentiment désintéressé et cependant passionné de l'amour des hommes qui a tout à coup rendu l'Europe attentive aux cris des esclaves, qui l'a propagé, dirigé, éclairé? C'est nous, nous-mêmes. Ne le nions pas; ça été non-seulement notre gloire, mais notre force. Le christianisme, après avoir longtemps lutté contre les passions égoïstes qui, au seizième siècle, ont fait rétablir l'esclavage, s'était fatigué et résigné. Notre philanthropie a repris son œuvre, elle l'a réveillé et l'a fait rentrer, comme son auxiliaire, dans la lice. C'est nous qui avons donné un sens déterminé et pratique à cette idée chrétienne que tous les hommes naissent égaux, et qui l'avons appliquée aux faits de ce monde. C'est nous enfin qui, traçant au pouvoir social de nouveaux devoirs, lui avons imposé, comme la première de ses obligations, le soin de venir au secours de tous les malheureux, de défendre tous les opprimés, de soutenir tous les faibles, et de garantir à chaque homme un droit égal à la liberté.

Grâce à nous, ces idées sont devenues le symbole de la politique nouvelle. Les déserterons-nous quand elles triomphent? Les Anglais ne font autre chose, en ce moment, qu'appliquer dans leurs colonies *nos* principes. Ils agissent en concordance avec ce que nous avons encore le droit d'appeler le *sentiment français.* Seront-ils plus Français que nous-mêmes? Tandis que, malgré ses embarras financiers, en dépit de ses institutions et de ses préjugés aristocratiques, l'Angleterre a osé prendre l'initiative et briser d'un seul coup la chaîne de huit cent mille hommes, la France, la contrée démocratique par excellence, restera-t-elle seule parmi les nations européennes à patroniser l'esclavage? Quand, à sa voix, toutes les inégalités disparaissent, maintiendra-t-elle une partie de ses sujets sous le poids de la plus grande et de la plus intolérable de toutes les inégalités sociales?

S'il en est ainsi, qu'elle se résigne à laisser passer en d'autres mains cet étendard de la civilisation moderne que nos pères ont levé les premiers, il y a cinquante ans, et qu'elle renonce enfin au grand rôle qu'elle avait eu l'orgueil de prendre, mais qu'elle n'a pas le courage de remplir.

Il ne suit pas assurément de ce qui précède qu'il faille se précipiter dans la mesure de l'émancipation en aveugle, ni qu'il convienne
d'y procéder sans prendre aucune des précautions nécessaires, pour
en assurer les avantages et en restreindre les frais et les périls.
L'émancipation, je le reconnais, est une entreprise sinon très-dangereuse, au moins très-considérable. Il faut se résoudre à la faire,
mais en même temps il faut étudier, avec le plus grand soin, le
plus sûr et le plus économique moyen d'y réussir.

Les Anglais, ainsi que je l'ai déjà dit, ont pris l'initiative. Il
convient d'abord d'examiner leurs actes et de s'éclairer de leur
exemple.

Une commission composée de pairs et de députés, formée en
1840, afin d'étudier cette question, vient de proposer un plan nouveau. Le droit et le devoir du public est de le juger.

Ce double examen sera le sujet des articles subséquents.

---

### TROISIÈME ARTICLE [1]

Il faut savoir être juste, même envers ses rivaux et ses adversaires. On a dit que la nation anglaise, en abolissant l'esclavage,
n'avait été mue que par des motifs intéressés; qu'elle n'avait eu
pour but que de faire tomber les colonies des autres peuples, et de
donner ainsi le monopole de la production du sucre à ses établissements dans l'Inde. Cela ne supporte pas l'examen. Un homme raisonnable ne peut supposer que l'Angleterre, pour atteindre les colonies à sucre des autres peuples, ait commencé par ruiner les
siennes propres, dont plusieurs étaient dans un état de prospérité
extraordinaire. C'eût été le machiavélisme le plus insensé qui se
puisse concevoir. A l'époque où l'abolition a été prononcée, les colonies anglaises produisaient deux cent vingt millions de kilogrammes
de sucre, c'est-à-dire près de quatre fois plus que n'en produisaient,
à la même époque, les colonies françaises. Parmi les colonies de la
Grande-Bretagne se trouvaient la Jamaïque, la troisième des Antilles en beauté, en fertilité et en grandeur, et, sur la terre ferme,

[1] 9 novembre 1843.

Démérari, dont le territoire était pour ainsi dire sans bornes et dont les richesses et les produits croissaient depuis quelques années d'une manière prodigieuse. Ce sont ces admirables possessions que l'Angleterre aurait sacrifiées afin d'arriver indirectement à détruire l production du sucre dans tous les pays où on le cultive par des mains esclaves, et de la concentrer dans l'Inde où elle peut l'obtenir à bas prix sans avoir recours à l'esclavage. Ceci eût été moins difficile à concevoir si, d'une part, l'Inde eût déjà été un pays de grande production et, de l'autre, si le sucre n'eût pas déjà été cultivé ailleurs et avec plus de succès par des mains libres. Mais à l'époque où l'abolition a été prononcée, l'Inde ne produisait encore annuellement que quatre millions de kilogrammes de sucre, et les Hollandais avaient déjà créé à Java cette belle colonie qui, dès son début, envoya sur les marchés de l'Europe soixante millions de kilogrammes. Ainsi, après avoir détruit la concurrence du travail esclave dans une hémisphère, les Anglais se seraient trouvés immédiatement aux prises dans l'autre avec la concurrence du travail libre. Pour atteindre un tel résultat, ce peuple, si éclairé sur ses intérêts, aurait non-seulement conduit ses plus belles possessions à la ruine, mais encore il se serait imposé à lui-même, entre autres sacrifices, l'obligation de payer cinq cents millions d'indemnité à ses colons! L'absurdité de pareilles combinaisons est trop évidente pour qu'il soit besoin de la démontrer.

La vérité est que l'émancipation des esclaves a été, comme la réforme parlementaire, l'œuvre de la nation et non celle des gouvernants. Il faut y voir le produit d'une passion et non le résultat d'un calcul. Le gouvernement anglais a lutté tant qu'il l'a pu contre l'adoption de la mesure. Il avait résisté quinze ans à l'abolition de la traite ; il a résisté vingt-cinq ans à l'abolition de l'esclavage. Lorsqu'il n'a pu l'empêcher, il a, du moins, voulu la retarder ; et, quand il a désespéré de la retarder, il a cherché à en amoindrir les conséquences, mais toujours en vain ; toujours le flot populaire l'a dominé et entraîné.

Il est bien certain qu'une fois l'émancipation résolue et accomplie, les hommes d'État d'Angleterre ont mis tout leur art à ce que les nations étrangères profitassent le moins possible de la révolution qu'ils venaient d'opérer dans les colonies. Assurément, ce n'est pas par pure philanthropie qu'ils ont déployé cette ardeur infatigable pour

gêner sur toutes les mers le commerce de la traite et pour arrêter
de cette manière le développement des pays qui conservaient encore
des esclaves. Les Anglais, en abolissant l'esclavage, se sont privés
de certains avantages dont ils désirent ne pas laisser la jouissance
aux nations qui n'imitent pas leur exemple, cela est évident. Il est
visible que, pour arriver à ce but, ils emploient, selon leur usage,
tous les moyens, tantôt la violence, tantôt la ruse, souvent l'hypocrisie et la duplicité ; mais tous ces faits sont subséquents à l'abolition de l'esclavage et n'empêchent pas que ce ne soit un sentiment
philanthropique et surtout un sentiment chrétien qui ait produit ce
grand événement. Cette vérité est incontestable dès qu'on étudie
pratiquement la question. Cependant, elle avait été obscurcie par
tous ceux que gêne l'exemple de l'Angleterre. Il était nécessaire de
la remettre dans tout son jour avant d'expliquer les détails de l'é-
mancipation anglaise, qui, sans cela, auraient été mal compris.

C'est le 15 mai 1823 que le principe de l'abolition de l'esclavage,
qui était débattu depuis longtemps dans le sein du Parlement britannique, finit par y triompher. La chambre des communes déclara
ce jour-là qu'il fallait préparer les nègres à la liberté et la leur donner dès qu'ils seraient en état d'en jouir. Cette résolution, en apparence si sage, n'eut que des conséquences funestes : les maîtres, qui
étaient ainsi avertis à l'avance que tous les progrès faits par leurs
esclaves vers la civilisation allaient être autant de pas vers l'indépendance, se refusèrent à entrer dans les vues bienfaisantes du Parlement. De leur côté, les esclaves, auxquels on montrait la liberté
sans leur dire quand on la leur donnerait, devinrent impatients et
indociles. Il y eut une insurrection à la Guyane et trois à la Jamaïque.
La dernière surtout fut une des plus sanglantes qu'on ait jamais vues.
Aussi l'enquête solennelle de 1832 démontra-t-elle que presque
aucun progrès n'avait été fait pendant les neuf années qui venaient
de s'écouler. Les esclaves étaient restés aussi ignorants et aussi dépravés qu'avant cette époque. Ce fut alors que le Parlement, poussé
par les cris incessants de la nation, se détermina enfin à couper le
nœud qu'il avait vainement essayé de dénouer.

Le bill du 23 août 1833 déclara donc que le 1er août 1834 l'esclavage cesserait d'exister dans toutes les colonies anglaises. Les colonies à esclaves étaient au nombre de dix-neuf : dix-huit en Amérique et une dans la mer des Indes. Toutefois, le bill du 23 août 1833

ne fit pas passer immédiatement les nègres de la servitude à l'indépendance : il créa un état intermédiaire sous le nom d'apprentissage. Durant cette période préparatoire, les noirs continuaient de
travailler gratuitement pour leurs anciens maîtres ; seulement, le
travail non rétribué qu'on pouvait encore exiger d'eux était limité à
un certain nombre d'heures par semaine. Le reste de leur temps
leur appartenait. C'était encore là, à vrai dire, l'esclavage sous un
autre nom ; mais c'était un esclavage temporaire. Au bout de sept
ans, cette dernière trace de la servitude devait disparaître.

L'apprentissage avait pour but d'essayer, en quelque sorte, l'effet
que produirait l'indépendance sur les noirs, et de les préparer à la
supporter. Il était surtout aux yeux du gouvernement anglais un
moyen de réduire le chiffre de l'indemnité due par la métropole aux
colons. En laissant à ceux-ci, pendant quelques années de plus, le
travail gratuit de leurs anciens esclaves, on pouvait leur donner
moins en argent.

Cette indemnité fut fixée moyennant un chiffre de 1,400 francs
par tête d'esclave, quel que fût son âge ou son sexe. La moitié, à
peu près fut immédiatement payée en argent ; le reste devait être
représenté par le travail gratuit des nègres pendant sept ans. On
eut soin, de plus, de maintenir très-élevés les tarifs qui fermaient
le marché anglais aux sucres étrangers, afin que, pendant la crise
qui allait avoir lieu, les colons fussent du moins assurés de vendre
avec profit leurs marchandises.

Ainsi, abolition générale et simultanée de l'esclavage ; état intermédiaire et préparatoire placé entre la fin de la servitude et le commencement de l'indépendance ; indemnité préalable ; garantie d'un
prix rémunérateur de la production des sucres, tel est, dans ses
traits généraux et en laissant de côté les détails, le système anglais.
Nous allons voir ses résultats.

Il n'y a peut-être jamais eu dans le monde d'événement qui ait
fait autant écrire et parler que l'émancipation anglaise. Les Anglais,
les étrangers eux-mêmes, ont publié à cette occasion une multitude
de livres, de brochures, d'articles, de sermons, de rapports officiels, d'enquêtes ; ce sujet est revenu cent fois depuis dix ans dans
les discussions du Parlement britannique ; ces documents suffisent
pour remplir seuls une grande bibliothèque ! On est d'abord surpris et presque effrayé en les lisant de voir de quelle façon diverse

et souvent fort opposée, les hommes peuvent apprécier le même fait, non pas les hommes qui sont nés longtemps après qu'il a eu lieu, mais les contemporains sous les yeux desquels il s'est passé. Cette diversité vraiment prodigieuse s'excuse cependant et s'explique ici, si l'on songe d'une part aux intérêts personnels et aux passions de parti qui animaient la plupart des témoins et surtout à l'immensité de la révolution dont ils rendaient compte. Une pareille transformation sociale, se poursuivant en même temps dans dix-neuf contrées différentes, devait nécessairement, suivant le moment et le lieu où on l'étudiait, présenter des aspects fort différents, souvent fort contraires, et ceux qui en ont parlé ont pu dire des choses tout à la fois très-contradictoires et très-vraies.

Ce serait mener nos lecteurs dans un labyrinthe que de les obliger à parcourir ces dépositions opposées : il est plus court et plus efficace de ne s'attacher qu'aux faits, en choisissant parmi ceux qui sont incontestables et de les leur montrer.

Les colons assuraient qu'aussitôt que les nègres seraient mis en liberté, ils se livreraient aux excès les plus condamnables. Ils prédisaient des scènes de désordre, de pillage et de massacres. C'est également là le langage que tenaient les planteurs de nos colonies.

Voyons les faits : jusqu'à ce moment, l'abolition de l'esclavage dans les dix-neuf colonies anglaises n'a pas donné lieu à *une* seule insurrection ; elle n'a pas coûté la vie à *un* seul homme, et cependant, dans les colonies anglaises, les nègres sont douze fois plus nombreux que les blancs. Comme le remarque avec justice le rapport de la commission des affaires coloniales, cet appel de huit cent mille esclaves à la liberté, le même jour et à la même heure, n'a pas causé, en dix ans, la dixième partie des troubles que cause d'ordinaire chez les nations les plus civilisées de l'Europe la moindre question politique qui agite tant soit peu les esprits; que n'en a causé, par exemple, en France, la simple question du recensement.

Non-seulement il n'y a pas eu de crimes contre la société, mais les crimes contre les particuliers, les crimes ordinaires n'ont point augmenté ou n'ont augmenté que dans une proportion insensible, et par conséquent on peut dire qu'ils ont diminué, car un grand nombre des fautes qui ont été punies par le magistrat depuis l'abolition de l'esclavage, auraient été réprimées dans la maison du maître, du temps de la servitude, sans qu'on en sût rien.

Autre fait incontestable : dès que les nègres ont senti l'aiguillon de la liberté, ils se sont en quelque sorte précipités dans les écoles. On jugera de l'ardeur vraiment incroyable qu'ils mettent à s'instruire, quand on saura qu'aujourd'hui on compte dans les colonies anglaises une école par six cents âmes. Un individu sur neuf la fréquente ; c'est plus qu'en France. En même temps que l'esprit s'éclaire, les habitudes deviennent plus régulières : ceci est mis en évidence par un fait également irrécusable.

On sait quel désordre de mœurs, approchant de la promiscuité, existe parmi les nègres de nos colonies. L'institution du mariage y est, pour ainsi dire, inconnue, ce qui n'a rien de surprenant, car on voit, en y réfléchissant, que cette institution est incompatible avec l'esclavage. Les mariages étaient aussi extrêmement rares parmi les nègres des colonies anglaises; ils s'y multiplient avec une grande rapidité depuis que la liberté a été donnée. Dès 1835, on célébrait à la Jamaïque mille cinq cent quatre-vingt-deux mariages ; mille neuf cent soixante-deux, en 1836 ; trois mille deux cent quinze, en 1837, et en 1838, dernière année connue, trois mille huit cent quatre-vingt-un.

Avec les lumières et la régularité des mœurs devaient arriver le goût du bien-être et le désir d'améliorer sa condition. De même que les colons avaient prédit que les esclaves émancipés se livreraient à toutes sortes de violences, ils avaient assuré qu'ils retourneraient vers la barbarie. Les nègres, au contraire, une fois libres, n'ont pas tardé à faire voir tous les goûts et à acquérir tous les besoins des peuples les plus civilisés. Avant l'émancipation, les produits de la Grande-Bretagne, exportés dans ses colonies à esclaves, ne dépassaient pas 75 millions de francs; ce chiffre s'est successivement accru, et, en 1840, il dépassait la somme de 100 millions. Ainsi il s'était augmenté de près du tiers en dix ans. De pareils chiffres ne permettent point de réplique.

Voilà les résultats incontestables de l'émancipation, quant aux noirs. On doit reconnaître que ses effets, sous d'autres rapports, ont été beaucoup moins satisfaisants. Mais ici encore, il faut se hâter de sortir du nuage des allégations contradictoires pour se placer sur le terrain solide des faits constatés.

La plupart des adversaires de l'émancipation anglaise eux-mêmes reconnaissent maintenant que cette mesure a amené les résultats qui viennent d'être montrés; mais ils soutiennent encore que si l'émancipation n'a pas été aussi fatale à la tranquillité des colonies, au commerce de la métropole et à la civilisation des noirs qu'on aurait pu le croire, elle n'a pas été et elle ne sera pas moins désastreuse pour les colons qu'on ne l'avait craint.

Il est bien vrai qu'un assez grand nombre de nègres ont entièrement quitté, depuis qu'ils sont libres, les travaux des sucreries qui, dans les colonies anglaises comme dans les nôtres, forment la grande industrie.

Parmi ceux qui sont restés dans les ateliers, beaucoup ont peu travaillé ou ont exigé des salaires fort exagérés. Ce mal est constant. Mais quelle est son étendue précise? Est-il aussi grand qu'on l'avait prévu ou tel qu'on le représente? Ici ce sont encore des chiffres qui répondront.

De 1830 à 1834, période d'esclavage, les colonies ont produit 900,257,180 kilog. de sucre, qui ont été vendus 578,536,595 fr.

De 1838 à 1841, période de liberté complète, les colonies ont produit 666,375,077 kilog., qui ont été vendus 659,579,649 fr.

Ainsi, dans la seconde période, la production réelle a diminué d'un quart.

Quoique, par suite de l'enchérissement du sucre sur le marché de la Grande-Bretagne, les colons aient, en définitive, comme on vient de le voir, reçu plus d'argent depuis que l'esclavage est aboli qu'avant cette époque, il est incontestable que leur position a été bien moins bonne, car les salaires aux colonies se sont plus élevés comparativement que le prix du sucre dans la métropole, et conséquemment, en vendant plus cher, les colons ont fait en réalité de moins bonnes affaires. Plusieurs même se sont ruinés, presque tous éprouvent une gêne plus ou moins grande.

En résumé, point de désordres, progression rapide de la population noire vers les bonnes mœurs, les lumières et l'aisance, accroissement d'un tiers dans les exportations de la métropole aux colonies, diminution d'un quart dans la production du sucre, élévation notable du prix de cette denrée sur les marchés de la métropole, accroissement excessif des salaires, et, par suite, gêne des colons et ruine de quelques-uns, tels sont, jusqu'à ce jour, les résultats bons et mauvais que l'émancipation a produits, ainsi qu'ils ressortent des faits prouvés et des chiffres officiels.

Quand on songe à l'immensité de la révolution opérée, on doit reconnaître qu'à tout prendre, jamais changement plus grand n'a eu lieu si paisiblement ni à moins de frais.

C'est ce que proclamait en 1841 le ministère whig auteur de la mesure, c'est ce que reconnaissait en 1842 le ministère tory qui a pris après lui les affaires. En somme, disait lord Stanley, le 22 mars 1842, à la chambre des communes, « le résultat de la grande expérience d'émancipation a surpassé les espérances les plus vives des amis mêmes les plus ardents de la prospérité coloniale. »

Et il ne faut pas dire que ces résultats tiennent uniquement au caractère particulier des colons anglais et à l'éducation qu'ils avaient su donner à leurs esclaves. Parmi les dix-neuf colonies où l'esclavage a été aboli, plusieurs ont appartenu à la France et sont encore peuplées de Français : l'émancipation n'y a pas produit plus de désordres qu'ailleurs.

---

## QUATRIÈME ARTICLE[1]

Quoique l'émancipation anglaise ait eu, sous plusieurs rapports, un succès éclatant, et qu'elle ait, suivant l'expression de lord Stanley, cité dans notre dernier article, surpassé les espérances des amis de la prospérité coloniale, il est facile de reconnaître cependant que le gouvernement britannique a commis, dans l'exécution de cette grande mesure, plusieurs fautes très-considérables qui ont amené la plupart des embarras auxquels les colons et la métropole sont et seront encore longtemps en proie. Pour ne pas dépasser les limites d'un article, je ne signalerai que les principales.

On se souvient qu'après avoir aboli nominativement l'esclavage, les Anglais l'avaient, en quelque sorte, rétabli pour un certain temps, sous le nom d'apprentissage. L'apprentissage était une préparation à la liberté; dès qu'on y eut mis fin, la liberté complète fut donnée, et la société coloniale entra dans les mêmes conditions d'existence que les sociétés européennes. Les blancs formèrent la classe riche; les nègres, la classe ouvrière; aucun pouvoir ne fut institué pour

[1] 20 novembre 1843.

surveiller et régler les rapports qui allaient s'établir entre les deux
parties du corps social. Les ouvriers des colonies eurent précisément
les mêmes droits dont jouissaient ceux de la métropole ; comme eux,
ils purent, suivant leur caprice, décider souverainement de l'emploi
de leur temps, fixer le taux et déterminer l'usage de leurs salaires.

Cette transformation complète de la société coloniale en société
libre était prématurée. Les Anglais s'étaient aperçus, durant la demi-
liberté de l'apprentissage, que la plupart des craintes que les colons
avaient fait concevoir sur le naturel des noirs étaient mal fondées.
Le nègre leur avait paru ressembler parfaitement à tous les autres
hommes. Ils l'avaient vu actif quand il travaillait moyennant salaire,
avide des biens que la civilisation procure lorsqu'il pouvait les acquérir, attaché aux lois quand la loi lui était devenue bienveillante,
prêt à apprendre dès qu'il avait senti l'utilité de l'instruction, sédentaire dès qu'il avait eu son domicile, régulier dans ses mœurs dès
qu'il lui avait été permis de jouir des joies de la famille. Ils en
avaient conclu que ces hommes ne différaient pas assez de nous pour
qu'il fût nécessaire de leur appliquer une autre législation que la
nôtre. Les colons, en menaçant sans cesse le gouvernement anglais de
dangers imaginaires, avaient détourné son attention des dangers réels.

Le vrai péril contre lequel il fallait se préparer à lutter naissait
en effet bien moins du caractère particulier des noirs que des conditions spéciales dans lesquelles la société coloniale allait se trouver
placée.

Avant l'émancipation, il n'y avait, à vrai dire, dans les colonies
anglaises, qu'une seule industrie, celle des sucres. Tout ce que
celle-là ne produisait pas était apporté d'ailleurs. Chaque colonie
était une vaste manufacture à sucre ; c'était là un état évidemment
factice, il ne pouvait se maintenir que parce que la population su-
crière étant esclave pouvait être attachée tout entière aux mêmes
travaux.

Du moment où les ouvriers ont été libres de choisir leur industrie, il était naturel qu'un certain nombre d'entre eux, suivant la
diversité des facultés et des goûts, en ait choisi une autre que celle
des sucres, et, sans renoncer au travail, ait quitté ses anciens ateliers, pour aller chercher fortune ailleurs. Du moment surtout où
les ouvriers, au lieu de travailler pour un maître, ont pu acquérir
des terres et gagner, en travaillant pour eux-mêmes, plus qu'ils

n'auraient pu obtenir par un salaire, beaucoup d'entre eux ont quitté les sucreries ou n'y ont paru que de temps en temps, lorsque la culture de leur propre champ leur laissait du loisir.

Or, le nombre des fabricants de sucre restant le même, et le nombre des ouvriers qui s'adonnaient à l'industrie saccharine étant moins grand, l'ancien rapport entre la demande et l'offre du travail s'est trouvé tout à coup changé, et les salaires se sont accrus dans une progression effrayante. Si la cause continue à subsister, il est à craindre que l'effet ne continue à se produire jusqu'à ce que le nombre des fabriques de sucre étant réduit ou la masse des ouvriers s'étant accrue, l'équilibre se rétablisse entre les profits et les salaires. Mais, avant d'en arriver là, les colonies émancipées souffriront un long et profond malaise.

Tout ceci est parfaitement conforme aux lois générales qui régissent la production dans les pays libres, et pour expliquer les causes d'un pareil accident, il était bien inutile de remonter jusqu'à de prétendues différences entre les instincts des diverses races humaines. Placez des ouvriers anglais ou français dans les mêmes circonstances, et ils agiront précisément de la même manière.

La cause du mal étant bien connue, quels en étaient les remèdes? Plusieurs se présentaient, mais il y en avait un surtout dont l'emploi eût été facile et très-efficace. Qu'un certain nombre d'ouvriers quittassent les sucreries, aimant mieux s'adonner à d'autres industries, ceci était la conséquence nécessaire de la liberté. Mais on pouvait du moins faire en sorte qu'ils en eussent rarement le désir. Pour cela, il suffisait de leur interdire pendant un certain temps la faculté de devenir propriétaires fonciers.

Dans toutes les colonies anglaises il existe d'immenses espaces de terrain très-fertile qui ne sont pas encore mis en valeur. Il y a des colonies où les terrains de cette espèce surpassent infiniment en étendue les terrains cultivés. Presque toutes ces terres peuvent être acquises à très-bas prix. Dès que les nègres ont été libres, ils se sont naturellement tournés de ce côté. Pouvant aisément devenir de petits propriétaires fonciers, ils n'ont pas voulu rester de simples ouvriers. Toute l'économie qu'ils ont pu faire sur leur salaire a été employée à acheter des terres, et la possession de la terre les a mis à même d'exiger de meilleurs salaires. On peut très-bien imaginer ce qui s'est passé dans les colonies anglaises en songeant à ce qui ar-

rive en France depuis que la révolution a mis la propriété foncière à
la portée du peuple. Partout où l'ouvrier de nos campagnes est ainsi
parvenu à se rendre propriétaire, il travaille d'ordinaire la moitié de
l'année au moins pour son propre compte ; il ne loue ses services
que de loin en loin et ne consent à les louer que moyennant un fort
salaire. Ainsi fait le nègre émancipé. La seule différence est qu'en
France le prix des terres étant élevé, les ouvriers ne peuvent devenir propriétaires que graduellement, tandis que dans les colonies
les terres étant à vil prix, la plupart des noirs ont pu s'en procurer
sur-le-champ.

En France, le changement s'est fait lentement, et la richesse nationale s'en est fort accrue ; mais aux colonies, où il s'opère brusquement, il ne peut manquer de porter un coup fatal à l'industrie des
sucres. Or, l'industrie des sucres étant encore le premier agent de
la production, l'emploi nécessaire des grands capitaux et la source
presque unique des échanges, on ne peut la ruiner sans amener une
crise générale qui, après avoir atteint d'abord les blancs, s'étendra
nécessairement à toutes les autres classes.

Le gouvernement anglais aurait donc dû refuser, au moins pour
quelque temps, aux nègres le droit d'acquérir des terres ; mais il
n'a eu une idée très-claire du péril que quand il n'était plus temps
de le conjurer. Au sortir de l'esclavage, une pareille restriction à
la liberté eût été acceptée sans murmures par la population noire ;
plus tard, il eût été imprudent de l'imposer. Les Anglais cependant
n'ont pas perdu courage ; ce même peuple, auquel on attribue tant
d'indifférence pour le sort de ses colonies à sucre, a fait et fait encore des efforts gigantesques pour y réparer les suites fâcheuses
de son erreur. Il va demander à l'Afrique, à l'Inde, à l'Europe, aux
îles Açores, les bras qui lui manquent. Tous les esclaves que ses
croisières arrêtent en si grand nombre sur les mers ne sont point
ramenés au lieu d'où ils viennent : on les transporte comme ouvriers libres dans les colonies émancipées. Ce sont les Anglais qui
profitent le plus aujourd'hui de la traite, qu'ils répriment, et peut-
être faut-il attribuer à cette considération le zèle extraordinaire
qu'ils mettent à s'emparer des vaisseaux négriers, et l'apathie singulière qu'ils montrent dès qu'on leur propose de prendre des
moyens efficaces pour supprimer les marchés mêmes où les nègres
se vendent.

Bientôt, si l'Europe le leur permet, ils iront acheter des noirs sur la côte de Guinée, afin d'en faire des ouvriers libres à la Jamaïque et à Démérari, favorisant ainsi les développements de l'esclavage en Afrique au même moment où ils l'abolissent dans le Nouveau Monde.

Malgré l'emploi de ces remèdes héroïques, on peut prévoir que le gouvernement anglais sera encore longtemps avant de guérir le mal que son inexpérience a fait naître.

Les Anglais, en abolissant l'esclavage, ont montré en même temps aux autres peuples ce qu'il fallait faire et ce qu'il fallait éviter. Ils leur ont donné tout à la fois de grands exemples et de grandes leçons.

Nous verrons, dans un prochain article, quel parti la France pourrait tirer des uns et des autres.

---

### CINQUIÈME ARTICLE [1]

Nous avons vu dans les précédents articles à quel point en était arrivée la question de l'émancipation des esclaves chez les Anglais. Voyons en quel état se trouve cette même question en France.

Un des premiers actes du gouvernement de Juillet fut d'arrêter la traite dans nos colonies. Depuis cette époque il n'y a plus été introduit de nouveaux esclaves ; à partir de ce moment, chacun de ceux qui s'y trouvaient, devenant un instrument de travail plus difficile à remplacer, fut l'objet de plus de soin, et la population noire, qui perdait annuellement 3 pour 100 du temps de la traite, devint stationnaire et tendit bientôt à croître.

L'opinion publique ne tarda pas à demander davantage. L'adoucissement de l'esclavage et enfin son abolition furent réclamés. Plusieurs des hommes les plus considérables du parlement prirent en main cette grande cause. Sur une proposition faite, en 1838, par l'honorable M. Passy, une commission fut nommée. Cette commission était présidée par M. Guizot, et elle donna lieu à un rapport très-remarquable dont M. de Rémusat fut l'auteur. La commission ne demandait point l'abolition immédiate de l'esclavage, mais elle ne

[1] 7 décembre 1843.

cachait point qu'elle considérait cet événement comme prochain et nécessaire, et que toutes les mesures qu'elle proposait avaient pour but d'y préparer. La chambre ayant été dissoute, le rapport ne fut pas discuté.

En 1839, la question fut reprise sur une proposition semblable de M. de Tracy. Une nouvelle commission, dans laquelle se trouvait M. Barrot, fut nommée. La commission de 1839, dont M. de Tocqueville était le rapporteur, suivant la même voie qu'avait ouverte la commission précédente, mais tirant des principes posés par elle une conséquence plus rigoureuse, conclut à l'abolition de l'esclavage et proposa un plan pour y parvenir.

Ce rapport de 1839 ne parvint, pas plus que l'autre, à discussion, le ministère, par la bouche de M. Thiers, étant venu déclarer à la tribune qu'il entrait dans les vues de la commission, et qu'il allait s'occuper de préparer lui-même un plan d'abolition. Il réunit en effet un certain nombre de pairs, de députés, d'amiraux et d'anciens gouverneurs des colonies, pour procéder à ce travail préliminaire. M. le duc de Broglie fut leur président et leur rapporteur.

Après plusieurs années de recherches et de travaux, dont de volumineux procès-verbaux, récemment publiés, portent la trace, cette commission a publié, il y a six mois, son rapport. Par son étendue, et bien plus encore par la manière dont le sujet y est traité, ce rapport doit être mis à part de tous les documents de la même espèce. C'est un livre, et un beau livre qui restera et fera époque dans l'histoire de la grande révolution qu'il raconte et prépare.

Nous avons souvent eu l'occasion de combattre les actes de M. le duc de Broglie. Mais la haute estime que nous avons toujours professée pour ses talents et pour son caractère nous fait saisir avec plaisir toutes les occasions de lui rendre justice. M. le duc de Broglie réunissait mieux que personne, nous le reconnaissons volontiers, les conditions nécessaires pour exceller dans le travail dont la commission l'avait chargé : une connaissance pratique des grandes affaires du gouvernement, et l'habitude ainsi que le goût des études philosophiques ; un amour vrai de l'humanité, éclairé par l'expérience politique des hommes, et enfin du loisir. La commission dont M. le duc de Broglie a été l'organe, reconnaissant que l'incertitude au milieu de laquelle vivent, depuis plusieurs années, les colons, les esclaves et la métropole, ne peut se prolonger plus longtemps sans de grands périls, est d'avis que le moment est arrivé d'y mettre un terme par l'abolition de l'esclavage. Mais comment l'abolir? Ici la commission se partage. Deux plans sont proposés. Nous nous bornerons à faire connaître celui que la majorité a adopté.

Une loi fixerait dès aujourd'hui, à dix ans, le terme irrévocable de l'esclavage. Ces dix années seraient employées à préparer les nègres et les colons à supporter l'état social nouveau qu'on leur destine. Tout en restant astreint au travail forcé et habituellement gratuit, signe principal de la servitude, le nègre acquerrait cependant certains droits dont il n'a jamais joui jusqu'ici, et sans lesquels il n'y a pas de progrès en morale et en civilisation, tels que ceux de se marier, d'acquérir, de se racheter; des écoles lui seraient ouvertes; l'éducation religieuse et l'instruction lui seraient abondamment fournies.

On voit qu'entre la fin de l'esclavage et l'indépendance proprement dite, la commission a pensé, comme le gouvernement britannique, qu'il convenait de placer une époque intermédiaire, principalement destinée à l'éducation des nègres; mais elle a conçu cet état intermédiaire d'une autre manière que les Anglais. Ceux-ci avaient commencé par proclamer que l'esclavage était aboli; mais chaque esclave, transformé en apprenti, n'en avait pas moins continué à rester chez son ancien maître et à travailler pour lui sans salaire. Cette condition mixte, où la liberté, après avoir été donnée, semblait retenue, n'avait été bien comprise par personne. Elle avait donné naissance à des discussions interminables entre les deux races; les nègres s'en étaient aigris, et les blancs n'en avaient point été satisfaits. Éclairée par cette expérience, la commission a jugé qu'il fallait ne supprimer le nom de l'esclavage qu'au moment où on effacerait réellement les traits principaux qui le caractérisent; au lieu d'annoncer, comme les Anglais, plus qu'on ne donnait, elle a trouvé plus sage d'accorder en réalité plus qu'on ne semblait avoir promis.

Au bout de l'époque préparatoire, la relation forcée du serviteur et du maître aurait un terme; le travail deviendrait productif; la servitude cesserait de fait comme de nom.

Mais cela ne veut pas dire que la société coloniale dût tout à coup prendre exactement le même aspect que la grande société française, ni que le nègre émancipé fût sur-le-champ appelé à jouir de tous les droits que possède parmi nous l'ouvrier. L'exemple de l'Angleterre était là pour empêcher de tomber dans une pareille faute. La commission l'a parfaitement compris; elle a jugé que les plus grands périls qu'auraient à courir les colonies à l'époque de l'émancipation ne naîtrait pas, comme on l'a cru jusqu'ici, des mauvaises inclinations des noirs, et que, quand même ils auraient fait en morale et en civilisation, durant les dernières années de l'esclavage, tous les progrès dont l'expérience a prouvé qu'ils sont capables, il serait encore imprudent de leur accorder tout à coup la même indépendance dont jouissent en France les classes ouvrières; que si, au moment où le travail forcé n'aura plus lieu, on ne prenait pas quelques moyens artificiels pour attirer et retenir les nègres dans les sucreries et pour prévenir l'exagération des salaires, la production du sucre recevrait une soudaine et grave atteinte, et que les colonies, exposées à une perturbation subite dans leur principale et presque unique industrie, auraient fort à souffrir.

En conséquence, la commission propose de soumettre, pendant les premières années qui suivront l'abolition de l'esclavage, la liberté des nègres émancipés aux trois institutions principales que voici :

Les anciens esclaves seront tenus de résider dans la colonie.

Libres de choisir la profession à laquelle ils désirent se livrer et le maître sous la direction duquel ils veulent travailler, ils ne pourront rester oisifs ni se borner à travailler pour leur propre compte.

Chaque année, le maximum et le minimum des salaires seront fixés par le gouverneur en conseil. C'est entre ces limites extrêmes que les prix seront débattus.

Le motif de ces trois dispositions transitoires est facile à saisir.

Par la première, la commission veut prévenir l'embauchage anglais, qui ne tarderait pas à diminuer sensiblement la population ouvrière de nos îles.

Le but de la seconde est de s'opposer à ce que les nègres de nos colonies n'imitent ceux des colonies anglaises et n'abandonnent comme eux les grandes industries pour se retirer sur des portions de sol fertile qu'ils auraient acquises à très-bas prix ou usurpées.

Le principal objet de la troisième, enfin, est d'empêcher qu'à leur tour les maîtres, abusant de l'obligation où sont les noirs de louer leurs services et de la facilité qu'ils trouvent eux-mêmes, vu leur petit nombre, à se coaliser, n'imposent à leurs ouvriers des salaires trop bas.

On comprend que toutes ces dispositions sont transitoires : elles ne sont faites que pour faciliter aux colonies le passage d'un état social à un autre et empêcher que, dans les premiers moments, il ne se fasse un déclassement rapide des travailleurs, et, par suite, une perturbation industrielle aussi préjudiciable, on ne saurait trop le redire, à la race noire qu'à la race blanche.

Quand les nègres, après avoir adopté une résidence fixe, auront embrassé définitivement une profession et en auront contracté les habitudes ; dès que l'usage aura indiqué de certaines limites aux salaires, les dernières traces de la servitude pourront disparaître. La commission estime que cet état transitoire pourra cesser au bout de cinq ans.

Les chambres auront à examiner si, au lieu de recourir à cet ensemble de mesures exceptionnelles, on ne pourrait pas se borner, d'une part, à faire exécuter à la rigueur les lois existantes contre le vagabondage et, de l'autre, à interdire aux nègres, pendant un certain nombre d'années, l'achat ou l'occupation des terres. Cela paraît plus simple, plus net et peut-être aussi efficace.

C'est principalement la possession et la culture de la terre qui, dans les colonies anglaises, ont fait sortir les noirs des sucreries. Les mêmes causes amèneraient infailliblement dans les nôtres les mêmes effets.

Sur 263,000 hectares que contiennent la Martinique et la Guadeloupe, il y en a 180,000 non cultivés.

La Guyane, qui a 125 lieues de long sur près de 200 de profondeur, n'a pas 12,000 hectares en culture. Il n'y a donc pas de nègre qui, dans ces colonies, ne puisse se procurer de la terre et qui ne s'en procure si on lui laisse la liberté de le faire. Car, tant que la trace de l'esclavage ne sera pas effacée, les noirs auront naturellement peu de penchant à travailler pour le compte d'un maître. Ils préféreront vivre indépendants sur leur petit domaine, alors même qu'ils retireraient ainsi de leur travail une moindre aisance. Si, au contraire, les nègres émancipés, ne pouvant ni demeurer en vagabondage, ni se procurer un petit domaine, en étaient réduits pour vivre à louer leurs services, il est très-vraisemblable que la plupart d'entre eux resteraient dans les sucreries et que les frais d'exploitation de ces établissements ne s'élèveraient pas outre mesure.

Qu'on y regarde de près, l'on verra que l'interdiction temporaire de posséder de la terre est non-seulement de toutes les mesures exceptionnelles auxquelles on peut avoir recours la plus efficace, mais aussi en réalité la moins oppressive.

Ce n'est point par une conséquence naturelle et nécessaire de la liberté que les nègres des colonies peuvent ainsi passer tout à coup de l'état d'esclaves à celui de propriétaires fonciers : c'est par suite d'une circonstance très-extraordinaire, le voisinage de terrains fertiles qui appartiennent pour ainsi dire au premier occupant. Rien de semblable ne s'est jamais vu dans nos sociétés civilisées.

Malgré tous les efforts que nous avons faits en France pour mettre la propriété immobilière à la portée des classes travaillantes, la terre est demeurée si chère que ce n'est qu'avec beaucoup d'efforts que l'ouvrier peut en acquérir quelque partie. Il n'y arrive qu'à la longue et après s'être enrichi par son industrie. Chez toutes les autres nations européennes, il est presque sans exemple qu'un ouvrier devienne propriétaire foncier. Pour lui, le sol est en quelque sorte hors du commerce.

En interdisant momentanément aux nègres la possession de la terre, que fait-on donc ? On les place artificiellement dans la position où se trouve naturellement le travailleur d'Europe.

Assurément il n'y a pas là de tyrannie, et l'homme auquel on n'impose que cette gêne au sortir de l'esclavage ne semble pas avoir droit de se plaindre.

---

### SIXIÈME ET DERNIER ARTICLE[1]

Quelque respectable que soit la position des noirs, quelque sainte que doive être à nos yeux leur infortune, qui est notre ouvrage, il serait injuste et imprudent de ne se préoccuper que d'eux seuls. La France ne saurait oublier ceux de ses enfants qui habitent les colonies ni perdre de vue sa grandeur, qui veut que les colonies progressent.

Si les nègres ont droit à devenir libres, il est incontestable que les colons ont droit à n'être pas ruinés par la liberté des nègres. Les

[1] 15 décembre 1843.

colons ont profité, il est vrai, de l'esclavage; mais ce n'est pas eux
qui l'ont établi : la métropole a, pendant plus de deux cents ans,
favorisé de tout son pouvoir les développements de cette institution
détestable, et c'est elle qui a inspiré à nos compatriotes d'outre-mer
les préjugés dont maintenant l'impression nous étonne et nous
irrite.

Les injures et souvent les calomnies que les colons adressent ou
font adresser tous les jours à tant d'hommes honorables ne doivent
pas nous empêcher de voir ce qu'il y a de juste dans leurs demandes
et de fondé dans leurs griefs.

La commission, examinant cette portion du sujet, n'a pas hésité
à reconnaître que, si la métropole devait aux esclaves des colonies
la liberté, elle devait aux colons plusieurs garanties qu'elle a résu-
mées de cette manière :

D'abord un délai suffisant pour que les propriétaires coloniaux se
préparent à subir la révolution qu'on a en vue et se procurent de
quoi faire face aux nouveaux frais que la production du sucre par
des mains libres doit leur occasionner.

Une de nos colonies vient d'éprouver un désastre immense ; il
faut lui donner le temps de le réparer.

En ce moment d'ailleurs la propriété coloniale est partout obérée;
on pourrait presque dire qu'elle n'existe pas, car la plupart des colons ayant plus de dettes que de biens, nul ne sait précisément à
qui appartiennent en réalité les terres qu'ils cultivent ; il n'y a que
l'introduction dans les colonies de l'expropriation forcée qui puisse
amener la fin de ce désordre, liquider les fortunes et faire apparaître les propriétaires véritables. Alors seulement les colons possé-
dant un capital ou un crédit pourront faire les avances que nécessitera la substitution du travail salarié au travail gratuit.

Un projet de loi ayant pour objet d'introduire l'expropriation
forcée dans les Antilles est soumis en ce moment à l'examen des
chambres, et sera vraisemblablement adopté l'an prochain. Il est
bon de laisser la nouvelle loi d'expropriation opérer pendant un certain temps avant d'abolir définitivement l'esclavage.

La seconde garantie que les colons, suivant la commission, ont le
droit de demander à la mère-patrie, c'est un prix rémunérateur
pour leurs sucres. L'émancipation, en effet, avec quelque ménage-
ment qu'elle soit conduite, entraînera nécessairement, comme le dit

le rapporteur, un certain degré de perturbation dans le travail colonial. Dans les premiers moments, la production sera nécessairement réduite. Si, dans ce même temps, le prix des sucres ne s'élève
point, à plus forte raison s'il vient à baisser, les colons, déjà gênés,
souffriront dans leurs revenus une perte qui leur rendra difficile et
peut-être impossible de faire face à leurs obligations nouvelles.

Un très-léger sacrifice imposé aux consommateurs suffirait au
contraire pour les tirer d'affaire et mener à bien l'entreprise. Quelques chiffres mettront ceci en évidence. Les colonies nous vendent
aujourd'hui 80 millions de kilogrammes de sucre, à raison de
125 francs les 100 kilogrammes : ce qui leur rapporte 100 millions
de francs. Supposez qu'après l'abolition de l'esclavage, l'importation
du sucre colonial tombe à 70 millions de kilogrammes, et que, par
suite de l'introduction du sucre étranger, ou grâce à une faveur particulière accordée au sucre de betterave, le prix de vente reste à
125 francs les 100 kilogrammes, le revenu des colons sera diminué
de 12,500,000 francs, perte écrasante, qu'il faudra répartir sur un
très-petit nombre de producteurs. Que le prix du sucre, au contraire, s'élève à 145 francs les 100 kilogrammes, ce qui n'a rien
d'extraordinaire et s'est vu plusieurs fois dans ces dernières années,
les colons ne perdent rien et le consommateur ne paye la livre de
sucre que deux sous de plus.

C'est précisément ce qui est arrivé en Angleterre. La production
du sucre colonial a diminué d'un quart après l'émancipation, ainsi
que nous l'avons vu. Mais grâce aux tarifs protecteurs, le prix du
sucre colonial s'étant élevé par suite de la rareté même de la denrée,
les colons n'ont pas reçu moins d'argent, ce qui leur a permis jusqu'ici de résister aux conséquences désastreuses de l'élévation des
salaires.

Il est même arrivé cette circonstance bien remarquable que le
gouvernement ayant voulu, en 1840, baisser de près de moitié le
droit qui s'opposait à l'entrée des sucres étrangers, la chambre des
communes, c'est-à-dire la branche de la législature qui représentait
le plus directement les consommateurs, s'y opposa et plutôt que de
le souffrir, aima mieux renverser le ministère.

Ces considérations ont porté la commission des affaires coloniales
à déclarer qu'à son avis il était nécessaire, avant de procéder à l'é-
mancipation, d'établir l'égalité entre le sucre de betterave et le

sucre colonial et que, tant que durerait la crise produite par ce grand événement, il ne fallait pas abaisser le droit qui frappe à son entrée le sucre étranger.

La dernière garantie qu'il est équitable d'accorder aux colons c'est une indemnité représentant la valeur vénale des esclaves mis en liberté. Durant les dix ans qui, dans le système de la commission, s'écoulent entre le moment où le principe de l'abolition de l'esclavage est adopté et celui où, en fait, l'esclavage est détruit, on prépare les esclaves à la liberté et on liquide la propriété coloniale. Durant cette période, les colons n'éprouvent aucun préjudice et conséquemment n'ont droit à aucune indemnité. Mais le jour où la servitude venant à cesser, le travail des nègres cesse d'être gratuit, la question de l'indemnité se présente. L'esclave est-il réellement une propriété? De quelle nature est cette propriété? A quoi l'État, qui la fait disparaître, est-il obligé en droit et en équité? M. le duc de Broglie a traité cette partie si difficile et si délicate de son rapport en économiste, en philosophe et en homme d'État. C'est la portion la plus saillante de ce grand travail ; nous voudrions pouvoir la mettre sous les yeux de nos lecteurs; mais les limites que nous devons nous imposer nous en empêchent. Nous nous bornerons donc à dire que la commission arrive à démontrer qu'il serait contraire à toutes les notions de l'équité et à l'intérêt évident de la métropole, d'enlever aux colons leurs esclaves sans les indemniser de leurs pertes.

La commission, à la suite d'un long et consciencieux travail, a cru devoir fixer cette indemnité à 1,200 francs par tête de nègre. Les Anglais avaient acquitté l'indemnité de deux manières : au moment de l'abolition, ils avaient remis la moitié de la somme promise aux planteurs et, en outre, ils leur avaient assuré, pendant sept ans, une partie du travail gratuit des affranchis. Ils avaient calculé que le prix de ce travail équivaudrait au bout de sept ans à l'argent qu'on ne payait pas. La commission a adopté une mesure, sinon semblable, au moins analogue.

Le capital dû pour les deux cent cinquante mille esclaves des colonies, à 1,200 francs par tête, étant 300 millions, la moitié, ou 150 millions, représentée par une rente de 6 millions à 4 p. 0/0, serait accordée aux colons et placée à leur compte à la caisse des dépôts et consignations. Par cette opération, la métropole s'acquitte de la moitié de sa dette et acquiert, en conséquence, le droit de retirer aux colons la moitié du travail gratuit de leurs esclaves; au lieu de cela, elle continue à leur en laisser la jouissance entière pendant dix ans. Or le prix du travail journalier d'un nègre peut être évalué à 50 centimes. C'est donc 25 centimes dont la métropole gratifie chaque jour le maître, et cet avantage, en se continuant pendant dix ans, équivaut précisément aux 150 millions qu'on ne donne pas.

Comme on le voit, les frais de l'émancipation se répartissent d'une manière qui semble équitable entre tous ceux qui ont intérêt au succès de la mesure : la moitié de l'indemnité est fournie par la métropole, l'autre par le travail des noirs, et l'élévation de la main-d'œuvre est supportée par les colons.

En résumé, liberté simultanée accordée aux esclaves au bout de ces dix ans;

D'ici là, un ensemble de mesures qui aient pour but de moraliser et de civiliser les nègres et de liquider la propriété des blancs;

Après ce terme, une législation spéciale dont l'objet soit d'aider la société coloniale à se rasseoir ;

Avec la liberté donnée aux esclaves, une indemnité suffisante accordée aux maîtres.

Tel est, dans ses traits principaux, le plan d'émancipation que la majorité de la commission propose. Il était difficile, ce semble, d'atteindre un plus grand but à moins de frais, et de mieux accorder ce que l'humanité et l'intérêt de la France exigent avec ce que la prudence commande.

Ce plan, si laborieusement préparé par la commission, exposé avec tant de talent par M. le duc de Broglie, sera-t-il adopté sincèrement par le gouvernement et sérieusement présenté par lui à l'adoption des chambres? Cela est fort douteux.

M. Guizot a l'esprit trop élevé pour être insensible à la beauté et à la grandeur de l'œuvre qu'on propose. Nous lui rendons cette justice de croire qu'il l'accomplirait s'il était libre de le faire. On peut croire que plusieurs de MM. les ministres veulent aussi l'émancipation, mais tous ceux qui voient de près les affaires savent bien que le gouvernement n'en veut pas. Nous ne sommes pas dans le temps des entreprises généreuses, pas même dans celui des entreprises utiles, quand en même temps elles sont difficiles et grandes.

Il y a plusieurs manières de repousser l'émancipation. On peut maintenir hautement l'esclavage, comme l'avaient fait Napoléon et la Restauration. Mais cela n'est pas facile dans le temps de liberté démocratique où nous vivons, quand on représente une révolution qui a été faite tout entière au nom de l'égalité, et dont ce glorieux principe fait le symbole et la force.

Sans maintenir l'esclavage, on peut du moins ne pas s'occuper de le détruire. Comme il est impossible d'émanciper les nègres sans que le gouvernement ne se mette à la tête de l'entreprise, pour rendre tous les efforts des abolitionistes inutiles, il n'a pas besoin de résister, il lui suffit de s'abstenir. C'est la politique qu'on suit depuis dix ans.

Un dernier expédient consiste à prôner l'émancipation, mais à en exagérer tellement les périls, les incertitudes et les frais devant les chambres, que l'obstacle vienne d'elles. De cette manière, on garde l'honneur de ses principes sans mettre en péril son pouvoir, et l'on reste à la fois, chose difficile, libéral et ministre. Il est à craindre que ce ne soit là la méthode que se propose de suivre le ministère : quelques mots prononcés à la fin de la session dernière semblent l'indiquer. Interpellé sur les intentions du gouvernement, M. Guizot protesta d'abord de son dévouement pour la grande cause de l'abolition ; puis il étala complaisamment devant l'assemblée, en les exagérant immensément, les difficultés et les frais de la mesure. Il ne craignit pas, entre autres, d'annoncer officiellement que l'émancipation coûterait au Trésor public plus de 250 millions, ce qui fit naître, comme il était facile de s'y attendre, les exclamations improbatives de la chambre.

Or, dans ce moment même, M. Guizot avait sous les yeux le rapport de M. le duc de Broglie, rapport qui montre jusqu'à l'évidence que 6 millions de rente, au capital de 150 millions, représentent, à très-peu de chose près, le chiffre total de la dépense. Que signifient donc de semblables paroles? Doit-on les attribuer à l'ignorance? Mais comment admettre l'ignorance du gouvernement dans une affaire si grande et si connue? Voulait-on indisposer par avance l'opinion publique et susciter des résistances salutaires? C'est ce que la session prochaine fera bien voir.

Si le ministère, montrant que nos soupçons étaient injustes, entre franchement dans l'émancipation, le devoir de l'opposition est de l'y soutenir de tout son pouvoir, car c'est de l'intérêt de la France, de sa grandeur, de son honneur, des doctrines que sa révolution a fait prévaloir dans le monde, et que l'opposition surtout se fait gloire de professer, qu'il s'agit ici. Mais que l'opposition prenne bien garde de se payer de vains mots; qu'elle sache que, quand on lui parle désormais de nouveaux délais destinés à faire des études nouvelles, on la trompe.

Tout ce que la statistique peut faire connaître est appris; tout ce que peut montrer l'expérience est vu. Jamais question mieux éclairée de tous les côtés n'a été mise sous les yeux des chambres. La mesure est nécessaire, tous les hommes sensés le reconnaissent. Le temps de la prendre est venu, on ne saurait sérieusement le contester; les moyens de la mener à bien sont trouvés; il suffit de lire le rapport de M. le duc de Broglie pour s'en convaincre. Il ne reste absolument qu'une seule chose à décider : celle de savoir si, pour conserver au pays des positions qui dominent une grande partie du commerce du globe, si, pour arracher deux cent cinquante mille de nos semblables à l'esclavage dans lequel nous les tenons contre tout droit; enfin si, pour rester fidèles à notre rôle et ne pas déserter les nobles principes que nous avons fait triompher nous-mêmes chez nos voisins, c'est trop payer que d'inscrire 6 ou 7 millions de plus au grand-livre de notre dette. Il n'y a plus d'autre question que celle-là.

# RÉFORME DES PRISONS

RAPPORT FAIT AU NOM DE LA COMMISSION CHARGÉE D'EXAMINER
LE PROJET DE LOI TENDANT A INTRODUIRE UNE RÉFORME DANS LE RÉGIME GÉNÉRAL
DES PRISONS [1]. — SÉANCE DU 20 JUIN 1840 [2].

Messieurs,

Il y a plus d'un demi-siècle que chez les nations civilisées de
l'Europe et de l'Amérique, on se préoccupe de la réforme des prisons.
Un grand nombre d'expériences ont déjà été faites. Une multitude
d'écrits ont été publiés. Il n'y a pas de question qui ait été plus
examinée et plus débattue par les hommes de théorie et de pratique.

Votre commission a pensé que ces études préliminaires la dispen-
saient d'entrer dans de très-longs détails; elle a jugé qu'il lui suffirait, pour remplir sa tâche, de vous exposer les principales raisons

---

[1] Le projet de loi avait été présenté par M. de Rémusat, ministre de
l'intérieur. La commission était composée de MM. Amilhau, de Beaumont
(Gustave), Chegaray, Ressigeac, de Chasseloup-Laubat (Prosper), de Tocqueville, Lanjuinais, Duvergier de Hauranne, Carnot.

[2] Nous laissons au rapport de M. de Tocqueville sa première date du 20
juin 1840, quoiqu'on le trouve aussi dans le *Moniteur* à d'autres dates.
En 1840, 1841 et 1842, les chambres n'eurent pas le temps de discuter
la loi des prisons : c'est seulement en 1843 que cette discussion eut lieu.
Le rapport fut donc réimprimé d'année en année; ce qui, du reste, fut
pour Tocqueville l'occasion de revoir son travail et d'y faire quelques cor-
rections que nous avons constatées avec grand soin; et c'est aussi ce qui
explique comment dans ce rapport, daté de 1840, se trouvent mention-
nés des faits qui se rapportent aux années 1841 et 1842. Le texte le plus
complet est celui du 5 juillet 1843. — V. *Moniteur* de cette date.

qui avaient motivé ses votes et les principaux faits sur lesquels elle avait cru devoir s'appuyer.

En 1827, la population de la France était de 52,049,707.

Elle était, en 1841, de 54,214,029.

Pendant cette même période de quinze années, le nombre total des accusés et des prévenus des délits ordinaires a été chaque année ainsi qu'il suit :

| | |
|---|---|
| 1827 | 65,226 |
| 1828 | 66,775 |
| 1829 | 69,350 |
| 1830 | 62,544 |
| 1831 | 69,225 |
| 1832 | 73,061 |
| 1833 | 69,994 |
| 1834 | 72,299 |
| 1835 | 75,022 |
| 1836 | 79,930 |
| 1837 | 83,226 |
| 1838 | 88,940 |
| 1839 | 91,742 |
| 1840 | 98,356 |
| 1841 | 96,324 |

On remarquera que, sur ces quinze années, il n'y en a que trois, 1830, année exceptionnelle, 1833, 1841, qui présentent un chiffre inférieur à celui de l'année précédente. Pour toutes les autres, le chiffre s'élève graduellement d'année en année.

Si l'on divise les quinze ans dont nous venons de parler en cinq périodes de trois années chacune, et que l'on compare la moyenne de la population de la France, pendant la première de ces périodes, à la moyenne de la population durant la dernière, on trouvera que la population de la dernière excède la population de la première de 1/17e.

Si l'on divise de même le nombre des accusés et des prévenus en cinq périodes, et que l'on compare la première et la dernière, on découvre que le nombre des accusés et des prévenus de la dernière période excède le nombre des accusés et des prévenus de la première d'environ du tiers. De telle sorte que le nombre des délinquants se serait accru, relativement au nombre des citoyens, dans la proportion de 3 à 17.

Il est, du reste, juste de faire observer que la plus grande partie de cette augmentation porte sur les délits, c'est-à-dire les infractions à la loi pénale, les moins dangereuses pour la tranquillité publique.

Toutefois, ces chiffres, que nous avons cru de notre devoir de mettre sous les yeux de la Chambre, paraissent à la commission de nature à faire naître des craintes très-sérieuses. Ils accusent un mal auquel il est urgent d'apporter remède.

Quelles sont les causes de ce mal?

Ce serait envisager une si grande question d'une manière bien étroite, que de prétendre qu'un si considérable accroissement des crimes n'est dû qu'au mauvais état des prisons. La commission n'est pas tombée dans cette erreur. Elle sait que le développement plus ou moins rapide de l'industrie et de la richesse mobilière, les lois pénales, l'état des mœurs, et surtout l'affermissement ou la décadence des croyances religieuses, sont les principales causes auxquelles il faut toujours recourir pour expliquer la diminution ou l'augmentation des crimes chez un peuple.

Il ne faut donc pas attribuer uniquement, ni même peut-être principalement à l'état de nos prisons, l'accroissement du nombre des criminels parmi nous; mais la commission est restée convaincue que l'état des prisons avait été une des causes efficaces de cet accroissement.

Un mauvais système d'emprisonnement peut augmenter le nombre des crimes de deux manières :

1° Il peut faire disparaître aux yeux des citoyens une partie de la terreur de la peine, ce qui accroît le nombre des premiers crimes;

2° Il peut ne pas corriger, ou achever de corrompre les condamnés, ce qui multiplie les récidives.

Les anciennes prisons de l'Europe avaient été toutes bâties dans un but d'intimidation et non de réforme. Rien n'y était préparé pour y améliorer l'état de l'âme, mais le corps y souffrait, il y était fréquemment chargé de chaînes. La nourriture était insuffisante ou malsaine; on y était mal vêtu; on y couchait, d'ordinaire, sur la paille; on y endurait le froid et souvent la faim. Toutes les précautions de l'hygiène y étaient parfois méconnues d'une manière inhumaine; la mortalité y était très-grande.

Tel était encore, à peu d'exceptions près, l'état de beaucoup d'entre nos prisons en 1817 [1].

Depuis cette époque, plusieurs millions ont été dépensés dans nos seules maisons centrales, dans le but d'y rendre la condition matérielle des détenus plus douce, avant qu'on ait commencé à chercher le moyen de produire sur l'esprit de ces coupables une impression profonde et salutaire, que le mal physique ne produisait plus. Il est résulté de là que la plupart des prisons ont cessé d'être intimidantes, sans devenir réformatrices.

Les conséquences fâcheuses de cet état de choses se sont manifestées par l'augmentation des premiers crimes et par l'accroissement plus marqué encore des récidives.

En 1828, sur mille accusés, il y en avait cent huit en récidive.

En 1841, on en comptait deux cent trente-sept ou plus du double.

En 1828, sur mille prévenus, il y en avait soixante en récidive.

En 1841, on en comptait cent cinquante-quatre en récidive, ou près du triple [2].

Ce sont là les chiffres officiels fournis par les tableaux de la justice criminelle; mais ils n'indiquent qu'une partie du mal. Beaucoup de récidives échappent entièrement à la connaissance des autorités judiciaires, et ne sont reconnues que dans la prison. Il résulte des pièces fournies par M. le ministre de l'intérieur, et des tableaux mis sous les yeux de la commission, que, sur 18,322 condamnés que contenaient, le 1er janvier 1843, les maisons centrales, il s'en trouvait 7,365 en récidives, ou 40 sur 100 du nombre total.

La commission a donc eu raison de dire que notre système d'emprisonnement a exercé une grande influence sur l'accroissement graduel des crimes. S'il ne faut pas s'exagérer outre mesure cette influence, il serait déraisonnable de nier qu'elle ne soit très-considérable, et qu'elle ne mérite d'attirer vivement l'attention du gouvernement et des chambres.

[1] Une circulaire de l'an IX, citée dans un rapport fait au roi par M. le ministre de l'intérieur, semble indiquer qu'à cette époque la nourriture des détenus n'était pas encore considérée comme une charge obligatoire de l'État; car cette circonstance recommande de ne procurer le pain de la soupe aux détenus qu'en cas d'indigence absolue.

[2] Il est juste, toutefois, de faire remarquer que le nombre des récidives a crû beaucoup moins vite durant les trois dernières années de la période, que pendant les années antérieures.

Édifiée sur ce premier point, votre commission s'est occupée de rechercher ce qu'il convenait de faire pour rendre la peine de l'emprisonnement plus efficace.

Les prisons, messieurs, sont de plusieurs espèces. Mais toutes les espèces de prisons se classent dans l'une des deux catégories suivantes :

1° Prisons où sont placés les prévenus ou accusés ;

2° Prisons qui renferment les condamnés.

La commission, comme le projet de loi, s'est d'abord occupée des maisons destinées à contenir les prévenus et accusés. Ces maisons forment une catégorie absolument séparée, puisqu'elles n'ont pour objet, comme les prisons proprement dites, ni d'effrayer ni de moraliser les détenus qu'elles contiennent, mais seulement de les garder sous la main de la justice.

Les écrivains qui ont traité jusqu'ici de la réforme des prisons sont restés fort divisés sur la question de savoir à quel régime il fallait soumettre les condamnés. Mais tous ont fini par tomber d'accord qu'il convenait d'isoler les prévenus les uns des autres, et de les empêcher, d'une manière absolue, de communiquer ensemble. Tous les hommes qui, en France et ailleurs, se sont occupés pratiquement de la question, sont arrivés à une conclusion semblable. Ils ont jugé qu'il y avait très-peu d'inconvénients, et beaucoup d'avantages à empêcher toute communication quelconque de prévenu à prévenu.

Des pays mêmes qui s'étaient prononcés contre l'emprisonnement séparé, quant aux condamnés, l'ont adopté lorsqu'il s'agissait des détenus avant jugement. C'est ainsi que, dans l'État de New-York, où le système d'Auburn a pris naissance, à Boston, où on le préconise, à Genève, où on l'a adopté en partie, des maisons cellulaires pour les accusés sont construites ou vont l'être.

Le projet de loi actuel, comme celui de 1840, a reproduit cette idée. C'est aussi celle à laquelle la commission, après un mûr examen, s'est arrêtée.

Elle a pensé que s'il était un cas où le droit de la société pût aller jusqu'à séparer les détenus les uns des autres, c'était assurément celui où il s'agissait non plus d'empêcher des coupables de se corrompre davantage, mais de s'opposer à ce que des hommes honnêtes ne devinssent, malgré eux, corrompus par le contact impur des criminels. Détenir un accusé jusqu'à ce que son innocence soit prouvée, est rigoureux ; mais le forcer de vivre, en attendant son jugement, au milieu d'une population de malfaiteurs, est tout à la fois imprudent et cruel.

Afin de diminuer les dangers et la rigueur de ce contact des accusés entre eux, sans leur imposer la solitude, on avait imaginé d'abord et on a quelquefois essayé le système des catégories et des classifications de détenus. L'expérience n'a pas tardé à en démontrer l'impuissance.

Il n'y a en effet rien de mieux prouvé que l'inutilité des classifications des détenus pour prévenir leur corruption mutuelle. Sur ce point, tous les hommes qui ont vu de près les prisons sont aujourd'hui d'accord. Mettre ensemble des hommes d'une immoralité égale, c'est déjà vouloir que chacun d'eux devienne, à la longue, plus mauvais qu'il n'était ; mais, de plus, il est impossible de savoir quels sont les criminels dont l'immoralité est égale. Il n'y a pas de signe extérieur qui puisse indiquer avec quelque certitude le degré de corruption auquel est arrivé un accusé, non plus que les moyens qu'il possède pour communiquer autour de lui ses vices. Le fait punissable qui lui est imputé ne jette sur ce point que très-peu de lumière. M. le ministre de l'intérieur ayant demandé, en 1836, aux directeurs des maisons centrales, si, parmi les détenus qu'ils avaient sous les yeux, les condamnés pour crimes leur paraissaient plus corrompus que les condamnés pour délits, presque tous répondirent que la différence entre ces deux catégories était insaisissable, et qu'en tous cas elle serait plutôt en faveur des criminels.

Si l'on veut que des accusés ne se corrompent pas les uns les autres, il n'est qu'un seul moyen d'y parvenir, c'est de mettre chacun d'eux à part.

Il ne faut pas confondre cet isolement avec le secret. Le prévenu mis au secret est d'ordinaire plongé dans la solitude la plus profonde, au moment même où il aurait le plus d'intérêt à interroger tous ceux dont il attend quelque secours ; il est privé des avis de ses parents, de ses amis, de son défenseur, quand il sent le plus vivement le besoin de leur parler ou de leur écrire. Ce seul fait, qu'il est l'objet d'une mesure exceptionnelle, contraire aux habitudes de la justice, suffit d'ailleurs pour produire une très-vive impression sur son esprit et pour le remplir de terreur. Dans le système du projet de loi, le prévenu est séparé, il est vrai, de la population vicieuse qui remplit la prison, mais on lui facilite, autant que l'ordre de la maison peut le permettre, toute espèce de rapport avec la société honnête du dehors. Ses parents, ses amis, son défenseur peuvent le visiter chaque jour, et correspondre avec lui. Il se livre au travail qu'il préfère, et le fruit de son travail lui appartient tout entier; en un mot, si on le sépare des autres détenus, l'on ne saurait dire qu'il soit mis dans la solitude.

On ne croira pas qu'un pareil régime puisse porter d'atteinte sérieuse à la santé non plus qu'à la raison des détenus, surtout si l'on songe à la courte durée qu'a d'ordinaire la détention préventive. En 1838, sur près de 19,000 individus arrêtés pour crimes ou délits, et qui ont été déchargés des poursuites ou acquittés, 13,000, ou les deux tiers, ont passé moins d'un mois en prison; 285 seulement y ont passé six mois ou plus de six mois.

Or on peut affirmer aujourd'hui, avec la dernière certitude, que l'emprisonnement individuel, appliqué aux courtes détentions, lors même que le régime est plus dur que celui que nous venons de décrire, ne présente aucun danger et ne peut compromettre ni la santé ni la raison.

Il faut bien remarquer, d'ailleurs, que si ce régime est pénible pour quelques accusés ou pour quelques prévenus, ceux-là sont en général des hommes déjà corrompus ou coupables, pour lesquels la vie commune, dans une société de malfaiteurs, n'a rien de nouveau, et qui ne ressentent ni honte ni douleur à la mener : ceux-là souffriront sans doute de l'isolement où on les place. Mais quel est l'accusé honnête qui ne le considérera pas comme un bienfait? Dans l'état actuel de nos prisons préventives, c'est le détenu corrompu ou coupable qui se sent bien; c'est le détenu innocent ou honnête qui se sent mal. Dans le régime indiqué par le projet de loi, l'inverse aura lieu : il faut s'en applaudir.

Votre Commission, messieurs, s'est donc prononcée à l'unanimité pour le principe du projet de loi en ce qui concerne les maisons destinées à renfermer les accusés et les prévenus. Elle en a également adopté les différentes dispositions, et elle est passée à l'examen du titre III, qui traite des prisons pour peines.

La première question que nous nous soyons posée est celle-ci : Est-il nécessaire d'adopter un nouveau système d'emprisonne-

ment, et, par suite, de modifier à grands frais l'état matériel de
nos prisons? Ne suffirait-il pas plutôt de perfectionner l'ancien système sans opérer de changements considérables dans les maisons
où on le met en pratique?

La Commission est demeurée convaincue que ce dernier parti ne
pouvait être adopté.

C'est celui auquel s'était d'abord arrêté le gouvernement. Avant
de demander aux Chambres d'instituer un nouveau régime d'emprisonnement, l'administration, comme cela était de son devoir,
avait cherché pendant plusieurs années à tirer parti du régime
actuel en l'améliorant. Depuis 1839 surtout, elle a déployé dans
cette tâche un zèle persévérant que la Commission doit reconnaître.

Avant cette époque les maisons centrales présentaient encore
l'image d'une manufacture, et souvent d'une manufacture mal réglée, bien plus que d'une prison. Les détenus y jouissaient d'un
bien-être supérieur à celui que trouvent la plupart des ouvriers
honnêtes de la société. La prison avait donc perdu son caractère
intimidant, et les criminels sortis de ses murs, y rentraient bientôt sans peine et quelquefois avec plaisir [1].

L'arrêté du 10 mai 1839 a changé cet état de choses : depuis

---

[1] En 1836, l'administration fit une enquête auprès des directeurs des
maisons centrales. Les réponses de ces fonctionnaires ont été commu-
niquées à la Commission. Nous croyons devoir en mettre quelques-
unes sous les yeux de la Chambre. La question était : Quel effet produit
d'abord sur les condamnés en récidive leur réintégration dans l'établissement?

L'un des directeurs répond : Les mauvais sujets sont honteux, mais c'est
de n'avoir pu échapper à la justice.

Un second : La rentrée dans la prison cause, en général, aux récidivistes, un effet de satisfaction qu'on ne prend guère la peine de dissimuler
qu'en présence du directeur et de l'inspecteur.

Un troisième : C'est avec la plus grande indifférence qu'ils se voient
réintégrés dans la prison. Point de larmes, point de tristesse. Ils semblent
rentrer chez eux après une absence.

Un quatrième : Les récidivistes rentrent au sein de la prison avec la
gaîté et le contentement de parents qui, après une longue absence, ren-
treraient dans leur famille.

Un cinquième : Les récidivistes saluent leurs camarades comme s'ils venaient de faire un voyage. Ceux-ci paraissent tout satisfaits de les revoir;
c'est ce qu'ils appellent de bons prisonniers.

Un sixième : Parmi les récidivistes, il y en a dix-sept au moins qui ont

lors, l'argent a cessé de circuler librement dans les mains des détenus, comme on le tolérait précédemment au grand détriment de
l'ordre et de la moralité.

L'usage du vin et du tabac leur a été interdit, ainsi que cela se
pratique depuis longtemps dans les prisons d'Amérique et d'Angleterre. Les abus de la cantine ont été détruits. Le travail est devenu
plus obligatoire.

On a établi dans les maisons centrales la règle du silence. Les
dortoirs ont été mieux surveillés. On a choisi de meilleurs gardiens. Des sœurs de différents ordres ont été introduites dans les
prisons de femmes. Des écoles primaires ont été fondées. Partout
l'action bienfaisante de la religion est devenue plus facile et plus
continue.

Ces réformes ont été opérées avec une fermeté et quelquefois avec
une rigueur que la Chambre aura bientôt l'occasion d'apprécier.
La plupart de leurs effets ont été salutaires.

Les désordres extérieurs qui choquaient le plus les regards ont
disparu. Les prisons ont pris l'aspect soumis et austère qui leur
convient. Comme l'ordre était plus grand et les distractions plus
rares et plus difficiles, le travail a été plus soutenu et plus productif. Depuis quatre ans les produits se sont accrus de 221/100es, tandis que la population des prisons ne s'est augmenté que de 9/100es [1].

Mais qu'a-t-on obtenu quant aux deux grands objets que tout
système pénitentiaire a en vue, savoir : la réforme des criminels et
la diminution des crimes ?

La Commission a pu consulter sur ce point capital les documents
les plus propres à l'éclairer. Les rapports des inspecteurs-généraux
des prisons pour l'année 1842, et ceux des divers directeurs de
maisons centrales durant le dernier trimestre de la même année,
ont été mis sous ses yeux.

déclaré n'avoir pris aucun soin pour éviter les nouvelles poursuites de la
justice, désireux qu'ils étaient de revenir passer un an ou deux dans la
maison centrale pour y remettre leur santé délabrée par la débauche.

[1] Il est vrai qu'à partir de 1841, l'administration a introduit le matin et
le soir le travail à la lumière dans les ateliers, ce qui a permis d'utiliser
pendant l'hiver des heures qui restaient improductives. C'est là une sage
réforme, aussi favorable à la moralité des détenus, qui achevaient de se
pervertir durant de longues nuits de douze à treize heures, qu'à la prospérité financière de la prison.

L'examen de ces documents a convaincu la Commission qu'un certain effet de moralisation avait été produit par le nouveau régime, principalement dans les prisons de femmes où les sœurs avaient remplacé les anciens gardiens. Mais elle pense que ce bien reste renfermé dans de très-étroites limites.

Presque tous les inspecteurs-généraux semblent croire que la réforme obtenue n'est ni étendue ni profonde.

Parmi les directeurs de prisons, quelques-uns nient positivement qu'il y ait eu réforme morale, quoique leur intérêt personnel dût souvent les porter à présenter les choses sous un autre jour.

Dans toutes les prisons, il est vrai, les détenus ont suivi avec un grand empressement les cérémonies du culte, et se sont adonnés aux pratiques religieuses. Rien ne saurait être de meilleur augure que ces manifestations si elles étaient sincères ; car, ainsi que le dit avec raison un inspecteur-général dans son rapport, « nulle puissance humaine n'est comparable à la religion pour opérer la réforme des criminels, et c'est sur elle surtout que repose l'avenir de la réforme pénitentiaire. »

Il est indubitable que chez plusieurs détenus ce symptôme de conversion a été accompagné d'un changement réel dans les sentiments et dans la conduite. Mais cela est-il vrai pour un grand nombre? La plupart des directeurs de prison, et presque tous les inspecteurs en doutent. Quelques-uns le nient et donnent des preuves du contraire. Plusieurs de MM. les aumôniers paraissent eux-mêmes concevoir des craintes à cet égard, si l'on en juge par cette phrase du rapport de l'un d'entre eux : « Je suis toujours en garde, dit-il, contre l'hypocrisie qui, en général, a remplacé le faux respect humain, qui autrefois exerçait sur les détenus un si grand empire. »

On a remarqué que, depuis que le nouveau régime est en vigueur, les détenus ont envoyé à divers membres de leur famille, principalement à leurs femmes, une partie de l'argent qu'ils gagnent dans la prison. C'est là un bon signe, sans doute, mais dont il ne faut pas s'exagérer la portée ; car, ainsi que le font observer plusieurs directeurs et inspecteurs dans leur rapport, un envoi de cette espèce peut être attribué à plusieurs motifs fort étrangers à la moralité [1] de celui qui le fait. Ces envois, d'ailleurs, sont la conséquence pour ainsi dire nécessaire des réformes introduites par

---

[1] A ce point que l'un des directeurs d'une des plus grandes mai-

l'arrêté du 10 mai 1839. Aujourd'hui les détenus gagnent plus d'argent qu'autrefois, parce qu'ils travaillent davantage, et en même temps ils sont privés de presque tous les moyens qu'ils pouvaient avoir pour dépenser leur argent en prison. Il est tout naturel qu'ils en envoient une petite portion (1/20ᵉ) à leur femme et à leurs enfants.

« En résumé, comme le dit avec un grand sens l'un des inspecteurs-généraux dans son rapport, les réformes et mesures prescrites par l'arrêté du 10 mai 1839 sont excellentes en elles-mêmes, mais il ne faut leur demander que les résultats qu'elles peuvent donner.

« Ainsi, la défense faite aux détenus d'avoir de l'argent a détruit les jeux, les trafics, les vols, les prêts usuraires.

« La réforme de la cantine a mis un terme aux orgies scandaleuses qui convertissaient un séjour de pénitence en une maison de débauche.

« La suppression du tabac est un bienfait pour un grand nombre de détenus qui vendaient leurs vivres afin de satisfaire une passion qui était devenue plus impérieuse que toutes les autres.

« Toutes ces mesures ont établi l'ordre, la décence, la gravité, dans les maisons centrales; elles ont fait disparaître une foule d'abus. Mais là se bornent leurs effets. Les condamnés se soumettent à la nouvelle discipline; mais ils ne se convertissent pas. Une grande partie des libérés se font condamner de nouveau dans l'année qui suit leur sortie de prison. »

Nous avons vu, en effet, que si depuis 1839 le chiffre des récidives ne s'était pas accru dans une proportion aussi rapide que durant les époques précédentes, du moins il n'avait pas cessé de croître, et qu'au 1ᵉʳ janvier 1843, les maisons centrales contenaient encore 40 récidivistes sur 100 détenus.

Quant aux crimes et aux délits en général, le tableau placé en tête de ce rapport fait voir qu'ils n'ont jamais augmenté aussi vite que depuis 1839, la moyenne des années 1839, 1840 et 1841, dépassant de plus de 11,000 accusés ou prévenus la moyenne de la période précédente, ce qui ne s'était jamais vu.

Il faut donc avoir enfin recours à des remèdes plus puissants que ceux dont on a fait usage jusqu'ici.

sons centrales déclare qu'il a dû s'opposer à plusieurs envois de cette espèce, qui, dans sa conviction, étai rt   ir dan; une intention coupable.

En 1840, l'administration espérait pouvoir se borner à améliorer le système actuel de nos prisons.

Aujourd'hui, convaincue par son expérience qu'il faut renoncer à cet espoir, elle vous demande les moyens de procéder à une réforme plus profonde et plus efficace.

Il faut bien remarquer d'ailleurs qu'alors même que le soin de la sécurité et de la moralité publiques ne forcerait pas les Chambres à indiquer dès aujourd'hui celui des systèmes d'emprisonnement qu'elles jugent le meilleur, les besoins du service et les règles d'une bonne administration les contraindraient encore à faire, sans plus tarder, un pareil choix. Il ne s'agit pas seulement en effet de régir les prisons anciennes; il faut savoir d'après quel plan on bâtira un grand nombre de prisons nouvelles, qu'en tout état de cause il est nécessaire de créer.

Si, comme semble le réclamer impérieusement l'opinion publique, les bagnes doivent cesser d'exister, il faut bien songer à élever les prisons qui devront contenir les sept mille forçats qui y sont aujourd'hui renfermés.

Il n'y a rien de plus contraire au bon ordre d'une prison que la réunion dans les mêmes murs de détenus des deux sexes, quelque disposition qu'on prenne pour séparer les deux établissements. Cet état de choses existe aujourd'hui dans cinq maisons centrales[1]. Tout le monde est d'accord qu'il faut le faire cesser. Il est un autre point sur lequel tous les hommes pratiques s'entendent : c'est qu'une prison, quel qu'en soit le régime, ne doit guère, pour pouvoir remplir son objet, dépasser en population cinq cents détenus. Au-dessus de ce chiffre, la surveillance devient très-difficile et l'action du directeur sur chaque détenu à peu près nulle. Plusieurs de nos maisons centrales présentent une population double et quelquefois triple de ce chiffre normal[2]. A cet encombrement,

---

[1] Beaulieu, Clairvaux, Fontevrault, Limoges et Loos.

[2] Ensisheim avait, au premier mai 1843,   1,034 détenus.

| | | |
|---|---|---|
| Melun, | — | 1,092 |
| Loos, | — | 1,092 |
| Lyon, | — | 1,186 |
| Nîmes, | — | 1,253 |
| Gaillon, | — | 1,263 |
| Fontevrault, . | — | 1,418 |
| Et enfin Clairvaux, | — | 1,799 |

autant qu'aux imperfections du système, sont attribués par les inspecteurs et les directeurs les vices qui règnent dans ces maisons, et tous signalent qu'il est urgent de travailler à diminuer graduellement l'étendue du mal, en multipliant le nombre des établissements.

Enfin, il a été prouvé à la Commission, par les documents que M. le ministre de l'intérieur lui a fournis, qu'en encombrant ainsi, au préjudice de la santé des détenus et de leur réforme, nos maisons centrales, on ne pouvait plus suffire à y placer tous les condamnés qui doivent, aux termes de leur arrêt, y être envoyés.

Ainsi, en admettant même qu'on laisse subsister nos prisons actuelles et le système qui les régit, il est hors de doute que l'État va être obligé d'en bâtir de nouvelles.

Si l'État est forcé à bâtir un nombre assez considérable de prisons nouvelles, il est évident qu'il lui faut se fixer d'avance sur le régime à suivre dans ces prisons; car le plan d'une prison et le régime qu'il convient d'appliquer aux détenus qu'elle doit renfermer, sont deux choses corrélatives et qu'on ne saurait envisager à part.

Le moment est donc arrivé de prononcer et de choisir entre les différents systèmes d'emprisonnement celui qui paraîtra le plus efficace.

Le gouvernement a pensé que c'est le système cellulaire qui doit être préféré.

La Chambre doit-elle penser de même? C'est ce qui reste à examiner.

Les différents systèmes d'emprisonnement qui ont été, depuis vingt ans, préconisés ou adoptés tant en Amérique qu'en Europe, peuvent tous se réduire à deux [1].

Le premier consiste à renfermer, pendant la nuit, les condamnés chacun dans une cellule, et, pendant le jour, à les faire travailler en commun, mais en silence.

Le second sépare absolument les condamnés les uns des autres, pendant le jour aussi bien que pendant la nuit. On pourrait l'appeler le système de l'emprisonnement individuel.

[1] La Commission a cru devoir se faire une loi de ne prendre pour base de son examen que ceux d'entre les systèmes d'emprisonnement dont l'expérience avait déjà pu manifester les inconvénients et les avantages.

Le premier a été d'abord mis en pratique à Auburn. Onze États de l'Union américaine l'ont depuis adopté. La république de Genève l'a introduit, avec quelques modifications, dans son pénitencier. En Sardaigne, plusieurs prisons ont été adaptées à ce système.

Le second est en vigueur dans les États de Pensylvanie, de New-Jersey et de Rhode-Island. Il est depuis longtemps admis dans la prison de Glasgow, en Écosse ; et, en vertu du bill du 17 août 1839, il s'étend peu à peu à toutes les prisons d'Angleterre. La Prusse l'a adopté. En France, il existe depuis plus de cinq ans, bien que d'une manière partielle, dans la prison de la Roquette, à Paris, et depuis plus de trois ans il y règne d'une manière générale et complète.

La Chambre n'attend pas de nous que nous entrions dans l'examen détaillé des avantages et des inconvénients que chacun de ces deux systèmes présente. Elle nous permettra seulement de rappeler les principaux d'une manière sommaire.

Le système d'isolement de nuit, avec travail commun, mais en silence, pendant le jour, empêche les plus grossiers désordres des mœurs ; il prévient, en partie, la contagion morale qui règne dans nos prisons ; il rend le travail des détenus plus productif. Son établissement est moins onéreux que dans le système opposé.

Voici les inconvénients qui sont liés à ces avantages :

Ce système est très-compliqué dans son exécution ; il exige non-seulement dans le directeur de la prison, mais dans tous les agents qui sont sous ses ordres, une perpétuelle vigilance, un zèle constamment éclairé et actif.

La Chambre comprendra aisément quelle immense entreprise cela doit être de maintenir dans un silence continuel et absolu une multitude d'hommes qu'on met chaque jour en présence les uns des autres, qui souvent s'asseoient sur le même banc et mangent à la même table, et qu'on emploie en même temps aux mêmes travaux dans de vastes ateliers remplis de métiers, où le bruit des instruments couvre incessamment celui des paroles.

Dans toutes prisons d'Amérique soumises à ce système, la moindre violation de la loi du silence est punie par un certain nombre de coups de fouet. La seule prison américaine[1] où l'on ne fît point

---

[1] On parle ici des prisons dirigées d'après le système d'Auburn. Le fouet.

usage du fouet en 1831, l'a adopté depuis. Dans la plupart de ces prisons, chaque gardien administre lui-même cette correction disciplinaire aux détenus, au moment où il les surprend causant entre eux.

Plusieurs des commissaires envoyés aux États-Unis pour visiter les pénitenciers, en ont rapporté cette opinion, que le silence ne pouvait être obtenu qu'à l'aide du châtiment dégradant et cruel dont nous venons de parler, et contre lequel nos mœurs se révoltent.

Les Anglais cependant ont essayé de s'en passer [1] ; mais pour y suppléer, il leur a fallu : 1° augmenter de la manière la plus extraordinaire les punitions d'une autre nature ; 2° accroître la surveillance en multipliant les gardiens.

C'est ainsi que, dans la prison de Coldbathfield, où la moyenne de la population détenue n'excède pas 1,100, on compte 142 employés. Dans cette même prison, 18,074 punitions ont été infligées dans l'année 1841, dont 9,687 pour infraction à la règle du silence [2]. En 1842, 16,918 punitions ont été infligées, dont 9,652 pour infraction à la même règle [3].

Malgré cette extrême rigueur, il est généralement reconnu en Angleterre que, dans les prisons dont le silence forme la règle, on n'est point encore parvenu à empêcher que les détenus ne communiquent de temps en temps entre eux.

Des faits analogues se sont produits dans nos maisons centrales dès qu'on s'est sérieusement occupé d'y introduire le silence.

Il y a une maison centrale où, en 1842, il y a eu, sur une population d'environ 1,200 détenus, plus de 10,000 punitions prononcées pour infraction à la règle du silence ; dans une autre, près de 6,000 ont été prononcées pour la même cause sur une population

n'a jamais été introduit dans aucune des prisons américaines où l'emprisonnement cellulaire est en vigueur.

[1] Le fouet n'est cependant pas entièrement proscrit des prisons d'Angleterre comme des nôtres. Mais il est extrêmement rare qu'on ait recours à cette ressource extrême. Sur les 18,074 détenus qui, en 1814, ont été punis dans la prison de Coldbathfield, dix seulement ont subi la peine du fouet.

[2] *Sixth report of the inspectors of prisons for the home district,* p. 251.

[3] *Seventh report of the inspectors,* p. 164.

de 300 détenus à peu près. Ce sont les seules maisons centrales
pour lesquelles le chiffre total des punitions, dans l'année 1842, nous
ait été fourni. Pour toutes les autres, la Commission n'a eu sous les
yeux que les rapports du dernier trimestre ; et, quoiqu'on puisse
conclure de ces rapports que le nombre des punitions a dû être
moindre dans les prisons auxquelles ils se réfèrent que dans celles
dont on vient de parler, dans toutes il est très-considérable[1]. Il
existe, de plus, des différences très-grandes, quant à la sévérité du
régime, entre les diverses maisons centrales. Dans telle maison, il
y a 20 punitions pour un détenu ; dans telle autre, il y en a à peine
*une*. Cela résulte naturellement du caractère des différents directeurs, de l'importance plus ou moins grande qu'ils attachent à
l'observation du silence, et des facilités qu'ils trouvent pour le faire
observer.

Le nombre des punitions est très-grand. Le genre des punitions
auquel on a recours, peut, à la longue, devenir fort dangereux.

Dans une prison où l'usage du fouet est prohibé, où l'on ne peut
aggraver la tâche journalière du détenu récalcitrant, parce que le
travail habituel est aussi grand qu'il peut l'être ; où l'on ne peut
infliger le silence comme peine disciplinaire, puisque le silence est
la loi commune ; où enfin l'on ne saurait faire que rarement usage
du cachot, parce que le nombre des cachots est limité, et que d'ailleurs le cachot arrache le détenu à son atelier et le plus souvent au
travail : dans une pareille prison, il n'est pas aisé de savoir à quelle
punition avoir recours pour maintenir la discipline. Il est difficile
d'atteindre les délinquants autrement qu'en réduisant leur nourriture. La réduction de nourriture est, en effet, la peine la plus habituellement prononcée dans les prisons où le silence est la règle et
où l'on ne fait point usage du fouet. Sur les 20,974 punitions infligées en 1840 dans la prison de Coldbathfield, on en trouve 16,728
qui ont consisté dans une réduction de nourriture. Les rapports des
directeurs de nos maisons centrales font voir également que la mise
au pain et à l'eau est une peine disciplinaire très-souvent appliquée ;
il est impossible qu'un si fréquent usage d'une semblable peine ne
produise pas à la longue de fort fâcheux effets sur le corps et même

---

[1] Il y a une prison dans laquelle l'inspecteur déclare qu'il a trouvé le
*cinquième* de la population valide en punition.

sur l'esprit des détenus. C'est ce que montre avec une grande force l'un des inspecteurs-généraux dans son rapport .

« Les détenus qui se font le plus souvent punir, dit-il, sont des hommes jeunes et vigoureux, dans la force des passions. Si le régime du pain et de l'eau se prolonge pour eux pendant plusieurs jours, la faim devient un mal, non-seulement pour le corps, mais encore et surtout pour l'esprit. Alors le cerveau se vide, l'imagination s'exalte, et la prolongation de la peine ne fait qu'accroître l'exaspération, au lieu de la calmer. »

Peut-être faut-il attribuer à cette cause l'augmentation de mortalité qui a été observée dans les maisons centrales durant les années 1840, 1841 et 1842, c'est-à-dire depuis qu'on a cherché à y introduire la règle du silence. Cette augmentation est assez grande dans toutes les prisons, mais elle est surtout remarquable dans la prison où le silence a été le plus énergiquement et le plus complétement maintenu. Le silence existe pourtant dans les prisons des États Unis, qui sont les prisons du monde où la mortalité est la moindre. Ce ne peut donc pas être l'obligation du silence qui altère ainsi la santé de nos détenus ; ce sont évidemment les moyens dont on est obligé de se servir pour obtenir ce silence. A tout prendre, la discipline brutale et dégradante qui est en vigueur dans la plupart des prisons d'Amérique, est en même temps plus efficace et moins dangereuse pour la santé de ceux qui la subissent, que le régime actuel de nos maisons centrales. Cela est pénible à dire ; mais cela est vrai.

Il est difficile de croire d'ailleurs que cette multiplicité de punitions disciplinaires, qui est indispensable dans nos prisons pour faire respecter la règle du silence, ne soit pas, sous un certain rapport, contraire à la réforme même du criminel qu'on a principalement en vue. Il n'est pas indifférent de punir sans cesse un homme pour un fait qui en lui-même est indifférent.

Une pareille méthode doit souvent exaspérer les criminels endurcis et abattre le courage de ceux qui veulent revenir au bien.

« Il arrive parfois que des détenus bons sujets, dit un de MM. les inspecteurs-généraux, ouvriers laborieux, s'imposant des privations pour secourir leurs familles, ont malheureusement la tête un peu légère, et ne peuvent résister à la tentation de laisser échapper quelques paroles[1] ; ils sont punis. Quelques jours après, ils retombent dans la même faute et encourent une nouvelle punition ; ainsi, les punitions se succèdent et deviennent plus fortes à mesure que les infractions se multiplient. Enfin, tant de châtiments, et pour une faute si légère, aigrissent l'esprit du détenu, ils le rebutent et le changent souvent en un homme insubordonné, dont les actions démentent bientôt la bonne conduite antérieure. »

Encore si le silence qu'on cherche à imposer à l'aide de cette rigueur était obtenu ! Les rapports des directeurs ne l'affirment point, et les rapports de presque tous les inspecteurs-généraux le nient. Les bruyants propos ont cessé, les longues conversations sont interdites. Mais le silence complet, le silence *pénitencier*, comme le nomme heureusement un inspecteur, c'est-à-dire celui qui empêche absolument les confidences immorales et les accords dangereux, ce silence n'existe nulle part.

Parmi les maisons centrales de France, il en est une où, de l'aveu de tout le monde, la règle du silence est mieux observée que dans toutes les autres.

Or, voici ce que dit de cette maison l'inspecteur-général chargé de la visiter :

« L'ordre physique règne partout : point de bruit, point de tumulte, pas de conversation à voix haute. Les mouvements y sont si réguliers, si calmes, si parfaits, qu'on dirait une machine accomplissant sa fonction mécanique sans le frottement d'aucun rouage. On voit qu'une volonté ferme et unique imprime son action à tous les exercices de la journée, et que tous ces exercices se rattachent à une idée de moralisation et d'intimidation. Sous ce rapport, je regarde cette maison comme la mieux ordonnée qui soit peut-être en Europe. Mais quant au silence, il m'est facile de prouver qu'il n'existe pas, malgré les prescriptions rigoureuses du règlement et

---

[1] La tentation de parler est si puissante chez quelques condamnés, dit un directeur de maison centrale dans son rapport, que ni sermons, ni punitions, quelle qu'en soit la rigueur, ne peuvent rien sur eux. Il en est qui, après leur vingt-cinquième punition dans l'année pour ce motif, ne sont pas plutôt de retour à l'atelier, qu'ils me sont de nouveau signalés pour leurs bavardages. Les moins vicieux me demandent alors comme une faveur de les placer dans une cellule pour les soustraire à l'irrésistible penchant qui les entraîne à causer dès qu'ils en trouvent l'occasion ; et tous les jours ces scènes se renouvellent.

malgré les rigoureuses punitions qui suivent de près les infractions les plus légères. »

Suit le procès-verbal d'un interrogatoire subi devant l'inspecteur par un certain nombre de détenus. Il en résulte que ces criminels, non-seulement savent le nom de leurs voisins d'ateliers, mais connaissent le lieu de naissance de ceux-ci, leur histoire, la cause de leur condamnation, l'époque de leur sortie, leurs desseins ultérieurs, en un mot, tout ce que la règle du silence a pour but de leur cacher. »

L'inspecteur-général dit en terminant : « Si le silence n'est pas observé ici, il l'est encore bien moins ailleurs. »

Il faut ajouter qu'en admettant même qu'une grande administration comme la nôtre puisse arriver, à un moment donné, à établir dans nos prisons un silence complet, il serait très-difficile qu'elle le maintînt pendant longtemps. Il n'y a pas de matière dans laquelle il soit plus aisé de se relâcher. Chaque infraction au silence, prise isolément, a peu d'importance et ne saurait paraître bien criminelle. Celui qui en est témoin ne se sent guère disposé à punir un délit si excusable. L'infraction, en se renouvelant souvent et en beaucoup d'endroits, finit cependant par détruire ou par énerver la règle. Mais c'est là un résultat général que n'aperçoit pas clairement et d'avance chaque gardien qui n'a que le petit fait particulier sous les yeux.

Il est donc à croire que, dans la plupart de nos prisons, le silence cesserait peu à peu d'être observé. Or, le silence formant le trait principal du système, le système lui-même perd avec lui la plus grande partie de sa valeur.

En supposant, d'ailleurs, que le silence puisse être observé d'une manière continuelle et absolue, possibilité que l'on conteste même en Amérique, resterait encore un danger fort grave, dont la Commission a été très-occupée.

Si, dans le système que nous venons de décrire, les détenus ne peuvent pas se parler, ils se voient du moins tous les jours, ils se connaissent, et, sortis de la prison, il se retrouvent dans le sein de la société libre. Là ils s'empêchent réciproquement de revenir au bien ; ils se portent mutuellement au mal, et ils forment ces associations de malfaiteurs qui, dans ces derniers temps surtout, ont compromis la sûreté publique et la vie des citoyens.

Il y a dix-sept ans que la règle du silence a été introduite pour
la première fois dans quelques-unes des prisons d'Angleterre, et
qu'on a cherché à l'y maintenir sans avoir recours au fouet. Le résultat de cette longue expérience a été de convaincre tous les Anglais qui s'occupent pratiquement de la question, que ce système
devait être abandonné. « Le système du silence, disent les inspecteurs-généraux [1], est un système sévère dans sa discipline, impuissant et contraire à la réforme. Le système du silence, avaient-ils
dit précédemment [2], quoique favorable à l'ordre de la prison et à la
discipline, a des conséquences si fâcheuses et qui nous paraissent
si redoutables, qu'à notre avis il ne parviendra jamais à éloigner
du crime et à réformer les criminels. » Ces mêmes fonctionnaires
recommandent de toutes leurs forces l'adoption du système de l'emprisonnement individuel, et on a vu plus haut que c'est en effet
celui-là que le gouvernement anglais a choisi.

Votre Commission, messieurs, a également pensé que le système
du travail commun en silence, quand on le séparait des châtiments
corporels et qu'on voulait l'appliquer à près de quarante mille détenus, par l'effort combiné d'une multitude de fonctionnaires peu
rétribués et placés dans une situation qui n'attire pas les regards,
que le système présentait des difficultés d'exécution trop grandes et
des résultats trop douteux pour qu'il fût sage de l'adopter.

Sa conviction sur ce point s'est encore affermie quand elle a vu
que, pour achever d'introduire un pareil régime dans nos prisons,
il fallait encore faire des dépenses très-considérables.

En effet, le système d'Auburn n'a pas seulement pour condition
de succès le silence, mais encore la *séparation individuelle de
nuit*; ces deux choses se tiennent et ne peuvent être séparées. En
vain parviendrait-on à imposer le silence pendant le jour, si l'on ne
pouvait empêcher que pendant la nuit les détenus n'aient des rapports entre eux. Il n'y a pas un seul des documents dont il a déjà
été parlé qui ne montre l'indispensable nécessité de créer des cellules
de nuit dans nos maisons centrales.

Parmi les rapports qui ont été soumis à notre examen, il en est
plusieurs qui prouvent jusqu'à la dernière évidence que, malgré les
progrès incontestables de la surveillance et la sévérité de la disci-

---

[1] Septième rapport (1842), p. 175.
[2] Cinquième rapport (1840), p. 233.

pline, il se passe dans les dortoirs des désordres dont la gravité
ainsi que la fréquence doivent faire profondément gémir la morale
et l'humanité.

Or, pour pourvoir de cellules les 20,000 détenus environ qui
habitent ou qui doivent habiter les maisons centrales, et les 7,000
détenus qui occupent aujourd'hui les bagnes, il faudrait dépenser
trente millions au moins[1]. La Chambre remarquera que, dans ce
chiffre, ne figurent point les sommes nécessaires pour pourvoir de
cellules les condamnés à moins d'un an qui restent dans les prisons
départementales.

Les avantages qu'on peut raisonnablement attendre en France du
régime du silence, n'ont pas paru à la Commission assez grands
pour qu'on dût les payer si cher.

Restait le système de l'emprisonnement individuel que le gouvernement vous propose d'adopter.

La Commission en a fait aussi l'objet du plus sérieux examen.

Une première considération l'a frappée : la plupart de ceux qui
ont reçu la mission d'aller aux États-Unis pour étudier sur les
lieux l'état des prisons, sont revenus partisans très-zélés de l'emprisonnement individuel, bien qu'avant leur départ ils eussent

---

[1] Voici la manière dont ce chiffre a été établi, d'après le rapport des
quatre architectes chargés par M. le ministre de l'intérieur, en 1837, de
visiter les maisons centrales, et d'étudier les questions relatives à la construction des pénitenciers d'après le système d'Auburn :

Appropriation de dix-huit maisons centrales pouvant contenir, dans leur
état actuel, 18,000 détenus. . . . . . . . . . . .   13,351,221 fr.

(Elles en ont réellement contenu moyennement, durant l'année 1842, 18,616.)

Ainsi appropriées, ces maisons ne pourront plus contenir que 14,179 détenus. Reste 3,821 détenus, pour
lesquels il faut bâtir des prisons nouvelles. Ces prisons,
dans le système d'Auburn, devant revenir, suivant l'es-
timation des mêmes architectes, à 1,350 fr. par cellule,
coûteraient. . . . . . . . . . . . . . . . .   5,158,350

Plus, pour les 2,000 condamnés à plus d'un an, qui
restent, faute de place, dans les prisons départementales. . . . . . . . . . . . . . . . . . .   2,700,000

Plus, pour les 7,000 forçats renfermés dans les bagnes. . . . . . . . . . . . . . . . . . .   9,450,000
                                            _____
                                            30,659,571

conçu ou même publiquement exprimé une opinion qui lui était
contraire; tous en ont reconnu les puissants effets sur l'esprit des
criminels. Cependant, les commissaires envoyés à différentes reprises et à différentes époques en Amérique par les gouvernements
de France, d'Angleterre et de Prusse [1], n'avaient eu sous les yeux
que la forme la plus austère et la plus dure que ce système puisse
prendre.

Le système de l'emprisonnement individuel a, en effet, des avantages spéciaux et très-grands qui ne peuvent manquer de frapper
les regards.

La discipline en est facile et peut être réduite à des règles simples et uniformes qui, une fois posées, sont aisément suivies. On
comprend que quand des criminels sont séparés les uns des autres
par des murailles, ils ne peuvent offrir aucune résistance ni se livrer
à aucun désordre : ce système une fois bien établi, l'administration
de la prison une fois bien choisie, les choses marchent donc en
quelque sorte d'elles-mêmes, obéissant à la première impulsion
qui leur est donnée. Cette raison, qui n'aurait que peu de puissance
dans un pays comme la république de Genève, où le pénitencier,
bien qu'il ne contienne en moyenne que cinquante détenus, attire
directement et chaque jour l'attention particulière du gouvernement et de la législature; cette première raison, disons-nous, a
paru très-puissante à votre Commission. Il s'agit en effet d'indiquer
à la Chambre le système de détention le mieux applicable à une
multitude de prisons disséminées sur un très-vaste territoire et dans
un pays où l'administration centrale, quelles que soient son habileté
et sa puissance, ne saurait jamais raisonnablement se flatter de diriger et de surveiller à chaque instant tous ses agents dans l'exercice de règles compliquées et minutieuses.

Votre Commission a également été convaincue que l'emprisonnement individuel était, de tous les systèmes, celui qui rendait le
plus probable la réforme morale des criminels, et exerçait sur leur
âme l'influence la plus énergique et la plus salutaire; mais elle ne

---

[1] Une circonstance qui n'est pas sans importance, c'est que l'un de ces
commissaires était médecin, membre correspondant de l'Académie royale
de médecine de Paris, et très-propre, par conséquent, à juger l'influence
fâcheuse que le système d'emprisonnement individuel pouvait exercer sur
la santé des détenus.

s'est point exagéré cet avantage. Suggérer à un condamné adulte des idées radicalement différentes de celles qu'il avait conçues jusqu'alors, lui inculquer des sentiments tout nouveaux, changer profondément la nature de ses habitudes, détruire ses instincts, faire en un mot d'un grand criminel un homme vertueux, c'est là assurément une entreprise si ardue et si difficile, qu'on ne saurait y réussir que rarement, et qu'il ne serait peut-être pas sage à la société d'en faire l'unique objet de ses efforts. Le système de l'emprisonnement individuel est plus propre qu'aucun autre à favoriser ce genre de réforme; mais il ne le garantit pas. Sur ce point il ne présente qu'un résultat probable; mais il offre sur d'autres des certitudes absolues qui ont particulièrement fixé l'attention de votre Commission.

S'il n'est pas sûr que le système de l'emprisonnement individuel, pas plus que tout autre système, rende les détenus meilleurs qu'ils n'étaient, il est sûr du moins qu'il les empêche de devenir pires; et c'est là un résultat immense, le seul résultat peut-être qu'il soit prudent à un gouvernement de se proposer. Non-seulement nos prisons actuelles ne corrigent pas, mais elles dépravent : cela est hors de doute. Elles rendent à la société des citoyens beaucoup plus dangereux que ceux qu'elles ont reçus. Il en sera ainsi partout où les condamnés pourront communiquer ensemble; et le seul système qui garantisse d'une manière absolue et surtout permanente qu'ils ne communiquent pas, c'est le système de l'emprisonnement individuel.

Voilà une première certitude. En voici une seconde :

De tous les systèmes d'emprisonnement, celui-ci est le plus propre à frapper vivement l'imagination des citoyens, et à laisser des traces profondes dans l'esprit des détenus. En d'autres termes, il n'y en a point qui, par la crainte qu'il inspire, soit plus propre à arrêter les premiers crimes et à prévenir les récidives.

L'emprisonnement individuel n'empêche pas seulement les détenus de se parler, mais de se voir. Ils ne se connaissent pas les uns les autres. Ils ignorent qu'ils habitent sous le même toit. Cela a de grandes conséquences.

Il faut bien reconnaître qu'il existe en ce moment parmi nous une société organisée de criminels. Tous les membres de cette société s'entendent entre eux; ils s'appuient les uns sur les autres; ils s'associent chaque jour pour troubler la paix publique. Ils forment une petite nation au sein de la grande. Presque tous ces hommes se sont connus dans les prisons, ou s'y retrouvent. C'est cette société dont il s'agit aujourd'hui de disperser les membres; c'est ce bénéfice de l'association qu'il faut enlever aux malfaiteurs, afin de réduire, s'il se peut, chacun d'eux à être seul contre tous les honnêtes gens unis pour défendre l'ordre. Le seul moyen de parvenir à ce résultat est de renfermer chaque condamné à part; de telle sorte qu'il ne fasse point de nouveaux complices et qu'il perde entièrement de vue ceux qu'il a laissés au dehors.

Ces avantages, messieurs, ont paru assez graves à votre Commission, pour qu'à l'exemple du gouvernement elle se déclarât en faveur de ce dernier système.

Avant, cependant, de proposer à la Chambre de l'adopter, la Commission croit de son devoir de vous faire connaître quelles sont les principales objections que ce système a soulevées, et quelles réponses y ont été faites.

En admettant que le système d'emprisonnement individuel ait d'heureux résultats, n'imposera-t-il pas des charges trop lourdes à la fortune publique?

Une prison où chaque détenu habite séparément, dans un lieu où il peut travailler et vivre pendant des années, sans que son existence soit compromise, une pareille prison doit coûter des sommes très-considérables à bâtir.

L'entretien doit, de plus, en être fort onéreux au trésor, car une prison de cette espèce exige un grand nombre d'agents, et le travail des détenus y est peu productif.

A cela, on répond :

Une maison régie d'après le système de l'emprisonnement individuel coûte, en effet, plus cher à bâtir qu'une prison dirigée d'après l'autre système. Mais il est très-douteux que le nombre des emplois y soit plus grand; car on a vu précédemment qu'à la terreur qu'inspire dans les prisons américaines le fouet et l'arbitraire des gardiens, on ne pouvait substituer dans nos prisons qu'une surveillance de tous les instants, exercée par une multitude d'agents.

Il n'est pas certain non plus que, dans une prison cellulaire, le produit du travail soit moindre.

Cette question du travail des détenus dans l'emprisonnement

individuel a tant d'importance, par rapport au trésor public et à l'avenir même de la réforme des criminels, que la Chambre nous permettra de nous y arrêter un moment.

Au point de vue de la réforme, on dit : les professions exercées dans une prison cellulaire sont nécessairement en très-petit nombre ; or, il faut que les professions enseignées dans une prison soient très-variées, afin que chaque détenu mis en liberté puisse trouver les moyens de vivre en travaillant.

Le nombre des métiers qui peuvent s'exercer dans la solitude est sans doute limité ; mais c'est une erreur de croire qu'il est très-petit. La commission a eu sous les yeux la liste d'un grand nombre de professions profitables, et qu'un homme peut exercer étant seul. A mesure que la division du travail devient plus grande, et que chaque détail du même produit est confectionné à part, le nombre de ces travaux solitaires augmente. On compte treize professions dans la seule prison de la Roquette, qui n'est habitée cependant que par des enfants.

Il ne faut pas s'exagérer, d'ailleurs, la nécessité qu'il peut y avoir à multiplier les métiers dans les lieux de détention, afin que tous les libérés qui en sortent puissent exercer au dehors celui qu'ils y ont appris. Les comptes de la justice criminelle nous apprennent que plus du tiers des accusés appartient aux classes agricoles. L'agriculture est leur véritable industrie ; il n'est pas désirable qu'ils la quittent pour entrer dans les carrières industrielles déjà encombrées. Plus du cinquième ont des professions industrielles qu'ils peuvent reprendre à leur sortie. Parmi le reste, les uns n'ont point de profession, et plusieurs n'ont pas besoin d'en avoir pour vivre, ou ne peuvent pas, à cause de leur éducation, vivre d'une profession manuelle. On voit donc que, pour le plus grand nombre, la profession qui est apprise en prison est inutile en liberté et pourrait peut-être devenir nuisible ; et, quant aux autres, celle qu'on leur enseigne en prison peut leur suffire. Il est de notoriété, parmi les hommes pratiques, que même aujourd'hui, où l'instruction professionnelle dans les prisons est aussi variée qu'elle peut l'être, la grande majorité des libérés n'exerce point en liberté le métier qu'on leur a enseigné en prison. Il est cependant très-nécessaire d'apprendre un métier aux détenus, non pas seulement afin de les mettre en état d'exercer ce métier au dehors, mais afin de leur donner au dedans des habitudes réglées et laborieuses, et de leur faire sentir l'utilité du travail et son prix.

Au point de vue de l'intérêt financier, on ajoute : Le nombre des métiers étant limité, l'administration ne sera pas libre de choisir les travaux les plus productifs. L'apprentissage qu'elle sera obligée de donner dans la solitude sera plus coûteux et plus long.

Il est vrai que l'administration ne sera pas toujours libre d'employer les détenus aux travaux les plus productifs, mais tous les détenus qu'elle emploiera travailleront beaucoup plus vite, beaucoup plus assidûment et beaucoup mieux dans la solitude.

C'est une grande erreur de croire que l'apprentissage sera plus long dans la solitude; il sera, au contraire, plus court, parce que toutes les forces de l'intelligence de l'ouvrier seront naturellement dirigées vers son travail.

Ces vérités n'avaient point été trouvées par la théorie; ce sont des expériences faites en Amérique, en Angleterre et en France qui les ont mises en lumière. « Les entrepreneurs sont unanimes, disait M. le préfet de police dans son rapport de 1840, sur l'augmentation et la perfection du travail produit dans la prison de la Roquette; sur l'abrégement et la facilité de l'apprentissage dans l'état actuel. »

L'année dernière, des agents désignés par le président du tribunal de commerce de la Seine ont, sur la demande du préfet de police, visité la prison de la Roquette. Voici la conclusion de leur rapport : « Nous avons reconnu et constaté les immenses progrès que l'application du système cellulaire a apportés dans l'instruction scolaire et l'éducation professionnelle des enfants. »

En 1839, les inspecteurs-généraux des prisons, réunis en conseil sous la présidence de M. le directeur de l'administration départementale et communale, débattirent cette question si importante du travail. Le procès-verbal de ces séances a été mis sous les yeux de la Commission.

Après de longues discussions, la grande majorité du conseil (sept contre deux) conclut :

1° Qu'il était possible de donner au détenu, dans l'emprisonnement individuel, un métier réel, d'un usage constant, et qui puisse lui servir après sa libération;

2° Que l'apprentissage d'un semblable métier peut avoir lieu dans l'emprisonnement individuel.

Il n'est donc pas certain que le produit du travail soit moindre dans une prison où l'emprisonnement est individuel, ni que, par conséquent, l'entretien d'une pareille prison soit beaucoup plus onéreux que l'entretien d'aucune autre [1].

Il est vrai qu'à Philadelphie les produits de la prison ne couvrent pas ses dépenses, contrairement à ce qui se voit dans la plupart des prisons américaines, où le travail est commun. Mais cela peut tenir à beaucoup d'autres causes qu'au régime.

C'est ainsi qu'en Amérique même, la prison de Washington, qui est bâtie sur le plan d'Auburn, est très-loin de couvrir ses dépenses. Qu'à Auburn même, en 1838, la recette était de plus de 200,000 fr. au-dessous des dépenses, tandis que, pendant les six premiers mois de cette année 1838, dans la nouvelle prison de New-Jersey [2], bâtie sur le plan de Philadelphie, les recettes excédaient les dépenses. Il résulte d'un rapport fait en 1838, à M. le ministre de l'intérieur, que, dans la prison de Glasgow, prison bâtie d'après le système de Philadelphie, et, de plus, dans une situation très-défavorable, puisque les détentions y sont très-courtes, le travail des détenus a couvert, pendant les années 1833, 1834, 1835, les 85 centièmes des frais de l'établissement : aucune prison d'Europe n'a encore obtenu un résultat si favorable.

La Commission persiste toutefois à croire que si l'on met en ligne de compte l'intérêt des sommes employées à fonder les prisons nouvelles, l'on trouvera que l'entretien de chaque détenu coûtera plus cher à l'État dans l'emprisonnement individuel que dans le système actuel.

Mais il reste à savoir si la somme totale de la dépense que nécessitent les criminels ne finira point par être moindre.

La Commission ne doute pas que l'emprisonnement individuel n'ait pour effet de rendre beaucoup plus rares les premiers crimes et les récidives, et, par conséquent, de diminuer les frais de justice criminelle.

En 1827, ces frais s'élevaient à 3,300,000 fr. ; en 1841, à environ 4,490,000 fr., c'est-à-dire que leur accroissement avait suivi

---

[1] A la Roquette, prison située à Paris, où rien n'a été disposé pour la vie cellulaire, où par cette raison l'éclairage, le chauffage, la surveillance coûtent plus cher qu'ils ne coûteraient ailleurs, le changement de système n'a amené qu'une augmentation de 7 centimes par journée de détenu.

[2] Cette prison n'a été habitée qu'à partir du 30 septembre 1837.

à peu près les mêmes proportions que celui des crimes et des délits. Si, par suite d'un système d'emprisonnement plus répressif et plus réformateur, le nombre des crimes et délits était seulement resté stationnaire, ou qu'il n'eût crû que dans la proportion de la population, l'État aurait dépensé en 1841 environ 1 million de moins qu'il n'a fait.

L'emprisonnement individuel rendant les crimes plus rares, rendra les détenus moins nombreux. De plus, il permettra d'appliquer aux criminels des peines plus courtes, ce qui diminuera encore la population des prisons. Raccourcir d'un cinquième la durée des peines, c'est à la longue (le nombre de ceux qui commettent des crimes restant le même) diminuer du cinquième le nombre des détenus. Il est donc permis de croire que, sous le régime de l'emprisonnement individuel, les prisons contiendront beaucoup moins de condamnés qu'aujourd'hui. Or, la dépense actuelle d'un condamné dans les maisons centrales s'élevant à 225 fr., à peu près, la Chambre comprendra aisément quelle grande économie pourrait être obtenue sur ce point. Il en est un autre où l'épargne ne serait pas moindre. Dans la solitude, le détenu n'a pas besoin d'être excité à travailler, l'expérience l'a mille fois prouvé. Il n'est donc pas nécessaire de lui abandonner les deux tiers du produit de son travail, comme on le fait dans nos maisons centrales actuelles; un sacrifice moins grand peut suffire.

La Commission, messieurs, a cru devoir s'étendre sur l'objection relative aux frais; mais elle sent le besoin de dire qu'en pareille matière une objection de cette nature, fût-elle en partie fondée, ne lui paraîtrait pas suffisante pour vous arrêter.

La grande question est de savoir, non pas quel est le système d'emprisonnement le moins coûteux, mais quel est celui qui réprime le mieux les crimes et assure le plus la vie et la fortune des citoyens. Une société intelligente croira toujours regagner en tranquillité et même en richesse ce qu'elle dépense utilement pour ses prisons.

Une autre objection a souvent été présentée contre le système de l'emprisonnement individuel. On a dit :

L'emprisonnement individuel constitue à lui seul une peine de telle nature, qu'on ne peut atténuer ou aggraver cette peine que par sa durée. Cela est un grave inconvénient : il est bon de frapper l'imagination du public par la vue d'une échelle de peines. C'est le système du code, qui ne fait en cela que suivre les principes respectés par toute bonne législation répressive.

A cette objection, qui peut paraître grave, il a été répondu qu'alors même que, dans le système de l'emprisonnement individuel, on ne graduerait la peine de l'emprisonnement que par la durée, il serait encore inexact de dire qu'on renverse l'échelle des peines, telle qu'elle est dressée dans le code pénal. Le code pénal, en effet, gradue la peine de plusieurs manières : par la mort civile, par l'infamie, par la privation temporaire des droits civils ou politiques. L'introduction de l'emprisonnement individuel laisse subsister dans leur entier tous ces degrés. Il ne change que la portion de la peine qui consiste dans la privation de la liberté, et, là encore, il n'est pas exact de dire qu'il soit impossible d'établir des différences entre les condamnés.

Il est vrai qu'on ne saurait, sans des inconvénients très-graves, accroître avec la grandeur du crime l'état d'isolement comparatif dans lequel le condamné doit vivre. Mais des différences considérables peuvent être établies sur d'autres points. Le vêtement et les aliments peuvent être plus grossiers pour certains criminels; le travail peut être plus pénible, et la rémunération quelconque qui lui est accordée peut être plus ou moins grande. Ainsi les classifications du code pénal se retrouvent en partie.

Indépendamment de ces deux objections, le système d'emprisonnement individuel en a soulevé une dernière; elle mérite d'attirer toute l'attention de la Chambre.

L'emprisonnement individuel, a-t-on dit quelquefois, n'améliore pas les détenus; bien plus, il les déprave, les abrutit, et à la longue il les tue.

Un homme renfermé entre quatre murailles est entièrement privé de son libre arbitre; il ne peut faire un mauvais emploi de sa volonté, il est vrai, mais il ne saurait non plus apprendre à en faire un bon usage. On ne lui enseigne point à se vaincre, puisqu'il est hors d'état de faillir. Il ne devient pas sensible à l'opinion de ses semblables, puisqu'il est seul. Pour lui, le grand mobile des progrès, l'émulation, n'existe pas. Il ne devient donc pas meilleur qu'il n'était, et il est à craindre qu'il ne devienne pire. La solitude est un état contre nature. Elle aigrit, elle irrite tous les esprits qu'elle n'abat point. L'homme énergique qui y est soumis finit par considérer la société comme un tyran implacable dont il n'attend que l'occasion de se venger. La solitude a enfin pour résultat presque assuré de troubler la raison, et, au bout d'un certain temps, d'attaquer le principe même de la vie. Elle est surtout de nature à produire tous ces effets chez les peuples où les besoins de la sociabilité sont aussi prononcés que parmi nous.

Quant à la portion de l'argument qui est spéciale à une race d'hommes plutôt qu'à une autre, elle ne s'appuie sur le résultat d'aucune expérience.

Des individus appartenant à des nations très-diverses ont été renfermés dans le pénitencier de Philadelphie. On n'a point vu que ces hommes fussent autrement affectés par le régime que les Américains. Même observation a été faite dans les prisons du système d'Auburn, où le silence est maintenu par la force. Il a été remarqué, au contraire, dans ces différentes prisons, que les hommes qui se soumettaient le plus résolûment à leur sort, une fois qu'ils le jugeaient inévitable, et qui, par conséquent, en souffraient le moins, étaient les Français. Il semble, en effet, que cette facilité à supporter les maux inséparables d'une condition nouvelle soit un des traits du caractère national. On le retrouve dans nos prisons, comme ailleurs. Il n'y a presque personne qui ne fût tenté de croire, au moment où la cantine, le vin et le tabac furent supprimés dans les maisons centrales et le silence ordonné, que l'ordre de la maison ne tarderait pas à être violemment troublé. Aujourd'hui, toutes nos maisons centrales sont soumises à ce régime.

Laissons donc de côté cet argument spécial pour revenir aux raisons plus générales et plus fortes qui ont été données.

Il est sans doute bon d'apprendre aux hommes à faire usage de leur volonté pour vaincre leurs mauvais penchants. Mais c'est une grande question de savoir si l'habitude que prend un détenu de résister à ses passions, non par amour du bien, mais par la crainte toute matérielle que lui cause à chaque instant le fouet, le cachot ou la faim, dont le menacent des geôliers auxquels il ne peut échapper; c'est une grande question, disons-nous, de savoir si une pareille habitude est fort utile à la réforme. Ce qui porterait à en douter, c'est une remarque que tous les directeurs de prison ont faite, et qui se trouve consignée dans les réponses de plusieurs des chefs de nos maisons centrales; savoir que les détenus qui se conduisent en général le mieux en prison et se plient le plus aisément à la règle, sont d'ordinaire les plus corrompus. Leur intelligence leur démontre aisément qu'ils ne peuvent se soustraire aux rigueurs de la discipline, et la bassesse de leur cœur les aide à s'y soumettre. Les plus dociles de tous sont les récidivistes.

Quant à l'action que les hommes peuvent avoir les uns sur les autres, elle ne saurait être que pernicieuse. Dans ces petites sociétés exceptionnelles que renferment les prisons, le mal est populaire; l'opinion publique pousse vers le vice et non vers la vertu, et l'ambition ne saurait presque jamais porter à bien faire.

D'ailleurs, en admettant qu'il y eût quelque chose à perdre de ce côté, il y a beaucoup plus à gagner d'un autre.

Le plus simple bon sens indique que, s'il est un moyen puissant de produire une impression profonde et salutaire sur un condamné, ce moyen est de l'isoler de ses compagnons de débauche ou de crimes, et de le livrer à sa conscience, à la paisible considération des maux que ses fautes lui ont produits, et au contact des gens honnêtes. Un pareil système d'emprisonnement ne peut guère manquer de faire prendre aux condamnés des résolutions, sinon vertueuses, au moins raisonnables, et il leur en rend, à leur sortie, l'application plus facile, parce qu'il a rompu ou détendu le lien qui, avant la condamnation, unissait chacun d'eux à la population libre des malfaiteurs.

Tous ceux qui ont visité le pénitencier de Philadelphie et conversé avec les détenus qu'il renferme, ont été très-frappés de la tournure grave et sérieuse qu'avait prise leur pensée. Tous ont été témoins de l'impression profonde que produisait sur eux la peine à laquelle ils étaient soumis, et des bonnes résolutions qu'elle faisait naître.

Mais, dit-on, ce système qui fait une si grande impression sur l'esprit, le trouble; il détruit la santé, amène la mort. Ce sont là des objections bien graves, et qui méritent assurément plus que toutes les autres de nous préoccuper.

Il est bon de s'entendre d'abord sur un premier point; il est bien certain que l'emprisonnement est un état contre nature, qui, en se prolongeant, ne peut guère manquer d'apporter un certain trouble dans les fonctions de l'esprit et du corps. Cela est inhérent à la peine et en fait partie. L'objet des prisons n'est pas de rétablir la santé des criminels ou de prolonger leur vie, mais de les punir et d'arrêter leurs imitateurs. Il ne faut donc pas s'exagérer les obligations de la société sur ce point, et si dans les prisons les chances de longévité ne sont pas très-inférieures à ce qu'elles eussent été pour les mêmes hommes dans la liberté, le but raisonnable est atteint. L'humanité est satisfaite.

Cette idée générale admise, interrogeons les faits.

A Glasgow, où l'emprisonnement individuel existe depuis près de vingt ans, l'état sanitaire de la prison a toujours été excellent; mais la moyenne de la détention n'excède pas six mois.

A la prison de la Roquette, dont nous avons parlé, où depuis quatre ans quatre cents enfants sont soumis à l'emprisonnement individuel complet, la santé des détenus a presque toujours été meilleure et jamais plus mauvaise qu'elle n'était avant l'introduction du système. Les rapports de cette prison constatent que, dans l'isolement, la moyenne des malades durant les trois dernières années a été de 7/77e sur 100, tandis qu'elle était de 10 à 11 sur 100 dans le système de vie commune.

Quant au pénitencier de Philadelphie, le seul qui fournisse l'exemple de longues détentions, voici l'état réel des choses.

Dans son dernier rapport (1841), le médecin de la prison constate que, parmi les condamnés qui ont été mis en liberté durant l'année, 88 sur 100 étaient très-bien portants; et que, parmi ceux qu'avait reçus la prison durant la même période, 50 seulement sur 100 étaient dans le même cas. Une remarque analogue a été faite durant les années antérieures : ce qui tend à prouver que la santé des détenus se rétablit plutôt qu'elle ne se détériore dans la prison.

Une base d'appréciation encore plus solide se trouve dans la liste des décès. La Commission a eu sous les yeux la table de mortalité du pénitencier de Philadelphie, de 1830 à 1840 ; elle a constaté que la moyenne de la mortalité, durant cette période, avait été environ de 1 décès sur 50 détenus.

A Auburn, la moyenne n'a été que de 1 sur 56; mais à Sing-Sing, grande prison de l'État de New-York, qui suit le même régime qu'Auburn, elle a été de 1 sur 37; à Genève, où la douceur du régime a été poussée jusqu'au point d'énerver la loi pénale, de 1 sur 50.

Ainsi Philadelphie n'a d'infériorité que comparativement aux pénitenciers américains, et cette infériorité s'explique très-bien par des circonstances particulières[1]. D'ailleurs, l'infériorité de Philadelphie, quant aux prisons de l'Amérique, n'existe que par rapport aux prisons réformées. Dans cette même ville de Philadelphie, il existait, antérieurement au pénitencier actuel qui n'a que treize ans d'existence, une autre prison, et dans cette prison où l'on rencontrait avec la vie commune tous les vices qu'elle entraîne avec elle, et que l'emprisonnement individuel fait disparaître, la mortalité n'était pas de 1 sur 30, mais de 1 sur 7.

Le résultat obtenu à Philadelphie paraîtra encor plus favorable, si on le compare à ce qui se passe en France. Les tableaux publiés par le ministre du commerce nous apprennent que de 1817 à 1835, pendant l'époque où la discipline était la plus relâchée, la mortalité dans nos maisons centrales a été de 1 détenu sur 14 ou sur 15. Elle a été moyennement, dans les trois dernières années, de 1 sur 12 ou 13.

M. le ministre de l'intérieur a chargé un médecin, M. le docteur Chassinat, de faire une étude spéciale de la mortalité dans les prisons et de ses causes.

Pour remplir sa mission, M. le docteur Chassinat a pris note de tous les condamnés entrés dans les bagnes du royaume pendant dix ans, de 1822 à 1831 inclusivement, et il les a classés de manière à pouvoir étudier quelle action pouvaient avoir eu sur la mor-

---

[1] La principale de ces circonstances est celle-ci : la prison d'Auburn contient comparativement peu de nègres relativement à celle de Philadelphie, où les nègres forment près de la moitié de la population, 40 sur 100.

Or, il est reconnu en Amérique que la mortalité parmi les nègres est beaucoup plus grande que la mortalité parmi les blancs, et ce qui le prouve, c'est que bien que les nègres du pénitencier de Philadelphie ne figurent au nombre total des détenus que dans la proportion de 40 sur 100, les décès appartenant à cette classe sont au nombre total des décès dans la proportion de 73 à 100.

Un fait analogue se produit dans la société libre. En 1830, la mortalité parmi la race blanche de la ville et du comté de Philadelphie a été de 1 blanc sur 50 blancs. et de 1 nègre sur 25 nègres.

On comprend dès lors qu'il est impossible de comparer, quant à la mortalité, une prison qui contient beaucoup de nègres à une prison qui n'en contient que peu.

talité différentes circonstances telles que le séjour antérieur dans
les prisons, la nature du crime, la profession exercée en liberté, la
nationalité.

Un travail moins étendu, mais analogue et embrassant la même
période, a été fait par M. le docteur Chassinat sur les maisons centrales.

M. Chassinat a ensuite comparé la mortalité des prisons à celle
qui a lieu dans la société libre, d'après les tables de Duvilard.

Ce document a passé sous les yeux de la Commission. Il mérite-
rait d'être mis en entier sous ceux de la Chambre, car il jette une
grande lumière non-seulement sur la question du régime des prisons, mais sur plusieurs points importants de la législation pénale :
voici, quant au sujet qui nous occupe, ce qui en résulte.

Pendant le même espace de temps, et parmi les hommes du
même âge, il meurt deux personnes dans la société libre et cinq
forçats. Dans les mêmes circonstances, il meurt deux personnes
dans la société libre, et de six à sept détenus dans les maisons centrales. Un homme de trente ans, au bagne, a la même chance de
vie qu'un homme de cinquante-huit dans la société libre.

Un homme de trente-trois ans, dans la maison centrale, a la
même chance de vie qu'un homme de soixante-quatre dans la société libre.

Il meurt dans les maisons centrales 17 hommes sur 13
femmes.

L'âge où la mortalité sévit le plus dans les maisons centrales est
l'âge de seize à vingt ans. On y meurt à cet âge une fois plus que
ne le comporte la moyenne générale. Lorsqu'il meurt deux jeunes
gens de seize à vingt ans dans la société libre, il est pénible de
remarquer qu'il en meurt douze en prison.

Il est donc absolument faux de dire que le système d'emprisonnement suivi à Philadelphie ait compromis outre mesure la vie des
détenus, puisque dans nos maisons centrales, à l'époque même où
le régime y était le plus doux, les décès ont été beaucoup plus
nombreux qu'en Amérique.

Il y a plus, la Commission de 1840 a constaté que, dans notre
armée, composée d'hommes jeunes et choisis, la mortalité dans les
grandes villes de garnison, et particulièrement à Paris, était plus
considérable que dans le pénitencier de Philadelphie.

L'État doit-il donc à des criminels une garantie d'existence plus grande que celle qu'il accorde à ses soldats?

L'emprisonnement individuel de Philadelphie, qui n'a point été fatal à la vie des condamnés, paraît avoir eu, dans quelques circonstances, il faut le reconnaître, une influence fâcheuse sur leur raison.

En 1838, quatorze cas de surexcitation mentale ou de folie ont été constatés dans la prison (la population était de trois cent quatre-vingt-sept détenus); en 1839, le nombre des cas a été de vingt-six (la population étant de quatre cent vingt-cinq). Sur ce nombre, les inspecteurs du pénitencier, nommés par la législature de Pensylvanie, constatent que huit sont relatifs à des détenus dont les facultés intellectuelles étaient plus ou moins altérées avant d'entrer en prison[1], et quinze se rapportent à des condamnés qui n'avaient été sujets qu'à une irritation momentanée, calmée par un traitement de quelques jours, ou au plus de quelques mois.

En 1840, il y a eu dix ou douze cas d'hallucination. Parmi les détenus atteints de cette maladie, deux étaient fous avant d'entrer en prison, presque tous les autres ont été guéris à l'aide d'un traitement qui a duré de deux à trente-deux jours.

Il y a donc eu à Philadelphie un certain nombre de surexcitations mentales, qui, s'étant manifesté dans la prison, peut[2] être attribué au régime qui y est en vigueur.

[1] Cette assertion ne paraîtra pas extraordinaire, si l'on songe que la Pensylvanie ne possède point d'hôpital d'aliénés où les indigents ou bien les gens sans famille puissent être envoyés. C'est ainsi que dans la prison de Connecticut, qui est régie d'après le système d'Auburn, il se trouvait, en 1838, huit détenus en état de démence sur cent quatre-vingt-onze détenus que contenait la prison. L'État de Connecticut, comme celui de la Pensylvanie, n'a point d'hôpital d'aliénés.

[2] Nous disons *peut*. Il est naturel, en effet, de concevoir un doute dont il est de notre devoir de faire part à la Chambre. En 1838, un ou deux détenus, présumés fous, obtiennent pour cette raison leur grâce. A partir de ce moment, les cas de folie se multiplient; mais, contrairement à la marche habituelle des maladies mentales, quelques jours suffisent d'ordinaire pour guérir le malade. N'est-il pas permis de croire que quelques-unes de ces affections, si facilement surmontées, et qui apparaissent au milieu d'une prison où la santé générale des détenus est remarquablement bonne, ont été simulées, soit dans l'espérance d'échapper momentanément à la rigueur du régime commun, soit dans l'espoir de la grâce?

L'emprisonnement individuel avait, en effet, au pénitencier de Philadelphie, à l'époque où les personnes envoyées par le gouvernement français l'ont visité, des caractères particulièrement austères, et qu'il n'est pas dans l'intention de la Commission de préconiser.

La prison de Philadelphie a été créée dans un but de religion plus encore que d'intérêt social. On a surtout voulu en faire un lieu de pénitence et de régénération morale.

Partant de ce principe absolu, on avait entrepris, non pas seulement de séparer le détenu de la société de ses pareils, mais de le plonger dans une profonde et irrémédiable solitude. Une fois entré dans sa cellule, il n'en sortait plus. Il n'y trouvait que son métier et un seul livre, la Bible. Aucun visiteur, si ce n'est un très-petit nombre d'individus désignés par la loi, n'était admis à le voir ni à lui parler. Aucun bruit du dehors ne parvenait à son oreille. C'étaient ses gardiens seuls qui lui apprenaient une profession. Il ne les voyait même que de loin en loin. Ils lui passaient sa nourriture à travers un guichet. Il n'était pas témoin des cérémonies du culte. Le condamné entendait la voix, mais n'apercevait pas les traits du prédicateur. En un mot, tout semblait avoir été combiné pour accroître la sévérité naturelle du système, au lieu de s'efforcer de l'adoucir.

On comprend que, parmi quatre cents individus soumis à un pareil régime, l'imagination de quelques-uns arrive à s'exalter; que les esprits faibles ou bizarres que renferme toujours en grand nombre une prison, soient surexcités, et que des cas d'hallucination aient dû se présenter.

La Commission de 1840, qui était fermement convaincue que l'emprisonnement individuel est le meilleur système de détention qui ait été trouvé, repoussait cependant les rigueurs inutiles dont les législateurs de la Pensylvanie avaient voulu l'entourer. Le système qu'elle préconisait et dont elle proposait l'adoption à la Chambre, n'avait pas tant pour objet de mettre le détenu dans la solitude que de le placer à part des criminels. C'était dans cette vue qu'après avoir posé dans la loi le principe de la séparation des détenus, elle n'avait pas voulu abandonner à un règlement d'administration publique le droit d'indiquer les différents moyens à l'aide desquels ce principe devait être appliqué. Elle avait cru que ces détails faisaient partie intégrante de la peine, et que, par conséquent, le législateur ne devait pas laisser à d'autres qu'à lui-même le soin de les fixer. Votre Commission, messieurs, s'est pleinement associée à ces différentes pensées. Comme sa devancière, ce n'est pas la solitude absolue qu'elle prétend imposer aux détenus, c'est la séparation des criminels les uns des autres. Ainsi que la Commission de 1840, elle juge qu'il ne suffit pas d'indiquer ce but, et qu'il faut que la loi elle-même prenne les mesures les plus propres à le faire atteindre. Le projet du gouvernement est entré dans cette voie. Votre Commission vous propose d'y entrer encore plus avant.

Quant à la prison elle-même, nous n'avons pas cru que la loi dût indiquer un mode de construction plutôt qu'un autre. Le projet du gouvernement se borne avec raison à dire que *chaque détenu devra être renfermé dans un lieu suffisamment spacieux, sain et aéré.*

Cependant nous devons faire observer que toutes les prisons cellulaires bâties en Angleterre sont construites de façon à ce que chaque détenu puisse tous les jours prendre de l'exercice en plein air. La plupart des plans dressés en France contiennent aussi des promenoirs. L'expérience a prouvé que cet exercice, dont on peut fournir aux détenus le moyen sans entraîner l'État dans de grandes dépenses, est indispensable à leur santé. La Commission espère que toutes les nouvelles prisons seront bâties de manière à ce que cet exercice salutaire puisse être donné.

Elle a également pensé qu'il était fort nécessaire de bâtir des prisons cellulaires de telle façon, que l'air pût pénétrer très-aisément dans toutes leurs parties. En conséquence, elle émet le vœu que, quand les nouveaux pénitenciers seront composés de plusieurs ailes, ces ailes ne soient pas rapprochées les unes des autres : erreur préjudiciable à la santé des détenus dans laquelle on est souvent tombé.

La Commission croit enfin devoir rappeler qu'il ne s'agit pas d'élever de somptueux monuments, mais de bâtir des maisons de répression dans la construction desquelles toutes les dépenses inutiles doivent être évitées avec grand soin. L'avenir de la réforme pénitentiaire en France dépend en partie de la sage économie qui présidera à son introduction. C'est ce que ne doivent jamais oublier ceux qui entreprennent cette grande œuvre

Nous avons dit que le but de la loi était de séparer les détenus entre eux, mais non de les plonger dans la solitude.

Après s'être occupée de la prison elle-même, la Commission a donc dû examiner si les détenus y étaient mis, le plus souvent possible, en contact avec la société honnête.

Le projet de loi indique qu'à chaque prison serait attaché, indépendamment du directeur et du médecin, un instituteur.

Les comptes de la justice criminelle font connaître qu'en 1838 la proportion de ceux qui ne savent ni lire ni écrire était de 56 sur 100, et que presque tous sont plus ou moins dans l'ignorance des notions les plus élémentaires des connaissances humaines. D'une autre part, l'expérience a prouvé en Amérique et prouve encore tous les jours à la prison de la Roquette, que les détenus soumis à l'emprisonnement individuel s'adonnent très-volontiers à l'étude et y font aisément de grands progrès. « Les résultats de l'instruction élémentaire, dit M. le préfet de police dans son rapport du 22 février 1840, tels qu'ils se sont révélés depuis deux ans dans le quartier de la correction paternelle (le plus anciennement divisé en cellules), m'autorisent à dire qu'il est hors de doute que les progrès des élèves seront bien plus marqués dans la séquestration solitaire où l'étude devient une distraction, que dans l'école commune. »

Les rapports subséquents prouvent que cette prévision s'est réalisée.

Les hommes les plus grossiers, réduits à eux-mêmes, ne considèrent plus les efforts de l'esprit comme un travail, mais comme un délassement. Il est utile de leur procurer, avec ce soulagement de la solitude, l'instruction élémentaire dont ils manquent.

A la prison sera attaché un aumônier. La Commission vous propose d'ajouter qu'on placera également dans la prison un ministre appartenant à l'un des cultes non catholiques autorisés par la loi, si les besoins l'exigent. Si le nombre des détenus non catholiques n'était pas assez grand pour qu'un ministre de leur culte fût attaché à la prison, il est bien entendu, du moins, que le détenu non catholique ne sera jamais forcé de recevoir la visite de l'aumônier s'il s'y refuse, et qu'il lui sera loisible de se procurer les secours religieux au dehors.

Trente et une pétitions ont été adressées à la Chambre à l'occasion du projet de loi des prisons. Ces pétitions ont été mises sous les yeux de la Commission, qui en a fait l'objet d'un très-sérieux examen. La plupart d'entre elles émanent de consistoires protestants. Toutes ont pour but de réclamer la création d'un pénitencier uniquement destiné à recevoir des détenus appartenant à la religion réformée.

La Commission reconnaît tout ce qu'a de respectable une demande qui prend son origine dans la première de toutes nos libertés, la liberté religieuse; cependant elle ne croit pas pouvoir vous proposer d'ajouter à la loi les dispositions qu'on réclame. Elle a pensé que la réunion en un même lieu de tous les condamnés protestants de France présenterait dans la pratique des difficultés très-grandes. Elle a jugé surtout que ce système serait souvent fort contraire à l'intérêt même de ces individus ; qu'il éloignerait beaucoup d'entre eux de leur famille, qui est souvent pour eux une source de moralité aussi bien que de consolation, et les soumettrait à de longs et pénibles transports qui leur fourniraient vraisemblablement de nouvelles occasions de se corrompre. Tous ceux qui se sont occupés spécialement du système pénitentiaire, savent, en effet, que rien n'est plus dangereux que ces voyages pendant lesquels les condamnés, mal surveillés, achèvent d'ordinaire de se dépraver.

« C'est surtout par l'influence des croyances religieuses, dit un inspecteur-général dans son rapport, qu'on peut espérer la réforme morale d'un certain nombre de condamnés ; la discipline ne peut que lui préparer les voies. »

La Commission a la même pensée : le régime cellulaire lui paraît, de tous les modes d'emprisonnement, le plus propre à ouvrir les cœurs des détenus à cette influence réformatrice. C'est là un des plus grands avantages de ce régime à ses yeux.

Dans le système de l'emprisonnement individuel, le condamné, isolé de ses pareils, écoute sans distraction et retient sans peine les vérités qui lui sont enseignées ; il reçoit sans rougir les conseils honnêtes qu'on lui donne ; le prêtre n'est plus pour lui un objet de dérision et de haine, sa seule présence est un grand soulagement de la solitude; le détenu souhaite sa venue et s'afflige en le voyant partir.

L'emprisonnement individuel est assurément, de tous les systèmes, celui qui laisse le plus de chances à la réforme religieuse.

Il est donc à espérer que lorsqu'il s'établira, on verra non-seulement les ministres de toutes les religions, mais les hommes religieux de toutes les communions, tourner du côté des prisons leur zèle ; jamais champ plus fertile et plus vaste ne leur aura été ouvert.

La Commission pense qu'il importe beaucoup au succès du régime pénitentiaire que ce mouvement naisse et soit encouragé et facilité.

Après l'aumônier, le projet de loi indique, parmi ceux qui doivent visiter le plus possible les détenus, les membres de la Commission de surveillance.

Toutes ces visites sont de droit. Elles sont obligatoires une fois par semaine pour le médecin et l'instituteur. Afin de rendre l'exécution de cette dernière prescription possible, la Commission de 1840 avait prévu le cas où la prison contiendrait plus de cinq cents détenus. L'expérience, ainsi qu'on l'a dit plus haut, indique qu'une prison, quel que soit le système en vigueur dans ses murs, ne doit pas contenir plus de cinq cents détenus. Il est évident que les prisons qu'on aura désormais à bâtir, ne devront pas dépasser cette limite ; mais il y a beaucoup de prisons déjà bâties et qui sont faites dans le but de renfermer un plus grand nombre de criminels. Pour celles-là, la Commission de 1840 indiquait que le nombre des médecins, instituteurs et aumôniers, y devrait être augmenté proportionnellement au nombre des détenus, c'est-à-dire que si les détenus étaient plus de cinq cents, deux médecins, deux aumôniers, deux instituteurs devaient être attachés à la prison, et trois si elles contenaient plus de mille criminels. Votre Commission, messieurs, a pensé qu'il était très-désirable que l'Administration suivît cette règle, mais elle n'a pas cru qu'il convînt de l'y enchaîner d'une manière absolue.

Indépendamment des visites que certains fonctionnaires ont le droit ou l'obligation de faire aux condamnés, le projet de loi indique que les parents des détenus, les membres des sociétés charitables, les agents des travaux, pourront être autorisés à les visiter. Pour ces visites, qui peuvent se reproduire régulièrement, et qui sont faites par des personnes dont on connaît d'avance les intentions et la moralité, une permission générale du préfet est suffisante ; pour toutes les autres, une permission spéciale est nécessaire.

La Chambre voit clairement quel a été le but général de la Com-

mission dans tout ce qui précède. Le point de départ des fondateurs du système pénitencier de Philadelphie avait été de rendre la
solitude aussi complète qu'on peut l'imaginer. Le système du projet
de loi s'efforce de la diminuer autant que possible, pour ne la réduire qu'à la séparation des criminels entre eux.

Après les visites que le condamné peut recevoir, le plus grand
adoucissement de l'emprisonnement individuel, c'est le travail.
Dans ce système, le travail est un plaisir nécessaire, l'oisiveté n'est
pas seulement très-pénible, elle devient, en se prolongeant, très-
dangereuse. L'emprisonnement individuel sans travail a été essayé
en Amérique, et il y a produit les plus funestes effets. Aussi, votre
Commission est-elle d'avis de déclarer dans la loi que le travail est
obligatoire, et qu'il ne peut être refusé, si ce n'est à titre de punition temporaire.

Ce que nous disons du travail matériel doit s'entendre, quoiqu'à
un degré bien moindre, de celui de l'esprit. Il est sage et utile de
permettre aux détenus la lecture, non-seulement de l'Écriture-
Sainte, ainsi que l'ont fait les Américains, mais des livres que la
prison pourrait se procurer et dont le choix sera déterminé par la
Commission de surveillance.

A toutes ces précautions dont l'objet, ainsi que le voit la Chambre, est de faire que l'emprisonnement individuel soit sans danger
pour la vie et la raison des condamnés, votre Commission a pensé
qu'il était nécessaire d'en joindre une dernière, sans laquelle toutes
les autres pourraient devenir presque illusoires.

En vain aurait-on disposé la prison de manière à ce que le détenu
pût prendre de l'exercice ; inutilement aurait-on permis à celui-ci
de voir un certain nombre de personnes indiquées par la loi elle-
même, si la discipline de la maison ou l'exigence de l'entrepreneur
ne lui laissaient aucun moment de loisir. La Commission, qui jugeait
indispensable de tempérer la rigueur de l'emprisonnement solitaire, devait en assurer les moyens. En conséquence, un amendement introduit par elle déclare que deux heures au moins chaque
jour seront réservées pour l'école, les visites des personnes dési-
gnées ci-dessus, et la lecture des livres dont il a été parlé plus
haut. Tous ces amendements ont été consentis par le gouvernement.

Votre Commission, messieurs, a jugé que l'emprisonnement in-

dividuel ainsi adouci, non-seulement ne compromettrait pas la vie
des condamnés, l'exemple de Philadelphie le prouve, mais qu'il
produirait très-rarement les accidents dont ce pénitencier a été
témoin. Sa conviction sur ce point a été corroborée par l'opinion
exprimée, il y a quatre ans, par une Commission de l'Académie de
médecine de Paris.

L'Académie avait à examiner l'ouvrage que lui avait soumis
M. Moreau-Christophe, inspecteur-général des prisons de France,
intitulé : *De la mortalité et de la folie dans le système pénitentiaire.*

Le rapport fut fait le 5 janvier 1839 par une Commision composée de MM. Pariset, Villermé, Marc, Louis et Esquirol, ce dernier faisant les fonctions de rapporteur ; il se termine ainsi :

« Si la Commission avait eu à exprimer son opinion sur la préférence à accorder à un système pénitentiaire ; elle n'hésiterait pas
à se prononcer pour le système de Philadelphie comme le plus
favorable à la réforme.

« La Commission, n'ayant à se prononcer que sur la question
sanitaire, est convaincue que le système de Pensylvanie, c'est-à-
dire la réclusion solitaire et continue de jour et de nuit avec travail, conversation avec les chefs et les inspecteurs, n'abrége pas la
vie des prisonniers et ne compromet pas leur raison. »

Pour achever enfin de s'éclairer sur cette portion capitale de sa
tâche, votre Commission a cru devoir se transporter tout entière
dans le pénitencier de la Roquette, où le système qu'elle préconise
est depuis plus de quatre ans en vigueur. La vue de cette prison a
achevé de la confirmer dans l'opinion qu'elle avait déjà.

A l'aide du regard qui existe à la porte de chaque cellule, les
membres de la Commission ont pu voir tous les détenus sans que
ceux-ci sussent qu'on les regardait. Tous s'occupaient de leurs travaux avec l'apparence de l'application la plus soutenue et du plus
grand zèle. La Commission en a interrogé un grand nombre ; ils
lui ont semblé avoir l'esprit tranquille et soumis. Elle a vu appliquer sous ses yeux la méthode simple et ingénieuse à l'aide de laquelle on parvient sans peine à enseigner à ces enfants le catéchisme
et les premiers éléments des connaissances humaines. La Commission a pu se convaincre que les détenus ne restaient jamais longtemps seuls. Les visites du directeur et de l'aumônier, les soins de

l'école, les nécessités même du travail manuel qui forcent les gardiens à entrer souvent dans les cellules pour apprendre au jeune condamné son métier, diriger ses efforts ou en constater les résultats, interrompent fréquemment la solitude. Le bruit de l'industrie dont tous les corridors retentissent sans cesse, le mouvement incessant qui règne dans toutes les parties de la maison, ôtent à cette prison la physionomie morne et glacée qu'ont certains pénitenciers d'Amérique. Le vœu de la Commission est qu'un grand nombre des membres de la Chambre aille visiter la maison de la Roquette. Il serait imprudent sans doute de conclure de ce qui se passe dans cette prison, que le système qui y est en pratique, appliqué à des hommes faits, ne produirait pas sur ceux-ci une impression plus profonde que celle qu'il fait naître chez des enfants. Toutefois, la Commission se croit en droit d'affirmer qu'un pareil système ne fera pas naître dans l'intelligence des détenus le trouble qu'on redoute. Alors même, d'ailleurs, que les affections mentales seraient un peu moins rares dans les prisons nouvelles que dans les anciennes, la Commission n'hésiterait pas encore à dire que cette raison, quelque puissante qu'elle soit, n'est pas suffisante pour faire abandonner, avec le système de l'emprisonnement individuel, tous les biens sociaux qu'on en doit attendre.

Les anciennes prisons causaient une souffrance physique ; c'est par ce côté qu'elles étaient surtout répressives. Les améliorations introduites successivement depuis dans le régime, ont permis qu'on y jouît souvent d'une sorte de bien-être.

Si la peine de l'emprisonnement épargne le corps, il est juste et désirable qu'elle laisse du moins dans l'esprit des traces salutaires, attaquant ainsi le mal dans sa source. Or, il est impossible qu'un régime spécialement destiné à faire une impression vive sur un grand nombre d'esprits, n'en pousse pas quelques-uns vers la folie. Si ce mal devient, comme le croit la Commission, très-rare, quelque déplorable qu'il soit, il faudrait encore le préférer aux maux de mille espèces que le système actuel engendre.

Le code pénal n'accorde rien aux forçats sur les produits de leur travail, mais il permet d'abandonner aux condamnés à la réclusion une portion de ce produit, et il crée un véritable droit en faveur des condamnés pour délits correctionnels; ainsi qu'il résulte de l'article 41, qui dispose « que les produits du travail de chaque

détenu pour délit correctionnel, seront appliqués, partie aux dépenses de la maison, partie à lui procurer quelques adoucissements
s'il les mérite, partie à former pour lui, au temps de sa sortie, un
fonds de réserve.

Une ordonnance de 1817 a voulu que ces trois parts fussent
égales; conséquemment, dans l'état actuel de la législation, les
deux tiers du produit du travail des détenus pour délits correctionnels leur appartiennent. La même faveur est faite aux réclusionnaires que renferment nos maisons centrales.

Le projet de loi change complétement cet ordre de choses, et
propose de déclarer d'une manière générale que le produit du travail de tous les condamnés appartient à l'État, qu'une portion déterminée de ce produit *pourra* seulement leur être accordée. Ainsi il
fait plus pour les forçats, et moins pour les condamnés correctionnellement que n'avait fait le code pénal, et il traite tous les condamnés comme ce même code avait traité les seuls réclusionnaires.

La Commission de 1840 avait refusé d'admettre une disposition
semblable; rentrant dans l'esprit du code pénal, elle avait établi
que les condamnés aux travaux forcés ne recevraient rien; que les
condamnés à la réclusion *pourraient* recevoir, et que les condamnés pour délits correctionnels *devraient* recevoir une partie du
produit de leur travail. Le minimum de ce salaire était fixé, non
aux deux tiers comme le portait l'ordonnance de 1817, mais au
tiers seulement, et les détenus pouvaient en être privés comme
punition disciplinaire; quelques membres de votre Commission ont
reproduit ces idées.

Ils pensaient que bien qu'en droit strict l'État puisse s'attribuer
le produit complet du travail des criminels, l'usage de ce droit était
très-rigoureux, et qu'il pourrait être dangereux d'y recourir au sortir d'un régime dans lequel on avait poussé la condescendance à cet
excès, d'accorder comme règle générale au plus grand nombre des
condamnés les deux tiers de ce qu'ils gagnaient en prison; que,
d'ailleurs, le but de l'emprisonnement pénitentiaire n'était pas seulement de forcer au travail, mais d'en donner le goût et d'en faire
sentir le prix; qu'un travail sans salaire ne pouvait inspirer que du
dégoût.

La majorité répondait qu'il était sans doute utile et nécessaire de
salarier dans une certaine mesure le travail des condamnés; que

l'article même du gouvernement supposait qu'il en serait ainsi, mais qu'il était immoral et dangereux de reconnaître à des condamnés quelconques un droit au salaire; que le travail dans les prisons était obligatoire, et que ses produits étaient une indemnité due par les coupables à la société, pour la couvrir des dépenses que leur crime lui occasionnait.

La minorité, envisageant la question sous un nouveau jour, faisait remarquer que le système du code pénal suivi par la Commission de 1840 avait ce résultat d'établir une distinction importante entre les peines, et de permettre de les graduer suivant la gravité des crimes: avantage très-grand que le projet du gouvernement faisait perdre, et qu'il fallait cependant d'autant plus apprécier aujourd'hui, que l'adoption du système cellulaire allait rendre fort difficile de graduer la peine de l'emprisonnement autrement que par la durée.

La majorité, qui persistait à ne vouloir accorder aucun droit aux condamnés sur le produit de leur travail, et qui cependant trouvait utile d'établir dans la loi, quant au salaire, une gradation analogue à celle du code pénal, après avoir adopté l'article du projet, y a ajouté une disposition, d'après laquelle l'administration ne peut accorder aux condamnés aux travaux forcés plus des $3/10^{es}$ du produit de leur travail, aux condamnés à la réclusion plus des $4/10^{es}$, et aux condamnés à l'emprisonnement plus des $5/10^{es}$.

Cette disposition forme, avec les deux premiers paragraphes détachés de l'art. 23, l'art. 24 du projet amendé par la Commission.

La Commission ayant examiné, approuvé, et, suivant son opinion, amélioré dans quelques détails le système d'emprisonnement que le projet de loi indique, plusieurs questions très-difficiles et très-graves lui restaient encore à résoudre.

La première était de savoir dans quelles prisons le nouveau système serait introduit.

Deux membres ont pensé que la suppression des bagnes présenterait quelques dangers.

Une grande partie de l'accroissement des crimes, ont-ils dit, doit être attribuée aux adoucissements peut-être imprudents qu'on a fait subir en 1832 à la loi pénale. Il faut prendre garde d'énerver encore cette loi en faisant disparaître celle des peines qui frappent le plus l'imagination du public.

La peine des travaux forcés, ou, comme l'appelle encore le peuple, des galères, n'est pas, il est vrai, favorable à la réforme de ceux qui la subissent; mais plus qu'aucune autre elle est redoutée par ceux que leurs penchants vicieux ou leurs passions violentes peuvent amener à la subir. L'appareil infamant et terrible qui l'environne frappe de terreur les hommes qui seraient tentés de commettre les grands crimes. C'est là une terreur salutaire qu'il ne faut pas se hâter de faire disparaître.

On a répondu :

D'abord la terreur qu'inspire le bagne au criminel est beaucoup moindre qu'on ne le suppose. Dans le bagne, la vie est moins monotone, moins contrainte et plus saine que dans les prisons proprement dites; le chiffre de la mortalité y est moindre. Aussi a-t-on vu des accusés et des condamnés préférer hautement le bagne à certaines maisons centrales. De telle sorte qu'avec toutes les apparences de l'extrême rigueur, il arrive souvent que la peine du bagne n'est pas suffisamment réprimante.

En second lieu, croit-on que l'emprisonnement individuel, surtout quand il doit durer longtemps, ne soit pas de nature à faire naître ces craintes utiles que la loi pénale veut inspirer? L'expérience a prouvé le contraire. Il n'y a rien que le condamné redoute plus qu'une longue solitude, ni qui produise une impression plus profonde sur les âmes les plus endurcies et les plus fermes.

Alors même que la peine du bagne serait plus intimidante que celle de l'emprisonnement individuel, pourrait-elle, d'ailleurs, être préférée? Est-ce de nos jours, et dans notre pays, qu'on peut chercher à intimider les coupables en les plongeant sans ressources dans une atmosphère inévitable de corruption et d'infamie, en les chargeant de chaînes, en les accouplant les uns aux autres, et en leur imposant le contact incessant et nécessaire de leur immoralité réciproque?

L'opinion publique dit hautement que non ; et à plusieurs reprises elle a trouvé un interprète dans vos Commissions elles-mêmes.

Voici notamment ce qu'on lit dans le rapport de la Commission du budget de cette année, à l'article *Chiourmes*, p. 271 :

« N'y a-t-il donc rien à faire pour changer l'état des bagnes? On avait pensé qu'il y avait à s'en préoccuper dans l'intérêt de la société; qu'il y avait là une école permanente de crime d'où les hommes sortaient plus corrompus et plus dégradés. Au nom de la morale et de l'humanité, une réforme du système actuel qui régit les bagnes avait été demandée; la Commission croit de son devoir d'appeler de nouveau l'attention du gouvernement sur un état de choses qui se continue pour le plus grand dommage de la société. »

Le projet actuel réalise ce vœu. Le gouvernement a eu d'autant plus de facilité à y céder, que, sous le point de vue de l'économie publique, les bagnes sont une détestable institution.

Voici ce qu'on lit dans le rapport présenté au ministre de la marine, en 1838, par M. le baron Tupinier, alors directeur des ports :

« Les forçats ne sont pas des auxiliaires nécessaires pour les travaux des ports; ils y sont, au contraire, des collaborateurs fâcheux pour les ouvriers qu'ils corrompent, des hôtes fort dangereux pour la sûreté des arsenaux et du matériel.

« Il s'en faut de beaucoup que la marine retrouve dans la valeur du travail des forçats l'équivalent des sommes qu'elle dépense pour l'entretien des bagnes. Il y aurait environ neuf cent mille francs d'économie chaque année à employer des ouvriers libres : on rendrait ainsi un grand service à la population des ports, qui souffre faute de pouvoir trouver un salaire, et on débarrasserait la marine d'un véritable fléau. »

Les mêmes assertions se retrouvent dans une lettre écrite, en 1838, par M. le ministre de la marine à M. le ministre de l'intérieur, lettre qui a passé sous les yeux de la Commission [1].

La majorité de votre Commission croit devoir vous proposer

---

[1] Voici les principaux passages de cette lettre :

« Paris le 22 août 1838.

« Toutes les personnes qui se sont occupées d'examiner à fond le régime des arsenaux maritimes, ont été frappées des inconvénients graves qui sont attachés à l'emploi des forçats dans ces établissements, et des dangers de leur présence au milieu d'une grande masse d'ouvriers libres parmi lesquels ils circulent sans cesse, et dont ils partagent les travaux. Il y a, en effet, un scandale de tous les instants : et, indépendamment des inconvénients déplorables qui en résultent pour la morale, c'est la source d'un grand nombre de vols qui occasionnent à la marine des pertes annuelles fort considérables sur la masse de ses approvisionnements.

« Ma conviction est entière à cet égard : elle se fonde sur l'expérience que j'ai acquise comme préfet maritime, de ce qui se passe dans nos ports;

d'adopter la disposition du projet de loi qui supprime les bagnes et les remplace par des maisons de travaux forcés où le système de l'emprisonnement individuel sera introduit.

La Commission de 1840 avait été unanime, quant à la destruction

et je partage complétement les opinions émises sur ce sujet par M. le baron Tupinier dans son rapport sur le matériel de la marine.

« Ainsi, je crois fermement qu'il y a danger pour la sûreté des arsenaux maritimes et pour la conservation de ce qu'ils renferment, à employer des forçats dans ces établissements.

« Je suis également convaincu qu'il y aurait pour la marine un très-grand avantage, sous le rapport financier, à n'avoir plus l'obligation d'entretenir les bagnes.

« Ainsi que le fait remarquer M. Tupinier, il y a beaucoup de travaux dont il eût été possible de se passer, et qu'on n'aurait pas même songé è entreprendre sans la facilité d'y employer des forçats auxquels on n'avait à payer que des salaires insignifiants, et dont la dépense véritable devait demeurer inaperçue tant qu'on ne règlerait pas les comptes de l'année.

« Il est à remarquer, d'ailleurs, que si, pour ramener le régime des bagnes à ce qu'il aurait dû toujours être dans l'intérêt de la morale publique et suivant le vœu de la loi, on s'arrangeait de manière à ce que les condamnés fussent constamment séparés des ouvriers libres, sans communication avec le dehors, et occupés seulement à des travaux de force au lieu d'être employés à des ouvrages d'art, la marine éprouverait encore un plus grand mécompte dans l'appréciation de leur travail.

« Il est évident aussi qu'on suppléerait facilement et économiquement par des machines à une partie des travaux que font les forçats.

« Par toutes ces considérations, je demeure persuadé que M. le baron Tupinier n'a pas exagéré en portant à 900,000 fr. la perte réelle que fait la marine sur son budget, par l'obligation où elle est d'employer dans les arsenaux les criminels condamnés aux travaux forcés.

« La misère dont se plaignent les masses d'ouvriers sans travail qui peuplent les villes maritimes et les campagnes d'alentour, suffirait à prouver qu'il sera toujours facile de se procurer le nombre de journaliers nécessaires pour l'exécution des travaux auxquels les forçats sont maintenant appliqués, d'autant plus que ceux-ci travaillent avec tant de nonchalance, que six d'entre eux font à peine autant de besogne que deux hommes libres.

« L'expérience de ce qui s'est passé lors de la suppression des bagnes de Cherbourg et de Lorient, vient à l'appui de cette assertion, et je ne doute pas qu'il n'en soit absolument de même dans les autres ports.

« Je n'hésite donc point à me ranger à l'opinion de ceux qui pensent que la marine n'a aucun intérêt à rester chargée de la garde des forçats. Je crois qu'il y aurait pour elle comme pour la morale publique un très-

des bagnes. Mais elle s'était divisée sur le point de savoir s'il fallait soumettre dès à présent les condamnés aux travaux forcés, les réclusionnaires, et même tous les détenus correctionnellement, au système de l'emprisonnement individuel.

La minorité de cette époque avait jugé qu'il fallait commencer par n'appliquer la détention cellulaire qu'aux individus condamnés à de courtes peines. Cette opinion moyenne a été de nouveau soutenue avec beaucoup de vivacité et de talent par un membre de votre Commission.

D'abord, a-t-il dit, est-il vrai que la société ait un aussi grand intérêt qu'on le prétend à s'occuper immédiatement de la réforme des bagnes et des maisons centrales? Le contraire est prouvé par les tableaux de la justice criminelle. Ces documents statistiques démontrent qu'on s'exagère beaucoup le nombre et l'atrocité des crimes commis par les hommes qui sortent des maisons centrales et des bagnes, et, qu'à tout prendre, ces hommes sont moins redoutables à l'ordre public que les autres libérés [1].

Alors même, d'ailleurs, que l'intérêt social serait aussi pressant qu'on se l'imagine, serait-il sage d'entreprendre immédiatement la réforme?

Une très-grande incertitude règne encore, de l'aveu de tout le monde, sur les effets physiques et moraux que doit produire l'emprisonnement cellulaire sur les criminels condamnés à de longues peines. Il est probable que ces effets seront salutaires; mais, enfin, l'expérience sur ce point est muette ou incomplète. Attendons qu'elle se soit expliquée avant de demander au trésor public les sacrifices considérables qu'exige la construction des maisons cellulaires, destinées à remplacer les bagnes et les maisons centrales. Bornons-

grand avantage à ce que les criminels condamnés aux travaux forcés fussent détenus dans l'intérieur du royaume, et renfermés dans des prisons où ils seraient appliqués à des ouvrages qui n'exigeraient aucun contact avec des ouvriers libres.

« *Signé* ROSAMEL. »

[1] C'est ainsi qu'en 1841, sur 126 assassinats, meurtres, empoisonnements imputables aux récidivistes, 55 seulement ont été commis par les hommes qui sortaient des bagnes et des maisons centrales, tandis que 71 ont eu pour auteurs des individus qui sortaient des prisons départementales.

nous à la portion de l'œuvre qu'on peut entreprendre avec certitude de succès.

A ces raisons, il a été répondu : Fût-il vrai que, comparativement aux autres libérés, les libérés des bagnes et des maisons centrales commissent moins de crimes et des crimes moins graves qu'on ne se le figure, il n'en resterait pas moins constant que tous ces hommes sortent des prisons dans un état d'immoralité profonde et *radicale*, qui en fait un objet de terreur légitime pour les populations au sein desquelles ils retournent après avoir subi leur peine. Le mal social peut être moindre qu'on ne le suppose; mais nul ne saurait nier qu'il ne soit très-grand et qu'il n'y ait nécessité pressante à y appliquer le remède.

On veut, dit-on, attendre que l'expérience de l'emprisonnement individuel à long terme soit complétement faite : c'est rejeter à un avenir indéfini la réforme des bagnes et la construction des nouvelles maisons centrales dès à présent nécessaires. Une grande prison dirigée d'après le régime de l'emprisonnement individuel existe depuis treize ans aux États-Unis; des commissaires envoyés par plusieurs des principales nations de l'Europe l'ont vue et l'ont préconisée. Si l'on ne veut pas se contenter de cet exemple, il faut donc attendre que des prisons semblables à celle de Philadelphie s'élèvent en Europe; si cela a lieu, il faut encore surseoir jusqu'à ce que les peines les plus longues aient été subies dans ces prisons, et si l'on tient à connaître exactement l'effet réformateur du régime, il conviendra de rester inactif jusqu'à ce que les récidives soient reconnues. Ce point éclairci, la question ne sera pas encore tranchée, car l'effet qu'un système d'emprisonnement peut produire sur les détenus ne peut être complétement apprécié que quand on agit sur des criminels qu'un autre système d'emprisonnement n'a pas déjà dépravés; c'est-à-dire que, pour juger en parfaite connaissance de cause un nouveau système, il est nécessaire que toute la génération de ceux qui ont été condamnés et emprisonnés sous le précédent ait disparu. Quand enfin ces diverses notions seront acquises, on pourra encore se demander si l'emprisonnement qui réussit chez un peuple ne trouve pas dans le caractère et les dispositions naturelles d'un autre des obstacles insurmontables.

La vérité est que tout changement considérable dans le régime des prisons est une opération difficile qui entraîne avec elle, quoi qu'on fasse, quelques incertitudes. C'est là un mal nécessaire, mais qui n'est pas irrémédiable ; car il n'est personne qui prétende changer tout à coup, et d'un bout à l'autre d'un grand royaume comme la France, la construction et l'appropriation de toutes les prisons qu'il renferme. Une pareille réforme ne saurait se faire que graduellement : si le changement est graduel et ne peut s'opérer qu'à l'aide d'un certain nombre d'années, l'expérience acquise dans les premières prisons construites apprendra ce qu'il faut ajouter ou retrancher dans les autres.

De quoi s'agit-il aujourd'hui ? de changer à l'instant l'état de toutes nos prisons ? Non. Il s'agit seulement d'indiquer un régime en vue duquel on devra agir désormais toutes les fois qu'on aura à modifier d'anciennes prisons ou à en bâtir de nouvelles. Or, quelles sont les prisons dont il est, en ce moment, le plus urgent de s'occuper ? Ce ne sont pas les maisons départementales ; car ces prisons peuvent contenir les six à sept mille individus qui y sont détenus. Ce qui va manquer, ce sont les prisons destinées à renfermer les condamnés aux travaux forcés, puisque la destruction des bagnes, depuis si longtemps demandée par l'opinion publique, est enfin arrêtée. Ce qui manque déjà, ce sont des maisons appropriées à l'usage des condamnés réclusionnaires et correctionnels que les maisons centrales ne peuvent plus contenir. La nécessité de bâtir des prisons à long terme est pressante. Elle contraint dès aujourd'hui l'administration et les Chambres à prendre un parti, et à adopter dès aujourd'hui un système de détention qui puisse être mis en vigueur dans les prisons nouvelles. Car, ainsi que nous l'avons déjà dit, il est impossible de bâtir des prisons, et surtout de grandes prisons, sans savoir quel régime doit y être mis en pratique. Y eût-il encore quelques doutes sur ce régime, et par conséquent sur la construction à adopter, il serait encore sage, ainsi que le disait M. le ministre de l'intérieur dans son exposé des motifs en 1840, puisqu'on est forcé d'élever des prisons nouvelles, de bâtir celles-ci eu égard au régime de l'emprisonnement individuel, plutôt que dans la prévision de la vie commune, parce que la construction qui se prête à l'emprisonnement individuel peut, jusqu'à un certain point, se prêter à la communication des détenus entre eux ; tandis que la cellule, construite en vue de la vie commune, ne saurait s'approprier à l'emprisonnement individuel.

A Philadelphie, on pourrait faire communiquer de temps en temps les détenus entre eux, ne fût-ce que dans les préaux, si cette communication devenait nécessaire. A Auburn, il serait impossible de les isoler, sans compromettre leur santé et rendre impossibles presque tous leurs travaux.

Il y a d'ailleurs ici un intérêt social du premier ordre qui nous oblige à ne point appliquer le nouveau système aux seuls individus condamnés à de courtes peines.

L'emprisonnement individuel est une chose nouvelle, qui est de nature à frapper les imaginations et à exciter d'avance de la terreur. Si ce mode d'emprisonnement n'était usité que pour les petits délits, il arriverait ceci : on semblerait appliquer le régime le plus sévère aux moins coupables, et réserver le plus doux pour les plus criminels : ce qui est aussi contraire à tous les principes de l'équité naturelle qu'aux notions du droit pénal. Un pareil système serait, de plus, fécond en dangers. On pourrait craindre qu'il ne fût considéré comme une excitation donnée par la loi elle-même à la perpétration des grands délits ou des crimes.

Nous en avons l'exemple sous les yeux : depuis quatre ans, le régime de nos maisons centrales a été rendu beaucoup plus sévère, tandis que celui de nos bagnes est resté le même. Il en résulte qu'un certain nombre d'individus, détenus dans les maisons centrales, ont commis de nouveaux délits, dans le but unique de se faire condamner aux travaux forcés [1]. Tout se tient en effet dans le régime des prisons. Se borner à rendre plus dure la maison départementale, c'est pousser aux délits qui conduisent aux maisons centrales. Rendre plus austère le régime des maisons centrales, c'est engager à commettre les crimes qui mènent au bagne. La raison et l'intérêt public indiquent que, quand on aggrave un mode d'emprisonnement, il faut que l'aggravation se fasse sentir à la fois sur tous les degrés de l'échelle pénale.

La majorité de votre Commission a pensé que le nouveau système

---

[1] Voici ce qu'on lit dans une circulaire adressée par M. le ministre de l'intérieur aux préfets, le 8 juin 1842 :

« Vous pouvez savoir que des condamnés ont commis de nouveaux crimes dans les maisons centrales, uniquement pour se soustraire à leur régime et aller au bagne. Dans ce cas.... (Suit l'instruction sur ce qu'il y a à faire dans ce cas.) »

d'emprisonnement devait être appliqué aux maisons centrales et aux maisons des travaux forcés, aussi bien qu'aux prisons départementales.

Mais la question s'est élevée de savoir s'il convenait de l'appliquer indistinctement, et de la même manière à *tous* les détenus.

L'article 23 du projet de loi porte que le *travail est obligatoire pour tous les condamnés, à moins qu'ils n'en aient été dispensés par l'arrêt de condamnation.*

Cet article est-il applicable aux individus condamnés à la détention?

La Chambre n'ignore pas qu'il existe dans le code pénal une peine spécialement destinée à réprimer la plupart des crimes contre la sûreté de l'État, c'est la *détention*. Dans l'emprisonnement connu sous le nom de détention, tel que le définit l'article 20 du code pénal, les détenus ne sont pas contraints au travail. Le projet de loi doit-il laisser subsister cet état de choses?

Plusieurs membres ont pensé que les règles indiquées par l'article 23 du projet s'étendaient et devaient s'étendre aux condamnés à la détention comme à tous les autres ; qu'il était contraire à la raison et à l'intérêt social que la loi eût l'air de faire une classification à part des condamnés pour crimes contre la sûreté de l'État, et qu'elle exceptât du travail ceux qui en faisaient partie, tandis qu'elle y assujettirait tous les autres ; qu'en donnant au juge le droit de soustraire à l'obligation du travail, suivant les circonstances et exceptionnellement, ceux des condamnés pour lesquels il était naturel de faire une pareille exception, la loi avait suffisamment pourvu à toutes ces éventualités.

La majorité de votre Commission a été d'un avis contraire.

Suivant un membre, il fallait s'applaudir de ce que la loi du 18 avril 1832, devenue en cette partie l'art. 20 du code pénal, avait soustrait au travail manuel la plupart des auteurs des crimes contre la sûreté de l'État. Elle n'avait fait ainsi que suivre l'exemple du plus grand nombre des législations pénales, qui, d'ordinaire, réservent à ces grands crimes des peines particulières et évitent avec soin de leur infliger un châtiment dégradant. Considérez les peines que les différents peuples ont destinées à réprimer les crimes contre la sûreté de l'État, et vous verrez que ces peines ont souvent été plus dures, quelquefois plus douces, mais presque toujours autres que celles appliquées aux auteurs des crimes ordinaires.

Les autres membres ont été mus principalement par cette considération que le caractère essentiel de la peine de la détention, telle qu'elle apparaît dans le Code, est l'emprisonnement *sans travail obligatoire;* qu'introduire le travail forcé dans la détention, c'était en quelque sorte faire disparaître cette peine qui, cependant, est souvent prononcée dans le Code; que tout changement profond dans le code pénal était un danger qu'il ne fallait courir que quand il était nécessaire de le faire. Que c'était une chose très-grave que de modifier un grand nombre d'articles de ce code par occasion, et à propos de la loi des prisons.

M. le ministre de l'intérieur, entendu dans le sein de la Commission, a paru adhérer à cet avis.

En conséquence, nous avons l'honneur de vous proposer d'ajouter à l'article 23 du projet, après ces mots : « Le travail est obligatoire pour tous les condamnés, à moins qu'ils n'en aient été dispensés par l'arrêt, » ceux-ci : « Ou qu'ils n'aient été condamnés en vertu de l'article 20 du code pénal. »

Elle vous propose également de retrancher, ainsi que l'avait fait la Commission de 1840, de l'art. 38 du projet, ces mots : « Sont abrogés les paragraphes 1 et 2 de l'article 20 du code. »

Un membre a été plus loin. Il a soulevé la question de savoir si la dispense du travail obligatoire que le code pénal accorde dans la plupart des cas aux auteurs des crimes contre la sûreté de l'État, ne devait pas être étendue jusqu'aux auteurs des délits politiques? Si on soustrait les grands criminels au travail forcé, disait-il, pourquoi y astreindre les moindres?

Si, en général, le principe du code pénal est de ne point contraindre au travail les auteurs des crimes contre la sûreté de l'État, pourquoi punir de cette manière les auteurs des délits qui ont le même caractère?

On a répondu qu'il était impossible de tirer du code pénal une conclusion aussi rigoureuse ; que le code pénal n'avait point, comme on le prétendait, classé d'une manière absolue dans un rang spécial, par la nature de la peine, les auteurs des crimes contre la sûreté de l'État; qu'en effet, il y avait quelques crimes qui, malgré qu'ils eussent plutôt le caractère de crime ordinaire que de crime politique, étaient cependant punis de la même manière que les crimes contre la sûreté de l'État; qu'il arrivait quelquefois que des crimes contre la sûreté de l'État étaient punis comme des crimes ordinaires ; qu'ainsi l'enchaînement logique qu'on voulait former n'existait pas ; que le même motif qui venait de porter la majorité à ne point modifier l'article 20 du code pénal, devait à plus forte raison l'arrêter ici ; que c'était toujours une innovation très-considérable et très-dangereuse que de créer une classe particulière de condamnés, et d'établir pour eux une peine spéciale ; que, d'ailleurs, les limites de cette classe seraient toujours fort incertaines et par conséquent très-difficiles à poser dans la loi ; qu'enfin le projet du gouvernement, en permettant aux tribunaux de dispenser du travail qui, auparavant, était toujours obligatoire, apportait déjà un adoucissement notable à la législation actuelle, adoucissement qui devait suffire à tous les besoins.

La majorité de votre Commission a partagé cet avis, et elle a décidé à huit contre un qu'on ne modifierait pas le code pénal dans le sens qui avait été proposé.

Plusieurs membres ont enfin ouvert l'avis que la loi dispensât du travail les auteurs d'écrits punis par les lois relatives à la presse.

Il s'agit ici, disaient-ils, d'un délit d'une espèce absolument particulière. Sa nature est tellement intellectuelle que, par lui-même, il indique que ceux qui l'ont commis ont des mœurs et des habitudes intellectuelles. Convient-il de soumettre ces condamnés aux travaux manuels et grossiers des maisons centrales? L'opinion publique, l'usage même de l'administration disent le contraire. Pourquoi donc ne pas introduire dans la loi une exception qui est déjà dans les mœurs? Pourquoi exposer le juge à faillir quand on peut lui tracer une règle? La maxime tutélaire du droit criminel, c'est que le législateur ne doit abandonner à l'appréciation des tribunaux que ce qu'il lui est impossible de décider lui-même. Ici la règle est facile à indiquer et à suivre, car les auteurs d'écrits punis par les lois de la presse forment naturellement une catégorie à part dont les limites sont toujours reconnaissables.

On répliquait : qu'il y avait, au contraire, des différences très-grandes à établir parmi les individus condamnés en vertu des lois de la presse ; que dans le nombre, figuraient notamment les auteurs de ces livres anti-sociaux qui attaquent la morale publique et les mœurs, classe particulièrement et justement flétrie par l'opinion ;

qu'il y avait sans doute beaucoup d'écrivains qu'il était convenab e de ne point astreindre au travail ; mais qu'en laissant l'appréciation de ce fait au juge, on avait suffisamment répondu à ce besoin ; qu'il y aurait un très-grand inconvénient à faire plus ; qu'indiquer qu'il y avait une espèce de délit qui, par lui-même et indépendamment des circonstances, méritait à ses auteurs des égards particuliers, était dangereux ; que c'était accorder d'avance une sorte de privi-lége légal que ne reconnaissait pas le code et que la raison ne saurait admettre ; qu'enfin, c'était porter une atteinte profonde à nos lois pénales.

La Commission, messieurs, après avoir paru quelque temps partagée, a fini par décider, à la majorité de cinq contre quatre, qu'il ne serait apporté aucune modification à la législation existante en matière de délits de la presse.

La Commission, après avoir examiné quel serait le nouveau sys-tème d'emprisonnement, dans quelles maisons il convenait de l'in-troduire, et à quels détenus on l'appliquerait, s'est demandé s'il ne devait pas réagir sur la durée des peines.

Plusieurs membres ont vivement contesté qu'il dût en être ainsi. Suivant eux, il y avait beaucoup d'exagération dans l'idée qu'on se faisait des rigueurs du régime cellulaire. En tous cas, les effets que ce régime devait produire étaient encore trop peu connus pour qu'il fût convenable, en diminuant la durée des peines, de porter une atteinte indirecte au code pénal. La majorité de la Commission n'a pas été de cet avis.

Elle a pensé que le mode d'emprisonnement et la durée de l'emprisonnement sont deux idées corrélatives qu'on ne saurait séparer. Il est évident que, pour atteindre le même résultat, un emprisonnement dont le régime est doux doit être plus long, et un emprisonnement dont le régime est dur, plus court. Modifier le régime sans toucher à la durée, c'est vouloir que la loi pénale soit cruelle ou impuissante.

Cette vérité générale paraîtra surtout applicable dans le cas pré-sent, si l'on examine l'état actuel de notre législation, et si l'on songe à la nature particulière du nouveau régime d'emprisonnement qu'il s'agit d'admettre.

Il est hors de doute que les rédacteurs du code pénal n'ont jamais prévu que chaque condamné dût être placé dans l'isolement

continu. L'emprisonnement individuel, comme caractère généra,
de la peine, n'était usité nulle part en 1810.

Non-seulement les rédacteurs du code pénal n'ont pas songé à
faire subir au criminel la peine de l'emprisonnement individuel,
mais on peut dire qu'ils ont eu formellement l'intention contraire.

Il existait, en effet, dans le code pénal de 1791, une peine plus
dure que celle dont il s'agit en ce moment, mais dont l'isolement
formait également la base. C'était la *gêne*[1]. Le code pénal l'a fait
disparaître.

L'article 614 du code d'instruction criminelle, antérieur au
code pénal, porte que si le prisonnier use de menaces, d'injures ou
de violences, il pourra être resserré plus étroitement et *enfermé
seul*.

Si l'emprisonnement individuel est entré dans l'esprit des rédacteurs du code, il a été considéré par eux comme le fait exceptionnel, sans qu'ils imaginassent qu'il dût jamais dégénérer en
règle générale.

Le changement qui consiste à introduire dans nos prisons l'isolement des détenus les uns par rapport aux autres, n'est donc pas,
il faut le reconnaître, une modification de détail, une de ces variations de régime que l'administration a le droit de faire subir
aux condamnés, quand le pouvoir judiciaire les lui livre. Le changement dont il s'agit ici altère profondément la nature et le caractère de la peine d'emprisonnement ; il lui donne une face nouvelle ;
non-seulement la peine est nouvelle, mais elle est, quoi qu'on en
dise, beaucoup plus sévère que celle qu'elle remplace. Le sentiment public indique qu'il en est ainsi, l'expérience et l'observation
des hommes spéciaux le prouvent, le sens pratique des gouvernements n'a pas tardé à le découvrir.

Si la peine nouvelle est plus sévère que celle qui l'a précédée, le
projet de loi a raison de vouloir que sa durée soit plus courte.

Mais ici se présente une question, on doit l'avouer, très-difficile
à résoudre.

[1] Tout condamné à la peine de la gêne, portait l'art. 14 du titre premier
du Code pénal, sera renfermé seul, dans un lieu éclairé, sans fers ni liens;
il ne pourra avoir, pendant la durée de la peine, aucune communication
avec les autres condamnés ou avec les personnes du dehors.

On voit que cet article ne parlait point du travail, et n'admettait aucune
communication au dehors.

Un temps fort long doit nécessairement s'écouler entre l'adoption du système cellulaire et son application dans toutes les prisons du royaume : que fera-t-on pendant cette époque transitoire? Comment changer, dès à présent, la loi pénale, puisque les anciennes prisons, en vue desquelles cette loi a été faite, existent encore? Si on ne change pas la loi pénale, comment arriver à diminuer la durée des peines subies dans les prisons nouvelles?

Plusieurs membres ont pensé que le seul moyen de sortir de la difficulté qu'on vient de signaler, était de s'en rapporter entièrement au zèle et à l'intelligence du pouvoir exécutif. Jusqu'à ce que toutes nos prisons fussent réformées, et tant que la loi pénale actuelle resterait en vigueur, l'administration devait veiller à ce que son application dans les nouvelles prisons ne donnât pas lieu à des rigueurs excessives ni à des inégalités choquantes. Elle y parviendrait aisément, soit en adoucissant temporairement le régime de ces prisons, soit en transportant au besoin les détenus, après un certain temps, dans d'autres établissements, soit enfin en abrégeant elle-même leur détention à l'aide du droit de grâce.

La majorité de la Commission a été d'un avis opposé.

Il lui a paru contraire à l'idée d'une justice régulière qu'on abandonnât à l'administration d'une manière générale et pour un temps considérable, le soin de régler les conséquences pénales des arrêts du tribunal ; de telle façon qu'il fût établi que, suivant son bon plaisir, la peine subie pour le même crime pût être longue ou courte, douce ou dure. Rien n'eût été plus propre, suivant elle, à jeter du trouble dans la conscience publique : le droit de grâce ne saurait, d'ailleurs, dans une société bien réglée, être employé comme moyen habituel d'administrer les prisons.

La Commission de 1840 avait déjà repoussé à l'unanimité ce système, contre lequel, du reste, l'administration elle-même s'est prononcée.

Mais si on écarte en cette matière l'arbitraire, comment arriver à faire prononcer la loi?

La Commission de 1840 avait cru pouvoir immédiatement procéder à une réforme du code, et elle avait ensuite restreint l'application de cette nouvelle loi pénale aux portions du territoire où les prisons cellulaires seraient d'abord établies.

Ce moyen a paru au gouvernement présenter des difficultés

d'exécution très-graves, et il y a substitué celui qu'indique le projet de loi : moyen qui, du reste, avait déjà été proposé et presque adopté dans le sein de la Commission de 1840.

On se bornerait à déclarer que toutes les fois qu'un condamné serait renfermé dans une des nouvelles prisons cellulaires, la peine subie de cette manière serait nécessairement plus courte d'un cinquième que celle qui aurait été subie dans les prisons ordinaires. On conserverait ainsi à l'administration la liberté d'action qu'il peut paraître utile de lui reconnaître à l'époque transitoire, et l'on donnerait aux condamnés les garanties qu'il est nécessaire en tous temps de leur laisser.

C'est à ce système que la majorité de la Commission s'est arrêtée. Toutefois, cette résolution n'a pas été prise sans un vif débat.

Les honorables membres qui pensaient qu'il fallait s'en rapporter entièrement aux lumières et au zèle de l'administration pour faciliter la transition du régime actuel au-nouveau régime, ces honorables membres ont représenté que la loi avait ici la prétention de faire ce qu'en réalité elle ne faisait pas : elle voulait poser une règle, et elle livrait tout au hasard.

Chaque article d'une loi pénale a besoin d'être examiné à part avant d'être révisé. La raison qui doit porter à diminuer la durée de telle peine, peut ne pas porter à diminuer la durée de telle autre. Ce qui peut se faire sans danger pour un long emprisonnement, pourrait rendre entièrement inefficace et presque dérisoire un emprisonnement court. Cependant la règle posée par le projet de loi est générale et absolue ; elle frappe en aveugle et du même coup tous les articles du code pénal.

Le but de la loi est d'établir une sorte d'égalité entre les peines subies dans les deux systèmes, afin que l'administration puisse, sans injustice et sans arbitraire, soummettre les détenus soit à l'un, soit à l'autre. Mais qui peut dire, dès à présent, que l'un des deux systèmes est, à tout prendre, plus dur que l'autre ? Et, en tous cas, qui peut affirmer que l'aggravation de peine qui résulte de l'application du plus sévère doit être représentée par le cinquième de la durée ? L'expérience seule peut donner des certitudes sur ce point, et le projet ne veut pas l'attendre.

Enfin, il n'y a pas seulement dans le code des peines temporaires ; on y rencontre aussi des peines perpétuelles. Comment, en vue du régime d'emprisonnement, diminuer d'un cinquième la durée d'une peine perpétuelle? Les condamnés à perpétuité, que l'administration renfermera dans les maisons cellulaires, seront donc traités autrement et plus durement que ceux qui resteraient dans les prisons actuelles? Ici, il faut bien le reconnaître, la loi est impuissante, il n'y a plus de remède que dans l'intelligence et le zèle de l'administration.

Ces raisons n'ont pas convaincu la majorité de votre Commission.

Elle a pensé que, parce qu'il était impossible de faire disparaître entièrement un mal, ce n'était pas une raison pour renoncer au moyen qui s'offrait de le réduire.

Si le danger de l'inégalité des peines est grand quand il s'agit d'une classe de condamnés, on doit avouer qu'il est bien plus grand encore, quand on opère sur l'ensemble de ces mêmes condamnés. Si l'arbitraire renfermé dans de certaines limites fait peur, il semble qu'on le doive redouter bien plus encore quand il n'a pas de limites.

Sans doute, il y a certaines peines d'emprisonnement dont il pourrait être dangereux de diminuer du cinquième la durée. Mais en fait, où est le péril, puisque le gouvernement conserve le pouvoir de ne renfermer dans les maisons cellulaires que ceux qu'il désigne?

Sans doute, il n'est pas pratiquement démontré, et il ne pourra jamais l'être, que quatre ans d'une prison cellulaire équivalent précisément à cinq ans des prisons actuelles. Mais parce qu'on ne peut atteindre cet équilibre rigoureux, s'ensuit-il qu'il faut renoncer à s'en approcher? Parce qu'on n'est pas sûr de diminuer la peine dans la proportion exacte, faut-il courir la chance qu'elle ne soit point du tout diminuée?

Quand on raisonne sur cette matière, il ne faut, d'ailleurs, jamais perdre de vue cette vérité, qu'ici il y a un mal auquel on ne saurait entièrement se soustraire.

Entre le moment où un nouveau système d'emprisonnement commence à être mis en vigueur dans un grand pays comme le nôtre, et celui où on peut l'appliquer d'une manière universelle à tout le monde à la fois, il se passe toujours un certain temps durant lequel, quoi qu'on fasse, on verra apparaître quelques inégalités dans les peines, et une part quelconque d'arbitraire dans la

manière dont les peines sont subies. Le devoir du législateur est
de rendre ces inégalités aussi rares et cette portion d'arbitraire
aussi petite que possible. Mais se flatter qu'on réussisse complète-
ment à les faire disparaître, c'est se croire plus fort que la nécessité même des choses.

En définitive, que veut-on? changer un système d'emprisonnement qu'on juge dangereux à la société. Pour être efficace, il faut
que le changement soit considérable; si le changement est considérable, il constituera une peine différente de celle qui l'a précédée; si les peines sont différentes, il arrivera toujours que, pendant l'époque transitoire durant laquelle elles seront concurremment
appliquées, un certain nombre de détenus sera traité d'une autre
manière que le reste. Si vous ne voulez pas subir cet inconvénient
inévitable, et supporter ces embarras passagers, laissez les prisons
dans l'état où elles se trouvent. C'est le seul moyen qui reste pour
échapper à une difficulté de cette espèce.

Une dernière et importante question relative au nouveau régime
d'emprisonnement a partagé la Commission.

Le projet de loi porte que, quelle que soit la durée de la peine
prononcée, on ne pourra subir plus de douze années consécutives
dans la cellule; après ces douze ans, le condamné sera employé à
un travail commun en silence.

Cette disposition, que le projet de loi a empruntée au projet de
la Commission de 1840, a été l'objet de plusieurs critiques très-
vives dans les bureaux de la Chambre. Il a été aussi fort attaqué
dans le sein de la Commission; on a dit :

Quel est le principal but que se propose la loi? Séparer les criminels les uns des autres; empêcher qu'ils ne se corrompent mutuellement, et qu'ils ne forment en prison de nouveaux complots.
Or, qu'arrive-t-il ici? Après avoir poursuivi ce but pendant douze
ans, on y renonce. On défait le bien si laborieusement produit. On
rend le criminel à la société corruptrice de ses pareils, afin qu'après
avoir repris les habitudes et les idées du vice, il les transporte de
nouveau au dehors. On agit ainsi, non point à l'égard des coupables ordinaires, mais à l'égard des criminels les plus dangereux,
ceux qui sont condamnés aux plus longues peines.

Le gouvernement, en proposant une pareille infraction à sa
propre règle, a été évidemment violenté par l'idée qu'il se faisait

de la rigueur du nouveau système. Il a craint qu'on ne pût, sans inhumanité, y soumettre indéfiniment les condamnés; mais, suivant l'opinion des honorables membres, cette idée que le gouvernement se forme de l'emprisonnement cellulaire est fort exagérée.

On l'a dit, l'emprisonnement cellulaire n'est pas la solitude : c'est l'obligation, on pourrait plutôt dire le privilége, de vivre à part d'une société de criminels. Cet emprisonnement n'est accompagné d'aucune souffrance physique; il est distrait plutôt qu'aggravé par le travail. Il n'y a pas de détenus qui ne le préfèrent au système actuel, pour peu qu'il leur reste quelque trace d'honnêteté dans l'âme.

La majorité a répondu :

Cette appréciation du régime cellulaire est de nature à surprendre, car elle est nouvelle. Parmi les auteurs qui ont traité la matière, les uns ont repoussé le système cellulaire comme trop sévère ; les autres ont pensé que, malgré sa sévérité, on pouvait sans inhumanité l'appliquer; mais nul n'a mis en doute ses rigueurs. On peut en dire autant des hommes qui s'occupent pratiquement des prisons, et surtout de ceux qui ont eu l'occasion de visiter des pénitenciers cellulaires d'adultes. Il serait bien difficile, sinon impossible, d'en citer un seul qui n'ait exprimé cette opinion, que si l'emprisonnement individuel peut paraître, dans quelques cas très-rares, un adoucissement à certains condamnés, il est pour la presque totalité d'entre eux une peine beaucoup plus forte que l'emprisonnement ordinaire. Tous ont remarqué quelle impression salutaire, mais en même temps douloureuse, ce système laissait dans l'âme des hommes qui y étaient soumis; quelle agitation profonde, et parfois quel trouble il jetait dans leur imagination! Voilà ce que la théorie et la pratique avaient jusqu'ici appris.

Non-seulement la peine est sévère, mais sa sévérité s'accroît beaucoup plus par sa durée que cela ne se voit dans l'emprisonnement ordinaire.

Quand un homme a passé plusieurs années de sa vie en prison, les relations qu'il peut entretenir avec ceux de ses parents et de ses amis qui sont restés libres deviennent plus rares et finissent souvent par cesser entièrement. La société du dehors est un monde qu'il ne connaît plus et où il se figure aisément qu'on ne songe plus à lui. Ce changement se fait sentir dans toutes les prisons, quel qu'en soit le régime. Mais on le supporte sans peine dans es prisons où règne la vie commune, parce que là le détenu remplace les liens qui se brisent hors de la prison, par des liens qu'il forme en dedans parmi ses compagnons de captivité. Cette aggravation qu'amène la durée de l'emprisonnement est au contraire sentie de la manière la plus vive dans l'emprisonnement individuel. Un homme qui a passé dix ou douze années détenu de cette manière, se croit de plus en plus abandonné de ses semblables, réduit à lui-même et mis à part du reste de l'espèce humaine. C'est ce qui a fait penser au gouvernement de la Pensylvanie qu'au delà d'un certain nombre d'années, ce mode d'emprisonnement devenait si sévère, qu'il plaçait l'esprit humain dans une situation si exceptionnelle et si violente, qu'il valait mieux condamner le criminel à mort que de l'y soumettre. Dans le nouveau code de cet État, la peine immédiatement supérieure à douze années d'emprisonnement est le gibet.

Nous avons lieu de croire que, frappé des mêmes considérations, le gouvernement prussien, sans abolir les peines perpétuelles, ainsi que l'a fait la Pensylvanie, a cru devoir cependant poser des limites assez étroites à la durée de l'emprisonnement cellulaire. Le gouvernement français peut-il, en cette matière, se montrer plus hardi que les Américains, plus sévère que l'administration prussienne? La majorité de la Commission l'approuve de ne pas l'avoir voulu.

Les inconvénients qu'on signale sont d'ailleurs beaucoup moins grands en fait qu'ils ne paraissent.

Il y a péril pour la société, dit-on, à remettre dans la vie commune des criminels qu'on a isolés pendant douze ans.

D'abord, le raisonnement ne s'applique point aux condamnés à perpétuité. Ceux-là ne doivent jamais revenir dans le monde; et, au point de vue social, ce qui leur arrive en prison importe peu.

Reste les condamnés à temps, qui, après avoir passé plus de douze ans en cellule, devront être replacés durant un certain temps dans la vie commune avant d'être mis en liberté.

Il y en a 1,350 environ dans ce cas; et, sur ces 1,350, on en libère au plus, chaque année, 60. Encore la Commission a-t-elle des raisons de croire qu'il en rentrerait annuellement dans la société un bien moindre nombre, sans le fréquent exercice du droit de grâce.

Voilà l'étendue réelle du mal.

On ne saurait admettre, d'ailleurs, que l'emprisonnement individuel soit inefficace, parce qu'il n'a pas duré jusqu'à la fin de la
peine. Croit-on qu'un homme, séparé du monde pendant douze ans,
dont l'âme a été durant ce temps soumise à ce travail intérieur et
puissant qui se fait dans la solitude, apporte dans la vie commune
le même esprit qu'il y aurait apporté douze ans plus tôt ? Il est bien
improbable que, parmi le très-petit nombre de criminels avec lesquels il va se retrouver en contact, il rencontre quelques-uns de
ses anciens amis de débauche ou de crime. Il est plus improbable
encore qu'à sa sortie de la prison il se retrouve jamais avec quelques-uns de ceux qu'il y a vus. Le nombre des détenus qui, après
avoir passé douze ans dans la solitude, seront réunis par un travail
commun, ce nombre sera dans chaque prison très-petit, et il est
difficile à croire que plusieurs d'entre eux soient jamais mis en
liberté en même temps.

Les dangers qu'on redoute sont donc bien plus imaginaires que
réels ; cependant ils existent dans une certaine mesure. Il serait
plus conforme à la logique de ne mêler dans aucun cas les deux
systèmes. Mais la Commission a pensé avec le gouvernement, qu'a-
près tout il valait encore mieux manquer à la logique que de s'exposer à manquer à l'humanité.

Le meilleur moyen d'éviter les embarras qui naissent de l'application du régime cellulaire aux individus condamnés à des peines
perpétuelles ou à des peines temporaires de longue durée, ne serait-il pas de combiner le système pénitentiaire et le système de la
déportation? Un membre a ouvert cet avis. Après avoir tenu, pendant douze ans, le criminel dans sa cellule, a-t-il dit, on le rendrait à la vie commune, mais on le transporterait hors du territoire
continental de la France. Le système de la déportation appliqué
d'une manière générale a donné lieu à des reproches très-graves
et très-mérités. L'expérience a fait voir que ce système n'est pas
assez répressif et qu'il est excessivement onéreux. Mais quand la
déportation est précédée d'un long et sévère emprisonnement, et
qu'elle ne s'applique qu'à un très-petit nombre de grands criminels, presque tous les inconvénients qu'on lui trouve disparaissent
ou deviennent peu sensibles, et elle conserve son principal avantage
qui est de délivrer radicalement le pays d'un dangereux élément

de désordre, et de placer le condamné dans une situation nouvelle qui lui permette de mettre à profit la leçon que l'emprisonnement lui a donnée.

La Commission, messieurs, n'a pas cru devoir discuter cette opinion, non qu'elle ne la crût très-digne d'attention, mais elle a jugé qu'en se livrant à un pareil travail, elle sortirait du cercle naturel de ses pouvoirs. Le système de la déportation, lors même qu'on ne l'applique que par exception et à un petit nombre de condamnés, constitue encore une innovation trop considérable pour qu'on puisse le discuter accidentellement et l'admettre sans un long et spécial examen. Ce système ne peut manquer, en effet, de réagir sur l'économie du code pénal ; il soulève des questions de haute administration et de politique proprement dite. La Chambre n'est saisie de rien de semblable. La Commission n'a été chargée que d'examiner un projet relatif aux prisons, et c'est à l'étude de cette seule matière qu'elle doit borner son travail.

Ayant ainsi réglé tout ce qui concernait les prisons ordinaires, la Commission a dû s'occuper des maisons spéciales destinées aux jeunes délinquants. Le projet du gouvernement indique d'une manière générale que des maisons spéciales seront affectées aux enfants condamnés en vertu des articles 67 et 69 du code pénal, et aux enfants détenus, soit en vertu de l'article 66 du même code, soit par voie de correction paternelle.

La Commission a admis à l'unanimité le même principe. Une maison de jeunes détenus doit être soumise à un régime tout différent et conduite par d'autres principes qu'une prison d'adultes. Il faut dans l'homme qui la dirige des qualités particulières. Il est donc à désirer non-seulement qu'il y ait des quartiers séparés pour les jeunes détenus, mais encore des maisons spéciales. Cependant, la Commission approuve le gouvernement de n'avoir pas voulu faire de cette dernière prescription une règle absolue.

On comprend, en effet, que le nombre des enfants détenus, en vertu des différents articles dont on vient de parler, n'excédant pas en ce moment deux mille pour toute la France, le nombre des maisons qui leur sont destinées, doit être fort petit, et que ces maisons devront être fort éloignées les unes des autres.

Or, le jeune délinquant peut être condamné à une peine dont la durée soit courte. Dans ce cas, ce serait faire une dépense inu-

tile que de l'envoyer à la maison centrale. Parmi les jeunes détenus, il y a des enfants qui ont été arrêtés sur la demande de leur
père; à chaque instant, la volonté du père peut faire cesser la détention. Il est évident que les enfants appartenant à cette catégorie
ne sauraient être renfermés que sous les yeux de leur famille. La
même considération peut s'appliquer aux jeunes condamnés dont
les parents sont honnêtes. Dans ce cas, malheureusement assez
rare, il y aurait de l'inconvénient à envoyer au loin ces jeunes
délinquants.

L'article 21 du projet de loi relatif aux jeunes détenus a fait
naître une discussion assez longue dans le sein de la Commission.

Aujourd'hui, l'administration ne peut mettre un jeune condamné
en apprentissage, ou le réintégrer dans la prison, qu'avec le concours de l'autorité judiciaire.

L'article 21 l'affranchit de cette obligation; est-ce à raison ou à
tort?

Plusieurs membres de la Commission pensaient qu'à l'autorité
judiciaire seule devait, dans ce cas, comme dans tous les autres,
appartenir le droit de veiller à ce que les peines portées à un arrêt
fussent subies. Ils ajoutaient que, pour juger s'il convenait de
mettre un jeune condamné dans la demi-liberté de l'apprentissage,
il était nécessaire de savoir non-seulement quelle était sa conduite
en prison, mais encore quels faits avaient amené sa condamnation,
ce que le dossier judiciaire pouvait seul apprendre.

Les autres membres, tout en reconnaissant qu'en général il fallait
laisser à l'autorité judiciaire le droit de veiller à ce que les peines
prononcées par les arrêts fussent subies, faisaient remarquer qu'il
s'agissait ici d'un cas tout spécial. Le jeune détenu était moins un
condamné aux yeux de la loi, qu'un enfant pauvre que l'État se
chargeait de ramener au bien. L'emprisonnement était ici une
affaire d'éducation plus que de punition et d'exemple. Tout le
monde était d'accord de l'utilité réformatrice de la mise en apprentissage. N'était-il pas juste de remettre le droit d'y procéder au fonctionnaire qui seul était en état de savoir dans quelles dispositions
se trouvait le jeune délinquant, quelle occasion se rencontrait de le
ramener à l'honnêteté par la liberté jointe au travail, quelles personnes consentiraient à le recevoir en apprentissage, etc., etc.?
Toutes ces circonstances étaient ignorées des magistrats.

Il pouvait sans doute arriver que les faits antérieurs à la condamnation fussent de nature à retarder ou à hâter la mise en apprentissage ; mais ces faits n'étaient point complétement inconnus de l'autorité administrative. D'ailleurs, il était possible de tout concilier en établissant que l'élargissement provisoire ne pourrait être accordé par l'administration qu'après avoir consulté l'autorité judiciaire. C'est à ce système que la Commission s'est arrêtée. Elle vous propose de déclarer que la mise en apprentissage et la réintégration auront lieu en vertu des ordres de l'administration, et sur l'avis de l'autorité judiciaire.

Le système de mise en apprentissage des détenus, pour être fécond, a besoin d'être mis en action par les sociétés de patronage.

Ces sociétés ont déjà produit de grands biens et promettent d'en produire de plus grands encore. La Commission pense que toutes les mesures que l'administration pourrait prendre dans le but de favoriser le développement de sociétés semblables seront d'un secours efficace à la réforme des criminels, et serviront puissamment à la diminution des crimes.

Quant au régime à suivre dans les maisons spéciales créées par l'article 18, le projet du gouvernement n'en dit rien, et la Commission a cru devoir imiter ce silence. Voici quelles ont été ses raisons.

Les jeunes détenus qui sont renfermés dans les prisons forment une classe à part très-différente de toutes les autres.

Les uns, et c'est le plus petit nombre, sont condamnés pour des crimes et des délits que leur âge rend excusables aux yeux de la raison aussi bien qu'aux yeux de la loi. Le but de l'emprisonnement auquel on les condamne, est bien moins de les punir que de les corriger, et de changer, pendant qu'il en est temps encore, les instincts d'un mauvais naturel ou les penchants qu'une mauvaise éducation a fait naître.

Les autres, et c'est le plus grand nombre, ont été déclarés non coupables par les tribunaux qui, n'osant pas les rendre à leur famille, les ont confiés, pendant un certain nombre d'années, aux soins de l'administration.

Le but principal de l'emprisonnement, pour ces deux catégories, est donc de réformer. C'est, ainsi qu'on l'a dit plus haut, une affaire d'éducation plutôt que de vindicte publique; c'est une mesure de précaution plutôt qu'une peine; et il faut considérer ici le gouvernement moins comme un gardien que comme un tuteur.

Comme il ne s'agit pas, à proprement parler, d'une peine, le législateur n'est point étroitement obligé d'en fixer lui-même les détails d'exécution, et d'en rendre l'application générale et uniforme. Cela n'est pas nécessaire, et pourrait aller contre le but qu'il est sage de se proposer principalement ici, la réforme.

Les moyens de préparer un enfant à la vie civile, et d'en faire un citoyen laborieux et honnête, varient suivant les individus, suivant les lieux, les professions, les âges. Il peut être bon, dans certains cas, d'isoler les jeunes détenus pendant un temps plus ou moins long les uns des autres, ainsi que cela se pratique à la Roquette, avec un succès que les amis mêmes du système de l'emprisonnement individuel n'espéraient pas. Dans d'autres, il peut être utile de les réunir, et de les occuper des travaux industriels qui sont en usage dans les lieux qu'ils doivent habiter. Un autre système consiste à les employer aux travaux de l'agriculture. Il en est un dernier enfin suivant lequel on réunirait dans un même établissement un atelier industriel et les travaux d'une ferme. Presque tous ces systèmes ont été heureusement appliqués, soit en France, soit en Amérique, soit en Angleterre et en Allemagne. Tous peuvent concourir à l'œuvre de la moralisation des jeunes détenus; et il est sage de laisser à l'administration le droit de faire entre eux un choix, ou de les employer simultanément.

Dans tout ce qui précède, la Commission a indiqué quels devaient être la nature et le régime des maisons consacrées aux différentes espèces de détenus; la tâche qui lui reste à remplir est d'examiner à quelle autorité il convient de confier la direction de ces maisons, et de quelle manière on doit pourvoir aux dépenses de premier établissement et d'entretien qu'elles entraînent.

Le projet du gouvernement centralise au ministère de l'intérieur l'administration des prisons; la Commission a été d'avis qu'il en devait être ainsi.

Le régime de la prison fait partie, comme il a été dit précédemment, de la peine même de l'emprisonnement. Or, la morale publique et l'intérêt général exigent que des châtiments égaux soient appliqués à des délits semblables, et cette uniformité de la répression ne peut être obtenue qu'en confiant la direction de toutes les prisons à la puissance centrale.

Il ne s'agit pas d'ailleurs d'appliquer un système d'emprisonnement déjà établi, mais de mettre en pratique un nouveau système, entreprise vaste et compliquée qui ne saurait être confiée qu'à un seul pouvoir.

La Commission a donc admis la centralisation administrative que le projet du gouvernement propose. Mais en même temps elle a voulu que le rapporteur fît remarquer à la Chambre que cette disposition n'a nullement pour objet de changer ou de diminuer, quant aux prisons, les attributions judiciaires telles qu'elles sont réglées. Il est donc bien entendu que l'autorité judiciaire conserve, comme par le passé, tous les droits qui lui permettent de veiller à ce que les décisions de la justice reçoivent leur plein et entier effet, et à ce que les condamnés ne restent en prison ni moins ni plus que ne le porte l'arrêt. M. le ministre de l'intérieur s'est, du reste, empressé de reconnaître devant la Commission que l'intention du gouvernement avait toujours été qu'il en fût ainsi.

L'ordonnance du 9 avril 1819, modifiée en 1822, a créé des commissions de surveillance auprès des prisons départementales. Les membres en sont pris dans la localité; mais tous, à une seule exception près, sont choisis par l'administration. Ces commissions, qui ne peuvent jamais administrer, sont chargées de surveiller tout ce qui a rapport à la salubrité, à l'instruction religieuse et à la réforme morale.

Votre Commission a été unanime pour reconnaître l'utilité de cette institution. Elle a jugé qu'il était nécessaire de l'étendre, et de soumettre à la surveillance de ces comités locaux non-seulement les prisons départementales, mais toutes les prisons, et principalement celles qui doivent remplacer les maisons centrales et les bagnes. Telle paraît être, du reste, l'intention du gouvernement, ainsi qu'on en peut juger si on étudie attentivement l'économie du projet de loi, et si l'on fait attention au sens général qui s'attache à toutes les dispositions qu'il renferme. Toutefois, pour rendre cette idée encore plus claire et plus obligatoire, la Commission a cru devoir ajouter à l'article 2, qui parle des Commissions de surveillance, ces mots : *Qui seront instituées dans chaque arrondissement.*

Quant à la composition de ces comités locaux, l'article s'en rap
porte, pour la déterminer, à une ordonnance royale portant règlement d'administration publique.

La Commission de 1840 avait jugé utile de faire régler les bases
de cette composition par la loi elle-même.

Cette pensée a été reproduite dans le sein de votre Commission,
et y a donné naissance à un très-long débat. On demandait que,
indépendamment des membres dont la nomination est entièrement
laissée au choix de l'administration, la loi désignât certains fonctionnaires qui dussent nécessairement faire partie de la Commission
de surveillance, et que d'autres ne pussent être choisis par l'administration que dans certaines catégories. C'est ainsi qu'on proposait
d'appeler comme membre de droit le premier président et le procureur général dans le chef-lieu de la cour royale; le président du
tribunal et le procureur du roi, dans les autres chefs-lieux d'arron-
dissements; deux des membres du conseil général, et deux des
membres du conseil d'arrondissement, choisis par le ministre tous
les trois ans, leur eussent été nécessairement adjoints.

A l'appui de cette proposition, on disait :

Le projet de loi enlève aux autorités locales la portion d'administration qu'elles possèdent aujourd'hui, pour centraliser toute la
puissance exécutive dans les mains du ministre. Ce changement ne
saurait produire que de bons effets, pourvu qu'en ôtant aux localités
le pouvoir d'agir, qui, en cette matière, ne leur appartient pas, on
leur permît d'exercer sur les prisons la surveillance réelle et efficace qu'il est à désirer qu'elles conservent. Or, la meilleure méthode
qu'on puisse suivre pour atteindre ce but, c'est d'introduire dans
toutes les commissions de surveillance des hommes considérables
par les places qu'ils tiennent du gouvernement, ou par les positions
qu'ils occupent en vertu du vote des électeurs.

On disait encore :

Le système qu'il s'agit d'introduire dans nos prisons est nouveau.
Il peut donner lieu, dans son exécution, à des abus qu'il est difficile de prévoir; il rencontre dans le juge des préjugés enracinés, il
excite dans beaucoup d'esprits des appréhensions assez vives. En
même temps qu'on met en pratique un semblable régime, il est
juste et il peut être utile de donner au public une garantie sérieuse
de surveillance et de publicité. Il convient donc de placer, dans les

commissions chargées de cette surveillance, des hommes déjà revê-
tus, à d'autres titres, de la confiance du pays [1].

On disait enfin :

Une vérité sur laquelle tous les hommes de théorie et de pratique
sont d'accord, c'est que le système pénitentiaire ne peut produire
les heureux effets qu'on est en droit d'en attendre, que si l'administration proprement dite parvient à faire naître en dehors d'elle
l'intérêt des populations, à s'assurer le concours libre d'un certain
nombre de citoyens. Le meilleur moyen d'y parvenir n'est-il pas
d'attirer et de retenir dans les commissions de surveillance les
hommes les plus considérables de la localité?

A ces raisons on répondait qu'en effet il était nécessaire d'appeler
dans les commissions de surveillance les citoyens les plus éminents
de chaque localité; qu'à ce titre, ainsi que l'avait reconnu sans
hésitation M. le ministre de l'intérieur, il était naturel que des
membres du conseil-général et du conseil d'administration fissent
partie de ces commissions; que la seule question était de savoir si la
loi elle-même les y appellerait, ou si on laisserait ce soin à l'ordonnance dont parle l'article 2. La composition des commissions de
surveillance doit naturellement varier suivant les lieux, le nombre
des prisons à visiter, leur importance : toutes circonstances que la

---

[1] Quand les Anglais ont établi la grande prison cellulaire de Pentonville, ils n'en ont pas abandonné la direction au gouvernement seul; celui-ci est assisté par une commission nommée par lui, mais dans laquelle
figuraient, en 1842, les hommes les plus éminents du pays, le duc de
Richemont, lord John Russel, le président de la Chambre des communes...
Cette commission fait chaque année un rapport sur l'état de la prison, et
ce rapport est mis sous les yeux du Parlement. Dans les comtés, les juges
de paix prennent une part considérable à l'administration des prisons, et
une grande publicité est donnée à tout ce qui s'y passe. On a vu, de plus,
que chaque année le gouvernement anglais faisait imprimer et distribuer
aux Chambres les volumineux rapports qui lui sont adressés par les inspecteurs généraux des prisons. Cette grande publicité, qui est utile dans
tous les systèmes, est plus nécessaire dans le régime cellulaire que partout
ailleurs.

On doit ajouter que M. le préfet de police, qui dirige avec tant de zèle
la prison de la Roquette, a institué près de cette maison une commission
de surveillance, composée d'hommes très-considérables, et que dans tous
ses rapports il reconnaît la grande utilité de cette institution.

loi peut difficilement prévoir, et dont l'appréciation doit être laissée à l'ordonnance.

Ces raisons ont déterminé la Commission, qui, après avoir paru hésiter, a enfin écarté l'amendement proposé à la majorité de cinq contre quatre.

Restait à examiner la partie financière de la loi. Aujourd'hui, ce sont les départements qui construisent et entretiennent les prisons destinées aux prévenus, aux accusés et aux condamnés à un emprisonnement de moins d'un an. L'État est chargé des maisons centrales et des bagnes. Le projet de loi consacre ce classement des dépenses, et la Commission ne vous propose pas de le changer.

C'est donc l'État qui se chargera de pourvoir graduellement aux dépenses nouvelles que fera naître la destruction des bagnes et la réforme des maisons centrales.

Voici, d'après les documents qui ont été fournis à la Commission, à quelle somme s'élèverait cette dépense.

On a vu plus haut qu'en 1838, quatre architectes, qui avaient déjà fait des études spéciales relativement à la construction des prisons, ont parcouru, par l'ordre de M. le ministre de l'intérieur, les différentes maisons centrales de France. Ils ont trouvé que 17 [1] seulement pouvaient être appropriées au nouveau régime, ce qui nécessiterait une dépense de. . . . . . . . . . . .    20,540,680 fr.

Mais ces prisons, ainsi appropriées, ne devant plus contenir que 9,559 détenus, 10,641 resteraient à pourvoir, pour lesquels il faudrait bâtir des maisons nouvelles. A ces 10,641 détenus des maisons centrales, il faut ajouter les 7,000 détenus des bagnes, — 17,641. Les mêmes architectes ont calculé que les prisons nouvelles coûteraient à bâtir 2,750 fr. par détenu, ce qui donnera pour les 17,641. . . . . . . . . . . . . . .    48,682,750

                                          Total. . . . . . . ·  69,223,430 fr.

La Chambre remarquera que les architectes en question ont pris pour base de leur évaluation, quant aux prisons nouvelles, la somme de 2,750 fr. par détenu.

Or, depuis 1838, trente prisons départementales, contenant

---

[1] 17 sur 19. La vingtième maison centrale a été occupée depuis 1838.

2,740 cellules, ont été bâties d'après le système de l'emprisonne-ment individuel, ou sont en cours avancé d'exécution. La moyenne de la dépense de ces prisons ne s'élève qu'à 2,900 fr. environ par cellule. Proportion gardée, cependant, il est beaucoup plus cher de bâtir une petite prison qu'une grande. Pour la plupart des maisons dont on vient de parler, la dépense est restée au-dessous de la somme de 2,750 fr. indiquée par les architectes; c'est le départe-ment de la Seine et celui de Seine-et-Oise qui ont fait monter la moyenne jusqu'à 2,900 fr. par cellule.

Déjà, d'ailleurs, de grandes prisons cellulaires existent en Angle-terre. On y a construit, notamment dans la banlieue de Londres, à Pentonville, un pénitencier pour 500 détenus. Cette prison passe généralement pour le modèle le plus parfait qu'on connaisse de ces sortes d'établissements. On y a pris les précautions les plus minu-tieuses pour que les détenus n'aient point à souffrir de l'habitation de la cellule et qu'ils n'y courent aucun danger. Indépendamment des bâtiments qui constituent d'ordinaire une prison cellulaire, on y a bâti une chapelle qui peut contenir tous les détenus sans qu'ils se voient les uns les autres.

Le gouvernement anglais a fait dresser un devis de ce que doit coûter en Angleterre une prison cellulaire, en prenant pour base le plan de Pentonville et les dépenses qui y ont été faites. Ce devis a été envoyé, sur sa demande, au gouvernement français, et il a passé sous les yeux de la Commission. Il en résulte qu'une prison, en tout semblable à celle de Pentonville, doit coûter à Londres la somme de 71,655 livres sterling, et dans les comtés, à Manchester, par exemple, 55,227 livres sterling : ce qui donne une dépense de 3,500 fr. à peu près par détenu dans le premier cas, et environ 2,700 fr. dans le second.

Il est évident que si, malgré la grande élévation de la main-d'œuvre, une prison semblable à Pentonville ne coûte pas plus de 2,700 fr. par cellule dans les comtés d'Angleterre, une pareille prison doit coûter moins cher dans nos départements.

On peut donc compter que si le chiffre du devis est atteint, il ne sera pas, du moins, dépassé.

Tel qu'il est, il constitue assurément une forte charge; mais la Chambre n'oubliera pas qu'il ne s'agit pas de dépenser sur-le-champ la somme demandée, mais seulement d'indiquer au gouver-

nement de quelle manière doit être désormais dépensé l'argent que
l'État consacre aux prisons. Elle se souviendra surtout que ce dont
il est ici question, c'est de la moralité du pays et de la sécurité des
citoyens.

Les départements auront à supporter une charge analogue quant
aux maisons où sont renfermés les accusés, les prévenus et les condamnés à moins d'un an.

En 1840, on estimait que le nombre de cellules nécessaires pour
remplir cet objet s'élevait à 20,985. Sur ces 20,985, 10,260
peuvent être obtenus par des travaux d'appropriation estimés
à. . . . . . . . . . . . . . . . . . . . . . . . .        10,818,070 fr.

Et 10,725 nécessiteront des constructions nou-
velles évaluées à. . . . . . . . . . . . . . . .        27,708,513
                                    Total. . . . . . .   38,526,583 fr.

Sur ces 38 millions, il y en a 7 qui doivent être dépensés et qui
le sont déjà en partie par le seul département de la Seine.

Pour engager les départements à faire de prompts et d'utiles
efforts, le projet de loi indique qu'une somme annuellement fixée
par les Chambres sera accordée à titre de subvention à ceux d'entre
eux qui feront des dépenses de construction ou d'appropriation, afin
de hâter l'accomplissement de la réforme. L'expérience a déjà montré, en d'autres matières, l'utilité de ce système, et la Commission
lui a donné son entier assentiment.

Elle en espère d'autant plus le succès, que c'est dans les départements, il faut le reconnaître, que la réforme pénitentiaire a été entreprise d'abord. L'administration centrale ne s'est prononcée que
plus tard. Aujourd'hui, cette même réforme se poursuit dans les
départements avec activité. Depuis très-peu d'années, diverses localités ont demandé ou obtenu l'autorisation de bâtir des prisons cellulaires; la plupart de ces prisons sont en voie d'exécution, plusieurs
sont terminées. Le département de la Seine se prépare à pourvoir
de cellules 1,200 détenus; le devis s'élève à 3,500,000 fr.

Si les départements ont ainsi pris l'initiative à un moment où le
gouvernement n'avait pas encore fait un choix et où l'État ne pouvait leur venir en aide, il est à croire qu'ils procéderont rapidement
aux changements nécessaires, dès que le projet dont nous avons
l'honneur d'entretenir la Chambre aura été converti en loi.

Tel est, messieurs, l'ensemble des considérations que la Commission a dû vous présenter. Elle aurait voulu resserrer son rapport dans des limites plus étroites ; mais la difficulté aussi bien que l'importance du sujet qu'elle avait à traiter, ne le lui ont pas permis, et justifieront sans doute à vos yeux l'étendue un peu inusitée de son œuvre [1].

---

[1] Le projet de loi sur les prisons, dont Tocqueville fit le rapport, donna lieu, dans la Chambre des députés, à une longue et solennelle discussion, à laquelle prirent part un grand nombre d'orateurs éminents, entre autres MM. Odilon Barrot, Duchâtel, ministre de l'intérieur, Lamartine, de Peyramont, de Malleville, Carnot, etc., etc. (V. le *Moniteur* d'avril et mai 1843.) Tocqueville fut, comme rapporteur, appelé naturellement à prendre plusieurs fois la parole ; et il prononça à cette occasion deux discours remarquables, l'un à la date du 26 avril 1843, pour résumer le débat ; l'autre, le 10 mai suivant, en réponse à M. de Malleville. Nous ne donnons pas ici ces discours, parce que, malgré le talent de l'orateur et l'intérêt du débat, les opinions et les idées qui y sont exprimées sont les mêmes que celles qui se trouvent déjà dans le texte du rapport, avec lequel la reproduction de ces discours semblerait faire double emploi.

# DISCOURS

PRONONCÉ A LA CHAMBRE DES DÉPUTÉS, LE 18 JANVIER 1842, DANS LA DISCUSSION
GÉNÉRALE DU PROJET D'ADRESSE

MESSIEURS,

Je n'entrerai point dans la voie qu'ont ouverte ceux qui
m'ont précédé à cette tribune. Mon intention n'est point de
parler de la politique extérieure ; je n'ai pas besoin de dire,
je pense, que je n'approuve pas la conduite du cabinet quant
à cette politique. Lorsque je le combattais sur ce point il y
a un an, c'est dans la prévision des faits qui ont eu lieu depuis. Je ne saurais donc approuver ces faits. Mais, messieurs, quant à la plus grande affaire relative à la politique
extérieure, l'affaire d'Orient, la diplomatie a prononcé son
grand mot, il y a des faits accomplis : ces faits sont entrés
dans la législation politique de l'Europe ; les rappeler, ce
serait rouvrir des blessures saignantes plutôt que les guérir.
D'ailleurs, tout ce que j'aurais à dire sur ce point a déjà
été dit, et mieux dit que je ne saurais le dire moi-même.

J'aborderai donc un autre sujet aussi grand, sans doute,
et qui mérite peut-être plus en ce moment d'être traité, je
parle de la situation intérieure du pays.

En traitant ce sujet, messieurs, je l'affirme du fond de ma
conscience, je chercherai de toute mon âme à ne point m'appuyer en les excitant sur les passions d'aucune des fractions

de cette Chambre, et, par conséquent, j'ai peut-être plus qu'aucun autre le droit de demander à tous les partis qui la composent une attention, sinon bienveillante, au moins soutenue.

J'avoue, messieurs, que la situation intérieure du pays m'afflige et m'inquiète.

Je gémis tout autant qu'un autre, sans doute, des désordres et des attentats dont nous avons été témoins, mais, si j'ose le dire, ce ne sont pas ces désordres et ces attentats qui m'effrayent le plus pour l'avenir du pays.

Qu'après tant de révolutions longues et violentes, une grande anarchie se soit introduite dans les esprits ; que des idées singulières, une morale relâchée se fasse voir chez un petit nombre d'hommes, cela ne me surprend pas. Dans toute société, d'ailleurs, il y a toujours une portion infime qui rêve le désordre et ne vit que par le désordre ; ce que nous voyons n'est donc pas inattendu, il ne doit pas nous effrayer outre mesure ; mais ce qui est bien plus effrayant, selon moi, du moins, c'est de voir, en présence de cette petite minorité factieuse et turbulente, l'attitude de la majorité ; c'est de considérer l'espèce de quiétude, je dirai presque d'indifférence, qui se fait remarquer dans la masse ; c'est de voir à quel degré parmi nous, en présence de ces attentats et de ces attaques violentes contre la société, la masse reste, en quelque sorte, impassible et indifférente ; c'est de voir, messieurs, à quel point de plus en plus chacun semble se retirer en lui-même et s'isoler ; ne dirait-on pas que chaque province, chaque département, chaque arrondissement, chaque commune, ne voit dans la vie politique qu'une occasion de satisfaire ses intérêts particuliers, et que chaque citoyen ne considère la vie politique que comme une chose qui lui est étrangère, dont le soin ne le regarde point, concentré qu'il est dans la contemplation de son intérêt individuel et personnel ?

Voilà ce qui m'afflige et m'effraye bien plus encore que

les désordres et les attentats dont nous avons été témoins.

Permettez-moi de le dire avec la même sincérité, car, après avoir parlé du mal qui existe dans le pays, la Chambre me permettra de dire aussi le mal que je crois voir dans son sein même. (Écoutez! écoutez!) Si, après avoir considéré le dehors, je regarde la Chambre, eh bien! je vous l'avouerai, je ne suis pas rassuré. Quelque chose de différent, sans doute, mais d'analogue à ce qui se passe dans le pays, se fait, en effet, voir dans la Chambre : le lien qui unissait et tenait ensemble les anciens partis semble se détendre et menacer de se briser, et je ne vois rien paraître à la place.

Au lieu de ces partis compactes et sur lesquels pouvaient s'appuyer alternativement, d'une manière solide, et l'opposition et le gouvernement, je vois, permettez-moi de le dire, une sorte d'éparpillement des opinions, je vois chacun qui semble vouloir considérer à son seul point de vue les affaires publiques, et qui se renferme, en quelque sorte, en sa propre pensée, et veut agir seul.

Eh bien, messieurs, l'ensemble de tous ces faits, et je crois n'avoir pas exagéré les choses, l'ensemble de ce spectacle n'est-il pas effrayant? Savez-vous, messieurs, ce que cela veut dire? Cela veut dire qu'il y a en France quelque chose en péril, quelque chose, que MM. les ministres me permettent de le dire, de plus grand que le ministère, quelque chose de plus grand que la Chambre elle-même, c'est le système représentatif. (Mouvement.)

Oui, messieurs, il faut que quelqu'un le dise enfin, et que le pays qui nous écoute l'entende. Oui, parmi nous, en ce moment, le système représentatif est en péril. La nation, qui en voit les inconvénients, n'en sent pas suffisamment les avantages. Et cependant, messieurs, qu'est-ce que le système représentatif, sinon cette conquête qui nous a coûté tant de sang et de larmes, que nos pères ont gagné et perdu, et qui semble s'échapper de nos mains au moment où nous croyons enfin le saisir ?

Ce qui est en péril encore, messieurs, permettez-moi de le dire, c'est la liberté. (Dénégations aux centres. — Adhésion aux éxtrémités.)

Sans doute quand nous avons l'entier usage, et quelquefois, je le confesse, l'abus de la liberté, il peut paraître puéril de dire que la liberté est en péril. Il est vrai que ces périls ne sont pas immédiats, mais à moi, messieurs, qui suis le serviteur dévoué de mon pays...

UN MEMBRE. Nous le sommes tous!

M. DE TOCQUEVILLE. Mais qui ne serai jamais son valet, qu'il me soit permis de lui dire que c'est en agissant de cette manière que, dans tous les siècles, les peuples ont perdu leur liberté. Assurément je ne vois personne qui soit de taille à devenir notre maître ; mais je dis, et que mon pays souffre que je le lui dise respectueusement, que c'est en marchant dans cette voie que les nations se préparent un maître. Je ne sais où il est, ni de quel côté il doit venir, mais il viendra, tôt ou tard, si nous suivons longtemps la même route.

PLUSIEURS VOIX. C'est vrai !

M. DE TOCQUEVILLE. Je viens, messieurs, de peindre un état dangereux, et cet état est, je crois, généralement senti; mais on se divise quand il s'agit d'en montrer les causes.

Les uns l'attribuent uniquement aux fautes du gouvernement.

Je crois, messieurs, pour ma part, que les fautes du gouvernement ont en effet été pour beaucoup dans cet état de choses. Je crois que le gouvernement, en prenant les hommes un à un par leurs intérêts plutôt que par leurs opinions, en s'adressant au petit côté du cœur humain plutôt qu'au grand, (*A gauche.* Oui! oui!) a contribué puissamment à jeter cette confusion dans les idées, et à créer cette espèce de négation du juste et de l'injuste en matière politique, qui est le trait le plus distinctif et le plus déplorable de notre époque ; mais je ne crois pas que l'action du gouvernement ait été aussi grande qu'on le suppose.

D'autres disent que l'état dans lequel se trouve la Chambre et le pays, mais surtout la Chambre, est principalement dû aux fautes commises par les hommes éminents qui marchent à sa tête.

PLUSIEURS MEMBRES. Oui, c'est cela !

M. DE TOCQUEVILLE. Je crois que dans une certaine mesure l'accusation est vraie, et je crois avoir le droit de le dire. Je pense, messieurs, que les chefs qui conduisent les diverses parties de cette Chambre, en se réunissant tout à coup, malgré la différence ancienne des opinions, et ensuite en se divisant tout à coup, malgré la similitude récente des actes ; je crois, dis-je, que, par cette double action en sens contraire, les hommes politiques qui dirigent cette Chambre ont jeté une profonde perturbation dans les idées du pays en matière politique. (Approbation à gauche et sur quelques bancs du centre.) Je le crois, messieurs. (Oui! — Très-bien! très-bien !)

Je crois que par ces actes, dont je respecte les motifs, mais qui ont eu le malheur d'être mal compris, on a fait penser au pays qu'il n'y avait dans le monde politique que des intérêts, des passions, des ambitions et non des opinions.

En résumé, messieurs, il faut bien encore que quelqu'un le dise à cette tribune, je crois que la coalition et ses suites ont été une des causes de la perturbation morale qui règne dans ce pays. (Très-bien! Oui, oui! c'est vrai !)

A GAUCHE. Oui, oui ! ses suites !

M. DE TOCQUEVILLE. Je le crois, je le dis. Et pourquoi osais-je le dire? pourquoi ai-je tant de liberté à le dire? C'est que je ne faisais pas partie de la coalition. Ceux de MM. les ministres qui en faisaient partie apprécieront, j'en suis certain, la facilité et les avantages que cette situation me donne. (Bruits et mouvements divers.)

Ainsi donc, messieurs, suivant moi, le gouvernement pour une grande part, et les hommes politiques pour une part presque aussi grande, ont contribué à l'état d'anarchie morale et d'indifférence publique, qui me paraît le plus fâcheux et le plus triste symptôme de la situation actuelle.

Mais ce ne sont pas là les seules causes : il est une cause plus profonde, qu'on n'osera peut-être pas dire, mais que moi, j'aurai le courage de dire ; cette cause, il faut que le pays la connaisse ; elle est dans l'état des mœurs politiques du pays lui-même. Beaucoup de maux dont on se plaint ne sont que des symptômes ; mais là est la cause profonde, là est le mal profond qui appelle les remèdes et qui finira par tuer la société même si ces remèdes ne sont pas trouvés.

Je sais qu'il est beaucoup de faits qui ont contribué à amener cet état des mœurs publiques, et sur lesquels nous ne pouvons rien ; mais il en est sur lesquels le gouvernement et les Chambres ne doivent pas désespérer d'agir ; il est un trait dans ces mœurs publiques du pays, le trait le plus fâcheux peut-être, celui qui donne le plus lieu de craindre, que nous pouvons effacer en partie, et c'est pour cela que j'en parle ; ce trait est, suivant moi, la passion croissante, illimitée, déréglée des places. (Oui, oui! c'est vrai!)

Je ne partage pas, contre messieurs les fonctionnaires publics, la passion qui existe dans certains esprits ; je crois que, dans un gouvernement comme le nôtre, il faut un grand nombre de fonctionnaires publics, je crois que la classe des fonctionnaires publics est une des plus respectables de la société ; mais je n'en dis pas moins qu'il est extrêmement dangereux que les fonctions publiques deviennent le but incessant de toutes les ambitions du pays.

Sur ce point, je ne chercherai pas d'autre témoignage que vous-mêmes, je ne m'adresserai pas plus à cette portion de la Chambre (montrant la gauche) qu'à cette autre : je vous demanderai à tous avec sincérité, du fond de ma conscience, je vous demanderai si, revenant de vos provinces, vous n'avez pas remarqué partout, partout, non pas quelque part, mais partout, que le goût des places devenait la passion universelle, la passion dominante, la passion mère; (Oui, oui!) qu'elle s'introduisait à la fois dans toutes les classes, jusque dans ces classes agricoles dont jusqu'à présent les mœurs saines et énergiques l'avaient repoussée; que l'idée que tout le monde, quelles que fussent ses lumières, pouvait arriver aux places, et que, dans l'intérieur des carrières, tout le monde pouvait grandir sans cesse, sans que des services antérieurs appelassent à avancer, je demanderai si cette idée ne vous a pas semblé de plus en plus profondément entrée dans toutes les âmes; si, en nous renfermant dans ce que M. le ministre des affaires étrangères appelait jadis le pays légal, il n'est pas vrai que, de plus en plus, messieurs, ceux qui font partie de ce pays légal tendent à regarder la facilité d'arriver aux places comme la conséquence la plus désirable des fonctions électorales auxquelles ils sont appelés?

Eh bien! messieurs, si tout cela est vrai, qu'en résulte-t-il? Il en résulte que l'esprit public, dans ce pays attaqué dans son principe même, est menacé d'être détruit; il en résulte qu'à la place des opinions qui, comme je le disais tout à l'heure, peuvent servir d'assiette solide, soit à une opposition, soit à un gouvernement, il ne se rencontre qu'une collection de petits intérêts particuliers, mobiles et passagers, qui ne peuvent donner de point d'appui à personne, (Très-bien!) ni au gouvernement, ni à l'opposition, et qui livrent nécessairement la société tout entière, et le gouvernement qui la dirige, à une mobilité perpétuelle dont il ne saurait rien résulter que l'anarchie et la ruine pour tout le monde. (Très-bien!)

Voilà, messieurs, voilà, selon moi, où est la cause première du mal et la cause croissante.

On me dira: Mais ce dont vous vous plaignez, on s'en est plaint dans tous les pays libres. Partout où il y a des élec-

tions on a dit ce que vous dites. Ce mal dont vous parlez
tient au système électif lui-même ; il faut vivre avec ce mal
et le souffrir en pensant au bien qui l'accompagne et que le
système produit.

Je le nie ; je dis que ce que nous voyons de notre temps
et en France, ne s'est jamais vu nulle part. (Très-bien!)

Je dis que nulle part le nombre des fonctionnaires publics n'a été aussi grand ; je dis que nulle part la médiocrité
et la mobilité des fortunes, le désir incessant de sortir de sa
situation, le besoin de changer d'état, n'ont disposé d'une
manière aussi complète l'ensemble des citoyens à désirer
les fonctions publiques, et n'ont préparé la nation tout entière à devenir, permettez-moi de le dire, une troupe de sol-
liciteurs. (Très-bien! très-bien!)

On dit encore : Mais le mal dont vous vous plaignez est
un mal nécessaire ; il est le contre-poids de la liberté. Dans
un pays démocratique comme le nôtre, il n'existe pas de
tradition, pas de classe pour soutenir le gouvernement, pas
de corps qui lui vienne en aide ; il faut bien que le gouvernement ait une grande clientèle ; il faut qu'il saisisse et qu'il
retienne en même temps la multitude entière des citoyens
par leurs intérêts particuliers, afin que l'ordre soit maintenu.

Eh bien! messieurs, cette nécessité déplorable, cette nécessité funeste dont il faudrait rougir, qui, je le déclare,
me ferait abandonner une patrie où l'on aurait nécessairement à choisir entre la servitude et la corruption ; eh bien!
cette nécessité, je soutiens, moi, qu'elle n'existe pas.

Je dis qu'en excitant comme vous le faites outre mesure
l'ambition des particuliers, en la poussant vers la recherche
des emplois, vous créez plus de maux que vous n'en em-
pêchez.

En effet, le nombre des fonctions publiques est limité ; le
nombre de ceux qui les veulent n'a pas de limites. Et ne
craignez-vous pas, quand vous aurez surexcité outre mesure

l'ambition des particuliers, ne craignez-vous pas de faire naître dans le pays la pire espèce des révolutionnaires : les révolutionnaires qui veulent changer le gouvernement pour avoir des places ; qui, n'étant pas satisfaits, veulent faire des révolutions pour se satisfaire ? Je dis que ce danger est réel, et qu'il faut y remédier.

Il en est un autre encore. En substituant comme vous le faites l'intérêt particulier à l'intérêt général, les passions individuelles aux passions communes, qu'est-ce que vous faites ? Vous minez les partis, vous les énervez, vous les détruisez. Or, pensez-vous, messieurs, qu'une société libre puisse vivre sans partis ? Ne savez-vous pas que, si à l'aide des partis on attaque le gouvernement, c'est à l'aide des partis qu'il se défend ?

Dans un pays libre, messieurs, où il n'y aurait pas de partis et où tout le monde serait presque du même avis, par égoïsme et par indifférence, le gouvernement ne serait pas plus facile que l'opposition, et la nation toucherait à l'anarchie.

Et d'ailleurs, messieurs, faut-il donc tant de mots pour prouver qu'en substituant à l'intérêt général l'intérêt particulier, on déprave la société? et n'est-ce pas une vérité aussi ancienne que le monde, que la morale privée et la morale publique sont autant nécessaires au maintien de ceux qui gouvernent qu'au bonheur de ceux qui sont gouvernés ?

Est-ce qu'il y a jamais eu dans l'univers une grande société sans bonnes mœurs publiques, et y a-t-il jamais eu surtout une grande société libre? Cela ne s'est jamais vu. Tout gouvernement qui sème des vices, tôt ou tard recueille des révolutions : cela s'est vu depuis le commencement des siècles.

Il ne faut donc pas dire que le mal est exagéré, il ne faut pas dire qu'il est nécessaire, mais il faut chercher de bonne foi, en faisant abstraction de toute considération personnelle et de parti, il faut chercher si ce mal est curable.

Je sais que dans une certaine mesure il ne l'est pas, que
parmi nous le nombre des fonctionnaires publics est et doit
être plus grand que partout ailleurs.

Je sais que l'ambition des places est plus naturelle en
France que partout ailleurs ; je sais cela, je ne crois donc
pas que le mal soit entièrement curable, mais je crois que le
législateur peut et doit, dans une très-grande mesure, le restreindre.

C'est pour chercher ces moyens législatifs que je voudrais
voir tous les hommes qui aiment leur pays se réunir ; je sais
que quand il s'agit des abus dont je viens de parler, la plupart de ceux qui les déplorent se bornent à s'adresser aux
gouvernants en leur donnant d'excellents conseils ; ils leur
font la meilleure de toutes les philosophies, ils leur recommandent de ne point abuser du pouvoir qu'ils possèdent. Et
moi aussi, je l'avoue, je serais très-tenté, de mon côté, de
suivre cet exemple ; je ferais volontiers un sermon au ministère, car je crois qu'en effet, en cette matière, il a beaucoup
péché ; (On rit) mais je crois que ce sermon serait inutile. Je
suis convaincu que toutes les fois qu'on remettra dans les
mains de quelques hommes une puissance illimitée dont
l'abus fatal au pays peut être utile momentanément à eux-
mêmes, il arrivera toujours, quoi qu'on fasse, que ces hommes d'État se serviront de ce pouvoir illimité de manière à
nuire, dans une certaine mesure, aux intérêts permanents
du pays. (Très-bien ! très-bien !) Je ne ferai donc pas de
morale au ministère ; je me bornerai à prier la Chambre de
chercher, je le répète, s'il n'y aurait pas quelque moyen
législatif qui pût apporter des remèdes au funeste état des
mœurs politiques dont je me plains.

Pour moi, messieurs, je crois qu'il en existe, et pour mieux
expliquer ma pensée, je citerai quelques exemples.

J'ai dit et je répète que, dans cet état des mœurs du
pays, lorsque l'ensemble de la population semble préoccupé
de cet amour désordonné des places, un grand exemple

venant de la Chambre pourrait être utile. (C'est vrai! c'est vrai!)

Je n'entre pas dans un long examen; j'expose seulement et brièvement ma pensée. Je ne me suis pas dissimulé que quand la Chambre donnerait par elle-même et législativement ce grand exemple d'abnégation personnelle, l'effet matériel qui s'ensuivrait ne serait pas très-grand, mais l'effet moral serait considérable. Je soutiens qu'il est dans la position de cette Chambre de le donner; elle n'est pas seulement la tête de la nation pour faire des lois, mais encore pour donner des exemples. (Très-bien! très-bien!)

Il y a peut-être d'autres moyens encore. Ce qui est dangereux, messieurs, ce n'est pas le grand nombre des places : c'est que chacun, quelles que soient sa capacité et ses lumières, croie pouvoir pénétrer dans les carrières publiques. Ce qui est dangereux encore et plus dangereux peut-être, c'est qu'une fois entré dans les carrières publiques, tout le monde s'imagine que la faveur, le hasard, que sais-je? mille accidents qu'une imagination ambitieuse peut entrevoir, peuvent suffire pour faire passer sans peine à travers les grades, et courir de la base de l'échelle administrative au sommet. Voilà ce qui est dangereux.

Ces dangers se sont présentés dans d'autres pays que le nôtre. Dans une partie de l'Europe, en Allemagne, par exemple, ils ont été prévus, et des règles ont été établies pour y parer. Là on n'entre qu'après un certain noviciat, un certain examen, dans la carrière; là on ne peut marcher que pas à pas dans la carrière où on est entré, il faut aller du premier grade au second, et passer successivement par tous les degrés de l'échelle hiérarchique.

Je dis que ce sont là des règles salutaires, et non-seulement elles existent en pays étrangers, mais aussi en partie chez nous, dans la carrière où l'ambition est naturellement la plus énergique, la plus impatiente : dans la carrière militaire. Dans cette carrière, on ne peut entrer qu'après avoir fait un apprentissage long et difficile, on ne peut y avancer qu'après avoir passé dans chaque grade un temps d'épreuve, et on n'y voit pas l'exemple fâcheux qui est sans cesse donné dans les carrières civiles. Pourquoi n'étendrait-on pas cette même règle à toutes les carrières?

J'ai hésité à ajouter ce qui me reste à dire, parce que je craignais qu'on ne confondît mon opinion avec d'autres opinions qui peuvent marcher au même but sans partir du même point; mais il faut être vrai jusqu'au bout.

Parmi les causes qui chez nous produisent cette démoralisation politique du pays par les places, la plus énergique, la plus continue, permettez-moi de le dire, se trouve dans la loi électorale. Je ne veux pas ici qu'on se méprenne sur ma pensée. Ce qui me frappe dans la loi électorale, je l'avoue, ce n'est pas qu'elle soit trop peu démocratique ; je crois que, quant à présent, en matière de loi électorale, on a donné, non pas trop, mais assez à la démocratie ; je ne pense donc pas que la loi électorale doive être attaquée comme un instrument de monopole; c'est comme un instrument de démoralisation politique que je l'attaque.

En effet, de quoi se plaint-on? que dit-on tous les jours? On dit, on répète ; tous les organes de la presse, de quelque côté que ce soit, disent : Les intérêts locaux deviennent, dans l'esprit des citoyens, dans l'esprit même des députés, plus forts que l'intérêt général.

Qu'est-ce que cela, messieurs, sinon la plus grande démoralisation politique qui puisse exister dans un pays ? Eh bien ! niera-t-on que la loi électorale, qui divise le royaume en une multitude infinie de petites parcelles, qui fait qu'un député ne représente qu'une de ces parcelles (Très-bien !), et dans chacune d'elles qu'un très-petit nombre de citoyens que l'intérêt local possède sans contrôle et dont le député dépend; pensera-t-on qu'une pareille loi n'est pas la première cause du mal dont on se plaint?

On se plaint encore qu'il arrive trop souvent que l'électeur, dans le choix qu'il a fait du député, donne bien plus d'attention aux services qui lui sont rendus qu'aux actes politiques du député qu'il nomme.

Voilà ce qu'on dit, et permettez-moi de le dire à mon tour : comment voulez-vous qu'il en soit autrement, lorsqu'un très-petit nombre d'électeurs placés à poste fixe autour d'un homme puissant qu'ils ont nommé député, pouvant l'aborder à tous moments, pouvant l'importuner sans cesse, auxquels il ne peut pas échapper, dont ils ont la fortune politique dans leurs mains; comment voulez-vous que ce petit nombre d'électeurs résistent à la tentation d'obtenir pour eux-mêmes une satisfaction qu'ils ne devraient demander que pour leur opinion politique?

Comment voulez-vous que, dans cette lutte qui se livrera nécessairement sans cesse dans leurs cœurs entre l'intérêt général et l'intérêt particulier, l'intérêt particulier ne soit pas souvent le plus fort? cela est-il possible? et ne perdront-ils pas bientôt de vue le pays pour ne voir qu'eux-mêmes?

On se plaint encore que des députés, pour obtenir la voix des électeurs, s'attachent plutôt, de leur côté, à rendre des services qu'à satisfaire des opinions; et comment voulez-vous encore qu'il en soit autrement? comment voulez-vous que cette grande immoralité politique ne se retrouve pas quelquefois, lorsque le député, de son côté, est placé à poste fixe, dans une sorte de tête-à-tête perpétuel avec un petit nombre d'électeurs dont il dépend, qui sont ses amis, ses voisins, ses proches, qu'il voit tous les jours, et qu'il trouvera bien plus de facilité à gagner un à un par de bons offices, qu'à satisfaire tous ensemble par des opinions. (C'est très-vrai!)

Du reste, messieurs, je ne prétends pas, la chambre peut bien le croire, je ne prétends pas faire une loi électorale à cette tribune, à propos de l'adresse ; je voulais seulement expliquer ma pensée. Ma pensée est celle-ci :

Un mal profond travaille le pays; ce mal on l'attribue,

suivant moi, à bien des causes dont la plupart sont secondaires. La cause profonde du mal, dont tout le reste est un symptôme, est la démoralisation politique; c'est donc vers la démoralisation politique que les yeux de tous les amis de ce pays doivent se tourner. (Très-bien!)

Je sais qu'à ce mal que tout le monde sent on cherche bien d'autres causes et d'autres remèdes que ceux que j'indique; on dit, par exemple, que le mal du pays vient principalement de la presse, et que c'est à la presse qu'il faut s'adresser.

Je ne nie pas que la presse n'ait souvent eu de grands écarts, mais je dis que l'expérience a appris que tous les gouvernements qui se mettaient en guerre habituelle et régulière avec la presse finissaient par être frappés de mort par elle. (Très-bien!)

Que ceux donc qui veulent renverser ce gouvernement se réjouissent en le voyant créer ce redoutable champ-clos et s'y renfermer avec la presse, je le comprends; mais moi, qui ne veux pas le renverser, permettez-moi de m'en affliger, messieurs, et de m'en effrayer. (Nouvelles marques d'assentiment.)

On dit encore que pour remédier au mal que tout le monde sent et dont personne ne veut signaler la vraie cause, il suffit de renforcer le gouvernement, de lui donner de nouvelles attributions, de nouveaux pouvoirs.

Messieurs, quand je considère ce qui se passe autour de moi, quand je vois les nations diverses de l'Europe et leurs constitutions, je découvre qu'il n'y a pas dans le monde, à l'heure où je parle, un gouvernement qui ait plus d'attributions diverses que le nôtre, qui descende plus près à côté de chaque citoyen, ni qui les tienne tous mieux dans sa main que le gouvernement de mon pays.

Le gouvernement français, selon moi, a toutes les forces que peut avoir un gouvernement qui n'est pas assis sur des mœurs publiques fermes et saines.

C'est donc à ces mœurs qu'il faut songer, c'est de ce côté qu'il faut que tous les bons citoyens, je le répète et je les en supplie, dirigent leurs regards ; car, là est le péril qui menace non pas le ministère, non pas un homme, non pas un parti, mais permettez-moi de le crier à cette Chambre et à la France tout entière, qui menace notre honneur au dehors, notre sécurité au dedans, la sécurité de la nation et de chacun des citoyens qui la composent, et qui met en péril tout ce qui attache et lie les hommes au sol de la patrie.

C'est donc vers ce but qu'il faut que les bons citoyens tournent leurs regards, c'est là le mal auquel il faut songer, c'est à ce mal qu'il faut chercher à porter remède. C'est en cherchant ce mal que l'on peut se réunir de quelque point de la Chambre que l'on soit parti ; c'est pour parvenir à guérir ce mal que l'on peut faire une coalition légitime et sainte. (Très-bien ! très-bien !)

Ces préoccupations ne se trouvent pas dans l'adresse ; rien ne prouve, dans la conduite des ministres, qu'ils les aient eues, qu'elles aient influencé leur conduite.

Je vote donc contre l'adresse. (Vive approbation à gauche.)

(Pendant l'interruption qui suit ce discours, l'orateur reçoit de nombreuses félicitations.)

(Extrait textuel du *Moniteur* du 19 janvier 1842.)

# DISCOURS

PRONONCÉ A LA CHAMBRE DES DÉPUTÉS, LE 28 JANVIER 1843, DANS LA DISCUSSION
DU PROJET D'ADRESSE AU ROI.

Messieurs,

L'honorable préopinant vient de traiter avec un grand talent que je reconnais, avec une chaleur de conviction et un vrai courage que j'honore profondément, non-seulement la question du droit de visite, mais encore la question de la traite et de l'esclavage.

Mais si je ne me trompe, ce qui préoccupe particulièrement en ce moment et la Chambre et le pays, ce ne sont pas ces questions toutes seules, ce sont les relations actuelles de la France et de l'Angleterre, à propos de ces questions. (*A gauche* : Très-bien!) C'est là la grande affaire, l'affaire du moment; c'est cette affaire que je veux aborder.

Je rechercherai d'abord quels sont, à mon avis, les véritables auteurs du mal que je déplore, et je rechercherai ensuite quels sont, à mon sens, les remèdes.

Messieurs, toute la politique extérieure du cabinet peut se réduire à ceci : La paix comme fin, le retour à l'alliance anglaise comme moyen.

M. le ministre des affaires étrangères a défini lui-même cette politique, en disant que c'était une politique tranquille, modeste, sans bruit, sans éclat, ayant eu pour résultat de nous faire accepter par l'Europe.

Je pourrais dire que si la modestie est une vertu de parti-

culiers, elle sied mal à un grand peuple. Je pourrais dire
encore que je n'ai pas souvenance d'un gouvernement noú-
veau qui soit parvenu à se fonder en mettant toute sa gloire
à se faire *accepter* par ses voisins. Mais je me borne à montrer quelle est cette politique du ministère, et je dis quels
en ont été les résultats.

Je crois que je puis affirmer, sans que personne me dé-
mente, qu'aujourd'hui l'alliance anglaise est plus près d'être
détruite, si même elle ne l'est complétement, qu'elle ne l'a
jamais été, et par conséquent que si jamais la paix du monde
a pu courir quelques hasards, c'est à présent.

Messieurs, quelles sont les causes réelles de cet état de
choses ? quels en sont les auteurs ?

Je sais qu'on dit dans l'étranger que la véritable cause de
cet état de choses est la légèreté du pays, son caractère
changeant, tracassier, querelleur. Ces choses se disent publiquement à l'étranger ; elles se disent secrètement ici. Je
crois, pour ma part, qu'elles sont fausses ; je crois qu'il est
non-seulement mauvais, mais dangereux de laisser retomber
sur le pays la responsabilité de la situation critique où nous
sommes ; je crois que cette responsabilité tout entière doit
peser, non pas sur le pays, mais sur les étrangers d'abord,
et ensuite, je me crois obligé de le dire, sur le cabinet. (Exclamations au centre.)

M. le ministre des affaires étrangères a dit qu'au fond de
tout ce qui se passe se trouvait ce traité du 15 juillet 1840.
Il a raison. Ne craignez pas, messieurs, que je rentre, à propos de ce traité fatal, dans des discussions irritantes. Non,
je me bornerai à constater, avec M. le ministre des affaires
étrangères lui-même, que ce traité a laissé dans le pays une
irritation profonde, et j'ajouterai légitime. Le cabinet du
29 octobre a voulu calmer cette irritation. Je ne l'en blâme
pas ; mais de quels moyens s'est-il servi ?

Il a cru que, pour rapprocher les peuples, il suffisait de
rapprocher les gouvernements.

C'était, suivant moi, une erreur, une idée prise dans un autre âge.

Dans le temps où nous sommes, messieurs, dans ce temps où l'opinion publique est puissante partout et en beaucoup de lieux souveraine, il n'y a qu'une base solide pour l'alliance des peuples. Ce n'est pas le caprice de la volonté des gouvernants qui les lie, c'est la libre et puissante sympathie des nations elles-mêmes. (*A gauche* : Très-bien ! très-bien !)

Tant que cette sympathie n'est pas établie, je soutiens que créer entre les peuples des affaires communes, c'est leur apporter non pas des gages d'amitié, mais des causes journalières de dissension et de querelles.

J'ai donc toujours pensé et je pense encore que la vaine et inutile convention des détroits, au lieu de diminuer l'irritation créée par le traité du 15 juillet 1840, l'a encore accrue. Je le crois, je le dis. M. le ministre des affaires étrangères ne l'a pas pensé ainsi ; car, à peine cette convention a-t-elle été faite, qu'il a persévéré dans la même voie, il a fait ce que je puis appeler encore le fatal traité de 1841.

Ce traité, messieurs, était mauvais en lui-même ; il avait, de plus, le danger particulier de froisser plusieurs intérêts considérables qui devaient nécessairement se dresser contre lui. Il avait, de plus, cet inconvénient, de soulever des questions très-difficiles, des questions de souveraineté ; car il s'agissait de faire arrêter des nationaux par des étrangers ; des questions de constitutionnalité, car il s'agissait de savoir si le roi seul pouvait faire des traités de cette espèce. Non-seulement sur le terrain de ce traité se rencontrait le sentiment national, mais encore d'autres sentiments également puissants et vivaces, le sentiment commercial, l'orgueil maritime de la France.

Il y aurait donc eu en tout temps un danger très-grand à faire un traité de cette espèce. En tous temps, il aurait mis, suivant moi, en péril l'alliance anglaise. Mais, de plus, à l'époque où on l'a signé, il était prodigieusement dangereux et inopportun ; il était souverainement imprudent de faire un pareil traité dans l'état où était l'opinion publique.

M. le ministre des affaires étrangères, permettez-moi de vous le dire, vous ne connaissez pas encore complétement le peuple que vous voulez diriger. (Murmures prolongés au centre.) Parce que la France, sous la pression de toute l'Europe, était résignée, vous l'avez crue contente ; parce qu'elle ne se plaignait plus, vous avez cru qu'elle avait oublié. C'était une erreur.

Vous en avez commis une autre plus grave, quoique plus naturelle : vous avez cru que cette même majorité qui vous avait aidé dans votre politique vous suivrait dans ce nouveau chemin, et vous n'avez pas vu que le sentiment public pesait sur cette majorité comme sur la minorité de cette Chambre, et que cette majorité saisirait la première occasion de se soulager, aux yeux du pays, de l'appui qu'elle vous avait prêté.

A GAUCHE : Très-bien ! très-bien ! (Rumeurs au centre.)

M. DE TOCQUEVILLE. Le traité du 15 juillet 1840 avait amassé au fond du cœur de la France des sentiments amers et pénibles ; vous avez fourni à ces sentiments un terrain sur lequel ils ont pu s'épancher.

C'est à partir de ce moment que les récriminations contre l'Angleterre, que les tristes souvenirs, que les outrages quelquefois et souvent les menaces, se sont fait jour.

Croyez-vous que, pour ma part, je me sois réjoui de cet état de choses ? Non, non ! Je ne sais si l'union intime et permanente de l'Angleterre et de la France n'était pas une chimère, mais c'était une belle chimère. L'idée de ces deux grands peuples, si grands par les armes, si grands par les arts, si grands par l'esprit, enveloppant en quelque sorte l'univers de leurs vastes bras et le forçant à se tenir en repos et en paix ; cette idée-là était grande, messieurs, et, quel que soit l'intérêt particulier de ma patrie, permettez-moi de la regretter pour le bonheur du genre humain. (Très-bien!)

De plus, je vous l'avoue, messieurs, je crois qu'il n'est pas de la dignité de la France d'attaquer, d'injurier un peuple voisin, à moins qu'on n'ait les armes à la main.

Vous le dirai-je encore? ces menaces m'ont profondément peiné. Et pourquoi? Parce que j'ai craint qu'il ne se rencontrât pas au besoin un gouvernement prêt à les soutenir. Je ne veux pas que nous redonnions de nouveau le triste exemple de 1840. (Approbation à gauche.)

Ainsi donc, messieurs, ce traité de 1841, qui, dans la pensée du ministère, devait calmer l'irritation produite par le traité du 15 juillet 1840, ce traité a beaucoup augmenté l'irritation de la France.

Je reconnais de plus, et avec M. le ministre des affaires étrangères, qu'il a fait naître l'irritation en Angleterre. Et pourquoi l'irritation en Angleterre est-elle née? A cause de nos discours, direz-vous, à cause de nos paroles? Que M. le ministre des affaires étrangères me permette de lui dire : Surtout à cause des vôtres. (Mouvement.) Lorsque vous espériez que les Chambres s'associeraient à votre politique et vous permettraient de ratifier les traités, qu'avez-vous dit? Vous avez dit que *l'honneur d'une nation était de garder sa parole.* Vous avez dit, que dis-je? vous avez répété six fois que la France était *moralement engagée,* et c'est après que ces paroles solennelles ont été prononcées que vous avez été obligé de refuser la ratification.

Qu'est-ce à dire, messieurs? Ainsi donc, aux yeux de l'Angleterre, nous sommes accusés faussement ; par qui? par le chef ou du moins par le ministre le plus important de notre cabinet ; accusés de quoi? d'avoir violé notre parole ; accusés encore de quoi? d'avoir manqué à une obligation morale, c'est-à-dire à ce qu'il doit y avoir de plus sacré parmi les hommes ; comment pouvez-vous croire que l'Angleterre, qui se croit avertie d'un si grand tort par une parole aussi formelle, sortie d'une pareille bouche, n'ait pas ressenti une profonde irritation contre nous? J'ai donc raison de dire que ce ne sont pas seulement nos paroles, mais les vôtres, qui ont fait naître l'irritation en Angleterre. (*A gauche* : Très-bien!)

Mais ce ne sont pas seulement les paroles qui ont fait naître l'irritation en Angleterre, il faut le reconnaître ; ce sont les actes.

En ne vous assurant pas d'avance de l'état de l'opinion publique en France sur le traité que vous étiez en train de conclure, en surprenant la nation et en la mettant dans l'alternative ou d'accepter un traité qu'elle croyait nuisible au bien de l'État, ou de refuser la ratification, vous nous avez fatalement fait faire une chose permise sans doute, mais grave, très-grave, une chose qui, parmi les nations civilisées, a toujours paru, sinon une injure, du moins un fait avoisinant le mauvais procédé.

Je vous dirai, de plus, avec les égards que je dois à votre personne, mais avec la fermeté que je me dois à moi-même, je vous dirai : En demeurant aux affaires... (Interruption.)

Voix au centre : Ah! c'est donc là la question ! (Mouvements divers.)

M. de Tocqueville. Pourriez-vous croire, messieurs, que, dans une question pareille, je me laissasse transporter par le désir de faire une attaque directe au cabinet, et d'amener, autant que mes moyens me le permettent, sa chute? En vérité, ce serait de ma part une occupation bien puérile... (Exclamations.)

Mais ne sais-je pas que les ministres qui sont assis sur ces bancs sont les organes mais non pas la pensée du gouvernement? (Réclamations au centre.)

M. le ministre des affaires étrangères. Qu'est-ce que cela veut dire ? c'est inconstitutionnel.

M. de Tocqueville. Je vais vous l'expliquer, et vous verrez que ce que je viens de dire ne peut blesser personne. (Bruit.)

Je crois que MM. les ministres actuellement sur ces bancs représentent, à l'intérieur du moins, un système de gouvernement qui a pour lui la majorité de cette Chambre. Il est donc très-simple, très-constitutionnel surtout, de dire que l'intérêt de l'opposition à changer le nom des ministres quand elle ne change pas le système du gouvernement, est puéril. (Agitation.) Et, pour ma part, je déclare que si, en vue de cette misérable question ministérielle, je pouvais consentir à dire des paroles et à avancer des opinions qui pussent compromettre la paix et la prospérité de mon pays, je ne ferais pas seulement à mes propres yeux un acte infâme, mais un acte absurde.

Je reviens à ce que je disais.

Je disais donc que M. le ministre des affaires étrangères, en entrant aux affaires, après avoir été obligé de refuser la ratification du traité de 1841, avait aggravé notre position vis-à-vis de l'Angleterre; (C'est vrai!) et voici pourquoi:

Nous avons fait, messieurs, une chose presque inouïe: nous avons désavoué le négociateur, et nous l'avons laissé à la tête de nos affaires. De telle sorte que l'Angleterre, au lieu de voir dans le refus de ratification un de ces grands mouvements nationaux créés par le besoin de faire triompher un grand intérêt national, a pu n'y voir qu'une misérable envie de la blesser. C'est cette fausse apparence que vous nous avez donnée en restant aux affaires. L'Angleterre n'a pu voir les causes particulières qui vous maintenaient; elle n'a vu que le fait, et ce fait lui a paru un nouveau grief. J'ai donc raison de dire que la persistance des membres du cabinet à rester aux affaires a rendu notre position vis-à-vis de l'Angleterre plus grave qu'elle n'aurait été sans cela.

J'ajoute, et j'ajoute seulement en passant, que ce fait nous a affaiblis vis-à-vis de toute l'Europe, en diminuant nos moyens de traiter.

Et, en effet, quelle est la faiblesse relative des peuples

constitutionnels en matière de diplomatie? C'est qu'en traitant avec leurs princes, on ne peut compter sur la persistance de la volonté de ceux-ci, parce que cette volonté est,
jusqu'à un certain point, soumise à celle du parlement.

Quel est le remède? Le remède, c'est que les chefs naturels du parlement, de la majorité du parlement, qui sont les
ministres, engagent leur intérêt, leur responsabilité, dans
le résultat de la négociation; non-seulement alors on traite
avec le prince, mais encore avec certains hommes qui représentent le parlement, et qui perdront leur place si le
traité en négociation n'est pas conclu.

Voilà les vrais principes en droit constitutionnel, et je défierais (je suis cependant peu de chose à côté de lui), je défierais M. le ministre des affaires étrangères d'en venir professer d'autres à cette tribune, et de vous dire qu'un pays
avec lequel on ne peut traiter avec sécurité, d'une part,
parce que le prince est dépendant en quelque sorte du parlement, et, de l'autre, parce que le parlement n'est jamais
engagé dans la négociation par l'intérêt de ses chefs, que ce
pays-là n'est pas dans une position affaiblie vis-à-vis de toute
l'Europe.

Ainsi donc, messieurs, le cabinet, par une suite de mesures que je crois pouvoir qualifier, suivant l'opinion, non-
seulement de la minorité, mais peut-être de la majorité de
cette Chambre, d'imprudentes; le cabinet, au lieu de calmer
l'irritation qu'il voulait détruire, l'a accrue en France, l'a
fait naître en Angleterre. Il a formé une sorte de champ-
clos; il y a amené les deux nations face à face, et nous a
réduits à ne chercher que les moyens de sortir de cette situation difficile.

Je reconnais que, dans l'état où se trouvent maintenant
les choses, toutes les conduites offrent quelques périls.
Faut-il persister dans l'exécution des traités de 1831 et
de 1833, comme le demande le cabinet? Faut-il, au contraire, solliciter immédiatement de l'Angleterre la modifica-

tion de ces traités ? Je reconnais, je le répète, que dans ces deux conduites il y a quelque péril ; seulement, je suis convaincu que la plus périlleuse des deux conduites, c'est de persister dans les traités.

Vous avez sans doute remarqué, messieurs, que dans toutes les grandes affaires humaines il y avait une pensée secrète qu'on n'avouait pas, mais qui était comme le nerf caché de la conduite. Je crois que le ministère du 29 octobre a, dans la circonstance présente, une pensée de cette espèce, et je vais tâcher de la dire : Il sait que la France est vive ; il la suppose mobile ; il espère qu'en gagnant du temps elle perdra de vue l'objet qui l'a préoccupée dans ce moment, et que bientôt tout ce grand incendie s'éteindra de lui-même.

Je ne sais si ce résultat est à désirer ; mais, ce que je sais, c'est qu'il n'est pas probable, et voici pourquoi :

Ne remarquez-vous pas, messieurs, qu'il se passe en ce moment un phénomène singulier ? La vie publique semble se retirer du terrain de la politique intérieure pour entrer et se fixer de plus en plus sur le théâtre de la politique étrangère. Quant à moi, je m'explique facilement ce phénomène. En substituant les intérêts aux opinions, en disséminant les partis, en en faisant de la poussière politique, en dégoûtant, si j'ose le dire, le pays de lui-même, en lui rendant sa politique intérieure sans intérêt, sans grandeur, vous l'avez nécessairement poussé en quelque sorte, malgré lui, vers l'extérieur. (Mouvements divers.) Cela était inévitable ; car il faut bien que la vie politique, chez un peuple libre, s'exerce quelque part.

Non-seulement cela est arrivé par cette cause générale que je viens d'indiquer, mais encore par une cause plus particulière, mais aussi plus puissante. Il y a, messieurs, dans cette Chambre, un grand nombre d'hommes politiques qui sont, il faut le reconnaître, dans une situation fort gênante ; ils veulent tout à la fois deux choses, jusqu'à un certain point contradictoires : ils veulent renverser le ministère et ne

point se brouiller avec la majorité qui soutient les ministres.
(Rires d'approbation.)

Comment faire pour atteindre ce double résultat? La méthode est très-claire. Ce qui tient le plus au cœur de la majorité de cette Chambre, ce sont des affaires du dedans. En
admettant que tout est bien au dedans et que tout est mal au
dehors, on en arrive précisément au résultat que je viens de
dire. Cette méthode est efficace, mais elle est dangereuse;
car quand, par un esprit de parti, on suscite les passions du
pays sur une question de politique intérieure, on n'a en
face de soi que la nation. Mais, et M. le ministre des affaires
étrangères doit assurément être de mon avis, quand on a une
fois agité la nation sur les questions extérieures, ainsi qu'il
l'a fait lui-même; lorsqu'on l'a mise debout, pour ainsi
dire, en lui parlant de la dignité nationale outragée, on a
devant soi, non-seulement la nation, mais encore l'étranger : on a deux adversaires pour un.

Cette marche est donc extrêmement dangereuse, messieurs.
Si elle peut être favorable à l'intérêt particulier, elle est assurément contraire à l'intérêt général.

Les deux causes dont je viens de parler, agissant à la fois
chez nous, ont eu pour résultat d'attirer et de maintenir l'esprit public sur le terrain de la politique extérieure; il est arrivé maintenant à ce que j'appellerai la portion de ce terrain
la plus périlleuse, la politique extérieure relativement à l'Angleterre. Vous croyez que l'émotion dont vous êtes témoins
va passer? vous vous figurez que c'est un fait nouveau? Mais
ne voyez-vous pas que ce fait nouveau, si imprudemment
créé, a ses racines dans toutes les antiquités de notre histoire? C'est une passion nouvellement rallumée, il est vrai;
mais cette passion a été brûlante, elle a habité pendant des
siècles le cœur de la France, elle a pénétré jadis dans ses
habitudes, elle s'est mêlée à son génie. Cette passion, c'est
la rivalité contre l'Angleterre. Et vous croyez que cette passion, ainsi rallumée, va sur-le-champ s'éteindre; que ce

sentiment nouveau, enté sur un sentiment si ancien et si vivace, va demain disparaître. Je crois que vous vous trompez; je crains qu'elle ne soit plus durable que vous ne vous le figurez, et je ne doute pas que l'exécution des traités de 1831 et de 1833 ne lui donne chaque jour de nouveaux aliments.

Remarquez-le bien! ces traités ne ressemblent à aucun autre; ils contiennent deux mesures tout à fait extraordinaires.

D'abord ils donnent à la force armée d'une nation le droit exorbitant d'arrêter les criminels d'une autre nation; et où cela? dans les solitudes de l'Océan, là où tout peut se faire, où tout peut se supposer.

Les traités de 1831 et de 1833 contiennent une disposition tout aussi singulière, ils accordent au tribunal d'une nation le droit de juger une nation étrangère. (Réclamations au centre.)

M. BERRYER. Oui, pour l'indemnité.

M. DE TOCQUEVILLE. Voici dans quel cas : Si la chose est déniée... (Non! non!)

Eh bien, je dis que des traités d'une nature si extraordinaire, si inouïe, si contraire aux habitudes de toutes les nations civilisées, ne peuvent exister en paix que lorsqu'il se rencontre entre les deux nations qui les ont faits, non-seulement de la bienveillance, non-seulement de l'amitié, mais de l'intimité véritable. Si les deux nations qui ont fait des traités de cette espèce ne sont pas dans des rapports d'intimité réelle et continue; si, au contraire, elles sont irritées l'une contre l'autre, je dis que de pareils traités amèneront nécessairement, dans un temps plus ou moins long, dans un temps que je ne peux pas préciser, mais dans un temps quelconque, les récriminations, les mauvais procédés, la violence et enfin la guerre.

Je crois donc profondément qu'il y a un danger très-grand à laisser, dans l'état actuel des esprits en Angleterre,

surtout dans l'état des esprits en France, subsister ces traités. Je suis convaincu que tôt ou tard, je le répète, ils amèneront la guerre.

Maintenant, examinons l'autre partie. Faut-il demander
aux Anglais de modifier ces traités? D'abord, on vous dit :
Prenez-y garde, toute demande de négociation nouvelle est
périlleuse; elle peut mener aussi à la guerre. Et pourquoi,
messieurs? Sans doute, l'Angleterre est une brave nation;
elle ne craint pas plus la guerre que nous, je le reconnais.
Mais pourquoi aimerait-elle la paix moins que nous? La paix
nous est fructueuse; mais, pour l'Angleterre, la paix a été
conquérante. Tandis que nous faisons des routes, que nous
décrétons des chemins de fer, des canaux, que fait l'Angleterre? Elle ouvre la Chine à ses marchandises et à ses
idées. L'Angleterre a-t-elle eu besoin de la guerre pour
nous chasser de l'Espagne? La paix lui suffit, je le répète,
la paix de l'Angleterre a été conquérante, et je ne croirai
jamais qu'elle préfère à cette paix si utile le droit de visite.

De plus, M. le ministre des affaires étrangères lui-même
l'a dit, les Anglais sont un peuple sensé, et j'ajoute un
peuple qui a des habitudes constitutionnelles mieux établies
qu'aucun autre; un peuple qui sait quelle est la puissance
de l'opinion, puissance à laquelle on doit des égards, même
dans ses écarts, à laquelle on doit l'obéissance quand elle est
juste. L'Angleterre sait que tous les membres qui m'écoutent sur ces bancs ont été nommés aux cris : *Pas de droit
de visite!* (Réclamations au centre.)

Je ne sais pas si quelques-uns le nient maintenant, mais
je pense que beaucoup ne l'auraient pas nié alors. Je crois
que presque tous les membres de cette Chambre ont été
nommés aux cris : *Pas de droit de visite!* (*Aux extrémités.*
C'est vrai, c'est vrai!)

Eh bien, l'Angleterre, qui est un pays sage, l'Angleterre
gouvernée, je ne crains pas de le dire, par un grand homme
d'État, par le plus grand homme d'État, sans doute, qui

existe maintenant en Europe, ne comprendrait pas cette situation de la France? elle ne comprendrait pas que non-seulement notre intérêt, mais aujourd'hui notre honneur parlementaire, est de faire ce que le pays tout entier nous a chargés d'exécuter; qu'il est inutile et serait dangereux de résister à ce courant impétueux de l'opinion publique que nous avons accepté, sur lequel beaucoup d'entre nous se sont laissé porter? L'Angleterre sait cela, messieurs, et par conséquent elle ne doit pas se refuser aux exigences de notre opinion publique, parce qu'elle sait [respecter la sienne.

Et d'ailleurs, en vérité, que demandons-nous, de renoncer à abolir la traite? Non, c'est une calomnie contre la France. Quant à moi, si je croyais que l'abolition du droit de visite dût conduire à éterniser la traite, je e serais pas à cette tribune.

Nous ne demandons pas qu'on cesse de vouloir abolir la traite, mais seulement qu'on cherche un autre moyen de l'abolir.

M. LE MINISTRE DES AFFAIRES ÉTRANGÈRES. Trouvez-le.

M. DE TOCQUEVILLE. Messieurs, je m'arrête un instant sur cette interpellation d'un de MM. les ministres, qui me dit : Trouvez le moyen.

Je crois, messieurs, que ce moyen existe : il a été indiqué par des gens plus habiles que moi. Ce n'est pas l'abolition de l'esclavage dont parlait tout à l'heure M. de Gasparin, c'est l'abolition du marché. (A gauche. C'est cela même.)

Qu'est-ce qui arrive dans nos colonies? Dans nos colonies, depuis dix ans, on n'introduit pas un seul esclave. Pourquoi cela? Est-ce que l'esclavage est détruit? Non, il y est en vigueur; cependant on n'introduit pas d'esclaves. Il est donc possible d'abolir le marché sans abolir l'esclavage.

Je sais bien qu'il peut y avoir des difficultés à obtenir des deux seuls peuples chez lesquels on achète encore un grand nombre d'esclaves, d'abolir d'une manière efficace, le marché; mais je dis que c'est là une entreprise praticable, une entreprise qui n'est pas au-dessous des efforts de l'Europe réunie; c'est, dans tous les cas, une entreprise qui, suivant moi, a plus de chances de succès que celle qui consiste à vouloir abolir la traite à l'aide du droit de visite; et c'est à cela que j'allais arriver quand M. le ministre m'a interrompu.

En effet, nous demandons non pas, comme je l'ai dit, de renoncer à abolir la traite, nous demandons seulement qu'on cherche un autre moyen. Pourquoi demandons-nous qu'on renonce à ce moyen? Par des raisons excellentes. D'abord nous prétendons que l'expérience a prouvé que ce moyen augmentait infiniment les cruautés de la traite, ces cruautés que M. de Gasparin vient de vous dépeindre tout à l'heure avec tant de chaleur et d'éloquence, nous prétendons cela, et nous le prouvons, les historiens anglais à la main; nous le prouvons avec le récit des voyageurs anglais.

Nous prétendons, en second lieu, que l'expérience a montré que le droit de visite était inefficace pour faire disparaître la traite, et même, quoi qu'en dise M. de Gasparin, pour l'arrêter.

Savez-vous quel est aujourd'hui, autant qu'on peut le savoir, car on ne peut arriver à des chiffres exacts en cette matière, quel est le nombre d'esclaves qui traversent ainsi l'Océan sur ces misérables vaisseaux dont vous a parlé M. de Gasparin? 200,000. (Interruption prolongée. — Rumeurs dubitatives.)

Si la chambre est portée à me contester ce chiffre...

M. ISAMBERT. Non, non !

M. DE TOCQUEVILLE. Elle me permettra de lui lire la citation suivante qui n'établit pas le chiffre, il est vrai, mais qui établit que la traite n'a pas diminué.

C'est une dépêche adressée par M. Aston, ministre anglais en Espagne, insérée dans le *Moniteur* du 17 janvier 1842, et dans laquelle le ministre anglais dit : « Malgré la coopération franche et loyale que l'Espagne a donnée à l'abolition de la traite, il est incontestable que l'abus, au lieu de diminuer, n'a fait qu'augmenter. »

Ainsi les Anglais eux-mêmes, par l'organe d'un de leurs représentants diplomatiques, reconnaissaient que le droit de visite a été profondément inefficace pour détruire la traite dans le passé. Mais il le serait bien plus encore dans l'avenir, car si l'on avait l'espérance d'arriver un jour à détruire la traite par le droit de visite, c'était au moyen de l'accord de tous les pavillons, et vous savez que les Anglais viennent eux-mêmes d'enlever cet argument aux partisans du droit de visite, en signant le traité Ashburton.

Maintenant, je vous le demande, lorsqu'on viendra dire à l'Angleterre : Nous voulons la même fin que vous ; le concert que vous désirez, nous sommes prêts à le donner, mais nous voulons le donner d'une autre manière. Dans ce moment nous nous abstenons même de vous indiquer un autre moyen que le droit de visite ; seulement nous vous engageons à examiner avec nous s'il n'y en a pas un autre. Est-il possible de croire que, placé en présence d'une demande semblable, si modérée, si juste, le gouvernement anglais refuse ; qu'il nous refuse en nous menaçant de la guerre ?

Ah ! messieurs, si en effet le gouvernement anglais faisait cette réponse et que M. le ministre des affaires étrangères l'acceptât, je n'aurais rien à répondre, sinon que je le plains profondément d'avoir si vivement ému le pays, il y a trois ans, au nom de la dignité nationale. (A gauche. Très-bien ! très-bien !)

Mais croyez-vous que si même l'Angleterre n'était pas portée par ses propres sentiments à nous accorder notre demande, croyez-vous que le bon sens général et public de l'Europe ne l'y forcerait pas ? Est-ce qu'il n'y a pas, dans le temps où nous vivons, une sorte de raison universelle qui pèse sur chaque gouvernement en particulier et l'oblige à se conformer à ses arrêts? Est-ce qu'il y a un seul pays qui puisse échapper longtemps à cette nécessité morale que crée l'opinion européenne? Je soutiens qu'il n'y a pas de pays civilisé en Europe qui, témoin de la proposition faite à l'Angleterre, et apprenant le refus de celle-ci, ne nous donnât raison et ne lui donnât tort. Et je pense que l'Angleterre, ainsi isolée, ne pourrait se soustraire à ce sentiment universel.

Quant à moi, messieurs, je suis convaincu que l'Angleterre consentira à négocier; mais c'est à condition que nous ferons deux choses : il faut d'abord que nous manifestions clairement, modérément, sans doute; mais clairement, catégoriquement, notre pensée. Pas d'équivoque, messieurs; elle serait funeste, elle ne serait honorable pour personne. (Très-bien!) Allons au fond des choses. Il y a deux opinions dans cette Chambre : l'une, qui est celle des ministres, et suivant laquelle il ne faut rien changer aux traités de 1851 et de 1833, quant à présent.

Je crois que cette opinion est partagée par un très-petit nombre de membres; à ce point, que j'admire, pour ma part, le courage que vient de manifester M. de Gasparin en voulant la défendre.

Il y a une autre opinion, que je crois presque universelle : je me trompe peut-être, mais je le crois ainsi. Cette opinion demande qu'on entre, s'il se peut, en négociation pour changer la forme de ces traités.

Eh bien, est-ce qu'il n'est pas absolument nécessaire que la Chambre se décide entre ces deux opinions? Est-ce qu'il serait digne d'elle que ceux qui pensent l'une de ces choses si contraires et ceux qui pensent l'autre pussent en quelque sorte se mêler et se cacher dans la même phrase. (A gauche. Très-bien! très-bien!) Non-seulement cela ne serait pas honorable, mais cela serait extrêmement dangereux; car quelle chance avons-nous d'agir sur l'Angleterre, sinon par la manifestation pacifique, mais très-claire, de notre désir! Si l'Angleterre veut conserver les traités de 1851 et de 1833, et cela est bien certain, pourquoi consentirait-elle à les abolir, s'il n'était bien établi que tel est le vœu de notre pays? Comment voulons-nous peser sur elle, peser comme on pèse sur une nation alliée, par notre désir, si ce désir reste douteux?

Le succès tient à une seconde condition. Il faut que nous ayons un gouvernement qui veuille la même chose que nous. (C'est cela!)

Je crois, pour ma part, que sur la politique extérieure il y a un dissentiment profond, radical, entre la majorité de cette assemblée et le ministère. Cette situation, je n'ai pas besoin de vous le dire, cela a été remarqué par d'autres bien mieux que je ne peux le faire aujourd'hui; cette situation est complétement anormale, elle est contraire aux premiers principes du gouvernement représentatif; elle en use, elle en tend les ressorts. Mais ce n'est pas cela que je veux dire : ce que je veux dire, c'est que cette situation inconstitution-nelle est en même temps un immense affaiblissement de la France vis-à-vis de l'Angleterre dans la question présente. Quand la nation demande à l'Angleterre de négocier, que fait l'Angleterre pour lui résister? Elle s'appuie sur notre gouvernement. Assurément, messieurs, nous n'avons pas trop de toutes nos forces pour réussir dans une question de cette espèce; nous n'avons pas trop de la puissance de la majorité, aidée de la puissance du gouvernement. (Approba-tion aux extrémités.) Agir autrement, c'est nous réduire vo-lontairement à l'impuissance.

M. le ministre des affaires étrangères nous a dit, il a dit à une autre Chambre, avec raison, je le reconnais, qu'il était imprudent de traiter des questions extérieures à la tribune. Cela est vrai dans l'état normal du gouvernement représen-tatif. Je comprends très-bien que, quand une nation est d'ac-cord avec son gouvernement sur le but que doit poursuivre la politique extérieure, elle laisse le gouvernement parfaite-ment libre de choisir en silence et en secret ses moyens. Je comprends cela ; mais quand la majorité de la nation et le parlement croient et sont assez fondés à croire que le ministère veut autre chose que ce qu'ils veulent eux-mêmes, quel autre moyen, je le demande, y a-t-il de se tirer de cette situation bizarre et complexe, que d'appeler la question à cette tribune? Je ne connais pas d'autre solution à un pareil problème, et si M. le ministre des affaires étrangères juge qu'il y en a un autre, je le prie de vouloir bien me l'indiquer.

Je déclare qu'il est dangereux, en effet, de traiter en général les questions de politique extérieure à cette tribune, et, en particulier, d'y apporter cette question brûlante du droit de visite ; mais quel est le moyen de faire cesser le mal dont je me plains ? Il n'y en a qu'un seul. Soyons fermes et sincères dans notre adresse, messieurs ; alors seulement, soyez certains que vous n'aurez plus besoin de revenir deux fois sur ce dangereux sujet. (Vive approbation aux extrémités.)

(Extrait textuel du *Moniteur* du 29 janvier 1843.)

# DISCOURS

PRONONCÉ A LA CHAMBRE DES DÉPUTÉS, LE 2 MARS 1845,
DANS LA DISCUSSION GÉNÉRALE DU PROJET DE LOI RELATIF AU CRÉDIT SUPPLÉMENTAIRE
POUR LES DÉPENSES SECRÈTES DE 1845.

Messieurs,

La Chambre a écouté hier avec un vif intérêt, que je comprends, l'honorable M. Dufaure expliquant les raisons particulières qui l'avaient porté à se séparer du cabinet, et qui le rapprochaient d'une opposition qui sera toujours heureuse de compter dans ses rangs un homme de son mérite et de sa valeur. (Très-bien!)

La Chambre a entendu également M. le ministre des affaires étrangères dans sa réponse, laquelle, si je ne me trompe, à travers l'éloquence et la beauté incontestable de la forme, s'est réduite à ceci : « Nous ne disons pas qu'à une époque quelconque des réformes ne deviendront pas nécessaires, mais nous les ferons quand il nous plaira..... » (Interruption.)

*Voix au centre.* Il n'a pas dit cela.

M. DE TOCQUEVILLE. Je crois que c'est le sens de ses paroles. « Nous pensons, a-t-il ajouté, c'est également suivant moi, le véritable sens de ses paroles, qu'il peut être bon un jour de revenir sur les traités de 1831 et de 1833 ; nous nous en occuperons quand il plaira au cabinet anglais... » (Vives réclamations au centre.)

M. Teste, *ministre des travaux publics.* Il n'a pas dit cela. C'est un travestissement de ses paroles.

M. DE TOCQUEVILLE. L'explication qui a eu lieu devant vous, messieurs, hier, était suivant moi nécessaire, sinon peut-être pour l'éclaircissement des questions, au moins pour la dignité des personnes. Mais doit-elle suffire à la Chambre? quelque intéressant qu'il soit pour elle de savoir ce que pensent les unes des autres les personnes éminentes qui la composent, il y a, si je ne me trompe, quelque chose de plus grand que les personnes, ce sont les affaires générales du pays.

Mon intention, messieurs, est de me borner à l'examen de cette question générale, je demande donc à la Chambre son indulgence.

Messieurs, on a attaqué souvent, en détail, sur des faits particuliers, la politique extérieure du cabinet. Quant à moi, je crois que tous les faits qu'on lui a reprochés dérivent tous d'une même idée, et c'est vers cette idée centrale que je vais chercher sur-le-champ à marcher.

Il y a, messieurs, un certain nombre de personnes en France qui pensent ceci : que c'est trop faire en même temps que de vouloir, au dedans consolider un gouvernement nouveau, et exercer une grande influence au dehors; que dans l'état des esprits chez nous, avec l'affaiblissement du pouvoir, avec les passions révolutionnaires qui fermentent encore dans le pays, tenter un grand effort au dehors, se mêler d'une grande affaire, ou même d'une affaire importante, c'est compromettre à la fois la tranquillité au dedans et peut-être l'indépendance nationale au dehors. Ces personnes pensent que, dans cet état des esprits et des choses, il est nécessaire que, pour un temps plus ou moins long, la France se retire en quelque sorte à l'écart du grand mouvement européen; qu'elle ne se mêle que très-rarement des grandes affaires, qu'elle n'y touche que de loin et d'une main fort légère; qu'elle se renferme, s'il se peut, en elle-même, et évite tout ce qui ressemble à un effort sous lequel le gouvernement nouveau et l'ordre intérieur pourraient succomber.

Je crois que telle est l'idée que j'appellerai centrale, qui a dominé jusqu'à présent non-seulement la politique extérieure du cabinet actuel, mais même la politique extérieure de plusieurs des cabinets qui l'ont précédé. Je dis que ce n'est pas seulement l'opposition de cette Chambre qui a signalé depuis longtemps l'existence d'une pareille idée. Dans un grand nombre de cas particuliers, des hommes éminents qui ont fait partie de l'administration elle-même ont fait ressortir cette même idée en la combattant dans quelques-unes de ses applications diverses; si on rassemble leurs paroles en un seul tout, on en arrive à dire, en d'autres termes, ce que je viens de dire.

C'est, pour nommer les personnes par leur nom, c'est l'honorable M. Thiers en 1837, en 1839, en 1840; c'est l'honorable M. Villemain, lorsqu'il qualifiait le système que je combats avec une sévérité que je ne veux pas imiter: c'est l'honorable M. Dufaure; c'est l'honorable M. Passy; c'est enfin M. le ministre des affaires étrangères lui-même, lorsqu'il est venu, en 1839, attaquer d'une manière si énergique et si vive ce qu'il appelait une politique compromettante au dehors et dangereuse au dedans.

Eh bien, messieurs, je crois, moi, que cette idée d'où découlent en quelque sorte forcément toutes les autres comme de leur source naturelle; cette idée que la France, dans l'état actuel de ses institutions et de ses mœurs, ne peut, sous peine de faire tomber la dynastie et de périr elle-même, ne peut rien tenter de considérable en Europe, je crois que cette idée est fausse, et surtout dangereuse.

Assurément, je n'ai jamais cru, pour ma part, que la Révolution de juillet ait mis dans nos mains cette force conquérante et révolutionnaire dont se sont servis nos pères pour changer la face de l'Europe : je pense que ceux qui ont cru, en 1830 et depuis, trouver dans leurs mains une force semblable, se sont trompés; mais je pense, en même temps, que le gouvernement produit de cette révolution, ce gouvernement qui est le représentant direct et nécessaire de tant d'intérêts nouveaux, qui est le symbole vivant et nécessaire aussi de tant d'idées et de tant de passions nouvelles; je pense que ce gouvernement a dans ses mains une force dont il ne semble pas s'apercevoir lui-même. Et que si cette force ne suffit pas pour produire les grands effets dont je parlais tout à l'heure, et je ne souhaite pas, pour ma part, qu'elle les produise, je suis convaincu qu'elle suffirait, du moins, si elle était bien comprise et bien employée, pour permettre à la France de prendre dans l'ordre non plus révolutionnaire, mais régulier et normal des faits, l'influence puissante et souvent prépondérante que notre pays est accoutumé à exercer depuis trois cents ans, et qu'il n'exerce pas, il faut bien le dire, depuis près de dix ans. (*A gauche.* Très-bien!)

Je dis, messieurs, que cette idée fausse et pernicieuse est l'idée qui a dominé non-seulement le cabinet d'aujourd'hui, mais presque tous les cabinets qui l'ont précédé.

Je dis que cette idée a été et sera la vraie source de toutes les fautes et de toutes les faiblesses qui se sont fait et se feront sentir longtemps, de ces fautes et de ces faiblesses dont aujourd'hui nous avons pour ainsi dire à régler le compte général et à recueillir l'héritage. En voulez-vous des preuves? Je n'irai pas les chercher dans les plans politiques que l'opposition présentait jadis aux différents cabinets. Je ne reprocherai pas à ces cabinets de n'avoir pas, par suite de l'idée exagérée qu'ils avaient conçue de la faiblesse du gouvernement nouveau, suivi ces plans. Ils peuvent avoir eu raison de ne pas le faire; mais ce que je leur reproche, c'est d'avoir douté d'eux-mêmes à ce point qu'ils ont successivement abandonné leur propre politique toutes les fois qu'elle a exigé de leur part un effort, tant ils semblaient craindre que tout effort ne fût mortel au gouvernement nouveau. J'en citerai deux preuves très-considérables.

Il n'y a pas de point de la politique extérieure auquel le gouvernement ait attaché plus de prix depuis sa naissance qu'à l'alliance intime avec l'Angleterre : c'était, à ses yeux, le gage de la paix générale qu'il désirait par-dessus toutes choses. Je ne lui reprocherai pas cette politique; mais je veux lui reprocher d'avoir manqué de l'énergie nécessaire pour la faire triompher. Il était bon sans doute de vouloir vivre en intimité avec le cabinet anglais; mais il fallait alors savoir accepter les conséquences de cette liaison intime. Le cabinet anglais est un cabinet résolu, hardi, prompt, disposé à saisir tout ce que la fortune lui offre, et, pour rester intimement uni avec un cabinet de ce caractère, il faut apporter dans la politique des qualités de la même nature; et ce sont précisément ces qualités dont vous avez bientôt manqué.

Un jour s'est présenté, en effet, où le cabinet anglais a cru qu'il était de la plus grande utilité d'intervenir en Espagne. Cette affaire était pour lui de la plus haute importance, d'une importance nationale; car il craignait que le triomphe de don Carlos n'amenât le triomphe d'une influence contraire à celle de l'Angleterre; d'un intérêt capital pour le cabinet, car ce cabinet savait que le triomphe de don Carlos amènerait la ruine des whigs en Angleterre.

Le cabinet anglais a donc proposé à la France d'intervenir, et l'en a pressée. C'était une affaire simple; l'expérience l'a prouvé. Avec la coopération du cabinet anglais, l'affaire ne présentait pas de difficultés graves; mais c'était une affaire, et la politique permanente du gouvernement était qu'il était dangereux d'entrer dans une affaire à l'extérieur. On a donc refusé. Qu'en est-il résulté? Le cabinet anglais en a éprouvé une profonde irritation. Le prix de l'alliance française, à ses yeux, s'en est diminué prodigieusement; il vous a montré moins d'égards parce qu'il vous

prisait moins. Peu à peu il s'est séparé de vous, et enfin il
est arrivé, après vous avoir abandonnés dans l'affaire belge,
après beaucoup de froideur et de raccommodements im-
parfaits, à se passer tout à fait de votre concours, et à
régler sans vous l'affaire d'Orient par ce fatal traité du
15 juillet, dont vous subissez en ce moment les funestes
conséquences.

Ainsi, vous avez manqué du degré d'énergie nécessaire
pour mener à bout, non pas la politique qui vous avait été
suggérée par l'opposition en 1830, mais celle même que vous
avez toujours considérée vous-même comme le principal but
de vos efforts, l'alliance anglaise.

Je passe au second. Vous avez désiré la chute de l'ancien
gouvernement de l'Espagne, je ne vous le reprocherai pas :
ce gouvernement était non-seulement antipathique à nos
mœurs et à nos habitudes nouvelles, mais au fond même de
nos habitudes et de nos mœurs ; toutefois, pour être absous
de l'avoir détruit, il fallait reproduire, sous une autre forme,
l'influence qu'il nous donnait depuis cent cinquante ans dans
les affaires de l'Espagne. C'est aussi de ce point de vue que
vous avez envisagé la question. M. le ministre des affaires
étrangères, qui est un si profond et souvent un si grand
historien, sait mieux que moi que, pour agir d'une manière
permanente, d'une manière continue et active sur un pays
en révolution, il n'y a qu'un moyen, c'est de s'attacher fortement à l'un des partis qui le divisent. On n'exerce d'influence dans un pays agité et en révolution qu'à ce prix.
Vous avez voulu suivre cette politique, vous vous êtes asso-
ciés au parti modéré en Espagne, et je crois que vous avez
bien fait, non-seulement parce que le parti modéré en Espagne me semble le plus raisonnable et le plus honnête,
mais encore parce que je crois qu'il représente évidemment
la volonté de la majorité du peuple espagnol. Vous avez
donc voulu vous unir à ce parti ; mais vous n'avez pas su
prendre les moyens nécessaires pour atteindre ce but de

votre propre politique. Ce parti était placé entre deux partis : d'un côté don Carlos qui l'attaquait, de l'autre l'anarchie, le parti révolutionnaire qui profitait de l'agitation que don Carlos créait en Espagne pour lui tenir tête.

Le parti modéré vous a appelés, il vous a suppliés de venir à son secours : c'était encore une affaire simple, une affaire qui ne présentait pas de difficultés considérables, l'expérience l'a prouvé; mais c'était une affaire, et vous n'en voulez d'aucune sorte. Vous avez donc refusé d'intervenir en Espagne, vous avez refusé itérativement. Qu'en est-il résulté? L'honorable M. Thiers, dans la discussion de 1837, avait prévu d'avance avec une grande sagacité, il faut le dire, ce qui en résulterait; il avait prévu qu'il en résulterait ces deux choses : que puisque vous n'aviez pas voulu vous déterminer dans une circonstance si favorable, lorsqu'il s'agissait d'un intérêt si grand, si vital pour vous, à faire un effort modéré et à entrer dans une affaire grave, mais cependant médiocrement dangereuse, vous avertiriez à tout jamais l'Europe qu'à aucun prix, pour aucune cause quelconque, quel que fût l'intérêt, vous ne prendriez à l'extérieur un parti énergique et décisif, et qu'en conséquence il résulterait de cette conviction que vous donneriez de vous aux étrangers un grand affaiblissement moral dans le monde.

Voilà la première conséquence; M. Thiers, avec justice, l'avait prévue. Voici la seconde conséquence : c'est que le parti que vous souteniez succomberait nécessairement par suite de ce refus de concours, et qu'il serait remplacé par un parti qui vous serait hostile, et c'est ce qui est arrivé.

Mais ce qui n'avait point été prévu, c'est la troisième conséquence que voici, conséquence non moins fâcheuse que les deux autres, et qui, dans ce moment-ci, cause les embarras au milieu desquels vous vous débattez inutilement.

On n'avait pas prévu que la lutte qui se prolongeait par

votre faute... Quand je dis par votre faute, je m'adresse non-seulement aux cabinets anciens sous lesquels cette faute a été commise, mais en quelque sorte au cabinet nouveau ; car M. le ministre des affaires étrangères a été l'un des principaux apôtres de cette politique, et il la continue encore en ce moment.

·On n'avait pas prévu, dis-je, que, de cette lutte prolongée par votre faute, il naîtrait nécessairement une armée, que cette armée créerait tôt ou tard un général ; que ce général, à l'aide des partis, plus tard, grâce à leur lassitude, arriverait enfin au souverain pouvoir ; qu'une fois là il créerait en Espagne une force indépendante sur laquelle vous n'auriez plus d'action, et qui tôt ou tard vous deviendrait hostile.

C'est ce qui est arrivé ; ce général a été créé ; il s'est emparé du pouvoir ; il y est parvenu malgré vous ; il y est aujourd'hui contre vous, et vous avez assez fait pour l'aliéner à jamais, pas assez pour l'abattre. Aujourd'hui, par une fatalité singulière, il se trouve avoir dans ses mains, non-seulement la destinée de votre alliance présente, mais en quelque sorte la destinée de vos alliances futures, puisqu'il peut dominer la question du mariage de la reine.

Eh bien, voilà où vous en êtes arrivés. Non-seulement vous n'avez pas suivi, je le répète, par crainte de toute espèce d'affaires, par défiance profonde du pays et de vous-mêmes, non-seulement vous n'avez pas suivi la politique que vous indiquait l'opposition, je ne vous le reproche pas, mais vous n'avez pas osé suivre votre propre politique ; dans l'exécution de vos propres idées, vous avez échoué à chaque pas par votre propre faiblesse, et vous vous êtes jetés, par peur du moindre péril, dans le dédale de difficultés sans nombre au travers desquelles vous vous débattez aujourd'hui sans savoir comment en sortir.

Et encore, si cette résolution profonde où je sais que vous êtes, de ne vous mêler d'aucune affaire, de n'entrer dans aucun des grands intérêts qui se débattent en Europe, et dont vous craignez qu'un embarras quelconque puisse sortir pour vous, si cette résolution était cachée au fond de vos cœurs, je n'irais pas m'en plaindre à cette tribune : mais elle est aujourd'hui écrite sur vos fronts.

Quel est l'État en Europe, petit ou grand, qui se figure que, dans une affaire quelconque, petite ou grande, mais dont des difficultés peuvent sortir, la France se mettra en avant, qu'elle restera sur la brèche, qu'elle poursuivra ses entreprises jusqu'au bout; je dis ses entreprises les plus justes, les plus nécessaires, qu'elle les poursuivra jusqu'au bout? Quel est l'État, quel est le cabinet quelconque qui puisse se livrer, permettez-moi de le dire, à une pareille rêverie? Il n'en est aucun; tout le monde sait que vous ne vous mêlerez de rien, que vous ne ferez rien. Eh bien, si en agissant ainsi on peut arriver à fonder la tranquillité d'un règne, croyez-moi, on ne fondera jamais la permanence d'une dynastie : on n'en a pas encore fondé de cette manière. Ce n'est pas ainsi qu'on les enracine dans le sol. Non, messieurs, tôt ou tard, mon pays verra que ce que je dis là, l'expérience viendra le démontrer.

*A gauche.* Très-bien! très-bien!

(Extrait du *Moniteur* du 5 mars 1845.)

# DISCOURS

PRONONCÉ LE 23 AVRIL 1845, A LA CHAMBRE DES DÉPUTÉS, A L'OCCASION
D'UN DÉBAT RELATIF A LA LIBERTÉ RELIGIEUSE, EN RÉPONSE A M. MARTIN DU NORD,
MINISTRE DE LA JUSTICE ET DES CULTES [1]

Messieurs,

Je prie la Chambre de remarquer qu'il y a ici deux questions : une question de fait et une question de droit.

Il paraît, d'après ce que M. le garde des sceaux vient de dire, que tous les protestants de France ne sont pas d'accord aujourd'hui pour se plaindre, et cela n'a rien qui doive surprendre.

Ceux d'entre eux qui ont un culte payé, ceux qui ont le gouvernement de leur Église, ceux-là se tiennent pour satisfaits, c'est tout simple ; tandis qu'au contraire, ceux qui veulent se soustraire à ces gouvernements ecclésiastiques pour adorer Dieu à leur manière, ceux-là se plaignent.

M. Kœchlin. Ce ne sont pas des protestants. (Mouvements en sens divers.)

M. de Tocqueville. Vous venez d'entendre M. de Gasparin. Il paraît donc que les protestants de France sont divisés sur la question. Mais que nous importe? la question qui nous occupe doit-elle donc se vider par les opinions, les intérêts des sectes protestantes? Est-ce que ce n'est pas ici

---

[1] M. le garde des sceaux soutenait que l'article 291 du Code pénal est applicable aux réunions religieuses, et en concluait que nulle réunion de ce genre ne peut avoir lieu sans l'autorisation de l'administration.

une question qui domine tous les cultes, qui intéresse tous les citoyens? Est-ce qu'il s'agit de savoir si tels ou tels protestants sont satisfaits de la jurisprudence actuelle? Non, non : la question est plus haute, elle plane au-dessus de toutes les religions. Ce n'est pas une question de religion, c'est une question de droit. La question est de savoir si, dans ce pays de liberté, la première de toutes les libertés humaines, la plus sainte, la plus sacrée, la liberté religieuse, la France l'a comprise avant que j'aie eu besoin de la lui nommer; si dans ce pays de liberté il sera permis ou non d'adorer son Dieu sans avoir l'autorisation du commissaire de police. (*A gauche.* C'est cela!)

Telle est la question; elle n'est pas ailleurs. Cette question a été longuement, éloquemment développée, il y a un an, devant la chambre; et, en voyant le vote si disputé, si débattu, obtenir une majorité décisive, j'avais pensé que M. le garde-des-sceaux ne tarderait pas à demander une solution au parlement. Il ne l'a pas fait : au lieu de cela, il a eu recours à un expédient qui est, j'ose le dire, caractéristique du tempérament habituel du cabinet, un expédient qui, comme d'ordinaire, n'a satisfait personne. Il a laissé subsister la jurisprudence antérieure; il a laissé les autorités locales commencer, en vertu de cette jurisprudence, des poursuites; mais il n'a pas laissé arriver les poursuites jusqu'aux tribunaux. Ainsi aux partisans du monopole de l'État, il a dit : vous voyez bien que je poursuis; aux partisans de la liberté il a pu dire : vous voyez bien que je ne fais point condamner.

De cette manière il a amorti, je le reconnais, l'irritation précédemment produite : de cette manière, il est arrivé qu'un grand nombre d'hommes qui avaient eu à se plaindre ne se sont pas plaints; mais au fond il n'a rien fait qui pût donner la satisfaction légitime qui était due à la liberté sacrée dont je parlais tout à l'heure.

Et cependant, messieurs, je vous le demande (je ne veux

point entrer dans les détails de la question, je ne veux que
vous poser en deux mots la question elle-même, et je
crois que la poser c'est la résoudre; et cependant qu'a dit la
Charte? La Charte a dit que chaque citoyen aurait la liberté
religieuse. Qu'est-ce que c'est que la liberté religieuse?
Est-ce la liberté accordée à chaque homme de croire au
fond de sa conscience ce qu'il lui plaît? Mais cette liberté-là,
messieurs, quel gouvernement aurait le pouvoir de l'arracher à aucun homme? Quel est le tyran qui a jamais eu la
pensée, je ne dirai pas atroce, mais ridicule, d'empêcher
un homme de croire dans son for intérieur? Qu'est-ce donc
que la liberté religieuse? messieurs, c'est la liberté du
culte; la liberté est tout entière dans la liberté du culte,
dans le droit de prier en commun.

Maintenant, qu'est-ce que la liberté du culte? La liberté
du culte existerait-elle, si pour exercer mon culte, qui est le
premier de mes devoirs aux yeux de ma conscience, je suis
obligé d'obtenir l'autorisation préalable?

De grâce, messieurs, remontez en arrière, examinez dans
votre mémoire ce qui, dans tous les temps, et dans ce pays
en particulier, a toujours constitué la liberté. Où trouvez-
vous l'obligation de l'autorisation préalable précédant une
liberté? nulle part. Quand avez-vous cru avoir la liberté de
la presse? le jour où l'autorisation préalable a disparu.
Quand reconnaît-on qu'on aura réellement la liberté de l'instruction? le jour où l'on aura ôté à l'Université le droit de
donner l'autorisation préalable. Les hommes, même les
moins favorables à la liberté d'enseignement, ont été obligés
de reconnaître dans cette chambre et dans l'autre cette vérité : elle a été reconnue solennellement dans le rapport
même qui vous a été soumis l'année dernière : M. Thiers a
reconnu que, tant que la liberté d'enseignement dépendrait
de l'autorisation préalable, la liberté d'enseignement n'exis-
terait pas.

Ainsi, disons avec le bon sens de tous les siècles, avec

l'expérience de ce pays lui-même : liberté et autorisation préalable sont des mots qui se choquent entre eux et qui ne peuvent marcher ensemble.

Eh bien! voilà cependant le régime auquel est soumise la première, la plus inaliénable de toutes les libertés, dans ce pays qui a fait tant de révolutions sanglantes au nom sacré de la liberté : voilà où en est réduite la plus précieuse de toutes les libertés, la liberté religieuse.

Messieurs, je le confesse, ce que je dis là me paraît tellement élémentaire, tellement clair, tellement évident, que, pour comprendre que le gouvernement, sans nécessité, ait méconnu une vérité si manifeste, je ne puis m'empêcher de penser qu'il a cru avoir un grand intérêt à le faire.

Quel est cet intérêt? l'ordre public, dira-t-on. Je ne crois pas que l'ordre public fût ici en question ; je ne le crois pas, surtout quand je vois qu'il s'agit ici non pas d'une de ces rêveries de l'esprit humain qui peuvent se parer à tort ou à raison du nom de religion, mais d'un culte reconnu par l'État lui-même. L'ordre public n'était donc point ici en péril. Pourquoi donc le gouvernement a-t-il violé une liberté si sacrée? Je vous le dirai en très-peu de mots, car je ne veux pas empiéter sur une discussion solennelle qui aura bientôt lieu dans cette enceinte. Je suis porté à croire que les actes répétés dont nous parlons, les actes qui remontent à plusieurs années, qui ont été, dans ces années précédentes, beaucoup plus nombreux, beaucoup plus oppresseurs, je le confesse, qu'ils ne sont aujourd'hui ; je suis porté à croire, dis-je, qu'au moment où le gouvernement s'est livré à ces actes, il ne faisait qu'appliquer une idée générale. Cette idée générale, messieurs, quelle est-elle? A mon sens, l'idée générale était celle-ci : Le gouvernement a vu, après la Révolution de juillet, que, par le fait même de cette révolution qui avait si heureusement coupé les liens qui attachaient l'Église à l'État, la religion, pour la première fois, semblait se relever dans le pays, que les croyances reli-

gieuses paraissaient reprendre racine dans les cœurs; il a
vu cela, et aussitôt il a voulu mettre à son usage cette force
nouvelle qui se présentait; aussitôt, par un ensemble de
mesures qu'il nous serait facile de rappeler, mais que je ne
veux pas rappeler parce que je veux être court, il a tâché
d'attirer à lui le catholicisme, de mettre la main sur le
clergé, d'en faire un agent du gouvernement. (Mouvements
en sens divers. Agitation.) Eh, messieurs, la chambre va
voir tout à l'heure qu'en remuant pour un moment cette
question si brûlante, je ne cède pas à de misérables questions de partis : elle va le voir. Je disais donc que le gouvernement avait cru qu'il était dans son intérêt de se ratta-
cher le clergé, de faire du clergé, je le répète, un instrument de gouvernement.

Je dis que la plupart des actes dont nous nous plaignons
en ce moment à cette tribune ont pour origine cette pensée.
C'est ainsi que, pour ne pas sortir du cas qui nous occupe,
le gouvernement a voulu montrer au catholicisme qu'il se
plaçait, pour ainsi dire, entre lui et ses adversaires; qu'il
savait le défendre au besoin contre le prosélytisme; qu'il
veillait pour lui à ce que le prosélytisme ne devînt pas redoutable; qu'il savait être au besoin le bras séculier de l'É-
glise. Qu'est-il résulté de ces actes et de plusieurs autres
que je ne veux pas rappeler ici? Il en est résulté deux
choses : tous les anciens adversaires du catholicisme se sont
ranimés, réveillés à la vue de cette partialité du pouvoir.
Non-seulement les protestants ont été inquiets et émus en
voyant cette union nouvelle et qui semblait renaître entre
l'Église et l'État; mais les libres-penseurs, mais tous les
hommes sincères de toutes les communions et de toutes les
opinions, qui veulent la liberté complète, qui ne la veulent
pas seulement pour eux-mêmes et pour leurs amis, mais
pour tout le monde, tous ces hommes se sont inquiétés; une
agitation sourde s'est bientôt fait voir, non-seulement contre
le clergé, mais contre le catholicisme même. D'une autre

part, dans le même temps, et par suite des mêmes faits, le clergé, ou plutôt quelques hommes dans le clergé, se sont enhardis. Les hommes intolérants et ambitieux du clergé, il y en a de tels dans tous les corps, même dans les corps les plus honorables et les plus saints, ont cru que le moment était arrivé d'agir, de faire du nouveau, de reprendre enfin l'offensive. Fortifiés par cet appui secret qu'ils croyaient trouver dans le gouvernement, ils se sont livrés à ces attaques, à ces provocations, à ces violences déplorables dont nous avons été témoins, lesquelles, par un contre-coup iné-vitable, ont amené à leur tour les représailles violentes aux-quelles nous assistons.

Qu'est-il arrivé de tout ceci? Il est arrivé quelque chose, à mon sens, de profondément déplorable : il est arrivé que la grande et malheureuse guerre qui avait eu lieu jadis entre la société nouvelle et la religion, cette guerre qui semblait au moins suspendue, cette guerre a recommencé de toutes parts avec violence, et que nous en sommes enfin arrivés à contempler le triste spectacle des dissensions religieuses que nous avons aujourd'hui sous les yeux. Il en est résulté que nous avons vu se produire ces divisions déplorables, divisions funestes et qui ne dureront pas toujours, j'espère, entre les idées religieuses et les idées libérales, divisions que, pour mon compte, je déplore de toute mon âme; que je considère comme le plus grand malheur qui puisse arri-ver à la société de notre temps.

Quant à moi, je suis convaincu, et cette conviction, dût-elle rester individuelle et isolée, ne serait pas moins ferme à se produire; je suis profondément convaincu que, dans ce pays de France, la religion n'obtiendra jamais sur les cœurs l'empire qui lui est dû; qu'elle ne poussera jamais les âmes à la hauteur où elle peut les élever; qu'elle ne sera jamais complétement grande, si elle s'éloigne de la liberté; et d'une autre part, je suis profondément convaincu que, si la liberté se sépare d'une manière définitive et complète des croyances, il lui manquera toujours ce que je lui ai vu avec tant d'admiration dans d'autres pays, il lui manquera toujours cet élément de moralité, de stabilité, de tranquillité, de vie, qui seul la rend grande et féconde. (Très-bien!)

Ce n'est pas cela que je rêvais pour mon pays; j'ai toujours pensé que, bien que cette alliance de l'esprit de religion et de l'esprit libéral n'existât pas en France par des causes à l'examen desquelles je ne veux pas revenir, j'ai toujours pensé, dis-je, que cette union si nécessaire de la religion et de la liberté se ferait tôt ou tard; je l'ai crue faite après la Révolution de juillet, alors que j'ai vu la religion et l'État se séparer enfin d'une manière complète et absolue; le prêtre renfermé dans sa sphère, loin du pouvoir; quand j'ai vu, par suite de cette séparation si heureuse et si désirable, que les âmes les plus élevées s'élançaient comme d'elles-mêmes vers les croyances religieuses; quand j'ai vu d'une part les hommes religieux tendre la main aux hommes de liberté, et de l'autre les hommes de liberté tendre la main aux hommes religieux, j'ai cru alors que cette union allait se faire, et j'ai ressenti une grande et patriotique joie; et lorsque ensuite j'ai vu des impressions contraires se produire, j'ai éprouvé pour mon pays une profonde douleur. Qui accuser de ce grand mal? Je ne puis m'empêcher de le dire : avant tout, le gouvernement.

C'est principalement par la conduite qu'a tenue depuis quelques années le gouvernement envers le clergé, que tout ce qui se passe arrive ; c'est cette conduite qui a alarmé les uns et qui a donné une confiance si imprudente aux autres. C'est principalement cette conduite si dangereuse dans sa fatalité qui a réveillé de toutes parts tant de vieilles haines que, dans l'intérêt de la patrie, il aurait fallu ensevelir pour jamais. (Très-bien!).

M. de Tocqueville reçoit, en descendant de la tribune, les félicitations de plusieurs de ses collègues.

(Extrait textuel du *Moniteur* du 29 avril 1845.)

# RAPPORT

FAIT A LA CHAMBRE DES DÉPUTÉS, AU NOM DE LA COMMISSION
CHARGÉE D'EXAMINER LE PROJET DE LOI RELATIF AUX CRÉDITS EXTRAORDINAIRES
DEMANDÉS POUR L'ALGÉRIE (24 MAI 1847) [1].

Contrairement à ses usages, la Chambre a composé, cette année, la Commission des crédits extraordinaires d'Afrique de dix-huit membres au lieu de neuf. En prenant une mesure aussi exceptionnelle, elle a, sans doute, voulu manifester une pensée dont votre Commission a dû rechercher avec empressement le vrai sens.

Jamais notre domination en Afrique n'a semblé menacée de moins de dangers qu'en ce moment. La soumission dans la plus grande partie du pays, succédant à une guerre habilement et glorieusement conduite ; des relations amicales ou paisibles avec les princes musulmans nos voisins ; Abd-el-Kader réduit à se livrer à des actes de barbarie, qui attestent de son impuissance plus encore que de sa cruauté ; la Kabylie disposée à reconnaître notre empire ; l'instigateur de la dernière insurrection réduit à se remettre entre nos mains et venant faire appel à notre générosité après avoir vainement essayé de résister à notre force, tel est le spectacle qu'offrent aujourd'hui nos affaires.

Ce n'est donc pas dans la vue de conjurer des périls, que la Chambre a voulu provoquer, cette année, un examen plus solennel de la question d'Afrique. On peut dire, au contraire, que c'est le succès de nos armes et la paix qui en a été la suite, qui créent

---

[1] Sur les travaux de Tocqueville relatifs à l'Algérie, voir la préface mise en tête du tome I\*, pages 40 et suivantes.

aujourd'hui à ses yeux un état nouveau et appellent des résolutions
nouvelles.

La longue guerre qui a promené nos drapeaux dans toutes les
parties de l'ancienne Régence, et nous a montré les peuples indigènes dans toutes les situations et sous tous les jours, ne nous a
pas seulement fait conquérir des territoires, elle nous a fait acquérir des notions entièrement neuves ou plus exactes sur le pays et
sur ceux qui l'habitent. On ne peut étudier les peuples barbares
que les armes à la main. Nous avons vaincu les Arabes avant de
les connaître. C'est la victoire qui, établissant des rapports nécessaires et nombreux entre eux et nous, nous a fait pénétrer dans
leurs usages, dans leurs idées, dans leurs croyances, et nous a
enfin livré le secret de les gouverner. Les progrès que nous avons
faits en ce sens sont de nature à surprendre. Aujourd'hui, on peut
le dire, la société indigène n'a plus pour nous de voile. L'armée
n'a pas montré moins d'intelligence et de perspicacité quand il
s'est agi d'étudier le peuple conquis, qu'elle n'avait fait voir de
brillant courage, de patiente et de tranquille énergie en le soumettant à nos armes. Non-seulement nous sommes arrivés, grâce à
elle, à nous mettre au courant des idées régnantes parmi les Arabes, à nous rendre bien compte des faits généraux qui influent chez
eux sur l'esprit public et y amènent les grands événements, mais
nous sommes descendus jusqu'aux détails des faits secondaires.
Nous avons donné et reconnu les divers éléments dont la population indigène se compose; l'histoire des différentes tribus nous est
presque aussi bien connue qu'à elles-mêmes; nous possédons la
biographie exacte de toutes les familles puissantes; nous savons,
enfin, où sont toutes les véritables influences. Pour la première
fois, nous pouvons donc rechercher et dire, en parfaite connaissance
de cause, quelles sont les limites vraies et naturelles de notre domination en Afrique, quel doit y être pendant longtemps l'état normal de nos forces, à l'aide de quels instruments et de quelle manière il convient d'administrer les peuples qui y vivent, ce qu'il
faut espérer d'eux et ce qu'il est sage d'en craindre.

A mesure que nous connaissons mieux le pays et les indigènes,
l'utilité et même la nécessité d'établir une population européenne
sur le sol de l'Afrique, nous apparaissent plus évidentes.

Déjà, d'ailleurs, nous n'avons plus, en cette nature, de choix à faire ni de résolution à prendre. La population européenne est venue. La société civilisée et chrétienne est fondée. Il ne s'agit plus que de savoir sous quelles lois elle doit vivre, et ce qu'il faut faire pour hâter son développement.

Le moment est également venu d'étudier de plus près, et plus en détail qu'on n'a pu le faire jusqu'à présent, ce grand côté de la question d'Afrique. Tout nous y convie : l'expérience déjà acquise des vices de l'état de choses actuel, la connaissance plus grande que nous avons du pays et de ses besoins, la paix qui permet de se livrer, sans préoccupation, à une telle étude, et qui la rend facile et fructueuse.

Notre domination sur les indigènes, ses limites, ses moyens, ses principes ;

L'administration des Européens, ses formes, ses règles ;

La colonisation, son emplacement, ses conditions, ses procédés.

Tels sont donc les trois grands problèmes que soulèvent les deux projets de lois qui vous sont soumis, et dont la Chambre veut qu'on cherche en ce moment la solution devant elle.

Nous allons traiter dans le présent rapport toutes les questions qui se rattachent directement à la domination du pays conquis et à l'administration des Européens qui l'habitent.

Nous examinerons toutes les questions de colonisation dans le rapport sur la loi des camps agricoles.

## PREMIÈRE PARTIE

### DOMINATION ET GOUVERNEMENT DES INDIGÈNES.

La domination que nous exerçons dans le territoire de l'ancienne régence d'Alger est-elle utile à la France ?

Plusieurs membres de votre Commission ont vivement soutenu la négative.

La majorité, messieurs, tout en respectant, comme elles méritent de l'être, les convictions anciennes et très-sincères qui faisaient parler les honorables membres, et en constatant leur opinion, n'a pas cru qu'il fût nécessaire d'agiter de nouveau devant vous des questions si souvent débattues et depuis longtemps tranchées.

Nous admettrons donc, comme une vérité démontrée, que notre

domination en Afrique doit être fermement maintenue. Nous nous bornerons à rechercher ce qu'est aujourd'hui cette domination, quelles sont ses limites véritables, et ce qu'il s'agit de faire pour l'affermir.

Au point de vue de notre domination, la population indigène de l'Algérie doit être divisée en trois groupes principaux.

Le premier réside dans la vaste contrée, généralement connue sous le nom de Petit-Désert, et qui s'étend au sud depuis la fin des terres labourables jusqu'au commencement du Sahara.

La Chambre sait que les habitants de ce pays sont tout à la fois plus errants et plus sédentaires que la plupart des autres indigènes de l'Algérie. Le plus grand nombre parcourt chaque année des espaces immenses sans reconnaître, pour ainsi dire, de territoire. Les autres, au contraire, vivent dans des oasis où la propriété est individuelle, délimitée, cultivée et bâtie. Nos troupes n'ont point visité tout le Petit-Désert. Elles n'en occupent aucun point. Nous gouvernons la population qui l'habite par l'entremise de chefs indigènes, que nous ne surveillons que de très-loin. Elle nous obéit sans nous connaître. A vrai dire, elle est notre tributaire et non notre sujette.

A l'opposé du Petit-Désert, dans les montagnes qui bordent la mer, habitent les Kabyles indépendants. Jusqu'à présent nous n'avions jamais parcouru leur territoire. Mais, entourés aujourd'hui de toutes parts par nos établissements, gênés dans leurs industries, bloqués dans d'étroites vallées, ces peuplades commencent à subir notre influence et offrent, dit-on, de reconnaître notre pouvoir.

Le reste des habitants de l'Algérie, Arabes et Berbers, répandus dans les plaines ou sur les montagnes du Tell, depuis les frontières de Maroc jusqu'à celles de Tunis, forment le troisième groupe de population dont il reste à parler.

C'est dans cette partie du pays que se trouvent les villes, qu'habitent les plus grandes tribus, que se voient les plus grandes existences individuelles, que se rencontrent les terres les plus fertiles, les mieux arrosées, les plus habitables. Là ont eu lieu les principales expéditions militaires, et se sont livrés les grands combats. C'est là, enfin, que nous avons nos grands établissements, et que notre domination n'est pas seulement reconnue, mais assise.

La paix la plus profonde règne aujourd'hui sur ce vaste terri-

toire; nos troupes le parcourent en tous sens sans trouver la moindre résistance. L'Européen isolé peut même en traverser la plus
grande partie sans redouter de péril.

La soumission y existe partout; mais elle n'y a pas partout le
même caractère.

A l'est, notre domination est moins complète [peut-être qu'à
l'ouest, mais infiniment plus tranquille et plus sûre. En général,
nous y administrons les indigènes de moins près et d'une manière
moins impérative; mais notre suprématie y est moins contestée.
Beaucoup de chefs indigènes y sont plutôt nos feudataires que nos
agents; notre pouvoir y est tout à la fois moins absolu et moins en
péril. Une armée de 20 à 22 mille hommes suffit à la garde de
cette partie du pays, qui forme cependant la moitié de toute l'ancienne régence, et qui compte plus de la moitié de ses habitants.
La guerre y a été depuis quelques années presque inconnue.

Les populations de l'ouest, celles qui occupent les provinces
d'Alger et d'Oran, sont plus dominées, plus gouvernées, plus soumises, et en même temps plus frémissantes. Notre pouvoir sur elles
est plus grand et moins stable. Là, la guerre a renversé toutes les
individualités qui pouvaient nous faire ombrage, brisé violemment
toutes les résistances que nous avions rencontrées, épuisé le pays,
diminué ses habitants, détruit ou chassé en partie sa noblesse militaire ou religieuse, et réduit pour un temps les indigènes à l'impuissance. Là, la soumission est tout à la fois complète et précaire;
c'est là que sont accumulés les trois quarts de notre armée.

A l'est aussi bien qu'à l'ouest, notre domination n'est acceptée
que comme l'œuvre de la victoire et le produit journalier de la
force. Mais à l'est on la tolère, tandis qu'à l'ouest l'on ne fait encore
que la subir. Ici on comprend que notre pouvoir peut avoir certains
résultats utiles qui le rendent moins pesant; là, on semble n'apercevoir qu'une raison d'y rester soumis, c'est la profonde terreur
qu'il inspire.

Tel est l'aspect général que présente l'Algérie au point de vue de
notre domination.

En présence de ce tableau, messieurs, à la vue de cet état de
choses satisfaisant dans son ensemble, mais précaire dans quelques-
unes de ses parties, doit-on maintenir l'effectif actuel de notre
armée?

Deux membres ont demandé que l'effectif fût diminué, parce que, à leur avis, notre occupation devait être restreinte; d'autres ont pensé que, sans exposer notre domination et sans restreindre notre occupation, il était possible de diminuer de quelques milliers d'hommes le chiffre actuel de notre armée.

La Commission, tout en exprimant le vœu de voir diminuer l'effectif, n'a pas cru cependant qu'il fût sage de refuser au gouvernement, qui seul connaît parfaitement les faits et porte la responsabilité de leurs conséquences, les 94,000 hommes qu'il réclame.

En conséquence, elle vous propose d'accorder le crédit porté au projet de loi.

Votre Commission, messieurs, ne s'est pas déterminée à vous proposer le maintien de l'effectif, sans avoir examiné avec un très-grand soin les conséquences et la portée de cette résolution ; elle s'est demandé si le chiffre de 94,000 qu'on pose devant vous était encore un chiffre provisoire, qui, comme tant d'autres, dût bientôt s'accroître.

Elle n'oublie pas plus que vous quelles augmentations graduelles et incessantes ont été données à l'armée d'Afrique depuis dix-sept ans. En 1831, l'effectif des troupes françaises ne s'élevait qu'à 18,000 hommes de toutes armes; en 1834, à 50,000; en 1838, à 48,000; en 1841, à 70,000 ; en 1843, à 76,000 ; en 1845, à 83,000, et à 101,000 en 1846.

Cette progression doit-elle continuer à se suivre? Le chiffre qu'on nous demande représente-t-il, comme par le passé, une évaluation provisoire, doit-il indiquer un état final ? Cela importe à savoir, non-seulement dans l'intérêt de la France, mais dans celui de l'Algérie. Ce qui fatigue le pays, ce qui pourrait, à la longue, finir par le dégoûter de sa conquête, c'est moins la pesanteur même des charges qu'elle lui impose, que l'incertitude où on le tient sur leur étendue probable ou possible.

Nous croyons que le temps est venu d'éclaircir ces doutes, et nous allons essayer de le faire.

Pour que le chiffre de l'armée d'Afrique dût croître, il faudrait nécessairement admettre une de ces deux choses :

Ou que notre occupation dût encore s'étendre, ou que, dans les limites qu'elle a aujourd'hui, nos forces fussent insuffisantes pour assurer le maintien de notre domination.

Examinons ces deux hypothèses :

Il est très-difficile, sans doute, on doit le reconnaître, de savoir où l'on doit s'arrêter dans l'occupation d'un pays barbare. Comme on n'y rencontre d'ordinaire devant soi, ni gouvernement constitué, ni population stable, on ne parvient presque jamais à y obtenir une frontière respectée. La guerre qui recule les limites de votre territoire ne termine rien ; elle ne fait que préparer un théâtre plus lointain et plus difficile à une nouvelle guerre. C'est ainsi que les choses ont paru se passer longtemps dans l'Algérie elle-même. Une conquête ne manquait jamais de manifester la nécessité d'une nouvelle conquête ; chaque occupation amenait une occupation nouvelle, et l'on conçoit très-bien que la nation, voyant cette extension graduelle et continue de notre domination et de nos sacrifices, se soit quelquefois alarmée, et que les amis mêmes de notre conquête se soient demandé avec inquiétude quand seraient enfin posées ses extrêmes limites, et où s'arrêterait le chiffre de l'armée.

Ces sentiments et ces idées naissaient au sein de l'ignorance profonde dans laquelle nous avons vécu longtemps sur la nature du pays que nous.avions entrepris de dominer. Nous ne savions ni jusqu'où il était convenable d'aller, ni où il était non-seulement utile, mais nécessaire de s'arrêter.

Aujourd'hui on peut dire que, sur ces deux points, la lumière est faite.

Nous ne ferons que rappeler à la Chambre que l'Algérie présente ce bizarre phénomène d'un pays divisé en deux contrées entièrement différentes l'une de l'autre, et cependant absolument unies entre elles par un lien indissoluble et étroit. L'une, le Petit-Désert, qui renferme les pasteurs nomades ; l'autre, le Tell, où habitent les cultivateurs relativement sédentaires. Tout le monde sait maintenant que le Petit-Désert ne peut vivre, si on lui ferme le Tell. Le maître du Tell a donc été depuis le commencement du monde le maître du Petit-Désert ; il y a toujours commandé sans l'occuper, il l'a gouverné sans l'administrer. Or, nous occupons aujourd'hui, sauf la Kabylie, la totalité du Tell ; pourquoi occuperions-nous le Petit-Désert ? Pourquoi ferions-nous plus ou autrement que les Turcs, qui, pendant trois cents ans, y ont régné de cette manière ? L'intérêt de la colonisation ne nous force point à nous y établir, car nous ne pouvons songer à fixer des populations européennes dans ces contrées.

On peut donc dire sans tromper personne que la limite naturelle de notre occupation au sud est désormais certaine. Elle est posée à la limite même du Tell.

Il est vrai que dans l'enceinte du Tell existe une contrée que nous n'avons pas encore occupée, et dont l'occupation ne manquerait pas d'augmenter, d'une manière très-considérable, l'effectif de notre armée et le chiffre de notre budget. Nous voulons parler de la Kabylie indépendante.

La Chambre nous permettra de ne point nous étendre en ce moment sur la question de la Kabylie ; nous aurons plus loin l'occasion d'en parler, en rendant compte d'un incident qui a eu lieu dans le sein de la Commission. Nous nous bornerons à établir ici, comme un fait certain, qu'il y a des raisons particulières et péremptoires pour ne pas occuper la Kabylie.

Ainsi, nous sommes fondés à dire qu'aujourd'hui les limites vraies et naturelles de notre occupation sont posées.

Voyons si l'on peut également dire que dans ces limites les orces que nous possédons aujourd'hui seront désormais suffisantes.

L'expérience ne nous a pas seulement montré où était le théâtre naturel de la guerre. Elle nous a appris à la faire. Elle nous a découvert le fort et le faible de nos adversaires. Elle nous a fait connaître les moyens de les vaincre, et, après les avoir vaincus, d'en rester les maîtres. Aujourd'hui, on peut dire que la guerre d'Afrique est une science dont tout le monde connaît les lois, et dont chacun peut faire l'application presque à coup sûr. Un des plus grands services que M. le maréchal Bugeaud ait rendus à son pays, c'est d'avoir étendu, perfectionné et rendu sensible à tous cette science nouvelle.

Nous avons d'abord reconnu que nous n'avions pas en face de nous une véritable armée, mais la population elle-même. La vue de cette première vérité nous a bientôt conduit à la connaissance de cette autre, à savoir, que tant que cette population nous serait aussi hostile qu'aujourd'hui, il faudrait, pour se maintenir dans un pareil pays, que nos troupes y restassent presque aussi nombreuses en temps de paix qu'en temps de guerre, car il s'agissait moins de vaincre un gouvernement que de comprimer un peuple.

L'expérience a aussi fini par nous apprendre de quels moyens il fallait se servir pour comprimer le peuple arabe. Ainsi, nous n'avons pas tardé à découvrir que les populations qui repoussaient notre empire n'étaient point nomades, comme on l'avait cru longtemps, mais seulement beaucoup plus mobiles que celles d'Europe. Chacune avait son territoire bien délimité dont elle ne s'éloignait pas sans peine, et où elle était toujours obligée de revenir. Si on ne pouvait occuper les maisons des habitants, on pouvait donc s'emparer des récoltes, prendre les troupeaux et arrêter les personnes.

Dès lors, les véritables conditions de la guerre d'Afrique sont apparues.

Il ne s'agissait plus, comme en Europe, de rassembler de grandes armées destinées à opérer en masses contre des armées semblables, mais de couvrir le pays de petits corps légers qui pussent atteindre les populations à la course, ou qui, placés près de leur territoire, les forçassent d'y rester et d'y vivre en paix.

Rendre les troupes aussi mobiles que possible et les tenir toujours à portée des populations suspectes, telles furent les deux conditions du problème.

On renonça d'abord à presque tout ce qui encombre la marche des soldats en Europe. On supprima presque entièrement le canon; à la voiture on substitua le chameau ou le mulet. Des postes-magasins, placés de loin en loin, permirent de n'emporter avec soi que peu ou point de vivres. Nos officiers apprirent l'arabe, étudièrent le pays et y guidèrent les colonnes sans hésitation et sans détour. Comme la rapidité faisait bien plus que le nombre, on ne composa les colonnes elles-mêmes que de soldats choisis et déjà faits à la fatigue. On obtint ainsi une rapidité de mouvement presque incroyable. Aujourd'hui nos troupes, aussi mobiles que l'Arabe armé, vont plus vite que la tribu en marche.

En même temps qu'on rendait les troupes si mobiles, on recherchait et l'on trouvait les lieux où il était le plus utile de les cantonner. La guerre nous faisait démêler quelles étaient les populations les plus énergiques, les mieux organisées, les plus ennemies. C'est à côté ou au milieu de celles-là, que nous nous établissions pour empêcher ou pour comprimer leurs révoltes.

Le Tell tout entier est maintenant couvert par nos postes, comme par un immense réseau dont les mailles, très-serrées à l'ouest, vont s'élargissant à mesure qu'on remonte vers l'est. Dans le Tell de la province d'Oran, la distance moyenne entre tous les postes est de vingt lieues. Par conséquent, il n'y a presque pas de tribu qui ne puisse y être saisie le même jour, de quatre côtés à la fois, au premier mouvement qu'elle voudrait faire.

On peut encore discuter pour savoir si les postes sont tous placés où ils doivent l'être pour rendre le plus de services (nous parlerons de cette question à propos d'un crédit spécial), il est permis de rechercher s'il ne serait pas convenable d'accroître la force de quelques-uns, en diminuant celle de quelques autres. Mais on est d'accord que l'effectif de l'armée d'Afrique suffit très-largement à l'organisation de tous les postes nécessaires, et qu'à l'aide de ces postes, on est sûr de rester toujours maîtres du pays aujourd'hui conquis. Cette vérité, messieurs, est importante, et elle valait la peine d'être constatée.

Nous ne voulons point exagérer notre pensée. Nous ne prétendons pas dire qu'à l'aide de l'effectif actuel l'Algérie puisse lutter contre tous les périls qui pourraient naître d'une guerre étrangère, ni même qu'elle soit à l'abri des funestes effets que pourraient produire les passions ou les fautes de ceux qui la gouverneront désormais. Si l'on faisait dans le Petit-Désert des expéditions et des établissements inutiles, il est probable que l'effectif, quelque considérable qu'il soit, aurait de la peine à suffire. Si, contrairement au vœu exprimé à plusieurs reprises par les Chambres, et, nous pouvons le dire, aux lumières de l'expérience et de la raison, on entreprenait d'occuper militairement la Kabylie indépendante, au lieu de se borner à en tenir les issues, il est incontestable qu'il faudrait accroître bientôt le chiffre de notre armée; enfin, si, par un mauvais gouvernement, par des procédés violents et tyranniques, on poussait au désespoir et à la révolte les populations qui vivent paisiblement sous notre empire, il nous faudrait assurément de nouveaux soldats. Nous n'avons pas voulu prouver le contraire. Il n'y a pas de force matérielle, quelque grande qu'elle soit, qui puisse dispenser les hommes de la modération et du bon sens. La tâche du gouvernement est d'empêcher de tels écarts; ce n'est pas la nôtre. Tout ce que nous voulons dire est ceci : longtemps on a ignoré quelles étaient les vraies limites de notre domination et de

notre occupation en Afrique. Aujourd'hui elles sont connues. Longtemps on n'avait pas acquis les notions exactes de l'espèce et du
nombre des obstacles qui pouvaient se rencontrer dans ces limites ;
aujourd'hui on les possède. On a pu se demander longtemps à
l'aide de quelles forces, par quels moyens, suivant quelle méthode
on pouvait être sûr de vaincre les difficultés naturelles et permanentes de notre entreprise ; on le voit nettement aujourd'hui.
L'effectif actuel, bien qu'il ne pût peut-être pas suffire aux besoins
factices et passagers que feraient naître l'ambition et la violence,
doit répondre largement à tous les besoins naturels et habituels de
notre domination en Afrique. Une étude très-attentive et très-dé-
taillée de la question en a donné, à la majorité de la Commission,
la conviction profonde.

Mais elle n'a pas voulu s'arrêter là, elle a désiré rechercher quels
moyens on pourrait prendre pour diminuer graduellement cet effectif, et le réduire enfin à des proportions beaucoup moindres, sans
mettre notre établissement en péril.

Plusieurs membres ont pensé qu'il était peut-être possible de
distribuer les troupes de manière à leur faire produire les mêmes
effets, en restant moins nombreuses. D'autres ont dit que l'établissement et le perfectionnement des routes faciliteraient puissamment
notre domination, et pourraient permettre de diminuer l'armée.
Nous reviendrons, dans une autre partie du rapport, sur cette
question capitale des routes. Nous ne nions pas, messieurs, que ces
moyens ne soient très-efficaces. Nous pensons que leur judicieux
emploi nous permettrait de diminuer d'une manière assez notable
notre armée ; mais nous ne croyons pas qu'ils puissent suffire.

Ce serait, à notre sens, une illusion de croire que, par une
organisation nouvelle de la force matérielle, ou en mettant cette
force matérielle dans des conditions meilleures de locomotion, on
pût amener une diminution très-grande dans l'effectif de notre
armée. L'art des conquérants serait trop simple et trop facile, s'il
ne consistait qu'à découvrir des secrets semblables et à surmonter
des difficultés de cette espèce. L'obstacle réel et permanent qui
s'oppose à la diminution de l'effectif, sachons le reconnaître, c'est
la disposition des indigènes à notre égard.

Quels sont les moyens de modifier ces dispositions ; par quelle
forme de gouvernement, à l'aide de quels agents, par quels prin-

cipes, par quelle conduite doit-on espérer y parvenir? Ce sont là,
messieurs, les vraies et sérieuses questions que le sujet de la réduction de l'effectif soulève.

En fait, le système que nous suivons pour gouverner le pays qui
nous est soumis, quoique varié dans ses détails, est partout le même.
Différents fonctionnaires indigènes, établis ou reconnus par nous,
administrent, sous des noms divers, les populations musulmanes;
ce sont nos intermédiaires entre elles et nous. Suivant que ces
chefs-indigènes sont près ou loin du centre de notre puissance,
nous les soumettons à une surveillance plus ou moins détaillée, et
nous pénétrons plus ou moins avant dans le contrôle de leurs actes,
mais presque nulle part les tribus ne sont administrées par nous
directement. Ce sont nos généraux qui gouvernent; ils ont pour
principaux agents les officiers des bureaux arabes. Aucune institution n'a été, et n'est encore plus utile à notre domination en Afrique, que celle des bureaux arabes. Plusieurs Commissions de la
Chambre l'ont déjà dit, nous nous plaisons à le répéter.

Ce système, qui a été fondé en partie, organisé et généralisé par
M. le maréchal Bugeaud, repose tout entier sur un petit nombre de
principes que nous croyons sages.

Partout le pouvoir politique, celui qui donne la première impulsion aux affaires, doit être dans les mains des Français. Une
pareille initiative ne peut nulle part être remise avec sécurité aux
chefs indigènes. Voilà le premier principe.

Voici le second : La plupart des pouvoirs secondaires du gouvernement doivent, au contraire, être exercés par les habitants du
pays.

La troisième maxime du gouvernement est celle-ci : C'est sur
les influences déjà existantes que notre pouvoir doit chercher à
s'appuyer. Nous avons souvent essayé, et nous essayons encore
quelquefois, d'écarter des affaires l'aristocratie religieuse ou militaire du pays, pour lui substituer des familles nouvelles et créer
des influences qui soient notre ouvrage. Nous avons presque toujours échoué dans de pareils efforts, et il est aisé de voir, en effet,
que de tels efforts sont prématurés. Un gouvernement nouveau, et
surtout un gouvernement conquérant, peut bien donner le pouvoir
matériel à ses amis, mais il ne saurait leur communiquer la puissance morale et la force d'opinion qu'il n'a pas lui-même. Tout ce

qu'il peut faire, c'est d'intéresser ceux qui ont cette force et cette puissance à le servir.

Nous croyons ces trois maximes de gouvernement justes dans leur généralité; mais nous pensons qu'elles n'ont de véritable valeur que par la sage et habile application qu'on en fait. Nous comprenons que, suivant les lieux, les circonstances, les hommes, il faut s'en écarter ou s'y renfermer; c'est là le champ naturel du pouvoir exécutif; il n'y aurait pour la Chambre ni dignité, ni utilité, à vouloir y entrer plus avant que nous ne venons de le faire.

Mais si la Chambre ne peut entreprendre d'indiquer à l'avance, et d'une manière permanente et détaillée, quelle doit être l'organisation de notre gouvernement dans les affaires indigènes, et de quels agents il convient de se servir, elle a non-seulement le droit, mais le devoir de rechercher et de dire quel doit en être l'esprit, et quel but permanent il doit se proposer.

Si nous envisageons d'un seul coup d'œil la conduite que nous avons tenue jusqu'ici vis-à-vis des indigènes, nous ne pourrons manquer de remarquer qu'il s'y rencontre de grandes incohérences. On y voit, suivant les temps et les lieux, des aspects fort divers; on y passe de l'extrémité de la bienveillance à celle de la rigueur.

Dans certains endroits, au lieu de réserver aux Européens les terres les plus fertiles, les mieux arrosées, les mieux préparées que possède le domaine, nous les avons données aux indigènes.

Notre respect pour leurs croyances a été poussé si loin, que, dans certains lieux, nous leur avons bâti des mosquées avant d'avoir pour nous-mêmes une église; chaque année, le gouvernement français (faisant ce que le prince musulman qui nous a précédés à Alger ne faisait pas lui-même) transporte sans frais, jusqu'en Égypte, les pèlerins qui veulent aller honorer le tombeau du Prophète. Nous avons prodigué aux Arabes les distinctions honorifiques qui sont destinées à signaler le mérite de nos citoyens. Souvent les indigènes, après des trahisons et des révoltes, ont été reçus par nous avec une longanimité singulière; on en a vu qui, le lendemain du jour où ils nous avaient abandonnés pour aller tremper leurs mains dans notre sang, ont reçu de nouveau de notre générosité leurs biens, leurs honneurs et leur pouvoir. Il y a plus; dans plusieurs des lieux où la population civile européenne est mêlée à la population indigène, on se plaint, non sans quelque raison, que c'est en général l'indigène qui est le mieux protégé et l'Européen qui obtient le plus difficilement justice.

Si l'on rassemble ces traits épars, on sera porté à en conlure que notre gouvernement en Afrique pousse la douceur vis-à-vis des vaincus jusqu'à oublier sa position conquérante, et qu'il fait, dans l'intérêt de ses sujets étrangers, plus qu'il ne ferait en France pour le bien-être des citoyens.

Retournons maintenant le tableau, et voyons le revers.

Les villes indigènes ont été envahies, bouleversées, saccagées par notre administration plus encore que par nos armes. Un grand nombre de propriétés individuelles ont été, en pleine paix, ravagées, dénaturées, détruites. Une multitude de titres que nous nous étions fait livrer pour les vérifier n'ont jamais été rendus. Dans les environs mêmes d'Alger, des terres très-fertiles ont été arrachées des mains des Arabes et données à des Européens qui, ne pouvant ou ne voulant pas les cultiver eux-mêmes, les ont louées à ces mêmes indigènes, qui sont ainsi devenus les simples fermiers du domaine qui appartenait à leurs pères. Ailleurs, des tribus, ou des fractions de tribus qui ne nous avaient pas été hostiles, bien plus, qui avaient combattu avec nous et quelquefois sans nous, ont été poussées hors de leur territoire. On a accepté d'elles des conditions qu'on n'a pas tenues, on a promis des indemnités qu'on n'a pas payées, laissant ainsi en souffrance notre honneur plus encore que les intérêts de ces indigènes. Non-seulement on a déjà enlevé beaucoup de terres aux anciens propriétaires ; mais, ce qui est pire, on laisse planer sur l'esprit de toute la population musulmane cette idée, qu'à nos yeux la possession du sol et la situation de ceux qui l'habitent, sont des questions pendantes qui seront tranchées suivant des besoins et d'après une règle qu'on ignore encore.

La société musulmane, en Afrique, n'était pas incivilisée ; elle avait seulement une civilisation arriérée et imparfaite. Il existait dans son sein un grand nombre de fondations pieuses, ayant pour objet de pourvoir aux besoins de la charité ou de l'instruction publique. Partout nous avons mis la main sur ces revenus en les détournant en partie de leurs anciens usages ; nous avons réduit les établissements charitables, laissé tomber les écoles[1], dispersé les

---

[1] M. le général Bedeau, dans un excellent Mémoire que M. le ministre de la guerre a bien voulu communiquer à la Commission, fait connaître

séminaires. Autour de nous les lumières se sont éteintes, le recrutement des hommes de religion et des hommes de loi a cessé; c'est-à-dire que nous avons rendu la société musulmane beaucoup plus misérable, plus désordonnée, plus ignorante et plus barbare qu'elle n'était avant de nous connaître.

Il est bon sans doute d'employer comme agents de gouvernement des indigènes, mais à la condition de les conduire suivant le sentiment des hommes civilisés et avec des maximes françaises. C'est ce qui n'a pas eu lieu toujours ni partout, et l'on a pu nous accuser quelquefois d'avoir bien moins civilisé l'administration indigène, que d'avoir prêté à sa barbarie les formes et l'intelligence de l'Europe.

Aux actes sont quelquefois venues se joindre les théories. Dans des écrits divers, on a professé cette doctrine, que la population indigène, parvenue au dernier degré de la dépravation et du vice, est à jamais incapable de tout amendement et de tout progrès; que, loin de l'éclairer, il faut plutôt achever de la priver des lumières qu'elle possède; que, loin de l'asseoir sur le sol, il faut la repousser peu à peu de son territoire pour nous y établir à sa place; qu'en attendant, on n'a rien à lui demander que de rester soumise, et qu'il n'y a qu'un moyen d'obtenir sa soumission : c'est de la comprimer par la force.

Nous pensons, messieurs, que de telles doctrines méritent au plus haut point non-seulement la réprobation publique, mais la censure officielle du gouvernement et des Chambres; car ce sont, en définitive, des idées que les faits engendrent à la longue.

Nous venons de peindre deux excès ; la majorité de votre Commission pense que notre gouvernement doit soigneusement éviter de tomber dans l'un comme dans l'autre.

qu'à l'époque de la conquête, en 1837, il existait, dans la ville de Constantine, des écoles d'instruction secondaire et supérieure, où 600 à 700 élèves étudiaient les différents commentaires du Coran, apprenaient toutes les traditions relatives au Prophète, et, de plus, suivaient des cours dans lesquels on enseignait ou l'on avait pour but d'enseigner l'arithmétique, l'astronomie, la rhétorique et la philosophie. Il existait, en outre, à Constantine, vers la même époque, 90 écoles primaires, fréquentées par 1,300 ou 1,400 enfants. Aujourd'hui, le nombre des jeunes gens qui suivent les hautes études est réduit à 60, le nombre des écoles primaires à 30, et les enfants qui les fréquentent à 350.

Il n'y a ni utilité ni devoir à laisser à nos sujets musulmans des
idées exagérées de leur propre importance, ni de leur persuader que
nous sommes obligés de les traiter en toutes circonstances précisément comme s'ils étaient nos concitoyens et nos égaux. Ils savent
que nous avons, en Afrique, une position dominatrice ; ils s'attendent à nous la voir garder. La quitter aujourd'hui, ce serait jeter
l'étonnement et la confusion dans leur esprit, et le remplir de
notions erronées ou dangereuses.

Les peuples à demi civilisés comprennent malaisément la longanimité et l'indulgence ; ils n'entendent bien que la justice. La justice
exacte, mais rigoureuse, doit être notre seule règle de conduite
vis-à-vis des indigènes quand ils se rendent coupables envers
nous.

Ce que nous leur devons en tout temps, c'est un bon gouvernement. Nous entendons, par ces mots, un pouvoir qui les dirige,
non-seulement dans le sens de notre intérêt, mais dans le sens du
leur ; qui se montre réellement attentif à leurs besoins ; qui cherche
avec sincérité les moyens d'y pourvoir ; qui se préoccupe de leur
bien-être ; qui songe à leurs droits ; qui travaille avec ardeur au
développement continu de leurs sociétés imparfaites ; qui ne croie
pas avoir rempli sa tâche quand il en a obtenu la soumission et l'impôt ; qui les gouverne, enfin, et ne se borne pas à les exploiter.

Sans doute, il serait aussi dangereux qu'inutile de vouloir leur
suggérer nos mœurs, nos idées, nos usages. Ce n'est pas dans la
voie de notre civilisation européenne qu'il faut, quant à présent,
les pousser, mais dans le sens de celle qui leur est propre ; il faut
leur demander ce qui lui agrée et non ce qui lui répugne. La propriété individuelle, l'industrie, l'habitation sédentaire n'ont rien de
contraire à la religion de Mahomet. Les Arabes ont connu ou connaissent ces choses ailleurs ; elles sont appréciées et goûtées par
quelques-uns d'entre eux en Algérie même. Pourquoi désespére-
rions-nous de les rendre familières au plus grand nombre? On l'a
déjà tenté sur quelques points avec succès [1]. L'islamisme n'est pas

---

[1] Déjà un grand nombre d'hommes importants, désirant nous complaire
ou profitant de la sécurité que nous avons donnée au pays, ont bâti des
maisons et les habitent. C'est ainsi que le plus grand chef indigène de la
province d'Oran, Sidi-el-Aribi, s'est déjà élevé une demeure. Ses coreli-
gionnaires l'ont brûlée dans la dernière insurrection. Il l'a rebâtie de

absolument impénétrable à la lumière ; il a souvent admis dans son sein certaines sciences ou certains arts. Pourquoi ne chercherions-nous pas à faire fleurir ceux-là sous notre empire? Ne forçons pas les indigènes à venir dans nos écoles, mais aidons-les à relever les leurs, à multiplier ceux qui y enseignent à former les hommes de loi et les hommes de religion, dont la civilisation musulmane ne peut pas plus se passer que la nôtre.

Les passions religieuses que le Coran inspire nous sont, dit-on, hostiles, et il est bon de les laisser s'éteindre dans la superstition et dans l'ignorance, faute de légistes et de prêtres. Ce serait commettre une grande imprudence que de le tenter. Quand les passions religieuses existent chez un peuple, elles trouvent toujours des hommes qui se chargent d'en tirer parti et de les conduire. Laissez disparaître les interprètes naturels et réguliers de la religion, vous ne supprimerez pas les passions religieuses, vous en livrerez seulement la discipline à des furieux ou à des imposteurs. On sait aujourd'hui que ce sont des mendiants fanatiques, appartenant aux associations secrètes, espèce de clergé irrégulier et ignorant, qui ont enflammé l'esprit des populations dans l'insurrection dernière, et ont amené la guerre.

Mais la question vitale pour notre gouvernement, c'est celle des terres. Quel est en cette matière notre droit, notre intérêt et notre devoir ?

En conquérant l'Algérie, nous n'avons pas prétendu, comme les Barbares qui ont envahi l'Empire romain, nous mettre en possession de la terre des vaincus. Nous n'avons eu pour but que de nous emparer du gouvernement. La capitulation d'Alger, en 1830, a été rédigée d'après ce principe. On nous livrait la ville, et, en retour, nous assurions à tous ses habitants le maintien de la religion et de la propriété. C'est sur le même pied que nous avons traité depuis avec toutes les tribus qui se sont soumises. S'ensuit-il que nous

nouveau. Plusieurs autres ont suivi cet exemple, entre autres le Bach-Aga du Djendel Bou-Allem, dans la province d'Alger. Dans celle de Constantine, de grands propriétaires indigènes ont déjà imité en partie nos méthodes d'agriculture et adopté quelques-uns de nos instruments de travail. Le caïd de la plaine de Bone, Carési, cultive ses terres à l'aide des bras et de l'intelligence des Européens. Nous ne citons pas ces faits comme la preuve de grands résultats déjà obtenus, mais comme d'heureux indices de ce qu'on pourrait obtenir avec le temps.

ne puissions pas nous emparer des terres qui sont nécessaires à la
colonisation européenne? Non, sans doute; mais cela nous oblige
étroitement, en justice et en bonne politique, à indemniser ceux
qui les possèdent ou qui en jouissent.

L'expérience a déjà montré qu'on pouvait aisément le faire, soit
en concession de droits, soit en échange de terres sans qu'il en
coûte rien, soit en argent à bas prix. Nous l'expliquerons beaucoup
plus au long ailleurs; tout ce que nous voulons dire ici, c'est qu'il
importe à notre propre sécurité autant qu'à notre honneur de
montrer un respect véritable pour la propriété indigène, et de bien
persuader à nos sujets musulmans que nous n'entendons leur enlever sans indemnité aucune partie de leur patrimoine, ou, ce qui
serait pis encore, l'obtenir à l'aide de transactions menteuses et
dérisoires dans lesquelles la violence se cacherait sous la forme de
l'achat, et la peur sous l'apparence de la vente.

On doit plutôt resserrer les tribus dans leur territoire que les
transporter ailleurs. En général une pareille mesure est impolitique, car elle a pour effet d'isoler les deux races l'une de l'autre,
et, en les tenant séparées, de les conserver ennemies. Elle est, de
plus, très-dure, de quelque manière qu'on l'exécute[1].

[1] Partant de ce point que les populations arabes sont, sinon entièrement nomades, au moins mobiles, on en a conclu trop aisément qu'on
pouvait à son gré, et sans trop de violence, les changer de place; c'est
une grande erreur. La transplantation d'une tribu d'une contrée dans
une autre, quand elle ne s'opérait pas volontairement, en vue de très-
grands priviléges politiques (comme quand il s'agissait, par exemple, de
fixer sur un point des populations Makhzen); une pareille mesure a toujours paru, même du temps des Turcs, d'une dureté extrême, et elle a
été prise très-rarement. On n'en pourrait citer que très-peu d'exemples
durant le dernier siècle de la domination ottomane, et ces exemples n'ont
été donnés qu'à la suite de longues guerres et d'insurrections répétées;
comme cela a eu lieu pour la grande tribu des Righas, qu'on a transportée des environs de Miliana dans ceux d'Oran.

L'histoire de cette tribu des Righas mérite, sous plusieurs rapports,
l'attention de la Chambre. Elle montre tout à la fois combien il est difficile de déplacer des tribus, et à quel point le sentiment de la propriété
individuelle est puissant et la propriété individuelle sacrée.

Les Turcs, fatigués des révoltes incessantes qu'ils avaient à réprimer
chez les Righas, enveloppèrent un jour toute la tribu, la transportèrent
sur des terres que possédait le Beylick dans la province d'Oran, et permi-

Le moment où la population indigène a surtout besoin de tutelle est celui où elle arrive à se mêler à notre population civile, et se trouve, en tout ou en partie, soumise à nos fonctionnaires et à nos lois. Ce ne sont pas seulement les procédés violents qu'elle a alors à craindre. Les peuples civilisés oppriment et désespèrent souvent les peuples barbares par leur seul contact, sans le vouloir, et pour ainsi dire sans le savoir : les mêmes règles d'administration et de justice qui paraissent à l'Européen des garanties de liberté et de propriété apparaissent au barbare comme une oppression intolérable; les lenteurs qui nous gênent l'exaspèrent, les formes que nous appelons tutélaires, il les nomme tyranniques, et il se retire plutôt que de s'y soumettre. C'est ainsi que, sans recourir à l'épée, les Européens de l'Amérique du Nord ont fini par pousser les Indiens hors de leur territoire. Il faut veiller à ce qu'il n'en soit pas ainsi pour nous.

On a également remarqué que partout où les transactions immobilières entre le propriétaire barbare et l'Européen civilisé pouvaient se faire sans contrôle, les terres passaient rapidement et à vils prix des mains de l'un dans celles de l'autre, et que la population indigène cessait d'avoir ses racines dans le sol. Si nous ne voulons pas qu'un pareil effet se produise, il faut que nulle part les transactions de cette espèce ne soient entièrement libres. Nous verrons ailleurs que cela n'est pas moins nécessaire à l'Européen qu'à l'Arabe.

Nous venons de citer des faits, de faire allusion à des circonstances; que la Chambre ne se méprenne pas sur notre pensée : en agissant ainsi, nous n'avons pas prétendu entrer dans l'examen spécial d'aucune mesure, ni en juger particulièrement aucune. La nature sommaire de ce rapport ne le permettrait pas. Nous n'avons voulu que lui faire bien comprendre quels devaient être, suivant nous, la tendance permanente et l'esprit général de notre gouvernement.

rent aux tribus voisines d'occuper leur territoire. La tribu des Righas, ainsi dépossédée, resta cinquante ans en instance auprès du gouvernement turc, pour obtenir la permission de revenir dans son pays. On la lui accorda enfin. Les Righas revinrent au bout de ce demi-siècle, et reprirent possession de leur territoire; bien plus, les familles qui avaient eu jadis la propriété de quelques parties du sol rapportèrent avec elles leurs titres, et se rétablirent exactement dans les biens qu'avaient cultivés leurs pères.

Quel sera l'effet probable de la conduite que nous conseillons de tenir à l'égard des indigènes? Où doit s'arrêter, en cette matière, l'espérance permise? Où commence la chimère?

Il n'y a pas de gouvernement si sage, si bienveillant et si juste, qui puisse rapprocher tout à coup et unir intimement ensemble des populations que leur histoire, leur religion, leurs lois et leurs usages ont si profondément divisées. Il serait dangereux et presque puéril de s'en flatter. Il y aurait même, suivant nous, de l'imprudence à croire que nous pouvons parvenir aisément et en peu de temps à détruire dans le cœur des populations indigènes la sourde haine que fait naître et qu'entretient toujours la domination étrangère. Il faut donc, quelle que soit notre conduite, rester forts. Ce doit toujours être là notre première règle.

Ce qu'on peut espérer, ce n'est pas de supprimer les sentiments hostiles que notre gouvernement inspire, c'est de les amortir; ce n'est pas de faire que notre joug soit aimé, mais qu'il paraisse de plus en plus supportable; ce n'est pas d'anéantir les répugnances qu'ont manifestées de tout temps les musulmans pour un pouvoir étranger et chrétien, c'est de leur faire découvrir que ce pouvoir, malgré son origine réprouvée, peut leur être utile. Il serait peu sage de croire que nous parviendrons à nous lier aux indigènes par la communauté des idées et des usages, mais nous pouvons espérer le faire par la communauté des intérêts.

Déjà nous voyons en plusieurs endroits ce genre de lien qui se forme. Si nos armes ont décimé certaines tribus, il y en a d'autres que notre commerce a singulièrement enrichies et fortifiées, et qui le sentent et le comprennent. Partout le prix que les indigènes peuvent attendre de leurs denrées et de leur travail s'est beaucoup accru par notre voisinage. D'un autre côté, nos cultivateurs se servent volontiers des bras indigènes. L'Européen a besoin de l'Arabe pour faire valoir ses terres ; l'Arabe a besoin de l'Européen pour obtenir un haut salaire. C'est ainsi que l'intérêt rapproche naturellement dans le même champ, et unit forcément dans la même pensée, deux hommes que l'éducation et l'origine plaçaient si loin l'un de l'autre.

C'est dans ce sens qu'il faut marcher, messieurs, c'est vers ce but qu'il faut tendre.

La Commission est convaincue que de notre manière de traiter les indigènes dépend surtout l'avenir de notre domination en Afrique, l'effectif de notre armée et le sort de nos finances ; car en cette matière les questions d'humanité et de budget se touchent. et se confondent. Elle croit qu'à la longue un bon gouvernement peut amener la pacification réelle du pays et une diminution très-notable dans notre armée.

Que si, au contraire, sans le dire, car ces choses se sont quelquefois faites, mais ne se sont jamais avouées, nous agissions de manière à montrer qu'à nos yeux les anciens habitants de l'Algérie ne sont qu'un obstacle qu'il faut écarter ou fouler aux pieds ; si nous enveloppions leurs populations non pour les élever dans nos bras vers le bien-être et la lumière, mais pour les y étreindre et les y étouffer, la question de vie ou de mort se poserait entre les deux races. L'Algérie deviendrait tôt ou tard, croyez-le, un champ clos, une arène murée, où les deux peuples devraient combattre sans merci, et où l'un des deux devrait mourir. Dieu écarte de nous, messieurs, une telle destinée !

Ne recommençons pas, en plein dix-neuvième siècle, l'histoire de la conquête de l'Amérique. N'imitons pas de sanglants exemples que l'opinion du genre humain a flétris. Songeons que nous serions mille fois moins excusables que ceux qui ont eu jadis le malheur de les donner ; car nous avons de moins qu'eux le fanatisme, et de plus les principes et les lumières que. la Révolution française a répandus dans le monde.

La France n'a pas seulement parmi ses sujets musulmans des hommes libres, l'Algérie contient de plus en très-petit nombre des nègres esclaves. Devons-nous laisser subsister l'esclavage sur un sol où nous commandons? L'un des princes musulmans nos voisins, le bey de Tunis, a déclaré que la servitude était abolie dans son empire. Pouvons-nous, en cette matière, faire moins que lui?

Vous n'ignorez pas, messieurs, que l'esclavage n'a pas chez les mahométans le même caractère que dans nos colonies. Dans tout l'Orient cette odieuse institution a perdu une partie de ses rigueurs. Mais, en devenant plus douce, elle n'est pas devenue moins contraire à tous les droits naturels de l'humanité.

Il est donc à désirer qu'on puisse bientôt la faire disparaître, et la Commission en a exprimé le vœu le plus formel. Sans doute il ne faut procéder à l'abolition de l'esclavage qu'avec précaution et.

mesure. Nous avons lieu de croire qu'opérée de cette manière, elle ne suscitera point de vives résistances et ne fera pas naître de périls.

Cette opinion a été exprimée par plusieurs des hommes qui connaissent bien le pays. M. le ministre de la guerre s'y est rangé lui-même.

## SECONDE PARTIE

### ADMINISTRATION CIVILE. — GOUVERNEMENT DES EUROPÉENS.

L'Algérie est divisée administrativement en trois territoires : l'un, peuplé en majeure partie d'Européens, se nomme le territoire civil ; l'autre, peuplé d'Européens et d'Arabes, s'appelle le territoire mixte, et le troisième, que les seuls indigènes habitent ou sont censés habiter, porte le nom de territoire arabe. Les territoires mixtes et arabes sont uniquement ou principalement administrés par des militaires, et suivant des règles militaires. Le territoire civil se rapproche seul du droit commun de France. Nous nous occuperons surtout de ce dernier, quoiqu'il soit de beaucoup le plus petit des trois. C'est sur le territoire civil que la société européenne est créée et assise ; c'est là qu'elle peut être conduite à l'aide de règles permanentes. Les Européens qui se fixent dans les territoires mixtes y sont, au contraire, dans une position exceptionnelle et passagère. A mesure que leur nombre s'accroît et que leurs intérêts deviennent plus variés et plus respectables, ils réclament et obtiennent les institutions du territoire civil, qui bientôt s'étend jusqu'à eux. Ce qui se passe dans le territoire civil est donc ce qui doit peu à peu se passer partout. Il contient la plus grande partie des Européens qui habitent l'Algérie, et renferme en quelque sorte l'avenir de tous. Son administration mérite donc d'attirer notre attention toute particulière.

Nous demandons à la Chambre la permission de poser, dès à présent, en fait, qu'en Algérie l'administration proprement dite, celle qui a pour principale mission d'établir dans le pays et de diriger la population européenne, ne fonctionne que d'une manière très-imparfaite, qu'elle est singulièrement compliquée dans ses rouages, très-lente dans ses procédés, qu'avec beaucoup d'agents

elle produit peu ; que souvent, avec beaucoup de travail, d'efforts
et d'argent, elle produit mal. Nous aurons l'occasion autre part
d'éclairer ces vérités par des exemples. Nous nous bornons en ce
moment à les exprimer. Nous considérons que les vices de l'administration en Algérie sont une des causes principales des mécomptes
que nous avons éprouvés dans ce pays, et qu'une réforme administrative est le plus pressant de tous les besoins qui se font sentir
aujourd'hui.

Ce fait ainsi posé, nous en rechercherons aussitôt les causes.

Parmi ces causes, quelle part doit être attribuée au mauvais choix
des hommes? La Commission n'avait point à l'examiner. Ceci est
une question de personnel dans laquelle la Chambre ne doit pas
entrer. Ici tout le pouvoir, mais aussi il faut qu'on le sache et
qu'on le sente, toute la responsabilité appartient au gouvernement.

Ce que nous pouvons dire sur ce sujet, c'est qu'il serait sage,
avant de confier à des fonctionnaires l'administration de l'Algérie,
de les préparer à cette tâche ou de s'assurer, du moins, qu'ils s'y
sont préparés eux-mêmes. Une école spéciale ou tout au moins des
examens spéciaux nous paraîtraient très-nécessaires. C'est ainsi que
procèdent les Anglais dans l'Inde [1]. Les fonctionnaires que nous
envoyons en Afrique ignorent, au contraire, presque tous la langue,
les usages, l'histoire du pays qu'ils vont administrer. Bien plus, ils

[1] Les jeunes gens qui se destinent à occuper des fonctions civiles dans
l'Inde sont tenus d'habiter deux ans dans un collége spécial fondé en Angleterre (et qu'on nomme Hailesbury College). Là, ils se livrent à toutes
les études particulières qui se rapportent à leur carrière, et, en même
temps, ils acquièrent des notions générales en administration publique et
en économie politique. Les hommes les plus célèbres leur sont donnés
comme professeurs. Malthus a fait un cours d'économie politique à Hailesbury, et sir James Mackintosh y a professé le droit. Huit langues de
l'Asie y sont enseignées. On n'y entre et l'on n'en sort qu'après un examen. Ce n'est pas tout. Arrivés dans l'Inde, ces jeunes gens sont obligés
d'apprendre à écrire et à parler couramment dans deux des idiomes du
pays. Quinze mois après leur arrivée, un nouvel examen constate qu'ils
possèdent ces connaissances, et, s'ils échouent dans cet examen, on les
renvoie en Europe. Mais aussi lorsque, après tant d'épreuves, ils ont pris
place dans l'administration du pays, leur position y est assurée, leurs
droits certains, leur avancement n'est pas entièrement arbitraire. Ils
s'élèvent de grade en grade, et suivant des règles connues d'avance, jusqu'aux plus hautes dignités.

y agissent au nom d'une Administration dont ils n'ont jamais étudié l'organisation particulière, et ils y appliquent une législation exceptionnelle dont ils ignorent les règles. Comment s'étonner qu'ils soient souvent au-dessous de leur rôle ?

Nous ne dirons rien de plus sur le personnel. C'est de l'organisation même des services que nous voulons entretenir la Chambre.

Il n'y a pas de sociétés qui aient naturellement plus besoin de sûreté, de simplicité et de rapidité dans les procédés administratifs que celles qui se fondent dans un pays nouveau. Ses besoins sont presque toujours mal prévus et pressants, et ils exigent une satisfaction immédiate et facile. Aux prises avec des obstacles de tout genre, l'homme doit y être moins que partout ailleurs gêné par son gouvernement. Ce qu'il en attend surtout, c'est de la sécurité pour les fruits du travail, et de la liberté pour le travail lui-même.

Il eût donc été très-nécessaire de créer pour l'Afrique une machine de gouvernement plus simple dans ses rouages et plus prompte dans ses mouvements que celle qui fonctionne en France [1]. On a

---

[1] La centralisation des affaires à Paris ne fût-elle pas plus complète pour l'Afrique que pour nos départements de France, ce serait déjà un grand mal. Tel principe qui, en cette matière, doit être maintenu comme tutélaire sur le territoire du royaume, devient destructeur dans la colonie. On comprendra bien ceci par un seul exemple.

Quoi de plus naturel et de plus nécessaire que les règles posées en France pour l'aliénation ou le louage du domaine de l'État? Rien, en cette matière, ne peut se faire qu'en vertu soit d'une loi, soit d'une ordonnance, soit d'un acte ministériel, en d'autres termes c'est toujours le pouvoir central qui agit sous une forme ou sous une autre. Appliquez rigoureusement les principes de cette législation à l'Afrique, vous suspendez aussitôt la vie sociale elle-même. La création d'une colonie n'est, à proprement parler, autre chose que l'aliénation incessante du domaine de l'État en faveur de particuliers qui viennent s'établir dans la contrée nouvelle. Que l'État qui veut coloniser se réserve le droit de fixer à quelles conditions et suivant quelles règles le domaine public doit être concédé ou loué, cela se comprend sans peine : en cette matière, c'est la loi elle-même qui devrait poser les règles. Qu'on réserve au pouvoir central seul le droit d'aliéner d'un seul coup une vaste étendue de territoire, rien de mieux encore, mais que, pour chaque parcelle de terrain, quelque minime qu'elle soit, qu'on veut vendre ou louer dans la colonie, il faille venir s'adresser à une autorité de la métropole, il est permis de dire que cela est peu raisonnable : car la disposition du domaine dans une colonie, en faveur des émigrants, nous le répétons, c'est l'opération mère. La

fait précisément le contraire. Un rapide examen va le prouver à la Chambre.

Ce qui frappe d'abord dès qu'on étudie les règles suivant lesquelles se meut l'Administration de l'Algérie, c'est l'extrême centralisation de la métropole. Dire que la centralisation des affaires à Paris est aussi grande pour l'Afrique que pour un département de France, c'est rester infiniment au-dessous de la vérité. Il est facile de voir qu'elle s'étend beaucoup plus loin et descend beaucoup plus bas. En France, il y a un grand nombre de questions administratives qui peuvent être tranchées sur place par des fonctionnaires se-

rendre lente et difficile, c'est plus que gêner le corps social, c'est l'empêcher de naître.

La commission dont M. Charles Buller a été le rapporteur, et qui fut envoyée, en 1838, au Canada, sous la présidence de lord Durham, pour rechercher quelles étaient les causes qui empêchaient la population de se développer dans cette province aussi rapidement que dans les États-Unis, attribue l'une des principales à la nécessité où sont tous les émigrants qui veulent se fixer dans la colonie de venir chercher leur titre de propriété à Québec, chef-lieu de la province, au lieu de l'obtenir partout sur place, comme aux États-Unis.

En Afrique, on ne saurait acheter ni louer un mètre du sol appartenant à l'État, sans une longue instruction, qui ne se termine qu'après avoir abouti à M. le ministre de la guerre.

Une seule exception a été faite à cette règle, en faveur de la province d'Oran. Là, le gouvernement local a été autorisé à concéder le domaine, sauf ratification de la part du ministre, à certaines conditions, et jusqu'à une certaine limite indiquée à l'avance. Tous ceux qui connaissent la province d'Oran pensent que le grand mouvement d'émigration et de colonisation qui a eu lieu depuis un an dans cette partie de l'Algérie tient principalement à ce que chacun des colons qui se présente est sûr d'être aussitôt placé.

Nous croyons devoir signaler à l'attention de la Chambre, comme un document utile à consulter, le rapport de la commission du Canada, dont nous parlions tout à l'heure. Ce rapport jette de grandes lumières, non-seulement sur la question du Canada, mais sur celle de l'Algérie. Les causes qui font échouer ou réussir la colonisation dans un pays nouveau sont si analogues, quel que soit ce pays, qu'en lisant ce que M. Buller dit du Canada, on croit souvent entendre parler de l'Afrique. Ce sont les mêmes fautes produisant les mêmes malheurs. On retrouve là, comme en Algérie, les misères des émigrants à leur arrivée, le désordre de la propriété, l'inculture, l'absence de capital, la ruine du pauvre qui veut prématurément devenir propriétaire, l'agiotage stérilisant le sol...

condaires. Les préfets et les maires sont autant de pouvoirs
intermédiaires qui arrêtent les affaires au passage, et les décident, sauf recours. En Afrique, la vie municipale et départementale n'existant pas, tout est régi par l'autorité centrale et doit
aboutir tôt ou tard au centre. Les budgets de la plupart de nos communes sont définitivement réglés dans le département; mais en
Algérie, les moindres dépenses locales ne sauraient être autorisées
que par M. le ministre de la guerre. A vrai dire, et sauf quelques
exceptions rares, tous les actes quelconques de l'autorité publique
en Afrique, quelque minimes qu'on les imagine ; tous les détails
de l'existence sociale, quelque misérables qu'on les suppose, relèvent des bureaux de Paris. C'est ce qui explique que dans l'année 1846 la seule direction de l'Algérie ait reçu plus de 24,000
dépêches, et en ait expédié plus de 28,000. Quels que soient le zèle
et l'activité dont cette direction a fait preuve, et que nous reconnaissons volontiers, une telle concentration des affaires dans le
même lieu n'a pu manquer de ralentir singulièrement la marche
de tous les services.

Comme un pareil état de choses est profondément contraire aux
besoins actuels du pays, il arrive qu'à chaque instant le fait s'in-
surge, en quelque sorte, contre le droit. Le gouvernement local
reprend en licence ce qu'on lui refuse en liberté ; son indépendance, nulle dans la théorie, est souvent très-grande en pratique ;
mais c'est une indépendance irrégulière, intermittente, confuse et
mal limitée, qui gêne la bonne administration des affaires plus
qu'elle ne la facilite.

Toutes les affaires quelconques qui naissent en Afrique aboutissent au ministère de la guerre ; mais, arrivées là, elles se divisent et
s'éparpillent en plusieurs mains. Le fonctionnaire qui guide l'Administration proprement dite, par exemple, reste entièrement étranger à la direction politique et au gouvernement général du pays.
L'une de ces deux choses, cependant, ne saurait être bien conduite
dans l'ignorance de l'autre. Le pouvoir central de France qui dirige
l'Algérie y exercerait une influence plus éclairée et plus grande, si,
tout en restreignant sa compétence, on centralisait mieux son action.

Si encore les affaires d'Afrique, qui arrivent au ministère de la
guerre, n'en sortaient point et y rencontraient leur solution immédiate et définitive, les maux seraient moindres ; moins étudiées, les

affaires se termineraient du moins plus vite. Mais il n'en est rien ; plusieurs d'entre elles, avant d'être réglées par M. le ministre de la guerre, sont examinées, discutées et débattues par plusieurs de ses collègues. *Les principaux travaux publics sont soumis au conseil royal des ponts et chaussées, les affaires des cultes et de la justice le sont d'ordinaire au garde des sceaux, celles de l'instruction publique au ministre de ce département. De telle sorte qu'on a les inconvénients de la centralisation de tous les services dans une seule administration, sans ses avantages.

Après l'excessive centralisation de Paris, le plus grand vice de l'organisation administrative d'Afrique, c'est la centralisation excessive à Alger. De même qu'on a forcé toutes les affaires quelconques qui se traitent à Alger de venir aboutir à Paris, on a contraint toutes les affaires d'Afrique à passer par Alger.

Les deux centralisations sont aussi complètes l'une que l'autre ; mais leurs conséquences ne sont pas les mêmes. Toutes les affaires, petites ou grandes, qui sont attirées à Paris, y sont du moins traitées et résolues ; tandis que quand elles viennent à Alger, elles n'y vont en quelque sorte que pour s'y faire voir ; non-seulement elles ne sont pas réglées à Alger, mais on doit reconnaître que pour un grand nombre d'entre elles il y a impossibilité de les y bien régler.

L'Algérie forme politiquement une seule unité indivisible ; il est nécessaire que le gouvernement des tribus indigènes, la direction de l'armée, et encore plus celle de la guerre, y émanent d'une seule pensée. Mais l'unité administrative des trois provinces, au moins quant aux détails, est un être de convention, une conception purement arbitraire, qui n'existe que par la volonté du législateur. Ce n'est pas la proximité des lieux qui la justifie, car il est ordinairement plus court d'aller du chef-lieu des provinces à Paris qu'à Alger. Ce n'est pas non plus la communauté des intérêts qui l'explique, car chacune des trois provinces a une existence à part, des intérêts spéciaux et des besoins qui lui sont propres. On ne les connaît guère plus à Alger qu'à Paris même. Il existe de grands rapports d'affaires entre chacune d'elles et la France, très-peu de l'une à l'autre ; cela s'aperçoit aujourd'hui à un signe bien évident : la crise financière et industrielle qui désole en ce moment Alger et les villes qui en dépendent n'est point ressentie à Philippeville et à

Oran. Dans cette dernière place, le taux de l'intérêt de l'argent n'a pas varié, tandis qu'à Alger il a atteint une élévation presque incroyable.

Pourquoi attirer si péniblement et de si loin toutes les affaires administratives des provinces, les plus petites comme les plus considérables, dans un lieu où les affaires industrielles et commerciales ne vont pas ?

Les ordonnateurs militaires des provinces, les directeurs des fortifications et de l'artillerie, les intendants, correspondent directement avec M. le ministre de la guerre. Cela accélère et facilite singulièrement le service, sans en détruire l'unité. L'administration civile n'a pas imité cet exemple : de tous les points qu'elle occupe, toutes les affaires qu'elle peut avoir à traiter arrivent à Alger ; elles s'y accumulent. Disons maintenant de quelle manière on les y traite.

La Chambre va voir avec surprise jusqu'à quel point on s'éloigne ici de ce même principe de centralisation dans lequel on abondait avec tant d'excès tout à l'heure.

Prenons pour terme de comparaison, afin de nous bien faire comprendre, un département de France.

Les agents du gouvernement y sont multiples. Les uns s'occupent de pourvoir aux besoins généraux et imprévus de la société, c'est l'administration proprement dite; les autres remplissent des fonctions plus spéciales : ceux-ci se chargent de la perception des impôts, ceux-là de la confection des travaux publics. Tous ces agents relèvent à Paris d'un ministre différent; mais dans le département tous sont soumis à la surveillance centrale, et, sous beaucoup de rapports, à la direction commune du préfet. L'unité préfectorale est l'une des créations les plus heureuses, et assurément l'une des plus neuves en matière d'administration publique, qui soit due au génie de Napoléon.

En regard de cette organisation si simple et si puissante, mettons ce qui existe à Alger.

Au lieu de l'administration unique du préfet, on y a créé trois centralisations spéciales, sous les noms de direction de l'intérieur, des finances et des travaux publics.

Chacun de ces directeurs a sous ses ordres tous les agents inférieurs des différents services que nous venons de nommer; il réunit dans sa main, il soumet à son examen préalable et à son contrôle particulier les affaires que ceux-ci traitent.

Ces trois directeurs se tiennent vis-à-vis les uns des autres dans une indépendance d'autant plus pointilleuse et inquiète, que, placés plus haut dans la hiérarchie, ils ont une idée plus grande de leur dignité et de leur pouvoir. Cependant leur concours serait tous les jours nécessaire pour la bonne et prompte expédition des affaires[1].

Au-dessus de ces trois grandes administrations où viennent se centraliser d'abord toutes les affaires, on en a placé une quatrième, destinée à leur servir de lien ; c'est la direction générale des affaires civiles. Le directeur général des affaires civiles a pour mission de diriger vers un but commun les mouvements des trois directeurs particuliers ; mais il est impuissant à y parvenir. Il y a deux raisons pour cela : la première, c'est qu'on ne l'a revêtu d'aucun pouvoir propre ; au gouverneur seul a été conservée l'initiative de toutes choses ; par lui-même, le directeur général n'a aucun parti à prendre, aucune impulsion à donner ; il écoute, il examine, il reçoit, il transmet, il n'ordonne point, il ne peut même communiquer que par intermédiaires avec les agents d'exécution. Eût-il une puissance propre, il aurait encore grand'peine à l'exercer vis-à-vis de trois fonctionnaires placés presque aussi haut que lui dans la hiérarchie, et munis comme lui d'un pouvoir centralisé ; aussi jusqu'à présent tous les rapports entre eux et lui n'ont-ils guère amené que des conflits.

Au-dessus de toutes ces centralisations superposées, apparaît en-

---

[1] Encore si le champ d'action de ces trois grands pouvoirs avait été tracé d'une main sûre, chacun d'eux pourrait du moins agir efficacement sur le terrain qu'on lui laisse. Mais leurs diverses attributions ont été déterminées si confusément, que souvent deux directeurs, s'occupant à la fois de la même chose, se gênent, se doublent ou s'annulent. S'agit-il de colonisation, par exemple, c'est le directeur de l'intérieur qui est chargé d'établir les colons dans les villages ; c'est celui des finances qui préside à la fondation des fermes isolées. Comme si ces deux opérations, bien que distinctes, ne faisaient point partie d'une même œuvre, et ne devaient pas être conduites par une même pensée ! Faut-il cadastrer la Mitidja ? Chacun a le droit de s'en occuper à part, de telle sorte que beaucoup de terrains sont cadastrés deux fois, tandis qu'aujourd'hui encore un grand nombre ne l'est pas du tout.

fin la centralisation du gouverneur général; mais celle-ci est, de sa
nature, plus politique qu'administrative. Le gouverneur peut bien
donner une impulsion générale à l'administration, mais il lui est
difficile d'en suivre et d'en coordonner les procédés. Sa principale
mission, c'est de dominer le pays, d'en gouverner les habitants, de
s'occuper de la paix, de la guerre, de pourvoir aux besoins de l'armée,
à la distribution de la population européenne et indigène sur le sol.

On peut donc affirmer qu'aujourd'hui, en Afrique, notre grand
et tutélaire principe de l'unité administrative n'existe pas. Plus loin
nous ferons ressortir les conséquences de cet état de choses. Nous
ne faisons que le montrer en ce moment.

A côté des pouvoirs qui administrent, se trouve un grand conseil
de gouvernement, appelé Conseil d'administration, devant lequel les
affaires sont apportées et discutées. Si ce Conseil ne s'était réservé
que la solution des questions administratives les plus graves, il aurait pu remettre une certaine unité et quelque harmonie dans l'administration : mais on l'a fait descendre dans les moindres détails;
sa compétence s'est successivement étendue sur un espace que son
travail ne peut parcourir; en voulant tout connaître, il arrête tout.

Près de ce Conseil, qui regorge d'attributions inutiles, on en a
placé un autre, celui du contentieux, qui n'a pour ainsi dire rien
à faire. L'ordonnance qui le crée place, il est vrai, dans sa compétence, toutes les questions qui se traitent devant nos conseils de
préfecture ; mais plusieurs de ces questions ne peuvent pas se présenter en Afrique. D'une autre part, les questions qui naissent de
la position spéciale de l'Algérie, et seraient naturellement de la compétence des tribunaux administratifs, ont été jusqu'ici retenues par
l'administration elle-même.

Il faudrait d'ailleurs, pour que les tribunaux administratifs pussent rendre de vrais services en Algérie, qu'il en existât un dans
chaque province.

Nous venons de montrer le nombre, l'étendue, la situation res-
pective des pouvoirs qui résident à Alger. Retournons maintenant
aux provinces, et voyons comment s'y préparent les affaires.

L'indépendance dans laquelle y vivent les différents fonctionnaires
administratifs les uns des autres y est encore beaucoup plus grande
et beaucoup plus préjudiciable à la bonne administration qu'elle ne
l'est à Alger.

Là, du moins, si les chefs de service, isolés les uns des autres dans leur sphère spéciale, ne sont pas forcés d'agir en commun, au moins il ne dépend que d'eux de s'entendre. Lorsque le directeur de l'intérieur et celui des finances ont une œuvre commune à exécuter, ils peuvent se communiquer directement et immédiatement l'un à l'autre leurs observations réciproques, et trancher sans perte de temps les questions difficiles. Leurs subordonnés dans les provinces ne sauraient le faire. Supposons que le sous-directeur de l'intérieur et le directeur des domaines de Bone veuillent établir un village : survient un conflit; ils n'ont presque aucune chance de jamais se mettre d'accord. Car, d'une part, il n'y a personne sur les lieux qui puisse les forcer à adopter le même avis, et, le voulussent-ils eux-mêmes, ils n'ont pas le droit de le faire. Il faut qu'ils écrivent respectivement à Alger; que là les chefs de service, avertis séparément de la difficulté qui s'élève, se voient, qu'ils s'entendent sur une affaire qu'ils n'ont pas sous les yeux, et qu'ensuite chacun d'eux transmette à son subordonné l'instruction qu'ils auront concertée ensemble.

A Alger, du moins, le pouvoir du gouverneur général domine tout, et, à un moment donné, il peut faire marcher d'accord tous les chefs de service. Ce remède, bien qu'intermittent, peut guérir en partie le mal. On ne saurait l'employer dans les provinces.

Par une combinaison fort extraordinaire, les fonctionnaires qui représentent dans les provinces le pouvoir politique et militaire du gouverneur n'ont aucune part à sa puissance civile et administrative[1].

---

[1] On ne saurait trouver un exemple qui fasse mieux voir de quelle façon arbitraire et incohérente on a tantôt admis, tantôt repoussé en Afrique les règles de notre administration de France; les rejetant sans utilité, ou s'exposant à de grands hasards pour y rester fidèle.

En France, les lieutenants généraux commandant les divisions militaires n'ont à s'occuper que des troupes. Ils ne sauraient exercer aucune inspection ni aucun contrôle sur l'administration civile. On a imité cela en Afrique; mais là, l'imitation est très-malheureuse, car la position du lieutenant général commandant une province algérienne, ne ressemble en rien à celle du lieutenant général commandant une division militaire en France. Non-seulement il dirige les troupes, mais encore les populations européennes qui habitent les territoires militaires. Il ne commande

Un tel état de choses est plein d'inconvénients et même de périls, nous le prouverons par un seul exemple, il frappera la Chambre. Personne n'ignore quelle est l'importance de la ville de Constantine, on peut dire que cette ville est la clef de la province; presque tous les hommes considérables du pays y ont des propriétés et beaucoup des relations de famille. Il n'y a rien, à coup sûr, qui touche de plus près à la politique que l'administration d'une pareille ville. Eh bien! le commandant supérieur de la province ne peut exercer aucun contrôle ni même aucune surveillance sur les fonctionnaires civils qui régissent la population de Constantine. Ce n'est qu'à titre de condescendance qu'ils suivent ses avis. Que le commandant supérieur de la province s'aperçoive que le commissaire civil, qui administre la ville, va prendre une mesure de nature à compromettre la tranquillité publique, il n'aura qu'un moyen légal de s'y opposer, ce sera de prévenir à Alger le gouverneur général, lequel s'adressera d'abord au directeur général des affaires civiles, celui-ci au directeur de l'intérieur, et celui-là au sous-directeur de Philippeville, qui intimera enfin au commissaire civil de Constantine l'ordre de s'abstenir.

Tout ceci, nous ne craignons pas de le dire, est aussi contraire au bon sens qu'à l'intérêt du service. Il n'est sage nulle part, mais surtout dans un pays conquis, de laisser complétement indépendants l'un de l'autre l'autorité qui administre et le pouvoir politique qui gouverne, de quelque nature que soit le représentant de ce pouvoir, et à quelque classe de fonctionnaires publics qu'il appartienne.

Telle est l'organisation des services civils en Afrique. Voyons quels sont les maux et les abus de tous genres qui en découlent.

Si l'on calcule la somme totale à laquelle s'élèvent les traitements accordés aux fonctionnaires ou aux divers agents européens des services civils en Algérie, on découvre qu'elle s'élève à plus de quatre millions [1], bien que la population administrée ne dépasse guère cent

pas seulement aux Européens, il gouverne les Arabes. Il ne représente pas seulement le ministre de la guerre, mais, par délégation, le souverain lui-même.

[1] Environ 3,700,000 fr. sont demandés au budget de l'État, en 1848, pour cet objet. Plus de 600,000 fr. ont été alloués pour le même objet par le budget local et municipal de cette année. Il importe de remarquer

mille Européens. On ne saurait s'en étonner, lorsque l'on considère la multitude de rouages dont on a surchargé la machine administrative, et surtout le grand nombre d'administrations centrales qu'on a créées. Ce qui coûte toujours le plus cher en administration, c'est la tête. En multipliant sans nécessité le nombre des grands fonctionnaires, on a accru, sans mesure, le nombre des grands traitements[1]. Ceci a conduit indirectement à des conséquences financières bien plus fâcheuses : en créant dans une sphère très-élevée des autorités parallèles ou presque égales, on a allumé entre elles les rivalités et les jalousies les plus ardentes. Cela était inévitable ; et comme aucun pouvoir supérieur ne contenait chacune de ces puissances secondaires dans la modération, il en est résulté, au grand détriment du Trésor, ces deux choses :

Chacune de ces administrations centrales a voulu s'installer dans un vaste hôtel, et n'y est parvenue qu'à très-grands frais pour le Trésor ; puis, chacune d'elles a tenu à s'entourer de nombreux bureaux. Les bureaux n'ont pas toujours été créés uniquement en vue des affaires, mais en vue de l'importance qu'avait, ou que désirait avoir, l'administration près de laquelle on les plaçait. L'Algérie contient aujourd'hui beaucoup plus de deux mille fonctionnaires européens de l'ordre civil[2]. On rencontre déjà, en Afrique, presque tous les fonctionnaires de France, et, de plus, un grand nombre d'autres que nous ne connaissons pas. Cependant, on se plaint

qu'il ne s'agit ici que de l'administration civile européenne ; les traitements de l'administration civile indigène ne figurent pas dans ce chiffre. Il faut aussi considérer que nous n'avons compté que les traitements des fonctionnaires, et non les indemnités de logement qui sont accordées à la plupart de ceux-ci ; dépense qui, si elle était comptée, ferait approcher de cinq millions le total.

[1] Les seuls traitements des quatre directeurs dont on a parlé plus haut, et de leurs bureaux, s'élèvent, au budget de 1848, à près de 600,000 fr.

[2] Le nombre porté au budget de 1848 est de 2,000 ; mais il y a encore en Afrique une foule de fonctionnaires ou agents dont nous connaissons l'existence sans en connaître exactement le nombre. Les maires (si ces fonctionnaires n'ont presque aucun des pouvoirs des maires de France, ils sont en revanche rétribués), les percepteurs des revenus municipaux, les officiers de la milice, les directeurs et médecins des établissements de bienfaisance, le personnel de la police... c'est à ces différents agents que sont distribués, sous forme de traitement, les 600,000 fr. du budget dont il a été parlé ci-dessus.

que les agents manquent, et on a raison. Les agents d'exécution manquent, en effet, dans beaucoup de services. Ce qui abonde, ce sont les commis[1].

Les bons agents d'exécution manquent plus encore. Les hommes les plus habiles de chaque service ne sont pas employés sur les lieux; on les attire et on les retient dans les bureaux des directeurs : au lieu de conduire les affaires, ils les résument.

Comme, au milieu de ces pouvoirs discordants et jaloux, aucun plan d'ensemble pour les dépenses ne peut être ni conçu, ni mûri, ni arrêté, ni suivi, et que chacun d'eux pousse isolément à des travaux qui doivent accroître son importance, l'argent est souvent dépensé sans nécessité ou sans prévoyance. En administration, la prévoyance ne peut être que le fait d'un seul ; une administration complexe et confuse doit demander beaucoup de crédits, et souvent dépasser ceux qu'on lui accorde. C'est ce qui est arrivé, notamment l'année dernière, ainsi que la Chambre a pu s'en convaincre lors de la discussion qui a eu lieu récemment devant elle.

Que si, cessant de rechercher ce que coûte l'administration en Afrique, nous voulons considérer ce qu'elle fait, nous apercevons un spectacle plus regrettable encore.

Ce qui frappe d'abord en la voyant à l'œuvre, c'est de n'apercevoir dans son sein aucune pensée centrale et puissante qui dirige vers un but commun, et retient dans leurs limites naturelles toutes les parties qui la composent. Chacune de celles-ci forme au contraire comme un monde à part, dans lequel l'esprit spécial se développe en liberté et règne sans contrôle.

Prenons un exemple : on s'est plaint souvent des tendances fiscales que montrent en Afrique les services financiers. L'administration des finances s'est en effet beaucoup plus préoccupée jusqu'ici d'obtenir des revenus de l'Algérie, que d'y fixer des habitants ; elle a cherché à vendre régulièrement et cher le domaine de l'État, plutôt qu'à en tirer pour la colonisation un parti utile. Cela est vrai. Mais on a tort de reprocher aux agents financiers de se livrer à cette tendance qui, chez eux, est naturelle et même légitime ; il

---

[1] C'est ainsi que, pendant que la direction des finances renfermait dans ses bureaux cinquante-cinq employés, on ne pouvait, faute de personnel, rechercher ni constater le domaine de l'État, et qu'aujourd'hui encore on ne marche souvent en cette matière qu'au milieu des ténèbres.

faut seulement regretter qu'il ne se rencontre pas au-dessus d'eux un pouvoir qui, placé au point de vue de l'intérêt général, puisse les diriger et au besoin les contraindre.

L'abus de l'esprit spécial dans chaque service, ou, en d'autres termes, l'absence d'unité dans la direction générale des affaires, est le plus grand mal qui naisse de l'organisation administrative que nous venons de décrire; les autres sont l'impuissance et la lenteur.

La centralisation d'Alger étant sans limites, la vie locale et municipale n'existant pas, les plus petites affaires arrivent pêle-mêle avec les plus grandes, sous les yeux des principaux fonctionnaires [1].

Quand les grands pouvoirs qui résident à Alger ont ainsi amassé dans leurs mains toutes les affaires, ils plient sous le faix. Les détails de l'administration les distraient des principaux intérêts de la société. Après qu'ils se sont épuisés à résoudre des questions de pavage et d'éclairage, ils négligent, faute de temps, les grands travaux de la colonisation européenne. Pour étudier le pays, reconnaître les terres dont l'État dispose, acquérir celles qu'il ne possède pas encore, cadastrer et limiter les unes et les autres, tracer les nouveaux emplacements des villages, veiller au bon choix des colons et procéder à leur installation prudente sur le sol, ils attendent qu'il leur vienne quelques loisirs.

Dans ce qu'ils entreprennent, ils ne marchent qu'avec une lenteur presque incroyable. Une dépêche du ministre de la guerre met d'ordinaire plus de temps pour aller du cabinet du gouverneur dans les mains de l'agent direct d'exécution, fût-il à Alger même, qu'elle n'en a mis à parcourir la France, à traverser la Méditerranée et à arriver en Afrique. Cela se comprend, si l'on songe que là où en France il ne se rencontre entre le ministre et l'agent d'exécution qu'un intermédiaire, on en trouve trois et quelquefois quatre en Afrique.

[1] Le fait va même plus loin sur ce point que le droit. L'ordonnance du 15 avril, sans créer d'institutions municipales, avait cependant chargé les maires d'exercer, au nom du gouvernement, certains pouvoirs relatifs à l'ordre, à la sécurité publique, à la salubrité, au nettoiement, à l'éclairage de la ville, à la sûreté de la voie publique, à la police locale et municipale. En fait, le maire d'Alger n'exerce aucune de ces attributions; le directeur de l'intérieur s'en est emparé, bien que l'ordonnance ne l'y autorisât en aucune manière. Un abus analogue se fait voir partout.

Il n'y a pas d'affaire si grande et si générale qui arrive au terme sans retard. Prenons pour exemple la plus importante et la plus générale de toutes, la préparation des budgets. L'ordonnance du 2 janvier 1846 veut que le tableau général de sous-répartition des crédits ouverts par la loi annuelle des finances, pour les dépenses civiles de l'Algérie, soit préparé en Afrique et transmis au ministre de la guerre avant le 1er octobre de l'année qui précède l'exercice, afin que ce même tableau, après avoir été approuvé, puisse être renvoyé en Algérie avant le commencement de cet exercice, ainsi que l'ordre des finances et le bon sens l'exigent. Or ce tableau n'est jamais transmis à temps à M. le ministre de la guerre; d'où il suit qu'il ne peut retourner en Afrique que quand déjà l'exercice est commencé. En 1846, ce n'est que dans le mois de novembre que le tableau de sous-répartition a été connu des chefs de service; en d'autres termes, ce n'est qu'à la fin de l'année qu'ils ont appris ce qu'ils avaient eu à dépenser depuis le commencement.

Quant aux petites affaires ou à celles qui ne regardent que les particuliers, non-seulement elles marchent avec lenteur, mais souvent elles n'aboutissent point. Après avoir cheminé péniblement au milieu du dédale administratif que nous venons de décrire, il leur arrive quelquefois de disparaître. Que sont-elles devenues? Tout le monde l'ignore; les intéressés ne le savent pas, l'administration ne le sait pas davantage; car, parmi tous ces pouvoirs qui se les sont passées de main en main, il n'y en a pas un seul qui en fût directement et uniquement responsable.

De riches propriétaires français, qui se sont rendus plusieurs fois en Afrique, avec l'autorisation de M. le ministre de la guerre, pour y visiter les lieux, ont été quatre ou cinq ans sans pouvoir obtenir une concession qui leur était promise.

Beaucoup de pauvres émigrants sont morts dans les carrefours d'Alger, avant qu'on leur ait fait savoir quel lieu on leur assignait pour aller y vivre.

Des colons établis provisoirement sur une partie du sol ont eu le temps d'y bâtir une maison, d'y défricher un champ, d'y faire plusieurs récoltes, avant d'avoir reçu la réponse qui leur annonçait qu'ils pouvaient s'y fixer.

Des concessionnaires, après avoir exécuté largement les conditions qui leur étaient imposées pour se procurer le titre définitif que leur avait promis l'État, l'ont demandé en vain sans pouvoir l'obtenir. Ils avaient transformé leur capital en maisons ou en terres cultivées, et ils ne pouvaient ni aliéner celles-ci, ni les donner en hypothèque pour se procurer l'argent dont ils avaient besoin. Plusieurs ont été ainsi amenés à une ruine complète, non qu'ils n'eussent pu produire la richesse, mais parce qu'on les a empêchés de tirer parti de la richesse qu'ils avaient produite.

S'ensuit-il que les fonctionnaires publics en Algérie restent oisifs? Ils agissent au contraire beaucoup. Tout ce qu'on réglemente en France est réglementé en Afrique, et l'administration s'y mêle en outre de beaucoup de choses dont elle ne s'est encore jamais mêlée parmi nous. Les seuls arrêtés de police pris par M. le directeur de l'intérieur à Alger rempliraient un volume. Mais presque toutes les forces s'y consument en débats stériles ou en travaux improductifs. L'administration civile d'Afrique ressemble à une machine sans cesse en action, dont tous les rouages marcheraient à part ou se tiendraient réciproquement en échec. Avec beaucoup de mouvement, elle n'avance pas.

Le tableau que nous présentons ici n'est pas chargé. Si la Chambre pouvait entrer dans le détail, elle se convaincrait que nous avons atténué plutôt qu'exagéré la vérité.

Un pareil état de choses peut-il subsister plus longtemps, messieurs? En France, une administration complexe, embarrassée, impuissante, comme celle d'Afrique, ralentirait la marche des affaires et nuirait à la prospérité publique. Mais, en Algérie, elle amène à sa suite, ne l'oublions pas, la ruine des familles, le désespoir et la mort des citoyens. Nous avons attiré ou conduit des milliers de nos compatriotes sur le sol de notre conquête; devons-nous les laisser s'y débattre misérablement contre des obstacles qui ne sont pas inhérents au pays ou à l'entreprise, et qui naissent de nous-mêmes?

Votre Commission, messieurs, a lieu de croire que le gouvernement, frappé comme elle des vices de l'organisation actuelle, songe à réformer celle-ci. Elle vous demande de l'affermir dans cette pensée, en vous y associant. En conséquence, elle vous propose d'insérer à la suite du projet de loi qui vous est soumis, un article additionnel ainsi conçu :

« Il sera rendu compte aux Chambres, dans la session de 1848, de l'organisation de l'administration civile en Algérie. »

Cette résolution, toutefois, nous devons le dire, n'a pas été prise d'un accord unanime. La Commission entière a reconnu que l'organisation actuelle des services civils en Afrique était défectueuse. Mais quelques membres ont pensé qu'il suffisait d'exprimer le désir de voir cette organisation modifiée, sans indiquer l'époque précise à laquelle les changements devaient avoir lieu. Faire plus était tout à la fois dangereux et inutile. La majorité n'a point été de cet avis, et elle persiste à proposer à votre adoption l'article additionnel que nous venons de faire connaître.

Quels sont les changements à faire? La Commission, messieurs, n'a pas à s'expliquer ici dans le détail. Elle ne peut que signaler d'une manière générale dans quel esprit il lui paraît bon qu'on agisse, ou plutôt, elle l'a déjà indiqué en montrant les vices de l'état actuel. Il lui suffit en ce moment de se résumer.

Restreindre à Paris la centralisation dans des limites plus étroites, de telle sorte que si tout le gouvernement des affaires d'Afrique reste en France, une partie de l'administration soit en Afrique même.

En Algérie, décharger les principaux pouvoirs d'une partie de leurs attributions, en restituant celles-ci aux autorités municipales.

A Alger, simplifier les rouages de l'administration centrale, y introduire la subordination et l'unité.

Créer cette même unité dans les provinces, y remettre à l'autorité locale la décision de toutes les affaires secondaires, ou lui permettre de les traiter directement avec Paris.

Soumettre partout les autorités administratives à la direction, ou tout au moins à la surveillance et au contrôle du pouvoir politique.

Tel est, messieurs, le sens général qu'il nous paraîtrait sage de donner à la réforme.

Le pouvoir qui dirige les affaires en Afrique étant ainsi devenu un, moins dépendant quant au détail, plus agile et plus fort, il paraîtrait nécessaire à la majorité de la Commission de lui poser quelques limites nouvelles, et de donner aux citoyens des garanties plus grandes que celles qu'ils possèdent déjà.

Le premier besoin que l'on ressente, quand on vient se fixer dans un pays nouveau, est de savoir précisément quelle est la législation qui y règne, et de pouvoir compter sur sa stabilité. Or, nous ne croyons pas qu'il y ait aujourd'hui personne qui puisse dire avec une complète exactitude, et avec une certitude absolue, quelles sont les lois françaises qui s'appliquent en Algérie et quelles sont celles qui ne s'y appliquent pas. Les fonctionnaires n'en savent pas beaucoup plus sur ce point que les administrés, les tribunaux que les justiciables. Chacun va souvent au hasard et au jour le jour. La Commission pense qu'il est nécessaire de déterminer enfin officiellement et exactement quelle est la partie de la législation algérienne qui est exceptionnelle, et quelle autre n'est que le droit commun de France.

Déjà, dans quelques matières spéciales, des ordonnances du roi ont fait connaître avec précision en quoi l'on s'écartait de la législation de France. Ce qui a été ainsi réglé pour quelques parties de la législation devrait l'être pour toutes. Nous pensons même que, pour les matières de première importance, on devrait faire en Algérie comme on fait dans les colonies, avoir recours à la loi elle-même.

Jusqu'à quel point la législation qui régit les Européens en Afrique peut-elle dès à présent ressembler à celle de France? Cela dépend beaucoup des circonstances, des matières et des lieux. Nous ne prétendons pas résoudre dans le détail une question si complexe. Ce n'est ni le moment, ni la place. Aujourd'hui, il suffit de bien montrer l'objet final qu'on doit avoir en vue. Nous ne devons pas nous proposer en Algérie la création d'une colonie proprement dite, mais l'extension de la France elle-même au delà de la Méditerranée. Il ne s'agit pas de donner naissance à un peuple nouveau ayant ses lois, ses usages, ses intérêts, et tôt ou tard sa nationalité à part, mais d'implanter en Afrique une population semblable en tout à nous-mêmes. Si ce but ne peut pas être atteint immédiatement, c'est du moins le seul vers lequel il faut constamment et activement tendre.

On peut déjà s'en rapprocher sur quelques points.

Aujourd'hui, la liberté des citoyens peut encore être menacée en Algérie de deux manières : par les vices de l'organisation judiciaire, et par l'arbitraire du pouvoir politique.

La Chambre sait que la justice n'est point constituée en Afrique comme en France. Non-seulement le juge y est amovible, mais il y reste privé de la plupart des droits que l'on considère en France comme la meilleure sauvegarde de la liberté, de l'honneur et de la vie des citoyens. Le ministère public au contraire y est pourvu d'immenses priviléges qu'il n'a jamais possédés parmi nous. C'est lui qui, par l'effet de sa seule volonté, arrête, incarcère, prévient, relâche, détient les accusés. Il est le chef unique et tout-puissant de la justice. Seul, il propose l'avancement des magistrats; seul, il a droit de les déférer au ministre de la guerre, qui peut les censurer, les réprimander et les suspendre.

Si le temps n'est pas venu de rendre en Afrique le juge inamovible, du moins peut-on dire dès à présent qu'aucun besoin social ne justifie suffisamment, par sa spécialité et son urgence, la position exceptionnelle et les pouvoirs exorbitants qu'on a donnés au ministère public. Nous croyons savoir que plusieurs des hommes éminents qui, à différents degrés, ont représenté ou représentent encore cette magistrature en Afrique, sont eux-mêmes de cette opinion.

La majorité de la Commission considère également comme étant à la fois très-alarmant et peu efficace le privilége accordé au gouverneur général d'expulser arbitrairement de l'Algérie les hommes qu'il jugerait dangereux d'y conserver. Nous devons dire toutefois que, sur ce point, les avis ont été partagés. Plusieurs membres ont pensé qu'il n'y avait pas de raisons suffisantes pour retirer au gouverneur général un pouvoir dont on n'avait pas abusé jusqu'à présent, et que, dans l'état précaire d'un pays conquis, il était très-nécessaire de le lui conserver. Ces mêmes membres ont fait observer qu'un pouvoir semblable était exercé par les gouverneurs de toutes nos colonies; ils ont fait remarquer enfin que son exercice en Algérie n'était point entièrement arbitraire, le gouverneur général ne pouvant agir en cette matière qu'après avoir pris l'avis du conseil supérieur, avis qu'il n'est pas, il vrai, obligé de suivre.

La majorité de la Commission, sans dire qu'on eût fait abus du pouvoir d'expulsion que possède le gouverneur général, a persisté à croire qu'un tel pouvoir ne devait pas être laissé dans ses mains sans prendre contre l'abus qu'on en pourrait faire des garanties beaucoup plus sérieuses que celles qui existent aujourd'hui. Il ne lui a pas paru que la population civile de l'Algérie, resserrée comme elle l'est entre les indigènes et la mer, défendue, mais en même temps dominée par une armée aussi nombreuse qu'elle-même, pût faire craindre en aucun cas une résistance sérieuse à l'administration qui la dirige; elle a pensé que c'était s'exagérer singulièrement l'importance que pouvait avoir un citoyen dans notre établissement d'Afrique, que d'armer contre lui le gouvernement d'un droit aussi exceptionnel et aussi rigoureux. Notre péril en Afrique ne naît pas des complots ou de la turbulence d'une population européenne, mais de son absence. Songeons d'abord à attirer et à retenir les Français, nous nous occuperons plus tard à les réprimer. Or, si l'on veut qu'ils viennent et qu'ils restent, il ne faut pas laisser croire à chacun d'eux que sa personne, sa fortune et sa famille sont sans cesse à la merci des volontés d'un seul homme.

Votre Commission croit également qu'il est nécessaire de donner à la propriété des garanties plus complètes que celles dont elle a joui jusqu'à présent.

La propriété territoriale des Européens en Afrique a deux origines : les uns ont acquis la terre des indigènes, les autres l'ont achetée ou reçue de l'État. Dans les pays barbares ou à demi civilisés, tout titre qui ne vient pas originairement de l'État ne donne qu'une assiette mobile à la propriété. Les nations européennes qui ont laissé dans leurs colonies la propriété s'asseoir sur des titres indigènes se sont bientôt jetées dans des embarras inextricables. C'est ce qui est arrivé dernièrement aux Anglais dans la Nouvelle-Zélande, c'est ce qui nous arrive à nous-mêmes en Afrique. Tout le monde sait que les environs d'Alger et de Bone ont été achetés à des indigènes dans les premières années qui ont suivi la conquête, et alors même qu'ils ne pouvaient être parcourus. Il en est résulté que la propriété y est restée confuse et improductive ; confuse, parce que le même champ a été vendu à plusieurs Européens à la fois par des vendeurs dont le droit était nul ou douteux, et qui d'ailleurs n'indiquaient jamais de limites ; improductive, parce qu'elle était confuse, et aussi parce qu'ayant été acquise à vil prix et sans condition, ses possesseurs ont trouvé en général préférable d'attendre la plus-value en laissant leurs terres incultes, que d'en tirer parti en les cultivant. C'est pour porter remède à ce mal, limité dans son étendue [1], mais très-profond, que diverses mesures ont été prises depuis trois ans.

L'ordonnance du 1er octobre 1844, celle du 21 juillet 1846, et enfin trois règlements ministériels de la même année, ont eu ce but. L'intention de la Commission n'est point d'analyser ces différents

[1] Le territoire sur lequel ces transactions ont eu lieu n'a guère plus que 242,000 hectares de superficie.

actes devant la Chambre ; elle se bornera à faire une seule remarque. Il pouvait être utile et même nécessaire de rétablir d'un seul
coup, et par une procédure extraordinaire, la propriété sur une
base solide, et de lui donner des limites certaines. Mais il est très-
regrettable qu'on ait été obligé de remanier à tant de reprises une
législation si exceptionnelle et si délicate.

Quand on a vu une première ordonnance royale rendue de l'avis
du Conseil d'État, ordonnance d'après laquelle les questions de
propriété étaient renvoyées devant les tribunaux, bientôt suivie
d'une autre ordonnance qui livrait le jugement de ces questions à
un corps administratif, puis plusieurs règlements ministériels mo-
difiant, sous forme d'interprétation, les ordonnances, on s'est, avec
assez juste raison, inquiété. Toucher de cette manière à l'existence
d'un genre particulier de propriétés, c'était ébranler tous les autres,
et faire croire qu'en Algérie on ne possédait rien qui ne fût livré à
l'arbitraire des ordonnances du roi ou à la mobilité bien plus redoutable des arrêtés ministériels.

Les premières opérations qui ont eu lieu en vertu de ces ordonnances et de ces règlements ont du reste montré, nous devons le
dire, dans une effrayante étendue, le mal qu'il s'agissait de guérir.
Il résulte des chiffres communiqués à la Commission par M. le ministre de la guerre que les terres réclamées excèdent déjà d'un
tiers l'entière superficie des terres existantes ; et s'il faut tirer du
début de la procédure un indice sur ce qui doit suivre, les dix onziè-
mes de ces propriétés seraient déjà réclamés par deux propriétaires
à la fois.

Tout ceci ne fût pas arrivé, si l'État avait commencé par acquérir
les terres comme il l'a fait ailleurs, et les eût ensuite données ou
vendues aux Européens. Votre Commission pense qu'il est très-nécessaire que les choses se passent désormais ainsi. L'intérêt des
deux races le réclame. Ce n'est que de cette manière qu'on peut
arriver à maintenir l'ancienne propriété indigène et à asseoir la
nouvelle propriété européenne.

La propriété bien établie sur un titre donné originairement par
l'État, il faut qu'on ne craigne pas de la voir reprise.

Aujourd'hui la concession est faite par ordonnance royale, et elle
peut être retirée par arrêté ministériel, sauf recours au roi dans son
conseil. Il est à désirer que l'acte qui ôte la concession soit accom-

pagné de la même solennité et environné des mêmes précautions que celui qui l'accorde.

La Chambre sait quel abus déplorable il a été fait, dans d'autres temps, de l'expropriation pour cause d'utilité publique, et comment le droit même de propriété s'en était trouvé comme obscurci et ébranlé. L'ordonnance du 1er octobre 1844 a mis fin à ces désordres, mais elle ne statue que pour les territoires civils. Dans tout le reste de l'Algérie, le système antérieur à l'ordonnance de 1844 est en vigueur : l'expropriation est décidée par le gouverneur général ; elle a lieu pour toute cause ; la prise de possession est immédiate ; l'indemnité fixée par le conseil d'administration et payée en rente ne vient que plus tard. Or, en dehors des territoires civils, une foule d'Européens sont appelés chaque jour à devenir propriétaires. Il n'est ni juste ni sage de refuser à leurs propriétés la garantie qu'on accorde à celles des autres.

Nous avons dit qu'il était très-nécessaire, dans l'intérêt même de l'administration, et pour faciliter la liberté de ses mouvements, de créer des municipalités en Algérie. Une telle création n'importe pas moins à l'intérêt des citoyens qu'au bon ordre administratif. Un pays où les traces même de la commune n'existent pas, où les habitants d'une ville sont privés non-seulement du droit d'administrer leurs affaires, mais de l'avantage de les voir gérer sous leurs yeux, cela, messieurs, est entièrement nouveau dans le monde. Rien de semblable ne s'était jamais vu, surtout à l'origine des sociétés coloniales. Quand la cité vient de naître, ses besoins sont si nombreux, si variés, si changeants, si particuliers, que le pouvoir local seul peut les connaître à temps, en comprendre l'étendue et les satisfaire. Les institutions municipales sont non-seulement utiles alors, mais absolument nécessaires ; à ce point qu'on a vu des colonies s'établir presque sans lois, sans liberté politique, et pour ainsi dire sans gouvernement, mais qu'on ne pourrait en citer, dans toute l'histoire du monde, une seule qui ait été privée de la vie municipale.

On ne saurait se figurer la perte de temps et d'argent, les souffrances sociales, les misères individuelles qu'a produites en Afrique l'absence du pouvoir municipal. La commune n'étant représentée particulièrement par personne, n'ayant pas un ordonnateur unique pour ses dépenses, étant souvent placée loin du pouvoir qui la dirige, n'obtient presque jamais à propos ou d'une manière suffisante les fonds nécessaires à ses besoins.

La Commission est instruite que le gouvernement s'occupe en ce moment d'instituer le pouvoir municipal en Afrique ; elle l'en félicite. L'œuvre est pressante; on peut prévoir qu'elle sera difficile. L'état de choses actuel, tout vicieux qu'il est, a déjà créé des habitudes et des préjugés difficiles à vaincre. Sa destruction ne peut manquer d'ailleurs de diminuer les attributions de plusieurs des pouvoirs existants, de leur ôter le maniement d'une partie des deniers publics, et de les faire déchoir à leurs propres yeux. On cherchera donc, soit directement, soit indirectement, à s'y opposer. Nous espérons que le gouvernement aura l'énergie nécessaire pour surmonter de telles résistances.

L'ordonnance du 15 avril 1845, dans son article 104, a voulu que plusieurs Européens fissent partie des Commissions consultatives d'arrondissement, concurremment avec les chefs de service ; c'était introduire dans l'administration du pays le principe de l'intervention indirecte des citoyens. Il est à désirer, messieurs, que ce germe se développe, et que les intérêts et les idées de la population européenne trouvent près des autorités locales, non-seulement un accès facile, mais des organes habituels et officiels.

Sans donner à la presse une liberté illimitée, il serait sage de la renfermer dans des limites moins étroites que celles entre lesquelles elle se meut aujourd'hui. A la censure qui la supprime, il conviendrait de substituer une ordonnance qui la réglementât. Qu'on lui interdise de traiter certains sujets dangereux pour notre domination en Afrique, cela est possible et même nécessaire. Notre législation française, elle-même, contient des restrictions analogues ; mais qu'on lui livre la libre discussion du reste.

Quelques membres ont dit qu'il était impossible de trouver pour la presse un état intermédiaire entre l'indépendance entière et l'asservissement complet; que toute mesure préventive détruirait radicalement la liberté, et ne laisserait à l'écrivain aucune garantie ; qu'ainsi, entre une législation purement répressive et la censure, on ne trouverait jamais rien. La majorité de votre Commission n'a pas été de cet avis. Elle ne croit pas le problème aussi insoluble qu'on vient de le dire, elle pense que sa solution doit être cherchée, et qu'il importe beaucoup de la trouver. Cela importe à la fois au gouvernement et aux citoyens. Tant que la presse d'Afrique sera sous le régime de la censure, l'administration locale de l'Algérie sera responsable de tout ce qui s'imprime dans les journaux qu'elle autorise, y fût-elle étrangère; et nous serons exposés à voir le scandale d'une presse officielle blâmant et quelquefois insultant les grands pouvoirs de l'État.

Sans doute l'administration qui dirige les affaires en Afrique doit être armée de grands pouvoirs; il faut qu'elle puisse se mouvoir avec agilité et vigueur; mais il faut en même temps que le pays soit toujours à même de savoir ce qu'elle fait. Des fonctionnaires munis de si grandes prérogatives, placés si loin de l'œil du public, agissant d'après des règles si exceptionnelles et si peu connues, doivent être journellement surveillés et contenus. Les désordres qui ont plusieurs fois éclaté dans l'administration civile d'Afrique n'indiquent-ils pas assez combien il est nécessaire d'entourer de la publicité la plus grande et la plus constante tout ce qui se passe dans son sein?

Après nous être occupés de la condition des Français en Algérie, il convient de dire un mot de celle des étrangers.

Les étrangers qui habitent aujourd'hui le territoire de l'ancienne régence y sont soumis à quelques-unes des charges dont, en France, on les dispense, telles que le service de la milice, par exemple; mais ils ne possèdent pas légalement plus de droits.

Cet état de choses est tout à la fois gênant pour eux, fâcheux et même dangereux pour nous. La plupart des étrangers qui viennent en Algérie ne s'y rendent pas, comme en France, pour y faire un court séjour. Ils désirent s'y fixer. Sur ce point, leur volonté et notre intérêt sont d'accord.

Les y retenir longtemps dans la situation exceptionnelle et dure où les ont placés nos lois, les priver, s'ils n'ont pas obtenu du roi l'autorisation d'y établir leur domicile, de la jouissance des droits civils; les soumettre à la rigueur des dispositions du Code de procédure; leur fermer enfin, jusqu'à ce qu'ils aient été naturalisés, comme le veut la constitution de l'an VIII, l'entrée de toutes les carrières, et leur défendre l'exercice de toutes les fonctions publiques quelconques; c'est leur imposer une condition intolérable, les rendre mobiles et inquiets, et aller contre le but qu'on se propose.

On ne saurait non plus, sans jeter une profonde perturbation dans l'administration de la justice, laisser subsister l'état de choses actuel. En Algérie comme en France, les procès qui naissent entre les étrangers sur la plupart des plus importantes questions, notamment sur les questions d'État, sont de la compétence des consuls. Ils n'arrivent point devant nos tribunaux, ou du moins ils ne sont portés à leur connaissance que par le libre choix des plaideurs. Cela n'a pas d'inconvénient en France, parce que les étrangers sont en petit nombre, comparés au reste de la population, et conséquemment que les procès qui s'élèvent entre eux sont rares. Mais en Afrique, où le nombre des étrangers égale, s'il ne surpasse pas, celui des Français, ces sortes de litiges sont si fréquents, que la juridiction de nos propres tribunaux perd son caractère, et devient pour ainsi dire la juridiction exceptionnelle.

Nous savons que le gouvernement s'occupe de cette question. Nous insistons vivement pour qu'elle soit bientôt résolue.

Dans tout ce qui précède, nous venons d'indiquer d'une façon succincte et générale de quelle manière il nous semblait utile de gouverner et d'administrer l'Algérie. Nous n'avons rien dit encore de la première de toutes les conditions de succès, de celle qui les renferme et les résume toutes ; celle-là ne se rencontre pas en Afrique, mais en France même. Jusqu'à présent, l'affaire de l'Afrique n'a pas pris, dans l'attention des Chambres et surtout dans les conseils du gouvernement, le rang que son importance lui assigne. Nous croyons qu'il peut être permis de l'affirmer, sans que personne en particulier ait le droit de se plaindre. La domination paisible et la colonisation rapide de l'Algérie sont assurément les deux plus grands intérêts que la France ait aujourd'hui dans le monde ; ils sont grands en eux-mêmes et par le rapport direct et nécessaire qu'ils ont avec tous les autres. Notre prépondérance en Europe, l'ordre de nos finances, la vie d'une partie de nos concitoyens, notre honneur national, sont ici engagés de la manière la plus formidable. On n'a pas vu cependant jusqu'ici que les grands pouvoirs de l'État se livrassent à l'étude de cette immense question avec une préoccupation constante, ni qu'aucun d'eux en parût visiblement et directement responsable devant le pays. Nul n'a semblé apporter, dans la conduite des affaires d'Afrique, cette sollicitude ardente, prévoyante et soutenue, qu'un gouvernement accorde d'ordinaire aux principaux intérêts du pays ou au soin de sa propre existence. Rien n'y a révélé jusqu'à présent une pensée unique et puissante, un plan arrêté et suivi. La volonté éclairée et énergique qui dirige toujours et contraint quelquefois les pouvoirs secondaires ne s'y est pas rencontrée.

La Commission, messieurs, eût cru manquer à son premier devoir envers vous et envers elle-même, si elle vous avait caché sur ce point sa pensée. Elle l'exprime en ce moment avec mesure, mais elle n'hésite pas à l'exprimer.

Elle croit qu'il fallait que ce qu'elle vient de dire fût dit, et elle le dit sans préoccupation de personnes ni de parti, par le simple et pur amour du bien public.

Tant que les choses se passeront ainsi, les améliorations de détails, les réformes administratives, les changements d'hommes, resteront, croyez-le, inefficaces. Les avis les plus salutaires seront perdus, les meilleures intentions deviendront stériles. Tout sera, au contraire, possible et presque facile, le jour où le gouvernement et les Chambres, prenant enfin en main la direction de cette grande affaire, la conduiront avec la résolution, l'attention et la suite qu'elle réclame.

### INCIDENT RELATIF A L'EXPÉDITION DE KABYLIE.

La Commission, avant de passer à la discussion des différents crédits qui vous sont demandés, croit devoir vous entretenir d'un grave incident qui a eu lieu dans son sein.

La Commission n'était réunie que depuis peu de temps, lorsqu'elle fut instruite qu'on préparait en Afrique une expédition ayant pour but d'entrer dans la Kabylie. Un pareil événement ne pouvait manquer de la surprendre et la préoccuper vivement ; car il était de nature à apporter des modifications profondes dans la situation des choses en Afrique ; il pouvait influer puissamment sur l'effectif, et par l'effectif, sur tous les crédits dont vous lui aviez remis l'examen.

La totalité de ses membres accueillit ces bruits avec regret, et tous semblèrent partager le désir que l'expédition n'eût pas lieu.

Pour éclaircir ses doutes, la Commission pria M. le ministre de la guerre de se rendre dans son sein. Elle lui demanda si la nouvelle qui se répandait était fondée. M. le ministre de la guerre reconnut qu'en effet une expédition se préparait ; qu'elle devait se diriger d'Alger et de Sétif sur Bougie dans les premiers jours de mai : mais il ajouta qu'elle n'aurait qu'un caractère pacifique. Il lut à la Commission, à l'appui de ses paroles, une lettre de M. le maréchal Bugeaud, qui, tout en donnant les mêmes assurances, semblait regretter qu'on ne dût pas combattre, la soumission des indigènes n'étant jamais certaine jusqu'à ce que, suivant leur expression, *la poudre eût parlé.*

La mesure, étant ainsi officiellement annoncée, devint l'objet d'un débat dans le sein de la Commission. Quelques membres se montrèrent satisfaits des explications que M. le ministre avait données ; la grande majorité persista à penser que l'expédition était regrettable, et qu'il était très à désirer que le gouvernement consentît à l'empêcher. Il parut même convenable de formuler, pour être plus tard reproduite dans le rapport, l'opinion de la Commission. On déclara que la majorité de ses membres trouvait l'expédition impolitique, dangereuse, et la croyait de nature à rendre nécessaire un accroissement d'effectif. Cette délibération, combattue comme trop absolue dans les idées et trop vive dans l'expression, par quelques-uns même de ceux qui blâmaient l'entreprise, fut inscrite au procès-verbal.

La ferait-on connaître au gouvernement ? La majorité des membres de la Commission le crut indispensable et urgent.

Mais par quel moyen ?

Les uns pensèrent qu'il fallait prier M. le ministre de la guerre de se rendre de nouveau près de la Commission, et là lui communiquer de vive voix les impressions que sa première entrevue avait laissées. D'autres dirent qu'il était plus convenable et plus conforme aux égards que la Commission devait aux ministres du roi, que ce fût M. le président lui-même qui se rendît chez le ministre, lui portât l'expression de l'opinion de la Commission, et lui exposât les motifs sur lesquels cette opinion était fondée.

Ce mode fut attaqué par plusieurs membres de la minorité, qui déclarèrent qu'une pareille forme ferait ressembler l'avis de la majorité à une injonction, et pourrait faire accuser la majorité d'avoir voulu porter atteinte à la prérogative de la Couronne.

La majorité répondit que sa démarche ne pouvait sérieusement rien faire supposer de semblable; qu'elle ne voulait qu'exprimer au gouvernement une opinion qu'il devait désirer lui-même connaître ; qu'en chargeant son président de laisser dans les mains de M. le ministre de la guerre une copie certifiée de son procès-verbal, elle n'entendait faire autre chose que de donner à sa pensée un caractère précis et certain qui permît au gouvernement d'en bien apprécier le sens.

En vertu de cette délibération, M. le président se rendit auprès de M. le ministre de la guerre, lui fit connaître les opinions de la Commission, et laissa la copie du procès-verbal qui les constatait.

La Commission reçut le 11 avril, de M. le ministre de la guerre, une lettre par laquelle le gouvernement du roi, *après avoir exprimé la surprise qu'il avait éprouvée en voyant la Commission prendre une délibération sur une question qui rentre exclusivement dans les attributions de la prérogative royale, refusait de recevoir la communication qui lui était faite.*

Voilà les faits, messieurs; la Chambre comprend qu'ils sont très graves.

La majorité de la Commission a-t-elle eu tort ou raison de penser que l'expédition de la Kabylie était dangereuse et impolitique?

A-t-elle, comme l'en accuse clairement le gouvernement, outrepassé ses pouvoirs et ceux de la Chambre, en exprimant son opinion à cet égard à M. le ministre de la guerre? C'est ce que nous allons examiner.

La question de la Kabylie n'est pas nouvelle, messieurs ; il n'y en a guère qui ait été déjà plus souvent examinée par le gouvernement et les Chambres. Non-seulement elle avait été souvent l'objet d'un examen, mais elle avait toujours reçu jusqu'ici la même solution de la part des grands pouvoirs de l'État. Toutes les Commissions qui se sont occupées des affaires d'Afrique depuis plusieurs années, la Commission de 1844, celle de 1845, celle de 1846, ont exprimé, avec une énergie croissante, cette idée qu'une expédition ne devait pas être faite dans la Kabylie. Le gouvernement n'a pas été moins explicite. A plusieurs reprises, M. le maréchal Soult a exprimé devant la Chambre la même opinion. Cette opinion a été professée, il y a peu de temps encore, par M. le ministre de la guerre. Il en a fourni lui-même la preuve à la Commission, en faisant passer sous ses yeux quelques parties de sa correspondance avec M. le gouverneur général.

Maintenant, s'agit-il bien aujourd'hui de la même expédition de la Kabylie dont il a été question jusqu'ici, ou d'une entreprise ayant un autre caractère? On a parlé d'une promenade militaire, d'une exploration pacifique. Messieurs, traitons sérieusement les choses sérieuses. Qu'on dise, si l'on veut, qu'aujourd'hui l'expédition de la Kabylie s'opère dans des circonstances plus favorables que celles qu'elle eût précédemment rencontrées; cela se peut. Mais qu'on ne cherche pas à lui donner une physionomie nouvelle, sous laquelle ceux même qui l'ont conçue et qui l'exécutent ne l'envisagent point.

Le *Moniteur algérien* du 10 mai constate qu'on s'est étrangement trompé en France, si l'on a cru que toute la Kabylie avait fait sa soumission. *Il y a encore trente à quarante lieues de Kabylie sur une largeur de vingt-cinq lieues, qui, sauf les trois tribus voisines de Bougie, ne renferment que des populations insoumises.*

Le même jour, M. le gouverneur général annonce à celles-ci, dans une proclamation, que l'armée va entrer sur leur territoire pour en chasser les aventuriers qui y prêchent la guerre contre la France. Il leur déclare qu'il n'a point le désir de combattre et de dévaster les propriétés, mais que, s'il est parmi eux des hommes qui veulent la guerre, ils le trouveront prêt à l'accepter.

N'équivoquons donc point, messieurs. Soumettre la Kabylie par les armes de même qu'on a déjà soumis le reste du pays, voilà, aujourd'hui comme précédemment, le but qu'on se propose.

Dix mille hommes d'excellentes troupes, divisés en deux corps d'armée, marchent en ce moment contre les Kabyles. Quoique ceux-ci soient très-énergiques, et qu'ils soient retranchés dans des montagnes d'un accès difficile, ils plieront devant nos armes, cela est très-certain. Nous connaissons trop bien aujourd'hui les indigènes de l'Algérie et leur manière de combattre, pour pouvoir en douter. Il est possible et même probable que la prépondérance de nos forces rende la résistance peu prolongée, ou peut-être qu'elle la prévienne. Ce n'est pas là que sont les inconvénients et les périls de l'entreprise.

Qu'allons-nous faire en Kabylie? S'agit-il d'acquérir un pays où

l'agriculture et l'industrie européenne puissent s'établir? Mais la
population y est aussi dense que dans plusieurs de nos départements. La propriété y est divisée et possédée comme en Europe. Le
champ de la colonisation n'est donc pas là.

Si nous ne pouvons pas aller utilement sur le territoire des Kabyles,
avons-nous du moins à craindre qu'ils ne viennent nous inquiéter
sur le nôtre? M. le maréchal Bugeaud le disait lui-même à la Chambre : *Les populations de la Kabylie ne sont ni envahissantes, ni
hostiles; elles se défendent vigoureusement quand on va chez
elles, mais elles n'attaquent pas.*

Leur soumission complète, il est vrai, la conquête de l'ancienne
régence. Mais qui pressait de la compléter? Notre bonne fortune
avait voulu que nous rencontrassions en Algérie cette facilité singulière et que peu de conquérants ont trouvée : d'un pays divisé en
deux zones entièrement distinctes, et partagé entre deux races si
complétement différentes, qu'on pouvait prendre chacune d'elles à
part, la vaincre à loisir et la soumettre isolément. Est-il sage de
négliger un si heureux hasard?

Nous allons vaincre les Kabyles; mais comment les gouvernerons-
nous après les avoir vaincus?

La Chambre sait que la tribu kabyle ne ressemble en rien à la
tribu arabe; chez l'Arabe, la constitution de la société est aussi
aristocratique qu'on puisse la concevoir; en dominant l'aristocratie,
on tient donc tout le reste. Chez le Kabyle, la forme de la propriété
et l'organisation du gouvernement sont aussi démocratiques qu'on
puisse l'imaginer; dans la Kabylie, les tribus sont petites, remuan-
tes, moins fanatiques que les tribus arabes, mais bien plus amou-
reuses de leur indépendance qu'elles n'ont jamais livrée à personne.
Chez elle, chaque homme se mêle des affaires publiques; l'autorité
qui la dirige est faible, l'élection y fait sans cesse passer le pouvoir
de main en main. Si on voulait chercher un point de comparaison
en Europe, on dirait que les habitants de la Kabylie ressemblent
aux Suisses des petits cantons dans le moyen âge. Croit-on que d'ici
à longtemps une telle population restera tranquille sous notre empire, qu'elle nous obéira sans être surveillée et comprimée par des
établissements militaires fondés dans son sein; qu'elle acceptera
avec docilité les chefs que nous allons entreprendre de lui donner,
et que si elle les repousse, nous ne serons pas forcés de venir plu-

sieurs fois, les armes à la main, les rétablir ou les défendre? Forcés d'administrer des peuplades qui sont divisées par des inimitiés séculaires, pourrons-nous prendre en main les intérêts des unes, sans nous attirer l'hostilité des autres ? Si nos amis et les dissidents, comme le dit la proclamation de M. le maréchal, se font entre eux la guerre, ne serons-nous pas forcés à intervenir de nouveau? La mesure qu'on prend aujourd'hui n'est donc que le commencement d'une grande série de mesures qu'il va falloir prendre; c'est évidemment le premier pas dans une longue route qu'il faudra de toute nécessité maintenant parcourir, et au bout de laquelle, messieurs, se trouve non un échec à nos armes, mais un accroissement inévitable de nos embarras en Afrique, de notre armée et de nos dépenses.

La Commission des crédits extraordinaires disait l'an dernier : *Nous croyons que des relations pacifiques sont le meilleur, et peut-être le plus prompt moyen d'assurer la soumission des Kabyles.* Jamais prévision des Chambres ne s'était mieux et plus rapidement réalisée ; déjà un grand nombre de tribus kabyles, attirées par notre industrie, entraient d'elles-mêmes en relations avec nous et s'offraient de reconnaître notre suprématie. Ce mouvement pacifique agitait celles même qui n'y cédaient point encore. N'était-il pas permis de croire, messieurs, qu'au moment où la paix réussissait si bien, on ne prendrait pas les armes?

Vous ne trouverez donc rien d'étrange à ce que votre Commission se soit émue comme vous-mêmes, en apprenant l'expédition qu'on exécute.

Maintenant, la majorité de la Commission a-t-elle eu tort de manifester au gouvernement les impressions que cette nouvelle inattendue faisait naître dans son sein? A-t-elle mérité qu'on refusât même de l'entendre, en lui disant qu'elle outre-passait les pouvoirs de la Chambre et qu'elle entreprenait sur les droits de la couronne?

La Chambre comprendra que de tels reproches aient été vivement ressentis et ne puissent rester sans réponse.

Comment! messieurs, le gouvernement a saisi la Chambre de toutes les questions d'Afrique, en lui présentant les lois de crédits nécessaires aux différents services; à son tour, la Chambre nous a chargés d'examiner la situation des affaires en Algérie, et de lui proposer le vote des crédits que nous croirons utiles; survient, non point un détail d'opérations militaires, mais un grand fait, un fait entièrement nouveau et inattendu, qui doit bientôt changer la face des affaires; l'effectif qu'on nous demande de fixer peut en être modifié; ces crédits, qu'on soumet à notre examen, en deviendront sans doute insuffisants; et la Commission aura outre-passé ses pouvoirs en faisant connaître au gouvernement que telles étaient à ses yeux les conséquences inévitables de la résolution qu'il allait prendre! En vérité, cela peut bien se dire, mais ne saurait se comprendre. Ce que la Commission a fait ici, deux Commissions de la Chambre l'avaient fait avant elle. Si celles-ci avaient agi inconstitutionnellement, pourquoi le cabinet les a-t-il écoutées? Si elles étaient restées dans les limites de la constitution, pourquoi ce même cabinet refuse-t-il de nous entendre, et nous adresse-t-il un reproche qu'il ne leur a pas adressé? Quant à la raison tirée de la forme que la majorité de la Commission aurait donnée à sa communication, la Chambre nous permettra de ne pas tenir cette raison pour sérieuse. Ce qui a été fait dans cette circonstance a été fait dans mille autres. Tous les jours les Commissions, et surtout les Commissions de finances, mettent par écrit les observations et les avis qu'elles croient devoir soumettre au gouvernement, et placent sous ses yeux une rédaction qui précise leur pensée.

La Charte donne au roi, dit-on, la libre disposition des forces de terre et de mer. Qui le nie? Avons-nous prétendu contester au roi l'usage de cette prérogative, ou en gêner en quoi que ce soit l'exercice? empêchions-nous le gouvernement de permettre l'expédition parce que nous l'avertissions qu'elle nous paraissait, comme elle nous paraît encore, impolitique et dangereuse? Le gouvernement restait assurément libre de l'entreprendre. Nous ne voulions qu'une chose, dégager notre responsabilité, la vôtre, messieurs, et remplir notre devoir.

La majorité de la Commission persiste à croire qu'elle aurait manqué à ses obligations les plus claires et les plus pressantes, si elle eût agi autrement qu'elle n'a fait. Elle continue à penser que les raisons qu'elle a données pour éclairer à temps le gouvernement sur les résultats politiques et financiers de l'expédition qui allait se faire étaient puissantes, et qu'il était plus facile de refuser de les entendre que d'y répondre d'une manière convaincante.

# EXAMEN DÉTAILLÉ DES CRÉDITS

## CHAPITRE IX

### SOLDE ET ENTRETIEN DES TROUPES, 14,950,550 FR

C'est surtout en matière d'effectif que les prévisions des Chambres sont sans cesse trompées, et que l'incertitude du chiffre réel est toujours très-grande. La Chambre se souvient comment, en 1846, elle a arrêté le chiffre de l'armée d'Afrique à 94,000 hommes, et comment le rapport des crédits de 1846 nous a fait connaître que, dans cette même année, le nombre des troupes existant en Afrique a été réellement de 101,779 hommes.

La Commission avait d'autant plus lieu de craindre qu'il en fût de même aujourd'hui, qu'elle ne trouvait aucune concordance entre le tableau de l'armée d'Afrique que M. le ministre de la guerre lui communiquait, et celui qui résultait, tout à la fois, du même tableau publié en Afrique par les soins de M. le gouverneur général, et du livret même d'emplacement qui avait été soumis à la Commission sur sa demande. Dans l'un il apparaissait que nous avions vingt-quatre régiments d'infanterie en Afrique, et dans les autres vingt-un seulement; là on portait cinq régiments de cavalerie, et ici quatre seulement.

M. le ministre de la guerre, entendu sur ce point, a reconnu qu'il y avait en effet en Afrique trois régiments d'infanterie de moins et un régiment de cavalerie de plus que ne semblait l'indiquer le tableau communiqué par lui. L'erreur provient de ce que, dans les bureaux du ministère de la guerre, on s'est basé sur un état de choses antérieur à la situation actuelle.

M. le ministre de la guerre, interrogé dans le sein de la Commission à l'occasion de l'effectif, sur le fait de savoir si, malgré l'expédition de Kabylie, le chiffre de 94,000 hommes ne serait pas dépassé pour 1847, a déclaré positivement que non. Nous considérons cette affirmation comme très-importante, et nous croyons devoir en prendre acte.

Il est arrivé quelquefois de laisser en Afrique les soldats d'un régiment dont on ramenait les cadres seulement en France. Votre Commission croit devoir se prononcer hautement contre cette mesure, qui, à ses yeux, tendrait à désorganiser notre armée, et à y détruire l'esprit de corps, si utile à conserver.

La question de l'effectif a naturellement amené l'attention de votre Commission sur les différents emplois qu'on devait faire des troupes en Afrique.

La majorité de la Commission, sans vouloir poser une base absolue, adhère cependant fortement au principe qu'on ne doit employer les soldats qu'à des travaux ayant un caractère militaire, tels que fortifications, retranchements, routes, hôpitaux, magasins, casernes. Une minorité de la Commission a été plus loin, et a demandé que l'interdiction d'occuper les troupes à d'autres choses qu'à des travaux militaires fût absolue et ne pût souffrir, en aucun cas, d'exception.

*Vivres.* — L'effectif prévu au budget 1847 étant accru de 34,000 fr., il est naturel que les dépenses nécessaires aux vivres et au chauffage croissent dans une proportion analogue. La Commission n'a donc pas fait difficulté d'allouer le crédit de 5,894,066 fr. qui vous est demandé pour cet objet.

Mais elle a voulu se rendre un compte exact de la manière dont on s'était procuré les vivres nécessaires à l'alimentation de nos troupes. La Chambre comprend que cela importe beaucoup, non-seulement au bien-être de l'armée, mais au développement de la colonisation européenne en Afrique. Voici, sur ce point, les renseignements qui nous ont été fournis par M. le ministre de la guerre.

Pour que le tableau soit complet, nous y ajouterons ce qui se rapporte à la nourriture des chevaux et autres animaux attachés au service de l'armée, anticipant ainsi quelque peu sur ce que nous aurons à dire au chapitre xv.

L'approvisionnement de l'armée se fait partie en Algérie, partie au dehors. En blé, l'Algérie n'a fourni qu'un peu plus du tiers de l'approvisionnement de l'armée[1] durant les années 1843, 44 et 45 : en orge, la moitié ; en viande et en fourrage, la totalité.

[1] La consommation moyenne de l'armée en blé, durant chacune de ces trois années, a été de 191,095 quintaux, représentant un prix d'achat de 5,273,112 fr.

Le blé a été payé moyennement dans le pays. . .   15 fr. 46,21
Celui qu'on a tiré de l'étranger. . . . . . . . .   18    10,94
Il valait, à la même époque, en France. . . . .    25    03,17
L'orge a été payée en Algérie . . . . . . . . .     9    56  »
A l'étranger. . . . . . . . . . . . . . . . . . ‹.  12    95  »

En 1846, la viande a manqué en partie ; il a fallu faire venir des
bœufs d'Espagne.

Dans la même année, la récolte du foin ayant manqué, on a été
obligé d'acheter au dehors 207,300 quintaux de cette marchandise,
pour lesquels on a dépensé 2,694,471 fr. Il y a du foin qui est ainsi
revenu, prix d'achat et frais de transport compris, à 23 fr. 77 c. le
quintal.

On s'est plaint souvent et très-amèrement en Algérie de la manière dont l'Administration procède à l'approvisionnement de l'armée. Beaucoup de faits ont été cités, qui, tous, tendaient à prouver
que l'Administration négligeait quelquefois les ressources du pays,
ou ne consentait à les utiliser qu'en payant les denrées à vil prix,
tandis qu'elle allait s'approvisionner chèrement ailleurs. Ces plaintes
se sont surtout élevées à l'occasion des achats de fourrages. Plusieurs cultivateurs d'Afrique ont prétendu que le prix que l'Administration mettait à leurs fourrages annulait pour eux tout profit.
La Commission n'a pas pu vérifier ce qu'il y a de vrai, de faux ou
d'exagéré dans ces plaintes. Elle constate seulement qu'elles ont été
très-nombreuses et très-vives, et qu'elles doivent fixer, à un haut
point, l'attention de M. le ministre de la guerre. Ceci n'est point
seulement une question de subsistances et de budget, mais de politique et de colonisation.

La France a un très-grand intérêt à ce que les Européens d'Afrique produisent bientôt, en quantité suffisante, les denrées qui sont
nécessaires à leur consommation et à celle de l'armée. Or, qu'on ne
s'y trompe pas, le moyen le plus énergique et le plus efficace dont
on puisse se servir pour atteindre ce résultat, c'est de faire que
l'écoulement de leurs produits soit régulier et facile, et que le prix
en soit suffisant. On doit le désirer également au point de vue de
l'intérêt financier du pays ; car, lorsque le travail sera rémunérateur, les produits seront abondants, et, au bout d'un certain temps,
leur abondance fera naturellement baisser leurs prix.

Nous n'allons pas jusqu'à dire qu'il faille, dans la vue de donner une prime à l'agriculture algérienne, acheter en Afrique les produits plus cher qu'on ne les payerait ailleurs ; nous croyons seulement qu'il serait peu politique et même peu économique de tendre à les y obtenir à vil prix, ou de faire subir aux producteurs des conditions difficiles à remplir. N'oublions pas que l'État est encore en Algérie dans une situation très-exceptionnelle. Principal et quelquefois unique consommateur, il domine les marchés et y fixe les prix. Que si, profitant de cette position particulière, il paralysait les productions en n'achetant les produits qu'au-dessous de leur valeur, ou en fixant des prix qui exclueraient la possibilité, ou même la probabilité d'un profit raisonnable, il ne nuirait pas seulement aux cultivateurs d'Afrique, il se nuirait à lui-même, et, pour faire un petit gain, il s'imposerait à la longue d'immenses dépenses.

Nous devons, du reste, dire à la Chambre que M. le ministre de la guerre a paru aussi pénétré que nous-mêmes de ces vérités, et a exprimé la volonté d'en faire l'application continue.

## CHAPITRE XXIX

### SERVICES MILITAIRES INDIGÈNES, 462,000 FR.

Le gouvernement demande un crédit de 432,000 fr. pour maintenir à 200 hommes l'effectif des escadrons de spahis dans la province de Constantine. Votre Commission approuve cette dépense.

Avant l'ordonnance du 21 juillet 1845, la province de Constantine possédait 8 escadrons de spahis, qui, à 200 hommes par escadron, donnaient 1,600 cavaliers. Si les 8 escadrons étaient réduits à 6, et l'effectif de chaque escadron à 150 chevaux, il en résulterait la nécessité de licencier 700 cavaliers. Il y aurait beaucoup d'inconvénients à prendre une telle mesure.

La création des escadrons de spahis a eu dans toute l'Algérie cet avantage, d'attirer sous nos drapeaux et de retenir dans nos rangs les indigènes, qui, ayant le goût et l'habitude du service militaire, iraient probablement servir nos ennemis s'ils ne nous servaient pas nous-mêmes. Mais leur utilité dans la province de Constantine est plus directe encore et bien plus grande. Là, les escadrons de spahis ne sont pas formés d'aventuriers; c'est l'aristocratie militaire du pays qui les compose. Dans la province de Constantine, les spahis ne sont pas seulement un des éléments de la force matérielle, ils forment un grand moyen de gouvernement. Il serait bien imprudent de licencier une pareille troupe. Nous ajoutons qu'il faut bien prendre garde de dégoûter de notre service les hommes qui le composent. Une application trop habituelle, trop minutieuse, trop détaillée et trop stricte de notre discipline européenne, aurait vraisemblablement ce résultat. L'Arabe des hautes classes ne pourrait pas supporter longtemps de telles gênes. Que voulons-nous en créant des corps indigènes? Obtenir une force militaire, sans doute; mais c'est là l'objet secondaire. Ce que nous voulons surtout, c'est attacher dans notre armée, à notre service, des hommes du pays, connaissant le pays et y exerçant de l'influence. Ne nous laissons pas éloigner de ce second but, qui est le principal, en voulant trop nous rapprocher du premier.

## CHAPITRE XXXI

### SERVICES CIVILS, 507,900 FR.

Le gouvernement demande qu'on lui alloue un crédit de 8,100 fr. pour créer une justice de paix à Coléah. La Commission pense que la création est utile, et elle ne vous proposera pas de refuser le crédit. Toutefois, elle ne peut s'empêcher de remarquer qu'un pareil article aurait été mieux placé au budget que dans la loi des crédits extraordinaires. La ville de Coléah est occupée par les Européens depuis longtemps. Sa population européenne a peu varié depuis quelques années. Rien n'annonce que ses développements doivent être rapides. Le besoin qui se manifeste aujourd'hui n'a donc rien d'imprévu ni de particulièrement pressant, et la place du crédit en question devait évidemment se trouver au budget.

Dans ce même chapitre xxxi, un crédit de 507,900 fr. vous est demandé pour accroître de 126 employés les services financiers, et pourvoir à leur installation.

La Commission a déjà eu l'occasion d'exprimer son opinion à ce sujet. Ce qui surabonde en Afrique, ce sont les administrations centrales; ce qui manque plus ou moins partout, ce sont les agents d'exécution. La Commission ne propose donc pas à la Chambre de refuser le crédit, mais elle espère que le gouvernement ne se bornera pas à accroître le personnel des services, et qu'il sentira la nécessité urgente de les réorganiser.

25,000 fr. sont demandés à ce même chapitre pour développer le service de la conservation des forêts. Nous vous proposons d'accorder ce crédit. L'Algérie possède un grand nombre de forêts, dont plusieurs promettent des ressources très-précieuses. Il importe que ces forêts, celles surtout qui avoisinent les terrains métallurgiques, soient bientôt mises en état de pouvoir être aménagées. Rien ne serait plus propre à amener une population européenne sur le sol de l'Afrique, que d'y faciliter l'exploitation sur place du minerai que certaines portions du sol algérien recèlent en abondance. Autour de l'usine s'établirait bientôt le village. Mais, pour prospérer, ces entreprises si utiles à l'avenir de la colonisation du pays ont besoin de trouver à leur portée le combustible qu'elles emploient. Ce combustible existe dans les forêts voisines des mines. Il est très à désirer qu'on puisse bientôt en tirer parti.

## CHAPITRE XXXII

### COLONISATION, 200,000 FR.

Un crédit de 200,000 fr. est demandé à la Chambre pour acheter l'établissement de villages à la Stidia et à Sainte-Léonie.

900 Allemands des deux sexes et de tout âge ont été transportés par les soins du gouvernement, aux mois de septembre et d'octobre 1846, sur la côte d'Afrique, et débarqués à Oran. Ces étrangers étaient affaiblis par la misère et la maladie. Ils arrivaient sans ressources; un très-grand nombre avait déjà succombé dans la traversée, un plus grand nombre encore mourut peu après être arrivés. Il est vraisemblable qu'ils eussent presque tous péri, si on n'était venu à leur aide. Par les ordres de M. le gouverneur-général, ils furent conduits dans les environs de Mostaganem, sur les territoires de la Stidia et de Sainte-Léonie. Là on les nourrit, on leur bâtit des maisons, on défricha et on sema leurs champs; en un mot, on leur donna les moyens de vivre qu'ils n'avaient pas. Le crédit qu'on vous demande est destiné à continuer cette œuvre de charité publique, plus encore que de colonisation. Votre Commission ne vous propose pas de repousser un crédit qui a un pareil objet.

Elle a approuvé qu'on fût venu au secours de cette malheureuse
population, que nous ne pouvions laisser périr sur les rivages de
l'Algérie, après l'y avoir conduite nous-mêmes. Mais elle s'est
étonnée qu'on l'y eût conduite.

Interrogé sur ce point, M. le ministre de la guerre a répondu que
les Allemands dont il est question avaient originairement l'intention de se rendre au Brésil. Arrivés à Dunkerque, ils manquaient
de moyens de transports et de ressources pour s'en procurer, et ils
devenaient un sujet d'embarras et d'inquiétude pour la ville. L'affaire fut soumise au conseil des ministres, qui décida que ces étrangers seraient immédiatement transportés en Algérie.

Il est permis de regretter vivement, messieurs, que cette décision
ait été prise; elle n'était conforme ni à l'intérêt de la colonisation de
l'Afrique, ni à celui du Trésor, ni même à l'intérêt bien entendu de
l'humanité.

## CHAPITRE XXXIII

### TRAVAUX CIVILS, 1,800,000 FR.

Nous vous proposons d'admettre le crédit de 1,800,000 fr. destiné à donner une impulsion plus grande aux travaux publics.
Parmi ces travaux, nous croyons devoir signaler particulièrement à
l'attention de la Chambre, ceux des routes; il n'y en a pas, à nos
yeux, qui concourent d'une manière plus efficace à l'établissement et
au maintien de notre domination en Afrique, ni auxquels il soit sage
d'attribuer des fonds plus considérables.

A quelque point de vue qu'on se place, l'utilité des routes paraît
très-grande.

S'agit-il des intérêts du Trésor? La création des principales routes,
d'abord coûteuse, amènera bientôt une économie très-grande. L'État
est obligé, tous les ans, de transporter de la côte à l'intérieur, des
vivres, du mobilier, des matériaux de toute espèce. La Chambre a
pu voir dans le rapport dernièrement présenté par l'honorable
M. Allard, au nom de la Commission des crédits supplémentaires et
extraordinaires de 1846 et 1847, p. 69, que, dans l'année 1846,
la dépense qui est résultée de l'état des routes et de l'obligation où
on a été d'y faire presque toujours les convois à dos de mulet, n'a

pas élevé le prix des transports à moins de 43 pour 100 de la valeur des objets transportés. Cette dépense ne peut être représentée par un chiffre moindre de 13 millions. M. le rapporteur ajoute que, si l'on tient compte de plusieurs dépenses très-considérables qui sont également motivées par l'état des chemins, telles que celles qui sont nécessaires pour entretenir, dans les équipages militaires, un matériel et un personnel disproportionnés avec les forces numériques de l'armée, on doit conclure qu'on peut porter à 16 millions la part du budget absorbée chaque année en Afrique par les transports de toute nature.

Il est hors de doute que s'il existait, entre les principaux postes de l'intérieur et la côte, des routes sur lesquelles les voitures pussent habituellement passer, le personnel et le matériel des équipages militaires pourraient être fort réduits ; par suite de la même cause, les prix réclamés par les entreprises particulières des transports seraient considérablement diminués, et de l'ensemble de ces deux circonstances naîtrait une grande économie pour le Trésor.

De bonnes routes ne serviraient pas moins les intérêts de notre domination que ceux de nos finances. C'est par l'ouverture des routes que s'est achevée la pacification de toutes les populations longtemps insoumises. Les routes font plus que de faciliter les mouvements de la force matérielle ; elles exercent une puissance morale qui finit par rendre cette force inutile. Les routes ne donnent pas seulement passage aux soldats, mais à la langue, aux idées, aux usages, au commerce des vainqueurs.

Les routes ont, de plus, en Afrique, cet avantage particulier et immense, de concourir de la manière la plus efficace aux progrès de la colonisation, de quelque façon que celle-ci soit entreprise.

Les routes servent directement la colonisation en donnant aux nouveaux habitants des moyens faciles de communiquer entre eux, et de transporter leurs produits sur les marchés où ils doivent les vendre le plus cher, et d'aller chercher la main-d'œuvre là où ils peuvent l'obtenir à plus bas prix. Elles la servent indirectement, en procurant aux colons de grands profits.

Partout où le transport se fait à dos de bêtes de somme, ce sont les Arabes qui en profitent. Aujourd'hui ils perçoivent la plus grande partie des treize millions dont parle le rapport de l'honorable M. Allard. Partout, au contraire, où le transport par voiture peut se faire, c'est l'Européen seul qui s'en charge. Sur tous les points où des routes existent déjà en Algérie, des entreprises de roulage se sont fondées, des fermes se sont établies le long de ces routes pour fournir les chevaux dont ces entreprises avaient besoin. A l'aide de ces animaux, et grâce au profit que donnent les entreprises de roulage, les terres d'alentour ont été cultivées, et la population européenne a pris possession du sol, non-seulement sans qu'il en coûtât rien à l'État, mais avec économie pour lui. Généralisez la cause, vous généraliserez l'effet.

De tout l'argent qu'on dépense en Afrique, le plus utilement employé, aux yeux de la Commission, est assurément celui qu'on consacre aux routes.

La Commission des crédits extraordinaires d'Afrique croirait manquer à son devoir, si elle laissait passer le chapitre des travaux publics en Algérie, sans exprimer les vifs regrets que lui fait éprouver l'état d'incertitude qui règne encore sur le plan définitif du port d'Alger. Il n'appartient pas à la Commission de discuter les différents systèmes qui ont été successivement produits à l'occasion de ce grand travail, et qui se disputent encore la volonté du gouvernement ; mais elle déplore qu'après tant d'années écoulées et des sommes déjà si considérables dépensées, on en soit encore à se demander ce qu'on doit faire.

L'an dernier, le gouvernement avait solennellement promis qu'il indiquerait cette année aux Chambres la solution à laquelle il s'était arrêté. Cependant on délibère encore, et rien ne peut faire connaître avec précision quand enfin on pourra prendre un parti. Il faut cependant, messieurs, qu'un tel état de choses ait un terme ; le prolonger serait compromettre nos plus graves intérêts, et nous exposer à jouer un rôle peu sérieux aux yeux du monde.

(Suit le texte du projet de loi, amendé par la commission.)

# RAPPORT

FAIT A LA CHAMBRE DES DÉPUTÉS AU NOM DE LA COMMISSION
CHARGÉE DE L'EXAMEN DU PROJET DE LOI PORTANT DEMANDE D'UN CRÉDIT
DE 5 MILLIONS DE FRANCS POUR LES CAMPS AGRICOLES
DE L'ALGÉRIE (2 JUIN 1847).

Nous n'entreprendrons pas de démontrer à la Chambre que l'établissement paisible d'une population européenne sur le sol de l'Afrique serait le moyen le plus efficace d'y asseoir et d'y garantir notre domination. Cette vérité a été mise bien des fois en lumière, et nous n'avons rien à dire ici, sinon que votre Commission l'a admise comme démontrée.

Deux membres seulement, sans nier l'utilité du résultat à atteindre, ont contesté qu'il fût humain et sage de tenter une semblable entreprise.

Le pays qu'il s'agit de coloniser, ont-ils dit, n'est pas vide ou peuplé seulement de chasseurs, comme certaines parties du Nouveau-Monde. Il est déjà occupé, possédé et cultivé par une population agricole et souvent même sédentaire. Introduire dans un tel pays une population nouvelle, c'est y éterniser la guerre et y préparer la destruction inévitable des races indigènes.

Ils ajoutaient : Le climat, d'ailleurs, nous en repousse. Des expériences nombreuses ont prouvé que l'Européen ne s'y acclimate jamais, et que ses enfants ne peuvent y vivre.

Ces objections, messieurs, quelque graves qu'elles pussent paraître en elles-mêmes, et quelques force qu'elles empruntassent au talent de ceux qui les présentaient, n'ont point arrêté la Commission.

Le pays est occupé, il est vrai, mais il n'est ni rempli, ni même, à vrai dire, possédé. La population indigène y est très-rare et très-clairsemée. On peut donc introduire la population conquérante sur le sol, sans gêner la population vaincue.

Étudiez l'histoire du pays, considérez les usages et les lois qui le régissent, et vous verrez que nulle part il ne s'est rencontré des facilités plus grandes et plus singulières pour mener paisiblement et à bien une telle entreprise. Nous ne ferons que les rappeler très-sommairement à la Chambre.

On a remarqué que, partout où, depuis longtemps, la société est instable et le pouvoir tyrannique, les propriétés particulières de l'État sont très-nombreuses et très-vastes. C'est le fait qui se manifeste en Algérie. Le domaine public y a des proportions immenses, et les terres qu'il possède sont les meilleures du pays. Nous pouvons distribuer ces terres aux cultivateurs européens sans blesser le droit de personne.

Une partie des terres des tribus peut recevoir une destination analogue.

Ce n'est ni le temps, ni le lieu d'exposer et de discuter devant la Chambre les règles sur lesquelles repose le droit de propriété en Afrique. Ces questions sont très-obscures en elles-mêmes, et l'on est encore parvenu à les obscurcir et à les embrouiller beaucoup, en voulant leur imposer une solution unique et commune que la diversité des faits repousse. Nous nous bornerons donc à établir comme vérités générales et incontestables, que, dans beaucoup d'endroits, la propriété individuelle et patrimoniale n'existe pas; que, dans beaucoup d'autres, la propriété commune des tribus n'est appuyée elle-même sur aucun titre, et qu'elle résulte de la tolérance du gouvernement plutôt que d'un droit.

Ce sont là, messieurs, des circonstances rares et particulières qui rendent assurément notre œuvre plus aisée que celle de la plupart des conquérants.

La Chambre comprendra d'abord sans peine qu'il est plus facile d'introduire une population nouvelle sur un territoire qui n'est possédé qu'en commun, que sur un sol où chaque pouce de terre est défendu par un droit et un intérêt particulier. On peut également comprendre que dans une contrée où la propriété est assez rare pour que la plupart des particuliers et une partie des tribus mêmes en soient privés, et où elle existe assez, cependant, pour que tous connaissent ses charmes et la désirent avec ardeur, que dans une telle contrée il y ait presque toujours une transaction qui s'offre d'elle-même. Il est facile d'amener une tribu qui a un territoire trop vaste pour elle, mais qu'elle ne possède pas, à en céder une partie, à la condition d'obtenir la propriété incommutable du reste. Le titre qu'on donne est le prix de la terre qu'on retient.

Ainsi, il n'est pas exact de dire que l'introduction d'agriculteurs européens sur le sol d'Afrique est une mesure dont l'exécution est impraticable. Sans doute, elle présente des difficultés et pourrait même offrir de grands périls si on y procédait au hasard, et si elle n'était pas conduite par une main habile, humaine et délicate; nous ne le contestons pas : nous nous bornons à dire ici que le succès en est possible et sur certains points facile.

Mais qu'importe, dit-on, que vous ayez préparé le sol, si l'Européen ne peut y vivre !

Votre Commission, messieurs, ne saurait admettre que les faits justifient de semblables craintes.

Un mot d'abord sur la santé des Européens adultes. Il est incontestable que quand nos troupes, en Afrique, ont été exposées, sans abri, à l'intempérie des saisons ou à des fatigues excessives, il y a eu parmi elles beaucoup de malades. Il est hors de doute encore que quand des populations civiles ont été placées dans des lieux malsains ou se sont trouvées réduites à toutes les horreurs du besoin et de la misère, la mort a sévi très-cruellement parmi elles. Mais ces funestes événements tenaient-ils aux circonstances ou au pays lui-même? Toute la question est là. Nous pourrions citer bien des faits pour prouver que la mortalité est due bien moins au climat lui-même qu'aux circonstances particulières et passagères dans lesquelles les Européens se sont trouvés; mais pour atteindre ce but, nous croyons qu'il suffira de faire une seule remarque.

Ce qui éprouve le plus la santé des Européens dans les pays chauds, personne ne l'ignore, c'est le travail manuel pendant l'été et en plein air. Les mêmes hommes qui, sous le tropique, se portent bien quand ils peuvent éviter, dans leurs travaux, la chaleur du jour, sont exposés à de grands périls quand ils la bravent. Le travail au soleil est l'épreuve définitive et le signe certain auquel on peut juger l'influence réelle qu'exerce le climat d'un pays cnaud sur les différents organes de l'Européen.

Or, cette épreuve a été faite cent fois par les troupes, et ses résultats ont été constatés officiellement. L'armée a exécuté en Afrique d'immenses travaux ; elle a fait des routes, des hôpitaux, des casernes ; elle a défriché, labouré, récolté. Toutes les fois que les troupes se sont livrées à ces travaux dans des lieux sains, la santé des soldats n'en a pas été altérée. On a même constamment remarqué que le nombre des malades et des morts était moindre parmi des troupes ainsi occupées, que dans le sein des garnisons. Nous en appelons avec confiance, sur ce point, au témoignage des chefs et des médecins de notre armée.

Il est plus difficile, quant à présent, de bien constater l'effet du climat de l'Algérie sur la santé des enfants.

Nul doute que, dans plusieurs localités, la mortalité des enfants en bas âge n'ait été très-grande et hors de toute proportion avec les moyennes d'Europe. Mais il n'y a pas lieu de s'en étonner, quand on songe aux circonstances particulières au milieu desquelles ces faits se sont produits. La plupart de ces enfants, que la mort a enlevés, avaient été amenés récemment d'Europe par des parents pauvres, qui, en Europe même, appartenaient au rebut de la population. On conçoit sans peine que de tels enfants, nés au milieu de la misère, quelquefois du désordre des mœurs, exposés, en venant au monde, à toutes les chances de maladie que présente un établissement nouveau sous un climat inconnu, aient succombé en très-grand nombre. Il leur est arrivé ce qui arrive, même parmi nous, à tant d'êtres malheureux qui sont nés de parents vicieux, ou qui manquent des soins indispensables à leur âge. On sait que ces enfants dépassent rarement les premières années de la vie. En France, il est constaté que les trois cinquièmes des enfants trouvés meurent avant d'être parvenus à l'âge d'un an, et les deux tiers, avant d'avoir atteint leur douzième année. Faut-il en conclure que le climat de la France s'oppose à la reproduction de l'espèce humaine?

L'enfant né en Afrique de parents sains et aisés, élevé par eux dans une ville ou dans un village déjà fondé, l'enfant qu'on traite avec toutes les précautions que l'hygiène particulière du pays commande, est-il atteint de plus de maladies et exposé à de plus grandes chances de mort, que l'enfant né sur les rivages de la Provence, par exemple, et placé dans des circonstances analogues? Cette comparaison a été faite; elle n'a point été de nature à justifier les craintes qu'on exprime.

Que la Chambre nous permette donc d'écarter toutes les raisons qui pourraient faire croire qu'on ne doit point coloniser en Afrique, pour concentrer son attention sur le seul point de savoir quelle méthode de colonisation il convient de suivre.

Le moyen le plus efficace pour bien comprendre ce qu'il faut faire, est de bien savoir ce qui a été déjà fait. Ce qui existe aujourd'hui en matière de colonisation, est le point de départ nécessaire de toutes les résolutions qui sont à prendre. Parlons d'abord de la zone maritime, qui est la véritable zone de colonisation, et occupons-nous de la province d'Alger.

Autour de trois villes indigènes, rebâties en partie et peuplées aujourd'hui principalement par les Français, Alger, Coléah et Blidah, plusieurs fermes européennes et un assez grand nombre de villages ont été déjà entrepris ou fondés. Tandis que les campagnes qui avoisinent Alger et Blidah se peuplaient lentement, et que les populations agricoles y languissaient, comme nous le dirons tout à l'heure, Alger et Blidah faisaient voir une prospérité extraordinaire. Le nombre des habitants s'y accroissait avec rapidité, de nouveaux quartiers s'y élevaient sans cesse; de grandes fortunes s'y créaient d'un jour à l'autre par la vente des terrains à bâtir ou le louage des maisons nouvellement bâties.

Depuis près d'un an, une crise financière et industrielle des plus violentes a atteint ces villes, en a arrêté l'essor, y a ralenti et presque arrêté le mouvement des affaires.

Cette crise tient à plusieurs causes[1] que nous n'avons pas à re-

---

[1] On a attribué cette crise à beaucoup de causes diverses : aux embarras financiers des places de France, qui ont ralenti le mouvement des capitaux français vers l'Afrique, aux inquiétudes que la dernière insurrection des indigènes a répandues, au ralentissement des travaux publics dans la colonie, aux payements tardifs ou incomplets qui ont été faits par l'État à ses entrepreneurs, ou même à ses ouvriers, et enfin aux retards qui ont été apportés à l'établissement d'un comptoir de la Banque.

On ne saurait nier que tous ces faits n'aient exercé une influence considérable sur l'événement; mais la cause principale qui l'a fait naître est plus générale et plus simple. Il ne faut la chercher que dans l'excès de la

chercher ici ; c'est de la colonisation agricole surtout que le rapport s'occupe. Tant que nous aurons en Afrique une grande armée, nous y créerons facilement des villes. Amener et retenir sur le sol des populations agricoles, tel est le vrai problème à résoudre.

Autour d'Alger, sur une largeur de huit ou dix kilomètres, se trouvent des jardins où la terre, cultivée avec soin, produit immen-

spéculation, et dans la création d'une masse énorme de valeurs fictives ou très-exagérées, que le temps a enfin réduites à leur proportion véritable.

Il serait difficile de peindre à quels emportements se sont livrés les spéculateurs d'Alger et de Blidah, en matière de maisons. A peine ce qui s'est passé en France en 1825 peut-il en donner une idée. Des terrains qui, jusque-là, ne pouvaient trouver d'acquéreurs, se sont tout à coup vendus presque aussi cher que ceux qu'on achète dans les quartiers les plus riches et les plus populeux de Paris. Sur ce sol nu se sont élevées des maisons magnifiques. Ces terrains étaient achetés non en capital, mais en rentes ; ces maisons étaient bâties, non par la richesse acquise, mais par le crédit. Sur le rez-de-chaussée, on empruntait de quoi élever le premier étage, et ainsi de suite. Les maisons passaient en plusieurs mains avant d'être achevées, le prix en doublait ou en triplait d'un jour à l'autre ; elles se louaient avant qu'on en eût posé le faîte. Quand on n'avait point de gages à donner, on se soumettait à un intérêt prodigieusement usuraire. Comme on voyait dans ces deux villes le nombre des habitants s'accroître sans cesse, on croyait à une prospérité sans limites ; on n'apercevait pas que la plupart des nouveaux arrivants étaient attirés par ce grand mouvement industriel lui-même. La population occupée à bâtir les maisons nouvelles s'installait dans les maisons anciennement bâties et faisait augmenter tous les jours le prix des loyers. Le moment est arrivé où cette prospérité illusoire s'est dissipée, où il a fallu reconnaître la proportion exacte qui se rencontrait entre le capital ainsi engagé et le revenu produit. De ce moment la crise a commencé, et on peut croire qu'elle durera jusqu'à ce que le prix des maisons soit arrivé à représenter exactement, non la valeur fictive et passagère que la spéculation avait donnée aux immeubles, mais leur valeur réelle et constante.

Ces maux sont grands, sans doute, mais ils apportent avec eux un enseignement qui est utile. Au lieu de s'occuper à cultiver les terres, la plupart des colons d'Alger, ou de ceux qui sont venus avec quelques capitaux dans ce centre de nos établissements en Afrique, n'ont songé qu'à spéculer dans l'intérieur des villes. La crise actuelle apprendra à ceux qui voudraient imiter leur exemple que, dans un pays nouveau, il n'y a qu'un moyen efficace de s'enrichir, c'est de produire ; que c'est sur l'agriculture environnante que s'asseoit la véritable prospérité des populations urbaines, et qu'il ne saurait y avoir de villes grandes et riches qu'au milieu d'un territoire cultivé et civilisé.

sément, fait vivre une population assez dense, et donne à ses possesseurs de grands revenus; c'est au delà de cette zone de jardins,
sur les collines du Sahel et dans les plaines de la Mitidja, que l'agriculture proprement dite commence.

La Chambre n'a pas besoin que nous lui rappelions dans quelles
circonstances la plupart des terres du Sahel et de la Mitidja sont
passées des mains indigènes dans des mains européennes. Elle sait
quel étrange désordre dans la propriété foncière est résulté de ces
achats faits au hasard, dans l'ignorance des vrais propriétaires et des
vraies limites, et dans des vues d'agiotage plus que de culture. Ce
qui importe de savoir en ce moment, c'est ce que la terre est devenue dans les mains de ceux qui la possèdent.

La plupart des grandes propriétés européennes, dans la plaine de
la Mitidja et même dans le Sahel, sont encore inhabitées et incultes.
L'incertitude même de la propriété et de ses limites est une des
causes principales de cet état de choses, mais ce n'est pas la seule.
Dans l'origine, le peu de sécurité du pays; depuis, l'absence de routes; l'éloignement des marchés pour beaucoup de propriétaires; pour
quelques-uns, au contraire, le voisinage d'une grande capitale qui
semblait devoir accroître bientôt la valeur des terres sans qu'on eût
la peine de les défricher, et donnait des chances prochaines et heureuses à l'agiotage, ont été autant de raisons accessoires qui expliquent, sans le justifier, l'abandon dans lequel tant de terrains fertiles ont été laissés.

Il ne faut pas pourtant s'exagérer le mal. Il est très-inexact de
dire que les grands propriétaires européens n'aient rien fait autour
d'Alger. Dans le Sahel, plusieurs propriétés considérables ont été
défrichées, bâties, plantées, mises en bon rapport par eux. Dans la
plaine de la Mitidja, de grands établissements d'agriculture ont été
fondés ou se fondent en ce moment; on n'évalue pas à moins de
1,800,000 fr. le capital déjà engagé dans ces entreprises.

Un certain nombre de terres possédées encore et cultivées par des
propriétaires arabes, et le territoire où végètent de petites tribus indigènes, remplissent l'espace qui se trouve entre les fermes européennes et les villages. C'est de ceux-ci que nous allons maintenant
parler.

Tous les villages des environs d'Alger n'ont pas été créés de la
même manière.

Dans les uns, on s'est borné à fournir aux colons, indépendamment du sol, des secours pour bâtir leurs maisons et pour défricher leurs terres. Dans d'autres, l'État a été plus loin : il a bâti lui-même les maisons et a défriché une partie du sol ; quelques villages ont été fondés à l'entreprise, c'est-à-dire que l'État a accordé certains priviléges ou a donné certains secours à un particulier qui s'est chargé d'y établir les habitants. Enfin, dans les trois villages de Fouca, de Mahelma et de Beni-Mered, la plus grande partie de la population a été composée de colons sortis de l'armée, ou de soldats soumis encore aux lois militaires. Nous reviendrons sur ce dernier fait pour l'examiner à part.

Au fond de ces diversités extérieures, les mêmes idées se retrouvent partout.

L'État ne s'est borné nulle part à faire les seules dépenses d'utilité publique, à élever les fortifications, à fonder les églises, les écoles, à établir les routes. Il a été plus loin : il s'est chargé de faire prospérer les affaires des particuliers, et il leur a fourni, en tout ou en partie, les moyens de s'établir sur le sol. Les familles qu'il a placées dans les villages appartenaient presque toutes aux classes les plus pauvres de l'Europe. Rarement apportaient-elles un capital quelconque. La portion du sol que l'administration leur a distribuée a toujours été très-minime. Ces lots ont rarement atteint et presque amais dépassé dix hectares. Établir aux frais du Trésor une population purement ouvrière sur le sol de l'Afrique, telle semble avoir été la pensée-mère.

La Chambre n'attend pas de nous que nous lui fassions connaître en détail l'histoire de chacun de ces villages. Nous nous bornerons à indiquer, d'une manière générale, les impressions que leur vue suggère.

On a fort exagéré, en parlant d'eux, le bien et le mal. On a dit que tous les hommes qui les habitaient étaient sortis de la lie des sociétés européennes ; que leurs vices égalaient leur misère. Cela n'est pas exact. Si l'on envisage dans son ensemble la population agricole d'Afrique, elle paraîtra tout à la fois au-dessous et au-dessus de la plupart des populations de même espèce en Europe. Elle semblera moins régulière dans ses mœurs, moins stable dans ses habitudes, mais aussi plus industrieuse, plus active et bien plus énergique. Nulle part le cultivateur européen ne s'est mieux et plus aisément familiarisé avec l'abandon, avec la maladie, le dénuement, la mort, et n'a apporté une âme plus virile et, pour ainsi dire, plus guerrière, dans les adversités et dans les périls de la vie civile.

On a dit surtout que toutes les dépenses que l'État avait faites pour ces villages étaient perdues, que les résultats obtenus de cette manière étaient nuls. C'était encore outrer le vrai.

Pour rester dans les limites exactes de la vérité, il faut se borner à dire que le résultat obtenu par l'État est entièrement hors de proportion avec l'effort qu'on a fait pour l'atteindre.

Les villages ainsi fondés n'ont eu, en général, jusqu'à présent, qu'une existence très-chétive et très-précaire, plusieurs ont été décimés et sont encore désolés par la maladie, presque tous par la misère. Encore aujourd'hui le gouvernement, après les avoir créés, est contraint de les aider à vivre. La plupart d'entre eux cependant ne disparaîtront pas. Déjà il s'y rencontre des germes très-vivaces de population agricole. Dans ceux même qui vont le plus mal, il est rare qu'on n'aperçoive pas, au milieu d'une foule très-misérable ou peu prospère, quelques familles qui tirent bon parti de leur position et ne se montrent pas mécontentes de leur sort.

Il serait, du reste, peu juste d'attribuer au système lui-même tous les malheurs individuels et toutes les misères publiques qui en sont sortis. Les fautes de tous genres commises dans sa pratique entrent pour beaucoup dans les causes de ses revers.

Sur ce point, le gouvernement de la métropole et l'administration de la colonie méritent également de sévères critiques.

Si l'on songe que les colons envoyés aux frais de l'État pour cultiver l'Afrique, ont été rassemblés avec si peu de soin que beaucoup d'entre eux étaient absolument étrangers à l'agriculture ou formaient la partie la plus pauvre de notre population agricole; qu'après avoir attendu pendant des mois, et quelquefois des années, dans les rues d'Alger, la concession promise, livrés à tous les maux physiques et moraux que l'oisiveté, la misère et le désespoir engendrent, ces hommes si mal préparés ont été placés souvent dans des lieux mal choisis, sur un sol empesté ou tellement couvert de broussailles, qu'un hectare situé de cette manière devait coûter plus cher à défricher qu'il n'eût coûté en France à acquérir; si l'on ajoute enfin à toutes ces causes de ruine l'influence journalière d'une administration incohérente et, par conséquent, imprévoyante, tout à la fois inerte et tracassière, il sera permis de douter qu'à de telles conditions on eût pu créer des villages prospères, non pas seulement en Algérie, mais dans les parties les plus fertiles de la France.

Il est incontestable que ces causes accidentelles ont contribué à la ruine d'un grand nombre de colons. Quelles sont maintenant les circonstances particulières qui ont produit la prospérité de quelques-uns?

Une première remarque frappe d'abord. Nulle part le succès des colons n'a été en rapport avec les sacrifices que l'État s'est imposés pour eux, mais en raison de circonstances qui étaient presque étrangères à celui-ci ou qu'il n'avait fait naître qu'indirectement, telles que la fertilité particulière du lieu, des qualités rares chez les colons, le voisinage d'un marché, le passage d'une route... Parmi ces circonstances, la plus ordinaire et la plus digne d'être signalée a été la présence d'un capital suffisant, soit dans les mains du colon lui-même, soit dans celles de ses voisins.

Il y a des villages, tels que celui de Saint-Ferdinand, par exemple, où l'État a poussé si loin la sollicitude, qu'il a bâti lui-même au colon une demeure très-supérieure à la maison de presque tous les cultivateurs aisés de France; autour de cette habitation, il a défriché quatre hectares de terre fertile. Il a placé dans cette ferme une famille à laquelle il n'a imposé que l'obligation de lui payer 1,500 fr. dont même il n'a pas exigé le versement; il lui a donné des semences, il lui a prêté des instruments de travail. Qu'est-il advenu, messieurs? Aujourd'hui, la plupart de ces familles ont été obligées de vider les lieux. Elles n'ont pas eu le temps d'attendre que la prospérité fût venue.

Comme, en donnant la maison et le champ, l'État ne leur avait point fourni les moyens d'y vivre, qu'elles n'avaient point par elles-mêmes de ressources et ne trouvaient autour d'elles aucun moyen de s'en procurer, elles ont langui et auraient fini par s'éteindre les mains encore pleines de tous les instruments de prospérité qu'on leur avait gratuitement fournis.

Presque tous les colons qui ont réussi ailleurs, étaient arrivés, au contraire, avec un petit capital, ou, s'ils ne l'avaient pas apporté eux-mêmes, ils sont parvenus à se le procurer en travaillant pour le compte de ceux qui déjà en possédaient un.

Lorsque dans les environs d'un village presque entièrement composé de pauvres, comme Cheragas, par exemple, quatre ou cinq propriétaires riches s'étaient déjà fixés, il est arrivé que le village a fourni les ouvriers dont ces propriétaires avaient besoin, et que ceux-ci, à leur tour, ont soutenu, par des salaires, les familles du village. Chacun a ainsi vécu, et tous bientôt pourront atteindre l'aisance.

Voilà ce que nous avions à dire à la Chambre sur la population agricole de la Mitidja et du Sahel.

La crise qui a désolé la province du centre n'a pas atteint les autres provinces ; là, les causes qui l'avaient fait naître à Alger ne se sont pas rencontrées. Les villes ne se sont développées que dans la proportion exacte des besoins, et c'est principalement du côté de la culture des terres que les capitaux semblent se diriger.

Un certain nombre de villages, dans la province de Constantine et dans celle d'Oran, ont été fondés d'après le système que nous avons fait précédemment connaître, c'est-à-dire qu'ils ont été peuplés de familles pauvres que l'État a subventionnées. Presque tous ces villages ne se développent que très-lentement, et quelques-uns même ne se maintiennent qu'avec peine.

En dehors de ces villages, d'autres cultivateurs européens se sont établis dans des concessions plus ou moins grandes[1], sans subvention de l'État, mais, au contraire, en lui payant une rente ; ceux-là ont fait déjà de grands travaux ; ils ont bâti des maisons, creusé des puits, défriché des terres ; ils semblent prospérer, bien qu'ils fassent avec leurs seules ressources ce que les autres ne réussissent pas ou réussissent incomplétement à faire avec l'argent du Trésor. A côté de leurs concessions, beaucoup de concessions nouvelles sont demandées.

Toutefois, il faut le dire, ces établissements ne sont pas encore très-nombreux, et ils sont presque tous récents ; s'ils fournissent des lumières sur le sujet qui nous occupe, ils ne donnent point encore de certitude quant au système à suivre.

Au delà des zones maritimes, dans les territoires mixtes ou arabes, s'élèvent déjà un certain nombre de villes européennes, que la présence de notre armée a créées et fait vivre, et dont un petit nombre de cultivateurs habitent déjà la banlieue.

---

[1] Dans les environs d'Oran, 2,000 hectares ont été ainsi distribués en concessions de 4 à 100 hectares.

Tel est l'aspect général que présente, quant à présent, l'Algérie, au point de vue de la colonisation européenne.

L'objet du projet de loi que nous discutons en ce moment est de développer cette œuvre ébauchée.

La Chambre sait quelles sont les idées principales sur lesquelles ce projet repose. Nous ne les rappellerons que très-sommairement. Un appel est fait à l'armée. Parmi les soldats de bonne volonté qui se présentent, et qui ont encore trois ans de service à faire, on choisit les plus capables de conduire une entreprise agricole, et on leur donne un congé de six mois pour aller se marier en France. Pendant leur absence, ceux de leurs camarades qui sont restés en Afrique bâtissent les villages, défrichent et sèment les terres. A son retour, le soldat qu'on destine à devenir colon est placé avec sa compagne sur un petit domaine; l'État lui donne un mobilier, des bestiaux, des instruments de travail, des arbres à planter, des semences; pendant trois ans, il lui laisse la solde et l'habillement, et fournit à lui et à sa famille les vivres. Jusqu'à l'expiration de son service, c'est-à-dire pendant trois ans, il y reste soumis à la discipline militaire, et le temps qu'il passe dans cette situation lui compte comme s'il l'avait passé sous les drapeaux. Après trois ans, les colons militaires passent sous le régime civil.

Aucun de ces détails d'exécution ne se retrouve dans le projet de loi, comme on aurait pu s'y attendre. C'est l'exposé des motifs qui, seul, les fait connaître. Le projet se borne à dire, très-laconiquement, qu'il sera créé en Algérie des camps agricoles, où des terres seront concédées à des militaires de tout grade et de toutes armes, servant ou ayant servi en Afrique.

Écartons d'abord toutes les analogies qu'on pourrait vouloir établir entre ce qui s'est fait en d'autres temps ou ailleurs et ce que le projet de loi veut faire.

L'Autriche, au commencement du dix-huitième siècle, imagina, pour se garantir des incursions des Turcs, qui menaçaient les frontières du côté de la Croatie, de créer dans cette province les colonies militaires qui existent encore et qui prospèrent.

La Russie, à la fin du règne d'Alexandre, a formé également dans le sud de son empire des établissements qui portent le nom de colonies militaires. Plusieurs ont été atteints, peu après leur naissance, d'une ruine complète; d'autres subsistent encore aujourd'hui

Ce serait consumer inutilement le temps de la Chambre et le nôtre, que de rechercher par combien de différences les colonies militaires de l'Autriche et de la Russie s'éloignent des camps agricoles dont parle le projet. Nous nous bornerons à signaler les trois principales.

La première, c'est que, dans ces deux pays, on n'a pas eu l'idée de fonder une société civile à l'aide de l'armée, mais bien de véritables sociétés militaires, entièrement soumises à la discipline militaire, et conservant à perpétuité ce caractère et cette puissance [1].

La seconde, c'est que, pour former ces sociétés, on n'a point eu à placer d'abord le soldat dans des lieux incultes et déserts, et à attirer ensuite près de lui une compagne et une famille; on a trouvé la population déjà installée sur le sol, on s'est borné à cantonner des régiments au milieu d'elle, ou à la façonner elle-même à une organisation militaire.

La troisième, enfin, c'est que les populations qu'on soumettait à cette condition subissaient déjà auparavant le joug du servage ou vivaient dans une demi-barbarie, de telle sorte qu'il n'y avait pour elles, dans l'état exceptionnel qu'on leur imposait, rien de bien nouveau ni de très-difficile à supporter. Elles s'y prêtaient sans peine, et n'offraient aucune de ces résistances et de ces obstacles que les peuples libres ou civilisés n'auraient pas manqué d'opposer à des transformations de cette espèce.

Les concessions de terres promises par la loi du 1er floréal an XI aux militaires mutilés ou blessés dans la guerre de la liberté (ce sont les termes de la loi) [2] ne ressemblent en rien non plus, quoi

---

[1] Dans les colonies militaires de l'Autriche, par exemple, telles que les décrit un Mémoire très-curieux, adressé à l'empereur Napoléon en 1809, et dont la Commission a reçu la communication, la propriété foncière est inaliénable, et appartient non aux individus, mais aux familles. Chaque famille mange en commun; tous ses membres sont habillés de la même manière; le colonel est tout à la fois l'administrateur et le juge. Le paysan ne peut disposer des fruits de sa terre; il lui faut une permission pour vendre un veau ou un mouton; il n'est pas maître d'ensemencer ses champs ou de les laisser en friche; il ne peut sortir des limites de la colonie sans y être autorisé.

Cette discipline est rigoureusement maintenue à l'aide du bâton.

[2] Voir la loi du 1er floréal an XI, les arrêtés des 26 prairial an XI, 30 nivôse et 15 floréal an XII.

qu'en dise l'exposé des motifs, à l'établissement qu'on se propose.

Il ne s'agissait point, dans le plan de l'Empereur, d'établir les soldats sur des terres incultes, situées loin de la France, sous un climat différent et dans un pays barbare, mais de leur distribuer, comme supplément de retraite, des champs cultivés, situés dans des contrées peuplées et riches; ces camps, quoique placés ainsi dans d'excellentes conditions économiques, ont peu prospéré; comme institutions militaires, ils ont eu encore moins de succès. Bien que les vétérans qui les habitaient eussent été maintenus sous une sorte de discipline et contraints à porter l'uniforme, il paraît certain que, lors de l'invasion de 1814, ils n'ont rendu que très-peu de services; c'est du moins ce que plusieurs témoins oculaires ont attesté. Ces anciens soldats devenus laboureurs avaient si bien pris, en peu d'années, les habitudes, les idées et les goûts de la vie civile, qu'ils étaient devenus presque étrangers et impropres aux travaux de la guerre, et ne s'y livrèrent qu'avec une certaine répugnance et peu d'efficacité.

Le seul plan de colonisation militaire qui se rapproche en quelques points des idées reproduites par le projet de loi, est celui qu'on a retrouvé dans les papiers de Vauban, qui a été tracé par lui il y a précisément cent quarante-huit ans (28 avril 1699), et qu'on a publié depuis [1]. Vauban propose, dans cet écrit, d'envoyer au Canada plusieurs bataillons destinés, non à défendre le pays, mais à le coloniser. Suivant lui, ces bataillons devraient commencer par cultiver la terre en commun; au bout d'un certain temps, chaque soldat devait devenir propriétaire, et la société perdre peu à peu la plus grande partie de sa physionomie militaire.

Il est inutile de faire remarquer que les soldats dont Vauban vou-

---

[1] Ce Mémoire, écrit le 28 avril 1699, est intitulé : *Moyen d'établir nos colonies d'Amérique, et de les accroître en peu de temps.* Rien n'égale le soin minutieux avec lequel Vauban, suivant son usage, entre dans les moindres détails d'exécution que son plan comporte. Il prend le soldat au régiment, le conduit au port d'embarquement, et indique tous les approvisionnements dont il conviendra de le pourvoir, *opération très-essentielle,* dit-il, *à laquelle devra présider un commissaire du roi qui ne soit pas un fripon.* Il suit de là les bataillons en Amérique, et décrit très au long toutes les transformations à travers lesquelles les soldats doivent passer avant de se dépouiller de tout caractère militaire et de devenir, comme il le dit, des bourgeois.

lait se servir étaient engagés pour un temps indéfini dans les lois du service; que le roi pouvait en disposer comme bon lui semblait, qu'il lui était loisible de les forcer de rester dans la colonie, de les y retenir plus ou moins longtemps dans les liens de la discipline militaire, et, après les en avoir affranchis, de les soumettre encore à un régime très-exceptionnel. Les idées de Vauban, d'ailleurs, ne furent jamais appliquées.

Ne cherchons donc pas, messieurs, à éclairer le sujet par des exemples qui seraient trompeurs. Voyons-le en lui-même, et jugeons-le avec les seules lumières de notre raison.

Dans le sein de la Commission, le projet de loi a été attaqué à des points de vue divers.

Quelques membres ont pensé que le résultat de la mesure proposée serait de modifier profondément le système actuel de la loi de recrutement, d'en changer l'esprit et d'en accroître les rigueurs. Plus la charge que cette loi fait peser, ont-ils dit, sur les familles et en particulier sur les citoyens pauvres, est lourde, plus il convient de ne point en étendre l'application à d'autres cas que ceux qu'elle a prévus. Le but de la loi du recrutement est de donner à l'État des soldats, non des colons; elle est faite pour procurer à la France une armée, et non une population agricole à l'Algérie. Gardons-nous de lui demander plus que ce qu'ont voulu d'elle ceux qui l'ont faite. La mesure proposée ne changeât-elle pas l'esprit de la loi de recrutement, elle devrait probablement accroître l'effectif de l'armée française, car il serait nécessaire de remplacer à leur corps les soldats qui iraient dans les camps agricoles.

Cette opinion, vivement soutenue, a été vivement combattue. On a fait observer, sur le premier point, que, puisque les soldats n'étaient point forcés de devenir colons militaires, et ne restaient dans les camps agricoles que de leur plein gré, les rigueurs de la loi du recrutement n'étaient point augmentées. Quant à l'effectif, il a paru douteux aux honorables membres que le résultat de la mesure dût être de l'accroître, l'établissement des camps agricoles pouvant avoir pour effet de rendre inutile une partie de l'armée d'Afrique.

D'autres membres ont critiqué le projet dans l'intérêt même de l'armée.

Suivant eux, il n'était pas sans inconvénient de créer des différences et des inégalités dans la condition des soldats; de renvoyer les uns en France pour s'y marier, et de les transformer, au retour, en propriétaires et en laboureurs, tandis qu'à côté d'eux leurs camarades restaient attachés au service militaire. Un tel état de choses leur paraissait contraire au maintien du bon ordre et à l'exacte discipline de l'armée.

Plusieurs membres se sont attachés à faire ressortir les difficultés, à montrer les obscurités, et à signaler les nombreuses lacunes qui se rencontrent dans le projet.

Trouver un très-grand nombre de soldats qui consentent à aller passer six mois en France, à la condition de s'y marier, cela est très-facile, sans doute; mais comment les obliger à se conformer à une condition semblable? Comment, d'ailleurs, dans un si court espace, faire choix d'une compagne? Qu'attendre de moral et de bon d'une union contractée ainsi à la hâte, par ordre, uniquement et en vue d'un avantage matériel? Quelle sera la condition de la femme du colon militaire, en cas de mort de celui-ci? Si on lui enlève la concession, que fera-t-elle? Si on la lui laisse, comment le but de la loi, qui est de créer une population virile et guerrière, sera-t-il atteint? Le projet n'en dit rien.

Beaucoup d'autres critiques de détail ont encore été adressées au projet de loi. Nous n'en entretiendrons pas la Chambre; ce sont des considérations plus générales qui paraissent avoir surtout déterminé la majorité de la Commission.

Elle a recherché d'abord quelle était exactement la portée et le caractère de la mesure qu'on propose.

Que veut ou plutôt que fait en réalité le projet? Doit-il réellement placer en avant de la population civile une population militaire, pourvue de la force d'organisation, de la puissance de résistance, de la vigueur d'action que donnent la discipline et la hiérarchie d'une armée? Un tel but aurait de l'utilité et de la grandeur; il légitimerait de grands sacrifices. C'est l'idée que les empereurs d'Allemagne ont réalisée dans la Croatie, et l'empereur Alexandre dans la Crimée. C'est l'idée que paraît avoir conçue, dans le principe, M. le maréchal Bugeaud lui-même. Cette idée est-elle applicable à des Français? Évidemment non. Personne, aujourd'hui, ne l'oserait dire. Une fois que le soldat a rempli la durée de son engagement militaire, nul ne peut le forcer à vivre sous une loi exceptionnelle, dont les gênes lui seraient insupportables. On n'a pas le droit de l'y

contraindre, et on n'a nulle espérance de l'y faire consentir. Aussi
le projet de loi ne propose-t-il rien de semblable. Dès que le soldat
placé dans le nouveau village arrive au terme de son service, il redevient un simple citoyen, soumis aux lois et aux usages civils de la
patrie. Ainsi donc, remarquez-le bien, il ne s'agit pas, en réalité,
de faire une colonisation militaire, mais d'obtenir une colonisation
civile à l'aide de l'armée. Le côté militaire de la question perd aussitôt presque toute son importance, et c'est le côté économique
qu'il faut regarder.

Dans tous les pays nouveaux où les Européens se sont établis,
l'œuvre de la colonisation s'est divisée naturellement en deux parts.

Le gouvernement s'est chargé de tous les travaux qui avaient un
caractère public et qui se rapportaient à des intérêts collectifs. Il a
fait les routes, creusé les canaux, desséché les marais, élevé les
écoles et les églises.

Les particuliers ont seuls entrepris tous les travaux qui avaient
un caractère individuel et privé. Ils ont apporté le capital et les
bras, bâti les maisons, défriché les champs, planté les vergers...

Ce n'est pas par hasard que cette division dans le travail colonial
s'est naturellement établie partout; elle n'a, en effet, rien d'arbitraire.

Si l'État quittait la sphère des intérêts publics pour prendre en
main les intérêts particuliers des colons, et essayait de fournir à ceux-
ci le capital dont ils manquent, il entreprendrait une œuvre tout à
la fois très-onéreuse et assez stérile.

Onéreuse, car il n'y a pas d'établissement agricole dans un pays
nouveau, qui ne coûte très-cher, relativement à son importance.
Nulle colonie n'a fait exception à cette règle. Si le particulier y
dépense beaucoup, quand il prend l'argent qu'il emploie dans sa
propre bourse, à plus forte raison lorsqu'il puise dans le Trésor
public.

L'œuvre, est de plus, stérile, ou du moins peu productive. L'État,
quels que soient ses efforts, ne peut pourvoir à tous les frais que
supposent l'établissement et le maintien d'une famille. Ses secours,
qui suffisent pour faire commencer l'entreprise, ne sont presque
jamais suffisants pour qu'on la mène à bien; ils n'ont eu le plus
souvent, pour résultat, que d'induire des hommes imprudents à
tenter plus que leurs forces ne leur permettent de faire.

L'État s'imposât-il des sacrifices sans limites, ces sacrifices deviendraient encore souvent inutiles. Il ne faut pas croire qu'il n'y ait qu'à fournir à un colon l'argent nécessaire à la culture du sol, pour qu'il parvienne à en tirer parti. Celui qui n'a pas le capital nécessaire à une telle entreprise, a rarement l'expérience et la capacité voulues pour y réussir. N'exposant pas ses propres ressources, ne comptant pas seulement sur lui-même, il est rare d'ailleurs qu'il montre cette ardeur, cette ténacité, cette intelligence qui font fructifier le capital, quelquefois le remplacent, mais dont le capital ne tient jamais lieu.

En matière de colonisation d'ailleurs, il faut toujours, quoi qu'on fasse, en revenir à cette alternative :

Ou les conditions économiques du pays qu'il s'agit de peupler, seront telles que ceux qui viendront l'habiter pourront facilement y prospérer et s'y fixer : dans ce cas, il est clair que les hommes et les capitaux y viendront ou y resteront eux-mêmes ; ou une telle condition ne se rencontrera pas, et alors on peut affirmer que rien ne saurait jamais la remplacer.

En rappelant ces principes généraux, messieurs, nous ne prétendons rien dire d'original ni de profond. Nous ne faisons que reproduire les notions de l'expérience et parler comme le simple bon sens.

Si de telles vérités avaient besoin d'être prouvées par des faits, ce qui s'est passé jusqu'ici dans la plupart des villages de l'Algérie nous fournirait ceux-ci en foule.

Or, de quoi, au fond, en écartant les mots et voyant les choses, s'agit-il dans la création des camps agricoles, si ce n'est de reproduire ces villages sous une autre forme ?

Qu'est-ce qu'un camp agricole, messieurs ? sinon un village dans lequel l'État se charge, non-seulement de faire les travaux qui ont un caractère public, mais encore de fournir aux particuliers toutes les ressources qui leur sont nécessaires pour faire fortune, maison, troupeaux, semences, un village qu'il peuple de gens dont la plupart étaient des journaliers en France, et qu'il entreprend de transformer tout à coup à ses frais, en Afrique, en chefs d'exploitation rurale.

Les villages subventionnés et les camps agricoles n'ont entre eux que des différences secondaires ou superficielles ; les deux entreprises se ressemblent par leurs caractères fondamentaux, et qui repousse l'une blâme l'autre.

Dans les villages militaires, dit-on, le colon aura originairement été mieux choisi que dans le village civil. Soit. Admettons qu'il soit plus vigoureux, plus intelligent, plus moral ; mais, d'une autre part, il sera dans des conditions économiques moins bonnes ; il n'aura pas amené avec lui de famille, il sera placé plus loin des grands centres de colonisation qui existent déjà en Afrique, des grands marchés où le produit se vend cher, des populations agglomérées, où l'on peut se procurer la main d'œuvre à bon marché.

Son établissement imposera à l'État une charge beaucoup plus grande, et, de plus, une charge dont on ne voit pas la limite.

La charge sera plus grande, car au colon civil on n'a accordé que des secours, tandis qu'ici l'État pourvoit à tout.

La charge sera moins limitée. Quand on a attiré une famille sur un sol nouveau, par l'attrait d'une subvention, il est bien difficile de cesser de lui venir en aide tant que ses besoins durent. Vous avez soutenu un homme jusqu'au milieu de la carrière, pourquoi ne pas le porter jusqu'au bout? Quelle raison décisive de s'arrêter dans cette voie plutôt un jour que l'autre? L'État vient encore aujourd'hui au secours des villages le plus anciennement fondés des environs d'Alger. S'il est difficile d'abandonner à lui-même un colon civil, qui n'a jamais rendu de service au pays, combien le sera-t-il davantage de délaisser un ancien soldat, que le gouvernement a empêché de retourner dans ses foyers pour le fixer sur le sol de l'Afrique? Peut-on jamais abandonner à son sort et laisser languir ou mourir dans la misère un pareil homme !

Il ne s'agit, dit-on, que d'un essai. Mais avant de s'exposer à faire un essai, faut-il encore qu'on voie à cet essai des chances de réussite ! Essayer ce qu'on croit bon, cela se comprend ; mais essayer ce qu'on croit mauvais, c'est montrer un grand mépris pour l'argent, le Trésor, et pour les citoyens qu'on engage dans l'entreprise.

Il n'est pas exact, d'ailleurs, de dire qu'un essai n'ait point déjà eu lieu.

Il existe, depuis plusieurs années, aux environs d'Alger, trois villages qui ont, en partie, une origine militaire : c'est Fouca, Mahelma et Beni-Mered. Le premier a été peuplé avec des soldats libérés. Les deux autres ont été fondés exactement de la manière qu'indique l'exposé des motifs du projet de loi. Que faut-il conclure de cette triple expérience?

Nous n'entrerons pas dans un examen détaillé de la condition de ces villages. Les éléments d'un pareil travail seraient très-difficiles à rassembler et peu sûrs. Nous nous bornerons à dire d'une manière générale que les trois villages militaires dont nous venons de parler, ont coûté beaucoup plus cher que les villages civils leurs voisins, et n'ont pas produit un résultat différent. Ceux qui sont placés dans des conditions économiques médiocres ou mauvaises, comme Fouca ou Mahelma, languissent et se soutiennent à peine. Le troisième, Beni-Mered, qui est placé dans une des parties les plus fertiles de la Mitidja, à une lieue de deux villes qui, jusqu'à ces derniers temps, étaient très-prospères, Bouffarik et Blidah, présente un aspect plus satisfaisant. Mais, remarquez-le bien, cette sorte de prospérité dont il jouit n'est pas particulière à sa population militaire; dans ce même village de Beni-Mered, un certain nombre de familles civiles ont été placées. Le gouvernement a beaucoup moins fait pour elles que pour les familles militaires qui les avoisinent : si l'on vient cependant à examiner l'état dans lequel se trouvent les unes et les autres, on voit que leur condition diffère très-peu, et que, s'il existait entre elles une différence, c'est à l'avantage des premières qu'il faudrait la constater.

L'ensemble de toutes les considérations qui viennent d'être successivement reproduites, a convaincu, messieurs, votre Commission ; le projet de loi ne lui a pas paru pouvoir être adopté dans la forme que le gouvernement lui avait donnée. Cette résolution a été prise à l'unanimité des membres présents.

Mais elle s'est divisée sur le point de savoir s'il n'y avait rien à vous proposer pour mettre à la place. Un membre a ouvert l'avis de remplacer l'article premier par un article ainsi conçu :

« Il sera employé une somme de trois millions de francs à l'établissement, en Algérie, de militaires libérés et mariés, de tout grade et de toutes armes de l'armée de terre et de mer, et choisis de préférence parmi ceux qui auront servi en Afrique.

« Ces militaires libérés seront répartis dans les divers centres agricoles, créés ou à créer, et assimilés en tous points aux colons civils.

« Sur cette somme, il est ouvert au ministre secrétaire d'État de la guerre, sur l'exercice 1847, un crédit de un million qui sera inscrit au chapitre xxxii du budget de la guerre (colonisation en Algérie).

« Les crédits ou portions de crédits non employés à l'expiration de l'exercice au titre duquel ils auront été ouverts, seront reportés de plein droit sur l'exercice suivant. »

Voici les principales raisons qui ont été données à l'appui de cet amendement. En adoptant la mesure proposée, a-t-on dit, on évite la plupart des inconvénients qu'on rencontrerait dans les camps agricoles, et on obtient la plupart des avantages qu'ils peuvent produire.

Ainsi, d'une part, on ne change pas la loi du recrutement; on ne crée pas d'inégalité dans la condition du soldat; on ne s'expose point à tous les embarras d'exécution dans lesquels le projet de loi se jette. Les hommes que l'on choisit sont déjà libérés du service; ils sont mariés, ils se présentent d'eux-mêmes, attirés par la subvention qu'on leur offre. On ne les réunit point pour en composer des populations agricoles à part, on les dissémine au milieu de populations déjà existantes et placées dans de bonnes conditions de succès.

D'une autre part, on introduit ainsi dans le sein de la population civile des éléments plus énergiques et plus virils que ceux qui la composent. On donne à l'armée un éclatant témoignage de sollicitude, et l'on fait en même temps, à son égard, un acte de justice. Quoi de plus juste, en effet, que d'employer à produire le bien-être du soldat, le sol qu'il a conquis.

Les soldats qu'on subventionnera de cette manière, ne seront pas, sans doute, munis de capitaux, mais ils auront ce qui n'est pas moins nécessaire pour réussir dans une telle entreprise, la vigueur morale, la santé et la jeunesse.

Les adversaires de la proposition répondaient : Il ne faut pas abuser du nom de l'armée. Quel homme s'étant occupé des affaires d'Afrique et ayant parcouru l'Algérie, n'a pas été frappé du spectacle, grand et rare, qu'y donne l'armée? Qui n'a admiré surtout, dans le simple soldat, celui dont il s'agit ici, ce courage modeste et naturel qui atteint jusqu'à l'héroïsme en quelque sorte sans le savoir; cette résignation tranquille et sereine qui maintient le cœur calme et presque joyeux au milieu d'une contrée étrangère et barbare, où les privations, la maladie et la mort s'offrent de toutes parts et tous les jours? Sur ce point, il n'y a ni majorité ni minorité dans la Commission, non plus que dans la Chambre. Tout le monde est d'accord que l'intérêt public et la justice nationale demandent qu'on fasse participer l'armée aux avantages de la colonisation. La question n'est que dans le mode de la mesure.

Ce qu'on veut faire ici par une loi spéciale, peut se faire tout naturellement par l'emploi des fonds déjà portés au budget. Un crédit considérable, porté au budget, a déjà pour objet d'aider les colons à s'établir en Algérie; que ce fonds soit principalement employé désormais à secourir les militaires qui veulent se fixer dans le pays conquis, personne ne le conteste ; on consentira même volontiers à ce que ce fonds soit accru suivant les besoins, mais il est inutile d'en créer un autre tout semblable dans une loi spéciale. Cela est inutile et difficile : car comment fixer aujourd'hui le montant du crédit nouveau qu'on demande à ouvrir? On était toujours assuré de trouver des soldats en nombre suffisant pour remplir les camps agricoles; mais d'anciens militaires mariés, et voulant se fixer en Afrique, qui peut dire maintenant combien il s'en trouve, et si le fonds déjà existant au budget n'est pas suffisant pour pourvoir à leurs besoins. La Commission ne le sait pas, le gouvernement lui-même l'ignore, il n'a fait encore aucune recherche de cette espèce ; et cela se conçoit, la mesure qu'on propose n'est point en effet une modification du projet de loi; en réalité, remarquons-le, c'est un projet tout nouveau auquel le gouvernement n'avait pas songé, et pour lequel il ne peut fournir aucune lumière. Pourquoi la Chambre se hâterait-elle, dès cette année, de créer des crédits spéciaux dont il n'est pas sûr encore qu'on puisse faire emploi?

Par ses effets, la mesure est donc inutile; par le sens qu'on voudrait lui donner, elle pourrait être dangereuse. Le gouvernement et l'administration d'Afrique verraient peut-être dans la loi spéciale qu'on propose une reconnaissance solennelle et une consécration du système général qui consiste à coloniser l'Afrique à l'aide des subventions du Trésor. Or, ce système, en tant que moyen habituel de peupler le pays nouveau, est condamné par la raison et démenti par l'expérience.

Après de longues discussions, votre Commission s'étant partagée d'une manière égale, l'amendement n'a point été adopté, et nous n'avons à vous proposer aujourd'hui que le rejet pur et simple du projet de loi.

Notre travail, messieurs, pourrait, à la rigueur, s'arrêter ici; mais la Commission croit entrer dans les vues de la Chambre en le poussant un peu plus loin.

Dans l'exposé des motifs du projet de loi, le gouvernement a cru devoir vous annoncer qu'il existait deux plans de colonisation distincts : l'un pour la province de Constantine, et l'autre pour celle d'Oran. Il vous a fait distribuer les documents les plus propres à vous bien faire connaître, et à vous permettre d'apprécier ces deux systèmes. La Commission était nécessairement appelée à s'en occuper à son tour. Elle le fera très-brièvement.

Quoique différents entre eux sur certains points, les deux plans sont cependant fondés, l'un et l'autre, sur des idées semblables.

Tous deux reconnaissent qu'il faut empêcher la colonisation de marcher au hasard, et qu'elle ne peut être la conséquence de transactions individuelles entre les colons et les indigènes; c'est pour eux une nécessité fondamentale. A l'État seul il appartient de fixer d'avance le lieu où les Européens pourront s'établir. Lui seul doit traiter avec les indigènes; c'est de lui seul que le colon doit tenir son titre. Voilà leur premier principe.

Voici le second : l'État ne doit pas se charger de fournir aux particuliers les moyens de fonder leurs exploitations agricoles, ni leur donner le capital dont ils manqueraient. Il n'a en général d'autres dépenses à faire que celles qui ont un caractère public et qui se rapportent à un intérêt collectif.

Tels sont, messieurs, en écartant tous les détails, les principes qui forment la base commune des deux projets dont parle l'exposé des motifs.

L'unanimité de la Commission a admis le premier de ces deux principes. Une minorité a demandé qu'on repoussât l'autre. Suivant les honorables membres qui formaient cette minorité, c'était, en général, l'État qui devait se charger de choisir les colons et de les aider par ses secours à s'établir sur le sol. La colonisation à l'aide des capitaux particuliers ne se ferait pas ou se ferait mal. Il ne faut pas espérer que les petits capitaux s'aventurent volontiers en Afrique. Quant aux grands capitaux, ils y viendront dans des vues de négoce plus que d'agriculture. S'ils s'appliquent à la terre, ils n'attireront à leur suite qu'une population mal choisie, dont l'entretien retombera tôt ou tard à la charge de l'État. Une pareille colonisation finira par être plus chère et moins profitable que celle entreprise d'abord par l'État lui-même.

La grande majorité de la Commission a été d'un avis contraire; elle croit les deux principes énoncés plus haut aussi vrais l'un que l'autre, et elle approuve pleinement leur adoption.

Suivant quelles conditions et à quelles personnes l'État livrera-t-il le sol qu'il a acquis des indigènes et qu'il destine à la colonisation? Cela doit beaucoup dépendre des circonstances et des lieux. Généralement parlant, ce qui est préférable, c'est de donner à la propriété foncière qu'on crée un caractère individuel, et de la livrer à un particulier plutôt qu'à une association. Il peut être quelquefois utile cependant, et même indispensable, de recourir au mode de colonisation par compagnie. Mais dans ce cas, le premier devoir de l'État est de veiller avec le plus grand soin à ce que les garanties les plus sérieuses en moralité et en capitaux soient fournies. Car, ici, il s'agit d'une opération industrielle, qui peut influer au plus haut point sur la vie des hommes et compromettre une population entière qui y est associée.

Indépendamment des deux projets de colonisation dont nous venons de faire connaître l'esprit général, beaucoup d'autres se sont produits en différents temps. Nous n'en entretiendrons pas la Chambre. Il n'y a pas de problème qui ait autant préoccupé les esprits que celui de la colonisation de l'Algérie. Les écrits auxquels il a donné naissance, sont presque innombrables.

Les auteurs de tous ces ouvrages, et le public lui-même, ont paru croire que le succès de la colonisation de l'Afrique tenait à la découverte d'un certain secret qui n'avait point encore été trouvé jusque-là. Nous sommes portés à penser, messieurs, que c'est là une erreur : il n'y a pas en cette matière de secret à trouver, ou du moins le bon sens du genre humain a découvert depuis bien longtemps et divulgué celui qu'on cherche.

Il ne faut pas imaginer que la méthode à suivre pour faire naître et développer les sociétés nouvelles, diffère beaucoup de celle qui doit être suivie pour que les sociétés anciennes prospèrent. Voulez-vous attirer et retenir les Européens dans un pays nouveau? Faites qu'ils y rencontrent les institutions qu'ils trouvent chez eux ou celles qu'ils désirent y trouver ; que la liberté civile et religieuse y règne ; que l'indépendance individuelle y soit assurée; que la propriété s'y acquière facilement et soit bien garantie ; que le travail y soit libre, l'administration simple et prompte, la justice impartiale et rapide ; les impôts légers, le commerce libre ; que les conditions économiques soient telles qu'on puisse facilement s'y procurer l'aisance et y atteindre souvent la richesse ; faites, en un mot, qu'on y soit aussi bien, et s'il se peut, mieux qu'en Europe, et la population ne tardera pas à y venir et à s'y fixer. Tel est le secret, messieurs, il n'y en a point d'autres.

Avant de se jeter dans des théories exceptionnelles et singulières, il serait bon d'essayer d'abord si la simple méthode dont nous venons de parler ne pourrait pas, par hasard, suffire; ce n'est pas celle assurément qui a été le plus souvent suivie en Afrique.

En Algérie, l'État, qui n'a reculé devant aucun sacrifice pour faire de ses propres mains la fortune des colons, n'a presque pas songé à les mettre en position de la faire eux-mêmes.

Il y a agi presque constamment de manière à ce que la production fût difficile et chère, et le produit sans débouchés.

L'Algérie n'avait encore que quelques milliers d'habitants, que déjà on y introduisait plusieurs des impôts de France : le droit d'enregistrement, les patentes, le timbre, que les colonies anglaises d'Amérique repoussaient après deux cents ans d'existence ; les droits de vente, le tarif de nos frais de justice, le système des douanes, les droits de tonnage... Plusieurs de ces impôts sont moins élevés qu'en France, il est vrai, mais ils pèsent sur une société bien moins capable de les porter. Il est facile de voir pourquoi on a été entraîné dans cette voie. Comme on réclamait des Chambres, non-seulement les millions nécessaires pour faire la guerre, mais encore l'argent qu'on employait à subventionner la colonisation et à peupler le pays aux frais de l'État, on voulait placer en regard de ces sacrifices qu'imposait l'Afrique, les revenus qu'elle produisait. Le Trésor public a donc entrepris de reprendre, en quelque sorte, sous forme d'impôts, ce qu'il donnait sous forme de secours. Il eût été mieux de s'abstenir de cette dépense et de cette recette.

Mais ce qui nuit bien plus en Afrique à la production que les impôts, c'est la rareté et la cherté du capital.

Pourquoi le capital est-il si rare et si cher en Algérie? Cela vient de plusieurs causes, sur lesquelles la législation pouvait exercer une grande et directe influence, ce qu'elle n'a pas fait. D'abord, de l'absence d'institutions de crédit : la Chambre sait ce qui a eu lieu à propos de la fondation, à Alger, d'un comptoir de la Banque de France. La Banque ne s'est prêtée qu'avec répugnance à créer ce comptoir ; elle a retardé le plus qu'elle a pu, la Commission en a eu la preuve, l'accomplissement des formalités préliminaires ; et quand, enfin, elle a été obligée de se prononcer, elle a refusé nettement d'user de son droit. De telle sorte que la Banque de France, après avoir empêché, par sa concurrence présumée, tout autre établissement de crédit de se former en Algérie, a fini par ne pas s'y établir elle-même. Ceci, messieurs, a été très-déplorable. La Banque, par ses retards calculés, le gouvernement en souffrant de pareils retards, ont certainement contribué à la crise qui désole en ce moment quelques-unes des principales places d'Afrique.

L'absence des institutions de crédit est l'une des causes de la rareté et de la cherté du capital ; il est permis de dire que ce n'est pas la première.

Ce qui empêche surtout de pouvoir se procurer le capital abondamment et à bon marché en Afrique, c'est la difficulté de donner une garantie à celui qui prête : tant que ce premier obstacle existera, les services que les banques peuvent rendre seront limités, et l'existence même des banques difficile.

Il y a deux raisons qui font que le cultivateur d'Afrique ne peut emprunter, faute de gage. La première, c'est que la plupart des terres étant concédées par le gouvernement, moyennant que le concessionnaire remplira certaines conditions, tant que la condition n'est pas remplie, la terre n'est point dans le commerce et ne peut servir de fondement utile à une hypothèque.

La seconde raison, qui est la principale, c'est que le système hypothécaire que nous avons importé en Afrique et qui est copié, en partie, sur le nôtre, ainsi que les lois de procédure qui s'y rattachent, s'opposent à ce que la terre serve aisément de garantie.

Sans vouloir examiner ici quels peuvent être les vices de notre système hypothécaire, et sans exprimer aucune opinion sur les changements qui pourraient ou devraient y être apportés, nous nous bornerons à dire que ce système, fût-il bon, ou en tous cas supportable en France, serait de nature à paralyser, en Afrique, l'industrie des terres, qui y est l'industrie-mère. Dans un pays nouveau, les culti-vateurs sont mobiles; on connaît mal leur histoire, leur fortune et leurs ressources ; ils n'ont donc qu'un moyen d'obtenir le capital qui leur manque : c'est d'engager la terre qu'ils exploitent, et ils ne peuvent l'engager qu'autant que la législation permet au prêteur de s'en mettre en possession en très-peu de temps et à très-peu de frais. On peut dire, d'une manière générale, que les formalités de la vente immobilière doivent être d'autant plus simples et plus promptes, que la société est plus nouvelle. En Algérie, elles sont encore très-compliquées et très-lentes ; aussi le cultivateur y a-t-il beaucoup plus de peine que celui de France à se procurer l'argent nécessaire, et est-il obligé de le payer infiniment plus cher.

Toutes les causes que nous venons d'indiquer sommairement con-tribuent à rendre en Afrique la production difficile et chère ; cette circonstance n'empêcherait pourtant pas de produire, s'il existait des débouchés faciles pour les produits.

Ce qui rend, en général, si pénibles les commencements de toutes les colonies, c'est l'absence ou l'éloignement des marchés. Les pro-duits deviennent abondants avant que la consommation environnante puisse être grande ; après les avoir créés, on ne sait à qui les vendre. Les colons de l'Algérie se trouvent, sous ce rapport, dans une con-dition économique très-supérieure à celle de la plupart des Euro-péens qui ont été fonder au loin des colonies. La France, en même temps qu'elle les plaçait sur le sol, apportait artificiellement, à côté d'eux, un grand centre de consommation, en y amenant une partie de son armée.

Au lieu de tirer de ce fait les conséquences immenses qu'il aurait pu produire dans l'intérêt d'une prompte colonisation du pays, le Gouvernement l'a rendu presque inutile. Jusqu'à présent, l'admi-nistration de l'armée n'a paru préoccupée que du désir d'obtenir les denrées du colon au plus bas prix possible. Ainsi, tandis qu'on fai-sait de grands sacrifices pour établir des cultivateurs, on refusait de rendre la culture profitable. Il est permis de dire, messieurs, que cela était peu sensé, et que l'argent qui eût servi à assurer aux pro-duits du colon d'Afrique un prix régulier et rémunérateur, eût été plus utile à la France et aux colons eux-mêmes, que celui qu'on a répandu en secours dans les villages.

Ce débouché serait très-précieux, mais il deviendrait bientôt insuffisant. Les cultures européennes d'Afrique auront de la peine à se développer, si on ne leur en donne un autre, en leur ouvrant le marché de la France.

Il serait facile de prouver, si on entrait dans le détail, que cette mesure ne pourrait avoir d'ici à longtemps d'inconvénients graves, et qu'elle aurait immédiatement de grands avantages. Elle vaudrait mieux que toutes les subventions du budget. Votre Commission, messieurs, n'entrera pas dans cet examen. Dans tout ce qui précède, elle a moins voulu vous indiquer en particulier telle ou telle mesure à prendre, qu'appeler vivement l'attention du gouvernement et des Chambres sur ce côté si important et si négligé de la question d'Afrique.

On a cherché jusqu'ici principalement, et presque uniquement, la solution de cette immense question, dans des expédients de gouvernement ou d'administration. C'est bien plutôt dans la condition économique du pays nouveau qu'elle se trouve. Que le cultivateur, en Afrique, puisse produire à bon marché et vendre son produit à un prix rémunérateur, la colonisation s'opérera d'elle-même. Que le capital y soit en péril, au contraire, ou y reste improductif, tout l'art des gouvernants et toutes les ressources du Trésor s'épuiseront avant de pouvoir attirer et retenir sur ce sol la population qu'on y appelle.

---

## PROJET DE LOI

REJETÉ PAR LA COMMISSION[1]

ARTICLE PREMIER. — Il sera créé en Algérie des camps agricoles, où des terres seront concédées à des militaires de tout grade et de toutes armes, servant ou ayant servi en Afrique.

ART. 2. — Le temps passé dans les camps agricoles par les officiers et par les sous-officiers et soldats, leur sera compté pour la

---

[1] En présence du rapport qui précède, le ministère retira son projet.

pension de retraite, comme s'il avait été passé sous les drapeaux, mais seulement jusqu'à un maximum de cinq années.

Art. 3. — Une somme de trois millions de francs (3,000,000 fr.) sera employée aux dépenses prévues par la présente loi, pendant les exercices 1847, 1848 et 1849.

Sur cette somme, il est ouvert au ministre secrétaire d'État de la guerre, sur l'exercice 1847, un crédit de *un million cinq cent mille francs* (1,500,000 fr.), qui sera inscrit au chapitre XXXII du budget de la guerre (*Colonisation de l'Algérie*).

Les crédits ou portions de crédits non employés à l'expiration de l'exercice au titre duquel ils auront été ouverts, seront reportés, de plein droit, sur l'exercice suivant [1].

---

[1] Ce rapport sur l'Algérie du 2 juin 1847, ainsi que le précédent sur le même sujet du 24 mai 1847, sont extraits textuellement du *Moniteur*. Voir pour celui-ci le *Moniteur* du 1er juin 1847, page 1379, et pour l'autre le *Moniteur* du 6 juin 1847, page 1446.

# DE LA CLASSE MOYENNE

## ET DU PEUPLE[1]

Tandis qu'une *agitation sourde commence à se laisser apercevoir dans le sein des classes inférieures*, qui, d'après nos lois, doivent cependant rester étrangères à la vie publique, on voit régner une sorte de langueur mortelle dans la sphère légale de la politique.

Il n'y a peut-être jamais eu, en aucun temps, ni en aucun pays, en exceptant l'Assemblée constituante, un parlement qui ait renfermé des talents plus divers et plus brillants que le nôtre aujourd'hui. Cependant *le gros de la nation regarde à peine ce qui se passe et n'écoute presque point ce qui se dit* sur le théâtre officiel de ses affaires ; et les acteurs eux-mêmes qui y paraissent, plus préoccupés de ce qu'ils cachent que de ce qu'ils montrent, ne semblent pas prendre fort

---

[1] Ce morceau, qui porte la date du mois d'octobre 1847, n'est que l'ébauche d'un manifeste que Tocqueville et quelques-uns de ses amis politiques, dans une sorte de pressentiment des événements qui étaient proches, avaient eu la pensée de publier.

au sérieux leur rôle. En réalité, la vie publique n'apparaît plus que là où elle ne devrait pas être ; elle a cessé d'être là seulement où, d'après les lois, on devrait la rencontrer. D'où vient cela ? De ce que les lois ont étroitement resserré l'exercice de tous les droits politiques dans le sein d'une seule classe, dont tous les membres, parfaitement semblables, sont restés assez homogènes. Dans un monde politique ainsi fait, on ne peut guère trouver de véritables partis, c'est-à-dire qu'on ne saurait rencontrer ni variété, ni mouvement, ni fécondité, ni vie. Car c'est des partis que ces choses viennent dans les pays libres. Ce sont ces grands partis qui ont donné à la vie publique tant d'éclat et de puissance pendant le cours de notre première révolution. C'est à eux également qu'il faut attribuer le réveil si actif et si fécond de l'esprit public sous la Restauration. Vue de loin et dans son ensemble, on l'a remarqué avec raison, la révolution française de 1789 à 1830 n'apparaît que comme une longue et violente lutte entre l'ancienne aristocratie féodale et la classe moyenne. Entre ces deux classes, il y avait diversité ancienne de condition, diversité de souvenirs, diversité d'intérêts, diversité de passions et d'idées. Il devait y avoir de grands partis : il y en a eu. Mais les événements de 1830 ayant achevé d'arracher définitivement le pouvoir à la première pour l'enserrer dans les limites de la seconde, il se fit tout à coup au sein du monde politique un apaiseme nt auquel les espri superficiels étaient loin de s'attendre. La singulière homogénéité qui vint alors à régner parmi tous les hommes

qui, placés au-dessus du peuple, possédaient et exerçaient des droits politiques, enleva tout à coup aux
luttes parlementaires toute cause réelle et toute passion
vraie. De là naquit principalement cette tendance nouvelle, cet alanguissement qui se fait voir dans la vie
publique. En dehors du pays légal, la vie publique n'é-
tait pas encore née. Au dedans, elle ne pouvait naître. Le
vide réel que nous remarquons dans les débats parlementaires et l'impuissance des hommes politiques qui les
dirigent, l'atmosphère épaisse et immobile qui semble
environner la tribune et assourdir les voix qui s'en élèvent, sont dus à cette cause. Le talent des orateurs est
grand, l'effet produit par leurs discours restreint et de
peu de durée. C'est qu'au fond ils diffèrent plus entre
eux par les mots que par les idées, et que, tout en mettant fort en relief les rivalités qui les divisent, ils ne
font pas voir clairement en quoi leurs actes, s'ils étaient
au pouvoir, différeraient des actes de leurs adversaires.
La nation les regarde moins comme des adversaires politiques qui parlent de ses affaires, que comme les enfants
d'une même famille occupés à régler entre eux de petits
intérêts domestiques. Elle s'endort en les écoutant, ou
s'agite de ses propres pensées.

Le temps approche, en effet, où le pays se trouvera de
nouveau partagé en deux véritables partis. La Révolution
française, qui a aboli tous les priviléges et détruit tous
les droits exclusifs, en a pourtant laissé subsister un,
celui de la propriété.

Il ne faut pas que les propriétaires se fassent illusion

sur la force de leur situation, ni qu'ils s'imaginent que le droit de propriété est un rempart infranchissable parce que nulle part, jusqu'à présent, il n'a été franchi. Car notre temps ne ressemble à aucun autre. Quand le droit de propriété n'était que l'origine et le fondement de beaucoup d'autres droits, il se défendait sans peine, ou plutôt il n'était pas attaqué. Il formait alors comme le mur d'enceinte de la société dont tous les autres droits étaient les défenses avancées. Les coups ne portaient pas jusqu'à lui. On ne cherchait même pas à l'atteindre. Mais aujourd'hui que le droit de propriété, tout sacré qu'il est, n'apparaît plus que comme le dernier reste d'un monde détruit, comme un privilége isolé au milieu d'une société nivelée; qu'il n'est plus pour ainsi dire couvert et garanti par l'existence d'autres droits plus contestables et plus haïs, il a perdu, pour un temps du moins, la position qui le rendait inexpugnable. C'est à lui seul, maintenant, à soutenir chaque jour le choc direct et incessant des opinions démocratiques.

Bientôt, il n'y a guère à en douter, c'est entre ceux qui possèdent et ceux qui ne possèdent pas que s'établira la lutte des partis politiques. Le grand champ de bataille sera la propriété; et les principales questions de la politique rouleront sur des modifications plus ou moins profondes à apporter au droit des propriétaires. Alors nous reverrons les grandes agitations publiques et les grands partis.

Comment les signes précurseurs de cet avenir ne frappent-ils pas tous les regards? Croit-on que ce soit par hasard et par l'effet d'un caprice passager de l'esprit humain qu'on voit apparaître de tous côtés des doctrines singulières qui portent des noms divers, mais qui toutes ont pour principal caractère la négation du droit de propriété; qui toutes, du moins, tendent à limiter, à amoindrir, à énerver son exercice? Qui ne reconnaît là le symptôme de cette vieille maladie démocratique du temps dont peut-être la crise approche?

.    .    .    .    .    .    .    .    .    .    .    .    .    .    .    .

*(Ici j'analyse sommairement les différents systèmes que je viens d'indiquer : celui d'Owen, de Saint-Simon, de Fourier, les idées répandues dans les ouvrages de Louis Blanc, dans divers romans, et jusque dans les pages volantes qui remplissent les feuilletons des journaux...)*

C'est à tort que l'on traite légèrement de telles rêveries. Si les livres de ces novateurs sont souvent écrits dans une langue barbare ou ridicule; si les procédés qu'ils indiquent paraissent inapplicables, la tendance commune qu'ils montrent dans l'esprit de leurs auteurs et dans celui de leurs lecteurs est très-redoutable, et mérite d'attirer l'attention la plus sérieuse.

Arrivant à ce qui est à faire dans la situation présente, il nous reste à indiquer les mesures législatives que cette situation provoque, et dont l'objet peut se résumer dans les deux points suivants :

1° Étendre peu à peu le cercle des droits politiques, de manière à dépasser les limites de la classe moyenne, afin de rendre la vie publique plus variée, plus féconde, et d'intéresser d'une manière régulière et paisible les classes inférieures aux affaires;

2° Faire du sort matériel et intellectuel de ces classes l'objet principal des soins du législateur; diriger tout l'effort des lois vers l'allégement et surtout la parfaite égalisation des charges publiques, afin de faire disparaître toutes les inégalités qui sont demeurées dans notre législation fiscale; en un mot, assurer au pauvre toute l'égalité légale et tout le bien-être compatible avec l'existence du droit individuel de propriété et l'inégalité des conditions qui en découle. Car ce qui, en cette matière, était honnêteté et justice, devient nécessité et prudence. . . . . . . . . . . . .

. . . . . . . . . . . . .

# DISCOURS

PRONONCÉ A LA CHAMBRE DES DÉPUTÉS, LE 27 JANVIER 1848,

DANS LA DISCUSSION DU PROJET D'ADRESSE EN RÉPONSE AU DISCOURS

DE LA COURONNE.

MESSIEURS,

Mon intention n'est pas de continuer la discussion particulière qui est commencée. Je pense qu'elle sera reprise d'une manière plus utile lorsque nous aurons à discuter ici la loi des prisons. Le but qui me fait monter à cette tribune est plus général.

Le paragraphe 4, qui est aujourd'hui en discussion, appelle naturellement la Chambre à jeter un regard général sur l'ensemble de la politique intérieure, et particulièrement sur le côté de la politique intérieure qu'a signalé et auquel se rattache l'amendement déposé par mon honorable ami, M. Billaut.

C'est cette partie de la discussion de l'adresse que je veux présenter à la Chambre.

Messieurs, je ne sais si je me trompe, mais il me semble que l'état actuel des choses, l'état actuel de l'opinion, l'état des esprits en France, est de nature à alarmer et à affliger. Pour mon compte, je déclare sincèrement à la Chambre que, pour la première fois depuis quinze ans, j'éprouve une certaine crainte pour l'avenir ; et ce qui me prouve que j'ai raison, c'est que cette impression ne m'est pas particulière : je crois que je puis en appeler à tous ceux qui m'écoutent, et que tous me répondront que, dans les pays qu'ils représentent, une impression analogue subsiste; qu'un certain malaise, une certaine crainte a envahi les esprits; que, pour la première fois peut-être depuis seize ans, le sentiment, l'instinct de l'instabilité, ce sentiment précurseur des révolutions, qui souvent les annonce, qui quelquefois les fait naître, que ce sentiment existe à un degré très-grave dans le pays.

Si j'ai bien entendu ce qu'a dit l'autre jour en finissant M. le ministre des finances, le cabinet admet lui-même la réalité de l'impression dont je parle; mais il l'attribue à certaines causes particulières, à certains accidents récents de la vie politique, à des réunions qui ont agité les esprits, à des paroles qui ont excité les passions.

Messieurs, je crains qu'en attribuant le mal qu'on confesse aux causes qu'on indique, on ne s'en prenne pas à la maladie, mais aux symptômes. Quant à moi, je suis convaincu que la maladie n'est pas là; elle est plus générale et plus profonde. Cette maladie, qu'il faut guérir à tout prix, et qui, croyez-le bien, nous enlèvera tous, tous entendez-vous bien, si nous n'y prenons garde, c'est l'état dans lequel se trouvent l'esprit public, les mœurs publiques. Voilà où est la maladie; c'est sur ce point que je veux attirer votre attention. Je crois que les mœurs publiques, l'esprit public sont dans un état dangereux; je crois, de plus, que le gouvernement a contribué et contribue de la manière la plus grave à accroître ce péril. Voilà ce qui m'a fait monter à la tribune.

Si je jette, messieurs, un regard attentif sur la classe qui gouverne, sur la classe qui a des droits politiques, et ensuite sur celle qui est gouvernée, ce qui se passe dans l'une et dans l'autre m'effraye et m'inquiète. Et pour parler d'abord de ce que j'ai appelé la classe qui gouverne (remarquez que

je prends ces mots dans leur acception la plus générale : je
ne parle pas seulement de la classe moyenne, mais de tous
les citoyens, dans quelque position qu'ils soient, qui possèdent et exercent des droits politiques); je dis donc que ce
qui existe dans la classe qui gouverne m'inquiète et m'effraye. Ce que j'y vois, messieurs, je puis l'exprimer par un
mot : les mœurs publiques s'y altèrent, elles y sont déjà
profondément altérées; elles s'y altèrent de plus en plus
tous les jours; de plus en plus, aux opinions, aux sentiments, aux idées communes, succèdent des intérêts particuliers, des visées particulières, des points de vue empruntés
à la vie et à l'intérêt privés.

Mon intention n'est point de forcer la Chambre à s'appesantir, plus qu'il n'est nécessaire, sur ces tristes détails; je
me bornerai à m'adresser à mes adversaires eux-mêmes, à
mes collègues de la majorité ministérielle. Je les prie de faire
pour leur propre usage une sorte de revue statistique des
collèges électoraux qui les ont envoyés dans cette Chambre;
qu'ils composent une première catégorie de ceux qui ne votent pour eux que par suite, non pas d'opinions politiques,
mais de sentiments d'amitié particulière ou de bon voisinage.
Dans une seconde catégorie, qu'ils mettent ceux qui votent
pour eux, non pas dans un point de vue d'intérêt public ou
d'intérêt général, mais dans un point de vue d'intérêt purement local. A cette seconde catégorie, qu'ils en ajoutent
enfin une troisième composée de ceux qui votent pour eux,
pour des motifs d'intérêt purement individuels, et je leur
demande si ce qui reste est très-nombreux; je leur demande
si ceux qui votent par un sentiment public désintéressé,
par suite d'opinions, de passions publiques, si ceux-là forment la majorité des électeurs qui leur ont conféré le mandat de député; je m'assure qu'ils découvriront aisément le
contraire. Je me permettrai encore de leur demander si, à
leur connaissance, depuis cinq ans, dix ans, quinze ans, le
nombre de ceux qui votent pour eux par suite d'intérêts

personnels et particuliers, ne croît pas sans cesse; si le nombre de ceux qui votent pour eux par opinion politique ne décroît pas sans cesse? Qu'ils me disent enfin si, autour d'eux, sous leurs yeux, il ne s'établit pas peu à peu, dans l'opinion publique, une sorte de tolérance singulière pour les faits dont je parle, si peu à peu il ne se fait pas une sorte de morale vulgaire et basse, suivant laquelle l'homme qui possède des droits politiques se doit à lui-même, doit à ses enfants, à sa femme, à ses parents, de faire un usage personnel de ces droits dans leur intérêt; si cela ne s'élève pas graduellement jusqu'à devenir une espèce de devoir de père de famille? Si cette morale nouvelle, inconnue dans les grands temps de notre histoire, inconnue au commencement de notre Révolution, ne se développe pas de plus en plus, et n'envahit pas chaque jour les esprits. Je le leur demande?

Or, qu'est-ce que tout cela, sinon une dégradation successive et profonde, une dépravation de plus en plus complète des mœurs publiques?

Et si, passant de la vie publique à la vie privée, je considère ce qui s'y passe, si je fais attention à tout ce dont vous avez été témoins, particulièrement depuis un an, à tous ces scandales éclatants, à tous ces crimes, à toutes ces fautes, à tous ces délits, à tous ces vices extraordinaires que chaque circonstance a semblé faire apparaître de toutes parts, que chaque instance judiciaire révèle; si je fais attention à tout cela, n'ai-je pas lieu d'être effrayé? n'ai-je pas raison de dire que ce ne sont pas seulement chez nous les mœurs publiques qui s'altèrent, mais que ce sont les mœurs privées qui se dépravent? (Dénégations au centre.)

Et remarquez-le, je ne dis pas ceci à un point de vue de moraliste, je le dis à un point de vue politique; savez-vous quelle est la cause générale, efficiente, profonde, qui fait que les mœurs privées se dépravent? C'est que les mœurs publiques s'altèrent. C'est parce que la morale ne règne pas

dans les actes principaux de la vie, qu'elle ne descend pas
dans les moindres. C'est parce que l'intérêt a remplacé dans
la vie publique les sentiments désintéressés, que l'intérêt
fait la loi dans la vie privée.

On a dit qu'il y avait deux morales : une morale politique
et une morale de la vie privée. Certes, si ce qui se passe
parmi nous est tel que je le vois, jamais la fausseté d'une
telle maxime n'a été prouvée d'une manière plus éclatante et
plus malheureuse que de nos jours. Oui, je le crois, je crois
qu'il se passe dans nos mœurs privées quelque chose qui est
de nature à inquiéter, à alarmer les bons citoyens, et je crois
que ce qui se passe dans nos mœurs privées tient en grande
partie à ce qui arrive dans nos mœurs publiques. (Dénégations au centre.)

Eh ! messieurs, si vous ne m'en croyez pas sur ce point,
croyez-en au moins l'impression de l'Europe. Je pense être
aussi au courant que personne de cette Chambre de ce qui
s'imprime, de ce qui se dit sur nous en Europe.

Eh bien ! je vous assure dans la sincérité de mon cœur,
que je suis non-seulement attristé, mais navré de ce que je
lis et de ce que j'entends tous les jours ; je suis navré quand
je vois le parti qu'on tire contre nous des faits dont je parle,
les conséquences exagérées qu'on en fait sortir contre la
nation tout entière, contre le caractère national tout entier ;
je suis navré quand je vois à quel degré la puissance de la
France s'affaiblit peu à peu dans le monde ; je suis navré
quand je vois que non-seulement la puissance morale de la
France s'affaiblit...

M. JANVIER. Je demande la parole. (Mouvement.)

M. DE TOCQUEVILLE. ..... Mais la puissance de ses principes, de ses idées, de ses sentiments.

La France avait jeté dans le monde, la première, au milieu du fracas du tonnerre de sa première révolution, des
principes qui, depuis, se sont trouvés des principes régéné-
rateurs de toutes les sociétés modernes. Ç'a été sa gloire,

c'est la plus précieuse partie d'elle-même. Eh bien! messieurs, ce sont ces principes-là que nos exemples affaiblissent aujourd'hui. L'application que nous semblons en faire nous-mêmes fait que le monde doute d'eux. L'Europe qui nous regarde commence à se demander si nous avons eu raison ou tort; elle se demande si, en effet, comme nous l'avons répété tant de fois, nous conduisons les sociétés humaines vers un avenir plus heureux et plus prospère, ou bien si nous les entraînons à notre suite vers les misères morales et la ruine. Voilà, messieurs, ce qui me fait le plus de peine dans le spectacle que nous donnons au monde. Non-seulement il nous nuit, mais il nuit à nos principes, il nuit à notre cause, il nuit à cette patrie intellectuelle à laquelle, pour mon compte, comme Français, je tiens plus qu'à la patrie physique et matérielle, qui est sous nos yeux. (Mouvements divers.)

Messieurs, si le spectacle que nous donnons produit un tel effet vu de loin, aperçu des confins de l'Europe, que pensez-vous qu'il produise en France, même sur ces classes qui n'ont point de droits, et qui, du sein de l'oisiveté politique à laquelle nos lois les condamnent, nous regardent seuls agir sur le grand théâtre où nous sommes? Que pensez-vous que soit l'effet que produise sur elles un pareil spectacle?

Pour moi, je m'en effraye. On dit qu'il n'y a point de péril, parce qu'il n'y a pas d'émeute; on dit que, comme il n'y a pas de désordre matériel à la surface de la société, les révolutions sont loin de nous.

Messieurs, permettez-moi de vous dire que je crois que vous vous trompez. Sans doute, le désordre n'est pas dans les faits, mais il est entré bien profondément dans les esprits. Regardez ce qui se passe au sein de ces classes ouvrières, qui aujourd'hui, je le reconnais, sont tranquilles. Il est vrai qu'elles ne sont pas tourmentées par les passions politiques proprement dites, au même degré où elles en ont été tourmentées jadis ; mais ne voyez-vous pas que leurs passions, de politiques, sont devenues sociales ? Ne voyez-vous pas qu'il se répand peu à peu dans leur sein des opinions, des idées, qui ne vont point seulement à renverser telles lois, tel ministère, tel gouvernement même, mais la société, à l'ébranler sur les bases sur lesquelles elle repose aujourd'hui ? N'écoutez-vous pas ce qui se dit tous les jours dans leur sein ? N'entendez-vous pas qu'on y répète sans cesse que tout ce qui se trouve au-dessus d'elles est incapable et indigne de les gouverner ; que la division des biens faite jusqu'à présent dans le monde est injuste ; que la propriété repose sur des bases qui ne sont pas les bases équitables ? Et ne croyez-vous pas que, quand de telles opinions prennent racine, quand elles se répandent d'une manière presque générale, que quand elles descendent profondément dans les masses, qu'elles doivent amener tôt ou tard, je ne sais pas quand, je ne sais comment, mais qu'elles doivent amener tôt ou tard les révolutions les plus redoutables ?

Telle est, messieurs, ma conviction profonde ; je crois que nous nous endormons à l'heure qu'il est sur un volcan (Réclamations), j'en suis profondément convaincu. (Mouvements divers.)

Maintenant permettez-moi de rechercher en peu de mots devant vous, mais avec vérité et une sincérité complète, quels sont les véritables auteurs, les principaux auteurs du mal que je viens de chercher à décrire ?

Je sais très-bien que les maux de la nature de ceux dont je viens de parler ne découlent pas tous, peut-être même principalement, du fait des gouvernements. Je sais très-bien que les longues révolutions qui ont agité et remué si souvent le sol de ce pays ont dû laisser dans les âmes une instabilité singulière ; je sais très-bien qu'il a pu se rencontrer dans les passions, dans les excitations des partis, certaines causes secondaires, mais considérables, qui peuvent servir à expliquer le phénomène déplorable que je vous faisais connaître tout à l'heure ; mais j'ai une trop haute idée du rôle que le pouvoir joue dans ce monde pour ne pas être convaincu que, lorsqu'il se produit un très-grand mal dans la société, un grand mal politique, un grand mal moral, le pouvoir n'y soit pas pour beaucoup.

Qu'a donc fait le pouvoir pour produire le mal que je viens de vous décrire ? Qu'a fait le pouvoir pour amener cette perturbation profonde dans les mœurs publiques, et ensuite dans les mœurs privées ? Comment y a-t-il contribué ?

Je crois, messieurs, qu'on peut, sans blesser personne, dire que le gouvernement a ressaisi, dans ces dernières années surtout, des droits plus grands, une influence plus grande, des prérogatives plus considérables, plus multiples que celles qu'il avait possédées à aucune autre époque. Il est devenu infiniment plus grand que n'auraient jamais pu se l'imaginer, non-seulement ceux qui l'ont donné, mais même ceux qui l'ont reçu en 1830. On peut affirmer, d'une autre part, que le principe de la liberté a reçu moins de développement que personne ne s'y serait attendu alors. Je ne juge pas l'événement, je cherche la conséquence. Si un résultat si singulier, si inattendu, un retour si bizarre des choses humaines, a déjoué de mauvaises passions, de coupables espérances, croyez-vous qu'à sa vue beaucoup de nobles sentiments, d'espérances désintéressées, n'aient pas été atteints ; qu'il ne s'en soit pas suivi pour beaucoup de cœurs honnêtes une sorte de désillusionnement de la politique, un affaissement réel des âmes ?

Mais c'est surtout la manière dont ce résultat s'est produit, la manière détournée, et jusqu'à un certain point subreptice, dont ce résultat a été obtenu, qui a porté à la moralité publique un coup funeste. C'est en ressaisissant de vieux pouvoirs qu'on croyait avoir abolis en Juillet, en faisant revivre d'anciens droits qui semblaient annulés, en remettant en vigueur d'anciennes lois qu'on jugeait abrogées, en appliquant les lois nouvelles dans un autre sens que celui dans lequel elles avaient été faites, c'est par tous ces moyens détournés, par cette savante et patiente industrie que le gouvernement a enfin repris plus d'action, plus d'activité et d'influence qu'il n'en avait peut-être jamais eu en France en aucun temps.

Voilà, messieurs, ce que le gouvernement a fait, ce qu'en particulier le ministère actuel a fait. Et pensez-vous, messieurs, que cette manière, que j'ai appelée tout à l'heure détournée et subreptice, de regagner peu à peu la puissance, de la prendre en quelque sorte par surprise, en se servant d'autres moyens que ceux que la constitution lui avait donnés ; croyez-vous que ce spectacle étrange de l'adresse et du savoir-faire, donné publiquement pendant plusieurs années, sur un si vaste théâtre, à toute une nation qui le regarde, croyez-vous qu'un tel spectacle ait été de nature à améliorer les mœurs publiques ?

Pour moi, je suis profondément convaincu du contraire ; je ne veux pas prêter à mes adversaires des motifs déshonnêtes qu'ils n'auraient pas eus ; j'admettrai, si l'on veut, qu'en se servant des moyens que je blâme, ils ont cru se livrer à un mal nécessaire ; que la grandeur du but leur a caché le danger et l'immoralité du moyen. Je veux croire cela ; mais les moyens en ont-ils été moins dangereux ? Ils croient que la révolution qui s'est opérée depuis quinze ans dans les droits du pouvoir était nécessaire, soit ; et ils ne l'ont pas fait par un intérêt particulier : je le veux croire ; mais il n'est pas moins vrai qu'ils l'ont opérée par des moyens que la moralité publique désavoue ; il n'est pas moins vrai qu'il l'ont opérée en prenant les hommes non par leur côté honnête, mais par leur mauvais côté, par leurs passions, par leur faiblesse, par leur intérêt, souvent par leurs vices. (Mouvement.) C'est ainsi que tout en voulant peut-être un but honnête, ils ont fait des choses qui ne l'étaient pas. Et, pour faire ces choses, il leur a fallu appeler à leur aide, honorer de leur faveur, introduire dans leur compagnie

journalière des hommes qui ne voulaient ni d'un but honnête, ni de moyens honnêtes, qui ne voulaient que la satisfaction grossière de leurs intérêts privés, à l'aide de la puissance qu'on leur confiait; ils ont ainsi accordé une sorte de
prime à l'immoralité et au vice.

Je ne veux citer qu'un exemple, pour montrer ce que je
veux dire, c'est celui de ce ministre, dont je ne rappellerai
pas le nom, qui a été appelé dans le sein du cabinet, quoique toute la France, ainsi que ses collègues, sussent déjà
qu'il était indigne d'y siéger; qui est sorti du cabinet parce
que cette indignité devenait trop notoire, et qu'on a placé
alors où? sur le siége le plus élevé de la justice, d'où il a
dû bientôt descendre pour venir s'asseoir sur la sellette de
l'accusé.

Eh bien! messieurs, quant à moi, je ne regarde pas ce
fait comme un fait isolé; je le considère comme le symptôme
d'un mal général, le trait le plus saillant de toute une politique : en marchant dans les voies que vous aviez choisies,
vous aviez besoin de tels hommes.

Mais c'est surtout par ce que M. le ministre des affaires
étrangères a appelé l'abus des influences que le mal moral
dont je parlais tout à l'heure s'est répandu, s'est généralisé,
a pénétré dans le pays. C'est par là que vous avez agi directement et sans intermédiaire sur la moralité publique, non
plus par des exemples, mais par des actes. Je ne veux pas
encore sur ce point faire à MM. les ministres une position
plus mauvaise que je ne la vois réellement : je sais bien
qu'ils ont été exposés à une tentation immense; je sais bien
que, dans aucun temps, dans aucun pays, un gouvernement
n'en a eu à subir une semblable; que, nulle part, le pouvoir n'a eu dans ses mains tant de moyens de corrompre, et
n'a eu en face de lui une classe politique tellement restreinte
et livrée à de tels besoins, que la facilité d'agir sur elle par
la corruption parût plus grande, le désir d'agir sur elle plus
irrésistible. J'admets donc que ce n'est pas par un désir pré-

médité de ne faire vibrer chez les hommes que la seule
corde de l'intérêt privé que les ministres ont commis ce
grand mal : je sais bien qu'ils ont été entraînés sur une
pente rapide sur laquelle il était bien difficile de se tenir;
je sais cela ; aussi la seule chose que je leur reproche, c'est
de s'y être placés, c'est de s'être mis dans un point de vue
où, pour gouverner, ils avaient besoin, non pas de parler à
des opinions, à des sentiments, à des idées générales, mais
à des intérêts particuliers. Une fois entrés dans cette voie,
je tiens pour certain que, quelle qu'eût été leur volonté, leur
désir de retourner en arrière, une puissance fatale les poussait et a dû les pousser successivement en avant, partout où
ils ont été depuis. Pour cela, il ne leur fallait qu'une chose :
vivre. Du moment où ils s'étaient mis dans la position où
je les plaçais tout à l'heure, il leur suffisait d'exister huit
ans pour faire tout ce que nous avons vu qu'ils ont fait, non-
seulement pour user de tous les mauvais moyens de gouvernement dont je parlais tout à l'heure, mais pour les
épuiser.

C'est cette fatalité qui d'abord leur a fait augmenter outre
mesure les places; qui ensuite, lorsqu'elles sont venues à
manquer, les a portés à les diviser, à les fractionner, pour
ainsi dire, afin d'avoir à en donner un plus grand nombre,
sinon les places, du moins les traitements, comme cela a été
fait pour tous les offices de finances. C'est cette même nécessité qui, lorsque, malgré cette industrie, les places sont
enfin venues à manquer, les a portés, comme nous l'avons
vu l'autre jour dans l'affaire Petit, à faire vaquer artificiellement, et par des moyens détournés, les places qui étaient
déjà remplies.

M. le ministre des affaires étrangères nous a dit bien des
fois que l'opposition était injuste dans ses attaques, qu'elle
lui faisait des reproches violents, mal fondés, faux. Mais, je
le lui demande à lui-même, l'opposition l'a-t-elle jamais accusé, dans ses plus mauvais moments, de ce qui est prouvé

aujourd'hui? (Mouvement.) L'opposition a fait assurément de graves reproches à M. le ministre des affaires étrangères, peut-être des reproches excessifs, je l'ignore ; mais elle ne l'avait jamais accusé de faire ce qu'il a confessé lui-même dernièrement avoir fait.

Et pour mon compte, je déclare que non-seulement je n'avais jamais accusé M. le ministre des affaires étrangères de ces choses, mais que je ne l'en avais pas même soupçonné. Jamais! jamais je n'aurais cru, en entendant M. le ministre des affaires étrangères exposer à cette tribune avec une supériorité admirable de paroles, les droits de la morale dans la politique, en l'entendant tenir un tel langage, dont, malgré mon opposition, j'étais fier pour mon pays, assurément je n'aurais jamais cru que ce qui est arrivé fût possible, j'aurais cru non-seulement lui manquer, mais encore me manquer à moi-même, que de supposer ce qui était cependant la vérité. Croirai-je, comme on l'a dit l'autre jour, que quand M. le ministre des affaires étrangères tenait ce beau et noble langage, il ne disait pas sa pensée? Quant à moi, je n'irai pas jusque-là ; je crois que l'instinct, que le goût de M. le ministre des affaires étrangères était de faire autrement qu'il n'a fait. Mais il a été poussé, entraîné malgré lui, arraché de sa volonté, pour ainsi dire, par cette sorte de fatalité politique et gouvernementale qu'il s'était imposée à lui-même, et dont je faisais tout à l'heure le tableau.

Il demandait l'autre jour ce que le fait qu'il appelait un petit fait avait de si grave. Ce qu'il a de si grave, c'est qu'il vous soit imputé, c'est que ce soit vous, vous de tous les hommes politiques peut-être de cette Chambre qui par votre langage aviez donné le moins la raison de penser que vous aviez fait des actes de cette espèce, que c'est vous qui en soyez convaincu.

Et si cet acte, si ce spectacle est de nature à faire une impression profonde, pénible, déplorable pour la moralité

en général, quelle impression ne voulez-vous pas qu'il fasse
sur la moralité particulière des agents du pouvoir? Il y
a une comparaison qui, quant à moi, m'a singulièrement
frappé, dès que j'ai connu le fait.

Il y a trois ans, un fonctionnaire du ministère des affaires
étrangères, fonctionnaire élevé, diffère d'opinions politiques
avec le ministre sur un point. Il n'exprime pas sa dissidence
d'une manière ostensible, il vote silencieusement.

M. le ministre des affaires étrangères déclare qu'il lui
est impossible de vivre dans la compagnie officielle d'un
homme qui ne pense pas complétement comme lui ; il le
renvoie, ou plutôt, disons le mot, il le chasse. (Mouvement.)

Et aujourd'hui, voici un autre agent placé moins haut
dans la hiérarchie, mais plus près de la personne de M. le
ministre des affaires étrangères, qui commet les actes que
vous savez. (Écoutez! écoutez!)

D'abord M. le ministre des affaires étrangères ne nie pas
qu'il les ait sus ; il l'a nié depuis, j'admets pour un moment
qu'il les ait ignorés.....

A gauche. Mais non! mais non!

M. de Tocqueville. Mais s'il peut nier qu'il ait connu ces
faits, il ne peut nier du moins qu'ils aient existé et qu'il ne
les connaisse aujourd'hui ; ils sont certains. Or, il ne s'agit
plus ici entre vous et cet agent d'une dissidence politique,
il s'agit d'une dissidence morale, de ce qui tient le plus
près et au cœur et à la conscience de l'homme ; ce n'est pas
seulement le ministre qui est compromis ici, c'est l'homme,
prenez-y bien garde!

Eh bien! vous qui n'avez pas pu souffrir une dissidence
politique plus ou moins grave avec un homme honorable
qui n'avait fait que voter contre vous ; et vous ne trouvez pas
de blâme, bien plus vous trouvez des récompenses pour le
fonctionnaire qui, s'il n'a pas agi d'après votre pensée, vous
a indignement compromis, qui vous a mis dans la position

la plus pénible et la plus grave où vous ayez certainement
été depuis que vous êtes entré dans la vie politique. Vous
gardez ce fonctionnaire; bien plus, vous le récompensez,
vous l'honorez.

Que voulez-vous que l'on pense? Comment voulez-vous
que nous ne pensions pas l'une de ces deux choses : ou que
vous avez une singulière partialité pour les dissidences de
cette espèce, ou que vous n'êtes plus libre de les punir?
(Sensation.)

Je vous défie, malgré le talent immense que je vous reconnais, je vous défie de sortir de ce cercle. Si, en effet,
l'homme dont je parle a agi malgré vous, pourquoi le gar-
dez-vous près de vous? Si vous le gardez près de vous, si
vous le récompensez, si vous refusez de le blâmer, même
de la manière la plus légère, il faut nécessairement conclure
ce que je concluais tout à l'heure.

A GAUCHE. Très-bien! très-bien!

M. ODILON-BARROT. C'est décisif!

M. DE TOCQUEVILLE. Mais, messieurs, admettons que je me
trompe sur les causes du grand mal dont je parlais tout à
l'heure, admettons qu'en effet le gouvernement en général
et le cabinet en particulier n'y est pour rien; admettons
cela pour un moment. Le mal, messieurs, n'en est-il pas
moins immense? ne devons-nous pas à notre pays, à nous-
mêmes, de faire les efforts les plus énergiques et les plus
persévérants pour le surmonter?

Je vous disais tout à l'heure que ce mal amènerait tôt ou
tard, je ne sais comment, je ne sais d'où elles viendront,
mais amènerait tôt ou tard les révolutions les plus graves
dans ce pays : soyez-en convaincus.

Lorsque j'arrive à rechercher dans les différents temps,
dans les différentes époques, chez les différents peuples,
quelle a été la cause efficace qui a amené la ruine des
classes qui gouvernaient, je vois bien tel événement, tel
homme, telle cause accidentelle ou superficielle; mais croyez

que la cause réelle, la cause efficace qui fait perdre aux hommes le pouvoir, c'est qu'ils sont devenus indignes de le porter. (Nouvelle sensation.)

Songez, messieurs, à l'ancienne monarchie; elle était plus forte que vous, plus forte par son origine; elle s'appuyait mieux que vous sur d'anciens usages, sur de vieilles mœurs, sur d'antiques croyances; elle était plus forte que vous, et cependant elle est tombée dans la poussière. Et pourquoi est-elle tombée? Croyez-vous que ce soit par tel accident particulier? pensez-vous que ce soit le fait de tel homme, le déficit, le serment du jeu de paume, Lafayette, Mirabeau? Non, messieurs; il y a une cause plus profonde et plus vraie, et cette cause c'est que la classe qui gouvernait alors était devenue, par son indifférence, par son égoïsme, par ses vices, incapable et indigne de gouverner (Très-bien! très-bien!).

Voilà la véritable cause.

Eh! messieurs, s'il est juste d'avoir cette préoccupation patriotique dans tous les temps, à quel point n'est-il pas plus juste encore de l'avoir dans le nôtre? Est-ce que vous ne ressentez pas, par une sorte d'intuition instinctive qui ne peut pas s'analyser, mais qui est certaine, que le sol tremble de nouveau en Europe? (Mouvement.) Est-ce que vous ne sentez pas... que dirai-je? un vent de révolutions qui est dans l'air? Ce vent, on ne sait où il naît, d'où il vient, ni, croyez-le bien, qui il enlève : et c'est dans de pareils temps que vous restez calmes en présence de la dégradation des mœurs publiques, car le mot n'est pas trop fort.

Je parle ici sans amertume, je vous parle, je crois, même sans esprit de parti; j'attaque des hommes contre lesquels je n'ai pas de colère; mais enfin je suis obligé de dire à mon pays ce qui est ma conviction profonde et arrêtée. Eh bien! ma conviction profonde et arrêtée, c'est que les mœurs publiques se dégradent, c'est que la dégradation des mœurs publiques vous amènera, dans un temps court, prochain peut-être, à des révolutions nouvelles. Est-ce donc que la vie des rois tient à des fils plus fermes et plus difficiles à briser que celle des autres hommes ? est-ce que vous avez, à l'heure où nous sommes, la certitude d'un lendemain ? est-ce que vous savez ce qui peut arriver en France d'ici à un an, à un mois, à un jour peut-être ? Vous l'ignorez ; mais ce que vous savez, c'est que la tempête est à l'horizon, c'est qu'elle marche sur vous ; vous laisserez-vous prévenir par elle ? (Interruption au centre.)

Messieurs, je vous supplie de ne pas le faire ; je ne vous le demande pas, je vous en supplie ; je me mettrais volontiers à genoux devant vous, tant je crois le danger réel et sérieux, tant je pense que le signaler n'est pas recourir à une vaine forme de rhétorique. Oui, le danger est grand ! conjurez-le quand il en est temps encore ; corrigez le mal par des moyens efficaces, non en l'attaquant dans ses symptômes, mais en lui-même.

On a parlé de changements dans la législation. Je suis très-porté à croire que ces changements sont non-seulement utiles, mais nécessaires : ainsi je crois à l'utilité de la réforme électorale, à l'urgence de la réforme parlementaire ; mais je ne suis pas assez insensé, messieurs, pour ne pas savoir que ce ne sont pas les lois elles-mêmes qui font la destinée des peuples ; non, ce n'est pas le mécanisme des lois qui produit les grands événements de ce monde : ce qui fait les événements, messieurs, c'est l'esprit même du gouvernement. Gardez les lois si vous voulez ; quoique je pense que vous ayez grand tort de le faire, gardez-les ; gardez même les hommes, si cela vous fait plaisir, je n'y fais, pour mon compte, aucun obstacle ; mais, pour Dieu, changez l'esprit du gouvernement, car, je vous le répète, cet esprit-là vous conduit à l'abîme. (Vive approbation à gauche.)

(Extrait textuel du *Moniteur* du 28 janvier 1848.)

# DISCOURS

PRONONCÉ A L'ASSEMBLÉE CONSTITUANTE

DANS LA DISCUSSION DU PROJET DE CONSTITUTION (12 SEPTEMBRE 1848),

SUR LA QUESTION DU DROIT AU TRAVAIL[1].

Vous n'attendez pas de moi, si je ne me trompe, que je réponde à la dernière partie du discours que vous venez d'entendre. Elle contient l'énonciation d'un système complet et compliqué auquel je n'ai pas mission d'opposer un autre système.

Mon but, dans ce moment, est uniquement de discuter l'amendement en faveur duquel, ou plutôt à propos duquel l'orateur précédent vient de parler.

Quel est cet amendement? quelle est sa portée? quelle est sa tendance, suivant moi fatale? C'est cela que j'ai à examiner.

Un mot d'abord sur le travail de la Commission.

La Commission, comme vous l'a dit le précédent orateur,

---

[1] L'objet du débat était un amendement de M. Mathieu (de la Drôme) au paragraphe 8 du préambule de la constitution. (V. *Moniteur* du 15 mai 1848.) Les orateurs inscrits pour l'amendement, c'est-à-dire pour le *droit au travail*, étaient MM. Peltier, Ledru-Rollin, Crémieux, Victor Considerant, Billault, etc. Les orateurs contre : Tocqueville, Duvergier de Hauranne, Thiers, Dufaure, etc. Ce fut M. Ledru-Rollin qui répondit à Tocqueville. L'amendement fut rejeté par 596 voix contre 187. (*Moniteur* du 15 septembre 1848.)

a eu, en effet, deux rédactions, mais au fond elle n'a eu et ne continue à avoir qu'une seule pensée. Elle avait d'abord eu une première formule. Les paroles qui ont été prononcées à cette tribune et ailleurs, et mieux que les paroles, les faits lui ont démontré que cette formule était une expression incomplète et dangereuse de sa pensée ; elle y a renoncé, non pas à la pensée, mais à la forme.

Cette formule est reprise. C'est en face d'elle que nous nous trouvons en ce moment placés.

On met les deux rédactions en présence ; soit. Comparons l'une à l'autre à la lumière nouvelle des faits :

Par sa dernière rédaction, la Commission se borne à imposer à la société le devoir de venir en aide, soit par le travail, soit par le secours proprement dit et dans les mesures de ses ressources, à toutes les misères ; en disant cela, la commission a voulu, sans doute, imposer à l'État un devoir plus étendu, plus sacré que celui qu'il s'était imposé jusqu'à présent ; mais elle n'a pas voulu faire une chose absolument nouvelle : elle a voulu accroître, consacrer, régulariser la charité publique, elle n'a pas voulu faire autre chose que la charité publique. L'amendement, au contraire, fait autre chose, et bien plus ; l'amendement, avec le sens que les paroles qui ont été prononcées et surtout les faits récents lui donnent, l'amendement qui accorde à chaque homme en particulier le droit général, absolu, irrésistible, au travail, cet amendement mène nécessairement à l'une de ces conséquences : ou l'État entreprendra de donner à tous les travailleurs qui se présenteront à lui l'emploi qui leur manque, et alors il est entraîné peu à peu à se faire industriel ; et comme il est l'entrepreneur d'industrie qu'on rencontre partout, le seul qui ne puisse refuser le travail, et celui qui d'ordinaire impose la moindre tâche, il est invinciblement conduit à se faire le principal, et bientôt, en quelque sorte, l'unique entrepreneur de l'industrie. Une fois arrivé là, l'impôt n'est plus le moyen de faire fonctionner la machine du gouvernement, mais le grand moyen d'alimenter l'industrie. Accumulant ainsi dans ses mains tous les capitaux des particuliers, l'État devient enfin le propriétaire unique de toutes choses. Or, cela c'est le communisme. (Sensation.)

Si, au contraire, l'État veut échapper à la nécessité fatale dont je viens de parler, s'il veut, non plus par lui-même et par ses propres ressources, donner du travail à tous les ouvriers qui se présentent, mais veiller à ce qu'ils en trouvent toujours chez les particuliers, il est entraîné fatalement à tenter cette réglementation de l'industrie qu'adoptait, si je ne me trompe, dans son système, l'honorable préopinant. Il est obligé de faire en sorte qu'il n'y ait pas de chômage ; cela le mène forcément à distribuer les travailleurs de manière à ce qu'ils ne se fassent pas concurrence, à régler les salaires, tantôt à modérer la production, tantôt à l'accélérer, en un mot, à le faire le grand et unique organisateur du travail. (Mouvement.)

Ainsi, bien qu'au premier abord la rédaction de la Commission et celle de l'amendement semblent se toucher, ces deux rédactions mènent à des résultats très-contraires ; ce sont comme deux routes qui, partant d'abord du même point, finissent par être séparées par un espace immense : l'une aboutit à une extension de la charité publique ; au bout de l'autre, qu'aperçoit-on? Le socialisme. (Marques d'assentiment.)

Ne nous le dissimulons pas, on ne gagne rien à ajourner des discussions dont le principe existe au fond même de la société, et qui, tôt ou tard, apparaissent d'une manière ou d'une autre, tantôt par des paroles et tantôt par des actes, à la surface. Ce dont il s'agit aujourd'hui, ce qui se trouve à l'insu peut-être de son auteur, mais ce que je vois du moins pour mon compte, avec la clarté du jour qui m'éclaire, au fond de l'amendement de l'honorable M. Mathieu, c'est le socialisme..... (Sensation prolongée. — Murmures à gauche.)

Oui, messieurs, il faut que tôt ou tard cette question du socialisme, que tout le monde redoute et que personne, jusqu'à présent, n'ose traiter, arrive enfin à cette tribune; il faut que cette Assemblée la tranche, il faut que nous déchargions le pays du poids que cette pensée du socialisme fait peser, pour ainsi dire, sur sa poitrine; il faut que, à propos de cet amendement, et c'est principalement pour cela, je le confesse, que je suis monté à cette tribune, la question du socialisme soit tranchée; il faut qu'on sache, que l'Assemblée nationale sache, que la France tout entière sache si la révolution de Février est ou non une révolution socialiste. (Très-bien!)

On le dit, on le répète; combien de fois, derrière les barricades de juin, n'ai-je point entendu sortir ce cri : *Vive la république démocratique et* SOCIALE? Qu'entend-on par ces mots? il s'agit de le savoir; il s'agit surtout que l'Assemblée nationale le dise. (Agitation à gauche.)

L'Assemblée peut croire que mon intention n'est pas d'examiner devant elle les différents systèmes qui, tous, peuvent être compris sous ce même mot, le socialisme. Je veux seulement tâcher de reconnaître, en peu de mots, quels sont les traits caractéristiques qui se retrouvent dans tous ces systèmes et voir si c'est cette chose qui porte cette physionomie et ces traits que la révolution de Février a voulue.

Si je ne me trompe, messieurs, le premier trait caractéristique de tous les systèmes qui portent le nom de socialisme, est un appel énergique, continu, immodéré, aux passions matérielles de l'homme. (Marques d'approbation.)

C'est ainsi que les uns ont dit « qu'il s'agissait de réhabiliter la chair; » que les autres ont dit « qu'il fallait que le travail, même le plus dur, ne fût pas seulement utile, mais agréable; » que d'autres ont dit qu'il fallait « que les hommes fussent rétribués, non pas en proportion de leur mérite, mais en proportion de leurs besoins; » et enfin, que

le dernier des socialistes dont je veuille parler est venu vous
dire ici que le but du système socialiste et, suivant lui, le
but de la révolution de Février, avait été de procurer à tout
le monde une *consommation illimitée.*

J'ai donc raison de dire, messieurs, que le trait caractéristique et général de toutes les écoles socialistes est un
appel énergique et continu aux passions matérielles de
l'homme.

Il y en a un second, c'est une attaque tantôt directe, tantôt indirecte, mais toujours continue, aux principes mêmes
de la propriété individuelle. Depuis le premier socialiste qui
disait, il y a cinquante ans, *que la propriété était l'origine
de tous les maux de ce monde,* jusqu'à ce socialiste que nous
avons entendu à cette tribune et qui, moins charitable que
le premier, passant de la propriété au propriétaire, nous
disait que *la propriété était un vol,* tous les socialistes, tous,
j'ose le dire, attaquent d'une manière ou directe ou indirecte la propriété individuelle. (C'est vrai ! c'est vrai !) Je ne
prétends pas dire que tous l'attaquent de cette manière
franche, et, permettez-moi de le dire, un peu brutale, qu'a
adoptée un de nos collègues.; mais je dis que tous, par des
moyens plus ou moins détournés, s'ils ne la détruisent pas,
la transforment, la diminuent, la gênent, la limitent, et en
font autre chose que la propriété individuelle que nous connaissons et qu'on connaît depuis le commencement du
monde. (Marques très-vives d'assentiment.)

Voici le troisième et dernier trait, celui qui caractérise
surtout à mes yeux les socialistes de toutes les couleurs, de
toutes les écoles, c'est une défiance profonde de la liberté,
de la raison humaine ; c'est un profond mépris pour l'individu pris en lui-même, à l'état d'homme ; ce qui les caractérise tous, c'est une tentative continue, variée, incessante,
pour mutiler, pour écourter, pour gêner la liberté humaine
de toutes les manières ; c'est l'idée que l'État ne doit pas
seulement être le directeur de la société, mais doit être,

pour ainsi dire, le maître de chaque homme ; que dis-je !
son maître, son précepteur, son pédagogue (Très-bien !) ;
que, de peur de le laisser faillir, il doit se placer sans cesse
à côté de lui, au-dessus de lui, autour de lui, pour le guider, le garantir, le maintenir, le retenir ; en un mot, c'est
la confiscation, comme je le disais tout à l'heure, dans un
degré plus ou moins grand, de la liberté humaine (Nouvelles marques d'assentiment) ; à ce point que, si, en définitive, j'avais à trouver une formule générale pour exprimer
ce que m'apparaît le socialisme dans son ensemble, je dirais
que c'est une nouvelle formule de la servitude. (Très-vive
approbation.)

Vous voyez, messieurs, que je ne suis pas entré dans le
détail des systèmes ; j'ai peint le socialisme par ses traits
principaux, ils suffisent pour le faire reconnaître ; partout
où vous les verrez, soyez sûrs que le socialisme est là, et
partout où vous verrez le socialisme, soyez sûrs que ces traits
se retrouvent.

Et bien ! messieurs, qu'est-ce que tout cela ? Est-ce,
comme on l'a prétendu tant de fois, la continuation, le complément légitime, le perfectionnement de la révolution française ? est-ce, comme on l'a dit tant de fois, le complément ;
le développement naturel de la démocratie ? Non, messieurs,
ce n'est ni l'un ni l'autre ; rappelez-vous, messieurs, la
révolution française ; remontez à cette origine terrible et
glorieuse de notre histoire moderne. Est-ce donc en parlant, comme le prétendait hier un orateur, aux sentiments
matériels, aux besoins matériels de l'homme, que la révolution française a fait les grandes choses qui l'ont illustrée
dans le monde ? Croyez-vous donc que c'est en parlant de
salaire, de bien-être, de consommation illimitée, de satisfaction sans bornes des besoins physiques.

LE CITOYEN MATHIEU (de la Drôme). Je n'ai rien dit de
semblable.

LE CITOYEN DE TOCQUEVILLE. Croyez-vous que ce soit en

parlant de telles choses qu'elle a pu éveiller, qu'elle a animé, qu'elle a mis sur pied, poussé aux frontières, jeté au milieu des hasards de la guerre, mis en face de la · mort une génération tout entière? Non, messieurs, non ; c'est en parlant de choses plus hautes et plus belles, c'est en parlant de l'amour de la patrie, de l'honneur de la patrie ; c'est en parlant de vertu, de générosité, de désintéressement, de gloire, qu'elle a fait ces grandes choses ; car, après tout, messieurs, soyez-en certains, il n'y a qu'un secret pour faire faire de grandes choses aux hommes : c'est de faire appel aux grands sentiments. (Très-bien ! très-bien !)

Et la propriété, messieurs, la propriété ! Sans doute la révolution française a fait une guerre énergique, cruelle, à un certain nombre de propriétaires ; mais, quant au principe même de la propriété individuelle, elle l'a toujours respecté, honoré ; elle l'a placé dans ses constitutions au premier rang. Aucun peuple ne l'a plus magnifiquement traité ; elle l'a gravé sur le frontispice même de ses lois.

La révolution française a fait plus ; non-seulement elle a consacré la propriété individuelle, mais elle l'a répandue ; elle y a fait participer un plus grand nombre de citoyens. (Exclamations diverses. — C'est ce que nous demandons !)

Et c'est grâce à cela, messieurs, qu'aujourd'hui nous n'avons pas à craindre les conséquences funestes des doctrines que les socialistes viennent répandre dans le pays, et jusque dans cette enceinte ; c'est parce que la révolution française a peuplé ce pays de France de dix millions de propriétaires, qu'on peut, sans danger, laisser vos doctrines se produire à la tribune ; elles peuvent sans doute désoler la société, mais, grâce à la révolution française, elles ne prévaudront pas contre elle et ne la détruiront pas. (Très-bien !)

Et enfin, messieurs, quant à la liberté, il y a une chose qui me frappe, c'est que l'ancien régime, qui sans doute, sur beaucoup de points, il faut le reconnaître, était d'une autre opinion que les socialistes, avait cependant, en matière politique, des idées moins éloignées d'eux qu'on ne pourrait le croire. Il était bien plus près d'eux, à tout prendre, que nous. L'ancien régime, en effet, professait cette opinion, que la sagesse seule est dans l'État, que les sujets sont des êtres infirmes et faibles qu'il faut toujours tenir par la main, de peur qu'ils ne tombent ou ne se blessent; qu'il est bon de gêner, de contrarier, de comprimer sans cesse les libertés individuelles; qu'il est nécessaire de réglementer l'industrie, d'assurer la bonté des produits, d'empêcher la libre concurrence. L'ancien régime pensait, sur ce point, précisément comme les socialistes d'aujourd'hui. Et qu'est-ce qui a pensé autrement, je vous prie? La révolution française.

Messieurs, qu'est-ce qui a brisé toutes ces entraves qui de tous côtés arrêtaient le libre mouvement des personnes, des biens, des idées? Qu'est-ce qui a restitué à l'homme sa grandeur individuelle, qui est sa vraie grandeur, qui? La révolution française elle-même. (Approbation et rumeurs.) C'est la révolution française qui a aboli toutes ces entraves, qui a brisé toutes ces chaînes que vous voudriez sous un autre nom rétablir, et ce ne sont pas seulement les membres de cette assemblée immortelle, l'Assemblée constituante, de cette assemblée qui a fondé la liberté, non-seulement en France, mais dans le monde; ce ne sont pas seulement les membres de cette illustre assemblée, qui ont repoussé ces doctrines de l'ancien régime, ce sont encore les hommes éminents de toutes les assemblées qui l'ont suivie : c'est le représentant même de la dictature sanglante de la Convention. Je lisais encore l'autre jour ses paroles ; les voici :

« Fuyez, disait Robespierre, fuyez la manie ancienne... » Vous voyez qu'elle n'est pas nouvelle. (Sourires.) « Fuyez la manie ancienne de vouloir trop gouverner ; laissez aux individus, laissez aux familles le droit de faire librement tout ce qui ne nuit pas à autrui; laissez aux communes le droit de régler elles-mêmes leurs propres affaires; en un mot, rendez à la liberté des individus tout ce qui lui a été illégitimement ôté, ce qui n'appartient pas nécessairement à l'autorité publique. » (Sensation.)

Eh quoi ! messieurs, tout ce grand mouvement de la révolution française n'aurait abouti qu'à cette société que nous peignent avec délices les socialistes, à cette société réglementée, réglée, compassée, où l'État se charge de tout, où l'individu n'est rien, où la société agglomère en elle-même, résume en elle-même toute la force, toute la vie, où le but assigné à l'homme est uniquement le bien-être, cette société où l'air manque ! où la lumière ne pénètre presque plus. Quoi ! ce serait pour cette société d'abeilles ou de castors, pour cette société plutôt d'animaux savants que d'hommes libres et civilisés, que la révolution française aurait été faite ! C'est pour cela que tant d'hommes illustres seraient morts sur les champs de bataille ou sur l'échafaud, que tant de sang glorieux aurait inondé la terre ; c'est pour cela que tant de passions auraient été excitées, que tant de génies, tant de vertus auraient paru dans le monde !

Non, non, j'en jure par ces hommes qui ont succombé pour cette grande cause ; non, ce n'est pas pour cela qu'ils sont morts ; c'est pour quelque chose de plus grand, de plus sacré, de plus digne d'eux et de l'humanité. (Très-bien !) S'il n'y avait eu que cela à faire, la révolution était inutile, l'ancien régime perfectionné y aurait suffi. (Mouvement prolongé.)

Je disais tout à l'heure que le socialisme prétendait être le développement légitime de la démocratie ; je ne chercherai pas, moi, comme ont essayé de le faire plusieurs de nos collègues, quelle est l'étymologie vraie de ce mot démocratie. Je ne parcourrai pas, comme on le faisait hier, le jardin des racines grecques, pour savoir d'où vient ce mot. (On rit.) Je chercherai la démocratie où je l'ai vue, vivante, active, triomphante dans le seul pays du monde où elle existe, où elle a pu fonder jusqu'à présent, dans le monde moderne, quelque chose de grand et de durable en Amérique. (Chuchotements.)

Là, vous verrez un peuple où toutes les conditions sont plus égales qu'elles ne le sont même parmi nous ; où l'état social, les mœurs, les lois, tout est démocratique ; où tout émane du peuple et y rentre, et où cependant chaque individu jouit d'une indépendance plus entière, d'une liberté plus grande que dans aucun autre temps ou dans aucune autre contrée de la terre, un pays essentiellement démocratique, je le répète, la seule démocratie qui existe aujourd'hui dans le monde, les seules républiques vraiment démocratiques que l'on connaisse dans l'histoire. Et dans ces républiques, vous cherchez vainement le socialisme. Non-seulement les théories des socialistes ne s'y sont pas emparées de l'esprit public, mais elles ont joué un si petit rôle dans les discussions et dans les affaires de cette grande nation, qu'elles n'ont pas même eu le droit de dire qu'on les y craignait.

L'Amérique est aujourd'hui le pays du monde où la démocratie s'exerce le plus souverainement, et c'est aussi celui où les doctrines socialistes que vous prétendez si bien d'accord avec la démocratie ont le moins de cours, le pays de tout l'univers où les hommes qui soutiennent ces doctrines auraient certainement le moins d'avantage à se présenter. Pour mon compte, je ne verrais pas, je l'avoue, un très-grand inconvénient à ce qu'ils allassent en Amérique ; mais je ne leur conseille pas, dans leur intérêt, de le faire. (Rires bruyants.)

Un membre. On vend leurs biens dans ce moment-ci !

Le citoyen de Tocqueville. Non, messieurs, la démocratie et le socialisme ne sont pas solidaires l'un de l'autre. Ce sont choses non-seulement différentes mais contraires. Serait-ce par hasard que la démocratie consisterait à créer un gouvernement plus tracassier, plus détaillé, plus restrictif que tous les autres, avec cette seule différence qu'on le ferait

élire par le peuple et qu'il agirait au nom du peuple? Mais
alors, qu'auriez-vous fait? sinon donner à la tyrannie un
air légitime qu'elle n'avait pas, et de lui assurer ainsi la
force et la toute-puissance qui lui manquaient. La démocratie
étend la sphère de l'indépendance individuelle, le socialisme
la resserre. La démocratie donne toute sa valeur possible à
chaque homme, le socialisme fait de chaque homme un agent,
un instrument, un chiffre. La démocratie et le socialisme ne
se tiennent que par un mot, l'égalité; mais remarquez la
différence : la démocratie veut l'égalité dans la liberté, et
le socialisme veut l'égalité dans la gêne et dans la servitude.
(Très-bien! très-bien!)

Il ne faut donc pas que la révolution de Février soit sociale; s'il ne le faut pas, il importe d'avoir le courage de le
dire; si elle ne doit pas l'être, il faut avoir l'énergie de
venir le proclamer hautement, comme je le fais moi-même
ici. Quand on ne veut pas la fin, il ne faut pas vouloir
les moyens; si on ne veut pas le but, il ne faut pas entrer
dans la voie qui y mène. On vous propose aujourd'hui d'y
entrer.

Il ne faut pas suivre cette politique qu'indiquait jadis
Babœuf, ce grand-père de tous les socialistes modernes.
(Rires d'approbation.) Il ne faut pas tomber dans le piége
qu'il indiquait lui-même, ou plutôt qu'indiquait en son nom
son historien, son ami, son élève, Buonarotti. Écoutez ce
que disait Buonarotti; cela mérite d'être écouté, même après
cinquante ans.

Un membre. Il n'y a pas ici de baboviste.

Le citoyen de Tocqueville : « L'abolition de la propriété
individuelle et l'établissement de la grande communauté
nationale était le dernier but de ses travaux (de Babœuf).
Mais il se serait bien gardé d'en faire l'objet d'un ordre le
lendemain du triomphe; il pensait qu'il fallait se conduire
de manière à déterminer le peuple entier à proscrire la propriété individuelle par besoin et par intérêt. »

Voici les principales recettes dont il comptait se servir. (C'est son panégyriste qui parle.) « Établir, par les lois, un ordre public dans lequel les propriétaires, tout en gardant provisoirement leurs biens, ne trouveraient plus ni abondance, ni plaisir, ni considération ; où forcés de dépenser la plus grande partie de leurs revenus en frais de culture et en impôts, accablés sous le poids de l'impôt progressif, éloignés des affaires, privés de toute influence, ne formant plus dans l'État qu'une classe suspecte d'étrangers, ils seraient forcés d'émigrer en abandonnant leurs biens, ou réduits à sceller de leur propre adhésion l'établissement de la communauté universelle. » (On rit.)

Un représentant. Nous y voilà !

Le citoyen de Tocqueville. Voilà, messieurs, le programme de Babœuf ; je désire de tout mon cœur que ce ne soit pas celui de la république de Février ; non, la république de Février doit être démocratique, mais elle ne doit pas être socialiste...

Une voix à gauche. Si ! (Non ! non ! — Interruption.)

Le citoyen de Tocqueville. Et si elle n'est pas socialiste, que sera-t-elle donc ?

Un membre à gauche. Royaliste !

Le citoyen de Tocqueville, se tournant de ce côté. Elle le deviendrait peut-être si on vous laissait faire (Vive approbation), mais elle ne le deviendra pas.

Si la révolution de Février n'est pas socialiste, que sera-t-elle donc ? Est-elle, comme beaucoup de gens le disent et le croient, un pur accident ? Ne doit-elle être qu'un pur changement de personnes ou de lois ? Je ne le crois pas.

Lorsque, au mois de janvier dernier, je disais, au sein de la chambre des députés, en présence de la majorité d'alors, qui murmurait sur ces bancs, par d'autres motifs, mais de la même manière qu'on murmurait sur ceux-ci tout à l'heure... (Très-bien ! très-bien !)

(L'orateur désigne la gauche.)

Je lui disais : Prenez-y garde, le vent des révolutions s'est élevé ; ne le sentez-vous pas ? Les révolutions s'approchent ; ne les voyez-vous pas ? Nous sommes sur un volcan. Je disais cela ; le *Moniteur* en fait foi. Et pourquoi le disais-je ?... (Interruption à gauche.)

Avais-je la faiblesse d'esprit de croire que les révolutions s'approchaient, parce que tel ou tel homme était au pouvoir, parce que tel ou tel incident de la vie politique agitait un instant le pays ? Non, messieurs. Ce qui me faisait croire que les révolutions approchaient, ce qui, en effet, a produit la révolution, était ceci : je m'apercevais que, par une dérogation profonde aux principes les plus sacrés que la Révolution française avait répandus dans le monde, le pouvoir, l'influence, les honneurs, la vie, pour ainsi dire, avaient été resserrés dans des limites tellement étroites d'une seule classe, qu'il n'y avait pas un pays dans le monde qui présentât un seul exemple semblable ; même dans l'aristocratique Angleterre, dans cette Angleterre que nous avions alors si souvent le tort de prendre pour exemple et pour modèle ; dans l'aristocratique Angleterre, le peuple prenait une part, sinon complétement directe, au moins considérable, quoique indirecte aux affaires ; s'il ne votait pas lui-même (et il votait souvent), il faisait du moins entendre sa voix ; il faisait connaître sa volonté à ceux qui gouvernaient ; ils étaient entendus de lui et lui d'eux.

Ici, rien de pareil. Je le répète, tous les droits, tout le pouvoir, toute l'influence, tous les honneurs, la vie politique tout entière, étaient renfermés dans le sein d'une classe extrêmement étroite ; et au-dessous, rien !

Eh bien ! voilà ce qui me faisait croire que la révolution était à nos portes. Je voyais que, dans le sein de cette petite classe privilégiée, il arrivait ce qui arrive toujours à la longue dans les petites aristocraties exclusives, il arrivait que la vie publique s'éteignait, que la corruption gagnait tous les jours, que l'intrigue prenait la place des vertus publiques, que tout s'amoindrissait, se détériorait.

Voilà pour le haut.

Et dans le bas que se passait-il? Plus bas que ce qu'on appelait alors le pays légal, le peuple proprement dit, le peuple qui était moins maltraité qu'on ne le dit (car il faut être juste surtout envers les puissances déchues), mais auquel on pensait trop peu ; le peuple vivant, pour ainsi dire, en dehors de tout le mouvement officiel, se faisait une vie qui lui était propre : se détachant de plus en plus par l'esprit et par le cœur de ceux qui étaient censés le conduire, il livrait son esprit et son cœur à ceux qui naturellement étaient en rapport avec lui, et beaucoup d'entre ceux-là étaient ces vains utopistes dont nous nous occupions tout à l'heure, ou des démagogues dangereux.

C'est parce que je voyais ces deux classes, l'une petite, l'autre nombreuse, se séparant peu à peu l'une de l'autre; remplies, l'une de jalousie, de défiance et de colère, l'autre d'insouciance, et quelquefois d'égoïsme et d'insensibilité, parce que je voyais ces deux classes marchant isolément et en sens contraires, que je disais, et que j'avais le droit de dire : Le vent des révolutions se lève, et bientôt la révolution va venir. (Très-bien !)

Est-ce pour accomplir quelque chose d'analogue à cela que la révolution de Février a été faite? Non, messieurs, je ne le crois pas; autant qu'aucun de vous, je crois le contraire, je veux le contraire, je le veux non-seulement dans l'intérêt de la liberté, mais encore dans l'intérêt de la sécurité publique.

Je n'ai pas travaillé, moi, je n'ai pas le droit de le dire, je n'ai pas travaillé à la révolution de Février, je l'avoue ; mais cette révolution faite, je veux qu'elle soit une révolution sérieuse, parce que je veux qu'elle soit la dernière. Je sais qu'il n'y a que les révolutions sérieuses qui durent; une révolution qui ne produit rien, qui est frappée de stérilité dès sa naissance, qui ne fait rien sortir de ses flancs, ne peut servir qu'à une seule chose, à faire naître plusieurs révolutions qui la suivent. (Approbation.)

Je veux donc que la révolution de Février ait un sens, un sens clair, précis, perceptible, qui éclate au dehors, que tous puissent voir.

Et quel est ce sens? je l'indique en deux mots : La révolution de Février doit être la continuation véritable, l'exécution réelle et sincère de ce que la révolution française a voulu ; elle doit être la mise en œuvre de ce qui n'avait été que pensé par nos pères. (Vif assentiment.)

Le citoyen Ledru-Rollin. Je demande la parole.

Le citoyen de Tocqueville. Voilà ce que la révolution de Février doit être, ni plus, ni moins. La révolution française avait voulu qu'il n'y eût plus de classes, non pas dans la société, elle n'avait jamais eu l'idée de diviser les citoyens, comme vous le faites, en propriétaires et en prolétaires. Vous ne retrouverez ces mots chargés de haines et de guerres dans aucun des grands documents de la révolution française. La révolution a voulu que, politiquement, il n'y eût pas de classes ; la restauration, la royauté de Juillet ont voulu le contraire. Nous devons vouloir ce qu'ont voulu nos pères.

La Révolution avait voulu que les charges publiques fussent égales, réellement égales pour tous les citoyens : elle y a échoué. Les charges publiques sont restées, dans certaines parties, inégales : nous devons faire qu'elles soient égales ; sur ce point encore, nous devons vouloir ce qu'ont voulu nos pères et exécuter ce qu'ils n'ont pas pu. (Très-bien!)

La révolution française, je vous l'ai déjà dit, n'a pas eu la prétention ridicule de créer un pouvoir social qui fît directement par lui-même la fortune, le bien-être, l'aisance de chaque citoyen, qui substituât la sagesse très-contestable des gouvernements à la sagesse pratique et intéressée des gouvernés; elle a cru que c'était assez remplir sa tâche, que de donner à chaque citoyen des lumières et de la liberté. (Très-bien!)

Elle a eu cette ferme, cette noble, cette orgueilleuse croyance que vous semblez ne pas avoir, qu'il suffit à l'homme courageux et honnête d'avoir ces deux choses, des lumières et de la liberté, pour n'avoir rien de plus à demander à ceux qui le gouvernent.

La Révolution a voulu cela ; elle n'a eu ni le temps, ni les moyens de le faire. Nous devons le vouloir et le faire.

Enfin, la révolution française a eu le désir, et c'est ce désir qui l'a rendue non-seulement sacrée, mais sainte aux yeux des peuples, elle a eu le désir d'introduire la charité dans la politique ; elle a conçu des devoirs de l'État envers les pauvres, envers les citoyens qui souffrent, une idée plus étendue, plus générale, plus haute qu'on ne l'avait eue avant elle. C'est cette idée que nous devons reprendre, non pas, je le répète, en mettant la prévoyance et la sagesse de l'État à la place de la prévoyance et de la sagesse individuelles, mais en venant réellement, efficacement, par les moyens dont l'État dispose, au secours de tous ceux qui souffrent, au secours de tous ceux qui, après avoir épuisé toutes leurs ressources, seraient réduits à la misère si l'État ne leur tendait pas la main.

Voilà ce que la révolution française a voulu faire ; voilà ce que nous devons faire nous-mêmes.

Y a-t-il là du socialisme ?

A GAUCHE. Oui ! oui ! Il n'y a que cela.

LE CITOYEN DE TOCQUEVILLE. Non ! non !

Non, il n'y a pas de socialisme, il y a de la charité chrétienne appliquée à la politique ; il n'y a rien là... (Interruption.)

LE CITOYEN PRÉSIDENT. Vous ne vous entendez pas ; c'est clair comme le jour ; vous n'avez pas la même opinion ; vous monterez à la tribune ; mais n'interrompez pas.

LE CITOYEN DE TOCQUEVILLE. Il n'y a rien là qui donne aux travailleurs un droit sur l'État ; il n'y a rien là qui force l'État à se mettre à la place de la prévoyance individuelle, à la place de l'économie, de l'honnêteté individuelle; il n'y a rien là qui autorise l'État à s'entremettre au milieu des industries, à leur imposer des règlements, à tyranniser l'individu pour le mieux gouverner, ou, comme on le prétend insolemment, pour le sauver de lui-même ; il.n'y a là que du christianisme appliqué à la politique.

Oui, la révolution de Février doit être chrétienne et démocratique; mais elle ne doit pas être socialiste. Ces mots résument toute ma pensée, et je termine en les prononçant. (Très-bien ! très-bien!)

(Extrait du *Moniteur* du 13 septembre 1848.)

# DISCOURS

PRONONCÉ A L'ASSEMBLÉE LÉGISLATIVE, LE 26 JUIN 1849,

PAR M. DE TOCQUEVILLE, MINISTRE DES AFFAIRES ÉTRANGÈRES, EN RÉPONSE

AUX INTERPELLATIONS DE MM. MAUGUIN ET SAVOYE [1].

MESSIEURS,

L'heure avance ; il me tarde d'entrer aujourd'hui même dans la discussion qui a été ouverte et soutenue devant vous. Je prendrai donc tout à la fois l'ensemble des deux questions, et la question particulière qui vient d'être soulevée par l'honorable M. Savoye, et la question plus générale et plus importante qui a été posée par l'honorable M. Mauguin.

Je commence par les faits relatifs au grand-duché de Bade ; et sur ce point, que M. Savoye me permette de lui dire que, plus que personne, en effet, il avait ici le devoir, ou tout au moins le droit de venir défendre le mouvement

---

[1] M. de Tocqueville, comme ministre des affaires étrangères, faisait alors partie du cabinet qui, formé le 2 juin 1849 par le président de la république, le prince Louis-Napoléon, fut dissous le 31 octobre de la même année. L'objet de la discussion dans le cours de laquelle ce discours fut prononcé était de savoir quelle serait la politique du nouveau ministère vis-à-vis de l'Europe, encore toute bouleversée par la révolution de 1848. M. Savoye aurait voulu que la France donnât la main aux révolutionnaires allemands, et M. Mauguin conviait indirectement la France à la guerre, en lui montrant une coalition générale des gouvernements déjà formée contre elle.

insurrectionnel qui a éclaté dans le Palatinat, car il a certainement contribué, dans une mesure considérable, à le faire naître, si je dois en croire le document que je vais mettre sous les yeux de l'Assemblée ; il a contribué à susciter la révolution funeste (Réclamations à l'extrême gauche.) qui a ensanglanté ces contrées ; cette révolte dans le grand-duché de Bade qui a débuté, messieurs, savez-vous comment ? par le massacre des officiers victimes de leurs soldats.

PLUSIEURS VOIX A DROITE. C'est cela !

A L'EXTRÊME GAUCHE. C'est de la restauration que vous faites

LE CITOYEN MINISTRE DES AFFAIRES ÉTRANGÈRES. Voici la pièce ou plutôt le renseignement que je tenais à mettre sous les yeux de l'Assemblée.

L'Assemblée sait que le mouvement radical et révolutionnaire du grand-duché de Bade a été, pour ainsi dire, produit, ou, du moins, généralisé et activé par une réunion populaire qui a eu lieu à Offenburg. Or, voici, à cette occasion, ce que je trouve dans une dépêche qui existe au département des affaires étrangères, et qui est du 16 mai.

A GAUCHE. De qui ? de qui ?

LE CITOYEN MINISTRE. Du ministre de France à Bade.

Voici ce qu'elle porte :

« Je crois utile, M. le ministre, de signaler à votre attention un fait dont je puis garantir l'authenticité. M. Savoye, précédemment chargé d'affaires de la République française à Francfort, s'est rendu le 13 à Offenburg ; il est monté à la tribune et il a prononcé un discours en allemand. Il a dit qu'il était député vers l'Assemblée par les socialistes de France, et le délégué de M. Ledru-Rollin pour assurer leurs frères d'Allemagne de leurs sympathies et les encourager à persister dans leur énergique résistance, afin de faire triompher la sainte cause et leur promettre appui et fraternité... »

A l'extrême gauche. Très-bien! très-bien! (Exclamations ironiques à droite.)

Le citoyen ministre. « Ces paroles ont excité l'enthousiasme... » (Bruit. — Interruption.)

Je trouve donc tout simple, je le répète, que M. Savoye se soit cru obligé de venir défendre ici des hommes qu'il a contribué à entraîner, je le répète, dans cette funeste entreprise... (Approbation à droite)

Voix a gauche. Honorable et glorieuse entreprise! (Agitation.)

Le citoyen président s'adressant au côté gauche. Laissez donc exposer les faits ; vous avez interpellé.

Le citoyen ministre. J'arrive aux faits. Je prends d'abord les faits particuliers. On vous a lu, messieurs, tout à l'heure, un ordre du jour d'un général prussien ; on ne vous a pas dit par quel général ni à quel moment précis cet ordre du jour a été publié. Je suis porté à croire que cette citation est ou complétement controuvée, ou singulièrement altérée, et ce qui me porte à le penser, c'est que cet ordre du jour implique l'existence de faits que je sais être complétement faux. Il n'est pas vrai, comme le dit ce prétendu ordre du jour, qu'il y ait eu une entente entre nous et le gouvernement prussien pour bloquer le Palatinat, et y venir étouffer nous-mêmes la révolte ; cela n'est pas vrai, cela ne devait pas être dit, cela probablement n'a pas été dit, et, en tous cas, si cela a été dit, cela était faux.

A droite et au centre. (Bien! bien! très-bien!)

Le citoyen ministre. Je passe à un autre fait. On nous reproche de n'avoir pas reçu les agents d'un gouvernement qu'on appelle un gouvernement régulier.

Je n'ai qu'une réponse à faire : ce gouvernement n'a jamais été reconnu par la République française ; par conséquent le ministre qui a l'honneur de diriger les affaires extérieures de la République française ne pouvait pas recevoir ces agents, qui ne pouvaient être accrédités près de lui ni près du gouvernement. Il ne les a pas reçus, et il ne devait pas les recevoir.

On a dit encore que le gouvernement français avait empêché des armes de parvenir dans la main des parties belligérantes.

A GAUCHE. Et les arrestations? parlez des arrestations.

LE CITOYEN MINISTRE. En agissant ainsi le gouvernement n'a fait que se conformer aux lois strictes du droit des gens, et de plus, il a, comme on l'a dit tout à l'heure, et je n'ai pas envie de le nier, il a empêché non-seulement des armes, mais des hommes armés de traverser notre territoire et de passer en armes sur le territoire des parties belligérantes ; et en cela encore il a fait ce qu'il avait le droit et le devoir de faire. (Très-bien! très-bien!)

On parle de l'arrestation d'un agent. Oui, sans doute, cet agent a été arrêté ; mais pourquoi? Les procédures suivies pour l'événement du 13 juin le diront. Il n'a pas été arrêté comme agent d'un gouvernement étranger, il a été arrêté comme conspirateur. (Mouvement prolongé.)

Un dernier fait et j'ai fini. Il est vrai qu'on a saisi une somme d'argent qui avait été transportée à Paris par de certaines personnes se disant agents du gouvernement insurrectionnel de Bade ; on l'a saisie par deux raisons : parce qu'il était allégué, non sans quelque vraisemblance, que cet argent était non pas seulement transporté en France, mais dérobé ; en second lieu, parce qu'il y avait des raisons de croire que cet argent devait servir à troubler l'ordre en France. L'argent est à la caisse des dépôts et consignations. La justice verra à qui il faut le remettre... (Interruptions nouvelles à gauche. — Interpellations diverses.)

Je m'étonne, quand l'orateur qui descend de la tribune vient de faire des appels si fréquents et si solennels au silence de la majorité qui ne le troublait pas...

A DROITE. C'est vrai!

LE CITOYEN MINISTRE... De trouver un instant après, parmi

ses amis, une si grande intolérance, qu'il m'est impossible
de prononcer quatre mots sans être interrompu.

LE CITOYEN SAVOYE. Je n'interromps jamais.

LE CITOYEN MINISTRE. Je ne parle pas de vous. Je laisse
donc ces faits ; j'arrive au fond même de la question relativement à la conduite du gouvernement français vis-à-vis des
insurgés du Palatinat et du grand-duché de Bade. Je répète que nous n'avons fait, dans cette circonstance, que ce
que le droit des gens nous ordonnait de faire ; nous ne
sommes pas venus au secours d'une des parties belligérantes ; nous n'avons pas refusé de recevoir sur notre territoire ceux des insurgés qui fuyaient l'action de la justice
de leur pays. Mais nous avons empêché le passage d'hommes armés, le transport d'armes, et si un corps quelconque,
soit des insurgés, soit de leurs adversaires, était entré armé
sur le sol de la France, je déclare ici que, quel qu'il fût, il
eût été désarmé. (Très-bien ! très-bien!)

Nous n'avons donc fait, je le répète, que nous conformer
à la neutralité, dont le droit des gens nous faisait une loi.
Fallait-il, messieurs, faire plus ? Telle est la question.

Je ne sais pas quelle sera l'opinion de l'Assemblée. (Rires
ironiques à gauche.)

UNE VOIX. Elle est bien connue d'avance.

LE CITOYEN MINISTRE... Mais, quant à moi, j'ai été profondément convaincu qu'elle serait conforme à la nôtre par
deux raisons : la première, c'est que je ne vois point d'intérêt suffisant ni de droit à nous mêler en ce moment des
querelles intérieures qui divisent l'Allemagne.

La seconde raison, messieurs, je pourrais ne pas la dire,
mais je ne crains pas de la dire : c'est que la cause des insurgés de Bade et du Palatinat ne me paraît pas faite pour
exciter en ce moment l'intérêt si vif qu'on lui témoigne.
(Approbation à droite. — Réclamations à gauche.)

A-t-on donc perdu, messieurs, le souvenir du passé à ce
point qu'on ait oublié que le parti qui a triomphé un mo-

ment dans le Palatinat et dans le grand-duché de Bade est
le même qui depuis dix années a été l'ennemi le plus
acharné et le plus irréconciliable de la France... (Dénégations à gauche.)

A GAUCHE. Du gouvernement français!

LE CITOYEN PRÉSIDENT. Mais laissez donc défendre l'intérêt
français.

A GAUCHE. L'intérêt de la monarchie!

LE CITOYEN MINISTRE. C'est ce même parti qui, par ses
écrits, par ses discours, s'est toujours élevé, avec la plus
grande et la plus amère énergie, contre cette tendance du
peuple français à s'étendre vers le Rhin ; ce même parti qui,
lorsqu'il se croyait le plus fort, il y a un an, demandait
instamment qu'on nous enlevât l'Alsace et la Lorraine.

Et quand, messieurs, je ne remonterais pas aux faits anciens, quand je ne parlerais que des faits d'aujourd'hui, tien-
drais-je un langage différent? N'est-il pas évident que ceux
qui viennent de faire dans le grand-duché de Bade cette
révolution inopportune et dangereuse, professent exactement les mêmes principes, ont absolument les mêmes tendances et expriment les mêmes vœux que les hommes que
nous combattons ici en France....

A GAUCHE. Oui! oui! (Exclamations.)

A DROITE. C'est cela! c'est cela! très-bien!

LE CITOYEN MINISTRE. Ceux que nous avons vaincus plusieurs fois, en France, les armes à la main, et que, Dieu
aidant, nous vaincrons encore. (Très-bien!)

Et, messieurs, s'il me fallait des preuves, elles abondent.
Il me serait très-aisé de prouver que non-seulement les hommes dont je parle professent des doctrines analogues à celles
que nous regardons en France comme ennemies, non pas
de telle ou telle forme politique, mais de l'ordre social lui-
même; que non-seulement ils professaient ces doctrines,
mais qu'ils étaient en accord patent, continu, intime, en
relation incessante, en coopération active avec les hommes

que nous avons vaincus le 15 juin. (Rires ironiques à gauche. — Approbation à droite et au centre.)

Voici, messieurs, la dépêche que je recevais il y a peu de
jours.

« J'ai pensé, disait l'agent qui me l'envoyait, qu'il pouvait
vous être utile de vous faire connaître les vœux et les sentiments des hommes dont on vous propose de défendre la
cause en ce moment.

« ..... J'ai l'honneur de vous transmettre ci-joints deux
manifestes adressés au peuple français, à la garde nationale
et à l'armée par les insurgés du Palatinat, et destinés à être
répandus en Alsace et en Lorraine. Des ballots contenant
un grand nombre d'exemplaires ont été saisis par nos
douanes. »

Voici quelques passages de l'une de ces pièces :

### LE PEUPLE DU PALATINAT A LA GARDE NATIONALE ET A L'ARMÉE FRANÇAISE.

« Citoyens,

« Honte éternelle au peuple et à l'armée française, s'ils
« souffraient plus longtemps la politique la plus liberticide
« et la plus perfide qui ait jamais existé, la politique d'un
« gouvernement qui, traître à la constitution, conspire déjà
« ouvertement avec nos tyrans... » (Mouvement à droite.)

A GAUCHE. C'est vrai ! c'est vrai !

LE CITOYEN PRÉSIDENT. Le *Moniteur* constatera les adhé-
sions. (Rire général. — Vive approbation à droite et au
centre.)

LE CITOYEN MINISTRE *continuant.* « Que le véritable peuple
« français chasse cette poignée de misérables lâches, et que
« l'armée, dont l'honneur est le seul guide, se trouve à sa
« tête pour faire respecter cette constitution tant de fois
« violée. Serrons nos rangs ; et vous, Boichot, et vous, Rat-

« tier... (Oh! oh!) dignes représentants de l'armée fran-
« çaise à l'Assemblée nationale, entendez-vous les cris de
« la démocratie allemande qui vous appelle contre les enne-
« mis éternels de la liberté! Protestez énergiquement, no-
« bles représentants, contre les actes des traîtres ; protestez,
« nobles soldats, contre un gouvernement destructeur de la
« liberté des peuples! Aux armes, citoyens!... »

Voix a gauche. Très-bien! très-bien!

Le citoyen ministre, *se tournant vers la gauche.* Je ne
puis vous empêcher, messieurs, de trouver très-bon ce que
je viens de lire ; mais vous devez comprendre que nous, qui
croyons représenter le peuple français à un plus haut degré
que vous-mêmes ; que nous, qui sommes non-seulement la
majorité de l'Assemblée, mais qui, j'ose le dire (et avec le
suffrage universel, on ne peut le nier), sommes l'immense
majorité dans le pays... (Vives réclamations à gauche), nous
ne nous trouvions pas satisfaits de voir de telles proclama-
tions émanées d'un tel gouvernement, et nous pensons
qu'un peuple conduit par de tels chefs ne mérite pas notre
sympathie. (Approbation à droite et au centre.)

Le citoyen Lagrange. Quand je monterai à la tribune,
aurai-je le droit, monsieur le Président, d'insulter une partie de l'assemblée?

Le citoyen président. Si vous le faites, je vous rappellerai
à l'ordre..

Le citoyen Lagrange. Rappelez-y donc l'orateur.

Le citoyen président. M. le ministre a parlé de la majorité
dans l'Assemblée et dans la nation ; mais je ne vois pas
qu'il ait insulté une partie de l'Assemblée.

Le citoyen ministre. Voici maintenant ce qui s'est passé à
l'Assemblée nationale badoise, le 15 juin.

Le chef du gouvernement, M. Brentanto, est monté à la
tribune et a dit ce qui suit :

« Le peuple de Paris s'est levé, il est sous les armes, et
tout nous fait espérer que la victoire est certaine. L'Alsace

est aussi en insurrection ; la garde nationale a occupé la
citadelle de Strasbourg. *Vive la liberté ! Mort aux tyrans !* »
(Applaudissements dans la salle et dans les tribunes. —
Mouvement au centre et à droite. — Rumeurs à gauche.)

Je n'ai cité ces faits, messieurs, que comme une preuve
et un symptôme de l'esprit qui animait les insurgés et leur
gouvernement ; que, pour prouver qu'alors même que la
France eût possédé, d'après les traités et au nom du droit
des gens, la faculté d'intervenir, son intérêt encore n'aurait
pas dû la porter à le faire.

Voilà tout ce que j'avais à dire sur la question du grand-
duché de Bade ; c'est tout ce que je répondrai, quant à présent, aux interpellations de M. Savoye.

Maintenant je voudrais tâcher d'élargir la discussion. Je
voudrais entrer, si l'Assemblée me le permettait, en peu de
mots pourtant (Parlez!), dans les questions plus générales
que le discours de M. Mauguin a soulevées.

J'ai cherché, autant qu'il m'était possible de le faire,
quelle était la conclusion pratique du brillant discours que
vous avez entendu ; il m'a semblé qu'il n'y en avait qu'une
de raisonnable. L'honorable M. Mauguin posait nettement
la question de paix et de guerre ; il a, jusqu'à un certain
point, éludé la conclusion de ses paroles. Mais la logique
de son discours, plus forte que sa volonté, l'y a ramené nécessairement. C'est donc cette grande question de paix et de
guerre qu'il s'agit, je le répète, d'examiner devant vous, en
peu de mots, et sur laquelle l'administration nouvelle est
obligée de vous donner son avis.

Messieurs, il y a deux espèces de personnes qui dans ce
moment, en France, semblent désirer la guerre. (Je ne dis
point dans cette enceinte, je dis en France.) Les uns désirent la guerre, parce qu'ils croient y trouver l'occasion
qu'ils cherchent de porter le dernier coup à l'ordre européen et en particulier à l'ordre social en France. (Exclamations à gauche.)

Voix au centre. Oui! oui!

Le citoyen ministre. A ceux-là je n'ai rien à répondre, je suis leur adversaire, le but qu'ils poursuivent est le but opposé à mes désirs : je les combattrai toujours.

Mais il y en a d'autres, et l'honorable M. Mauguin est assurément de ce nombre, qui, quoique en arrivant au même résultat, y arrivent par des sentiments et par des idées qui méritent assurément le respect des bons citoyens ; ceux-là croient que la France est entraînée par une sorte de fatalité invincible ; qu'en face de nous se trouvent des pouvoirs irréconciliables, une coalition déjà formée qui marche, marche chaque jour vers elle, et qui, à chaque heure s'en approchant davantage, viendra, dans un temps nécessairement très-court, étouffer jusque sur notre territoire la nationalité française.

Voix a gauche. La République! la République!

Le citoyen Lagrange. Garantissez-vous la République?

Un membre a droite. La nationalité avant tout.

Le citoyen ministre. Je déclare que si j'avais une telle crainte ; si je pensais, comme paraît le croire l'un des honorables préopinants, qu'en effet il existe autour de ce pays un cercle de fer et de feu qui va sans cesse se resserrant sur nous ; si j'avais cette crainte, assurément je ne laisserais pas partir de ce côté le cri de guerre ; je ne viendrais pas vous proposer, comme le faisait tout à l'heure M. Mauguin, de faire des menaces ; car un grand pays comme la France ne doit menacer que quand il est déterminé et prêt à frapper. (Très-bien! très-bien!) Mais je me présenterais simplement devant cette grande assemblée ; je lui dirais : Il y a des moments solennels dans la vie des peuples où le désespoir est la seule ressource et la seule sagesse. Ce moment est arrivé. La paix, que nous voulons, que nous cherchons à maintenir, on ne veut que l'exploiter contre nous : tout ce que la paix peut avoir de douloureux est pour nous ; tout ce qu'elle a d'utile, de fructueux est pour les nations

étrangères ; le moment est venu où cette situation est insupportable, où il vaut mieux courir un danger immense, que
de se laisser écraser peu à peu. La guerre est le plus grand
des périls et des malheurs ; mais tout plutôt que l'étranger
sur le sol de la France. Je viendrais vous dire cela, je viendrais vous le dire sans phrases, simplement, je ferais appel
à votre patriotisme à tous (Très-bien ! très-bien !) : mais je
ne crois pas que nous soyons réduits à une pareille extrémité.

Que l'Assemblée me permette de le lui dire, c'est vers cette
question que toutes mes pensées se sont sans cesse dirigées
depuis que j'occupe le poste élevé où la confiance du président de la République m'a appelé. J'ai cherché de toutes les
manières à m'éclairer sur ces desseins secrets dont on nous
menace, à percer ces volontés cachées dont M. Mauguin a
entrepris tout à l'heure de suivre les détours.

Eh bien ! c'est ma conviction profonde : quant à présent,
du moins (car j'ignore l'avenir), quant à présent, la coalition dont on parle, l'accord des puissances déjà unies entre
elles pour venir éteindre, sur le sol français, non-seulement
la nationalité française, mais la République, que je veux
maintenir autrement que vous, mais autant que vous (Approbation à droite et au centre), cette coalition, dis-je,
n'existe pas.

Je suis demeuré convaincu que cet accord, que ces dispositions hostiles n'existent pas ; peut-être même que tout cela
est en grande partie chimérique, et qu'il est dangereux de
se livrer à une pareille chimère.

Croyez-vous, en effet qu'il soit sans danger de venir ainsi,
chaque année, faire le tour du monde à cette tribune, pour
indiquer du doigt, et sur toute la surface du globe, des ennemis qui préparent contre la France des intentions hostiles,
des desseins funestes à son honneur et à son indépendance ?
Si cet accord ennemi n'existait pas, pensez-vous qu'il ne
serait pas dangereux de le supposer ? En supposant de pa-

reilles dispositions, ne risquez-vous pas de les faire naître?
et ne les fissiez-vous pas naître, vous feriez certainement
surgir, au sein de cette nation fière et susceptible, un sentiment d'irritation et de défiance que vous auriez ensuite
peine à calmer.

Oui, sans doute, si cet accord des puissances contre nous
existe, il faut savoir le reconnaître et le dire; mais s'il
n'existait pas, ce serait, que M. Mauguin me permette de le
lui dire, le mot ne s'applique pas à lui, sincère et convaincu,
ce serait l'acte d'un mauvais citoyen de le supposer. (Rires
ironiques à gauche.)

Jamais, suivant moi, depuis bien des années, les chances
de la coalition contre la France n'ont été moins grandes;
je suis bien aise d'avoir cette occasion de le dire à cette tribune, et l'exemple du passé a prouvé, messieurs, que les
coalitions en Europe n'étaient ni très-longues ni même
très-dangereuses... (Rumeurs à gauche.)

Voix a gauche. Et 1815?

Le citoyen ministre. Laissez-moi donc finir ma phrase.

Je suis étonné que les honorables orateurs de cette partie
de l'Assemblée (la gauche) qui ont déjà tant de supériorité
sur moi, se donnent encore l'avantage de m'interrompre
avant de savoir ce que je veux dire.

Je disais donc que l'expérience du passé a prouvé qu'il n'y
avait point de coalitions très-longues et très-dangereuses
contre la France, où l'Angleterre n'était point.

M. Mauguin l'a reconnu. Il a reconnu qu'aujourd'hui l'Angleterre était, par la volonté des hommes d'État éminents
qui sont à la tête de ses affaires, peu disposée à entrer dans
une coalition, et que l'opinion publique, les besoins du
pays (c'est lui qui l'a dit, je ne fais que répéter ses paroles),
l'éloignaient également de toute entreprise guerrière, quelle
qu'elle puisse être.

J'ajoute, parce que cela est vrai aussi, que l'Angleterre a
manifesté, par des signes non équivoques, depuis le début

de la République française, qu'elle avait le désir de vivre non-seulement dans des rapports de neutralité, mais encore d'amitié avec nous. Elle a manifesté plusieurs fois ce désir et en a souvent donné des preuves. Cette grande nation, qui a fait elle-même un si bel usage de la liberté, a compris la nôtre et ne cherche pas à la détruire.

Ainsi donc, hors de cette coalition dont on parle, il faut dès à présent placer les Anglais.

Quant aux puissances allemandes, l'Assemblée reconnaîtra, je pense, tout ce qu'il y a de délicat à dire à cette tribune ce qui me fait croire que de leur part une coalition contre la France est un fait, sinon impossible, du moins fort peu probable.

Je me bornerai à dire ceci : C'est que ceux qui ont étudié à fond les affaires de l'Allemagne, qui ont vu le développement des événements récents, sont unanimes pour penser que jamais peut-être les grandes puissances allemandes n'ont été séparées par autant d'intérêts divers, je ne veux pas dire contraires, par autant de susceptibilités légitimes; et que, par conséquent, elles ne se sont trouvées moins à même de faire ensemble cet effort commun et énergique que l'union la plus parfaite pourrait seule leur suggérer. (Approbation à droite et au centre.)

Quant à ce grand empire du Nord, dont a si longuement parlé M. Mauguin, je serai aussi obligé d'être bref. Cependant je veux dire que dans aucuns documents, parmi ceux qui ont passé sous mes yeux et qui datent de la révolution de Février, je n'ai trouvé la trace de cette animosité contre la France et son gouvernement qu'on y rencontrait si fréquemment, il faut le dire, avant cette révolution. J'y ai vu, au contraire, une sorte de satisfaction éprouvée par suite des derniers événements; ou, en tous cas, la volonté bien arrêtée et très-explicite de ne se mêler en rien des affaires de la France, et cette volonté, messieurs, je vous l'avoue, j'y crois par beaucoup de raisons et entre autres par celle-

ci, qui est honorable pour tout le monde, c'est que la Russie est un gouvernement fort, et qu'on rencontre dans le
prince qui le personnifie et le dirige les défauts et les qualités qui caractérisent les gouvernements forts, la hauteur et
la franchise. (Mouvement.)

Voix a gauche. Et le manifeste!

Le citoyen ministre. Remarquez, messieurs, que je n'entends pas faire l'apologie ou la critique de la Russie dans
les affaires du Nord; tel n'est pas mon but. Je suis ma thèse,
je suis M. Mauguin sur le terrain où il m'a amené. Il prétend que la Russie a la volonté préconçue, non point d'augmenter dans un degré quelconque son influence, mais de
marcher vers la France; elle y marche, dit-il, par un chemin
détourné, mais elle y marche, le temps seul lui manque pour
y arriver; mais nous la verrons nous heurter tôt ou tard.
C'est à cela seul que réponds, et je dis : Rien jusqu'à présent
dans les actes de la Russie, dans les explications qu'elle a
données, dans les correspondances de ses agents, dans la conduite du czar, rien ne donne à croire que cette crainte soit
fondée.

Un membre a gauche. C'est pour le mieux!

Le citoyen ministre. Je ne crois pas, quant à moi, qu'une
coalition soit formée; je ne crois pas qu'elle soit prête à se
former. Ce danger me paraît chimérique : jamais le monde
ne m'a paru moins préparé à voir un événement de cette
espèce.

Ah! sans doute une coalition serait possible, certaine
peut-être, mais dans un cas seulement.

Oui, si ce qu'on appelle la République démocratique et
sociale (A gauche : C'est cela! ah! ah!) triomphait dans le
pays, non-seulement la guerre serait probable, mais je suis
convaincu qu'elle serait certaine. Je crois que s'il existait en
France un gouvernement qui menaçât non-seulement les
pouvoirs publics des autres nations, mais la constitution
même de la société de ces différents peuples, je suis con-

vaincu alors, malgré les raisons considérables que je viens
d'énumérer et qui empêchent les grands cabinets de s'unir
contre la France ; malgré cette haine et cette diversité des
races qui rend aujourd'hui si difficile cet accord contre
nous ; malgré cet esprit de liberté qui vibre aujourd'hui en
Allemagne presque aussi vivement qu'en France, et qui est
notre auxiliaire ; malgré toutes ces raisons, oui, je le crois,
si, aujourd'hui, la République démocratique et sociale avait
pu planter son drapeau sur ce pays, si la minorité était devenue la majorité, si le gouvernement avait passé en d'autres mains.. (Rires ironiques à gauche. — Approbation à
droite.)

...Oui, si le gouvernement avait passé en d'autres mains;
si, au lieu de me voir à cette tribune, on y voyait M. Ledru-
Rollin, par exemple... Je dis qu'alors la guerre n'aurait pas
seulement été probable ; elle aurait été certaine. Je dis que,
malgré toutes les raisons que les gouvernements et les peuples ont en ce moment pour ne pas se lier, ils se seraient
unis, j'en suis convaincu ; mais tel n'est pas l'état des choses,
Dieu merci, en France.

Ce qui est vrai encore, c'est que si l'état insurrectionnel,
l'état démagogique, il faut bien le dire, qui règne dans une
partie de l'Allemagne, se continuait longtemps, de nouvelles
coalitions seraient encore possibles. (Interruptions à gauche.)

Voix a gauche. Il faut envoyer des troupes en Allemagne.

Le citoyen ministre. Vous prétendez aimer la liberté,
messieurs, et vous ne savez pas entendre la vérité. (Nouvelle interruption à gauche.)

Quel a été, pendant plus de trente ans, l'état de la France?
Elle a été sans cesse ou isolée, ou menacée. D'un côté, elle
était seule avec les principes de liberté ; de l'autre côté se
trouvaient les grandes monarchies du continent de l'Europe
vivant sous le principe du gouvernement absolu.

C'est cet état de choses qui, pendant trente-deux ans, a
été le cauchemar de notre politique. L'isolement ou la guerre,

telle a été pendant trente-deux ans notre histoire diploma-
tique.

Qu'est-ce qui est arrivé depuis? Il est arrivé un fait immense. L'Allemagne est devenue constitutionnelle et libérale. Les monarchies absolues se sont transformées en monarchies représentatives. La liberté, sous une de ses formes
du moins, a régné de l'autre côté du Rhin comme de ce
côté-ci.

Cela seul, je ne crains pas de le dire, changeait complétement notre situation dans le monde. Désormais la coalition
générale contre nous était non pas difficile, mais impossible.
Désormais nous avions le choix de nos alliances. Désormais
la question de principe, qui pendant si longtemps avait été
contre nous dans la diplomatie de l'Europe, était pour nous;
la France se trouvait libre et indépendante dans sa politique.

Qui a changé cet état de choses? ce sont les agitations
incessantes auxquelles le parti démagogique de l'Allemagne
s'est livré.

La liberté, en Allemagne, n'est pas détruite, comme le
disait M. Mauguin; les constitutions ne se trouvent pas *fau-
chées*, suivant son expression. Elles existent, mais elles sont
énervées. Je suis le premier à reconnaître que la liberté a
fait un pas en arrière, qu'elle est en danger peut-être, et
qu'un tel danger pour l'Allemagne est un embarras très-
grand pour notre diplomatie et pour notre politique; je reconnais cela; mais à qui la faute? A ceux qui, impatients de
l'avenir, contempteurs du passé, ont par des troubles incessants, par des insurrections journalières, par des meurtres
répétés, inquiété les consciences...

Voix a gauche. Et les rois! et les rois!

Le citoyen Napoléon-Bonaparte. Les rois, est-ce qu'ils
n'ont pas assassiné toujours?

Le citoyen Auguste Mie. Rappelez-vous Robert Blum!

Le citoyen ministre..... Inquiété les consciences, troublé

les intérêts, et créé enfin dans l'Allemagne un état si insupportable que, je le reconnais, les populations sont peut-être
disposées aujourd'hui à retourner, dans une certaine mesure,
vers les institutions qu'elles avaient détruites. Les coalitions,
qui n'étaient plus possibles si la liberté se fût paisiblement
établie et enracinée en Allemagne, peuvent être à craindre
de nouveau dans l'avenir. Mais ce danger n'est pas prochain.

Je crois donc que la politique utile au pays, la politique
que nos intérêts nous prescrivent, est aujourd'hui la politique de paix; c'est à celle-là, pour mon compte, que j'ai
voulu m'associer en m'asseyant sur ces bancs. Je veux et je
désire, autant que notre honneur, autant que nos intérêts
les plus sacrés pourront nous le permettre, je veux et je
désire conserver la paix du monde.

UNE VOIX A GAUCHE. Vous faites la guerre à Rome. (Bruit.)

LE CITOYEN MINISTRE DES AFFAIRES ÉTRANGÈRES. Non-seulement je le veux dans l'intérêt de l'humanité, par haine des
maux et des horreurs que la guerre entraîne; je le veux encore dans l'intérêt de la République. Je suis profondément
convaincu que cette République que je sers et que je veux
servir, et à laquelle je veux être fidèle (Très-bien !), et à laquelle on n'attentera pas, croyez-le bien, tant que mes collègues et moi seront sur ces bancs... (Très-bien !)

Je pense que cette République a besoin de deux choses, et
que, si elle les obtient, elle est immortelle. Ces deux choses,
c'est de prouver à la France et à l'Europe qu'avec elle on
peut avoir l'ordre au dedans, l'ordre vrai, l'ordre non-seulement dans les faits, mais dans les idées, et au dehors la
paix dans le monde. (Très-bien !) Je crois que, du moment
où nous aurons donné pour la République ces deux preuves,
nous aurons plus fait en sa faveur que ceux qui se montrent
si impatients en son nom.

Mais ce n'est pas seulement à ce point de vue purement
national, par l'égoïsme étroit d'une nationalité particulière,
que je désire la paix. Non, je place plus haut encore la

source de ma volonté; je crains la guerre, parce que je crois qu'il pourrait en sortir non-seulement pour nous, mais pour le monde civilisé, un affreux naufrage.

Quand je regarde autour de moi, je vois un spectacle unique dans l'histoire; je vois de toutes parts les institutions anciennes ébranlées; les sociétés tremblent sur leurs bases; non-seulement les lois politiques, mais tout ce qui a été considéré jusqu'à présent comme la base de la société même, quelle que soit la forme de ses institutions : la propriété, la famille... (Rumeurs à gauche. — Adhésion au centre et à droite.)

Je sais bien que les utopies, les doctrines, si vous aimez mieux, qui attaquent tout cela...

Le citoyen Cantagrel, *avec véhémence.* Nous le nions! nous le nions! (Mouvements divers.)

Voulez-vous me permettre d'expliquer mon interruption?

Voix a droite. Non! non! à l'ordre!

Le citoyen ministre. Je sais bien que ces doctrines dont je parle, qu'on dit nouvelles, sont fort vieilles. Je sais cela très-bien. Ce qui me frappe, ce n'est pas leur nouveauté, mais la manière dont elles sont répandues aujourd'hui dans la surface de l'Europe. Ce qui m'effraye, ce qui me fait croire et ce qui me fait dire que le moment est solennel dans l'histoire, c'est de voir, comme je le disais tout à l'heure, que non-seulement en France, mais dans toute l'Europe, le sol de la civilisation européenne tremble, que tout est ébranlé, non-seulement les institutions politiques, mais les institutions civiles, les institutions sociales, la vieille société que nous connaissons.

Le citoyen Cantagrel. Oui! oui! c'est vrai!

Un membre au centre. Vous ne niez pas, maintenant!

Le citoyen ministre. Je dis, messieurs, que quand l'Europe entière est dans cet état d'ébranlement intérieur et d'équilibre périlleux, le choc que produit toujours la guerre ne serait pas seulement un danger pour nous, mais pour tout

Je monde. La guerre pourrait non-seulement être le signal de notre ruine, mais encore d'une conflagration et d'un bouleversement universels.

Telle est ma conviction profonde, et c'est parce que j'ai cette conviction que je répète à l'Assemblée que si la paix est possible, si elle est honorable, je ferai les plus extrêmes efforts pour la conserver. Conserver la paix est, à mes yeux, le meilleur moyen de servir cette grande et sainte cause du maintien de la société pour laquelle il est glorieux de vivre et de mourir. (Vive approbation.)

(Extrait textuel du *Moniteur* du 26 juin 1849.)

# ALLOCUTION

ADRESSÉE AU PRÉSIDENT DE LA RÉPUBLIQUE

LORS DE SON VOYAGE A CHERBOURG, LE 6 SEPTEMBRE 1850, PAR M. DE TOCQUEVILLE,

PRÉSIDENT DU CONSEIL GÉNÉRAL DE LA MANCHE.

Monsieur le Président,

Le conseil général de la Manche, apprenant que vous
veniez visiter ce pays, a voulu, après avoir terminé ses travaux, se rendre auprès de vous. Il m'a chargé d'apporter en
son nom au premier magistrat de la République, avec l'hommage de notre profond respect, l'exposé des besoins et la
confiante expression des vœux du département.

Vous avez sous les yeux, monsieur le Président, dans le
port de Cherbourg, le plus audacieux et le plus merveilleux
ouvrage qui soit jamais sorti de la main des hommes. Ces
lieux doivent vous plaire, car vous y trouvez partout les
traces de l'Empereur, de ce génie unique et, comme vous
l'avez si bien qualifié dans une autre circonstance, inimi-
table, qui a remué le monde, et qui, en tant de lieux, a
vaincu la nature aussi bien que les hommes.

Vous vous affligerez sans doute, avec nous, en voyant que
son entreprise reste encore imparfaite, et vous jugerez,
comme nous, qu'il y aurait tout à la fois de la honte et du
péril à ne point terminer sur-le-champ une œuvre si grande
et toujours exposée, tant qu'elle n'est pas achevée. Votre sol-

licitude, qui m'est si bien connue pour tout ce qui peut contribuer à la grandeur et à la sécurité de la France, vous fera juger que le complément indispensable de ce vaste instrument de guerre est un chemin de fer entre Cherbourg et Paris.

Vous entendrez, monsieur le Président, dans toutes nos villes, et jusqu'au fond de nos campagnes, réclamer l'exécution du même travail à un autre point de vue non moins digne de votre attention ; partout on vous dira que, tandis que les départements de France qui sont nos rivaux en industrie peuvent rapidement et à peu de frais, à l'aide des chemins de fer établis par l'État ou avec son secours, apporter leurs denrées sur le marché, les nôtres, privés du même avantage, luttent contre une concurrence ruineuse.

A ce spectacle, notre pays s'inquiète; il s'émeut, il se plaint. Nous espérons que sa voix sera entendue, car l'égalité industrielle entre les départements n'est pas moins précieuse que l'égalité civile entre les citoyens. Ces deux grandes conquêtes de la révolution française sont également chères à tous les cœurs.

Vous allez traverser dans toute son étendue notre département. En parcourant ce beau pays que la Providence a fait si fertile, et que l'honnête industrie de ses habitants a rendu riche, vous rencontrerez partout l'horreur des théories subversives, le goût de l'ordre, le respect de toutes les lois, la gratitude pour tous les services rendus.

De toutes parts, monsieur le Président, vous trouverez les populations empressées à vous recevoir, joyeuses de votre venue, reconnaissantes du soin que vous prenez de venir étudier par vous-même leurs besoins.

Le département est calme, il connaît les difficultés qui nous environnent; mais il se fie sur le temps, sur le bon sens public, sur la sagesse de l'Assemblée nationale et sur la vôtre pour en triompher.

(Moniteur du 9 septembre 1849.

# RAPPORT

FAIT A L'ASSEMBLÉE LÉGISLATIVE AU NOM DE LA COMMISSION[1]
CHARGÉE D'EXAMINER LES PROPOSITIONS RELATIVES A LA RÉVISION
DE LA CONSTITUTION, SUR LES PROPOSITIONS : 1° DE M. PAYER ; 2° DE MM. DE BROGLIE,
L'AMIRAL CÉCILLE, DE FLAVIGNY ET AUTRES; 3° DE M. LARABIT; 4° DE M. CRETON;
5° DE M. BOUHIER DE L'ÉCLUSE (8 JUILLET 1851).

## PREMIÈRE PARTIE

Messieurs,

Un grand nombre de citoyens émettent le vœu que la Constitution soit revisée. Deux cent trente-trois de nos collègues en font collectivement la demande.

Assurément une question plus importante ne saurait être régulièrement posée, et je ne sais si, dans ce pays même qui, depuis soixante ans, a vu tant d'événements singuliers et subi de si étranges fortunes, une décision plus grande a jamais été réclamée d'un corps délibérant.

Une Constitution nouvelle est, d'ordinaire, le produit nécessaire d'une révolution. Elle résume, précise et ré-

---

[1] Cette commission était composée de MM. de Montalembert, Moulin, Dufour, Jules Favre, de Mornay, de Tocqueville, Berryer, de Corcelle, de Broglie, Charras, de Melun (Nord), général Cavaignac, Odilon Barrot, Charamaule, Baze.

gularise les idées et les faits que la révolution qui la précède a révélés ou imposés. Mais en pleine légalité, sans
qu'il apparaisse au premier abord aucune obligation
absolue, reprendre délibérément les fondements des lois
pour essayer de les construire autrement ou de les changer de place, imprimer cet ébranlement universel à la
législation, chez un peuple agité lui-même par des passions et des intérêts contraires ; chez lequel, il y a moins
de quatre ans, on a transformé toutes les institutions
politiques, et, pour la première fois peut-être dans le
monde, discuté et mis sérieusement en question toutes
les autres ; cela est rare, messieurs, et hardi. Voyons si
c'est nécessaire.

Et d'abord, est-il vrai que la Constitution actuelle soit
défectueuse? Ses vices sont-ils, en tout cas, de telle nature qu'il soit urgent de la réformer?

Personne, dans la Commission, n'a contesté que la
Constitution ne renfermât des défauts qu'il serait utile de
corriger. La minorité s'est bornée à soutenir que ces défauts, mal inhérent à toutes les œuvres de l'homme, n'é-
taient pas la cause principale de l'agitation et du malaise
dont on se plaint, et n'avaient point produit la situation
pénible dans laquelle se trouve le pays. Ce n'est point à
la Constitution qu'il faut s'en prendre, a-t-on dit, mais
aux hommes politiques qui depuis deux ans la mettent
en pratique, et l'on ne parle tant de corriger les lois que
parce que l'on ne veut pas se corriger soi-même. Si les
partis monarchiques n'avaient sans cesse visé à renverser
la République au lieu de se borner à la gouverner, si le

pouvoir exécutif n'avait constamment tendu avec éclat et avec effort à sortir de sa sphère, la Constitution, malgré ses imperfections, eût pu assurer aux intérêts la sécurité, et la tranquillité aux esprits.

La majorité, messieurs, n'a pas partagé cet avis; elle a pensé qu'indépendamment de toutes les causes particulières qui pouvaient être alléguées, une grande partie du mal devait être attribuée aux vices de la Constitution elle-même. Le désir de prendre et de conserver le pouvoir, les préjugés politiques, les souvenirs, les rancunes, les passions des partis, a-t-on dit, sont le train ordinaire de l'histoire. Les bonnes constitutions sont celles qui contiennent aisément ou qui répriment sans peine ces vices inhérents à la nature humaine; les mauvaises sont celles qui les favorisent et qui les excitent. La Constitution de 1848 a ce dernier caractère; elle rend le gouvernement instable et orageux; elle exige de ceux qui gouvernent une modération, un désintéressement, une sorte d'abnégation d'eux-mêmes qu'il est dangereux de demander aux hommes, et qu'il est peut-être puéril d'en attendre.

Beaucoup de critiques lui ont été adressées; nous nous bornerons à mettre ici brièvement en relief les deux principales; car si celles-là étaient fondées, elles suffiraient pour faire désirer la révision qu'on demande.

La première s'attaque au mode même suivant lequel s'exerce la souveraineté du peuple dans l'un de ses principaux actes : l'élection de l'Assemblée nationale. Faire élire dans un même scrutin de liste dix représentants à la fois par cent mille électeurs, c'est vouloir, a-t-on dit, que la minorité puisse triompher, ou que la majorité agisse au hasard. Un résultat faux ou un vote aveugle, telles sont les conséquences ordinaires d'un pareil système. Il est impossible, en effet, que la population entière d'un département ait aucun moyen d'apprécier le mérite de ceux qui s'offrent à ses suffrages. A peine la plupart des électeurs ont-ils jamais entendu parler d'un ou de deux des candidats; le nom même de tous les autres leur est inconnu. Qu'en résulte-t-il? Que, dans les contrées agitées, ou dans les temps d'excitation publique, les partis violents imposent au peuple, sans le consulter, leur choix; que, dans les pays tranquilles et dans les temps calmes, la liste des représentants est formée à l'avance par quelques meneurs, en vue d'intérêts particuliers et pour satisfaire des haines ou des amitiés personnelles : et cette liste est ensuite suivie par les électeurs comme le seul fil qui puisse les conduire au milieu des ténèbres qui les environnent. L'élection, qui a encore l'air d'émaner de l'ensemble des citoyens, est en réalité l'œuvre d'une très-petite coterie.

La seconde critique qui a été faite à la Constitution, et que nous voulons vous signaler, a plus d'importance encore, puisqu'elle porte sur l'origine, la nature, les relations des deux grands pouvoirs qui font les lois et qui les appliquent.

Une chambre chargée seule de faire la loi, un homme chargé seul de présider à l'application de toutes les lois et à la direction de toutes les affaires; tous deux élus de même directement par l'universalité des citoyens; l'Assemblée toute-puissante dans le cercle de la Constitution; le président obligé de lui obéir dans la même limite, mais tenant de son élection une force morale qui permet d'imaginer la résistance et qui rend la soumission malaisée; pourvu d'ailleurs de toutes les prérogatives que possède le chef du pouvoir exécutif dans un pays où l'administration publique, partout répandue et mêlée à tout, a été faite par la monarchie et pour elle; ces deux grands pouvoirs égaux par l'origine, inégaux par le droit, condamnés par la loi à la gêne, conviés en quelque sorte par elle aux soupçons, aux jalousies, à la lutte; obligés pourtant de vivre, resserrés l'un contre l'autre, dans un tête-à-tête éternel, sans rencontrer un intermédiaire ou un arbitre qui puisse les concilier ou les contenir : ce ne sont pas là les conditions d'un gouvernement régulier et fort.

Tant que les choses resteront en cet état, on pourra dire que la République n'a pas trouvé son assiette, que son gouvernement est précaire, et que l'épreuve loyale qu'on doit désirer en faire n'est pas complète.

La Constitution est donc défectueuse. Toutefois, messieurs, si nous n'eussions considéré que les vices de la Constitution en elle-même, nous aurions hésité à vous proposer de faire subir immédiatement au pays la crise d'une révision, crise toujours redoutable, mais particulièrement à craindre aujourd'hui. Nous aurions attendu des temps plus tranquilles et des circonstances plus favorables, nous en remettant jusque-là au bon sens public,

qui a suffi depuis trois ans, et pourrait suffire encore, à
corriger dans la pratique les défauts des lois, si la situation générale des affaires, l'état des esprits, les dangers
particuliers du moment, l'ensemble enfin des circonstances au milieu desquelles nous nous trouvons, per-
mettaient de suspendre le vote.

Ces différentes raisons, messieurs, sont délicates, difficiles, peut-être même, sous certains rapports, dangereuses à expliquer devant l'Assemblée et devant le pays.
Nous les dirons pourtant sans obscurité et sans ambages.
Vous voudrez bien vous rappeler en nous écoutant, le
pays n'oubliera pas non plus, qu'il ne dépend pas de
nous que la question de la révision ne soit pas soulevée.
Quand des questions si redoutables sont posées, il y a
plus de danger à en voiler la gravité ou à dissimuler les
vrais motifs qu'on peut avoir pour les résoudre, qu'à
parler clairement et résolûment. A l'approche de la
crise qui menace la nation, tout devient d'ailleurs secondaire à la nécessité d'éclairer les citoyens et de nous
convaincre nous-mêmes.

L'opportunité de la révision a été attaquée de plusieurs
côtés différents. Les membres de la Commission qui, bien
qu'appartenant à la majorité de cette Assemblée, sont
contraires à la mesure proposée, n'ont pas été les moins
vifs parmi les opposants, et les critiques n'ont différé que
par le point de vue.

Vous proposez d'en appeler de nouveau au vote universel, ont dit les uns; mais vous l'avez détruit. Peut-on
faire reviser par une partie de la nation une Constitu-

tion qui a été l'œuvre de la nation entière? Les membres qui ont voté contre la loi du 31 mai, parce qu'à leurs yeux cette loi n'épurait pas seulement, mais mutilait le corps électoral, peuvent-ils honorablement voter pour la révision tant que la loi du 31 mai n'est pas modifiée? On se trompe donc si l'on pense qu'on arrivera jamais à obtenir de l'Assemblée la majorité constitutionnelle des trois quarts. Ainsi, en votant pour la révision, on n'aura pas obtenu qu'elle ait lieu, on aura seulement affaibli la puissance morale de la Constitution, et rendu sa violation plus facile.

La Constitution n'est sans doute pas sans défauts, ont dit les autres; mais le moment est mal choisi pour la corriger. Dans la division actuelle des partis et la confusion des esprits qui en est la suite, quelle idée commune peut être représentée par une Constituante? Le pays ne veut pas voir que le mal est plus encore en lui-même que dans les lois; qu'il sache d'abord ce qu'il veut, et ensuite on pourra essayer de faire autre chose que ce qui existe; mais tant qu'il sera divisé comme nous le voyons, réunir une Constituante, c'est l'agiter sans profit, c'est remuer le malade sans le guérir, c'est augmenter le chaos et non créer la lumière. Dans cette excitation stérile qu'on appelle, la majorité conservatrice qui nous a sauvés court grand danger d'être dissoute: elle peut se présenter unie devant les électeurs tant qu'il ne s'agit que de la manière de mener les affaires sous le gouvernement existant; mais, du moment où la forme même du gouvernement est mise en question, les di-

verses fractions qui composent cette majorité se divisent
nécessairement devant les colléges et livrent ainsi passage à leurs communs adversaires. Aussi beaucoup de
ceux qui, dans le pays, demandent la révision, ont-ils
d'autres visées; en réalité, ce n'est pas la révision qu'on
souhaite : plusieurs de ceux qui la réclament le plus
haut seraient bien fâchés de l'obtenir, et ils se seraient
gardés de soulever la question qui nous occupe s'ils ne
s'étaient tenus pour assurés qu'elle ne pouvait être résolue. Ce qu'on veut au fond, c'est agiter la nation, c'est
compromettre, c'est grouper d'avance les électeurs dans
l'intérêt d'une candidature inconstitutionnelle, pour le
succès de laquelle l'administration travaille déjà avec
une ardeur et une audace qui dépassent tout ce qu'on
avait pu voir en d'autres temps. Ce qu'on veut encore,
c'est se préparer à soi-même ou à ses amis de bonnes
chances aux élections prochaines, en entrant dès aujour-
d'hui dans les douleurs et dans les passions du peuple,
et en le flattant de l'espérance chimérique qu'une Constituante guérira les misères dont il souffre.

La majorité de votre Commission, messieurs, n'a pas
été convaincue par ces raisons. Elle ne nie pas que la
révision ne soit dangereuse, mais elle la croit très-nécessaire.

On a tort sans doute de céder trop aisément au courant de l'opinion publique; mais il n'est pas toujours
sage ni patriotique de lui résister. Les règles de la conduite des hommes d'État, en cette matière, varient suivant l'esprit des temps et la forme des institutions. Dans

les pays libres, et surtout dans les pays de démocratie,
où le bien comme le mal ne peuvent s'accomplir qu'à
l'aide des masses, il faut avant tout conserver leur affection et leur confiance. Lorsqu'elles sont inquiètes, trou-
blées, souffrantes, qu'elles réclament un remède, leur
refuser ce remède parce qu'on le juge moins efficace
qu'elles ne l'imaginent, c'est les désespérer, c'est les
pousser à prendre, avec d'autres conducteurs, une autre
conduite et d'autres maximes politiques.

D'ailleurs, ce qu'elles disent ici par un instinct vague,
nous devons le vouloir par une étude approfondie de la
situation et des affaires. N'oublions pas, messieurs, la
situation dans laquelle nous sommes, situation bien
étrange et bien nouvelle !

Si l'élection du Président de la République avait eu
lieu à l'époque naturelle indiquée par la Constitution,
c'est-à-dire le 12 mai 1849, les pouvoirs présidentiels
auraient survécu d'un an à cette Assemblée. Et ce n'est
qu'en 1861, après douze ans d'expérience et de stabilité, qu'on eût vu le chef du pouvoir exécutif et l'Assemblée législative cesser en même temps leurs fonctions.

Mais par l'effet accidentel de la loi du 28 octobre 1848,
loi rappelée par l'article 116 de la Constitution, le Président a été élu le 10 décembre 1848, et sera néanmoins
arrivé au terme de sa magistrature dans le courant de
mai prochain. Ainsi, dans le même mois, et à quelques
jours de distance, le pouvoir exécutif et la puissance législative changeront de mains. Assurément, jamais un
grand peuple, encore mal préparé à l'usage de la liberté

républicaine, n'aura été jeté tout à coup, par la loi
même, dans un tel hasard ; jamais Constitution naissante
n'aura été soumise à une si rude épreuve. Et dans quelle
contrée de la terre, messieurs, cette éclipse prévue et
totale du pouvoir doit-elle se faire remarquer ? Chez le
peuple du monde qui, bien qu'il ait renversé plus souvent qu'un autre son gouvernement, a le plus l'habitude
et sent plus qu'aucun autre peut-être le besoin d'être
gouverné.

Les nations qui ont une existence fédérative, celles
mêmes qui, sans avoir divisé la souveraineté, possèdent
une aristocratie, ou qui jouissent de libertés provinciales
profondément enracinées dans les mœurs, ces nations
peuvent exister longtemps avec un gouvernement faible,
et même supporter pendant une certaine période l'absence complète d'un gouvernement. Chaque partie du
peuple a une vie propre qui permet à la société de se tenir quelque temps debout, quand la vie générale est en-
travée ou suspendue. Mais sommes-nous une de ces na-
tions-là ? N'avons-nous pas centralisé toutes les affaires,
et créé ainsi, de tous les gouvernements, celui qu'il est,
il est vrai, le plus facile de renverser, mais dont, en
même temps, il est le plus difficile de se passer un seul
moment ?

Et dans quel temps faut-il supporter une pareille
épreuve ? Le lendemain d'une grande révolution, au milieu des passions et des appétits irréguliers que toute
révolution laisse après elle, et qui sont toujours mal
contenus par des institutions naissantes. Est-ce là un

danger imaginaire, est-ce un de ces accidents ordinaires qui se rencontrent dans la vie de tous les peuples libres, et n'est-ce pas plutôt un de ces périls rares qu'il n'est pas permis de laisser courir à son pays quand on peut l'en préserver ?

Le seul moyen régulier et légal que nous ayons pour y parvenir, le seul qui nous reste peut-être pour empêcher tous les pouvoirs d'arriver dans des mains inconstitutionnelles, ou de tomber en déshérence, c'est de les remettre tous momentanément à une assemblée constituante, qui aura pour elle l'autorité de la nation même et la force de la jeunesse.

On peut dire, il est vrai, que le péril que nous venons de signaler est plus apparent que réel, plus effrayant encore qu'à craindre; qu'en fait, le pouvoir gouvernemental ne sera jamais vacant, puisqu'au moment où l'un des gouvernements mourra, l'autre sera déjà né. En théorie, cela est vrai; mais, en pratique, la transmission de l'un à l'autre du droit de commander n'en sera pas moins, quoi qu'on fasse, une grande crise; car il se passera, de toute nécessité, un temps assez long pendant lequel le gouvernement qui va finir n'aura plus l'autorité, et celui qui va commencer n'aura pas encore la puissance.

Et d'ailleurs, le péril ne fût-il que dans l'imagination des citoyens, est-on bien sûr qu'il fût moins grand? N'eût-il pour effet que de surexciter les espérances coupables de quelques-uns, et de pousser à l'extrême les appréhensions du plus grand nombre, cela même n'est-il pas un grand péril, et le plus grand peut-être de tous ceux qu'il faut craindre?

Si nous ne nous hâtons de venir en aide au peuple, dans une occurrence qui lui paraît, avec raison, si extraordinaire et si critique, qui nous assure que le peuple, dans l'excès de son anxiété, n'essayera pas de se sauver lui-même en recourant à quelque procédé irrégulier plus dangereux que tout le reste? Voyons l'état des esprits, étudions les faits.

La nation a été surprise par les événements de février; personne ne le conteste. Ce jour-là elle était mécontente. Elle n'était pas encore révolutionnaire. Soixante ans de nouveautés, d'agitations et de labeurs politiques l'avaient fatiguée; elle n'avait pas encore eu le temps de se reposer entièrement, quand la chute inattendue de la monarchie de Juillet l'a précipitée elle-même dans une des crises les plus singulières, sinon les plus sanglantes de sa longue révolution. Il lui a fallu rentrer malgré elle dans l'arène, violenter ses habitudes nouvelles, négliger les affaires et les travaux auxquels elle avait donné son cœur, rentrer contre son gré dans le champ des révolutions, et y combattre. Elle l'a fait avec un courage et une résignation admirables, avec une énergie contenue et une sagesse pratique dont ses détracteurs ne la jugeaient pas capable, et qui sera son éternel honneur parmi les hommes. Elle a réussi, elle a momentanément abattu les factions, vaincu l'anarchie. Mais elle n'y est parvenue qu'au prix de beaucoup de temps, de sacrifices, de luttes, d'angoisses, de pertes et d'efforts. Aujourd'hui, la nation est lasse; elle est lasse, et en même temps elle est émue, elle est inquiète.

Elle se souvient qu'en février on n'a pas seulement renversé les institutions politiques du pays, mais que, visant plus bas, on a cherché à atteindre les institutions civiles elles-mêmes, ces institutions si nécessaires aux intérêts, si chères aux mœurs, et qui, jusqu'à présent, avaient servi de base commune et respectée à tous les gouvernements civilisés. Ce souvenir, qui se présente sans cesse à son imagination, au sein même du repos momentané dont elle jouit, l'y fait tressaillir et l'y trouble.

C'est dans cet état d'esprit qu'elle se sent entraînée malgré elle, par la puissance irrésistible de la loi même, vers une nouvelle crise plus terrible peut-être que toutes les autres. Elle aperçoit de très-loin les deux grands pouvoirs qui conduisent et maintiennent la société, s'affaissant ensemble et sur le point de disparaître en même temps, sans qu'on puisse encore découvrir distinctement ce qui peut venir à leur place; car la composition et l'esprit de l'Assemblée future dépendent des hasards de l'élection, et le Président n'est pas rééligible. Qu'on se figure l'anxiété et la terreur qui doivent saisir tous les esprits, à l'idée de trouver vide un certain jour cette place immense qu'occupe le gouvernement parmi nous? N'est-il pas à craindre, messieurs, que dans ce trouble et dans cette angoisse, parvenus au dernier moment, les électeurs se sentent poussés, non par enthousiasme pour un nom ou pour un homme, mais par terreur de l'in-

connu, par horreur de l'anarchie, à maintenir illégale-
ment, et par une sorte de voie de fait populaire, le pouvoir exécutif dans les mains qui le tiennent?

Qu'on examine le mode d'élection présidentielle établi par la Constitution même, et l'on verra qu'il facilite
autant que la loi peut le faire ce résultat révolutionnaire
et funeste. Une grande nation répandue sur un vaste
espace, une nation chez laquelle la sphère du pouvoir
exécutif est presque sans limite, et où le représentant
unique de ce pouvoir est élu par l'universalité des citoyens votant directement, séparément, sans avoir eu
aucun moyen de s'éclairer, de se renseigner, de s'entendre : cela, je ne crains pas de le dire, messieurs, ne
s'est jamais vu chez aucun peuple de la terre. Le seul
pays au monde qui présente quelque chose d'analogue
est l'Amérique. Mais voyez la prodigieuse différence! En
Amérique, le suffrage direct et universel est la loi commune; on n'a introduit qu'une seule exception à ce grand
principe, elle s'applique précisément à l'élection du président. Le président des États-Unis d'Amérique émane
aussi du vote universel, mais non directement. Et pourtant le rôle du pouvoir exécutif dans l'Union, messieurs,
comparé à ce qu'il est et sera toujours, quoi qu'on fasse,
en France, est un petit rôle. Malgré cela, dans ce pays,
où la république existait, pour ainsi dire, depuis l'origine, sous la monarchie même, dans les habitudes, les
idées, les mœurs, et où elle a eu à apparaître plutôt qu'à
naître; dans ce pays, on n'a pas osé confier l'élection du
représentant du pouvoir exécutif au hasard du vote di-

rect et universel. Le pouvoir à élire a paru encore trop
grand et surtout trop loin de l'électeur pour que le choix
de celui-ci pût être éclairé et mûr. La nation américaine
ne fait que choisir des délégués, lesquels choisissent le
président. Ceux-ci représentent sans doute l'esprit général du pays, ses tendances, ses goûts, souvent ses passions et ses préjugés; mais ils sont pourvus du moins de
connaissances que le peuple ne saurait avoir. Ils peuvent
se faire une idée exacte des besoins généraux du pays,
de ses vrais périls, connaître les candidats, les comparer
entre eux, peser, choisir ce que chaque citoyen, du fond
de sa demeure, et souvent de son ignorance ou du milieu des travaux et des préoccupations de sa vie privée,
est incapable de faire. Aussi a-t-on vu, depuis soixante
ans, les Américains écarter souvent de la première magistrature de la république des citoyens très-connus,
quelquefois très-illustres, et choisir des hommes relativement obscurs, mais qui répondaient mieux aux besoins
politiques du moment.

Si les dangers du vote universel et direct, en pareille
matière, ont ému les législateurs des États-Unis, combien
ne doivent-ils pas nous frapper davantage, nous qui vivons dans un pays où la plupart des citoyens n'ont pas
encore pris l'habitude des affaires politiques, où ils n'y
songent que par hasard, et ne connaissent pas, même de
nom, la plupart de ceux qui conduisent celles-ci ou
croient les conduire, et où d'ailleurs ils ont déjà assez
contracté les passions que la démocratie suggère, pour
ne pas aimer placer à la tête du gouvernement un de

leurs égaux, et pas assez acquis encore les lumières et l'expérience dont les peuples démocratiques ont besoin, pour savoir s'y résoudre? Quel est, hormis peut-être des démagogues fameux que désignent et recommandent des passions intéressées et violentes, ou des princes que leur naissance fait voir de loin et met hors de pair, quel est le seul personnage dont le nom puisse aisément arriver à la connaissance et se fixer solidement dans la mémoire de ces millions d'électeurs ruraux qui couvrent la surface de la France, sinon celui de l'homme par qui la puissance publique s'est exercée pendant des années, qui a personnifié durant longtemps aux yeux de chaque citoyen cette administration centrale, que chez nous on voit partout, qu'on sent en tout et qu'on découvre tous les jours, sans la chercher, au-dessus ou à côté de soi?

Et si, par suite de cette anxiété publique, dans l'absence de tout autre candidat connu, peut-être par suite de l'action illégitime des partis ou du pouvoir lui-même, une élection inconstitutionnelle avait lieu, qu'arriverait-il? Croit-on que l'unique conséquence d'un pareil fait fût l'abolition d'un article de la Constitution? Est-ce que, quand un peuple a brisé de ses propres mains une partie de sa loi fondamentale, il n'a pas virtuellement aboli tout le reste, et réduit en poussière la fabrique entière de son gouvernement? Non, la Constitution tout entière serait renversée, renversée par une impulsion soudaine, par un effort irréfléchi, sans qu'il restât debout aucun pouvoir légitime qui eût le droit de rien édifier à sa place. Et qu'est-ce que la Constitution, messieurs,

quelque imparfaite qu'on la suppose? Avons-nous besoin
de le dire, c'est la légalité, c'est le droit. La Constitution
non pas changée légalement, mais violée et renversée,
tout est permis, tout peut être essayé, tout est possible.
Le droit politique n'est plus nulle part; la seule et dernière image qui nous en restait a disparu. La France
est de nouveau livrée aux caprices de la foule et aux
hasards de la force.

Qui pourrait penser et qui oserait dire que l'Assemblée nationale, gardienne du droit, dût souffrir tran-
quillement qu'on entraînât de nouveau, sous ses yeux
mêmes, la nation vers cette carrière de révolution et
d'aventure? L'Assemblée nationale tient de la Constitution toute sa puissance; elle est par elle le premier pouvoir de l'État, et rien sans elle. Son devoir, le sentiment
de sa responsabilité, son intérêt, son propre honneur,
l'obligent à la défendre. L'Assemblée pourrait-elle tolérer que les agents du pouvoir exécutif, détournant les
forces que la Constitution met dans leurs mains pour un
autre usage, préparassent et favorisassent des candidatures inconstitutionnelles? Et si, par malheur, ils le ten-
taient, cela ne conduirait-il pas inévitablement à la lutte
ouverte et violente des deux grands pouvoirs?

Dans cette lutte, qui ne serait légitime que si elle était
provoquée et nécessaire, et qui, en tous cas, serait à jamais déplorable, l'Assemblée nationale trouverait assurément pour elle la force, comme elle aurait le droit.
Elle triompherait, sans aucun doute, mais à quel prix?
Sommes-nous donc si fermes dans notre assiette, qu'il

ne nous soit pas permis de craindre qu'au milieu de cette guerre intestine du gouvernement, le parti qui est l'ennemi naturel et commun de tous les gouvernements ne se fît jour et ne restât le maître?

Sauvât-on l'ordre, serait-on sûr de préserver la légalité qu'on défend? Quel est l'homme assez certain de son jugement pour oser prédire où pourraient mener les nécessités, les entraînements et les hasards d'une pareille lutte? A quel moment, comment l'Assemblée, forcée, pour la défense des lois, de mettre la main sur tous les pouvoirs, pourrait s'en dessaisir et livrer le gouvernement au concours, avant que la société ne fût rassise : Peut-être, messieurs, ne ferait-on qu'aborder par un autre chemin ce même champ de la violence et du hasard, où conduirait nécessairement une élection inconstitutionnelle.

Je sais qu'il est facile de dire qu'en dépit des terreurs du moment et du mode suivant lequel on les consulte, les électeurs resteront maîtres d'eux-mêmes, qu'ils sauront connaître et apprécier les différents candidats, comprendre la Constitution et lui obéir; que le pouvoir exécutif fera abnégation de lui-même, que ses agents seront discrets, qu'aucun de nous ne cédera à l'entraînement du moment, et que les factions seront tenues en respect. Toutes ces choses peuvent aisément se dire, et on ne saurait guère y répondre officiellement. Aussi n'y répondrons-nous point. Nous ne parlons ni à des rhéteurs, ni à des enfants, mais à des hommes politiques qui ont l'usage des choses humaines et n'aiment point à se payer

de mots. Nous nous bornons à en appeler à leurs lumières, à leur expérience, à leur conscience.

Les circonstances étant données, la situation, le caractère et les intérêts des hommes connus, la logique des
faits et des passions comprise, qu'ils se demandent, dans
le calme et dans la sincérité de leur pensée, s'il peut
sortir du *statu quo* actuel autre chose qu'une grande
crise, et si cette crise ne doit pas aboutir, presque nécessairement, soit à l'usurpation, soit à l'anarchie, et, en
tous cas, à la ruine de la République et peut-être de la
liberté !

Les hommes de bonne foi qui se poseront sincèrement
à eux-mêmes ces questions redoutables, qui penseront à
tout ce que nous avons dit et à tout ce qu'il ne nous appartenait pas de dire, arriveront sans doute à se convaincre que, parmi tous les périls formidables que renferme l'avenir, la réunion d'une Constituante est encore
le moindre.

Tel est le sentiment de la majorité de votre Commission, messieurs, et elle nous a chargé de vous le dire.

Convaincue de la nécessité d'une révision, elle s'est
demandé de quelle espèce de révision il pouvait être
question.

Elle vous propose d'exprimer le vœu que la Constitution soit révisée dans sa totalité.

On a vu que les critiques les plus vives et les mieux
fondées qui ont été faites à celle-ci portent sur le mode
même suivant lequel s'exerce aujourd'hui, dans l'élection de l'Assemblée, et surtout dans celle du Président,

la souveraineté du peuple ; sur l'origine, le nombre et l'étendue des grands pouvoirs. Ce sont là, messieurs, les principales pièces de la machine du gouvernement ; on ne saurait refaire celles-là sans toucher nécessairement à toutes les autres. Il y a donc obligation de remanier plus ou moins profondément, mais en totalité, l'ensemble de l'œuvre. La révision ne saurait être partielle.

Mais en quoi la révision totale doit-elle consister ? Avons-nous une prescription à faire sur ce point à la Constituante future, ou tout au moins une opinion à exprimer au pays ? Quelle est l'étendue de notre droit en cette matière ? Quel est notre devoir ?

Et, pour s'en tenir aux questions les plus générales et les plus importantes, la révision de la Constitution doit-elle avoir lieu en dedans ou en dehors de la République ?

On a soutenu dans le sein de la Commission que la forme républicaine étant la seule expression du principe de la souveraineté nationale, la seule compatible avec le principe même de la souveraineté du peuple, était comme lui inaliénable, imprescriptible, et que personne ne pouvait enlever au citoyen le droit naturel de se gouverner, ni enchaîner les générations futures en fondant un système de gouvernement qui avait sa raison d'être en lui-même, et qui, de sa nature, était ou prétendait être immortel.

Ces idées, messieurs, ont été repoussées par la très-grande majorité de votre Commission. Nous ne saurions un moment admettre une théorie qui, au nom de la souveraineté du peuple, voudrait servir à retenir le peuple malgré lui-même dans des formes politiques qu'il jugerait contraires à ses mœurs, à son esprit, à sa grandeur, à son bien-être.

Sans nous étendre à débattre longuement cette théorie, nous avons recherché si, en fait, il convenait de poser la question de république ou de monarchie.

Nous sommes tous tombés d'accord que nous n'aurions pas le droit, lors même que nous en aurions le désir, de proposer à la nation de sortir de la République. Nous sommes une Assemblée législative élue en vertu d'une constitution républicaine, et tenant tous nos pouvoirs de cette constitution. La république est le gouvernement légal de notre pays, et nous faisons partie de ce gouvernement : nous n'avons donc pas le droit d'en attaquer le principe.

La majorité de votre Commission a également pensé que nous n'avions pas le droit d'imposer la forme républicaine, comme formule générale de gouvernement, à la prochaine Constituante.

En fait, il y aurait quelque chose d'un peu puéril à vouloir enchaîner d'avance les volontés d'une Assemblée souveraine qui absorbe en elle tous les pouvoirs, et qui les exerce tous; car la Constitution, prévoyant que deux Assemblées nationales ne pouvaient siéger en même temps, a pris soin de dire que la Constituante, indépendamment de ses travaux naturels, aurait la faculté de faire les lois urgentes. Comment une Assemblée qui n'a pas été originairement nommée pour s'occuper de la constitution, et qui, d'ailleurs, a déjà plus de deux ans d'existence, pourrait-elle limiter l'Assemblée qui sort du peuple, et qui vient de recueillir la pensée nationale?

Mais s'ensuit-il qu'après avoir exposé le vœu que la Constitution soit révisée, nous ayons épuisé notre droit et rempli tout notre devoir? N'avons-nous aucun effort à faire entre nous et sur nous-mêmes, aucun sacrifice à réclamer les uns des autres, pour arriver, dans l'Assemblée, à la majorité constitutionnelle, sans laquelle la demande de révision ne serait qu'une agitation stérile et dangereuse? N'est-il pas nécessaire d'indiquer une pensée commune qui puisse réunir honorablement tous ceux que le péril des circonstances porte à désirer une révision?

Nous n'avons sans doute aucune prescription à faire à la Constituante future; mais n'avons-nous aucun avis à donner à la nation pour l'aider à traverser cette crise tout à la fois salutaire et dangereuse, où la nécessité des circonstances nous force de la jeter nous-mêmes : aucun conseil qui puisse la guider dans le chemin scabreux vers lequel nous la poussons? Et qui sommes-nous donc, si ce n'est ses conseillers naturels, les seuls hommes politiques placés de manière à pouvoir juger l'ensemble des affaires, les besoins actuels du pays, l'état des partis, ce qui se peut et ce qui ne peut se faire. Il ne serait, messieurs, ni sage, ni honnête, de refuser à la nation, dans un instant si critique, notre expérience et nos lumières, et d'abandonner les électeurs, au moment où ils vont choisir cette Assemblée souveraine, à l'agitation et à l'incertitude de leurs pensées.

On a dit, et personne ne l'a nié, que le plus grand péril que puisse présenter une élection de Constituante, est l'anarchie qui, à cette occasion, peut se produire au sein de la grande majorité conservatrice du pays, anarchie d'où sortirait peut-être le triomphe des minorités démagogiques dans les colléges. Cela est vrai, et l'on peut dire qu'il n'y a peut-être jamais eu, depuis Février, une seule circonstance dans laquelle il fût plus nécessaire que toutes les fractions qui composent ce grand parti qu'on a appelé le parti de l'ordre, puissent s'entendre et trouver un terrain commun pour s'y réunir momentanément. Où le trouver?

Ce n'est malheureusement rien apprendre, ni au monde, ni à nous-mêmes, qu'avouer que le pays et l'Assemblée sont profondément divisés quant à la forme définitive qu'il convient de donner au gouvernement, et que ce n'est pas là le point sur lequel on puisse aujourd'hui s'unir. Mais, si l'on ne peut s'entendre pour l'avenir, on peut du moins continuer à s'accorder sur le présent. Quel est le parti, en dehors de la République, qui puisse croire que le moment de son triomphe est arrivé; qui ne reconnaisse que, dans l'absence de la solution qu'il préfère, le plus sage et le plus utile est de garder, quant à présent, les institutions actuelles qui, quelque défectueuses qu'on les suppose, ont du moins cet avantage de conserver la liberté de l'avenir? Et qui pourrait ne pas reconnaître que, si on les conserve, il faut les rendre moins dangereuses?

C'est là, messieurs, c'est là le terrain commun sur

lequel nous avons pu tous nous tenir depuis trois ans, avec vérité et par conséquent avec dignité, sans violenter nos convictions, sans sacrifier notre honneur, dont on ne doit pas le sacrifice même à son pays. Il s'agit seulement de ne pas le déserter au moment même où il est peut-être le plus nécessaire de s'y tenir.

Une rédaction avait été proposée, dont l'objet était d'exprimer ces pensées dans le dispositif lui-même de votre résolution. Elle portait que la révision était demandée *afin d'améliorer les institutions de la République.*

La majorité de la Commission a repoussé cette rédaction, craignant qu'elle ne parût indiquer la prétention de commander les votes de la Constituante future, et d'enchaîner sa liberté, et elle a préféré que les idées que nous venons d'exprimer se trouvassent dans le rapport.

Un point enfin, et c'est le dernier, sur lequel la Commission a été unanime, est celui-ci :

Si, malgré tous les efforts loyalement tentés pour arriver à s'entendre, en se faisant mutuellement tous les sacrifices qui sont compatibles avec la sincérité des opinions et leur dignité, les diverses tentatives qui peuvent légalement être faites pour arriver à la révision de la Constitution échouent; s'il ne se rencontre pas dans l'Assemblée le nombre de votes requis pour que la révision légale puisse avoir lieu; si, en un mot, la Constitution demeure, elle doit être invariablement et universellement obéie. En ceci, la Commission, divisée sur tant de points, s'est trouvée unanime, et nous avons la ferme confiance que la même unanimité se fera remarquer dans l'Assemblée.

Il faut que tout le monde comprenne qu'une tentative légale pour réformer une constitution donne à celle-ci, quand elle échoue, une consécration nouvelle. Tant qu'on a pu avoir légalement la pensée que la Constitution serait revisée, on a pu songer à la changer ou même se préparer à faire ce qu'elle ne permettait pas encóre. Du jour où cette espérance n'est plus permise, il ne reste plus qu'à se soumettre à ses prescriptions et qu'à lui obéir. Car la Constitution, ainsi que nous l'avons déjà dit, c'est la seule légalité, c'est le seul droit politique que nous connaissions aujourd'hui en France ; en dehors d'elle, il n'y a plus que des révolutions ou des aventures. La ferme volonté de l'Assemblée nationale doit être non-seulement de respecter elle-même la Constitution, mais de veiller à ce qu'on la respecte. C'est pour mieux exprimer cette idée et vous donner une occasion de vous y associer, que votre Commission vous propose d'introduire dans le dispositif même de la résolution qu'elle vous soumet la reproduction textuelle de l'article 111 de là Constitution, afin de bien faire comprendre à tcus que ce n'est qu'en vertu de la Constitution et en vue des conditions qu'elle a elle-même posées, que nous pensons qu'elle doit être revisée. Nous comptons que l'administration et même tous les partis se conformeront à cette pensée, et qu'ils se souviendront que toutes tentatives ayant pour objet de pousser le peuple vers des candidatures inconstitutionnelles, du moment où la Constitution ne peut plus être légalement revisée, ne seraient pas seulement inconvenantes et irrégulières, mais coupables.

Nous arrivons, messieurs, au terme du grand travail que vous nous avez imposé, et qui, pour être bien accompli, eût demandé plus de force et de temps. La tâche de votre Commission va bientôt finir; la vôtre commence.

Vous êtes à une de ces époques solennelles et heureusement bien rares dans la vie des nations, où une Assemblée qui va bientôt quitter le pouvoir, mais qui est encore maîtresse d'elle-même et de l'avenir, tient dans ses mains les destinées de tout un peuple, et peut d'un mot les faire pencher, peut-être irrévocablement, d'un côté ou de l'autre. Quelle que soit votre résolution, nous pouvons être assurés à l'avance qu'une grande partie des biens ou des maux qui adviendront pendant longtemps dans ce pays lui seront justement attribués. Nous serons approuvés, messieurs, ou blâmés, non-seulement par ceux qui attendent aujourd'hui avec anxiété ce que nous allons faire, mais par la génération qui suivra ceux-là. En présence d'une responsabilité si terrible et si longue, chacun oubliera sans doute ses intérêts particuliers, ses passions du moment, ses rivalités, ses haines, ses amitiés même, pour ne songer qu'au pays et à l'histoire.

## SECONDE PARTIE

Après avoir fait voir à l'Assemblée quel est l'esprit qui a dirigé la Commission dans son travail, et quelles sont les conclusions générales auxquelles elle est arrivée, il ne nous reste plus qu'à indiquer très-sommairement les raisons qui nous portent à écarter toutes les propositions de révision qui ont été faites, et à vous proposer nous-mêmes une rédaction nouvelle que nous allons vous faire connaître.

Quatre propositions individuelles ont été déposées. La Commission a entendu successivement chacun de leurs auteurs.

La première appartient à l'honorable M. Larabit. Elle est ainsi conçue :

J'ai l'honneur de soumettre à l'Assemblée législative la proposition suivante :

1° Que l'Assemblée émette le vœu d'une révision de l'article 45 de la Constitution en ce qui concerne la rééligibilité du Président de la République;

2° Que cette révision ne soit pas déférée à une nouvelle Assemblée constituante, mais remise à la souveraineté du peuple français, appelé à voter librement pour l'élection d'un Président de la République;

3° Qu'à cet effet, une proclamation de l'Assemblée avertisse le peuple français qu'à lui seul, en vertu de sa souveraineté, appartient de dire, par ses votes, s'il veut ou non réélire le même Président de la République.

Votre Commission a le regret de vous dire qu'elle n'a pu voir dans cette proposition qu'un moyen de rapporter vous-mêmes, qui êtes sur ce point sans aucun droit, l'article 45 de la Constitution, ou une sorte d'incitation donnée au peuple par l'Assemblée de violer cet article.

Elle vous propose, à l'unanimité, de repousser la proposition par la question préalable.

Depuis que cette résolution a été prise, l'honorable M. Larabit ayant déclaré qu'il divisait sa proposition originaire, et que, sans abandonner la première partie, il faisait une proposition séparée de la seconde, la Commission a dû de nouveau délibérer.

La seconde partie de la proposition de M. Larabit, qui consiste à dire que la révision ne porterait que sur l'article 45, n'a rien d'inconstitutionnel. Votre Commission ne vous demande donc pas de l'écarter, comme la première, par la question préalable, mais de la repousser par les raisons déjà données, qui lui font croire que la révision doit être totale et non partielle.

La seconde proposition émane de l'honorable M. Bouhier de l'Écluse; elle portait originairement :

Le deuxième dimanche de mai 1852, tous les électeurs de la France, réunis dans leurs colléges électoraux respectifs, seront appelés à procéder par le suffrage universel, tel qu'il existait avant la loi du 31 mai, de la manière et d'après le mode suivi alors :

1° A la nomination, en exécution et dans les termes de l'article 45 de la Constitution, d'un Président provisoire de la République;

2° A la nomination d'une nouvelle Assemblée constituante, investie du mandat spécial du peuple et de pleins pouvoirs, à l'effet de procéder à la révision totale de la Constitution, et de déclarer le gouvernement de la France.

Le premier article de cette proposition sortait évidemment, comme on le voit, des termes de la Constitution, et nous avions dû l'écarter par la question préalable. Depuis, M. Bouhier de l'Écluse a déclaré modifier sa proposition en en faisant disparaître le mot *provisoire*. Ainsi réduite, la proposition n'est plus inconstitutionnelle, et votre Commission ne vous demande plus de la repousser par la question préalable, mais elle est néanmoins d'avis de l'écarter.

La proposition de M. Bouhier de l'Écluse traite non-seulement de la révision de la Constitution, mais du mode suivant lequel l'Assemblée constituante serait élue. Ces deux questions ont entre elles des rapports intimes, sans doute, mais elles ne peuvent se trouver renfermées dans la même résolution, ni tranchées par le même vote; car, pour décider l'une, il faut les trois quarts des voix, tandis qu'il suffit pour l'autre de la majorité simple des votants.

De plus, il a paru à votre Commission que cette proposition avait pour objet d'amener l'Assemblée nationale à poser devant le pays la question de république et de monarchie, ce que nous ne pensons pas avoir le droit de faire, ainsi que nous l'avons précédemment dit.

L'honorable M. Creton, l'auteur de la troisième proposition, vous engage à émettre un vœu de révision sous cette forme :

ARTICLE PREMIER. — L'Assemblée émet le vœu qu'à l'expiration de la législature une Assemblée constituante soit convoquée, à l'effet de procéder à la révision totale de la Constitution de 1848.

ART. 2. — En émettant le vœu de révision totale, l'Assemblée législative entend que les pouvoirs de l'Assemblée de révision seront illimités, et que cette Assemblée établira définitivement les bases du gouvernement et de l'administration du pays.

En conséquence, l'Assemblée nationale constituante sera d'abord appelée à statuer entre la république et la monarchie.

Art. 3. — Dans le cas où la république serait confirmée, l'Assemblée décidera si le pouvoir législatif doit être délégué à deux Assemblées, et si le chef du pouvoir exécutif ne doit pas être élu par les deux Assemblées réunies.

Art. 4. — Dans le cas où la monarchie serait adoptée, l'Assemblée rédigera et promulguera une Charte constitutionnelle dont l'observation devra être jurée par le chef de l'État à son avénement au trône.

L'Assemblée procédera, dans la plénitude des pouvoirs qui lui auront été délégués par le peuple français, à la désignation de la personne qui sera revêtue du pouvoir monarchique, pour le transmettre héréditairement.

On voit que le caractère distinctif de cette proposition est d'obliger la Constituante future à se prononcer entre la république et la monarchie. Nous avons exposé précédemment les raisons qui nous portent à penser que l'Assemblée nationale actuelle n'a pas ce droit-là ; nous avons dit pourquoi, corps républicain, agissant en vertu d'une constitution républicaine et tenant d'elle seule tous nos pouvoirs, il ne nous était pas permis de mettre en question la république. Au peuple seul, dont nous ne sommes que les mandataires, appartient de poser et de résoudre une question de cette espèce. La Commission, à une très-grande majorité, a écarté la proposition de M. Creton.

Les mêmes objections ne sauraient être adressées à la proposition de M. Payer. Celle-ci est ainsi conçue :

ARTICLE PREMIER. — Une Assemblée constituante est convoquée pour le 3 novembre 1851, à l'effet de réviser les articles 20, 21, 30, 44, 45, 76, 77, 102 de la Constitution.

ART. 2. — Les élections auront lieu le dimanche 19 octobre 1851, d'après les listes dressées conformément à la loi du 15 mars 1849.

ART. 3. — Pendant toute la durée de l'Assemblée constituante, l'Assemblée législative actuelle sera prorogée.

Le reproche le plus grave qu'on ait adressé à la proposition de l'honorable M. Payer, c'est qu'elle tend à une révision partielle, ce que la Commission considère, par les raisons qu'elle a données, comme peu praticable. Si son opinion sur ce point avait besoin de preuves, celles-ci se rencontreraient dans l'examen de la proposition même de l'honorable M. Payer.

Que propose-t-il, en effet, de réformer?

1° Le système électoral et le mode suivant lequel doit s'exercer la souveraineté du peuple;

2° Le pouvoir législatif dans sa constitution même;

3° Les conditions d'origine du pouvoir exécutif;

4° Le système d'administration du pays.

Nous demandons comment il serait possible de toucher à ces parties vitales de la Constitution sans atteindre plus ou moins profondément toutes les autres. Après avoir introduit de pareils changements dans la loi fondamentale, il est évident qu'il serait nécessaire de remanier la Constitution tout entière, pour établir de nouveaux rapports et une nouvelle harmonie entre toutes ses parties. Qu'on y regarde de près, et l'on verra qu'il n'y a presque pas de révision partielle, pour peu qu'elle ait de l'importance, et ce n'est qu'en vue de révision de cette nature qu'il est sage de remettre en question la Constitution du pays ; il n'y a pas, disons-nous, de révision partielle sérieuse qui n'entraîne le système de la révision totale.

Votre Commission, messieurs, propose de repousser la proposition de M. Payer.

Restait la proposition collective déposée par deux cent trente-trois membres de cette Assemblée. Ceux d'entre eux qui font partie de la Commission ayant déclaré eux-mêmes que la rédaction à laquelle eux et leurs amis politiques s'étaient arrêtés, n'avait eu pour objet que d'exprimer une idée générale, et ne pouvait que servir d'élément ou tout au plus de fondement à la résolution définitive, cette rédaction a été écartée, et notre honorable Président nous a soumis la proposition suivante, qu'il a considérée comme reproduisant la proposition déposée par deux cent trente-trois de nos collègues dans tout ce que celle-ci avait de principal :

L'Assemblée nationale législative, vu l'article 111 de la Constitution, ainsi conçu :

Lorsque, dans la dernière année d'une législature, l'Assemblée nationale aura émis le vœu que la Constitution soit modifiée en tout ou en partie, il sera procédé à cette révision de la manière suivante :

Le vœu exprimé par l'Assemblée ne sera converti en résolution définitive qu'après trois délibérations consécutives, prises chacune à un mois d'intervalle et aux trois quarts des suffrages exprimés. Le nombre des votants devra être de cinq cents au moins.

L'Assemblée de révision ne sera nommée que pour trois mois.

Elle ne devra s'occuper que de la révision pour laquelle elle aura été convoquée.

Néanmoins, elle pourra, en cas d'urgence, pourvoir aux nécessités législatives.

Émet le vœu que la Constitution soit révisée en totalité, conformément audit article.

Cette rédaction résume et précise les opinions de la majorité, que nous avons fait connaître ; elle a été adoptée par neuf voix contre six. Nous avons été chargés de vous en demander l'adoption.

# NOTES

---

NOTE A, PAGE 23.

—

## RÉPONSE DE M. LE COMTE MOLÉ
### DIRECTEUR DE L'ACADÉMIE FRANÇAISE
SÉANCE DU 21 AVRIL 1842

MONSIEUR,

Vous pouviez en effet ne point parler de vous. Vous n'aviez pas à remercier l'Académie de son indulgence; vous ne devez rien qu'à sa justice,
et cette justice a suivi de si près vos succès, que jamais il n'y en eut de
mieux comprise et de moins tardive.

Votre discours, monsieur, c'est vous-même. Ce qui vous distingue le
plus de tous vos contemporains, ce sont ces convictions profondes qui se
reproduisent toujours sous votre plume et vous ramènent incessamment
sur les mêmes sujets. En adressant à la mémoire de votre honorable prédécesseur un tribut d'éloges si mérité, vous n'avez pu résister au plaisir
de caractériser à votre manière ce dix-huitième siècle, au milieu duquel
M. de Cessac était né, et ces temps de la révolution et de l'empire d'où
vos méditations élevées ont su tirer de graves enseignements. Vous appartenez aux lettres les plus sérieuses, votre langage devait s'en ressentir. D'ailleurs ces solennités littéraires par lesquelles seules cette Académie se met en rapport avec le public, ne doivent-elles pas attester
quelquefois les changements apportés dans nos institutions et dans nos
mœurs? Française surtout, cette Académie n'est-elle pas, ne sera-t-elle
pas toujours l'expression la plus complète et la plus brillante de la so-

ciété française? Plus sérieuse, quand cette société devient plus sérieuse, elle n'en met pas moins en première ligne le mérite littéraire parmi les titres de ceux qui aspirent à siéger dans son sein. Elle ne vous y eût pas admis si votre talent d'écrivain ne lui avait paru à lui seul justifier son suffrage. Mais elle me permettra, je l'espère, de vous suivre sur le terrain où vous m'avez appelé. Vous, monsieur, chez qui les convictions exercent tant d'empire, vous ne me pardonneriez pas de contraindre ici les miennes ; vous m'accuseriez, au contraire, de trahir l'estime due à votre caractère et à vos écrits, si je ne donnais un libre cours à mes opinions et à mes souvenirs. Vous êtes, il est vrai, peu favorable au jugement des contemporains ; vous redoutez leur partialité comme je crains dans ceux qui les suivent l'esprit de système. Cependant essayons de nous entendre, sinon de nous expliquer. Ce dix-huitième siècle dont on a déjà tant parlé et sur lequel il reste encore tant à dire ; ce dix-huitième siècle auquel il faut toujours revenir lorsqu'on veut remonter à la source des grands événements qui l'ont suivi, s'étonnerait peut-être lui-même de vous entendre lui attribuer des allures juvéniles. Ne se reconnaîtrait-il pas plutôt sous la forme d'un vieillard revenu de toutes les illusions, et chez lequel l'esprit, le pur esprit, a survécu à tout? Il travailla sans relâche à tarir en quelque sorte les sources de toute jeunesse, la foi, l'enthousiasme, et cette abnégation de soi-même qui consiste à se transporter tout entier dans l'objet de ses affections ou de son culte, tel que la vérité ou tel même que la patrie. A la place de cette dernière, il avait mis le genre humain ; sa raillerie desséchante se jouait de tout le reste. Il n'admettait pour vérité que le doute, et laissait chacun libre de choisir dans l'héritage du passé, sans autre guide que sa fantaisie, sans autre appui que sa raison. Jusqu'à lui l'esprit humain avait marché du connu à l'inconnu. Les plus grands réformateurs eux-mêmes s'y étaient astreints. Ils modifiaient sans renier, cherchaient à édifier, à substituer en même temps qu'à détruire. Le dix-huitième siècle embrassant le passé dans un seul anathème, délaissa à la fois les deux conditions sans lesquelles il n'y a pour les nations ni grandeur, ni gloire, l'unité et la perpétuité. Il venait après bien d'autres siècles : et le temps agit sur les peuples comme sur l'homme ; il les vieillit, il fait prédominer l'esprit aux dépens du cœur ; je ne sais quoi d'excessif ou d'étrange dans les idées, d'outré ou d'absolu dans les maximes, remplace alors les émotions du jeune âge, et même les conceptions fécondes de la maturité. C'était la première fois qu'on voyait la vie littéraire, qui n'est autre chose que la vie de l'esprit, pénétrer toute une nation. Le résultat fut imprévu ; il prouva qu'à lui seul l'esprit ne suffit à rien. A force d'esprit, de débauche d'esprit, de caprice ou d'excès dans les doctrines, la société elle-même, la civilisation eût péri, si elle n'était impérissable, et le cataclysme eût englouti d'abord tous les biens

pour lesquels avait commencé la lutte, et que l'instinct des hommes poursuit depuis leur origine, parce que Dieu les leur destine et qu'ils y ont
des droits. Ces biens, monsieur, sont sauvés du naufrage; nous en jouis-
sons, ils sont de telle nature que, une fois obtenus, nul ne saurait nous
les reprendre.

Mais abordons franchement l'autre question qui nous divise; voyons
quel fût le rôle de l'empereur, la part de l'empire dans cette histoire.
Tout ce que j'ai pu dire jusqu'ici se rapporte à l'état où le 18 brumaire
trouva la France. Je vais vous devenir de plus en plus suspect; à dater de
cette époque, j'ai vu, j'ai assisté, j'ai agi. Pourtant, vous l'avouerai-je,
je me crois sans passion, sans ressentiment, sans complaisance. Les souvenirs que vous m'obligez à me retracer, sont si grands, ils suggèrent aujourd'hui de telles pensées, ils placent l'âme dans de telles régions, que
devant eux tous les petits sentiments se taisent, les faiblesses les plus
secrètes disparaissent, et l'on ne songe qu'à tirer de leur sein de hautes
moralités pour l'avenir.

« L'empire, avez-vous dit, a dû sa fortune à des accidents, non à lui-
même. La révolution avait mis la nation debout, il la fit marcher ; elle
avait amassé des forces immenses, il les organisa et en usa. Il fit des
prodiges, mais dans un temps de prodiges. » L'empire, monsieur, a dû
sa fortune à un seul accident ; c'est l'empereur. Mais ajournons-le, s'il
vous plaît, et arrêtons-nous au 18 brumaire. Que n'y étiez-vous! que ne
pouvez-vous substituer à votre savante analyse, un souvenir personnel,
une de ces impressions justes et naïves qui deviennent pour un esprit
supérieur comme le vôtre une source abondante de déductions, de vérités ! La nation n'était plus debout, je vous assure, et ces forces immenses,
nouvelles, que la révolution avait enfantées, ces forces morales et matérielles qui avaient pu opérer, en 1791, des prodiges, étaient anéanties.
L'armée, découragée comme le pays lui-même, se repliait de toutes parts
et en désordre sur notre territoire ; une *terreur* nouvelle, quoique sans
énergie, sans confiance en elle-même, menaçait les populations incapables de tout effort pour s'en garantir. Ce n'était point seulement la hideuse
et sanglante oppression de 1793, c'était aussi l'essai de la constitution
de 1795, le règne du Directoire, l'existence de ces conseils où avait re-
paru un peu de liberté, et qu'avait tout aussitôt décimés la proscription;
c'était chacune de ces choses, et toutes ensemble, qui avait mis au fond
des âmes le désir ardent d'une halte, d'une trêve du moins avec des théories, des essais dont il ne restait que des ruines et dont on n'attendait
plus rien. La France, alors décidée comme aujourd'hui à conserver et
maintenir tous les grands résultats de sa révolution, refusait de remonter
vers le passé, et ne sentait que dégoût, que profonde défiance pour tout
ce qu'on avait tenté, depuis 1789, de substituer à ce qui était détruit ;

elle implorait comme expédient le despotisme, et son état social ne lui permettait pas de se représenter le despote sous une autre forme que celle d'un soldat. La Providence, qui veillait sur elle, poussa vers le rivage la barque qui amenait Bonaparte à Fréjus. Le pays tout entier, à cette nouvelle, passa de la résignation à l'enthousiasme ; et savez-vous pourquoi? Ce n'était pas seulement la renommée de Bonaparte et le prestige de son nom qui le rassurait sur l'avenir ; c'était surtout le souvenir de sa conduite en Italie. Le premier, le seul depuis la république, il avait voulu renouer avec les traditions du passé, et recourir aux procédés que les peuples civilisés observent entre eux. La France comprit qu'elle venait de recouvrer le seul homme qui pût la faire rentrer dans la grande communauté des nations, sans qu'il en coûtât aucun sacrifice à sa révolution elle-même, ni à sa fierté. Telle fut, monsieur, la tâche providentielle imposée à Bonaparte lorsqu'il revint d'Égypte ; telle était sa véritable position. Nous ne pouvions pas plus nous passer de son génie que de son épée ; c'est devant lui que l'œuvre de dissolution, poursuivie par le dix-huitième siècle, s'arrêta. A la place de tous les respects éteints, il substitua l'admiration. Le dénigrement philosophique lui-même, confondu par tant de merveilles, fut contraint au silence. Il retrouva l'autorité à force de gloire, réconcilia l'époque la plus indisciplinée des annales humaines avec l'obéissance, en prouvant tous les jours que son intelligence n'avait guère plus de limités que son pouvoir ; à des générations que le dix-huitième siècle avait formées, il fallait que la raison vînt confesser son insuffisance, et que l'incrédulité elle-même appelât la religion à son aide, en avouant que sans elle les hommes ne pouvaient être conduits. L'Empire parlait de liberté, comme la Convention parlait de justice, je m'empresse de vous l'accorder. Il n'y avait cependant ni trompeurs, ni trompés. Cet hommage hypocrite, mais obligé, rendu à la liberté et à la justice, prouvait seulement que ceux-là mêmes qui violaient l'une et l'autre n'ignoraient pas qu'elles finiraient par l'emporter sur eux. Savez-vous ce que me disait Napoléon dans un entretien et à un moment solennel toujours présents à ma mémoire : « Après moi, la révolution, ou plutôt les idées qui l'ont faite, reprendront leur cours. Ce sera comme un livre dont on ôtera le *signet* en recommençant la lecture à la page où on l'avait laissée. » Eh bien ! monsieur, vous le voyez, ce despote *savant, rationnel*, comme vous l'appelez, avait-il donc foi en lui-même? Si je ne craignais de fatiguer votre attention et celle de l'assemblée qui nous écoute, je vous citerais bien d'autres paroles de cet homme dont la position ni l'intérêt n'ont jamais troublé le regard, et dont l'indépendance où son esprit était de lui-même formait peut-être le trait le plus singulier. Le despotisme, pour lui, n'était pas le but, mais le moyen, le seul moyen de faire rentrer le fleuve débordé dans son lit ; de réaccoutumer la France révolutionnée à l'ordre,

à l'obéissance ; de donner le temps à chacun d'oublier ce qu'il avait fait,
ce qu'il avait dit, et d'ouvrir pour tous une nouvelle ère. Quant au but, il
n'en eut jamais qu'un, sa plus grande gloire, en faisant de la France le
pays le plus puissant de l'univers. Voilà Napoléon tel que je l'ai vu, et si
je ne vous craignais, j'ajouterais, tel qu'il a été. Mais en le considérant
ainsi, ne croyez pas que je me rende moins juste que vous ; ce n'est pas
moi qui dissimulerai rien des malheurs qu'il a attirés et qu'il devait finir
par attirer sur la France. Il lui a manqué de savoir placer la limite du
possible, et de croire que la vérité et la justice ne sont le meilleur moyen
de gouverner les hommes que parce qu'elles sont la justice et la vérité.
Enfant lui-même de ce dix-huitième siècle qu'il jugeait avec rigueur, il
n'avait foi que dans l'esprit, ne vivait que par l'esprit. Il croyait que le
monde avait d'abord appartenu au plus fort, et que la civilisation le
faisait passer au plus habile ; il redoutait par-dessus tout l'empire du
grand nombre, comme le seul retour à la violence et à la barbarie que,
sous une forme ou sous une autre, comportassent nos temps modernes.
Son règne aura montré une fois de plus où peut entraîner la volonté absolue d'un seul homme, fût-il le plus surprenant et le plus intelligent de
l'univers. Le despotisme avait été le seul remède à l'état de dissolution où
Bonaparte, au 18 brumaire, avait trouvé la France ; il était dans son
caractère de se l'approprier pour ainsi dire, et de risquer, au profit de
ce qu'il appelait sa gloire, cette société française qu'il avait laborieusement
et si habilement reconstruite. C'est à cette œuvre de reconstruction, de
restauration sociale, qu'il sut employer merveilleusement les hommes les
plus compromis, les plus signalés dans l'œuvre de destruction ; d'autres
qui, comme M. de Cessac, étaient nés pour seconder un pouvoir éclairé et
organisateur ; et enfin ceux qui, jeunes encore, se trouvaient libres dans
le présent et sans engagement pour l'avenir. Vous avez parlé à ce sujet,
et même avec un bonheur d'expression bien rare, de deux espèces de serviteurs que les souverains absolus trouvaient toujours sous leur main. Ne
vous y trompez pas, monsieur, Napoléon rencontrait une troisième catégorie, et celle-là ne se composait pas de serviteurs, mais bien de ceux qui,
en l'aidant à réparer tant de maux, à faire oublier tant de crimes, à dé-
trôner tant d'orgueilleux mensonges, à réhabiliter tant d'éternelles vérités, croyaient embrasser une sainte et généreuse croisade. La jeunesse de
ce temps allait au secours de la civilisation en péril, avec le zèle que
mettait la jeunesse du vôtre à défendre la cause tout aussi sainte, mais
moins menacée, des droits et de la liberté. C'est ainsi, et ne l'oublions
plus, afin de rester justes les uns envers les autres ; c'est ainsi que chaque
génération cède à son tour au courant qui la pousse, et que chaque individu, dans chaque génération, se laisse engager dans des voies qui
l'attirent et qu'il a cru choisir. Le cœur de l'homme n'est jamais vacant ;

l'émotion s'en empare à son premier battement. Lui demander de rester
un seul instant désintéressé, indifférent à ce qui l'entoure, c'est méconnaître toutes les lois de son existence. Ainsi donc, sans jamais cesser
d'être libres, nous subissons toujours l'influence de notre temps; nous
penchons d'un côté, tout en conservant la force de nous redresser. C'est
ce qui crée à la fois notre responsabilité, et nous donne tant de raisons
de nous porter une mutuelle indulgence. Je ne crains pas en ce moment
de différer avec vous; vous nous avez trop bien montré tout à l'heure
quelle part nous devions faire aux circonstances, quelle part au naturel
dans la vie et l'honorable carrière de votre respectable prédécesseur. Vous
l'avez représenté sous l'Empire tel que je l'ai vu moi-même, homme
d'ordre, de pouvoir, de conscience, de commandement et d'obéissance;
tel que le ciel l'avait fait. A force d'admirer celui dont il exécutait les
volontés, il avait fini par porter une sorte d'enthousiasme dans l'obéissance; il aurait dit volontiers qu'elle formait, avec la probité, les deux
principales vertus de l'homme public.

Maintenant, me trouveriez-vous trop hardi, monsieur, si j'osais chercher dans vos commencements, dans les premières impressions de votre
jeunesse, quelques-unes des causes qui ont pu concourir à former vos
opinions et à donner tant d'essor à votre talent? Je trouverais un grand
charme à le faire, car je suis sûr de rencontrer dans cette étude plus
d'une occasion de mettre en lumière les qualités qui vous placent si haut
dans l'estime de ceux-là mêmes dont les principes et les opinions ne sont
pas entièrement les vôtres.

Vous êtes né au moment où l'Empire succédait au Consulat, et où la
politique de Napoléon, devenue plus personnelle, menaçait de compromettre son propre ouvrage dans des luttes auxquelles la France n'apercevait plus d'autre cause qu'une insatiable ambition. Dix ans après, Napoléon était tombé; la Restauration ôtait ce *signet* prophétique dont il
m'avait parlé, et la génération qui était la vôtre, avait repris la lecture
du livre à très-haute voix. Pour elle et pour vous, ce qui dominait dans
cette grande figure de Napoléon, c'était le despote et le guerrier. Vous
jouissiez de ce faîte de gloire où il avait élevé la France, et vous tourniez
contre le despote jusqu'à son génie, en voyant que ni les lumières, ni les
triomphes, ne préservent de l'abîme une nation qui a courbé sa tête sous
l'arbitraire. Il y a eu, remarquez-le, à toutes les époques de notre civilisation moderne, une cause que suivaient avec ardeur les esprits élevés,
les cœurs généreux. Après l'Empire, comme en 1789, c'était la cause de
la liberté. La Charte vint enfin donner à la France ces institutions ache-
tées par tant de vicissitudes et de malheurs. Dès qu'il fallut vous décider
entre les diverses carrières ouvertes devant vous, vous dûtes choisir la
plus indépendante, celle qui ne demanderait aucun sacrifice aux plus

fières susceptibilités de la conscience, ni aux plus libres allures de l'esprit. Vous étiez magistrat lorsque la révolution de Juillet vous surprit, et déjà la magistrature vous regardait comme une de ses plus chères espérances. Une âme telle que la vôtre dut s'émouvoir à l'aspect de cette révolution nouvelle, vous qui peut-être aviez pensé que vous ne pourriez jamais en étudier aucune que dans l'histoire du passé ; vous dûtes tressaillir à l'aspect de ces commotions où cette liberté et cette justice, objets de votre culte, courent toujours quelque péril. Vous n'aviez pas hésité à vous rallier au gouvernement que la France venait de se donner, mais, tout en persistant dans l'exercice de vos graves fonctions, vous sentîtes le besoin de rendre à l'humanité quelques-uns de ces services incontestablés contre lesquels aucune révolution ne proteste, et dont tous les gouvernements profitent. Vous allâtes dans le Nouveau-Monde étudier les moyens de tourner à l'amélioration morale des condamnés les justes châtiments que nos lois leur infligent. Jusque-là vous ignoriez l'avenir, je ne crains pas d'ajouter la renommée qui vous était réservée. Jusque-là, je vous l'ai entendu dire à vous-même, vous n'aviez pas prévu que votre nom pût un jour prendre rang parmi ceux des premiers écrivains de cette époque. Je partagerais volontiers en deux classes les hommes qui arrivent à ce genre d'illustration. Les uns, plus littéraires et plus flexibles que vous, cherchent incessamment à reproduire, en termes choisis et plus ou moins heureux, les idées ou les émotions qui se succèdent dans leur organisation mobile ; ceux-là écrivent presque aussitôt qu'ils pensent. Il semble que pour eux toutes les impressions, toutes les jouissances de l'esprit ou de l'âme, restent bien au-dessous de la satisfaction de les exprimer. Les autres, s'ignorant d'abord eux-mêmes, errent et souffrent pour ainsi dire, jusqu'à ce qu'une pierre de touche se rencontre sous leurs pas. Alors leur génie éclate, leur sensibilité profonde et concentrée se révèle, et ils apprennent presque à la fois, et avec une égale surprise, leur aptitude et leur gloire. M'abuserais-je, ou n'est-ce pas ainsi, monsieur, que cette Amérique, où vous attirait seulement votre amour de l'humanité, vous a fait rencontrer votre livre, le livre pour lequel vous étiez fait, et vous a donné la conscience d'un talent que votre modestie ne vous avait pas laissé soupçonner ? Lorsque le livre de la Démocratie parut, tous les partis hésitèrent sur l'accueil qu'ils devaient lui faire ; ils y cherchaient des armes, et ils y trouvaient des méditations si calmes, si hautes, un amour si sincère et si désintéressé de la vérité, que d'une voix unanime ils lui accordèrent une estime, lui reconnurent une autorité que les ouvrages contemporains obtiennent rarement.

Votre livre est un des plus systématiques qui aient été écrits. En parlant ainsi je n'entends faire ni une critique, ni un éloge. Dans une introduction où votre style et votre pensée s'élèvent aussi haut que dans au-

cune autre partie de l'ouvrage, vous indiquez vous-même avec précision
le fait, l'idée qui vous l'a fait entreprendre, et vous tracez d'avance, d'une
main assurée, la route que vous vous engagez à parcourir. L'égalité des
conditions telle que l'Amérique du Nord vous en a offert le modèle, est à
vos yeux un fait providentiel, universel, durable ; tous les événements
comme tous les hommes servent depuis le commencement du monde à
son développement. Me permettez-vous de le dire, monsieur, je crains
que ce ne soit bien restreindre les vues de la Providence et la destinée
de l'homme sur la terre, que de leur donner l'égalité des conditions pour
unique but. Cette égalité est-elle donc, comme vous le dites, un objet si
nouveau ? est-elle autre chose que la justice distributive et le respect ou
la consécration de tous les droits ? Vous le savez mieux que moi, quelque
nom qu'on lui donne elle ne s'est pas trouvée toute faite dans le sein des
choses. Dans l'état naturel, que dis-je ? dans la création, c'est la force ou
parfois la ruse qui dominent sans partage. L'égalité est le bienfait de la
religion et des lois, mais suffit-elle à toute la nature de l'homme ?
L'homme peut-il, avec elle seule, remplir sa vocation ? Ne doit-il pas
encore atteindre à toute sa beauté morale et toute sa grandeur sur la
terre, ou tout est-il dit pour lui avec la certitude qu'il n'a rien à envier
à son voisin ? Tout en admirant, vous le dirai-je, l'art et la puissance avec
lesquels, sans vous détourner un seul instant, vous faites converger tous
les faits, toutes vos observations, si ingénieuses ou si profondes, vers une
même démonstration, je me disais que, dans une étude aussi soutenue,
avec une préoccupation si exclusive, l'esprit finit quelquefois par s'absorber complétement dans un sujet sur lequel il a si longtemps consacré
tous ses efforts ; pour le mieux posséder il s'en laisse posséder lui-même,
et s'abandonne à un fil qui l'entraîne quoiqu'il l'ait créé, et que sa main
ne conduit plus. L'égalité des conditions, monsieur, que vous êtes loin
de confondre avec le nivellement qui serait la fin de toute civilisation,
n'est donc que l'égalité devant la loi. Aujourd'hui que le développement
de la raison publique a donné aux hommes la conscience de leurs droits
et de leur dignité, nul ne saurait se passer d'elle. C'est aux gouvernements à lui donner de suffisantes garanties. Ici elle aura besoin d'être
protégée contre la faveur ou les priviléges de quelques-uns, là contre
l'envie de chacun ou la violence du grand nombre. Mais comme ce sont les
passions mêmes du cœur humain qui la menacent, il n'y a pas de forme
politique ou de gouvernement où elle n'ait pas besoin d'être défendue.
Vous ne vous êtes pas borné à faire pour l'Amérique ce que Montesquieu
avait fait pour les Romains, à exposer son origine, à expliquer son développement et à présager ce qu'elle pourrait acquérir encore, ou les causes
qui amèneraient son déclin : vous l'avez représentée comme ayant devancé
la vieille Europe et touché avant elle le but dont elle lui a montré le chemin.

Loin de moi toute idée d'entamer ici un débat dont le moindre défaut
serait l'inopportunité. Qu'il me soit seulement permis d'observer en passant que toutes les sociétés dominées par le même principe seraient
nécessairement conduites à se donner la même forme, ce qui serait
abstraire, pour ainsi dire, ou retrancher tout leur passé d'un seul coup.
N'admettrez-vous pas pour elles, cependant, comme vous l'avez tout à
l'heure encore si bien admis pour l'homme, n'admettrez-vous pas la diversité des causes qui ont concouru à les former ? Ne procèdent-elles pas,
comme tous les êtres collectifs ou simples dont la vie se prolonge, du
naturel, de l'habitude, du climat, des institutions et des hasards au milieu desquels, pendant tant de siècles, elles ont vécu ? N'ont-elles pas obéi
jusqu'ici, et plus qu'elles ne le savaient elles-mêmes, aux lois et à l'instinct de leur conservation ? Pensez-vous enfin qu'elles aient pu si longtemps vivre, grandir et fleurir, en marchant à rebours de leur vocation
naturelle, et tournant le dos au but qu'avait placé devant elles la main du
Créateur ? Je ne fais que vous soumettre mes doutes : permettez-moi
d'en exprimer encore un. Ce sont vos plus belles pages qui me l'inspirent,
et qui m'encouragent à vous demander si la démocratie américaine suffit
à toutes les conditions de la civilisation, surtout si elle s'adapte au tempérament de tous les peuples ? — Non, monsieur, vous ne le croyez pas. Je
n'en voudrais pour preuve que cet admirable chapitre dix de votre troisième volume, sur la manière dont les Américains cultivent les sciences et
les arts, et où vous démontrez si bien que, préférant toujours le profitable au beau, ils n'y portent, comme partout ailleurs, que le génie de
l'utile. Il existe une nation s'appelant la nation française, et qui ne fera
jamais de ce seul génie le sien. Jamais, et j'en atteste tous ceux qui m'é-
coutent, elle ne cessera de marcher à la tête des sociétés humaines comme
la nuée lumineuse qui guidait Israël dans le désert. Jamais elle ne se lais-
sera descendre du rang que lui assignent, depuis tant de siècles, l'éclat de
ses armes, et plus encore peut-être les savants, les poëtes, les philosophes, les orateurs, les écrivains qu'elle a produits, et jusqu'à cette poli-
tesse dont le charme est si grand qu'il mérite d'être compté parmi les éléments de sa puissance. Dans ce beau pays de France, le principe politique
qui aura toujours le plus de faveur, sera ce principe d'autorité tempérée
que nos institutions réalisent, et qui, alliant si bien la stabilité au mouvement, l'ordre à la liberté, permet à la nature de l'homme d'atteindre au
plus haut degré de beauté, de dignité et de grandeur que le Créateur ait
réservé à la créature.

Me voici arrivé à la portion de ma tâche la plus douce et la plus facile.
Je n'ai plus à vous répondre, il ne me reste qu'à vous apprécier, et surtout comme écrivain : je me récuserais si je devais être votre juge ; mais
l'Académie a voulu que je fusse son interprète, et j'ai le droit, je sens le

besoin de déposer aussi dans ce discours tout ce que vous m'avez fait ressentir. Vous écrivez comme on le faisait au dix-septième siècle; non que
votre manière d'écrire soit précisément celle de ce temps-là, mais vous ne
cherchez à faire passer dans nos âmes que ce qui est dans la vôtre. Vous
mettez la vérité bien au-dessus du succès. Vous avez cette sorte de pudeur,
de retenue, que donne le respect de ses propres idées lorsqu'elles sont
toutes puisées à la source d'une profonde conviction. De là cette fermeté,
cette sobriété, cette mâle simplicité d'expression, cette absence de décla-
mation, de mots forgés, de ces mots qu'on appelle aujourd'hui de *génie*,
et que trouve aisément, sous sa plume, l'écrivain qui se joue également
de son sujet et de son lecteur. Une émotion soutenue se fait sentir au
fond de vos paroles, et leur prête je ne sais quoi de grave et d'ardent
qui impose et captive en vous lisant. Une des consolations de l'envie est
souvent de taxer d'imitation à leur début ceux qui plus tard feront école à
leur tour. N'a-t-on pas dit que vous aviez imité l'immortel auteur de l'*Esprit des lois*? Vous êtes né, monsieur, avec une physionomie si bien à
part, si prononcée, si exclusive, que je vous défierais d'y rien changer.
Vous poussez l'individualité jusqu'à en être quelquefois uniforme. La nature, en naissant, a pu vous donner une ressemblance, mais elle vous a
défendu d'imiter. S'il me fallait absolument vous rapprocher du président
de Montesquieu, je dirais que votre style, moins savant que le sien, moins
coloré, moins singulier, moins piquant, est plus exempt de manières et
de recherche. Vous ne détournez jamais sur l'écrivain l'attention que le
lecteur doit tout entière au sujet. On respire, en un mot, dans vos écrits,
une moralité plus pure, plus élevée, et ceux qui ne partagent pas vos
doctrines éprouvent un regret qu'ils adressent à l'homme plus encore
qu'à l'auteur. Aussi ne me séparerai-je pas de vos écrits et de vous-même,
sans me donner encore une fois le plaisir de me trouver sur un point
essentiel en parfaite harmonie avec vous. Vous louez, vous approuvez les
démocraties de ne ressentir qu'une froide indifférence pour toutes les
grandeurs où la vertu, et l'estime qu'elle inspire, ont peu de part. En fait
de gloire et de grands hommes, je me range de votre école. Je voudrais
que le progrès des lumières ne permît plus d'enthousiasme sans estime, et
que nos futurs grands hommes ne dédaignassent plus d'être hommes
de bien. Mais vous n'avez pu croire qu'il fallût recourir à l'Amérique, aux
pures démocraties, pour rencontrer une de ces vertus, une de ces vies
pour lesquelles vous voudriez que les peuples réservassent leur admiration. Vos premiers regards ont trouvé, près de votre berceau, de quoi
vous satisfaire. Votre aïeul maternel, mon illustre parent, Lamoignon de
Malesherbes, ne montra-t-il pas, au sein d'une monarchie expirante, un
de ces caractères que l'estime du monde entier rend glorieux? Je vois
encore, quoique ce souvenir remonte presque à mon enfance, je vois en-

core le visage du vieillard inondé de ses larmes; c'est assez vous dire quel jour, à quel moment je le voyais. Il sortait d'accomplir sa sublime tâche, et attendait paisiblement que l'échafaud vînt lui en donner le prix. L'impression que je reçus alors demeure ineffaçable. Il me semble avoir vu le juste lui-même que la Providence, vers la fin de sa course, venait couronner d'une gloire qu'il n'aurait jamais cherchée ailleurs que dans le sentier du devoir. Ce n'est pourtant pas en Amérique, au milieu d'une pure démocratie, où s'était formée cette âme que l'antiquité nous eût enviée. Soyez heureux, monsieur, de rassembler de tels souvenirs autour de votre foyer domestique. Soyons heureux et fiers ensemble, en constatant que notre patrie a eu de tels caractères à honorer, même avant de posséder des institutions et des mœurs publiques qui en font mieux peut-être comprendre toute la beauté. Venez vous asseoir parmi nous avec confiance. Le plus jeune de cette compagnie, et même l'un des plus jeunes qui se soient jamais assis sur ces bancs, l'Académie semble avoir voulu s'emparer d'avance de tout ce que promet votre avenir. D'ordinaire c'est aux athlètes fatigués et qui ont embrassé le but qu'elle remet leur couronne. Elle vous donne la vôtre en partant. Vous achèverez, monsieur, de justifier son choix, en remplissant toutes ses espérances.

---

## DISCOURS DE RÉCEPTION DE M. L'ABBÉ LACORDAIRE

### ÉLU A LA PLACE DE M. DE TOCQUEVILLE

#### PRONONCÉ LE 24 JANVIER 1861

Messieurs,

J'ai à remercier l'Académie de deux choses : la première de m'avoir appelé dans son sein, la seconde de m'avoir donné pour successeur à M. de Tocqueville.

M. de Tocqueville est mort jeune. Il n'a pas eu le temps pour complice de sa gloire, et, soit qu'on regarde en lui l'écrivain, l'orateur ou l'homme d'État, il apparaît, à ne consulter que l'âge et l'œuvre, comme un édifice inachevé. Et cependant, si l'on s'élève pour écouter le bruit de sa mémoire, il monte de lui vers l'âme une voix à qui rien ne manque en éclat, en plénitude, en profondeur, une voix qui a déjà du souffle de la postérité, et qui fait à M. de Tocqueville un de ces noms souverains dont le règne ne doit pas périr. Homme singulier entre tous ceux que nous avons vus, il ne dut sa renommée à aucun parti, il n'en servit aucun. Les fautes de son siècle lui furent étrangères. Tout tomba plusieurs fois autour de lui, sans qu'on pût le mêler aux chutes ou lui faire honneur des victoires ; ouvrier actif pourtant, soldat plein de courage, citoyen ardent jusqu'à son dernier jour, mais qui avait pris dans le combat une place d'où il voyait plus de choses, et où la passion du bien et du juste le couvrait d'un invulnérable bouclier.

Si je regarde mes contemporains, je dirai de l'un qu'il fut l'ami constant et généreux de la monarchie, une âme antique par la fidélité, se contentant d'elle-même contre les flots du malheur et de l'opinion. Je dirai de l'autre qu'il aimait le droit des peuples à se gouverner par eux-mêmes, et qu'on l'eût pris pour un Gracque transformant l'univers en une seconde Rome et appelant tout le genre humain au droit de cité. Je dirai de celui-là que, dévoué surtout à la liberté de la pensée, de la parole et de la conscience, il avait vu dans la tribune d'un parlement le dernier terme de la grandeur humaine et de la félicité des nations. Je dirai de tous, enfin, qu'ils servirent une cause victorieuse ou vaincue, aidée des sympathies générales ou victime des aversions populaires, quelques-uns supérieurs à leur parti, et pourtant hommes de leur parti ; et, même en admirant leur génie, leur sincérité, leur foi, leur part dans la défaite ou dans le succès, je me réserverai de croire que leur vue s'était trop bornée à l'horizon de leur temps et n'en avait pas connu tout le mystère, ni pressenti tout le péril. Seul peut-être entre tous, M. de Tocqueville échappa à ces limites où s'arrêtent ses contemporains, et c'est vainement que l'esprit voudrait lui créer parmi eux une place semblable à la leur.

Dirai-je qu'il fut un serviteur des vieilles monarchies de l'Europe, et que l'hérédité inaliénable du pouvoir était pour lui une affaire de cœur en même temps qu'un dogme de raison ? Je ne le pourrais. L'antiquité, sans doute, la tradition, les ancêtres, la majesté des siècles, tout cela lui était grand et vénérable, et il n'insulta jamais aux trônes tombés, si méritée que lui semblât leur chute. Il s'en attristait plutôt comme d'un naufrage où disparaissait quelque chose de saint, comme d'une ruine où il lisait avec regret la caducité de l'homme et de ses œuvres. C'était une âme à qui la destruction pesait, et il ne vit jamais rien périr de ce qui avait été séculaire et glorieux sans l'honorer en lui-même d'un soupir éloquent. Mais, cette dette payée à sa généreuse nature, il regardait le droit et l'avenir d'un œil ferme ; il cherchait dans ce qui était vivant le successeur de ce qui était mort, et l'illusion d'une immutabilité chevaleresque ne pouvait lui cacher le devoir de semer dans le sillon qui restait ouvert. Il eût aimé les serments qui ne s'oublient jamais ; il aimait mieux l'action qui espère toujours, ne sauvât-elle qu'une fois.

Dirai-je qu'il appartenait tout entier à cette opinion libérale née du dix-huitième siècle, grandie dans les premiers enivrements de nos assemblées nationales, éteinte ou plutôt endormie au souffle oppresseur de nos immortelles victoires, et qui, réveillée tout à coup à la parole d'un roi revenu de l'exil, remplit la France d'une lutte où tous les dévouements eurent leur vie, tous les talents leur liberté, tous les partis leurs jours de grandeur, et tous aussi leurs jours d'expiation? Je ne le pourrais pas davantage; car il y avait dans cette opinion, si populaire qu'elle fût, des côtés faibles trop visibles à l'œil pénétrant de M. de Tocqueville, et même des côtés injustes qui affligeaient sa droiture en effrayant sa perspicacité. A cause de son origine même au sein d'un âge sceptique, l'opinion libérale avait conservé une inclination de jeunesse contraire aux idées et aux choses religieuses; or rien n'était moins sympathique à M. de Tocqueville que ce peu de goût à l'endroit de ce qui s'approche de Dieu. Quand Montesquieu, devenu homme, avait voulu traiter, pour l'instruction de son siècle, des lois civiles et politiques, il avait tout à coup, par le seul effet de son application d'esprit aux fondements et aux besoins de la société humaine, brisé les liens qui le rattachaient à son temps, et, de cette même plume qui s'était jouée autrefois dans les *Lettres persanes*, il avait écrit ce vingt-quatrième livre de son *Esprit des lois*, la plus belle apologie du christianisme au dix-huitième siècle, et le plus haut témoignage de ce que peut la vérité sur une grande âme qui a mis sincèrement sa pensée au service des hommes. Plus heureux que Montesquieu, M. de Tocqueville n'avait point eu à regretter de *Lettres persanes*; son mâle esprit n'avait pas connu les défaillances du scepticisme, et, s'il y avait eu dans sa foi des jours d'interstice, il n'y avait jamais eu dans son cœur une impiété, ni sur ses lèvres un blasphème. Il aimait Dieu naturellement, ne l'eût-il pas aimé chrétiennement; il l'aimait en homme de génie, qui se sent porté vers le père des esprits comme vers sa source. Et lorsque, plus mûr et plus fort, il se fut pris à juger son époque, il avait ressenti une douleur de rencontrer la cause libérale si loin du Dieu qui a fait l'homme libre. Il ne comprenait pas que la liberté de conscience pût être une arme contre le christianisme, et que l'Évangile fût persécuté ou enchaîné par le sentiment qui délivrait Mahomet. Il ne comprenait pas non plus qu'il n'y eût rien de solide sans un fondement religieux, et, en voyant la liberté séparer son nom d'un nom plus haut encore que le sien, il craignait qu'un jour elle ne fût durement avertie d'avoir trop compté sur elle-même et trop peu sur le secours de l'éternité.

Par un autre point, l'opinion libérale blessait encore M. de Tocqueville. Il lui semblait qu'elle s'adressait trop à une seule classe d'hommes, à cette classe riche d'esprit, d'industrie et de fortune, qui avait conquis le pouvoir en l'arrachant à la noblesse et au clergé, au trône lui-même, et qui, héritière unique de tant de grandeurs, oubliait trop peut-être qu'il restait au-dessous d'elle un immense peuple, affranchi de bien des maux, il est vrai, mais souffrant encore pourtant dans les besoins de son âme et dans ceux de son corps. N'y avait-il plus rien à faire pour ce peuple ? Lui suffisait-il de n'être plus ni esclave, ni serf, gouverné, j'en conviens, par des lois égales pour tous, mais privé de droits politiques, serviteur plutôt que concitoyen, déchaîné plutôt que libre ? Pouvait-on croire qu'il y eût entre lui et la classe régnante une sympathie véritable, et la division profonde qui mettait autrefois un abîme entre la noblesse de naissance et tout le reste du pays, n'existait-elle pas, sous une autre forme, entre le nouveau peuple et ses nouveaux maîtres ? L'unité morale de la France était-elle réellement fondée ? M. de Tocqueville ne pouvait bannir de son esprit ces graves préoccupations. Il ne voyait pas dans le triomphe éclatant de la bourgeoisie française le dernier mot de l'avenir ; ou du moins il regardait au-dessous d'elle avec inquiétude, et dans les rangs pressés de la foule il interrogeait avec anxiété sa conscience et celle de tous.

Quoi donc ? Dirons-nous qu'il avait donné son âme au flot montant de la démocratie, et que là, au sein des ébranlements populaires, lui, fils d'une noble maison, intelligence plus haute encore que sa race, il avait descendu tous les degrés du monde pour chercher le plus proche possible de la terre le berceau sacré des destinées futures ? Est-ce là que vivait M. de Tocqueville, là qu'étaient ses espérances et son cœur ? Le peuple était-il pour lui le souverain naturel de l'humanité, le plus parfait législateur, le meilleur magistrat, l'honnête homme par excellence, le maître et le père le plus humain, capitaine dans les combats, conseiller dans les bons et mauvais jours, la tête enfin de ce grand corps qui roule autour de Dieu depuis tant de siècles en cherchant et faisant son sort comme il le peut ? Le croirai-je et le dirai-je ? Certainement M. de Tocqueville, comme tout vrai chrétien, aimait le peuple ; il respectait en lui la présence de l'homme, et dans l'homme la présence de Dieu. Nul ne fut plus cher à ce qui l'entourait, serviteurs, colons, ouvriers, paysans, pauvres ou malheureux de tout nom. A le voir sur ses terres, au sortir de ce cabinet laborieux où il gagnait le pain quotidien de sa gloire, on l'eût pris pour un patriarche des temps de la Bible, alors que l'idée de la première et unique famille était vivante encore, et que les distinctions de la société n'étaient autres que celles de la nature, toutes se réduisant à la beauté de l'âge et de la paternité. M. de Tocqueville pratiquait à la lettre, dans ses domaines, la parole de l'Évangile : *Que celui de vous qui veut être le premier soit le serviteur de tous.* Il servait par l'affable et généreuse communication de lui-même à tout ce qui était au-dessous de lui, par la simplicité de ses mœurs qui n'offensait la médiocrité de personne, par le charme vrai d'un caractère qui ne manquait pas de fierté, mais qui savait descendre sans qu'il le remarquât lui-même, tant il lui était naturel d'être homme envers les hommes. « Le peuple aime beaucoup M. de Tocqueville, disait un homme du peuple à un étranger, mais il faut convenir qu'il en est bien reconnaissant. »

Cet amour, si singulièrement exprimé, eut enfin l'occasion de se produire. Lorsque 1848 inaugura le suffrage universel et direct, M. de Tocqueville obtint, dans son canton, le suffrage unanime des électeurs, et il entra dans l'Assemblée constituante par la porte sans tache de la plus évidente et de la plus légitime popularité. Il ne la devait ni à l'excès des doctrines, ni aux efforts d'un parti puissant, ni à l'ascendant d'une grande fortune; il la devait à ses vertus. Heureux le citoyen qui est élu ainsi au milieu des discordes civiles! Plus heureux le peuple qui reconnaît et élit de tels citoyens sans se tromper d'une seule voix! Mais oublierai-je un trait de cette élection? Le jour où elle se fit, M. de Tocqueville s'était rendu à pied au chef-lieu de son canton avec le curé, le maire et tous les électeurs de sa commune; accablé de fatigue, il se tenait appuyé contre un des piliers de la halle où le scrutin était ouvert; un paysan, qu'il ne connaissait pas, s'approcha de lui avec une familiarité cordiale, et lui dit : « Cela m'étonne bien, monsieur de Tocqueville, que vous soyez fatigué, car nous vous avons tous porté dans notre poche. »

M. de Tocqueville aimait donc le peuple, et il en était aimé. Mais des rois ont eu le même sort, et l'on n'en peut rien conclure à l'égard des doctrines du publiciste. Quelles étaient-elles?

Tout jeune encore, entre vingt-cinq et trente ans, et lorsque déjà la révolution de 1830 avait ébranlé en France les bases du gouvernement monarchique et parlementaire, M. de Tocqueville avait obtenu la mission d'aller étudier aux États-Unis d'Amérique les systèmes pénitentiaires qu'on y avait inaugurés. Mais cette mission, utile et bornée, cachait un piége de la Providence. Il était impossible que M. de Tocqueville touchât la terre d'Amérique sans être frappé de ce monde nouveau, si différent de celui où il était né. Partout ailleurs, dans l'ancien monde, qu'il eût visité l'Angleterre, la Russie, la Chine ou le Japon, il eût rencontré ce qu'il connaissait déjà, des peuples gouvernés. Pour la première fois, un peuple se montrait à lui, florissant, pacifique, industrieux, riche, puissant, respecté au dehors, épanchant chaque jour dans de vastes solitudes le flot tranquille de sa population, et cependant n'ayant d'autre maître que lui, ne subissant aucune distinction de naissance, élisant ses magistrats à tous les degrés de la hiérarchie civile et politique, libre comme l'Indien, civilisé comme l'homme d'Europe, religieux sans donner à aucun culte ni l'exclusion, ni la prépondérance, et présentant enfin au monde étonné le drame vivant de la liberté la plus absolue dans l'égalité la plus entière. M. de Tocqueville avait bien entendu dans sa patrie ces deux mots :

liberté, égalité! Il avait même vu des révolutions accomplies pour en établir le règne; mais ce règne sincère, ce règne assis, ce règne qui vit de
soi-même sans le secours de personne, parce que c'est la chose de tous, il
ne l'avait encore rencontré nulle part, pas même chez ces peuples de l'antiquité qui avaient un *forum* et des lois publiquement délibérées, mais
dont le bienfait n'appartenait qu'à de rares citoyens dans les murs étroits
d'une ville. Société sans exemple, fondée par des proscrits et émancipée
par des colons, les États-Unis d'Amérique avaient réalisé sur un immense
territoire ce que n'avaient pu faire Athènes ni Rome, et ce que l'Europe
semblait chercher en vain dans de laborieuses et sanglantes révolutions.
Quelle en était la cause? Quels étaient les ressorts? Était-ce un accident
éphémère, ou la révélation des siècles à venir?

M. de Tocqueville étudia ces questions en sage, jeune encore, mais
éclairé par l'indépendance d'un esprit qui ne cherchait que le bien et la
vérité. Il n'admira point l'Amérique sans restriction; il ne crut pas toutes
ses lois applicables à tous les peuples; il sut distinguer les formes varia-
bles des gouvernements du fonds sacré qui appartient au genre humain.
Il s'éleva au-dessus même de son admiration pour dire à l'Amérique les
périls qui la menacent, pour flétrir l'esclavage, ce fléau inhumain et impie, auquel quinze États sont prêts à sacrifier la gloire et l'existence
même de leur patrie; et enfin, de cette vue impartiale et profonde, où il
avait évité tout ensemble l'adulation, le paradoxe et l'utopie, il ramena
sur l'Europe un regard mûri, mais ému, qui le remplit, selon sa propre
expression, *d'une sorte de terreur religieuse.* Il crut voir que l'Europe,
et la France en particulier, s'avançait à grands pas vers l'égalité absolue
des conditions, et que l'Amérique était la prophétie et comme l'avant-garde
de l'état futur des nations chrétiennes. Je dis des nations chrétiennes, car
il rattachait à l'Évangile ce mouvement progressif du genre humain vers
l'égalité; il pensait que l'égalité devant Dieu, proclamée par l'Évangile,
était le principe d'où était descendue l'égalité devant la loi, et que l'une
et l'autre, l'égalité divine et l'égalité civile, avaient ouvert devant les
âmes l'horizon indéfini où disparaissent toutes les distinctions arbitraires,
pour ne laisser debout, au milieu des hommes, que la gloire laborieuse du
mérite personnel. Mais, malgré cette origine sacrée qu'il attribuait à l'égalité, malgré le spectacle étonnant dont il avait joui par elle en Amérique,
malgré sa conviction que c'était là un fait universel, irrésistible et voulu
de Dieu, il n'envisageait qu'avec une sainte épouvante l'avenir que préparait au monde un si grand changement dans les rapports sociaux. Il avait
vu chez les Américains l'égalité agir naturellement comme une vertu héréditaire; il la retrouvait trop souvent en Europe sous la forme d'une
passion, passion envieuse, ennemie de la supériorité en autrui, mais la
convoitant pour soi, mélange d'orgueil et d'hypocrisie, capable de se don-

ner à tout prix le spectacle de l'abaissement universel, et de se faire de
l'humiliation même un Capitole et un Panthéon. Il avait vu l'ordre naître
en Amérique d'une égalité acceptée de tous, entrée dans les mœurs comme
dans les lois, vraie, sincère, cordiale, rapprochant tous les citoyens dans
les mêmes devoirs et les mêmes droits; il la retrouvait en Europe, inquiète, menaçante, impie, s'attaquant à Dieu même, et sa victoire, inévitable pourtant, lui causait tout ensemble le vertige de la crainte et le
calme de la certitude.

Je remarque une autre vue qui l'accablait plus que toutes les autres,
et qui, jusqu'à son dernier jour, fut l'objet de ses poignantes préoccupations.

Aux États-Unis, l'égalité n'est pas seule; elle s'allie constamment à la
liberté civile, politique et religieuse la plus complète. Ces deux sentiments
sont inséparables dans le cœur de l'Américain, et il ne conçoit pas plus
l'égalité sans la liberté que la liberté sans l'égalité. Mais, quand on vient
à considérer les choses dans l'histoire et proche de nous, on s'aperçoit
que la démocratie, lorsqu'elle n'est plus contenue que par elle-même,
tombe aisément dans un excès qui est sa corruption, et qui appelle, pour
la sauver, le contre-poids d'un despotisme à qui tout est permis, parce
qu'il fait tout au nom du peuple, idole où la multitude se recherche encore
et croit retrouver tout ce qu'elle a perdu. Or M. de Tocqueville voyait en
France et en Europe la démocratie, toute jeune encore, pencher déjà vers
sa décadence et revêtir ce caractère sans frein qui ne lui laisse plus d'autre
remède que de subir un maître tout-puissant. Il pressentait que la démagogie porterait à la liberté naissante un coup mortel, et que, chez les nations chrétiennes plus encore que dans l'antiquité, la licence armerait le
pouvoir au nom de la sécurité commune, mais au préjudice de la liberté
de tous.

Ce pressentiment, que nul n'éprouvait alors, M. de Tocqueville l'eut et
l'avoua. Dès 1835, à la première apparition de son livre sur *la Démocratie en Amérique*, il annonça que la liberté courait en France et en Europe des périls imminents. Il déclara que l'esprit d'égalité l'emportait
chez nous sur l'esprit de liberté, et que cette disposition, jointe à d'autres
causes, nous menaçait de défaillances et de catastrophes qui étonneraient
le siècle présent. Ce siècle ne le crut pas. Il marchait plein de confiance
en lui-même, sûr de son triomphe, dédaignant les conseils autant que les
prophéties, convaincu comme Pompée, l'avant-veille de Pharsale, qu'il
n'aurait qu'à frapper du pied pour donner à Rome, au sénat, à la république, d'invincibles légions. Mais M. de Tocqueville ne devait pas mourir
sans avoir vu ses prévisions justifiées, ni sans avoir préparé à son temps
des leçons dignes de ses malheurs.

« Instruire la démocratie, écrivait-il, ranimer, s'il se peut, ses croyan-

ces, purifier ses mœurs, régler ses mouvements, substituer peu à peu la
science des affaires à son inexpérience, la connaissance de ses vrais intérêts à ses aveugles instincts; adapter son gouvernement aux temps et
aux lieux; le modifier suivant les circonstances et les hommes : tel est le
premier des devoirs imposés de nos jours à ceux qui dirigent la société.
Il faut une science politique nouvelle à un monde tout nouveau[1]. »

Cette science nouvelle, M. de Tocqueville croyait l'avoir découverte
dans les institutions, l'histoire et les mœurs du premier peuple qui eût
vécu sous une parfaite démocratie. Incapable de voir en simple spectateur
un si grand phénomène, il avait voulu en pénétrer les causes, en connaître
les lois, et certain d'instruire sa patrie, peut-être même l'Europe, il avait
écrit de l'Amérique avec la sagacité d'un philosophe et l'âme d'un citoyen.
Son livre fut illustre en un instant, comme l'éclair. Traduit dans toutes
les langues civilisées, on eût dit que le genre humain l'attendait, et cependant, de ce côté-ci de l'Atlantique, il ne répondait à aucune passion, à
aucun parti, à aucune école, à aucun peuple. Il venait seul avec le génie
de l'écrivain, la pureté de son cœur et la volonté de Dieu. Il apportait à
tous les esprits sensés, au milieu du chaos des doctrines et des événements, une lumière qu'on pouvait ne pas goûter, mais qui différait de
tout, une lumière qui tenait de l'avenir sans accabler le présent. Rien de
pareil ne s'était vu depuis le jour où Montesquieu avait publié son *Esprit
des lois*, livre sans modèle aussi, supérieur à son siècle par la religion et
la gravité, et qui, malgré sa nature si profondément sérieuse, eut l'art de
séduire et demeure encore populaire aujourd'hui qu'il est trop peu lu.

Votre voix, messieurs, s'unit aux suffrages des deux hémisphères. Vous
n'attendîtes pas que l'âge eût muri la gloire du jeune publiciste, et vous
le fîtes asseoir près de vous, sur ce siége où vous l'a enlevé une mort
aussi prématurée que l'avait été son illustration. Mais je me reproche d'aller moi-même trop vite et d'ouvrir un tombeau quand je ne suis encore
qu'au seuil d'une immortalité.

Il y avait dans l'ouvrage de M. de Tocqueville plus d'un genre d'attrait.
L'Amérique était mal connue; aucun esprit supérieur ne l'avait encore
étudiée. Les uns n'y voyaient de loin qu'une démagogie grossière et im-
portune; les autres y applaudissaient d'avance le succès de leurs utopies
personnelles. M. de Tocqueville mit la vérité à la place de la fable, et sa
plume sévère répandit sur un tableau tout neuf le charme infini de la sincère clarté. Mœurs, histoire, législation, caractère des hommes et du
pays, causes et conséquences, tout prit sous son burin la puissance de l'in-
vestigateur qui découvre et de l'écrivain qui grave pour les absents ses
propres visions. Mais ce qui frappe et entraîne surtout, c'est le souffle

---

[1] *De la Démocratie en Amérique*, introduction.

même du livre, une ardeur généreuse qui meut l'auteur et fait sentir en
lui l'homme préoccupé du sort de ses semblables dans le temps et dans
l'avenir. Il remue parce qu'il est remué, et son austérité même ajoute à
l'émotion par l'éloquence du contraste. Tandis que Montesquieu met de
l'art dans son esprit, tout en croyant à une cause et en voulant la servir,
M. de Tocqueville s'abandonne au cours irrésistible de ses tristes pressen-
timents. Il voit la vérité et il la craint, il la craint et il la dit, soutenu
par cette pensée qu'il y a un remède, qu'il le connaît, et que peut-être
ses contemporains ou la postérité le recevront de lui. Tantôt l'espérance
prend le pas sur l'inquiétude, tantôt l'inquiétude assombrit l'espérance, et
de ce conflit qui passe sans cesse de l'auteur au livre et du livre au lecteur, jaillit un intérêt qui attache, élève et émeut.

Mais quel était donc ce remède où M. de Tocqueville tranquillisait sa
pensée, et d'où il attendait le salut des générations? Ce n'était pas, vous
le pensez bien, dans l'imitation puérile des institutions américaines qu'il
le trouvait, mais dans l'esprit qui anime ce peuple et qui a fondé ses lois.
Car c'est l'esprit qui fait la vie des institutions, comme c'est l'âme qui fait
la vie des corps. Or l'esprit américain, tel qu'il apparaissait à M. de Tocqueville, se résume dans les qualités ou plutôt dans les vertus que je vais
dire.

L'esprit américain est religieux;

Il a le respect inné de la loi;

Il estime la liberté aussi chèrement que l'égalité;

Il place dans la liberté civile le fondement premier de la liberté politique.

C'est juste le contre-pied de l'esprit qui entraîne plutôt qu'il ne guide
une grande partie de la démocratie européenne. Tandis que l'Américain
croit à son âme, à Dieu qui l'a faite, à Jésus-Christ qui l'a sauvée, à l'Évangile qui est le livre commun de l'âme et de Dieu, le démocrate européen,
sauf de nobles exceptions, ne croit qu'à l'humanité, et encore à une humanité fictive qu'il a créée dans un rêve. Ce rêve est à la fois son âme,
son Dieu, son Christ, son Évangile, et il ne pense à aucune autre religion,
si ancienne et si révérée soit-elle, que pour la persécuter et l'anéantir,
s'il le peut. L'Américain a eu des pères qui portaient la foi jusqu'à l'intolérance, il a oublié leur intolérance et n'a gardé que leur foi. Le démocrate européen a eu des pères qui n'avaient point de foi, qui prêchaient
la tolérance; il a oublié leur tolérance et ne s'est souvenu que de leur
incrédulité. L'Américain ne comprend pas un homme sans une religion
intime, et un citoyen sans une religion publique. Le démocrate européen
ne comprend pas un homme qui prie dans son cœur, et encore moins un
citoyen qui prie en face du peuple.

La même différence se retrouve en ce qui concerne la loi. L'Américain,

qui respecte la loi de Dieu, respecte aussi la loi de l'homme, et, s'il la
croit injuste, il se réserve d'en obtenir un jour l'abrogation, non par la
violence, mais en se faisant une arme pacifique et sûre de tous les moyens
de persuasion que l'homme porte avec lui dans son intelligence, et des
moyens plus puissants encore qu'il peut tenir d'un dévouement éprouvé
à la cause de la justice. Pour le démocrate européen, et je le dis toujours
avec les exceptions nécessaires, la loi n'est qu'un arrêt rendu par la force,
et que la force a le droit de renverser. Fût-ce tout un peuple qui lui eût
donné son assentiment et sa sanction, il professe qu'une minorité, ou
même un seul homme, a le droit de lui opposer la protestation du glaive
et de déchirer dans le sang un papier qui n'a d'autre valeur que l'impuissance où l'on est de le remplacer par un autre. Il proclame hardiment
la *souveraineté du but*, c'est-à-dire la légitimité absolue et supérieure à
tout, même au peuple, de ce que chacun estime au dedans de soi être la
cause du peuple.

L'Américain, venu d'une terre où l'aristocratie de naissance eut toujours une part considérable dans les affaires publiques, a rejeté de ses institutions la noblesse héréditaire et réservé au mérite personnel l'honneur
de gouverner. Mais, tout en étant passionné pour l'égalité des conditions,
soit qu'il la considère au point de vue de Dieu, soit qu'il la juge au point
de vue de l'homme, il n'estime pas la liberté d'un moindre prix, et si
l'occasion se présentait de choisir entre l'une et l'autre, il ferait comme
la mère du jugement de Salomon, il dirait à Dieu et au monde : « Ne les
séparez pas, car leur vie n'en fait qu'une dans mon âme, et je mourrai le
jour où l'une mourra. » Le démocrate européen ne l'entend pas ainsi. A
ses yeux, l'égalité est la grande et suprême loi, celle qui prévaut sur toutes
les autres et à quoi tout doit être sacrifié. L'égalité dans la servitude lui
paraît préférable à une liberté soutenue par la hiérarchie des rangs. Il
aime mieux Tibère commandant à une multitude qui n'a plus de droits et
plus de nom, que le peuple romain gouverné par un patriciat séculaire et
recevant de lui l'impulsion qui le fait libre avec le frein qui le rend fort.

L'Américain ne laisse rien de lui-même à la merci d'un pouvoir arbitraire. Il entend qu'à commencer par son âme tout soit libre de ce qui lui
appartient et de ce qui l'entoure, famille, commune, province, association pour les lettres ou pour les sciences, pour le culte de son Dieu ou le
bien-être de son corps. Le démocrate européen, idolâtre de ce qu'il appelle l'État, prend l'homme dès son berceau pour l'offrir en holocauste à
la toute-puissance publique. Il professe que l'enfant, avant d'être la chose
de la famille, est la chose de la cité, et que la cité, c'est-à-dire le peuple
représenté par ceux qui le gouvernent, a le droit de former son intelligence sur un modèle uniforme et légal. Il professe que la commune, la
province et toute association, même la plus indifférente, dépendent de

l'État, et ne peuvent ni agir, ni parler, ni vendre; ni acheter, ni exister enfin sans l'intervention de l'État et dans la mesure déterminée par lui, faisant ainsi de la servitude civile la plus absolue le vestibule et le fondement de la liberté politique. L'Américain ne donne à l'unité de la patrie que juste ce qu'il lui faut pour être un corps ; le démocrate européen opprime tout l'homme pour lui créer, sous le nom de patrie, une étroite prison.

Si, enfin, messieurs, nous comparons les résultats, la démocratie américaine a fondé un grand peuple, religieux, puissant, respecté, libre enfin, quoique non pas sans épreuves et sans périls ; la démocratie européenne a brisé les nœuds du présent avec le passé, enseveli des abus dans des ruines, édifié çà et là une liberté précaire, agité le monde par des événements bien plus qu'elle ne l'a renouvelé par des institutions, et, maîtresse incontestable de l'avenir, elle nous prépare, si elle n'est enfin instruite et réglée, l'épouvantable alternative d'une démagogie sans fond ou d'un despotisme sans frein.

C'est la certitude de cette alternative qui troublait incessamment l'âme patriotique de M. de Tocqueville, qui a présidé à tous ses travaux et lui a mérité la gloire sans tache où il a vécu et où il mort. Aucun homme de notre temps ne fut à la fois plus sincère, plus logique, plus généreux, plus ferme et plus alarmé. Au fond, ce qu'il aimait par-dessus tout, sa véritable et sa seule idole, hélas ! puis-je le dire? ce n'était pas l'Amérique, c'était la France et sa liberté. Il aimait la liberté en la regardant en lui-même, au foyer de sa conscience, comme le principe premier de l'être moral et la source d'où jaillit, à l'aide du combat, toute force et toute vertu. Il l'aimait dans l'histoire, présidant aux destinées des plus grands peuples, formant tous les hommes qui ont laissé d'eux dans la mémoire du monde une trace qui l'éclaire et le soutient. Il l'aimait dans le christianisme, aux prises avec la toute-puissance d'un empire dégénéré, inspirant l'âme des martyrs et sauvant par eux, non plus la vérité des sages, mais la vérité divine elle-même, non plus la dignité du genre humain, mais la dignité du Christ, Fils de Dieu. Il l'aimait dans les souvenirs de la patrie, dans ces longues générations où la liberté avait fait l'honneur, où l'honneur était le premier bien de la vie, et où la vie se donnait pour sauver l'honneur, pour prouver l'amour, pour défendre la foi, pour mourir enfin digne de soi-même et digne de Dieu. Il l'aimait dans son propre sang, où il avait puisé, avec la tradition de ses aïeux, la fierté d'une obéissance qui n'avait jamais été vile, et la gloire d'un nom qui avait toujours été pur. Il l'aimait enfin par une autre vue, par la vue des peuples déchus, des mœurs perverties, des bassesses couronnées, des talents avilis, des cœurs sans courage ; et, remarquant que toutes ces hontes dont l'histoire déborde correspondaient aux âges et aux leçons de la servitude, il se prenait pour la liberté d'un second amour plus fort que le premier, de cet amour où l'indignation s'allume et se fait le serment d'une haine et d'un combat immortels.

Ce serment vivait dans l'âme de M. de Tocqueville. Il inspira toutes ses pensées, il commanda toutes ses actions.

Je devrais ici, messieurs, vous entretenir des douze années de sa carrière législative. Mais sur cette lave encore brûlante je ne rencontrerais plus seulement des idées et des vertus, je rencontrerais les hommes et les événements. Puis-je les aborder? Du haut de ce banc où il avait été appelé dès 1839, et d'où il descendit aux derniers jours de 1851, il vit tomber la monarchie parlementaire, apparaître la république et se fonder un empire : chutes et avénements qu'il avait prévus et qui amenèrent sa retraite, mais non pas son silence et son découragement. Il aimait la monarchie parlementaire, et il eût voulu la sauver. Née en 1814 des longues méditations de l'exil, elle eût dû réconcilier tous les Français autour d'un trône qui avait le prestige de l'antiquité, et qui avait repris dans le malheur cette jeunesse que lui seul peut rendre aux rois. Mais l'esprit de la France, même après vingt-cinq ans de révolutions, n'était pas mûr pour les secrets et les vertus de la liberté. Il eût fallu à tous, roi et peuple, clergé et noblesse, chrétiens et incroyants, un génie que le temps ne leur avait pas encore donné. Le trône premier tomba, le second voulut renouer dans un sang royal plus populaire la chaîne brisée de nos institutions, et il mit à cette œuvre un courage et une habileté qui méritaient de réussir ; mais cette monarchie diminuée retrouva devant elle les mêmes difficultés qui avaient accablé sa devancière. Le trône second tomba. M. de Tocqueville n'avait compté ni parmi ses adversaires, ni parmi ses défenseurs. Il demandait avec l'opposition victorieuse, une Chambre élue plus indépendante, et un corps électoral plus incorruptible ; mais il ne parut qu'à la tribune et jamais sur la place publique, appelant de sa voix les réformes, et refusant tout signe à la révolution qui se préparait.

La république, néanmoins, l'admit dans ses conseils, d'abord comme député, puis comme ministre des affaires étrangères. Il apporta, dans cette nouvelle phase de son existence politique, un esprit sans illusions ; car il ne croyait pas que la France, qui avait méconnu les conditions de la liberté sous deux monarchies, fût capable de la servir, ou même de la sauver, sous une république. Le nom était nouveau, la situation était la même. Aucun progrès ne s'était accompli dans la sphère générale des intelligences, sauf un petit nombre d'hommes éminents à qui la grandeur du péril avait révélé la grandeur des fautes, et qui s'unirent pour donner au pays la première liberté civile dont il eût joui jusque-là, la liberté de l'enseignement. Ce fut un éclair sublime dans une nuit orageuse.

Il y en eut un autre.

Le rénovateur de la liberté de l'Italie, le prince qui, dès son avénement au trône, avait promis volontairement à son peuple des institutions généreuses, et mérité de l'Europe entière un applaudissement qui retentira jusqu'à la dernière postérité, le pape Pie IX avait été chassé de la capitale du christianisme, après y avoir vu son ministre égorgé sur les marches de la première assemblée législative que Rome eût eue depuis le sénat romain. Une ingratitude sacrilége avait récompensé les dons du père commun des âmes, et, trahi, fugitif, il avait tourné vers Dieu ces regards du malheur et du droit qui n'émeuvent pas toujours les hommes, mais qui ne laissent jamais insensible que pour un moment très-court celui qui, en créant le monde, lui a promis une première justice dans le temps, et une seconde dans l'éternité. Cette fois, comme bien d'autres, la justice du temps fut remise à l'épée de la France, et l'on vit nos bataillons ramener à Rome, sous le drapeau de la république, le prêtre couronné autrefois par Charlemagne et consacré sur son trône par le respect dix fois séculaire des générations. C'était un prêtre, il est vrai, un vieillard faible et désarmé; mais, sous ses cheveux blanchis, sous sa toge inconnue des consuls dont il tenait la place, il portait non plus l'orgueil d'un peuple maître du monde, mais l'humilité souveraine de la croix, et avec elle la paix et la liberté de l'univers. On pouvait opposer à sa couronne des raisonnements et des armées : la France opposa aux raisonnements l'instinct infaillible de son génie politique et chrétien, et aux armées d'une démocratie trompeuse elle opposa ce don de vaincre qui lui fut accordé par Dieu le jour même où Clovis, son premier roi, courba la tête devant la vérité.

La liberté de l'enseignement, la restauration du souverain pontife sur son trône terrestre, ce furent là les œuvres héroïques de la seconde république française, et, en lisant ces deux décrets, on eût pu la croire fondée. M. de Tocqueville prit part, comme ministre, à ce double acte de sagesse et de force, et sans doute aujourd'hui, dans son tombeau, il n'y a rien qui donne à sa conscience un retour plus consolant vers les choses et les douleurs de ce monde.

Bientôt après, le 2 décembre 1851, M. de Tocqueville rentrait chez lui, dans son village, au terme d'une carrière politique qui avait duré douze ans. Il y rapportait un caractère sans tache, une renommée que ne surpassait la gloire d'aucun de ses contemporains, mais en même temps un corps affaibli par le travail des affaires et par celui de la pensée. Il y retrouva ces souvenirs de jeunesse si chers à l'homme qui décline, ces ombrages qu'il avait plantés, ces eaux qu'il avait dirigées, le respect et l'amour de tout ce qui avait vieilli là pendant son absence, et, plus près de son cœur encore, une autre vie consacrée à la sienne et qui eût suffi sans la gloire à la récompense de tout ce qu'il avait fait de bien et de tout ce qu'il avait écrit de vrai. De ce côté aussi on peut dire qu'il avait été meilleur que son siècle. Tout jeune et peu riche, il n'avait point cherché dans sa compagne l'éclat du nom ni celui de la fortune; mais, confiant sa destinée à des dons plus parfaits, il n'avait été trompé que dans la mesure de son bonheur, plus grand qu'il ne l'avait attendu et qu'on ne le lui avait promis.

Cependant cette belle retraite, où l'amitié venait de loin chercher sa présence, n'effaçait point dans l'âme du publiciste le souvenir de la cause qu'il avait servie. Les blessures faites à la liberté, quoiqu'il les eût prévues, l'avaient pénétré comme un glaive, et il portait au dedans de lui, sous une cicatrice saignante, le deuil profond de tout ce qu'il avait vu s'accomplir. Il voulut se donner une consolation, chercher une espérance, et il conçut ce livre, le dernier qu'il ait écrit, où, comparant ensemble *La révolution et l'ancien régime*, il entendait démontrer à ses contemporains qu'ils vivaient encore, sans le savoir, sous ce même régime qu'ils croyaient avoir détruit, et que là était la principale source de leurs éternelles déceptions. Il est vrai, une tribune avait été debout, une presse avait été libre; mais derrière ce théâtre éclatant de la vie nationale, qu'y avait-il, sinon l'autocratie absolue de l'administration publique, sinon l'obéissance passive de tout un peuple, le silence de rouages morts et mus irrésistiblement par une impulsion étrangère à la famille, à la commune, à la province, enfin la vie de tous, jusque dans les plus minimes détails, livrée à la domination de quelques hommes d'État sous la plume oisive et indifférente de cent mille scribes? Or, disait l'auteur, savez-vous bien qui a inventé ce mécanisme, qui a créé cette servitude? Ce n'est pas la Révolution, c'est l'ancien régime; ce n'est pas 1789, c'est Louis XIV et Louis XV; ce n'est pas le présent, c'est le passé. Vous avez seulement recouvert la servitude civile, qui est la pire de toutes, du voile trompeur de la liberté politique, donnant à une tête d'or des pieds d'argile, et faisant de la société française une autre statue de Nabuchodonosor qu'une pierre lancée par une main inconnue suffit pour briser et réduire en poudre. Et cette thèse, si neuve quoique si manifeste, M. de Tocqueville la développait avec le calme de l'érudition, après avoir longtemps fouillé dans les archives administratives des deux derniers siècles, d'autant plus éloquentes qu'elles croyaient garder leur secret pour l'État et non pour le monde.

Tel fut le testament de M. de Tocqueville, le mot suprême de sa pensée. Après cela il ne fit plus que languir. Ouvrier trop sérieux pour ne s'être pas consumé dans la lumière dont il avait été l'organe, il s'avança peu à peu, mais sans y croire, vers une mort qui devait être la troisième récompense de sa vie. La gloire avait été la première; il avait trouvé la seconde dans un bonheur domestique de vingt-cinq ans; sa fin préma-

turée devait lui apporter la dernière et mettre le sceau à la justice de
Dieu sur lui. Il avait toujours été sincère avec Dieu comme avec les
hommes. Un sens juste, une raison mûrie par la droiture avant de l'être
par la réflexion et l'expérience, lui avaient révélé sans peine le Dieu
actif, vivant, personnel, qui régit toutes choses, et de cette hauteur si simple, quoique si sublime, il était descendu sans peine encore au
Dieu qui respire dans l'Évangile et par qui l'amour est devenu le sauveur
du monde. Mais sa foi peut-être tenait de la raison plus que du cœur. Il
voyait la vérité du christianisme, il la servait sans honte, il en rattachait
l'efficacité au salut même temporel de l'homme ; cependant il n'avait pas
atteint cette sphère où la religion ne nous laisse plus rien qui ne prenne
sa forme et son ardeur. Ce fut la mort qui lui fit le don de l'amour. Il
reçut comme un ancien ami le Dieu qui le visitait, et, touché de sa présence jusqu'à répandre des larmes, libre enfin du monde, il oublia ce
qu'il avait été, son nom, ses services, ses regrets, ses désirs, et, avant
même qu'il nous eût dit adieu, il ne restait plus en cette âme que les
vertus qu'elle avait acquises sur la terre en y passant.

Ces vertus, messieurs, vous appartenaient. Ornement sacré du talent
littéraire le plus haut et le plus vrai, vous jouissiez de leur alliance dans
la personne de M. de Tocqueville, et il tenait lui-même à grand honneur
de compter parmi les membres de votre illustre compagnie, car vous
étiez à ses yeux les représentants des lettres françaises, et il voyait dans
les lettres plus que l'épanouissement ingénieux des facultés de l'esprit
Il y voyait l'auxiliaire puissant de la cause à laquelle il avait dévoué sa
vie, le flambeau de la vérité, l'épée de la justice, le bouclier généreux où
se gravent les pensées qui ne meurent pas, parce qu'elles servent tous les
temps et tous les peuples. Sa jeunesse s'était formée à ces grandes leçons. Penché vers l'antiquité comme un fils vers sa mère, il avait entendu
Démosthènes défendre la liberté de la Grèce et Cicéron plaider contre les
desseins parricides de Catilina : tous les deux victimes de leur éloquence
et de leur patriotisme, le premier se donnant la mort par le poison pour
échapper à la vengeance d'un lieutenant d'Alexandre, le second tendant
sa tête aux sicaires d'Antoine, cette tête que le peuple romain devait voir
clouée sur la tribune aux harangues, pour y être une image éternelle de
la crainte qu'inspire aux tyrans la parole de l'homme sur les lèvres de
l'orateur. Il avait entendu Platon dicter dans sa *République* les lois
idéales de la société, déclarer que la justice en est le premier fondement,
que le pouvoir y est institué pour le bien de tous et non dans l'intérêt de
ceux qui gouvernent, qu'il appartient par la nature des choses aux plus
éclairés et aux plus vertueux, et que tous ceux qui l'exercent en sont responsables ; que les citoyens sont frères ; qu'ils doivent être élevés par les
plus sages de la république dans le respect des lois, l'amour de la vertu

et la crainte des dieux ; que la paix entre les nations est le devoir de toutes et l'honneur de celles qui ne tirent l'épée qu'à regret, pour la défense du droit. Il avait admiré dans Zénon le père de cette héroïque postérité qui survécut à toutes les grandeurs de Rome, et consola, par le spectacle d'une force d'âme invincible, tous ceux qui croyaient encore à eux-mêmes quand personne ne croyait plus à rien. Si Horace et Virgile lui avaient présenté sous des vers admirables l'image douloureuse de poëtes courtisans, il avait retrouvé dans Lucain la trace du courage et les dieux, non moins que César, sacrifiés par lui aux vaincus de Pharsale. Enfin, au terme des lettres anciennes, et comme sur le seuil de leur tombeau, Tacite lui avait parlé cette langue vengeresse qui a fait du crime même un monument à la vertu, et de la plus profonde servitude un chemin à la liberté.

Ce chemin, d'autres l'ouvraient aussi quand Tacite en creusait de son implacable burin l'âpre et immortel sillon. Car, semblable à ces souffles réguliers qui ne quittent les flots d'une mer que pour soulever ceux d'une autre, la liberté change de lieu, de peuple et d'âme, mais elle ne meurt jamais. Quand on la croit éteinte, elle n'a fait que monter ou descendre quelques degrés de l'équateur. Elle a délaissé un peuple vieilli pour préparer les destinées d'un peuple naissant, et tout à coup elle reparaît au faîte des choses humaines lorsqu'on la croyait oubliée pour jamais. Il y avait donc, au temps de Tacite, des hommes nouveaux qui travaillaient comme lui, mais dans une langue inconnue de lui, à la rénovation de la dignité humaine, et qui faisaient pour la liberté de la conscience, principe de toutes les autres, plus que n'avaient fait les orateurs, les philosophes, les poëtes et les historiens de l'âge écoulé. Ils ne s'appelaient plus Démosthènes ou Cicéron, Platon ni Zénon, et ils ne parlaient plus à un seul peuple du haut d'une tribune illustre, mais isolée : ils s'appelaient Justin le martyr, Tertullien l'Africain, Athanase l'évêque, et, soit leur parole, soit leurs écrits, s'adressaient à toutes les parties du monde connu, littérature universelle qui présidait à la fondation d'une société plus vaste que l'empire romain ; littérature vivante encore après dix-neuf siècles, et dont vous êtes, messieurs, à l'heure présente, un rameau que je salue, une gloire que je ne méritais pas de voir de si près.

Les lettres françaises ont eu, depuis trois siècles, une part à jamais mémorable dans les destinées du monde. Chrétiennes sous Louis XIV, avec la même éloquence, mais avec un goût plus pur que dans les Pères de l'Église, elles ont opposé Pascal à Tertullien, Bossuet à saint Augustin, Massillon et Bourdaloue à saint Jean Chrysostôme, Fénelon à saint Grégoire de Nazianze, en même temps qu'elles opposaient Corneille à Euripide et à Sophocle, Racine à Virgile, La Bruyère à Théophraste, Molière à Plaute et à Térence : siècle rare, qui fit de Louis XIV le successeur immédiat d'Auguste, et de Théodose, et de notre langue l'héritière de la Grèce et la dominatrice des esprits.

Le siècle suivant dégénéra du christianisme, mais non pas du génie. Père de deux hommes tout à fait nouveaux dans l'histoire des lettres, il eut en eux ses astres premiers, l'un qui tenait de Lucien par l'ironie, l'autre qui ne tenait de personne; tous les deux puissants pour détruire et pour charmer, attaquant une société corrompue avec des armes qui elles-mêmes n'étaient pas pures, et nous préparant ces ruines formidables où, depuis soixante ans, nous essayons de replacer l'axe ébranlé des croyances religieuses et des vertus civiques. Ces deux hommes pourtant ne furent pas, au dix-huitième siècle, les seuls représentants de la gloire et de l'efficacité littéraires. Buffon y écrivait de la nature avec majesté, et Montesquieu, élevé par trente ans de méditations au-dessus des erreurs de sa jeunesse, prenait place, dans son *Esprit des lois*, à côté d'Aristote et de Platon, ses prédécesseurs, et les seuls, dans la science du droit politique. Il eut l'honneur de dégager de l'irréligion vulgaire les principes d'une saine liberté, et on ne peut le lire qu'en rencontrant à chaque page des traits qui flétrissent le despotisme, mais sans aucun penchant pour le désordre et sans aucune solidarité avec la destruction. Il est juste de dire que, si Jean-Jacques Rousseau a été, dans son *Contrat social*, le père de la démagogie moderne, Montesquieu a été, dans son *Esprit des lois*, le père du libéralisme conservateur où nous espérons un jour asseoir l'honneur et le repos du monde.

J'ai hâte, messieurs, d'arriver à ce siècle qui est le vôtre, et où je vais retrouver M. de Tocqueville à côté de vous. Aussi chrétien dans ses grands représentants que le siècle de Louis XIV, mais plus généreux, plus ami des libertés publiques, moins ébloui par la puissance et l'éclat d'un seul, notre siècle s'ouvrit par un écrivain dont il semble que la Providence eût voulu faire le Jean-Jacques Rousseau du christianisme. Poëte mélancolique dans une prose dont il eut le premier le secret, M. de Chateaubriand frappa au cœur de sa génération comme un pèlerin revenu des temps d'Homère et des forêts inexplorées du Nouveau-Monde. Mais en même temps qu'il inaugurait ce style où nul ne l'avait précédé, où nul ne l'a égalé depuis, il nous donnait aussi l'exemple de la virilité politique du caractère, et les murs de ce palais n'oublieront jamais qu'il y entra sans pouvoir prononcer le discours que lui imposaient vos suffrages et que lui commandait sa reconnaissance pour vous. D'autres, comme lui, payaient à leur foi religieuse ou à leur indépendance personnelle cette dette du courage devant la toute-puissance. M. de Bonald méritait que sa *Législation primitive* fût broyée sous le pilon de la censure. Le vieux Ducis, insensible à la victoire, conservait intacte sous ses rayons la couronne de ses cheveux blancs. Madame de Staël expiait par dix années

d'exil un silence que rien n'avait séduit. Delille chantait debout les règnes
de la nature, et il lui était permis de dire dans un mouvement d'orgueil
légitime :

> On ne put arracher un mot à ma candeur,
> Un mensonge à ma plume, une crainte à mon cœur.

Je m'arrête aux morts, messieurs, car le tombeau souffre la louange,
et, en soulevant son linceul, on ne craint pas de blesser la pudeur de
l'immortalité. Mais ce sacrifice me coûte en présence d'une assemblée où
je vois siéger les héritiers directs des premières gloires littéraires de
notre âge, des orateurs qui ont ému trente ans la tribune ou le barreau ;
des poëtes qui ont découvert dans l'harmonie des mots et des pensées de
nouvelles vibrations ; des historiens qui ont creusé nos antiquités nationales ou qui ont redit à la génération présente le courage de ses pères
dans la vie civile et dans la vie des camps ; des publicistes qui ont écrit
pour le droit contre les regrets du despotisme et les rêves de l'utopie ;
des hommes d'État qui ont gouverné par la parole des assemblées ora-
geuses et n'ont rapporté du pouvoir que la conscience d'en avoir été dignes ; des philosophes qui ont relevé parmi nous l'école de Platon et de
saint Augustin, de Descartes et de Bossuet, et inscrit leur nom, à la suite
de ceux-là, dans la grande armée de la sagesse éloquente ; des écrivains
qui ont eu l'idolâtrie de la perfection du style, et à qui une vieillesse privilégiée n'a pu en désapprendre l'art : tous mêlés avec honneur aux luttes
de leur temps, couverts de ses cicatrices, et, sans avoir pu le sauver,
sûrs de compter un jour parmi ceux qui ne l'auront ni flatté ni trahi.

Et vous aussi, Tocqueville, vous étiez parmi eux ; cette place d'où je
parle était la vôtre. Plus libre avec vous qu'avec les vivants, j'ai pu vous
louer. J'ai pu, en dessinant vos pensées, en retraçant vos actes et votre
caractère, louer avec vous tous ceux qui comme vous cherchaient à éclairer leur siècle sans le haïr, et à jeter nos générations incertaines dans la
voie où Dieu, l'âme, l'Évangile, l'ordre et l'action forment ensemble le
citoyen et soutiennent la société entre les deux périls où elle ne cessera
jamais d'osciller, le péril de se donner un maître et le péril de se gouverner sans le pouvoir. Nul mieux que vous n'a connu nos faiblesses et
dévoilé nos erreurs ; nul non plus n'en a mieux pénétré les causes, ni
mieux indiqué les remèdes. M. de Chateaubriand disait dans une occasion
mémorable : « Non, je ne croirai point que j'écris sur les ruines de la
monarchie. » Vous eussiez pu dire : Non, je ne croirai point que j'écris
sur les ruines de la liberté.

C'est aussi votre foi, messieurs, c'est la foi des lettres françaises, et ce
sera leur ouvrage pour une grande part. A voir la suite de nos trois siècles
littéraires et cette succession continue d'hommes éminents dans tous les

ordres de l'esprit, on ne saurait méconnaître qu'une prédestination de la
Providence veille sur notre littérature en vue d'une mission qu'elle doit
remplir. Et que cette mission soit salutaire, qu'elle se rattache aux plans
d'un avenir ordonné et pacifique, où, dans des conditions nouvelles, seront satisfaits les vrais besoins de l'humanité perfectionnée, je ne saurais
non plus en douter. Il suffit, pour s'en convaincre, de remarquer que,
sauf de rares exceptions, le génie en France conduit à la vérité et la sert.
Tout ce qui s'élève dans les régions de l'intelligence, tout ce qui demeure
visible à l'admiration, de Pascal au comte de Maistre, de Montesquieu à
M. de Tocqueville, prend en haut le caractère de l'ordre, ce quelque chose
de grave et de saint qui éclaire sans consumer, qui meut sans détruire,
et qui est à la fois le signe et la puissance même du bien. Tels sont, à ne
pouvoir se le cacher, les grandes lignes de la littérature française et ces
sommets éclatants où la postérité vient, malgré elle, chercher le bienfait
de la lumière dans la splendeur d'un goût sans reproche. Vous continuez,
messieurs, cette double tradition du beau et du vrai, de l'indépendance et
de la mesure, qui sont le cachet séculaire du génie français. Aussi, pour-
rai-je ne pas vous l'avouer? Quand vos suffrages m'ont appelé à l'impro-
viste parmi vous, je n'ai pas cru entendre la simple voix d'un corps littéraire, mais la voix même de mon pays m'appelant à prendre place entre
ceux qui sont comme le sénat de sa pensée et la représentation prophétique de son avenir. J'ai vu les préjugés qui m'eussent séparé de vous il y a
vingt ans, et ces préjugés vaincus par votre choix m'ont fait entendre les
progrès accomplis en soixante ans d'une expérience pleine de périls, de
retours dans la fortune, de sagesse trompée, de courages impuissants mais
glorieux. M. de Tocqueville était au milieu de vous le symbole de la liberté magnifiquement comprise par un grand esprit; j'y serai, si j'ose le
dire, le symbole de la liberté acceptée et fortifiée par la religion. Je ne
pouvais recevoir sur la terre une plus haute récompense que de succéder
à un tel homme pour l'avancement d'une telle cause.

---

# RÉPONSE DE M. GUIZOT
### DIRECTEUR DE L'ACADÉMIE

Que serait-il arrivé, monsieur, si nous nous étions rencontrés, vous et
moi, il y a six cents ans, et si nous avions été, l'un et l'autre, appelés à
influer sur nos mutuelles destinées? Je n'ai nul goût à réveiller des souvenirs de discorde et de violence; mais je ne répondrais pas au sentiment

du généreux public qui nous écoute, et du grand public extérieur qui s'est vivement préoccupé de votre élection, si je n'étais pas, comme lui, ému et fier du beau contraste entre ce qui se passe aujourd'hui dans cette enceinte et ce qui se fût passé jadis en de semblables circonstances. Il y a six cents ans, monsieur, si mes pareils de ce temps vous avaient rencontré, ils vous auraient assailli avec colère comme un odieux persécuteur ; et les vôtres, ardents à enflammer les vainqueurs contre les hérétiques, se seraient écriés : « Frappez, frappez toujours ! Dieu saura bien reconnaître les siens. » Vous avez eu à cœur, monsieur, et je n'ai garde de vous le contester, vous avez eu à cœur de laver de telles barbaries la mémoire de l'illustre fondateur de l'ordre religieux auquel vous appartenez ; ce n'est pas à lui, en effet, c'est à son siècle, et à tous les partis pendant bien des siècles, qu'il faut les reprocher. Je n'ai pas coutume, j'ose le dire, de parler de mon temps et à mes contemporains avec une admiration complaisante ; plus je désire ardemment leur bonheur et leur gloire, plus je me sens porté à leur signaler à eux-mêmes ce qui leur manque encore pour suffire à leurs grandes destinées. Mais je ne puis me refuser à la joie et, le dirai-je ? à l'orgueil du spectacle que l'Académie offre en ce moment à tous les yeux. Nous sommes ici, vous et moi, monsieur, les témoignages vivants et les heureux témoins du sublime progrès qui s'est accompli parmi nous dans l'intelligence et le respect de la justice, de la conscience, du droit, des lois divines, si longtemps méconnues, qui règlent les devoirs mutuels des hommes, quand il s'agit de Dieu et de la foi en Dieu. Personne aujourd'hui ne frappe plus et n'est plus frappé au nom de Dieu ; personne ne prétend plus à usurper les droits et à devancer les arrêts du souverain juge. C'est maintenant l'Académie seule qui est appelée à reconnaître les siens.

Elle sait les reconnaître, dans quelques rangs et sous quelque habit qu'elle les rencontre. Elle vous a reconnu, monsieur, à des titres éclatants, que le sentiment public lui signalait et que vous venez de confirmer. Elle a donné ses suffrages au prédicateur éloquent, au brillant écrivain, au moraliste à la fois sévère et tendre, sympathique et pur. Elle s'est félicitée de trouver réunis en vous tant de mérites divers et rares, et de les appeler, avec vous, dans son sein. . . . . . . . . . . . . . .
. . . . . . . . . . . . . . . . . . . . . . . . . . . . .
. . . . . . . . . . . . . . . . . . . . . . . . . . . . .

Vous venez, monsieur, de rendre à la démocratie moderne, telle qu'elle s'est constituée et que jusqu'ici elle s'est gouvernée aux États-Unis d'Amérique, un éclatant hommage ; et en même temps vous avez hautement exprimé, sur l'esprit démocratique tel qu'il se manifeste trop souvent dans notre Europe, vos judicieuses appréhensions. Vous portez à l'Église catholique et au saint pontife qui préside à ses destinées un dévouement filial ; vous avez exhalé votre éloquente indignation contre l'ingratitude qu'a rencontrée ce pape généreux et doux qui s'est empressé d'ouvrir à ses sujets la carrière des grandes espérances, et qui les y eût heureusement conduits si la bonté des intentions suffisait à gouverner les hommes. Est-ce là, monsieur, tout ce qu'en présence de ce qui se passe, vous pensez et sentez sur la situation de l'Église, et regardez-vous l'ingratitude populaire comme la plus dure épreuve que son auguste chef ait maintenant à subir? Non, certainement non; mais, après avoir touché à cette plaie vive, vous vous êtes arrêté; vous avez craint d'envenimer en enfonçant. Vous avez eu raison, monsieur; ce n'est pas ici un lieu où, sur un tel sujet, il soit possible ni convenable de tout dire. Je me permettrai seulement de rappeler un fait qui est présent, je pense, à la mémoire de bien des personnes dans cette enceinte. Le spectacle auquel nous assistons en ce moment n'est pas nouveau; nous avons vu, il y a déjà plus d'un demi-siècle, l'Italie en proie à des troubles, à des envahissements, à des bouleversements pareils à ceux qui y éclatent aujourd'hui; mais alors du moins ils apparaissaient avec leur vrai caractère et sous leur vraie figure; un homme qui a joui d'un grand renom populaire, et que les libéraux appelaient leur publiciste, en parlant de ces actes et de tant d'autres semblables, les qualifiait *d'esprit d'usurpation et de conquête*, et il écrivait, sous ce titre, un livre pour les flétrir. Les mêmes faits ne méritent-ils plus le même nom? Ont-ils changé de nature parce que ce n'est plus la France qui les accomplit ouvertement, pour son propre compte, et qui s'en attribue les fruits? Ou bien serait-ce que ces violences seraient devenues légitimes parce qu'aujourd'hui c'est au nom de la démocratie et en vertu de ce qu'on appelle sa volonté qu'on les exerce? La démocratie a, de nos jours, une passion pleine d'iniquité et de péril; elle se croit la société elle-même, la société tout entière; elle y veut dominer seule, et elle ne respecte, je pourrais dire elle ne reconnaît nuls autres droits que les siens. Grande et fatale méprise sur les lois naturelles et nécessaires des sociétés humaines! Quelle que soit leur forme de gouvernement, et au sein même des plus libres, des droits divers s'y développent et y coexistent, les uns pour maintenir l'ordre et le pouvoir social, les autres pour garantir les libertés publiques et les intérêts individuels, les uns déposés aux mains des princes ou des magistrats, les autres placés sous la garde des citoyens. Le respect mutuel et le maintien simultané de ces droits divers font la sûreté, la durée, l'honneur, la vie même de la société. Quand ce respect et cette harmonie manquent, quand l'un des grands droits sociaux se saisit seul de l'empire, et méconnaît, viole ou même abolit les droits collatéraux, quand la démocratie, par exemple, se croit maîtresse de changer à son gré les formes de gouvernement, les dynasties, les relations et les limites des États, ce n'est pas la liberté, ce n'est pas le progrès, c'est l'anarchie, ou la tyrannie, et peut-être aussi l'ambition étrangère qui profitent de tels désordres. Et le mal n'est jamais si grave que lorsqu'il s'attaque à la fois aux fondements de l'Église et à ceux de l'État, lorsqu'il porte le trouble dans les consciences en même temps que la fermentation dans les passions et les intérêts. Je m'arrête comme vous, monsieur : précisément parce que ma situation et ma croyance me laissent plus désintéressé que vous dans ce grand débat, j'ai à cœur d'y laisser clairement paraître ma pensée ; mais je connais et je respecte les limites dans lesquelles mes paroles doivent se contenir.

Du reste, monsieur, tout ce que j'ai en ce moment l'honneur de vous dire, votre illustre prédécesseur, s'il vivait encore au milieu de nous et s'il siégeait ici à ma place, M. de Tocqueville, j'en ai la ferme conviction, vous le dirait comme moi. La démocratie moderne a trouvé en lui un observateur aussi libre qu'équitable, profondément touché de ses mérites et de ses droits, mais éclairé sur ses défauts et ses périls, très-convaincu de sa force, mais trop fier pour abaisser sa pensée devant la force, quelle qu'elle soit. Il était l'un de ces justes et nobles cœurs qui se félicitent quand, selon la belle expression de M. Royer-Collard, « la Providence appelle aux bienfaits de la civilisation un plus grand nombre de ses créatures ; » mais il savait vers quelles passions subalternes et tyranniques penche le grand nombre quand il domine sans être contenu par un puissant contrôle, et dans quels abaissements ou quelles injustices il peut jeter alors la société. M. de Tocqueville considérait donc la démocratie en général avec sympathie et inquiétude, acceptant son empire, mais réservant avec soin sa propre indépendance, et un peu étranger à l'armée dont il saluait le drapeau vainqueur. Quand il vit de près et qu'il étudia avec une sagacité admirable les États-Unis d'Amérique, il reconnut bientôt quelles circonstances singulières et propices avaient permis là à une grande société démocratique de se développer en échappant à plusieurs de ses mauvaises pentes naturelles : les vastes espaces ouverts devant elle, point de puissantes sociétés voisines et rivales, les traditions anglaises, les fortes croyances chrétiennes, tant de causes, matérielles et morales, qui ont entouré le berceau de ce grand peuple, et n'ont pas voulu que sa fortune dépendît uniquement de sa sagesse et de sa vertu. Tout en étant frappé des ressemblances qu'il remarquait entre les tendances du développement social en Europe et en Amérique, M. de Tocqueville s'empressa de dire qu'il ne concluait point de la destinée américaine à celle d'autres peuples placés dans des conditions très-différentes ; et, en décrivant la démocratie en Amérique, il prit grand soin de mettre également en lumière les heureuses chances qu'elle avait rencontrées dans une situation jusque-là sans exemple, et les dangers qu'elle portait encore en elle-même, au milieu des prodigieux succès qu'elle avait déjà obtenus. C'est le caractère original et excellent de son ouvrage de n'être ni un plaidoyer en faveur de la démocratie, ni un réquisitoire contre elle, ni une tentative d'importation indiscrète ; c'est le tableau tracé par un observateur généreux et ami, mais clairvoyant, d'une société nouvelle, plus grande déjà qu'éprouvée ; et vous avez eu raison, monsieur, de rappeler les propres paroles de M. de Tocqueville, qui a écrit, dit-il, son livre « sous l'impression d'une sorte de terreur religieuse, » en présence de cet élan irrésistible vers un avenir encore obscur.

Aussi, monsieur, le succès de cet ouvrage a-t-il été, non-seulement aussi grand que vous l'avez dit, mais plus singulier et plus rare que vous ne l'avez dit : il a également frappé et charmé les amis chauds de la démocratie et les esprits qui s'inquiètent de sa domination exclusive. Les uns ont été touchés et fiers de la conviction si profonde avec laquelle M. de Tocqueville reconnaît la puissance actuelle de la démocratie, les grandes choses qu'elle a déjà accomplies en Amérique et les grandes destinées qu'elle poursuit partout ; les autres lui ont su un gré infini d'avoir si bien démêlé et si franchement signalé les vices et les périls d'un régime qu'il acceptait si hautement. Les démocrates ont vu en lui un ami vrai, et les politiques plus exigeants un juge éclairé de la démocratie. Ainsi, les partis et les hommes les plus divers, les républicains de toute nuance en Amérique, les torys, les whigs et les radicaux en Angleterre, M. Royer-Collard et M. Molé à Paris, l'ont admiré et loué à l'envi, les uns pour sa libérale sympathie, les autres pour ses clairvoyantes alarmes. Fortune aussi méritée qu'heureuse, car elle a été le fruit de l'admirable et grave sincérité qui règne dans tout l'ouvrage de M. de Tocqueville, soit qu'il rende hommage au grand fait social qu'il contemple, soit qu'il garde une réserve scrupuleuse dans ses conclusions.

Vous aussi, monsieur, vous avez eu, dans cette circonstance de votre vie, une fortune rare et méritée. Vous vous félicitez, et vos premières paroles en ont remercié l'Académie, d'avoir dans ses rangs M. de Tocqueville pour prédécesseur. Vous avez raison de vous en féliciter, car nul rapprochement ne pouvait faire ressortir avec plus d'éclat et d'honneur vos mérites mutuels. Jamais peut-être de tels contrastes n'ont abouti à tant d'harmonie. Vous, monsieur, par votre origine, votre éducation, vos premiers pas dans la vie, vous appartenez à la France nouvelle ; vous avez, dans votre jeunesse, partagé ses impressions, ses goûts, ses troubles, ses passions, ses idées. M. de Tocqueville, au contraire, était un fils de l'ancienne France ; il avait été élevé dans ses souvenirs, ses affections, ses traditions, ses mœurs. Arrivés l'un et l'autre à l'âge d'homme, votre berceau ne vous a satisfaits ni l'un ni l'autre : vous avez tous deux ressenti d'autres désirs, d'autres besoins intellectuels et moraux ; vous aspiriez tous deux à d'autres horizons. Que faites-vous alors l'un et l'autre? Vous,

monsieur, vous le jeune Français du dix-neuvième siècle, vous vous reje-
tez de six cents ans en arrière : c'est au moyen âge, à cette époque plus
loin de nous encore par les mœurs que par les siècles, que vous demandez
les grandes satisfactions de votre âme et que vous donnez votre vie ; rien
ne vous arrête, rien ne vous rebute ; il faut que vous deveniez moine pour
que votre nature fécondée se déploie dans toute sa richesse, et c'est en
empruntant au treizième siècle votre nom et votre habit que vous devenez,
dans le dix-neuvième et sur vos contemporains, un orateur puissant et
populaire. Que fait cependant M. de Tocqueville, ce fils de l'ancien régime, aristocrate par l'origine, par les exemples de sa famille et les habitudes de sa jeunesse ? Comme vous, monsieur, il sort de l'atmosphère où
il est né ; mais ce n'est pas, comme vous, vers le passé que se portent ses
regards ; il ne cherche point là ses modèles et ses armes ; il s'éloigne de
la vieille Europe ; il va trouver au delà des mers d'autres institutions,
d'autres mœurs, une société toute nouvelle, sans roi, sans aristocratie,
sans Église de l'État ; et le gentilhomme français devient le témoin fidèle,
l'habile interprète de la démocratie américaine ; et c'est en la décrivant,
en l'expliquant, qu'il acquiert dans sa patrie un beau renom, une grande
influence, et qu'il s'ouvre cette carrière politique à laquelle il aspirait.
Jamais, à coup sûr, deux hommes plus divers à leur point de départ n'ont
pris, en entrant dans l'âge viril, des routes aussi plus diverses. Qu'en
est-il résulté pour l'un et pour l'autre? Cette double et longue diversité
vous a-t-elle de plus en plus séparés, et en arrivant près du terme vous
êtes-vous trouvés plus étrangers l'un à l'autre que vous ne l'étiez en partant? Nullement ; vous vous êtes, au contraire, sans le chercher, sans le
savoir, rapprochés et unis. Vous, monsieur, vous vous êtes voué à la ré-
surrection de la foi religieuse, et M. de Tocqueville à la fondation de la
liberté politique ; mais dans ces deux œuvres le même flambeau vous
éclaire, le même feu vous anime ; vous aimez, vous servez la même cause :
à travers les différences qui restent encore entre vous, on ne saurait pro-
mener de l'un à l'autre ses regards sans être frappé de votre harmonie :
et, si vous vous sentez heureux d'avoir pour prédécesseur M. de Tocqueville, j'incline à croire qu'il vous eût volontiers choisi pour son successeur.

Félicitez-vous donc, monsieur : dans votre diversité et dans votre accord, vous avez eu, M. de Tocqueville et vous, l'honneur d'être les représentants des plus nobles instincts et des plus pressantes comme des plus
pures aspirations de notre temps. La société française n'a aujourd'hui nul
penchant ni à redevenir ce qu'elle était au moyen âge, ni à devenir ce
qu'est, dans le Nouveau-Monde, la république américaine ; ni ce passé ni
cet avenir ne lui conviennent, et elle a prouvé qu'elle renierait quiconque
voudrait lui imposer l'un ou l'autre. Mais elle désire, elle invoque, tantôt
avec éclat, tantôt au fond du cœur et malgré les apparences contraires,

a foi religieuse et la liberté politique; elle sent par instinct, elle sait par expérience que ces deux puissances sublimes sont nécessaires l'une à l'autre, et que leur sûreté comme leur dignité leur commandent également de s'unir. Que la foi soit libre, que la liberté soit pieuse; c'est là, à travers toutes les révolutions et tous les régimes, les vœux supérieurs de la France, comme, entre M. de Tocqueville et vous, et au-dessus de vos différences, le but commun de vos âmes et de vos efforts.

Je ne saurais, monsieur, en disant ce que je vous dis là, me défendre d'un retour sur moi-même auquel il me sera permis, j'espère, de m'arrêter un moment. Ce que souhaitait, ce que cherchait pour notre patrie M. de Tocqueville, je le souhaitais, je le cherchais comme lui; nous portions, je n'hésite pas à le dire, aux libertés publiques et aux institutions qui les fondent, le même amour, inspiré par des idées et des sentiments à tout prendre très-semblables, et contenu, ou bien près, dans les mêmes limites. Comment donc s'est-il fait que, dans la vie publique, nous ayons presque toujours vécu dans des camps opposés, et que, malgré une estime mutuelle, nous ayons employé à nous combattre notre temps et nos forces, tandis que nous semblions si naturellement appelés à nous seconder et à nous soutenir mutuellement? Je me suis plus d'une fois posé cette question au milieu même de l'arène politique; elle me touche encore plus aujourd'hui, dans la retraite où je vis et au souvenir de M. de Tocqueville entré dans le repos éternel.

Je suis tenté de croire que la diversité de nos études et de nos travaux, en dehors de la vie publique, n'a pas été étrangère à celle de nos alliances et de nos routes politiques. J'ai longtemps étudié le développement des anciennes sociétés européennes et les éléments divers qui ont été comme les acteurs de leur histoire : la royauté, la noblesse, le clergé, la bourgeoisie, le peuple, l'État, l'Église, les communions dissidentes; je les ai suivis et observés dans leurs mélanges, leurs luttes, leurs succès et leurs revers; j'ai pris, dans ce spectacle, l'habitude de regarder ces éléments divers comme essentiels à nos grandes sociétés européennes, de les comparer, de peser leurs droits et leurs forces mutuelles, de leur faire à chacun, dans l'ordre social, sa place et sa part. M. de Tocqueville, jeune encore, s'est adonné tout entier à l'observation de la république américaine; la démocratie a été le grand, presque le seul personnage de la société et de l'histoire dont il a fait l'objet particulier de son étude. Il a été ainsi naturellement conduit à donner à l'élément démocratique une place presque exclusive dans sa pensée politique, comme moi à tenir toujours grand compte des éléments divers qui ont joué un grand rôle dans la société française, et à unir encore leurs drapeaux.

Quand sa vie politique a été brisée, quand, au lieu de la société américaine, c'est sur la société française, telle qu'elle est sortie de la Révolution française, que se sont portées ses méditations, M. de Tocqueville a senti le besoin de sonder les origines de l'être social qu'il voulait parfaitement comprendre; il est entré alors dans l'étude, sinon de l'ancienne France, du moins de la France du dix-huitième siècle, et il a retrouvé là les éléments divers de la France actuelle, vieux et chancelants, mais encore debout et préparant eux-mêmes, de leur gré ou à leur insu, la société nouvelle qui devait prendre leur place. De là est né ce volume, *L'ancien Régime et la Révolution*, la dernière et, à mon avis, la plus belle œuvre, bien qu'inachevée, de ce grand et intègre esprit qui n'a déployé nulle part, à un si haut degré, les qualités de sa nature éclairée par l'expérience de sa vie. Les fragments, malheureusement trop courts, du second volume que vient de publier la piété de ses amis, sont dignes des premières constructions de l'édifice. Si ce travail eût été placé à l'entrée et non au terme de la carrière politique de M. de Tocqueville, elle en eût peut-être ressenti l'influence; peut-être nous serions-nous, lui et moi, mieux compris et plus rapprochés que ne l'a voulu notre mutuelle destinée.

Ce qui domine, en effet, dans ce livre, ce qui l'a inspiré et le vivifie, c'est un sentiment profond des difficultés qu'a rencontrées, que rencontre parmi nous l'établissement de la liberté politique, et un vertueux désir de les bien définir et mettre en lumière pour nous apprendre à les vaincre. Pendant dix ans, après son entrée dans la vie publique, M. de Tocqueville en goûta, dans une situation facile et douce, les nobles plaisirs; il faisait, à la politique des pouvoirs de ce temps, une opposition loyale et modérée; il se livrait, en pleine liberté, aux généreuses ambitions de sa pensée, affranchi de toute lutte contre les obstacles et de toute responsabilité des événements. Bien contre son vœu, la Révolution de 1848 changea tout à coup sa position et son rôle; il n'avait ni désiré ni provoqué la république; il la redouta, il en douta en la voyant apparaître : mais, avec un dévouement patriotique et triste, il fut l'un de ceux qui tentèrent sérieusement de la fonder; indépendamment de son action dans les deux grandes assemblées de cette époque, il mit lui-même la main au gouvernail, et fut quelques mois l'un des ministres du pouvoir. Quelle différence, quelle distance, monsieur, je ne veux pas dire quel abîme entre les deux horizons qui, à vingt ans d'intervalle, se sont ouverts devant ses regards! En 1831, il avait vu et étudié, en libre spectateur, les causes qui avaient assuré, dans les États-Unis d'Amérique, le succès de la liberté politique et républicaine; de 1848 à 1851, il lutta, il se débattit, il succomba, en généreux acteur, sous le poids des causes qui repoussaient parmi nous un pareil succès. Le premier état de son âme avait produit l'ouvrage sur la *Démocratie en Amérique*; c'est du second qu'est sorti le volume sur *L'ancien Régime et la Révolution* : livre moins brillant, moins confiant, plus sévère que le premier, mais supérieur par l'élévation et la précision des idées, par la fermeté du jugement politique et l'intelligence des conditions impérieuses de la liberté; livre qui révèle tout ce que l'esprit, déjà si haut et si rare de M. de Tocqueville, avait gagné, en si peu de temps, dans le difficile travail du pouvoir et sous le poids de la responsabilité.

En lisant la *Correspondance*, naguère publiée, de M. de Tocqueville avec ses principaux amis, de 1824 à 1858, j'y ai trouvé, et le public y trouvera, je pense, la trace visible de ce progrès. C'est bien toujours le même homme, sérieusement et vertueusement libéral, et fidèle à la cause à laquelle il s'est donné dès sa jeunesse ; mais, à mesure qu'il avance, il s'élève, se dégage, se développe, voit plus avant dans la nature de l'homme et des sociétés humaines ; et jamais il n'en a si bien jugé et si dignement parlé qu'au moment où ses yeux se ferment et où sa voix s'éteint. C'est la faveur suprême que la Providence réserve quelquefois aux amis sincères de la vérité et de l'humanité à qui il n'a pas été donné de marcher toujours ensemble et de se soutenir mutuellement dans les travaux de la vie : quand ils en entrevoient le terme, quand ils se reposent et se recueillent avant d'y toucher, parvenus, chacun par sa route, sur les hauteurs où brille la grande lumière, ils se reconnaissent, se rapprochent et s'unissent dans une commune espérance et une mutuelle équité. Union tardive et peut-être inutile pour leur propre temps et pour leur destinée mondaine, mais non pour leur gloire et pour leur cause ; car ils arrivent ainsi ensemble, en rangs complets et serrés, devant les générations qui leur succèdent, puissants peut-être un jour, par leurs idées et leurs exemples, dans cet avenir dont Dieu seul a le secret.

## NOTE B

## VARIANTE DE LA PAGE 123

... Notre Académie, messieurs, a pour mission d'être le foyer et le régulateur de ces sciences nécessaires et redoutables ; c'est sa gloire, mais c'est aussi son péril.

Les gouvernants sont, en général, assez indifférents à ce qui se passe dans le sein des académies, et même, en temps ordinaire, dans le monde des idées. Quand on ne s'occupe que de littérature, de philosophie, de science et même de religion, ils croient volontiers que cela ne les touche en rien. Mais, dès qu'on parle politique quelque part, ils deviennent fort attentifs; ils s'imaginent qu'on n'agit sur eux que quand on parle d'eux; et ne croyez pas, messieurs, que ce soit là le travers de ces petits esprits qui mènent, en général, les affaires humaines. Les plus beaux génies y sont tombés. Il y a des opinions philosophiques ou religieuses qui ont changé la face des empires et qui sont nées à côté des plus grands hommes, sans que ceux-ci y aient pris garde. Il est à croire que si ces mêmes princes avaient entendu leurs sujets discuter entre eux une question de petite voirie, ils auraient été tout yeux et tout oreilles.

Une académie des sciences morales et politiques n'est donc pas, il faut le reconnaître, également appropriée à tous les pays et à tous les temps. Sa place n'est guère que dans les pays libres et dans les lieux où la discussion sur tout est permise. Ce sont là des conditions d'existence qui nous honorent, messieurs; ne les contestons pas.

L'ancien régime, qui traitait les *sciences morales et politiques* comme une occupation ingénieuse et respectable de l'esprit humain, ne permit jamais que ceux qui les cultivaient pussent se réunir en académie. La dictature révolutionnaire, qui de toutes les dictatures est la plus ennemie de la liberté, les étouffa, et, comme seul moyen efficace de prévenir les écrits qui en traitaient, elle supprima autant qu'elle le put les auteurs; presque tout ce qui restait de l'ancienne école philosophique du dix-huitième siècle, Bailly, Condorcet, Malesherbes, périrent par ses mains. On peut croire que les mêmes aventures fussent arrivées à Montesquieu, à Voltaire, à Turgot et à Rousseau lui-même, s'ils avaient vécu. Heureusement pour eux, ils étaient morts avant de voir les temps affreux dont on les rendait responsables. Mais à peine la Terreur eut-elle cessé, que les *sciences morales et politiques* redevinrent aussitôt en grand honneur, et furent, il faut le dire, l'objet d'une préférence injuste; car dans la création de l'Institut, qui eut lieu alors, on fit une classe à part pour elles, tandis qu'on en refusait une aux belles-lettres : étrange ingratitude d'une génération que la littérature avait nourrie et conduite au pouvoir!

La révolution continua son cours, mais la liberté revint bientôt en arrière; car révolution et liberté sont deux mots qu'il faut tenir soigneusement séparés dans l'histoire. Le Premier Consul, qui personnifiait et continuait à sa manière la Révolution française, mais qui n'en était pas moins l'un des plus grands adversaires que la liberté humaine ait jamais rencontrés dans le monde, le Premier Consul ne tarda pas à voir de très-mauvais œil l'Académie, ou, comme on le disait alors, la classe des sciences morales et politiques. Elle était alors composée, il est vrai, resque exclusivement d'hommes politiques qui avaient joué différents rôles dans les événements précédents. On y comptait Cabanis, Daunou, Merlin de Douai, Dupont de Nemours, Cessac, Rœderer, Sieyès, Talleyrand, Lebrun, depuis duc de Plaisance, Destutt-Tracy. Elle avait pour associé étranger l'illustre Jefferson, alors président des États-Unis d'Amérique, ce qui n'était pas un grand titre de recommandation auprès du premier magistrat de la République française. Mais, quoique composée de personnages fameux, elle ne tendait qu'à se faire oublier; voyant l'esprit du maître, que ne contenait plus l'esprit du temps, elle resserrait et obscurcissait volontairement sa sphère; on le reconnaît bien en parcourant ses derniers travaux.

En histoire philosophique, elle s'occupait du gouvernement de la France sous les deux premières dynasties; cela ne semblait pas devoir la compromettre. Cependant, pour plus d'innocence encore, elle crut devoir remonter jusqu'aux Pharaons; on la trouve employant ses dernières séances à écouter M. de Volney, chargé de donner, dit le procès-verbal, des renseignements intéressants sur les tuniques des momies égyptiennes.

En morale, M. Dupont de Nemours lisait des Mémoires sur l'instinct, lequel étant commun aux hommes et aux bêtes, ne pouvait guère inquiéter le gouvernement.

En économie politique, on s'occupait de la crue et de la diminution journalière de la Seine.

Et en politique proprement dite, on ne s'occupait de rien.

Le public la traitait un peu comme elle se traitait elle-même; elle n'attirait pas plus les idées sérieuses du dehors qu'elle ne les agitait dans son sein. On ne voit figurer dans ses derniers procès-verbaux que le titre d'un seul ouvrage de quelque étendue, dont il lui fut fait hommage; il est intitulé : *Cours de morale à l'usage des jeunes demoiselles*, par le citoyen Almaric.

Tout cela ne paraissait pas bien redoutable, et cependant le Premier Consul s'en préoccupa. L'Académie eut beau se faire petite, l'œil de Napoléon l'aperçut dans cette ombre où elle s'était jetée.

Quand il eut effacé jusqu'aux derniers vestiges des libertés publiques, ce qu'il appelait abolir le gouvernement des avocats, il voulut fermer aux libres penseurs, aux idéologues, comme il les nommait, leur dernier asile, oubliant que sans ces idéologues, qui avaient préparé la ruine de l'ancien régime, et sans ces avocats qui l'avaient consommée, il ne fût pas devenu lui-même le maître de la France et de l'Europe, mais fût demeuré sans doute, malgré son génie, un petit gentilhomme obscur, perdu au milieu des rangs inférieurs de la hiérarchie qu'ils avaient détruite.

J'ai recherché très-attentivement dans beaucoup de documents divers, et notamment dans les pièces administratives qui sont déposées aux ar-

chives nationales, comment avait eu lieu la destruction de la classe des
sciences morales et politiques par le Premier Consul ; je n'ai rien trouvé
de considérable. On voit seulement, par la lecture de ces pièces, que ce
n'est pas seulement dans les gouvernements parlementaires que ceux qui
mènent les affaires se donnent la peine de cacher leur véritable pensée
dans beaucoup de mots. Pour tout-puissants qu'ils se proclament, les
gouvernements despotiques ne se dispensent pas plus que les autres de
ruser. Ils daignent de temps à autre user de fourberies. Dans le rapport
du ministre de l'intérieur Chaptal, rapport qui précède le décret, et dont
j'ai trouvé la minute corrigée de la main du ministre même, il n'est pas
dit un seul mot des raisons qui font supprimer la classe des sciences morales et politiques. Point de critique, point d'insinuations contre elle : on
ne dit même pas qu'on la supprime ; on ne songe qu'à réformer l'Institut
sur un meilleur plan et qu'à y introduire une division du travail plus favorable à l'intérêt des lettres et des sciences. En lisant les considérants
du décret, il semble donc qu'on n'ait pas même pensé à nous. En lisant
le décret lui-même, on s'aperçoit que nous n'existons plus, et qu'on nous
a tués doucement par prétérition.

On voit également, par le rapport, que l'idée originaire du ministre
était de revenir purement et simplement à l'ancienne organisation académique, non-seulement aux choses, mais aux noms ; en un mot, de faire
en 1803 ce que Louis XVIII fit en 1816, de renouer la chaîne des temps,
comme dit plus tard celui-ci. Le Premier Consul accepta les choses, mais
rejeta les mots. M. de Fontanes, qui restait fort amoureux du passé, et
était, ce qu'on eût appelé dans le jargon moderne, un grand réaction-
naire, le pressait de donner de nouveau aux classes le nom d'Académie ;
on assure qu'il lui répondit : Non ! point d'Académie ! cela serait trop
Bourbon.

Ainsi finit la classe des sciences morales et politiques. Elle fut ensevelie
comme toutes les libertés publiques dans le drapeau de Marengo. C'était
du moins un glorieux linceul.

On ne la vit renaître qu'après que la France fut redevenue libre,

Même dans les temps qui lui sont le plus favorables, l'Académie est
placée entre deux écueils. Elle doit craindre également de sortir de sa
sphère et de s'y tenir inactive.

Nous ne devons jamais oublier, messieurs, que nous sommes une société savante et non point un corps politique : la sécurité et la dignité de
nos travaux en dépendent.

Cette ligne de démarcation entre la théorie et la pratique est, il faut
l'avouer, plus facile à tracer qu'à tenir. Telle question semble, au premier
abord, purement théorique, qui, répondant aux passions du moment, se
tourne facilement en question de faits et en instrument de parti ; car nous

sommes un peuple raisonneur et bel esprit où l'on fait volontiers servir les théories les plus subtiles à la satisfaction des appétits les plus grossiers, et où l'on enveloppe souvent d'assez vilaines actions dans de fort beaux mots. Il y a donc des matières politiques qui appartiennent par nature à la pratique et d'autres qui y sont attirées par occasion; l'Académie a su éviter, avec une réserve qui lui fait honneur, les unes et les autres. Elle s'est tenue ferme dans la sphère des théories. Elle a fait plus, elle s'est efforcée d'y attirer les esprits; si elle n'y a pas toujours réussi, il ne faut pas trop s'en étonner.

On pourrait croire que c'est dans le temps où les hommes se mêlent tous de gouverner que la science abstraite du gouvernement est le plus et le mieux cultivée. Le contraire serait plus près de la vérité. Les plus grands publicistes qui aient paru dans le monde ont précédé ou suivi le siècle des libertés publiques. Aristote écrivait sur la république à la cour d'Alexandre; l'*Esprit des lois* et le *Contrat social* ont été composés sous des monarchies absolues. Ces livres nous ont fait ce que nous sommes, mais nous serions probablement incapables de les faire aujourd'hui. Le fait détourne sans cesse de l'idée, la pratique de la science, et la politique finit par n'être plus qu'un jeu de hasard où, de plus, les dés sont souvent pipés.

C'est dans le but d'attirer vers la politique spéculative les esprits que distraient le bruit des partis et le soin des affaires que l'Académie a fondé des concours et distribue des prix annuels aux écrivains qui s'y sont distingués. Juger ces concours, distribuer ces prix, est l'objet qui nous réunit aujourd'hui.....

FIN DU TOME NEUVIÈME ET DERNIER

# TABLE

### NOTES DU TOME IX

FIN DE LA TABLE DU NEUVIÈME ET DERNIER VOLUME

PARIS. — IMP. SIMON RAÇON ET COMP., RUE D'ERFURTH, 1

www.ingramcontent.com/pod-product-compliance
Lightning Source LLC
Chambersburg PA
CBHW071134270326
41929CB00012B/1754